सुजाता

हिन्दी के पहले सामुदायिक स्त्रीवादी ब्लॉग 'चोखेर बाली' की शुरुआत से लेकर कविता-संकलन 'अनन्तिम मौन के बीच', स्त्री-विमर्श की सैद्धान्तिकी पर एक पुस्तक 'स्त्री-निर्मिति' और फिर अपने उपन्यास 'एक बटा दो' तक स्त्रीवाद की अपनी गहरी समझ, सरोकारों और भाषा के अनूठे प्रयोगों से पहचान बनानेवाली सुजाता पिछले एक दशक से दिल्ली विश्वविद्यालय में अध्यापन कर रही हैं। कविता के लिए विभिन्न पुरस्कार और सम्मान।

स्त्रीवादी आलोचना को लेकर लगातार लेखन के बाद अब यह मुकम्मल किताब।

सम्पर्क : Chokherbali78@gmail.com

आलोचना का स्त्री पक्ष

पद्धति, परम्परा और पाठ

सुजाता

राजकमल पेपरबैक्स

राजकमल पेपरबैक्स में
पहला संस्करण : जुलाई, 2021
दूसरा संस्करण : नवम्बर, 2021

राजकमल पेपरबैक्स : उत्कृष्ट साहित्य के जनसुलभ संस्करण

राजकमल प्रकाशन प्रा.लि.
1-बी, नेताजी सुभाष मार्ग, दरियागंज
नई दिल्ली–110 002
द्वारा प्रकाशित

शाखाएँ : अशोक राजपथ, साइंस कॉलेज के सामने, पटना–800 006
पहली मंज़िल, दरबारी बिल्डिंग, महात्मा गांधी मार्ग, प्रयागराज–211 001
36 ए, शेक्सपियर सरणी, कोलकाता–700 017

वेबसाइट : www.rajkamalprakashan.com
ई-मेल : info@rajkamalprakashan.com

यश प्रिंटोग्राफिक्स
ग्रेटर नोएडा–201 310 (उत्तर प्रदेश)
द्वारा मुद्रित

मूल्य : ₹ 399

ALOCHANA KA STREE PAKSHA
Paddhati, Parampara Aur Paath
by Sujata

ISBN : 978-93-90971-29-9

हिमाभ्री और यथांश को जिनके हिस्से का
वक़्त इस किताब ने लिया...

क्रम

खंड : तीन

पाठ

परिशिष्ट

हिन्दी कविता की क़िलेबन्दी और स्त्री कविता की घुसपैठिया

स्त्री-लेखन और पुरुष-लेखन को देखने के अलग-अलग पैमाने और स्वीकृति की अलग-अलग शर्तें हैं। कवयित्री/लेखिका को 'स्पेस' दिए जाने और उसके मूल्यांकन के मापदंड तय करने में इस बात की भूमिका अहम है कि वह लिखते हुए कितनी 'कम स्त्री' और कितनी अधिक 'हम' जैसी है। स्त्री 'अन्य' है 'हम' नहीं। सीमोन द बुवा कहती हैं कि 'अन्य' का अस्तित्व हमेशा ख़तरे, एक धमकी की तरह देखा जाता है। लेकिन जब पुरुष स्त्री को अपना सह-अपराधी बनाता है तो इस धमकी से कुछ हद तक छुटकारा मिल जाता है। 'अपराध' एक आपत्तिजनक शब्द लग सकता है, इसलिए इसे अपनी वाली मुख्यधारा में मिलाना कह देती हूँ। स्त्री कविता का मूल्यांकन करते हुए उसे इसलिए बेहतर बताना कि वह 'स्त्रीवाद' या 'स्त्री-विमर्श' से बच पाई है, यह कहना कि स्त्रीवाद और स्त्री-विमर्श 'क्लीशे' हो गया है, यह सब हिन्दी आलोचना में अब एक 'क्लीशे' हो गया है। स्त्री-लेखन किसी आयोजन के एक सत्र में, आलोचना की एक किताब के आख़िरी अध्याय में समेट लिया जाता है, एक पूर्वग्रह में, किसी चुटकुले में या 'क्या करें स्त्री-विमर्श का ज़माना है' जैसे वाक्य के साथ उचके हुए कन्धों से झर जाता है।

स्त्री-लेखन और स्त्री कविता पर हलकी टिप्पणियाँ करते हुए आलोचक और आलोचकनुमा लोग अक्सर पाए जाते हैं। ऐसे 'क्लीशे' निर्मित करती आलोचना में 'स्त्री के नज़रिए' की वजह से उसके कथ्य की महत्ता नहीं होती बल्कि उसके कथ्य के मेनस्ट्रीम कथ्य होने, यानी मुख्यधाराई समझ के कथ्य से नज़दीकी की वजह से स्त्री के नज़रिए का महत्त्व होता है। यहाँ आलोचना एक भयानक काम करती है। एक तो वह पाठक को यह नहीं बताती कि स्त्रीवादी कविता है क्या? स्त्रीवाद या स्त्री-विमर्श ही है क्या? स्त्री-विमर्श की बँधी-बँधाई लकीरें कौन-सी हैं जिनसे कविता बाल-बाल बची है और बचना ही श्रेयस्कर है; दूसरा, आलोचक यह दायित्व भूल

जाता है कि पाठक को शिक्षित तो करे! हैरानी होती है कि आलोचकों ने फ़ैसला सुनाने से पहले क्या कभी स्त्रीवाद या स्त्रीवादी आलोचना-दृष्टि या स्त्री-विमर्श को पढ़ा-समझा भी है? वे आख़िर कौन-सी स्त्री कविता पढ़ रहे हैं जिसमें उन्हें रूढ़ियाँ (?) दिख रही हैं? जिस हिन्दी कविता ने आधुनिक युग में क़दम रखने से पहले तक स्त्री-सौन्दर्य, प्रकृति-चित्रण और काव्यरूढ़ियों का इतना अधिक एक जैसा प्रयोग किया कि नया कवि नयी कविता तक से जल्दी-जल्दी ऊबने लगा, उपमान मैले होने लगे, सालों तक एक ही रीति पर कविताएँ लिखी जाती रहीं, सराही जाती रहीं, वहीं हिन्दी आलोचक अगर पिछले तीस बरस में पहली बार प्रखरता से सामने आई स्त्री कविता में रूढ़ सौन्दर्यशास्त्र और बँधी-बँधाई लकीरें देखने लगें तो सन्देह करना चाहिए कि कहीं यह सिर्फ़ पूर्वग्रह तो नहीं? आख़िर उन्हें क्या चाहिए था स्त्री कविता से? स्त्री कविता किसी मानचित्र के सहारे आगे बढ़नी थी?

नीलेश रघुवंशी के एक संग्रह 'खिड़की खुलने से पहले' पर विजय कुमार फ़ेसबुक पर लिखते हैं—'*स्त्री के संसार को उन्होंने बहुत बँधी-बँधाई विमर्श लकीरों के भीतर क़ैद नहीं किया है और उनके यहाँ स्त्री-मनोविज्ञान और सामाजिक-आर्थिक परिवेश, परिवेश की एक ठोस वर्गगत श्रमजीवी दुनिया, दोनों एक साथ एक समय पर घटित हो रही होती हैं।*' लेकिन यही तो स्त्रीवादी विमर्श है। द्वितीय चरण के स्त्रीवादी आन्दोलन ने स्त्री-श्रम का सवाल पुरज़ोर तरीक़े से उठाया। स्त्रीवाद स्त्री के मनोविज्ञान और आर्थिक-सामाजिक परिवेश में स्त्री-निर्मिति की ही बात करता है न! तो कहना चाहिए था कि नीलेश का काव्य स्त्रीवादी थियरी की लकीरों के भीतर विमर्श करता है। ये लकीरें किसी छोटे इलाक़े को नहीं घेरतीं। स्त्रीवादी विमर्श की दुनिया इतनी बड़ी है कि सम्भव है आपकी कल्पना से भी बाहर हो। स्त्रीवाद पर ऐसी हलकी टिप्पणी करते हुए आपको अन्दाज़ा ही नहीं होता कि मनोविश्लेषण, इतिहास, जीव-विज्ञान, दर्शनशास्त्र की पूरी पद्धति-परम्परा जाने बिना आप सीमोन द बुवा की द *सेकेंड सेक्स* भी नहीं पढ़ सकते।

हिन्दी कविता के इलाक़े में स्त्री का प्रवेश बड़े ग़ौर से निहारा जाता है, नापा-तौला जाता है। प्रवेश के हर चरण पर पितृसत्ता आसीन है। आयोजक, सम्पादक, प्रकाशक, आलोचक, साल के अन्त में लेखिकाओं को नम्बर देने और लिस्ट बनानेवाले 'सर जी' नुमा लोग। सारा कार्य-व्यापार भाई-भतीजावाद की तर्ज पर चलता है। फिर भी, स्कैनर पर स्त्रियाँ हैं। जैसे-तैसे इससे निपटती हैं। दूर हो जाती हैं या शामिल हो जाती हैं खेल में या 'एकला चलो' की धुन गुनगुनाती हैं। आख़िर वे क्या करें? इस महागठबन्धन से, जिसमें सोशल मीडिया और मीडिया भी शामिल हो, कैसे निबटें?

राजेन्द्र यादव की मृत्यु पर 'आज तक' ने ख़बर के लिंक के साथ लिखा था—"औरतों पर चर्चित निबन्ध 'होना सोना एक ख़ूबसूरत दुश्मन के साथ' लिखनेवाले

साहित्यकार और 'हंस' के सम्पादक राजेन्द्र यादव का निधन।" इस पर सिर्फ़ हँसा जा सकता है लेकिन जिस प्रवृत्ति की ओर यह संकेत करता है उसे अनदेखा मत कीजिए, वह व्यापक है। बहुत हद तक स्वीकार्य। पुरस्कारों का बड़ा वबाल है। स्त्री को मिले और निर्णायक पुरुष हो तो वबाल। 'होना-सोना' के विमर्श चलने लगते हैं। शुभमश्री को भारतभूषण अग्रवाल पुरस्कार मिला, उदय प्रकाश ने दिया तो भी कुछ लोगों को पता था 'किसलिए' मिला है। अच्युतानन्द मिश्र को मिला यही पुरस्कार, निर्णायक अनामिका थीं तो भी कमाल की बात है कि उन कुछ लोगों ने भद्दे तरीक़े से मज़ाक उड़ाया कि हमको पता था 'किसलिए' मिला है। फिर जब अनामिका को साहित्य अकादमी मिला तो मज़ाक उड़ाने वालों के पास नए विकृत 'तर्क' थे। यह शुद्ध रूप से स्त्री-द्वेष है। टेढ़ी आँख हमेशा स्त्री की ओर। उसकी देह और उसके चरित्र की ओर। यही नहीं, एक युवा आलोचक और इसी पुरस्कार के लिए ख़ुद को दौड़ में सबसे आगे माननेवाले कवि ने एक गोष्ठी में कविता के इलाक़े में प्रवेश करने वाली औरतों की उम्र के हिसाब से उनकी प्रवृत्तियाँ तय कीं। अन्तर्राष्ट्रीय महिला-दिवस की ख़ुशी में होनेवाली यह गोष्ठी कविता लिखने वाली चालीस साला औरतों, यानी घर-बार के काम निबटाकर अब फ्री होकर कविता लिखने और ख्याति पाने को आतुर महिलाओं की खिल्ली उड़ाने के मौक़े में बदल गई। इतना ही 'गम्भीर' शोध स्त्री कवियों पर अक्सर होता रहता है।

ये तमाम चीज़ें मिलकर स्त्री लेखक/कवि के लिए एक लेखकीय हड़बड़ी और चिन्ता पैदा करती हैं; स्त्री-रचनाकार की 'ऑथरशिप एंग्जायटी'; क्या लिखूँ, कैसे लिखूँ, कौन से प्रतिमान मानूँ कि दौड़ में पिछड़ न जाऊँ, अकेली न कर दी जाऊँ, कोई लिस्ट बने और उसमें मेरा नाम ही न हो, आयोजन हों बदस्तूर और मैं अपने 'स्टैंड' पर खड़ी ताकती रहूँ उपेक्षित। स्त्री के लिए लिखने के संकट यहीं ख़त्म नहीं होते, बल्कि एक और महत्त्वपूर्ण मोर्चा उसके सामने खुला होता है। उसका घर। लिखने का संकट उसका अकेले का संकट हो तो बेहद कष्टदायी है। अगर पति-पत्नी दोनों लेखक हैं तो सम्भव है एक के लिए लेखन प्रधान रहे और दूसरा प्राथमिक तौर पर 'केयर-गिवर' की भूमिका में आ जाए। अब आप इसे यौनिक राजनीति न मानें तो कुछ किया नहीं जा सकता कि दो वक़्त खाना न बने घर में तो वबाल हो सकता है, महीनों आप क़लम न छुएँ तो किसी को कोई फ़र्क़ नहीं पड़ता। उपाय क्या हो? या तो ऐसा लिखिए और ऐसे रहिए कि घर-बाहर सब सन्तुष्ट-प्रसन्न रहें। लिखने के एवज में आप अपना घर बर्बाद करेंगी?

या अपने अस्तित्व को फाड़कर एक बटा दो कीजिए। स्त्रीवाद अस्तित्व के इन दोनों फटे टुकड़ों के एक हो जाने का हिमायती है, अपनी शर्तों पर, ईमानदार होकर लेखन। आप बोलने-लिखने लगीं, वह सब कुछ बोलने-लिखने लगीं जिससे उसकी 'शान' में गुस्ताख़ी हो और इस वजह से पति/प्रेमी ने प्यार करना कम

कर दिया, तो समझिए कि प्यार उसने कभी किया ही नहीं। स्त्रीवादी आलोचक एलेन शोवाल्टर कई स्त्री-उपन्यासकारों के उदाहरण देती हैं कि कैसे उन्होंने लिखने की वजह से अपने ही घर के पुरुषों के प्रतिरोध, ईर्ष्या, अपमान को झेला और उनसे निपटने के तरीक़े निकाले। यह उन भाइयों, पिताओं और पतियों का महज़ अहंकार नहीं था, घर में ही प्रतिस्पर्धा पनपने का डर था और एक अन्धविश्वास कि वास्तविक और यथार्थ दुनिया में वे औरतें अपनी यौनिक अबोधता खो देंगी, 'losing their bloom' कहती हैं वे जिसे। (*अ लिट्रेचर ऑफ़ देयर ओन,* पेज-47) अबोधता को पितृसत्ता एक मूल्य की तरह स्त्रियों के साथ नत्थी कर देती है और चाहती है कि स्त्री में सदैव शिशु की सी निर्भरता बनी रहे। इसलिए भी स्त्री को लिखने का जोख़िम उठाना होगा कि वह इस थोपी हुई अबोधता और बच्चा बनाए रखने के षड्यंत्र से लड़े।

क्या वाक़ई स्त्री के पास कोई चारा नहीं है!

प्रेम भी इसी दुनिया की शै है

अगर आप एक जेंडर्ड-समाज में रहते हैं तब प्रेम पर कविता लिखते हुए प्रेम की प्रकृति पर सवाल उठाना, उसका सूक्ष्म विश्लेषण करना एकदम ठीक है। निश्चित रूप से आपके अपने अनुभव इसका आधार बनेंगे लेकिन प्रेम भी इसी दुनिया की शै है, दो प्रेमियों के इर्द-गिर्द एक वृहद दुनिया है और उनके सम्बन्धों को इतिहास, समाज, राजनीति, आर्थिक सम्बन्ध सब प्रभावित करेंगे। स्त्रीवादी आन्दोलन से निकले नारे 'पर्सनल इज़ पॉलिटिकल' को याद रखना चाहिए। किसी स्त्री कविता को उद्धृत करके आलोचक लहालोट होकर कहे कि यह स्त्रीवाद से मुक्त है तो ख़ुश मत होइए। प्रेम में बर्बाद हो जाने की स्त्री की चाहत को वे मुख्य रूप से रेखांकित कर सकते हैं। इसलिए बार-बार कहना होगा कि हम प्रेम करते और चाहते हुए भी प्रेम की राजनीति को समझ रहे हैं। प्रेम के प्रशिक्षण और प्रेम के ज़रिए स्त्री के शोषण की प्रविधि को मेरी वोलस्टनक्राफ़्ट और पंडिता रमाबाई से लेकर आधुनिक, उत्तर-आधुनिक स्त्रीवादी सामने ला चुकीं। सविता सिंह लिखती हैं—

कितना कठिन है इस स्त्री के जीवन का रास्ता
जो किसी पुरुष से कहे—
मेरा जन्म ही तुमसे प्रेम करने के लिए हुआ है

लेकिन स्त्रीवादी यह भी कहती हैं कि प्रेम ही वह तरीक़ा है जिससे सामाजिक बराबरी हासिल की जाएगी। समझना होगा कि जेंडर-बराबरी के लिए जो प्रेम

संघर्ष न कर सके वह एक सहज प्रेम नहीं हो सकता। हो सकता है वह सुविधा हो! कविता को यह काम एक अलग तरीक़े से करना होता है। कामनाओं के बिना कोई स्त्री सम्पूर्ण स्त्री कैसे हो सकती है? बराबरी की कामना से सुन्दर क्या कामना हो सकती है? इस बराबरी के लिए स्त्री का सुना जाना सम्भव करना होगा। वह अब तक सिर्फ़ देखी जाती रही है। वह दृश्य-मात्र नहीं है। जो लिख रही है, उसे पढ़ा जाए, जो कह रही है, उसे सुना जाए ध्यान से। स्वानुभूति की बहस अन्ततः बचकानी हो जाती है। उसमें एक वाक्य अक्सर कहा जाता है—घोड़े पर लिखने के लिए घोड़ा होना पड़ेगा? लेकिन मैं कहती हूँ अगर घोड़ा ही लिखने लगे तो? तो क्या? तो पीठ से उतरिए, साथ चलिए, सुनिए, चुप रहना भी सीखिए, सिखाते रहना ही नहीं, सीखना भी सीखिए जैसा अनामिका अपील करती हैं—

सुनो हमें अनहद की तरह
और समझो जैसे समझी जाती है
नई-नई सीखी हुई भाषा!

आत्मा की मुक्ति देह-मुक्ति के बिना कैसे सम्भव है! जिन्हें स्त्रीवादियों के देह-मुक्ति के प्रश्न पर बात करने से तकलीफ़ है उनसे पूछा जाना चाहिए कि स्त्री के शोषण की कहानी उसकी देह पर नहीं लिखी गई तो कहाँ लिखी गई? यह देह ही तो है न जो बलत्कृत होती है, जिस पर एसिड फेंका जाता है, जिसे जलाया जाता है, जिसे पीटा जाता है, जिसे भोग की वस्तु और प्रजनन का यंत्र समझा जाता है! वही देह है, जो भुगतती है तो रात का अँधेरा और अकेलापन मिलता है उसे अपने साथी की तरह। कोई और उसकी मुक्ति सम्भव नहीं कर सकता। एक स्त्री ही जानती है कि कैसे वह देह को देह से मुक्त कर सकती है। अपनी देह जो पितृसत्तात्मक मर्यादाओं की ग़ुलाम है, जिस पर धर्म, क़ानून, समाज का क़ब्ज़ा है उसे वह कैसे पुनः अपने क़ब्ज़े में ले सकती है।

लिखना स्त्री के लिए क्या है?

कोई सत्ता है जो इससे मिलनेवाली है? और कविता से हासिल ही क्या जबकि हिन्दी में कविता का पाठक लगातार कम भी हो रहा है और स्त्री कविता से उसकी अपेक्षाएँ भी बहुत बदल नहीं रहीं। लिखना स्त्री के लिए अपनी जगह बदलने जैसा है। नियंत्रण हाथ में लेना। नक़्शे का अध्ययन करना और कहाँ जाना है इसका फ़ैसला ख़ुद लेने जैसा। अपने प्रसिद्ध लेख 'लाफ़ ऑफ़ मेड्यूसा' में हेलेन सिक्सू इस बात का जवाब देती हैं कि स्त्री क्यों लिखे! वह कहती हैं—woman must put herself into text-as into the world and into history-by her own movement. न सिर्फ़ उसे ख़ुद लिखना होगा बल्कि अन्य स्त्रियों को भी लेखन में लाना होगा।

सबसे ज़रूरी है स्त्री का पाठक होना। आज का समय पाठकीय आलोचना का है। स्त्री पाठक ही नहीं होगी तो स्त्री लेखक/कवियों को उन पुरुषों के लिए लिखना होगा जिनके लिए पुरुषों का लिखा ज़्यादा महत्त्वपूर्ण है। स्त्री-लेखन की एक छवि बनी है कि स्त्री लेखक एक छोटा समूह है। अपनी ही अपनी समस्याओं पर लिखता और दोहराता रहता है। अपने तक सीमित। एक और सतही पाठ वह है जिसमें स्त्री कविता के 'मैं' की व्यंजना न समझकर उसे अपना राग अलापना कह दिया जाता है। भले ही पुरुष-कविता इस तरह के उदाहरणों से भरी पड़ी हो। सिर्फ़ रघुवीर सहाय की इन पंक्तियों को देखिए जिसे हम सब अपने जीवन की विडम्बना मान सकते हैं—

मुझे कुछ और करना था
पर मैं कुछ और कर रहा हूँ
मुझे और कुछ करना था इस अधूरे संसार में

इसी के बरअक्स, रूसी कवि यूनामोरित्स की कविता 'निजता के पक्ष में' से एक टुकड़ा पढ़िये—

मुझे नहीं चाहिए दूसरी मेजों की धूल
नहीं चाहिए आँसू पराए आसमानों के
अस्वीकार करती हूँ मैं उन्हें पूरी तरह

इस प्रतिरोध को लेकिन हम लेबल किए बिना स्वीकार करने को तैयार नहीं क्योंकि यह सिर्फ़ स्त्री से जुड़ा है? तो अगर स्त्रीवादियाँ कहती हैं कि पुरुष और स्त्री राजनीतिक कोटियाँ हैं, जैविक नहीं, तो ठीक ही कहती हैं। कि आदमी जो कहे वह दुनिया-भर की बात हो, स्त्री की भी मान ली जाए, लेकिन स्त्री जो कहे वह 'स्त्री' का है वह पूरी दुनिया की बात नहीं इसलिए उसकी अहमियत नहीं? आदमी मतलब मनुष्य। औरत मतलब औरत! औरतों की बातें वे ही जानें, ऐसा ही न! जैसे कुछ बीमारियाँ औरतों वाली बीमारियाँ हैं, ऐसे ही कुछ कविताएँ औरतों की कविताएँ हैं। ऐसा ही न!

लेकिन इसका क्या करेंगे कि स्त्री कवि स्वयं कहती है कि आप हमें खाँचे में मत रखिए। पता नहीं क्यों आप लोग स्त्री कविता, स्त्री कविता करते रहते हैं! लेकिन सोचिए, कौन डालता है आपको खाँचे में? इस खाँचे में चले जाने से ऐसा बुरा होता क्या है कि यह पसन्द नहीं? आप पत्रिका में कविता भेजती हैं। पत्रिका हाथ में आती है तो देखती हैं स्त्री कविता का एक अलग खंड है। लेकिन दिक़्क़त क्या है? आपको कहाँ होना था? वहाँ जहाँ मर्दों की कविताएँ हैं और उन पर कोई

विशेषण नहीं लगा है? आपको लगता है कि आपमें कुछ कम है और यह दया है? जैसे कि मेट्रो का एक डब्बा आरक्षित कर दिया गया है? या आपको लगता है स्त्री कविता बीच-बीच में सबके साथ आती तो ठीक था, अलग खंड है इसलिए अब उसे कोई नहीं पढ़ेगा, महत्त्वपूर्ण नहीं मानेगा यह सोचकर कि जैसे बाक़ी औरतें सालों से एक रोना-गाना लिख रही हैं यह भी वही होगा और क्या? इसका मतलब जो पढ़ने वाला है वह अनिवार्य रूप से पुरुष ही है आपने मान लिया है, जो प्रतिक्रिया देगा वह पुरुष होगा, औरतें पढ़ती नहीं, पढ़ती हैं तो प्रतिक्रिया नहीं देतीं या वे भी पुरुषों के लिखे से ही प्रभावित होंगी? या श्रेष्ठता का पैमाना पुरुष-कविता है और उससे अलग किया जाना कम महत्त्व दिया जाना है? औरतें वर्षांत की सूचियाँ भी नहीं बनातीं, न आलोचक हैं, सूचियाँ बनाएँगी और आलोचक होंगी भी तो यह शंका बराबर बनी रहेगी कि वे उसी भाव से संचालित हैं, उसी सौन्दर्यबोध से देख रही हैं जो मर्दों का है? जैसे निर्मला जैन सिरे से स्त्री कविता को ख़ारिज करती हैं। वे स्वयं को स्त्री कवियों के बीच पाकर आहत होती हैं। उन्हें पुरुष-आलोचकों सा सम्मान चाहिए। वह स्त्रियों के बीच नहीं मिलेगा। यानी स्त्रियों पर अबौद्धिक होने का लेबल लगाया जाता है, इसलिए हर स्त्री कवि बाक़ी स्त्री कवियों से भिन्न कहलाई, मानी जाना चाहती है? क्या वह औरतों की भीड़ में नहीं आना चाहती? ठीक है, इसमें कोई दिक़्क़त नहीं। हर कवि विशिष्ट होता है। होना चाहिए। यह ज़रूरी है। वरना क्या लाभ! लेकिन इस अलग दिखने की चाहत की वजह कुछ और है। इसके पीछे आलोचकों, आयोजकों, सम्पादकों की राय अक्सर आधार बनती है, जो दीवारों पर लिखी है, हर कोई पढ़ सकता है, हर कोई उससे प्रभावित हो रहा है, लेकिन हर कोई कहता है—हमें नहीं पता यह किसने लिखा!

हिन्दी कविता इतनी क़िलाबद्ध रही आई है कि स्त्री कविता में सबसे पहले स्त्री होने को ख़ारिज करके ही उस पर आगे बात करना या न करना तय करती है। इसलिए अपनी स्त्री-अस्मिता को 'असर्ट' किया जाना बेहद ज़रूरी है। बार-बार उसी पर हमला होता है और उसी की वजह से आपके अनुभव और बौद्धिकता को कम करके आँका जाता है। स्त्री कविता कहना इसलिए ज़रूरी है और क्रान्तिकारी है क्योंकि इससे उन 'फ़्यूडल लॉर्ड्स' को चुनौती दी जा सकती है जिन्होंने किसी स्त्री कवि को मंच पर कविता पढ़ते हुए फब्तियाँ कसीं या महिलाओं को होने-सोने की साज़िश में शामिल किया, उसकी बौद्धिकता से आतंकित होकर उसे सिरे से ख़ारिज कर दिया, उसके काव्य-विषयों को मामूली, सौन्दर्यरहित कहा या महज़ महफ़िल की शोभा, कोकिला माना।

इन तमाम मुद्दों को पृष्ठभूमि में रखते हुए यह किताब कोशिश करती है कि हिन्दी स्त्री कविता के पाठ की एक ऐसी पद्धति विकसित की जा सके जो स्त्री-साहित्य

के सौन्दर्यशास्त्र को विकसित करने में मदद करे। यह स्त्रीवादी आलोचना को साहित्यिक कैनन में जगह दिए बिना सम्भव नहीं है। स्त्री-भाषा, आस्वाद के लैंगिक स्वरूप, स्त्री-अनुभवों की विविधता और महत्त्व, स्त्री-लेखन की परम्परा, इतिहास और स्त्री-रचनाकार के लेखकत्व के प्रश्नों से गुज़रते हुए यह किताब पाठक को स्त्रीवादी आलोचना दृष्टि से हिन्दी साहित्य के पाठ/पुनर्पाठ के लिए आमंत्रित करती है।

यह आलोचना-पुस्तक पाठक के लिए है, उसी से संवाद करना चाहती है। कुछ पाठक लेखक भी होते हैं। यह किताब अपने उन तमाम पाठक सहयात्री लेखकों से संवाद चाहती है। पाठक पर ज़िम्मेदारी बहुत अधिक है। इसलिए भी कि स्त्री-लेखन का ठीक-ठीक मूल्यांकन हो सके, हमें ख़ूब सारे और सजग स्त्री-पाठक चाहिए। स्त्री-पाठक को भी सवाल करना पड़ेगा कविता से कि—तुम मुझे क्या दे सकती हो? चमकती पंक्तियों से चमत्कार की परतें खुरचकर ज़िन्दगी में काम आनेवाला असली सच पाठक को रचनाओं से निकालना होगा। उनकी सुचिन्तित प्रतिक्रियाएँ आनी चाहिए। टिप्पणियाँ और लेख आने चाहिए।

मेरी बेचैनियाँ और सवाल एक पाठक के सवाल हैं और मेरे जवाब एक स्त्रीवादी कवि और शोधार्थी के। स्त्रीवादी ब्लॉग 'चोखेरबाली' का संचालन करते हुए, कविता, उपन्यास लिखते हुए, स्त्री-विमर्श पर स्तम्भ-लेखन करते हुए, भाषण देते हुए, साहित्यकारों को पढ़ते और मिलते-जुलते हुए यह लगातार लगता रहा कि स्त्री-लेखन पर हर आरोप, हर सवाल, हर शंका का जवाब दिया जा सकता है और दिया जाना चाहिए। स्त्रीवादी बौद्धिक औज़ारों की कमी नहीं है। हर पाठ/पाठेतर को उसके आधार पर परखा जा सकता है। हिन्दी की अपनी स्त्रीवादी आलोचना-पद्धति विकसित की जा सकती है, की जानी चाहिए और वह बिलकुल भी उस भाषा में नहीं हो सकती जो आलोचना की अब तक की प्रचलित भाषा है।

यह किताब स्त्रीवादी आलोचना पद्धति की प्रस्तावना तो है ही, आलोचना का स्त्री-पक्ष भी है। यह आलोचना के अब तक निर्मित ढाँचे में सेंध है। तोड़-फोड़ है। निर्माण है। आख़िर अपनी आँख से देखी-समझी दुनिया की कविता ख़ुद रचनी होती है तो उसकी आलोचना भी!

साहित्य के लोकतंत्र में विश्वास जताते हुए यह किताब पाठकों को समर्पित करती हूँ।

—सुजाता

दिल्ली
मार्च, 2021

खंड : एक

पद्धति

1

स्त्रीवाद की अवधारणाएँ और साहित्य

स्त्रीवाद क्या है? यह एक ऐसा सवाल है जिसका जवाब तलाशे बिना ही अधिकांश लोग अपनी भ्रान्तियों को सच मानकर ऐसे चर्चा करने लगते हैं जैसे स्त्रीवाद से अधिक तिरस्कार योग्य कोई विषय नहीं हो सकता। हमारी समझ से भी यह परे है कि जैसे ही हम लैंगिक भेदभाव (sexism) को समाप्त किए जाने की बात करते हैं तो उसमें किसी को आहत होने की क्या ज़रूरत हो सकती है? लेकिन हो सकती है। उसे हो सकती है जिसे लैंगिक भेदभाव के बने रहने से फ़ायदा मिलता हो, जिसका जीवन लैंगिक भेदभाव से सुगम होता हो। उन्हें हो सकती है जिन्हें विशेषाधिकारों की लत हो। उन्हें बराबरी का मतलब उत्पीड़न सुनाई दे, यह स्वाभाविक ही है।

लेकिन सच तो यही है न कि मनुष्यों के बीच लैंगिक आधार पर भेदभाव दमन का प्राचीनतम रूप है[1], अवसरों की अनुपस्थिति ही दमन है[2] और श्रम-विभाजन का सबसे प्राचीन रूप लैंगिक वर्ग-विभाजन है।[3] लैंगिक द्वैत (binary) की सामाजिक संरचना में स्त्री को व्यवस्थाबद्ध तरीक़े से निर्णय और बराबर की भागीदारी से वंचित किया गया और पुरुष के अलावा बाक़ी सभी जेंडरों को दूसरा, तीसरा दर्जा दिया गया। अवसरों की अनुपस्थिति, यानी दमित वर्गों के पास अपनी स्थिति को बेहतर करने/बदलने का कोई तरीक़ा न होना ही शोषण की व्यवस्था का मूल है।

ज्ञान-विज्ञान और साहित्य ने भी स्त्री को व्याख्यायित करते हुए उसे लगातार 'अन्य' बनाए रखा। एक ऐसा निर्जीव अन्य जिसका अपना अभिकर्तृत्व* नहीं है। जैसे कुर्सी, किसान की फ़सल, ग्वाले की गाय। उसका होना ज़रूरी है लेकिन अपना

* A woman's agency, अभिकर्तृत्व, अभिकर्ता होने की स्थिति या भाव। स्त्री का यह भाव कि 'यह मैं करती हूँ' अभिकर्तृत्व स्त्री की वह क्षमता है जिससे वह अपने लक्ष्यों का चयन कर उन्हें पूरा करने के प्रयास में रत होती है। ख़ुद पर यक़ीन, अपने अधिकारों का ज्ञान।

होना वह न जताए तो ही बेहतर है। कुर्सी यह न कहे कि वह कमरे के किस कोने में रखा जाना पसन्द करेगी, फ़सल न बताए कि उसे कब काटा जाए, गाय यह न कहे कि बस, अब और दुहना बरदाश्त नहीं होगा। शास्त्रों और साहित्यिक कृतियों में इसी चुप्पी और वस्तुनिष्ठता की प्रशंसा में गान गाए गए।

अगर कवि प्रेमिका को ऐसे याद करे कि तुम्हारा हुस्न जैसे 'फलों की टोकरी' या 'घास के मैदान में पिकनिक'[4] है, मनोविश्लेषक कहे कि वह अबूझ, अगम्य है या पुरुष से ईर्ष्या रखती है,[5] इतिहासकार कहे कि वह थी ही नहीं, इतिहास-निर्मिति की प्रक्रिया में कहीं,[6] तो चिन्ता होनी चहिए न उस स्त्री को जो इतिहास के शुरू होने से भी पहले से इस सृष्टि का एक महत्त्वपूर्ण हिस्सा रही है। सजीव, जीती-जागती, सोचती, सपने देखती! लेकिन उन मौक़ों से वंचित जो सजीव, रचनात्मक, ख़ुदमुख़्तार होने देते उसे जैसी वह कुछ हद तक आज हो पा रही है। सोलहवीं सदी में किसी स्त्री के लिए, जो कवि और नाटककार हो, (दुनिया में कहीं भी) मुक्त जीवन बिताने का मतलब था कि स्नायविक तनाव और दुविधा उस औरत की हत्या कर देते।[7] यह मज़ेदार है कि—

> काल्पनिक रूप से उसका (स्त्री का) महत्त्व सर्वोच्च है; व्यावहारिक रूप से वह पूर्णत: महत्त्वहीन है। कविता में वह पृष्ठ-दर-पृष्ठ व्याप्त है; इतिहास से वह अनुपस्थित है। कथा साहित्य में वह राजाओं और विजेताओं की ज़िन्दगी पर राज करती है; वास्तविकता में वह उस किसी भी लड़के की ग़ुलामी करती है जिसके माँ-बाप उसकी उँगली में अँगूठी ठूँस देते हैं। साहित्य में कुछ अत्यन्त प्रेरक शब्द, कुछ अत्यन्त गम्भीर विचार उसके होंठों से झरते हैं; असल ज़िन्दगी में वह कठिनाई से पढ़ सकती है, कठिनाई से बोल सकती है और अपने पति की सम्पत्ति है।[8]

इसलिए पहले इतिहासकारों को पढ़िये और फिर कवियों को। सच की तमाम जटिलताएँ और परतें खुलेंगी। वे विपर्यय भी दिखाई देंगे जो साहित्य के भीतर, *मेल गेज़** निर्मित स्त्री और असल स्त्री के बीच बनता है। बहुत-सा घालमेल समझ आएगा। ज़ाहिदा हिना लिखती हैं—

> हज़ारों बरसों के इतिहास में औरत केवल हाशिए पर नज़र आती है। मैं अपने बचपन में जिन औरतों से प्रभावित हुई वह हौवा, हीर और सीता थीं। तारीख़ में जिन औरतों का बयान हुआ उससे वे औरतें बिलकुल अलग थीं जो मेरे आसपास रहती थीं, जिनके लिए ज़मीन सख़्त थी और आसमान

---

* स्त्री को वस्तु बनाती हुई एक विषमलिंगी पुरुष दृष्टि। मेल गेज़ की प्रस्तावना सर्वप्रथम कला-समीक्षक जॉन बर्जर ने बीबीसी के लिए बनाई शृंखला 'वेयज़ ऑफ़ सीइंग' में की थी जो बाद में स्त्रीवादियों के बीच प्रचलित हुई। ब्रिटिश स्त्रीवादी फिल्म-समीक्षक लौरा मलवे ने इसे अपनी किताब 'विज़ुअल प्लेज़र और नैरेटिव सिनेमा' में इस्तेमाल किया।

दूर। मैं इन रोती-सुबकती औरतों से निगाहें चुराकर क़िस्से-कहानियों और भूल-भुलैयों में भटकती फिरती थी।[9]

एक आदमी जो 'रामायण' पढ़ता था उसे इस बात से क्या समस्या थी कि उस 'रामायण' को रसोई में काम करती उसी की पत्नी (राससुन्दरी देवी) हाथ लगाए, उसे पढ़ सके? मोल्ल ने तेलुगु में रामायण लिखी तो पंडितों को स्वीकृत क्यों नहीं हुई?

पितृसत्ता की शिनाख़्त

पितृसत्ता की व्याख्या और आलोचनात्मक विश्लेषण पहली बार स्त्रीवाद ने किया। पितृसत्ता स्त्री पर पुरुष-नियंत्रण क़ायम रखने की सामाजिक व्यवस्था का नाम है। स्त्री और पुरुष के बीच जो जैविक (biological) भिन्नता है, या पुरुष से अन्य जेंडरों की जो भिन्नता है उसे भेदभाव का आधार बनाया जाना बीसवीं सदी में स्त्रीवादी आलोचनाओं की वस्तु बना। सेक्स और जेंडर का फ़र्क़ साफ़ समझा गया और यह पाया गया कि जैविक भिन्नता का बहाना लेकर स्त्री-पुरुष को दो विपरीत जेंडर, दो ध्रुवों की तरह निर्मित किया गया। पुरुषवादी वर्चस्व को स्थायी रूप देने के लिए स्त्री को लगातार कमतर सिद्ध किया गया। यह ऐसी व्यवस्था है जो निर्णय और सामाजिक उत्पादन, मुनाफ़े और सम्पत्ति से स्त्री को बाहर करती है। लिंगों के बीच वह ताक़त का ऐसा असमान बँटवारा करती है कि स्त्री की देह, अर्थ और श्रम अधीन किए जा सकें।

पितृसत्ता कोई प्राकृतिक अवस्था नहीं है, इसके विकास का इतिहास है। आरम्भिक कम्युनिस्टिक गृहस्थियों में पुरुषों का स्त्रियों पर वैसा नियंत्रण नहीं होता था। स्त्रियाँ भी सिर्फ़ चारदीवारी में क़ैद रहनेवाली नहीं होती थीं, जैसा कि अक्सर कहा जाता है कि पुरुष शिकार करता था और स्त्री घर पर रहा करती थी। अगर पुरुष शिकारी (hunter) था तो वह भी घर से बाहर निकलकर संग्रहण करनेवाली (gatherer) थी। यों भी, घर के काम वह इसलिए नहीं कर रही थी कि उसकी जैविक संरचना उन्हीं कामों के लिए हुई थी। क़बीले की संरचना में उसके काम उसका दोयम दर्जा तय नहीं करते थे और न ही उसकी मेहनत किसी तरह से कम थी। साथ ही, स्त्रियाँ माताएँ थीं और सन्तान की पहचान का बस यही प्राकृतिक और सहज तरीक़ा था कि उसे उस स्त्री से पहचाना जाए जिसकी कोख से वह जन्म ले रही है। यही नहीं, झुंड की सभी स्त्रियों को उत्पन्न बालक की माताएँ मानने का रिवाज़ था।[10] बच्चों को उनकी माँ और उनके झुंड के नामों से पहचानने का रिवाज़ था।[11] जैसे कौंतेय या राधेय। 'महाभारत' के कई प्रसंगों में जाती हुई मातृवंशीय-प्रणाली और स्थापित होती हुई पितृसत्ता, उत्तराधिकार के नियमों के तय होने के तमाम संघर्ष दिखाई देते हैं।

अगर यह माना जाएगा कि स्त्रियाँ धरती हैं जिसमें पुरुष बीज बोता है तब फिर उत्पादन उसी का होगा न जिसका बीज होगा।[12] एकल विवाह एक ऐसा तरीक़ा था जिससे स्त्री की कोख पर नियंत्रण किया जा सकता था—वैध उत्तराधिकारी पाने के लिए और यह सुनिश्चित करने के लिए कि सन्तान पुरुष की है। एंगेल्स निजी सम्पत्ति को एकल विवाह और पितृसत्ता के आरम्भ का बिन्दु और मातृप्रणाली (मातृसत्ता नहीं, वह उस अर्थ में कभी सत्ता नहीं रही जिस अर्थ में पुरुष सत्ता है, वह मातृवंशीय व्यवस्था है) की ऐतिहासिक हार मानते हैं।[13] इसमें कोई सन्देह नहीं कि पितृसत्ता द्वारा स्त्री का दमन अपनी प्रकृति में यौनिक है लेकिन यह निर्धारित करना भी आसान नहीं कि पितृसत्ता पहले आई या स्त्रियों की यौनिकता पर नियंत्रण की इच्छा!

एंगेल्स का मातृप्रणाली को जीवन-पद्धति का स्वाभाविक विकास कहना स्त्रीवादी आलोचना से परे नहीं रहा। जन्म देने के अलावा सफ़ाई, पकाना, देख-भाल ऐसे काम नहीं हैं जो प्राकृतिक रूप से स्त्री ही कर सकती थी। तर्क ये भी दिए गए कि सामाजिक उत्पादन में भी स्त्री की भागीदारी के प्रमाण मिलते ही हैं तो यह भी कहा गया कि उत्पादन पर नहीं बल्कि सन्तानोत्पत्ति पर पुरुष के क़ब्ज़े ने स्त्री-पुरुष समीकरणों को बदला और स्त्री को क़बीलों में उपहारों के तौर पर अदल-बदल किए जाने से वह वस्तु में तब्दील हुई। जुलियट मिशेल ने पुरुष के स्त्री पर नियंत्रण को चार स्तरों पर पहचानने की कोशिश की—उत्पादन, प्रजनन, समाजीकरण और यौनिकता।

जैसे-जैसे समाज की संरचना जटिल होती गई, पितृसत्ता भी अपने रूप बदलती गई, मज़बूत होती गई। यह मज़बूती स्त्रियों को भी अपने अपराध का सहभागी बनाए बिना नहीं मिल सकती थी। आख़िर स्त्रियाँ क्यों पितृसत्ता में सहभागी होतीं? उनकी भिन्न श्रेणियाँ बनाईं पितृसत्ता ने और उन्हीं के अनुरूप पुरस्कार और दंड का विधान किया गया। स्त्री के अनुकूलन और निर्भरता के कई स्तर हो गए।

जेंडर और लिंग

लैंगिक भेदभाव का सबसे मज़बूत तर्क है स्त्री-पुरुष का जैविक अन्तर। लेकिन स्त्री गर्भ से खाना नहीं बनाती और बर्तन माँजने से पुरुष स्त्री नहीं बन जाता। रहन-सहन और तौर-तरीक़े हमें हमारा जेंडर सिखाता है, सेक्स नहीं। *जेंडर पर्फोर्मेटिविटी* के सिद्धांत के ज़रिए जुडिथ बटलर ने समझाने की कोशिश की कि जेंडर हमें जन्मत: नहीं मिलता। लिंग हमें जन्मत: मिलता है और जेंडर पाया जाता है। विशिष्ट सामाजिक-सांस्कृतिक परिस्थितियों में इस प्रकार 'स्त्री' विशिष्ट अर्थों की व्यंजना करनेवाला शब्द है।[14] सीमोन द बुवा जब 'द सेकेंड सेक्स' लिख रही थीं तो लिंग और जेंडर का वे उल्लेख नहीं करतीं लेकिन यह कृति अपने आप जेंडर और लिंग का भेद

बताती चलती है। उस पल जब अस्पताल में बच्चे के पालने के नीचे लिखा जाता है—यह एक लड़का है या यह एक लड़की है, जेंडर के हिसाब से अनुकूलन शुरू हो जाता है। वह सीमोन की उस प्रसिद्ध उक्ति को लाती है 'स्त्री पैदा नहीं होती, बनाई जाती है।' इसका मतलब यह है कि अपना जेंडर यानी स्त्री होने से पहले वह कोई अलग मनुष्य था! तो वह क्या तरीक़ा है जो इस जेंडर को निर्मित करता है? इसका अर्थ है जेंडर बदले भी जा सकते हैं। तब यौनिक अस्मिता को तय करने के क्या पैमाने होंगे? औज़ार के तौर पर वह भाषा को लेकर आती हैं। वह बताती हैं कि जेंडर देह का लिबास है, देह जिसका एक लिंग है। इस कॉस्ट्यूम को पहनकर हम ताउम्र अपने जेंडर की भूमिका को निभाते हैं। और फिर बार-बार इसे 'परफॉर्म' करते हुए हम जेंडर रूढ़ियाँ बनाते हैं।[15] जुडिथ ने मोनिक विटिंग को उद्धृत किया जो कहती हैं—स्त्री-पुरुष राजनीतिक कोटियाँ हैं, प्राकृतिक नहीं।

हिन्दी में सेक्स के लिए लिंग शब्द का ही इस्तेमाल होता है और लिंग का इस्तेमाल पुरुष के जननांग, उसके शिश्न के लिए भी होता है। यह ध्यान नहीं रखा जाता कि जिस पुरुष-शक्ति (जैसे शिव-लिंग) की पूजा होती है वह महज़ लिंग यानी पुरुष अंग नहीं है, वह उत्थित शिश्न (phallus) है, जो सम्भोग क्रिया और प्रजनन करने में समर्थ है, जो नियंत्रण करता है, नियामक है। अस्पताल में जन्मे जिस शिशु के लिए डॉक्टर कहता है—यह लड़का है, वह बड़े होने पर इस पुरुष-शक्ति को हासिल नहीं कर लेगा।* तो, यह पुरुष-शक्ति का प्रतीक है जो पूरी संरचना में विन्यस्त रहती है। इन प्रतीकों का इस्तेमाल करनेवाले इन्हें आत्मसात कर चुके होते हैं और अक्सर नहीं जानते कि वे इनका इस्तेमाल कर रहे हैं। तलवार और तोप उसी उत्थित शिश्न की पुरुष-शक्ति के प्रतीक हैं। यह शक्ति राज्य के पास हो तो शत्रु ख़ौफ़ खाता है। इसीलिए तलवार उठानेवाली मर्दानी है और दूध पिलाती स्त्री दयनीय (आँचल में है दूध और आँखों में पानी)। इसलिए जेंडर सामाजिक निर्मिति है और स्त्री-पुरुष राजनीतिक कोटियाँ।

भय बिनु होय न प्रीति : प्रेम की राजनीति

जीवविज्ञानियों, दार्शनिकों, मनोवैज्ञानिकों ने सिर्फ़ व्याख्याएँ कीं प्रेम की लेकिन स्त्रीवाद ने पहली बार प्रेम पर सवाल उठाए। प्रेम के विषय में बात करने की सबसे बड़ी मुश्किल यह है कि आम धारणा के हिसाब से स्त्रीवादी प्रेम-विरोधी होती हैं। इसी ग़लत समझ से यह वाहियात धारणा निकली कि सब फ़ेमिनिस्ट पुरुष-विरोधी हैं, इसलिए प्रेम पर बात करने के लिए अयोग्य हैं। प्रेम और जंग में अगर सब जायज़ है तो फिर उसका विश्लेषण क्या! प्रेम दैवीय है तो यह अलौकिकता भी उसे

* अध्याय-4 और 5 में विस्तार से

अप्रश्नेय बनाती है। प्रेम पर बात करना उस समाज में भी आसान नहीं है जिसकी नैतिकता औरत के सर का पल्लू खिसकने से खंडित होती है। स्त्री के दहलीज़ लाँघने से जिस समाज का शील भंग होता है वहाँ 'प्रेम' के प्रशिक्षण पर बात करते हुए भय होता है। भय प्रेम का महत्त्वपूर्ण अंग है, 'भय बिनु होय न प्रीति' और प्रेम के पहले प्रशिक्षण में माँ सिखाती है कि कोई बात नहीं जो पिता इतने सख़्त हैं और प्रतिबन्ध लगा कर रखते हैं, आख़िर वे बहुत प्यार करते हैं, जताना नहीं जानते। यही भाई, पति और पुत्र करते हैं और स्त्री को बुरा नहीं लगता। वह असहज नहीं होती।

सहज हुए बिना स्त्री प्रेम करती है। दी गई भूमिका निबाहती है। इसलिए जब स्त्रीवादी लेखिका शुलमिथ फ़ायरस्टोन लिखती हैं कि ग़ैर-बराबरी के बीच प्रेम एक अभिशाप बन जाता है, तो गहरी ज़रूरत होती है इस बात को समझने की कि प्रेम पितृसत्ता के हाथ का औज़ार तो नहीं? इसलिए स्त्री के लिए जीने का सबसे ज़रूरी कौशल तो नहीं? आख़िर सदियाँ हुईं स्त्री को प्रेम करते लेकिन उसकी स्थिति नहीं सुधरी, और बुरी ही हुई। एक में दूसरे के व्यक्तित्व का विलय ही अगर प्रेम है तो एक पितृसत्तात्मक व्यवस्था में यह सबसे ज़्यादा ख़तरनाक है स्त्री के लिए।

स्त्रीवादियों ने प्रेम की नहीं 'रोमांटिक प्रेम' की आलोचना की। पुरुष के बिना औरत की ज़िन्दगी अधूरी है और प्रेम के बिना सूनी। इस 'अभागेपन' से बचने के लिए हर तरह के पचड़े और ग़ुलामी को औरत ख़ुशी-ख़ुशी बर्दाश्त करती जाती है, इससे निकलने की कोई राह नहीं। दमन रोमांस का अनिवार्य हिस्सा हो जाता है। इसे पुरानी कहानियों से समझिए। एक दिन एक राजकुमार आएगा जो ज़िन्दगी के सब कष्ट हर लेगा और रानी बनाकर रखेगा। तब मैं सारी दुनिया को दिखा दूँगी। सब जग-मग जग-मग होगा। वह मुझे कभी डाँटेगा नहीं। उसकी बाँहों में मैं दुनिया के हर कष्ट से बच जाऊँगी। जबकि यथार्थ अक्सर इससे उलट होता है और तब भी रोमांटिक प्रेम का मिथक उन्हें उत्पीड़न-भरे रिश्तों में बाँधे रखता है। प्रभा खेतान की आत्मकथा 'अन्या से अनन्या' का एक हिस्सा है जहाँ एक कार्यक्रम में महादेवी वर्मा और अमृता प्रीतम दोनों वक्ता हैं—

> रात्रिभोज पर मैंने अमृता जी से सवाल किया—"आपको इमरोज़ मिल गए लेकिन वह स्त्री क्या करे जिसे इमरोज़ जैसा प्रेमी न मिला हो?" छूटते ही उनका उत्तर था—"तो एक और इमरोज़ की तलाश करे...।"
>
> "क्या औरत की ज़िन्दगी महज़ इमरोज़ की तलाश बन जाए?"
>
> "बिना प्यार के औरत पंगु है।"
>
> "अमृता जी! सिर्फ़ प्यार ही क्यों? केवल इमरोज़ ही क्यों? यह समाज तो कई-कई मुक़ामों पर औरत को उसकी पंगुता महसूस करवाता है। औरत के लिए केवल प्यार ही काफ़ी नहीं है। व्यक्ति बनने के लिए उसे और भी कुछ चाहिए। धन-मान, अभिव्यक्ति की स्वतंत्रता सभी कुछ। जीवन शुरू करने

के लिए उसे भी पुरुष के बराबर ज़मीन चाहिए और इस ज़मीन को समाज से छीनकर लेना पड़ता है। महज़ अनुनय-विनय से काम नहीं चलता।"[16]

हम जानते हैं अमृता ने विवाहित होते हुए साहिर लुधियानवी से प्रेम किया और इमरोज़ के साथ रहीं। अमृता प्रीतम को उनके लिखे और किए से ज़्यादा इन अभूतपूर्व प्रेम-सम्बन्धों के लिए याद किया जाता है। हम जानते हैं कि प्रभा खेतान बचपन के तमाम घृणित अनुभवों और उपेक्षा के बाद डॉक्टर सर्राफ़ से प्रेम कर बैठती हैं जो गृहस्थ हैं, उम्र में बड़े हैं। बहुत अपमान और पीड़ा झेलती हैं प्रभा। सम्बन्ध से निकलने की तमाम छटपटाहट के बावजूद वे अपने को कमज़ोर पाती हैं। प्रेम करते हुए भी एक ख़ालीपन और अकेलापन होता है जीवन में। एक ओर दृढ़ता से अपना करियर बनाती हैं, दूसरी ओर असहाय और लाचार महसूस करती हैं। प्रभा खेतान को उनकी इस छटपटाहट-भरी यात्रा और स्त्रीवादी लेखन के लिए याद किया जाता है। ऐसा नहीं कि अपने आप में प्रेम ही ख़राब चीज़ है और सब उसका दोष है, बल्कि—

> यह प्रेम की प्रक्रिया नहीं है जिसका कि सारा दोष है, बल्कि यह कौन, क्यों, कब और कहाँ जैसे सवालों से जुड़ी राजनीति यानी शक्ति/सत्ता का ग़ैर-बराबरी का सन्दर्भ है जो ऐसे सर्वनाश की वजह बनता है।[17]

दूसरे दौर के स्त्रीवादी आन्दोलनों ने एक बेहद काम का नारा दिया दुनिया को—The personal is political! जो निजी है वह राजनीतिक है। स्त्रियों ने कहा कि उन्होंने वही किया जो उन्हें समाज ने सिखाया। समाज के प्रतिनिधि रूप माता-पिता ने सिखाए, अपने ही अस्तित्व को कमतर महसूस करवाया जो स्त्रियों में अपने दम पर ज़िन्दगी जीने के आत्मविश्वास की कमी में दिखाई देता है, जो उनके दोयम दर्जे और वस्तु-रूप मान लिये जाने की मर्दाना (musculine) रणनीति में दिखता है; लेकिन हम कभी नहीं सोचते कि इससे फ़ायदा 'किसका' होता है? अगर समाज का एक वर्ग विशेष इससे फ़ायदे में रहता है तो यह असल में एक राजनीति है। एक तबक़े का शोषण निजी मसला नहीं हो सकता। एक काले ग़ुलाम पर गोरे मालिक का अत्याचार निजी मसला नहीं हो सकता। यह नस्ली राजनीति है। पितृसत्ता लिंगों की ग़ैर-बराबरी की यौनिक राजनीति (sexual politics) है।

असहज को सहज बनाने का समाजशास्त्र

यही राजनीति असहज को सहज बनाती है। स्त्री का वस्तु बना दिया जाना फिल्मों, विज्ञापनों, फ़ैशन शो वग़ैरह में तो आसानी से दिखता है, ऐसी बातों में नहीं दिखता जिनकी शुरुआत अक्सर हमारे घरों से ही होती है। ख़ुद अपने आप को वस्तु मानने

लगना अपने आप की निगरानी करने देने के लिए समाज को स्वीकृति देने की पहली शर्त है। जब कोई व्यक्ति लम्बे वक़्त तक निगरानी में रहा हो तो बहुत स्वाभाविक है कि वह एक निगरानी व्यवस्था (Surveillance) अपने दिमाग़ में ही निर्मित कर लेता है। स्त्रियों ने सदियाँ बिताई हैं घर की चारदीवारी के भीतर, पुरुषों और पितृसता की प्रतिनिधि बड़ी-बूढ़ियों की निगरानी में और इस तरह उन्होंने ख़ुद को ख़ुद ही की और इसलिए दूसरों की भी निगरानी में रहने के लिए अभ्यस्त कर लिया।

सिल्विया प्लाथ की एक कविता है The mirror जो दीवार पर टँगे आईने और स्त्री के बीच एक गुप्त संवाद है। आईना जो कहता है कि न वह पूर्वग्रहग्रस्त है न ही फ़ैसलाकुन है स्त्री की छवि को लेकर। वह पूरी वफ़ादारी से स्त्री को प्रतिबिम्बित करता है। हर उम्र में अपने अस्तित्व के लिए वैधता पाने की ज़रूरत पड़ना एक पीड़ा है। अपेक्षाओं पर खरा उतरने की तमाम विडम्बनाएँ कविता की आख़िरी पंक्तियों में उजागर हो जाती हैं जब आईना कहता है—

मेरे भीतर डूब गई एक युवती और मेरे ही भीतर से उठती है
एक वृद्ध स्त्री रोज़-ब-रोज़, जैसे दारुण कोई मछली

स्त्री की देह 'टू-बी-लुक्ड-एट-नेस' यानी ख़ुद को देखे जाते हुए देखने की अभ्यस्तता से ग्रस्त है; यानी जैसा तुम मुझे देखना चाहते हो मैं वैसी हूँ और वैसे देखे जाते हुए मैं देख रही हूँ। वह ख़ुद को देखे जाते हुए देखती है।[18] इससे अनभिज्ञ, अपनी ही दर्शक हो जाती है वह। वहाँ उस स्त्री में से एक सहज मनुष्य ग़ायब है। यही वजह है कि किसी रीतिकालीन कविता में अपनी ही देह को देखकर भी स्त्री सामान्य पाठक के रूप में असहज नहीं होती। वह अपने ही भीतर स्वयं भी है और उसका सर्वेक्षक भी।

अपने सहज स्वरूप से एकाकार न हो पाना ऐसा अभाव था जिसने स्त्री को 'परसनहुड' से वंचित कर दिया। होना, न होने के बराबर। ऐसा दिखना जिसमें ख़ुद को ही लगातार पराई नज़र से देखा जाए। सिर्फ़ दिखना, सुना जाना नहीं। कौन कब क्या बोल रहा है तुम्हारे बारे में सुनो, गुनो, पालन और अवगाहन करो। मन जिस देह में निवास करता है उन दोनों की अलग-अलग सत्ता मानना एक मनुष्य को आत्मनिर्वासन की पीड़ा से भर देता है। इस असहज को स्त्री-लेखन अभिव्यक्ति देता है।

मनोविश्लेषण, यौनिकता (Sexuality) और स्त्रीवाद

स्त्री की सहज मानवी इच्छाओं का स्वीकार ऐसा मुश्किल काम था कि साहित्यकार, दार्शनिक, विचारक स्त्री को एक मिथक बनाते गए। फ्रॉयड स्त्री के बारे में बेहद कम समझ पाए थे। यह उनकी सीमा थी। वे स्त्रियों में पेनिस-एनवी (शिश्न-ईर्ष्या)

की कल्पना करते रहे। सीमोन का बहु उद्धृत वाक्य है—स्त्री बनाई जाती है, पैदा नहीं होती। सीमोन सामाजिक अनुकूलन की तरफ़ इशारा करती हैं जो औरत को समाज द्वारा तय भूमिका निभाने के लिए तैयार करता है। कोई लड़की अगर पेड़ पर चढ़ना चाहती है तो सिर्फ़ इसलिए कि वह ऐसा करना चाहती है न कि इसलिए कि वह लड़कों की बराबरी करना चाहती है। फ्रॉयड बच्चे के मानस को जितना युक्तिसंगत समझते हैं उतना वह होता नहीं। लड़की के जीवन में हीनताबोध केवल पुरुष अंग के अभाव के कारण नहीं है बल्कि और भी प्रारम्भिक अनुभवों का वह सिलसिला है जो बड़े लम्बे समय तक उसके जीवन को प्रभावित किए बिना नहीं रहता। सामाजिकता की प्रक्रिया में लड़के का सेक्स उसकी सफलता का प्रतीक बन जाता है। फ्रॉयड ने एक ईडिपस ग्रंथि के ज़रिए 'स्त्रियोचित' और 'पुरुषोचित' को व्याख्यायित करने की कोशिश की। पोस्ट-फ़ेमिनिस्ट स्त्रीवादियों ने फ्रॉयड को अलग तरीक़े से पढ़ने की भी कोशिशें कीं और जेंडर-निर्मिति सम्बन्धी उनके दिए सूत्रों को काम का पाया। जुलियट मिशेल ने उन्हें पितृसत्ता के पक्ष में नहीं बल्कि पितृसत्ता के तरीक़ों को खोलनेवाला कहा।

आगे लकाँ ने फ्रॉयड को ही आधार बनाते हुए पेनिस-एनवी की जगह 'फैलस' शब्द का इस्तेमाल किया। फैलस (उत्थित लिंग) शक्ति का प्रतीक है, मर्दवाद को अपनी ताक़त का भरम यहीं से मिलता है। लेकिन स्त्रीवादियों ने मनोविज्ञान की फेलोसेंट्रिक (phallocentric) प्रकृति पर सवाल उठाए जिसके अनुसार पुरुषत्व नियम और स्त्रीत्व विचलन मात्र ठहरता है। जूलिया क्रिस्टेवा अपने प्रसिद्ध निबन्ध 'वुमंस टाइम' में इस पर बात करती हैं।[19] यहाँ भाषा के सन्दर्भ में स्त्रीवादी विचार को आगे बढ़ाते हुए लूस इरिगेरे और हेलेन सिक्सू ने अपने-अपने सिद्धांत प्रस्तुत किये जिन पर हम भाषा-सम्बन्धी अध्याय में बात करेंगे।

यौनिकता एक बड़ा सवाल था। मर्दवादी दमन अपनी प्रकृति में मूलत: यौनिक है। स्त्री के पालन-पोषण के ज़रिए उसे ऐसा बनाया जाता है कि उसमें एक बधिया की ख़ूबियाँ विकसित हों। गोल-मटोल, सुन्दर, सभ्य, उदार और क्लान्त, अति सुकुमार प्राणी जिसकी अपनी यौनिक अभिव्यक्तियाँ नहीं हैं। एक अ-यौनिक प्राणी। स्त्री की लैंगिकता को हमेशा ढँका गया और विरूपित किया गया है। इस अनुकूलन के ज़रिए यह हुआ कि स्त्री को एक यौन-वस्तु के रूप में देखा गया दूसरे प्राणियों (पुरुषों) के इस्तेमाल और आस्वादन के लिए।[20] 'सेक्स के मामले से निबटने के लिए सत्ता के पास एक ही तरीक़ा है—प्रतिबन्ध!' इसलिए चुप रहा जाए सेक्स के मामले में।[21] लैंगिक व्यक्तित्व आधारभूत रूप से सत्ता-विरोधी होता है। व्यवस्था अपने प्रजाजनों पर पूरी परामर्श-ग्राह्यता लादना चाहे तो उसे काम को पालतू बनाना होगा। स्त्रियाँ अगर अपने इस अन्तिम ह्रास से बचना चाहें तो उन्हें सिर्फ़ कामोत्ताप नहीं बल्कि आनन्दातिरेक की प्राप्ति के लिए भी अड़ना चाहिए।[22] औरतों का ठंडापन

एक आम बात मानी जाती है लेकिन पुरुष की नपुंसकता का इलाज आदिकाल से ही पूरी गम्भीरता से किया जाता है। स्त्री यौनांगों और जननांगों के प्रति सिर्फ़ व्यवस्था की ही उदासीनता नहीं है एक स्व-पीड़क का चरित्र स्त्री ने भी विकसित किया है।

स्त्रीवाद यौनिकता को मर्दवाद की सामाजिक निर्मिति के रूप में देखता है।[23] कैथरीन मैककेनन कहती हैं कि स्त्री यौनिकता को सिर्फ़ इतिहास (फूको) सामाजिक मनोविज्ञान (लकाँ) या भाषा (देरिदा) के टेक्स्ट में समझने की नहीं बल्कि स्त्रियों के अपने अनुभव में भी समझने और आलोचना करने की आवश्यकता है। आख़िर स्त्री यौनिकता के वस्तुकरण को—पहले संसार में, फिर दिमाग़ों में, दृश्यात्मकता में, फिर जबरन यौन सम्बन्ध में और अन्ततः यौनिक हत्या में बदला जाना जवाब की दरकार रखता है। पुरुष को अपनी कामोत्तेजना के लिए किस-किस चीज़ की ज़रूरत है उसके सन्दर्भ में स्त्री को व्याख्यायित किया जाता है। मुख्य यौनिकता पुरुष की ही है। उसी के सन्दर्भ में स्त्री व्याख्यायित होगी। ताक़त की कामुकता पौरुष है और समर्पण की कामुकता स्त्रैण है।[24] ऐसे में अगर कहें कि यौन आनन्द में स्त्री मोल-भाव करती है तो इसका मतलब यह तो नहीं है कि मोल-भाव कर सकना 'आज़ाद' होना है?[25] ऐसा तो नहीं है कि सामाजिक व्यवहारों में औरत की कभी कोई भूमिका नहीं रही। वह किसी ठस्स चीज़ की तरह दुनिया में बस पड़ी रही। बल्कि, ताक़त की पूरी संरचना में वह केवल एक पुर्ज़ा बनाई गई, जो कर्ता है नहीं लेकिन कर्ता का भरम पाले है।

मनोविश्लेषण ने हिन्दी साहित्य और आलोचना को दूर तक प्रभावित किया। लेकिन मनोविश्लेषण और साहित्य में स्त्री का पक्ष स्त्रीवाद और स्त्री-विमर्श के ज़रिए ही सामने आ पाया।

इकहरी विचारधारा नहीं है स्त्रीवाद

स्त्रीवाद स्त्री-शक्ति के महिमागान का कोई शास्त्र नहीं है। मनुस्मृति नहीं है वह। स्त्रियों को उनकी ख़ूबियों-ख़ामियों के साथ मनुष्य रूप में स्वीकारे जाने का हामी है। ग़ैर-बराबरी को जन्म देने/बढ़ानेवाली समस्त परिस्थितियों को बदलने की मंशा स्त्रीवाद का मूल है। स्त्रीवाद यह समझने में मदद करता है कि समाज, इतिहास और भाषा की संरचना में चीज़ें ऐसी जेंडर्ड क्यों हैं जैसी वे आज हैं? स्त्रीवादी दृष्टिकोण स्त्री को हीन मानने और पुरुष को ही मुख्य और प्रथम लिंग मानने के ख़िलाफ़ है। यह पुरुष की लगाम थामने की कोशिश नहीं, उसके गुर तो दादियाँ-नानियाँ बरसों से सिखा रही हैं, बल्कि स्त्री की ख़ुद अपनी लगाम अपने हाथ लेने की कोशिश है। स्त्रीवाद पितृसत्तात्मक संरचना और विभिन्न सामाजिक संरचनाओं में निहित लैंगिक भेदभाव को समझने के लिए औज़ार विकसित करता है। यह कोई प्रतिक्रियावादी

आन्दोलन नहीं है, अल्पकालिक या अस्थायी नहीं है, ज्ञान की एक पूर्ण शाखा है, अध्ययन पद्धति है, राजनीति और दर्शन है।

स्त्रीवाद जेंडर, वर्ग, नस्ल, जाति और धर्म के जटिल रिश्तों की बनावट-बुनावट को समझने के औज़ार देता है। वह समाज की शक्ति-संरचना में जेंडर की हेजेमनी को समझने की कोशिश है। पितृसत्ता का कोई सार्वभौमिक रूप नहीं होता। वह लोकल के सन्दर्भ में ही व्याख्यायित होगा। इस अर्थ में स्त्रीवाद सिर्फ़ स्त्री और जेंडर का अध्ययन नहीं है। वह समाजों के लैंगिक आधार पर बँट जाने के इतिहास का अन्वेषण है, लैंगिक रंगों में पुती हुई भाषा की पड़ताल है, धर्म और क़ानून के लैंगिक दमनकारी स्वरूप की आलोचना है। पूरी दुनिया के दो विपरीत (?) लिंगों में बँट जाने की आलोचना है।

पितृसत्ता हमेशा स्थानीय (local) संस्करणों में पलती है और अपना स्वरूप समय और हालात के हिसाब से बदलती रहती है। भारत के उत्तर-पूर्व में पितृसत्ता का वही रूप नहीं है जो उत्तर भारत में देखने को मिलता है या दक्षिण भारत, या दक्षिण एशियाई देशों और अमरीका में पाई जानेवाली पितृसत्ता एक जैसी नहीं हो सकती। एकता सिर्फ़ स्त्री पर नियंत्रण के मक़सद में है।

स्त्रीवाद भी कोई इकहरी अवधारणा नहीं है। इसलिए एक पंक्ति में उसकी परिभाषा बता देना बहकाना होगा। स्त्री होना अपने में सम्पूर्ण सच नहीं है। जाति, नस्ल, वर्ग, धर्म, क्षेत्रीयता, राष्ट्रीयता ऐसी बहुत-सी सचाइयाँ हैं जो उसके सच को पूरा सच बनाती हैं। इसलिए यह कभी नहीं कहा जा सकता कि सभी स्त्रियाँ समान रूप से शोषित हैं। यह कहना बाक़ी सामाजिक सच्चाइयों को नकारना होगा। इसलिए स्त्रीवाद की अगर कोई परिभाषा निर्मित की जा सकती हो तो वह शायद यह होगी—

> स्त्रीवाद वह राजनीतिक सिद्धांत और व्यवहार है जो सभी औरतों—किसी भी रंग की, कामकाजी, ग़रीब, विकलांग, समलिंगी, वृद्ध, सवर्ण, आर्थिक रूप से विशेषाधिकार प्राप्त विषमलिंगी की मुक्ति के लिए संघर्ष करता है। कुछ भी जो आज़ादी की इस परिकल्पना से कम है, वह स्त्रीवाद नहीं बल्कि सिर्फ़ अपना महिमडंन करना है।[26]

पितृसत्तात्मक शक्ति जिसे पुरुष स्त्रियों पर अधिकार जमाने के लिए इस्तेमाल करते हैं आख़िर वह सिर्फ़ उच्च और मध्यवर्गीय पुरुषों का विशेषाधिकार नहीं है बल्कि समाज के सभी पुरुषों का है भले ही वह किसी भी वर्ग या नस्ल का हो।[27] ऐसा न हो कि जब शोषक व्यवस्थाओं का हिसाब-किताब लिखा जाए तो ब्लैक स्त्री, दलित स्त्री के अन्तरानुभागीय अनुभवों, यौनिक, सामाजिक और श्रम के शोषण का खाता ही न हो।

स्त्रीवाद एक गतिशील अवधारणा है और अपने विकास के सभी चरणों में वह

अलग-अलग उद्देश्यों को लेकर चली। आज हम उसे सामाजिक, आर्थिक, जैविक, राष्ट्रीय भिन्नताओं के अर्थ में और बेहतर समझ पा रहे हैं। ऐसा नहीं है कि इतिहास में स्त्रियों ने कभी पितृसत्तात्मक ज़ुल्म के ख़िलाफ़ संघर्ष नहीं किया, आवाज़ नहीं उठाई। लेकिन जब स्त्रियाँ पितृसत्ता को सम्पूर्ण रूप से समझ कर एक राजनीतिक मक़सद के तहत लामबन्द हुईं तो स्त्री-मुक्ति आन्दोलन की वैचारिक ज़मीन तैयार हुई। पितृसत्ता के सिद्धांत और पद्धतियाँ उजागर हुईं, कहना चाहिए कि बेपर्द हुईं। इसलिए स्त्रीवाद और स्त्री-मुक्ति आन्दोलन में फ़र्क़ भी समझना होगा और यह भी समझना होगा कि दोनों एक-दूसरे से जुड़े हुए हैं। कोई राजनीति ऐसी भी होती है जो ज्ञान-संवृद्धि के रास्ते रोकती नहीं है बल्कि उसमें नए अध्याय जोड़ती चली जाती है। स्त्रीवादी राजनीति, अस्मिता की राजनीति वही राजनीति है।

ज्ञान एक सामाजिक निर्मिति है। समाज के कई पक्षों का उसमें योगदान होता है। मुख्यधारा ने लम्बे समय तक उन अस्मिताओं को दुरदुराया है जिनके दम पर घर चलते हैं, खेत जोते जाते हैं, भवन निर्मित होते हैं, सड़कें और बाग़-बाग़ीचे सजते हैं, जंगल सुरक्षित रहते हैं। समाज में ऐसे हाशिए के तबक़ों के पास ज्ञान के वे भंडार हैं जो उपेक्षित पड़े रहे। हमें उनके दृष्टिकोण से समाज में शक्ति की संरचना को समझना शुरू करना होगा। वे समाज को दिशा-निर्देश दे सकते हैं कि किन रास्तों पर बढ़ चलना एक स्वस्थ दुनिया का निर्माण करेगा। ताक़त के खेल और शोषण को मालिक के नहीं मज़दूर के दृष्टिकोण से ही समझा जा सकता है। ऐसे ही पितृसत्ता को स्त्रीवादी दृष्टिकोण से ही समझा जा सकता है। स्त्रीवादी दृष्टिकोण के विभिन्न सिद्धांत ज्ञान की परम्परा को पुष्ट करने का काम करते हैं। एक दलित, ब्लैक, आदिवासी, पूर्वोत्तर या कश्मीर की स्त्री, सवर्ण, ग़रीब, ग्रामीण, विकलांग, समलैंगिक स्त्री सबके पास अपने स्त्री-अनुभव हैं और इन सबसे एक 'स्टैंडपॉइंट थियरी' विकसित होती है। ये सिद्धांत तब-तब विकसित होंगे जब-जब कोई दमित अस्मिता सामाजिक स्वर हासिल करेगी और यह बताएगी कि सामाजिक व्यवस्था हमारे जीवन अनुभवों और हमारे खड़े होने की जगह से भिन्न दिखती है।[28] दलित और आदिवासी स्त्री ने अपनी बात लिखना शुरू किया है। अपने अनुभव दर्ज करना और उनके आधार पर अपने स्त्रीवादी सिद्धांत विकसित करना शुरू किया है। अभी हिन्दी के पास समलैंगिकता की स्टैंडपॉइंट थियरी नहीं है। जैसे-जैसे ये स्वर मुखर होंगे तमाम स्त्रीवादी दृष्टिकोण की सैद्धान्तिकियाँ विकसित होंगी।

लेकिन यह याद रखना होगा कि स्त्रीवाद इन सबसे मिलकर ही कारगर हो पाएगा क्योंकि हर स्टैंडपॉइंट थियरी आंशिक होती है। हम आंशिक की नहीं सम्पूर्ण की बात कर रहे हैं, वह सम्पूर्ण जो आंशिक को अनदेखा करके बन नहीं सकता।

2

स्त्रीवाद और आलोचना का सम्बन्ध

> स्त्रीवाद को नापसन्द किया जाता है क्योंकि दरअसल स्त्री को ही नापसन्द किया जाता है। स्त्रीवाद-विरोधी होना सीधे-सीधे स्त्री-द्वेष की ही अभिव्यक्ति है, बल्कि यह स्त्री-द्वेष की भावना का राजनीतिक बचाव है।[1]
>
> **—एंड्रिया ड्वॉर्किन**

वर्जीनिया वूल्फ़ ने जेब में भारी पत्थर रखे और नदी में समा गई...

जब-जब उसकी किताब आई वह आलोचनाओं के बारे में सोचकर तनाव से भर गई। उसके समस्त गद्य लेखन को पढ़िये, डायरी पढ़िये, जैसे वह कह रही हो—मुझे उसके लिए सज़ा मत दो जो मैं करती हूँ। मैं ख़ुद को ख़ुद ही सज़ा दूँगी, यह करने में मैं सक्षम होऊँगी और मैं पीड़ा पाऊँगी, मैं दंडित होऊँगी और तब शायद तुम्हें मुझे बर्बाद करने की ज़रूरत नहीं पड़ेगी, बल्कि तुम दया करो शायद मुझ पर, दया में जो अपमान निहित है, और मैं जो इतनी गर्वित हूँ, क्या इतना काफ़ी नहीं है?[2]

वर्जीनिया ने 1941 में आत्महत्या की, दो सुसाइड नोट छोड़ गई जिसमें दर्ज किया कि जीवन में अपने साथी से प्रेम ख़ूब मिला। वह लिखती है, मैं फिर से पागल हो रही हूँ। हम वर्जीनिया के बायपोलर होने की तमाम बातें कह सकते हैं लेकिन मज़ेदार यह है कि वर्जीनिया का किया हुआ काम उसके जीवन से भी बड़ा है। इस पागल होने को समझने के लिए उनके उपन्यास, अधूरी आत्मकथा और 'अपना एक कमरा' को पढ़ जाना चाहिए। रचनात्मकता, बौद्धिकता एक स्त्री को स्नायविक तनाव दे सकती है और अपनी हत्या की स्थिति तक पहुँचा सकती है। वर्जीनिया ने स्त्री होकर लिखा यह उसकी सबसे बड़ी चुनौती थी। जब लाइब्रेरी के सभी रैक मर्दों के दिए ज्ञान और मर्दों की साहित्यिक भाषा से भरे हों, आलोचना के उनके मापदंड मर्दवादी हों, जिसमें औरत जैसा लिखना प्रशंसनीय न हो, ऐसे में वह स्त्री होकर, स्त्री की भाषा में कैसे लिखे? सिर्फ़ वह नहीं बल्कि हम सब स्त्री-साहित्य कैसे लिखें? हम अपने आप को अपनी ही लेखनी से वस्तु कैसे लिख दें?

ऐसी स्त्रियों को जिन्होंने यह धृष्टता की, स्त्री होते हुए स्त्री होकर ही लिखा, आलोचना ने उन्हें दंडित किया। जिन्होंने पुरुष-मानकों पर खरा उतरने की कोशिश नहीं की उन्हें दरकिनार किया गया। यह स्त्री-द्वेष ही है जो स्त्रीवाद-विरोध के रूप में सामने आता है। ऐसे में सबसे बड़ी चुनौती स्त्री-लेखन के सामने मूल्यांकन की कसौटियों की है। वह मर्दवादी आलोचनाओं को तरजीह देती रही और उसकी अपनी स्त्री-पहचान कहीं बिला गई। वर्जीनिया लिखती हैं—

> लन्दन की तमाम पुरानी किताबों की दुकानों में औरतों के जो उपन्यास बिखरे पड़े रहते हैं, वे किसी बाग़ीचे में छोटे दाग़दार सेबों की तरह दिखाई देते हैं। उनके बीचोबीच की गड़बड़ी ने उन्हें सड़ा डाला। दूसरों की राय के अनुपालन ने लेखिकाओं के अपने मूल्य बदल डाले।[3]

स्त्री-लेखन के सामने मूल्यांकन की कसौटियों की चुनौती है

अगर मैं कहूँ, साहित्य की रग-रग में पैबस्त स्त्री-द्वेष (misogyny) से जूझने के लिए स्त्रीवाद ही एक सबसे मज़बूत उपाय/अस्त्र/औज़ार है तो क़तई अतिशयोक्ति नहीं होगी। विद्वत्ता को पुरुष के साथ और मूर्खता को स्त्री के चरित्र के साथ ऐसा नत्थी कर दिया गया है कि एक ही बात लिखनेवाला पुरुष महान हो सकता है और वही बात लिखनेवाली स्त्री मूर्खा कही जा सकती है। कविताओं के घटियापन और स्तरहीनता की बात पर पुरुषों को बख़्शा जा सकता है और स्त्री-लेखन पर फ़ैसले सुनाए जा सकते हैं। जो पुरुष-दुनिया बनाई गई है उसमें स्त्री कर्ता नहीं है, सोचने, विचारनेवाले जीव की तरह नहीं देखी गई, घर-परिवार से इतर कोई महत्त्वाकांक्षा पालने को असामान्य ही समझा गया। यही सोच एक तरह के काम को महत्त्वपूर्ण मानने की और एक तरह के काम को कमतर आँकने की, साहित्य में भी चली आई।

सोचिए, ऐसा कैसे सम्भव हुआ कि हिन्दी आलोचना ने एक सदी के भीतर उभरी और प्रचलित हुई सभी वैचारिकियों को आलोचना का आधार बनाया। मनोविश्लेषणवाद, अस्तित्ववाद, मार्क्सवाद, उत्तराधुनिकता, उत्तर-औपनिवेशिकता, उत्तर-संरचनावाद यहाँ तक कि दलित साहित्य का सौन्दर्यशास्त्र भी लिख लिया गया लेकिन ज्ञान की विभिन्न शाखाओं को प्रभावित करनेवाले विचारों में स्त्रीवाद की कभी गिनती नहीं की गई। न इसे पढ़ना ज़रूरी समझा गया न स्त्रीवादी सिद्धांतों के आधार पर कभी किसी कृति की आलोचना की गई। हाँ स्त्री-साहित्य को आँकते हुए इसे एक नकारात्मक मूल्य की तरह ज़रूर दर्ज किया गया।

जबकि नब्बे के दशक के बाद स्त्री-विमर्श और दलित-विमर्श महत्त्वपूर्ण विचारधाराओं की तरह साहित्य में जगह बना चुके थे तब भी स्त्री-विमर्श का काम या तो कुछ लेखों के ज़रिए चलता रहा या इसे ख़ारिज करते हुए। जबकि ज़रूरत

यह थी कि हिन्दी आलोचना में कुछ स्त्रीवादी औज़ार विकसित किए जाते जिनके आधार पर हिन्दी साहित्य लेखन को परखा जा सकता। जब कहा जा रहा हो कि ऐसा पहले नहीं हुआ कि कविता लिखनेवाली औरतों की बाढ़ आ गई है, यह बहुत ज़रूरी था कि इसे स्त्रीवादी नज़रिए से देखा जाता। लेकिन स्त्री-लेखन पर आलोचना ने खंडन-मंडन को ही अपना ध्येय बनाया। आलोचना की अधिकांश पुस्तकों में इस पर कोई उपयोगी संवाद या विमर्श नहीं मिलता।

यदि आप महिला हैं, और लिखती हैं, तो दो बातें होंगी

आख़िरी अध्याय स्त्री-लेखन को दे दो, मंच पर एकाध कुर्सी महिला को दे दो, सनसनी तलाशो, सबसे ज़बरदस्त यह कि उस विमर्श को अपने हक़ में अप्रोप्रिएट कर लो जैसे कि अच्छा स्त्री-लेखन क्या हो और कैसा हो, या स्त्रीवादी लेखन कैसा होना चाहिए उसके जज बन जाओ। बिना स्त्रीवाद की किसी समझ के, बिना स्त्री-लेखन की समझ के सूचियाँ बनीं, टिप्पणियाँ की गईं। कहा गया कि अच्छा लेखन तो अच्छा लेखन है, इसमें स्त्री-पुरुष क्या! और बेहतरीन लेखन वह है जिसमें यह न पता लगे कि किसी स्त्री ने लिखा है, तो स्त्री-रचनाकारों ने भी इस मत को बिना किसी प्रतिवाद के अपना लिया। इस विषय में मृणाल पाण्डे लिखती हैं—

> यदि आप महिला हैं, और लिखती हैं, तब तो आपकी रचना को समीक्षकों की कसौटी पर कसे जाने के लिए ख़ुद को या तो उनके द्वारा स्थापित अर्थ के दायरे में नारीवादी या फिर नारीवाद-विरोधी साबित करना पड़ेगा...यदि नारीवादियों को समीक्षकों की समझ कई मायनों में अपर्याप्त लगती हो या फिर समकालीन जीवन और समाज का ताना-बाना उनको अभूतपूर्व उलझाव और अनसुलझे विरोधाभासों से भरा दिखाई दे रहा हो, तो भी समीक्षकों की सराहना पाने के लिए ज़रूरी है कि कथावस्तु को विशेष खाँचों में ही तोड़-मरोड़ कर फिट किया जाए और अगर कथावस्तु नए मुहावरे की माँग कर रही हो, तो भी रचना को एक पहाड़े की तरह स्पष्ट और रहस्य से हीन बनाकर उसे पुरानी भाषा में ही दोहराया जाता रहे। महिला-लेखन को अधिकतर समीक्षक मुख्यधारा के लेखन का एक किंचित दरिद्र बिरादर ही समझते हैं।[4]

स्त्रीवाद के भीतर अकादमिक-समाजशास्त्रीय जगत में जितने शोध हुए उनकी जानकारी कमोबेश सभी पढ़े-लिखे लोगों में होगी। नहीं है तो होनी चाहिए। कई सालों से हिन्दी में यह आरोप लगाया जाता रहा है कि महिला-लेखन पर पश्चिमी तर्ज के नारीवाद का बेहद गहरा असर है। मज़ेदार है कि आधुनिक युग में आलोचना की सभी दृष्टियों पर पश्चिमी चिन्तन का प्रभाव है, लेकिन यह आरोप स्त्रीवाद पर ही लगता है। यों तो यह तर्क हास्यास्पद ही है फिर भी बता दें कि स्त्रीवाद अपने

तरीक़े से अपने यहाँ विकसित हुआ है। यह जितना ग्लोबल है उतना ही लोकल भी। दक्षिण-एशियाई देशों ने अपने यहाँ पितृसत्ता के स्थानीय संस्करणों को पहचाना और आलोचना की है। वैसे भी, क्या ज्ञान के लिए भी यह देखा जाता है कि कहाँ से आना चाहिए और कहाँ से नहीं? क्या दुनिया-भर में ज्ञान-विज्ञान की विकास-प्रक्रियाओं में लेन-देन कोई बुरी बात है? इस नासमझी पर मृणाल पाण्डे को कहना पड़ता है—

> दरअसल नारीवाद को लेकर हमारे यहाँ के औसत पुरुष-पाठकों (जिनमें समीक्षक भी आते हैं) में एक ख़ास तरह का अधैर्य है। वे न तो उसके अन्तर्राष्ट्रीय सन्दर्भों और न ही उसके भारत में जड़ पकड़ने की ऐतिहासिक वजहों में जाना चाहते हैं; भारतीय समाज और साहित्य में विकसित हो रहे उसके विशुद्ध देशी आयामों और फलादेशों की सहृदय पड़ताल करने के भी वे ख़ास इच्छुक नहीं हैं।
>
> सच पूछिए तो हमारे ज़्यादातर समीक्षकों में नारीवाद की जो एक ठलुआ, रसहीन, संकीर्ण और अधकचरी समझ व्याप्त है, वह पूर्ववर्ती शृंगारिक रुझान के सिक्के का ही दूसरा पहलू है। इसके चलते महिला-लेखन की पड़ताल और स्थापित मानदंड इतने रूढ़िवादी ढंग से इस्तेमाल हो रहे हैं कि समीक्षा के अनुशासन को मानकर चलने की इच्छुक अधिसंख्य लेखिकाओं की बौद्धिक बाढ़ मारी गई है, पुरस्कृत वे भले ही हुई हों।
>
> आज अवयस्क समीक्षा की मेंड़ से हटकर यदि कुछ लेखिकाएँ जूझ रही हैं तो अच्छा कर रही हैं।[5]

यह आसान काम है भी नहीं। पितृसत्ता एक ऐसी गुप्त प्रणाली है जिससे अपरिचित होने की वजह से हम उसका विरोध भी नहीं कर पाते। सब कुछ सहज बनकर सामने आता है और स्त्रीवाद सहज और स्वाभाविक जेंडर व्यवहारों की हिमायत के बावजूद एक बाहरी या अस्वाभाविक बात लगती है। जबकि है इसका ठीक उलटा। जब स्त्रियों ने एक नई धमक और स्त्री-विमर्श की पृष्ठभूमि के साथ लिखना शुरू किया तो साहित्य में छिपी महीन पितृसत्तात्मक ताक़तों ने अपने पुराने खेल ख़ूब खेले। स्त्री-लेखन में यह स्त्रीवादी स्वर जब असहज करने लगा तो एक शीतयुद्ध ही उसके ख़िलाफ़ छेड़ दिया गया मानो। युद्ध का बिगुल साहित्य के क्षेत्र में भी और आलोचना के क्षेत्र में भी बजा दिया गया। अपने एक लेख में इसे समझाने के लिए रोहिणी अग्रवाल तीन उदाहरण देती हैं। पहला, निर्मल वर्मा नवोदित लेखिका सारा राय के कहानी-संग्रह 'अबाबील की उड़ान' को इसलिए महत्त्वपूर्ण मानते हैं क्योंकि उसमें महिला-लेखन जैसा कुछ नहीं है।[6] दूसरा, प्रख्यात आलोचक निर्मला जैन का जिन्होंने 'कलिकथा वाया बाईपास' की आलोचना करते हुए इस बात पर गहरा संतोष व्यक्त किया है कि इस उपन्यास की चर्चा महिला लेखन के दायरे के भीतर रखकर नहीं, 'उपन्यास' के रूप में की जा रही है।[7] तीसरा उदाहरण है मूर्धन्य

आलोचक नामवर सिंह का जिनका मानना है कि महिला लेखन (और दलित भी) में 'सम्पूर्ण समाज की अभिव्यक्ति नहीं होती। दरअसल इस तरह के लेखन छोटे समुदायों के हितों को ध्यान में रखकर किए जाते हैं...ऐसा साहित्य अर्द्ध-साहित्य को प्रतिबिम्बित करता है। यह लेखन तात्कालिक प्रतिक्रिया का परिणाम है, जबकि साहित्य का मूल स्वरूप मानव को मुक्ति प्रदान करनेवाला है। खंड-खंड में मुक्ति साहित्य का लक्ष्य नहीं है।'[8]

छोटे समुदाय! क्या स्त्रियाँ अल्पसंख्यक हैं? कितनी आबादी होगी धरती पर स्त्री की? किस जाति, धर्म, वर्ग, नस्ल में नहीं है स्त्री और दुनिया के किस कोने में नहीं है? आपके घर में नहीं हैं माँ-बहन? हिन्दी आलोचना स्त्री-लेखन और स्त्रीवाद को कितना अ-गम्भीर मानती है इसके उदाहरण प्रचुरता से मिलेंगे। कोई कमी नहीं है। एक उदाहरण देती हूँ। रामशरण जोशी के पास स्त्री-लेखन और स्त्रीवाद पर बात करने की योग्यता क्या है मैं नहीं जानती, लेकिन यह ज़रूर लगता है कि ऐसे विषयों पर जब आपका अच्छा पठन न हो तो लेख लिखने से इनकार कर देना चाहिए। यह अधिक सम्मानजनक है बजाय इसके कि बाद में हम उसका अध्ययन करें और हमें यह कहना पड़े कि इनका पठन बेहद कम है और इनके पास स्त्री-लेखन को देखने के स्वस्थ नज़रिए का नितांत अभाव है। वह स्त्री-लेखन पर बात करते हुए यह स्वीकार करते हैं कि उन्होंने तीस साल पहले एक लेख मुद्रा भाई (मुद्राराक्षस) का, एक अरविन्द जैन का और राजेन्द्र यादव के कुछ 'हंस' वाले विमर्श पढ़े थे। यह मैं नहीं कह रही, ख़ुद उनका वाक्य है—'कुल मिलाकर मेरा यही सन्दर्भ संसार है।'[9] इतने से सन्दर्भ-संसार के आधार पर उनके पूरे लेख में जो फ़ैसले आए हैं, उनकी एक बानगी देखिए—

(1) यह सिर्फ़ महिला विमर्श है न कि स्त्री-विमर्श!
(2) यह महिलाओं की दैहिक मुक्ति के इर्द-गिर्द घूमता हुआ दिखाई देता है।
(3) हिन्दी में स्त्री-विमर्श का दायरा बेहद सिकुड़ा हुआ है।
(4) हिन्दी में स्त्री-विमर्श सतहीकरण से पीड़ित है।
(5) विमर्श करते हुए ग़ैर-पारम्परिक अप्रोच भी अपनाई जानी चाहिए!
(6) अरविन्द जैन के अलावा किसी दूसरे ने स्त्री क़ानून और संविधान के विमर्श को आगे नहीं बढ़ाया। (पृ. 35, 36, 37)

ऐसे ही और भी तमाम फ़तवे हैं। पढ़ा जाने लायक़ लेख है। (इन बिन्दुओं में जहाँ विस्मयादिबोधक चिह्न मेरे हैं) यह भी सोचिए कि इतने फ़तवे देने के लिए इन्होंने स्त्रीवाद कितना पढ़ा होगा? उसका उत्तर वे आगे ख़ुद देते हैं कि ऊपर लिखित तीन लेखों के अलावा सीमोन, निवेदिता मेनन, किश्वर नाहिद, मधु किश्वर, वीना दास, रानी जेठमलानी, उषा राय, नन्दिता हक्सर...पढ़ा नहीं है, *इन जैसों के नाम कानों से टकराए ज़रूर हैं।*[10]

बिना पढ़े सिर्फ़ देख-सुनकर स्त्री-लेखन की समझ बनाना, अपनी पसन्द-नापसन्द के आधार पर स्त्रीवाद पर निर्णय देना ज़िम्मेदार और वरिष्ठ लेखकों से भी हो जाता रहा है, इसमें कोई हैरानी नहीं है। कोई ख़ास फ़र्क़ तो नहीं पड़ता इससे स्त्रीवादी रचनाकारों को लेकिन ऐसे निबन्ध पढ़ने वाले दो-चार विद्यार्थी, युवा पाठक ज़रूर एक अधकचरी समझ बना लेते होंगे। धुंध इससे छँटती नहीं है, और गहरी हो जाती है। वह आगे लिखते हैं—

> दरअसल महाश्वेता देवी, अहिल्या रांगणेकर, वृंदा करात, अरुणा राय, मेधा पाटकर, श्रीलता स्वामीनाथन जैसी औरतें मुझे विचार व कर्म के धरातल पर अधिक आकर्षित करती रही हैं, और मेरे अन्दर के मर्दपन को ललकारती भी रही हैं। क्योंकि इसका कर्म-फलक व्यवस्था-विमर्श को जन्म देता है, स्त्री-विमर्श उसमें अन्तर्धारा के रूप में ज़रूर उपस्थित रहता है। महाश्वेता देवी जैसी औरतें, औरत और मर्द, दोनों की ही दुनिया को समान रूप से बदलने के लिए समर्पित हैं। अत: अलग से स्त्रीवादी चिन्तकों व एक्टिविस्टों की आवश्यकता क्या है?[11]

चलिए, निपटा दिया सारा स्त्री-लेखन और लगे हाथ स्त्री-मुक्ति आन्दोलन भी। कौन समझाए कि स्त्रीवाद और स्त्री-मुक्ति आन्दोलन एक ही चीज़ नहीं हैं, लेकिन एक-दूसरे से जुड़े हुए हैं।[12] स्त्रीवादी सिद्धांतकार एक्टिविस्ट भी रहे हैं, लेकिन एक्टिविज़्म में जुड़े लोग स्त्रीवादी ही हों, यह कोई ज़रूरी नहीं है।[13] हिन्दी का पुरुष लेखक भी अगर कर्म के धरातल पर उतरेगा तो हमें उतना ही आकर्षित करेगा लेकिन मज़ेदार यही है कि इससे पुरुष लेखकों, चिन्तकों का महत्त्व एकदम नहीं घटता कि वे सिर्फ़ लिख रहे हैं। हम तो नहीं कहते कि जब अनुपम मिश्र या रामशरण जोशी हैं तो फिर अलग से समाज की चिन्ता में लिखनेवाले लेखकों की क्या ज़रूरत है?

राजेन्द्र यादव ने 'हंस' को स्त्री-विमर्श और दलित-विमर्श के लिए एक खुला मंच बनाया और दलित व स्त्रियों को अप्रतिबन्धित लेखन के लिए प्रोत्साहित किया। स्त्री-लेखन को पुरुष लेंस से जज नहीं किया उन्होंने लेकिन स्त्रीवाद की बौद्धिक, वैचारिक, राजनीतिक ज़मीन को मज़बूती से सामने रखे बिना यौन-विमर्श के कुछ नुक़सान हैं। 'हंस' पत्रिका के इस स्टैंड पर भी आगे बात करेंगे, पहले एक और प्रवृत्ति पर चर्चा कर लें। स्त्री-मुक्ति की मशाल पुरुष अपने हाथ में रखना चाहते हैं। ऐसा नहीं कि पुरुष स्त्रीवादी हो नहीं सकते। लेकिन बिना किसी समझदारी के कम से कम सम्पादन के काम से बचना चाहिए। जैसे, एक मर्दवादी से (मर्द नहीं, मर्दवादी) स्त्री-मुक्ति के लेखों का सम्पादन करवाना थोड़ा ख़तरनाक है। सोचिए,

अगर सम्पादक को स्त्री-मुक्ति आन्दोलन से दिक़्क़त हो, उसे लगे कि स्त्री-लेखन असल में साहित्य में आरक्षण की माँग है तो, इस भोंथरी समझ के साथ स्त्री-विशेषांक के सम्पादन का मतलब क्या है? 'स्त्री मुक्ति का सपना' जैसे लेखों के संकलन का सम्पादन करनेवाले तीन पुरुषों में से एक, सहायक सम्पादक कमला प्रसाद सम्पादकीय में लिखते हैं—

> स्त्री-विमर्श भारतीय भाषाओं तथा विश्व की सभी भाषाओं में इस समय परिचर्चाओं में रेखांकित है। आन्दोलन के रूप में जब कोई उभार आता है तो वह आरक्षण की माँग करने लगता है। आरक्षण एक हद तक इलाज होता है। आरक्षण को एकमात्र इलाज बना दिए जाने से आन्दोलन में शामिल लोगों का अनुरूपन किए जाने का ख़तरा उपस्थित होता है। पचास वर्षों की राजनीति में आरक्षण के जो परिणाम सामने आए हैं—उससे आख़िरी आदमी का भला अपेक्षा के अनुरूप नहीं हुआ। आरक्षण लाभ मिलने पर लोग उच्च वर्ग में शामिल होने लगते हैं। इसके तनावों का अलग रसायन है।[14]

चलिए आप ही सँभालिए स्त्री-मुक्ति की कमान लेकिन पहले अपने भीतर के स्त्री-द्वेष से तो मुक्ति पाइए! अगर कमला प्रसाद लिखते कि स्त्री-आन्दोलन साहित्य में अपना हिस्सा माँग रहा है तो कितनी ख़ूबसूरत बात होती। लेकिन स्त्री-लेखन को अभी एक तरफ़ रखिए। आरक्षण पर बात करते हैं। उनका मतलब है कि आरक्षण 'प्रिविलेज' हैं जायज़ हिस्सा यानी हक़ माँगना नहीं। दूसरा, वह आरक्षित को अयोग्य और प्रतिभाहीन मानते हैं जिसकी वजह से आरक्षण के ख़राब नतीजे सामने आते हैं। तीसरा, वह कम से कम यह मानते हैं कि वे स्वयं साहित्य के सवर्ण यानी अनारक्षित (unreserved) वर्ग से हैं जिसे यह वहम है कि साहित्य की सत्ता अब तक उसके पास रही है और उसमें प्रवेश के योग्य-अयोग्य कौन है, इसका फ़ैसला करने का हक़ उसी के पास है। ऐसी आलोचनाएँ लिखते हुए आलोचक भूल जाता है कि भाषा अगर लोहे की दीवार है तो भाषा जाली का पर्दा भी है। अपनी संकीर्णताओं को भाषा में छिपाना क़तई सम्भव नहीं है। स्त्री-लेखन साहित्य में अपनी जगह लेने आया है किसी और की नहीं। जो आक्रांत हैं उन्हें यह आरक्षण की माँग लग सकती है। लेकिन यह उतना ही सहज है जैसे घर की किसी महिला का रसोई से निकलकर सोफ़े पर आकर बैठना और चाय पर चर्चा में भाग लेते हुए अपनी बात कहना। अगर घर के लोगों को यह लगे कि रसोई ही उसकी जगह थी और सोफ़े पर बैठने की इच्छा आरक्षण माँगना है, तो उसका कुछ किया नहीं जा सकता। स्त्री-मुक्ति आन्दोलनों को नकारने के साथ-साथ विचारधारा को भी नकार दिया गया। एक विचारधारा जो आन्दोलन भी है, दर्शन भी है, राजनीति भी, उसे तात्कालिक प्रतिक्रिया का परिणाम बता दिया जाना कम समझ या कहें पूर्वग्रहग्रस्त

समझ का नतीजा है। यहाँ यह याद दिला देना समीचीन होगा कि आरक्षण को लेकर आम सवर्ण समझ से अलग राजनीतिक आरक्षण वंचित वर्ग को प्रतिनिधित्व देने का सकारात्मक दख़ल है न कि कोई ग़रीबी हटाओ योजना।

जो गति स्त्री-लेखन की नब्बे के दशक से बनी उसे देखते हुए यह लगने लगा कि स्त्री-लेखन को अन्तत: जगह देनी ही पड़ेगी तो कम से कम उसके मानक सवर्ण मर्द ही तय करें! स्त्रीवादी लेखन की छाप से मुक्त लेखन को प्रोत्साहित करें! स्त्रीवाद से निपटने का यही सही तरीक़ा है। यह चाल बख़ूबी समझते हुए रोहिणी अग्रवाल लिखती हैं—

> 'महिला-लेखन' मायने पुरुषों के व्यापकतर-बृहत्तर सरोकारों से दूर—महिलाओं द्वारा किया (ज़्यादातर) स्त्रैण लेखन और (बहुत कम) सार्थक स्त्रीवादी लेखन। यानी नौ दिन चले अढ़ाई कोस। 'कलिकथा वाया बाईपास' इसलिए हाथोंहाथ लपका गया क्योंकि वह महिला कथाकार की लेखनी से ग़ैर-महिला विषय पर आया। अद्‌भुत! बेशक अंधी नज़र से इतिहास को देखने का उपक्रम है यह उपन्यास, लेकिन लीक से हटकर कुछ किया तो सही! न हो कथ्य की गहराई, शिल्प का ग्लैमर तो जानलेवा है। कैसा 'गुडीगुडी' लेखन! न मर्द की ज़्यादतियों का बखान, न औरतों की प्रतिशोधात्मक स्ट्रटेजी का बयाँ। पुरुष पाठक-आलोचक पढ़ने का 'दुस्साहस' करें तो यों न लगे कि कोड़े खा-खाकर अधमरा हुआ जा रहा है।[15]

अक्सर तो स्त्रीवाद पर ऐसे टिप्पणीकार भी क़लम चला देते हैं जिन्हें यह तक नहीं पता होता कि स्त्री-मुक्ति आन्दोलन का पहला चरण कब शुरू हुआ और दूसरा कब! समझ सकते हैं कि अब से सौ बरस पहले स्त्री-लेखन को नज़रअन्दाज़ करने का स्तर क्या रहा होगा! इस किताब के खंड-दो में इस पर विस्तार से बात करेंगे। फ़िलहाल यह समझना बेहद ज़रूरी है कि स्त्रीवादी आलोचना दृष्टि पर काम करने के लिए हम पहले ही काफ़ी देर कर चुके हैं। मृणाल पाण्डे कहती हैं—

> नब्बे के दशक तक महिला-लेखन और नारीवादी दर्शन के अन्तर्सम्बन्धों को लेकर कोई बहुत मौलिक चिन्तन हमारे यहाँ की समीक्षा में नहीं हुआ। स्त्रियों से जुड़े वैचारिक संघर्ष से राष्ट्रीय सन्दर्भों को जोड़ने की बजाय महिला-लेखन विशेषांकों के समीक्षकों में समाज के शोषित सर्वहारा वर्गों के सन्दर्भ में विकसित पुरानी भाषा तथा विचारों के आधार पर ही लेखन का वर्गीकरण करने और उसे उद्धृत करने की प्रवृत्ति प्रधान बनी हुई है।[16]

सच तो यह है कि इस मौलिक चिन्तन का आज 2020 तक भी अभाव है। अगर स्त्रीवाद की स्थिति यह है तो समझ सकते हैं कि स्त्रीवादी आलोचना दृष्टि को साहित्य से कितना पृथक समझा जाता होगा। इसकी एक बड़ी वजह यह भी

है, जिसकी ओर एलेन शोवाल्टर इशारा करती हैं कि स्त्रीवादी आलोचना के पास एक स्पष्ट सैद्धान्तिकी न होने की वजह से भी उस पर हमले करना आसान हो जाता है। स्त्रीवादी आलोचकों की भी सहमति इस बात पर नहीं बन पाती कि उन्हें किसका समर्थन करना है और किसकी सफ़ाई देनी है।

लेकिन, स्त्रीवादी आलोचकों में सहमति न बन पाने की कोई समस्या अपने यहाँ नहीं है क्योंकि स्त्रीवादी आलोचक ही नहीं हैं। इसलिए भी हिन्दी में स्त्रीवाद पर सीधा हमला किए जाने की नौबत बहुत कम आती है, क्योंकि उसे ख़ारिज करके भी काम चल जाता है।

कम से कम हिन्दी में ऐसा कोई संघर्ष नहीं दिखाई देता जिसे स्त्रीवादी कहा जा सके। दलित संगठन ज़रूर बने और दलित स्त्रीवाद के मुद्दे पर भी कुछ एकता दिखाई देगी लेकिन हिन्दी के स्त्री-लेखन का स्त्रीवादी संगठनों से कोई जुड़ाव होने का प्रमाण नहीं है। आज़ादी के समय महिलाओं ने लेखनी भी चलाई और आन्दोलन में, एक्टिविज़्म में भी रहीं। लेकिन बाद में जिस तरह उर्वशी बुटालिया, महाश्वेता देवी, कमला भसीन, निवेदिता मेनन जैसे स्त्रीवादी लेखन और एक्टिविज़्म करते रहे, ऐसे नाम हिन्दी के पास नहीं हैं। यहाँ तक कि स्त्री-रचनाकार अस्मिता के मुद्दों पर कोई लेखिका संगठन नहीं बना पाए हैं। जलेस है, प्रलेस है, जसम है लेकिन स्त्रीवाद को अभी इन्तज़ार करना होगा कि हिन्दी में उसके नाम पर कोई एकता देखने को मिले। हमारे नारीवादी लेखन में आत्मालोचन न के बराबर है तो नारीवादी आलोचना है ही नहीं।[17] मर्दों की भाषा में मर्दों का सा ही लिखना स्त्री-लेखन की अपनी पहचान और बुलन्द आवाज़ नहीं बनने देगा। अरुण प्रकाश यह सही लिखते हैं कि सेक्स का वर्णन भी स्त्री का पुरुष से भिन्न होगा, लेकिन इस भाषा से मेरी कोई सहमति नहीं कि वह मर्दों की ही भाषा में 'औरत उघाड़ू वर्णन'[18] लिखेगी तो वह मर्दों का ही मनोरंजन करेगा, स्त्री के लिए उसमें क्या होगा? मर्दवादी आलोचना की भाषा स्त्री के पक्ष में खड़ी होने की कोशिश करे तो असावधानी में उसका मक़सद ध्वस्त हो सकता है। ऐसे कथनों की जाँच करने के लिए भी तो स्त्रीवादी आलोचना का होना ज़रूरी है।

मर्द-आलोचकों के पल्ले पड़े स्त्री-लेखन के लिए दोनों प्रवृत्तियाँ ख़तरनाक हैं

देह-विमर्श आलोचकों की ख़ासी आपत्ति का विषय रहा है। इन आपत्तियों में कुछ सही और अधिकांश पूर्वग्रह है। सभ्यताओं ने तमाम युद्ध स्त्री की देह पर लड़े, उसकी देह को ही उपनिवेश बनाया गया, स्त्री की देह साहित्यकार की लीला-भूमि रही, पितृसत्ता के लिए तो उसकी कोख, योनि और श्रम काम का रहा ही

हमेशा, चेस्टिटी बेल्ट अभिधा और व्यंजना में स्त्री की यौन शुचिता को बचाने का पितृसत्तात्मक घिनौना तरीक़ा था, बलात्कार उसकी देह पर हुए। जब देह, यौनिकता ही पितृसत्ता के निशाने पर हैं तो स्त्री के देह-विमर्श से तकलीफ़ तो होनी स्वाभाविक है। लेकिन यह ध्यान रखना होगा कि देह की राजनीति पर बात करना ज़रूरी है। स्त्री-देह अपने इतिहास, अपनी जैविकता और अपने जिए अनुभवों में और कैसे क्या होती है, इसे ही समझने के लिए स्त्रीवादियों ने हमेशा ज्ञान-विज्ञान की अन्य शाखाओं से संवाद स्थापित किया है।

सीमोन द बुवा (The second sex) मूलत: अस्तित्ववादी दर्शन की विद्यार्थी थीं। जीव-विज्ञान, इतिहास, मनोविश्लेषण के साथ-साथ स्त्रियों के अपने जिए अनुभवों को मिलाकर उन्होंने स्त्री के बनने की प्रक्रिया को समझा। फ्रॉयड के चिन्तन पर आधारित जैक लकाँ के काम को आधार बनाकर लूस इरिगिरे (The sex which is not one) ने स्त्री-देह की सचाइयों को और खोलने का प्रयास किया। देह की राजनीति के ये तमाम आयाम देह-विमर्श के भीतर आने ज़रूरी हैं ताकि उसकी यौनिकता को समझा जा सके और स्त्री-देह से जुड़ी राजनीति को सामने लाया जा सके।

सभी यौन-विमर्श देह-विमर्श होंगे यह ज़रूरी नहीं और यौनिकता का विमर्श भी स्त्री-विमर्श का हिस्सा ही हो सकता है। उसे ही सम्पूर्ण विमर्श की तरह प्रस्तुत किया जाना फिर से मर्दवादी राजनीति के जाल में फँसना होगा। जर्मेन ग्रीयर मानती हैं कि स्त्री के अन्दर बधिया के गुण विकसित किए जाते हैं, वह अपने यौनानन्द के लिए अड़ती नहीं बल्कि वह पुरुष के यौनानन्द की वस्तु मात्र बन जाती है। अपनी यौन-तृप्ति के अधिकार का दावा एक सम्पूर्ण स्त्री होने के लिए ज़रूरी है। लेकिन स्त्री एक बौद्धिक प्राणी भी है। उसका विचार न सुना जाना, उसका मत महत्त्वहीन मानना, उसकी योग्यता को प्रश्नांकित करना, उसकी उपस्थिति उसकी दृश्यता में हो, दिमाग़ गौण रहे या रहे ही न, यह अपेक्षा कम कष्टकारी नहीं है। स्त्री एक नागरिक भी है, उत्पादन प्रणाली का हिस्सा भी है, कामकाजी भी है। सामाजिक जीवन में उसके तमाम संघर्ष सामने रखने होंगे। वर्जीनिया वूल्फ़ लिखती हैं—

> महान मर्द लेखकों की ओर आनन्द के लिए चाहे जितना भी देखिए, लेकिन मदद के लिए उनकी ओर देखना व्यर्थ है। लैम्ब, ब्राउन, ठैकरे, न्यूमैन, सटर्न, डिकेंस, डिक्विंसी—जो भी हों—उन्होंने किसी औरत की मदद आज तक नहीं की है। हालाँकि हो सकता है औरतों ने उनके कुछ कौशल सीख लिये हों और अपने उपयोग के लिए उन्हें अनुकूलित कर लिया हो। मर्दों के दिमाग़ का भारीपन, उनकी गति, उनके क़दम, औरतों से इतने भिन्न होते हैं कि वे कुछ भी ठोस उनसे सफलतापूर्वक नहीं ग्रहण कर सकतीं। नक़्क़ाल कभी अध्यवसायी नहीं कहला सकता।[19]

स्त्री-लेखन के लिए यह सबसे सही समय है कि बिना देर किए वह आत्मालोचन करे। यह आत्मालोचन तब तक नहीं हो सकेगा जब तक हम स्त्रीवादी आलोचना की कोई पद्धति न विकसित कर लें। स्त्री-साहित्य का एक वैकल्पिक सौन्दर्यशास्त्र और स्त्रीवादी मानक न तय कर लें। स्त्री कविता तमाम आरोप झेलती है, शिल्प और भाव के स्तर पर कच्चेपन के, दोहराव और अनगढ़ता के। याद करना चाहिए कि हर युग में कवियों ने वैचारिक लेख लिखकर अपनी कविता-प्रक्रिया पर बात की है। छायावाद पर तमाम आरोप लगे तो चारों कवियों ने उस पर लेख लिखे। मुक्तिबोध, अज्ञेय, शमशेर सभी ने कविताएँ लिखीं और वैचारिक लेखन भी किया। स्त्री कविता को भी लगातार वैचारिक गद्य लेखन करते हुए यह साफ़ करना होगा कि उसकी ज़मीन क्या है? उसका मक़सद क्या है? वह किसके लिए है, क्यों है, क्या चाहती है? सुधा अरोड़ा ने राजेन्द्र यादव के नाम तीन लेखनुमा जो पत्र लिखे, उनमें वे साहित्य में सम्पादकों की उस प्रवृत्ति की ओर इशारा करती हैं जो लेखिकाओं की प्रतिभा को बाज़ार के हिसाब से ढलने के लिए उकसा रही है, सेक्स-मुक्ति को स्त्री-विमर्श के पर्याय के रूप में प्रस्तुत कर रही है और कुछ प्रतिभाग्रस्त लेखिकाएँ भी अपने लेखन को इसी आग्रह पर फार्मूलाबद्ध कर रही हैं।[20] वह लिखती हैं—

> स्त्री-विमर्श का हश्र हम देख ही रहे हैं। बोल्डनेस के नाम पर पत्रिकाओं के पन्नों पर देह-विमर्श परोसा जा रहा है। जब स्त्री-विमर्श शब्दकोश में सो रहा था, तब बग़ैर नारों और नगाड़ों के स्त्रियों के हक़ में ज़्यादा महत्त्वपूर्ण रचनाएँ लिखी गईं। आज विमर्श का जिन्न बोतल से बाहर आ गया है और हड़कम्प मचा है। महिला रचनाकारों की एक बड़ी जमात बिना किसी सरोकार और प्रतिबद्धता के स्त्री-विमर्श कर रही है और साहित्य के पन्नों पर कहानी और कविता के नाम पर रस-रंजक साहित्य परोस रही है। यह एक अलग क़िस्म का एंटीक्लाइमेक्स है। एक ओर सदियों से चली आ रही दासता झेलने को अभिशप्त स्त्री, दूसरी ओर अपनी देह को दाँव पर लगाते हुए पुरुष की ही शतरंजी बिसात पर उसके ही मोहरों और उसकी ही चालों से उसे नेस्तनाबूत करती जमात।[21]

यह हिन्दी की साहित्यिक दुनिया की कुछ विशिष्टताओं में से एक है। स्त्री-लेखन में स्त्री को लेकर यह सामंती सोच शायद अपने यहाँ निराली है। इन स्थानीय मुद्दों को भी लगातार सामने रखना होगा, स्त्रीवादी आलोचना की पद्धति को भी। स्त्री-विमर्श, स्त्री-लेखन ही नहीं किसी भी अस्मितामूलक विमर्श के लिए यह ज़रूरी है कि वह तमाम आलोचनाओं का जवाब देने लायक़ हो। ओमप्रकाश वाल्मीकि ने 'दलित साहित्य का सौन्दर्यशास्त्र' लिखकर बताया कि दलित लेखन का एक वैचारिक आधार और साफ़ उद्देश्य है। स्त्रीवाद के पास कोई एक नायिका नहीं है जैसे दलित-चिन्तन के पास आंबेडकर हैं और मार्क्सवादी

आलोचना के पास मार्क्स हैं। स्त्रीवाद के विकास की यात्रा में हमें कई नायिकाएँ मिलीं और आलोचना की पद्धतियाँ। एक नायक न होना स्त्रीवाद का सबसे बड़ा गुण भी है जो इसे लोकतांत्रिक बनाए रखता है स्वरूप में और यही सबसे बड़ा नुक़सान भी। हमें इसके फ़ायदे को साथ लेकर चलना चाहिए और स्त्रीवाद के भीतर अन्तरानुभागीय (Intersectional) स्त्रीवाद की स्वीकार्यता को बढ़ाना चाहिए। स्त्रियों के भीतर ही तमाम विभिन्नताएँ व्याप्त हैं। वे सभी भिन्न आवाज़ें एक साथ स्त्रीवाद की मज़बूत ज़मीन पर खड़ी हो जाएँ तो हिन्दी का स्त्री-लेखन अपने जायज़ हश्र ख़ुद तय करेगा।

स्त्री-साहित्य के वैकल्पिक सौन्दर्यशास्त्र की ज़रूरत

हिन्दी आलोचना के पास यों तो अपना विकसित किया हुआ कोई सौन्दर्यशास्त्र नहीं है। वह संस्कृत काव्यशास्त्र, पाश्चात्य काव्यशास्त्र की परम्परा से ही लम्बे समय तक काम चलाता आया या पश्चिम से आई नई वैचारिकियों से। डॉ. नगेन्द्र ने 'रस सिद्धांत' लिखा और रामचन्द्र शुक्ल ने 'रस मीमांसा' तो वह भी मध्यकालीन मूल्यों के साथ चलनेवाले साहित्य पर ही लागू हो सकते थे। नामवर सिंह ने 'कविता के नए प्रतिमान' लिखकर नई कविता के नएपन को समझाने की कोशिश की। लेकिन इन सभी उपक्रमों में स्त्री-साहित्य पर अलग से कभी बात नहीं हुई। हिन्दी आलोचना कभी स्त्री-लेखन के प्रति मर्दवादी दुराग्रह छोड़कर पाठ पर बात करने की स्थिति में नहीं आई। यह सिर्फ़ नब्बे में आए विपुल स्त्री-लेखन के साथ ही नहीं हुआ बल्कि इतिहास-लेखन की परम्परा भी यही रही कि स्त्री-लेखन को या तो अल्पसंख्यकों के साहित्य की तरह समझा जाए, ख़ारिज किया जाए या नगण्य मान लिया जाए। इन दोनों बिन्दुओं पर आगे आनेवाले अध्यायों और दूसरे खंड में विस्तार से बात करने की कोशिश की गई है।

स्त्री-विमर्श के ही लगभग साथ-साथ हिन्दी साहित्य में अपनी जगह का दावा करने वाला दलित-लेखन न केवल अपना सौन्दर्यशास्त्र विकसित कर पाया बल्कि वह यह बताने में भी सक्षम हुआ कि दलित-लेखन के वैचारिक आधार क्या हैं और उसका मक़सद क्या है? दलित साहित्य ज्योतिबा फुले और डॉ. आंबेडकर के जीवन-दर्शन और संघर्ष, बुद्ध के दर्शन को अपनाता है इसलिए भी यह बताना आसान था कि दलित-चेतना का आधार क्या है क्योंकि सभी दलित रचनाकार इस बिन्दु पर एकमत हैं।[22] सामंती सोच का विरोध, परिवर्तन के लिए प्रतिबद्धता, वर्ण-व्यवस्था का विरोध, ब्राह्मणवादी पाखंड और अन्धविश्वास का विरोध जैसे तमाम बिन्दु दलित-साहित्य के लिए एक वैचारिक ऊर्जा देते हैं।

हम मानते हैं कि सौन्दर्य-बोध या चेतना स्वीकृत आधारों पर बनी रूपाकार

अन्तर्वस्तु से नहीं पैदा होती बल्कि सौन्दर्य-बोध के निर्माण में इतिहास, सामाजिकता, शिक्षा और कई बिन्दु शामिल होते हैं। ओमप्रकाश वाल्मीकि लिखते हैं—

> हिन्दी के कुछ समीक्षक, लेखक इस बात से चिन्तित हैं कि दलित लेखक अपना सौन्दर्यशास्त्र क्यों विकसित करना चाहते हैं। इस चिन्ता के पीछे संस्कारगत भावना और सोच काम करती है। कला और साहित्य में सौन्दर्यबोध जहाँ संस्कारजन्य होता है, वहीं परिवेशगत भी। पसन्द-नापसन्द, जीवन-मूल्यों का आधार बनती है...
>
> परम्परावादी सौन्दर्यशास्त्र की परिभाषा का दलित साहित्य विरोध करता है। परम्परावादी दृष्टिकोण के अन्तर्गत सौन्दर्य एक ऐसी विषयीगत वस्तु समझी जाती है, जिसकी जड़ें वास्तविकता के सामान्य विषयगत गुणों में नहीं हैं। प्रकृति और उसके अन्य उपकरण अपने आप में न सुन्दर हो सकते हैं और न असुन्दर। सौन्दर्य की भावना तो मनुष्य में ऐतिहासिक परिस्थितियों के फलस्वरूप पैदा होती है।[23]

बोध की प्रक्रिया में जैसे जाति और वर्ग से जुड़ी सचाइयों की महत्त्वपूर्ण भूमिका होती है, ऐसे ही जेंडर की भी। हिन्दी आलोचना तमाम वैचारिक दृष्टिकोणों से साहित्य पर बात कर सकती है लेकिन स्त्रीवादी नज़रिए को ख़ारिज करने के बाद ही स्त्री-साहित्य का मूल्यांकन शुरू करती है। स्त्री-लेखन को एक छोटे समूह के दुख-दर्द कहना, रसोई या घरेलू जीवन के बिम्बों का उपहास करना, स्त्रैण मुद्दों को सम्पूर्ण मानवता के मुद्दों से अलग करना स्त्री-साहित्य के वैकल्पिक सौन्दर्यशास्त्र को विकसित न किए जा सकने के अभाव से ही सम्भव होता है। यों स्त्रियाँ केवल स्त्री होने के मुद्दे पर एक हो पाएँ, यह मुश्किल से ही देखा गया है, वे अक्सर अपनी पहचान को अपनी जाति, धर्म की पहचान के साथ ही स्वीकार करती हैं। इसलिए आज का स्त्रीवाद इन भिन्न स्त्री-अस्मिताओं को एक साथ लाने में कामयाब हो सकता है। पितृसत्ता ऐसा सच है जिसके दुष्परिणाम न केवल हर जाति, वर्ग, धर्म में मिल जाएँगे बल्कि हिन्दी साहित्य की अपनी एक पुरानी पितृसत्तात्मक संरचना है जिससे स्त्री-लेखन को जूझना है। एकाध अकादमिक किताबों को छोड़ दें तो हिन्दी का स्त्री-विमर्श बेहद कमज़ोर स्थिति में है। अपने एक भाषण में वीर भारत तलवार कहते हैं—

> हिन्दी के स्त्री-विमर्श से दयनीय कोई दूसरा विमर्श नहीं है। उसका वैश्विक विचारधारा से बहुत कम लेना-देना है। जो बुनियादी सवाल हैं, जो स्त्री की स्थिति को हमारे समाज में नियंत्रित और निर्धारित करते हैं, हिन्दी के नारीवादी विमर्श में उनको नहीं उठाया जाता। परिवार, शिक्षा प्रणाली, राज्य, क़ानून, धर्म, कलाएँ, मीडिया—ये सारी संस्थाएँ ऐसी हैं जो मादा को स्त्री

बनाती हैं। इनकी कोई चेतना हिन्दी के नारीवादी विमर्श में नहीं है। कोई ऑब्जेक्टिव क्राइटेरिया नहीं है। आपको अच्छा लगा और आपके मन में यही बात है, तो वो नारीवादी है। स्त्री-विमर्श का एक बहुत बड़ा सवाल है मर्दवाद। इसकी क्या आलोचना है हिन्दी में?[24]

यह एक गम्भीर टिप्पणी है। एक तरफ़ यह आरोप कि स्त्री-विमर्श विदेशी है और दूसरी तरफ़ यह आरोप कि विदेशी विचारकों के हिन्दी स्त्री-विमर्श में नाम ही नहीं आते। ये आरोप एक अजीब-सा दुष्चक्र रचते हैं। ऐसी आलोचनाओं से दो तरह के उलझे हुए व्यवहार पैटर्न पनपते हैं—स्त्रीवाद से बचना चाहिए और स्त्रीवाद को भुनाया जा सकता है। दो बातें सच हैं—ब्रिटिश, अमरीकी और फ्रांसीसी स्त्रीवादी आलोचना ने वृहद चिन्तन किया है जिससे हम लाभान्वित हो सकते हैं और होना भी चाहिए। यह भी सच है कि स्त्रीवाद भूमंडलीय विमर्श होने के बावजूद स्थानीय सन्दर्भों को साथ लेकर चलता है। कुछ दक्षिण एशियाई सांस्कृतिक सन्दर्भ हमेशा रहेंगे ही स्त्रीवाद के भीतर। ब्लैक, दलित, आदिवासी, समलैंगिकता की जो अलग-अलग स्टैंडपॉइंट थियरी हैं उनसे मिलकर ही स्त्रीवाद की मुकम्मल शक्ल बनती है। दूसरी तरफ़, हिन्दी का स्त्री-विमर्श कुछेक अकादमिक कामों को छोड़ दें तो कोई मज़बूत जगह नहीं बना पाया, न ही आलोचना में एक सैद्धान्तिक पद्धति विकसित कर पाया। इसी का नुक़सान यह हुआ कि किन्हीं भी मनमाने मानकों पर आलोचना की जाने लगी। मर्दवाद को लक्षित तो लगातार किया गया लेकिन उसे व्याख्यायित किए जाने की भावनात्मक नहीं वैचारिक कोशिशें लगातार की जानी थीं।

स्त्रीवादी आलोचना पद्धति की ज़रूरत हिन्दी को न सिर्फ़ इसलिए है कि स्त्री-लेखन के विकास और प्रवृत्तियों को समझा जा सके, उसका महत्त्व समझा जा सके, उसे इतिहास और वर्तमान में जायज़ और सही जगह दी जा सके बल्कि इसलिए भी कि स्त्री-रचनाकारों की आनेवाली पीढ़ियाँ हमारी तरह बार-बार पुराने ही प्रश्नों से जूझते रहने की बजाय पितृसत्ता से निपटने की सही रणनीतियाँ बनाएँ, दोहरावों से बचते हुए नई राहों का अन्वेषण करें और अगर उन्हें पुराने चले आते प्रश्नों के उत्तर देने ही पड़ें तो यह किताब उसमें कुछ सार्थक भूमिका निभा सके; और इसलिए भी कि ऐसी तमाम किताबें आने वाले वक़्त में लिखे जाने की ज़रूरत का एहसास हो।

3

स्त्रीवादी आलोचना का कोई इतिहास है?

मध्यकाल में स्त्रीवाद किसी अवधारणा की तरह था नहीं तो स्वाभाविक रूप से स्त्रीवादी कविता या आलोचना का कोई अस्तित्व नहीं मिलता। आधुनिक स्त्री कविता की शुरुआत में हम स्त्रीवादी तत्त्व खोज सकते हैं। स्त्री-लेखन को स्त्री-लेंस (जो अपनी पद्धति में स्त्रीवादी नहीं रहा) से समझने की कोशिशें हुईं इधर लेकिन हिन्दी की अपनी स्त्रीवादी आलोचना पद्धति का कोई स्वरूप बनता नज़र नहीं आया जिसे सामने रखकर किसी पाठ (text) को पढ़ा जा सकता हो।

पीछे जाने पर हमें लिखती-पढ़ती-बोलती स्त्रियों के यहाँ कुछ संकेत ज़रूर मिलते रहे जहाँ वे पाठ की आलोचना कर रही हैं। सवा सौ साल पुराना 1882 में लिखा ताराबाई शिंदे का एक प्रसिद्ध निबन्ध है 'स्त्री-पुरुष तुलना' जो मूल मराठी में है और उन्नीसवीं सदी के भारतीय नवजागरण या स्त्री-संघर्ष का इतिहास पढ़नेवाले उससे परिचित हैं। ताराबाई ज्योतिबा और सावित्रीबाई फुले से प्रभावित तो थी हीं उनके साथ काम भी किया। 'स्त्री-पुरुष तुलना' में ताराबाई ने नए-नए आधुनिक हुए और अंग्रेज़ी शिक्षा पाए भारतीय भद्र-पुरुष समाज की कड़े शब्दों में आलोचना की है और स्त्रियों के प्रति उनकी दोगली और विद्वेष-भरी नीति की पोल भी खोली है। निबन्ध पुरुषों को ही सम्बोधित भी है। इस निबन्ध की शुरुआत ही इस वाक्य से होती है—'आजकल सभी अख़बारों में अबलाओं के बारे में बहुत कुछ लिखा जाता है, फिर भी यह महाअनर्थ मिटाने के लिए आपमें से कोई प्रयास नहीं कर रहा है, इसका क्या कारण होगा?'[1]

क्या कारण होगा? यह कोई मामूली सवाल नहीं है। इसमें उस पितृसत्तात्मक और सामंती परम्परा की ओर स्पष्ट इशारा है जिसके भीतर स्त्री को यथास्थिति में बनाए रखने के लिए तमाम प्रपंच किए गए। शिक्षा से दूर रखने से लेकर आधुनिक शिक्षा के नाम पर उसे महज़ एक महिमामंडित घरेलू स्त्री बनाकर रखने की मर्दाना इच्छा की अभिव्यक्ति तक।

आगे निबन्ध में ताराबाई सभी शास्त्रों और पौराणिक आख्यानों 'रामायण', 'महाभारत', 'सावित्री कथा' की आलोचना करती हैं। उनकी स्वाभाविक जिज्ञासा

है कि स्त्री का चरित्र इतनी आलोचनाओं का शिकार बनता है, पतिव्रता की सीख उसे दी जाती है, लेकिन क्या वजह है कि वेदव्यास लिखें तो द्रौपदी या अहल्या या बाली राज की पत्नी भी सती सावित्री हो जाती है?[2] मतलब साफ़ है कि सर्टिफ़िकेट बाँटने का काम पितृसत्ता का है इसलिए उन्हीं के नियमों से चलना चाहिए। शास्त्रों की असलियत भी वे समझ रही हैं कि शास्त्रों और पुराणों के उदाहरण देकर नारी को किस प्रकार झुकाया जा रहा है।[3]

स्त्रियों से जुड़ी तमाम कहावतें ताराबाई की आलोचना की वस्तु बनी हैं। 'स्त्रियश्चरित्रं पुरुषस्य भाग्यं देवो न जानति कुतो मनुष्य:' विधि लिखित का दोष स्त्री के सर पर डालने की क्या तुक है? स्त्री समस्त पुण्यों को हर लेती है जैसी कई उक्तियाँ लेख में आती हैं और यह साफ़ दिखाई देता है कि संस्कृति और नैतिकता के स्रोत, धर्म, में पैवस्त स्त्री-द्वेष को वे पकड़ पा रही हैं। एक जगह बाक़ायदा एक किताब की उन्होंने आलोचना की है—

> 'स्त्री चरित्र' नामक किताब में स्त्रियों के 'साहस' के बारे में किसी पुरुष ने ही लिखा है। वह कितना सच है, इसका प्रमाण कहीं नहीं है। महलों में रहनेवाली स्त्रियाँ कितने कड़े पहरे में रहती हैं। रात में चाहे पुरुष-वेश में ही सही, राजमहल से बाहर निकलना उनके लिए मुश्किल ही नहीं असम्भव है। पहरेदारों से बच निकलना क्या आसान है? और न ही सारे पहरेदार नमकहराम होते हैं। अरे! जिन्होंने राजमहल के बाहर की धूप शायद ही देखी हो, वे अपना सारा ऐश्वर्य, विलासी जीवन छोड़ किसी गुसाईं, साधु के लिए इतना साहस कर पाएँगी? ऐसा तो हो ही नहीं सकता। राजहंस मोतियों को छोड़कर भी कुछ खाते हैं कभी? फिर उन्हें भूखा ही क्यों न रहना पड़े! वेश्याएँ जो करती हैं, वह उनके लिए केवल व्यवसाय है। उनका सारा ध्यान तो अपनी आमदनी पर होता है, मनुष्य पर नहीं। 'स्त्रीचरित्रम' में एक बात इतनी वीभत्स लिखी है कि पाठक ही शरमाए। इससे तो यही साबित होता है कि लेखक कितना नीच और असभ्य है। उच्च स्तर के साहित्य के लिए श्रृंगार, हास्य तथा विरह रस प्रधान अवश्य माने जाते हैं परन्तु ग्रंथकर्ताओं के लिए यह भी ज़रूरी है कि वे सत्य का ध्यान रखें।[4]

ताराबाई यहाँ स्त्री-पाठक हैं जो एक पुरुष के लिखे में असत्य के अंश महसूस करती हैं। वह उसकी भाषा और कल्पनाओं को उसी तरह सहज होकर नहीं पढ़ पातीं जैसे कोई पुरुष पढ़ता होगा। तमाम पुरुष ऐसे ही पढ़ते आए हैं शास्त्रों को, पुराणों, अख़बारों, किताबों को जो उन्होंने ख़ुद लिखीं, कि उन्हें कुछ भी असहज नहीं करता, कुछ भी नहीं खटकता। राजमहल की स्त्री यौनानन्द के लिए ख़तरे उठाकर किसी साधु के साथ भाग जाए, यह ताराबाई को हज़म नहीं होता। वे दो कारण देती हैं कि राजमहल में रहनेवाली स्त्री कड़े पहरे में होती हैं, जोकि एकदम

ठीक है। दूसरा यह कि, महलों का राजहंस मोती से कम कुछ नहीं चुगेगा। मुझे लगता है कि इससे ज़्यादा उपयुक्त वजह यह है कि राजमहल में रहकर स्त्री का यह करना मर्द की फंतासी हो सकती है, यथार्थ में तो यह आन-बान-शान का मामला बनता है और राजा इसके लिए हत्याएँ और युद्ध तक कर डालते हैं। जो भी हो, स्त्री का पाठ भी होगा यह पुरुष लेखक लम्बे समय तक सोच ही नहीं पाए थे।

मुझे यहाँ खुशवंत सिंह याद आते हैं। उनका जितना साहित्य पढ़ा अधिकांश में एक सेक्स-ग्रंथि देखने को मिली। वह लिखते हुए कभी सोच नहीं पाए कि उनकी पाठक एक स्त्री भी होगी जो अपने स्त्री-पाठकत्व से उनके लिखे की आलोचना करेगी। वह चौंक जाएगी इस कल्पना से कि खुशवंत सिंह से मिलनेवाली हर औरत उनके साथ सम्भोग को तैयार है, या तो वे ही स्वयं को कोई कैसेनोवा समझते थे या दिखाना चाहते थे कि दुनिया की हर स्त्री यौन-असन्तुष्टि या अदम्य काम-भावना की मारी है।

सबसे पहले व्यवस्थित और तार्किक ढंग से भारतीय ग्रंथों की आलोचना पंडिता रमाबाई ने की। रमाबाई वह पहली लेखिका थीं जिन्होंने किताब लिखकर अपने सामाजिक मक़सद के लिए धन जुटाया। 1887 में 'हिन्दू स्त्री का जीवन' के बिकने से प्राप्त राशि से रमाबाई भारत आकर लड़कियों के लिए स्कूल खोल सकीं। जहालत में पड़ी हिन्दू बाल विधवाओं को शिक्षा के ज़रिए आत्मनिर्भर बना सकीं। 'हिन्दू स्त्री का जीवन' में रमाबाई ने वेदों और मनुस्मृति से वे उद्धरण प्रस्तुत किए हैं जो स्त्रियों के जीवन को नियंत्रित करनेवाली उस व्यवस्था की ओर इशारा करते हैं जिसे पितृसत्ता कहते हैं। रमाबाई इसलिए भी यह कर सकीं कि ब्राह्मण थीं और उनके पिता ने उन्हें संस्कृत की शिक्षा दी थी। विदुषी होने का प्रमाण देकर उन्होंने बंगाल में हिन्दू नेता ज्योतींद्र मोहन से 'पंडिता' की उपाधि पाई। स्त्रीवादी लेंस से वेदों, अन्य ग्रंथों और मनुस्मृति को पढ़ते हुए रमाबाई ने पाया कि सभी मतों में भले ही पर्याप्त भिन्नता हो लेकिन स्त्री के प्रति दृष्टिकोण को लेकर सभी सहमत हैं।[5] वह लिखती हैं—

> जो व्यक्ति मूल संस्कृत साहित्य को कठिन परिश्रम व निष्पक्षता से पढ़ते हैं, यह पहचानने में कभी धोखा नहीं खा सकते कि आचार-संहिता निर्माता मनु उन कई सौ लोगों में से एक है, जिन्होंने दुनिया की नज़रों में स्त्रियों को घृणास्पद जीव बनाने में अपना सारा ज़ोर लगा दिया।[6]

संस्कृत ब्राह्मण ग्रंथों का रमाबाई का अध्ययन सूक्ष्म था। वह मैक्समूलर के अनुवादों को सामने रखकर साफ़ करती हैं कि कैसे ब्राह्मणों ने ऋग्वेद के श्लोकों के साथ खेल किया।[7] वह सप्रमाण बताती हैं कि कैसे दुष्ट पुरोहितों ने सती-प्रथा को

वेद-सम्मत बताने के लिए ऋग्वेद के पद्यांश को ग़लत अर्थ दिया और स्त्री-विरोधी बनाया।[8] इस किताब और मक़सद में मदद करनेवाली पेंसिल्वेनिया के महिला मेडिकल कॉलेज की डीन रैचेल एल. बॉडले भूमिका में लिखती हैं—

> रमाबाई ने उद्धरणों में शुद्धता बनाए रखने के लिए एक से ज़्यादा अनुवाद उपलब्ध होने पर उनकी तुलना करने में और कुछ मामलों में संस्कृत से ख़ुद अनुवाद करने में काफ़ी कड़ी मेहनत की। पूरी किताब में कही गई बातें सटीकता से हैं। जब यह किताब भारत पहुँचेगी तो इन कथनों को निस्सन्देह झूठे और अधार्मिक बताकर इन पर आक्रमण किया जाएगा और यह भी सम्भव है कि यूनाइटेड स्टेट्स में भी कुछ व्यक्ति इस तरह के प्रभाव को पैदा करने का प्रयास करें।[9]

मनुस्मृति के स्त्री-विरोधी श्लोकों को ख़ूब तसल्ली से रमाबाई सामने रखती हैं और बताती हैं कि सभी पुरुष कम-ज़्यादा इन्हीं बातों में यक़ीन करते हैं कि स्त्री का चरित्र विश्वास योग्य नहीं है, घरेलू स्त्री से सभी तरह की स्वतंत्रता छीन लेनी चाहिए, स्त्री पुरुष की सम्पत्ति होगी, स्त्रियाँ काम तथा क्रोध के वशीभूत मूर्ख या विद्वान पुरुष को भी कुमार्ग पर प्रवृत्त कर सकती हैं, पति की सेवा से ही स्वर्गलोक में वे पूजित होती हैं। मनु के ही विचारों पर आधारित कहावतों, लोकाचार-संहिता व अन्य क़िस्म के साहित्य में भी स्त्री-द्वेष को लक्षित किया रमाबाई ने। वह ऊँची साहित्यिक प्रतिष्ठा रखनेवाले एक हिन्दू सज्जन की नैतिक विषयों पर लिखी प्रश्नोत्तरी को उद्धृत करती हैं—

> प्रश्न : नरक का मुख्य द्वार क्या है?
> उत्तर : स्त्री।
> प्रश्न : शराब की भाँति सम्मोहक कौन है?
> उत्तर : स्त्री।
> प्रश्न : बुद्धिमानों में सर्वोत्तम कौन है?
> उत्तर : वह जो कि औरतों द्वारा छला नहीं गया है।
> प्रश्न : पुरुष के लिए बन्धन क्या है?
> उत्तर : स्त्री।
> प्रश्न : वह कौन-सा ज़हर है जो अमृत की भाँति प्रतीत होता है?
> उत्तर : स्त्री।[10]

रमाबाई का यह काम स्त्रीवादी आलोचना का उदाहरण है। साहित्य महज़ कला का एक रूप नहीं है बल्कि लिखित साहित्य सामाजिक मान्यताओं को भी प्रभावित करता है और व्यवहार-सरणियों को भी। स्त्री के प्रति जिस दृष्टिकोण से लिखते रहने के पुरुष आदी रहे हैं उसे यह पहली बार सख़्त चुनौती थी क्योंकि उनकी पंक्तियों को उद्धृत करते हुए उनका झूठ और षड्यंत्र एक स्त्री द्वारा पकड़ा गया

था। इतना ही नहीं सूचनाओं का अभाव कैसे स्त्री में आत्मविश्वास की कमी पैदा करता है, रमाबाई जानती थीं। भारत में शिक्षा-सुधारों के लिए आए हंटर कमीशन के सामने उन्होंने स्त्री-शिक्षा से जुड़े कई ज़रूरी सुझाव रखे जिनमें एक यह था कि स्त्रियों को ही लड़कियों की शिक्षा के लिए प्रशिक्षित किया जाए क्योंकि पुरुषों की उपस्थिति उन्हें संकुचित और भयभीत करती है, उनकी ज़बानें बन्द हो जाती हैं। लड़कियों के लिए छठी कक्षा तक की पाठ्यपुस्तकें भी रमाबाई ने लिखीं। ज्ञान पर पुरुष वर्चस्व को चुनौती देना आसान नहीं था।

स्त्रियों के लिए शास्त्रों में क्या-कुछ लिखा गया है, इसकी आलोचना अपने लेखों के बीच-बीच में कई जगह महादेवी वर्मा भी करती चलती हैं। स्त्री का स्वभाव अनुकरण करने का बनाया गया और शास्त्रों ने तय किया कि उसे स्वतंत्रता न मिले, यह संस्कृत में एम. ए., विदुषी, स्त्रीवादी महादेवी बहुत ख़ूब समझ पा रही थीं। याज्ञवलक्य से शास्त्रार्थ करती गार्गी[11] में वे चिन्तनशील स्त्री के दर्शन करती हैं तो राम से प्रश्नोन्मुख सीता को भी देखती हैं।[12] 'स्त्री न स्वातंत्रयम अर्हति' शास्त्रों ने ही कहा है न![13] स्त्री को लेखन में एक 'प्रोफेशनल' की तरह देखने की मंशा रखती हैं। अगर पुरुष साहित्य लिखकर कमाने की सोच सकता है तो स्त्री के लिए यह संकोच का कारण क्यों बन सकेगा?[14] वह न केवल स्त्री-साहित्य के महत्त्व को रेखांकित करती हैं बल्कि अस्मितामूलक विमर्शों के आगमन पर शुरू हुई स्वानूभूति और सहानुभूति की बहस का जवाब भी 1942 में दे चुकीं—

> स्त्री का साहित्यिक सहयोग साहित्य के एक आवश्यक अंग की पूर्ति करता है। साहित्य यदि स्त्री के सहयोग से शून्य हो तो उसे आधी मानव-जाति के प्रतिनिधित्व से शून्य समझना चाहिए। पुरुष के द्वारा नारी का चरित्र अधिक आदर्श बन सकता है, परन्तु अधिक सत्य नहीं; विकृति के अधिक निकट पहुँच सकता है, परन्तु यथार्थ के अधिक समीप नहीं। पुरुष के लिए नारीत्व कल्पना है परन्तु नारी के लिए अनुभव। अत: अपने जीवन का जैसा सजीव चित्र वह हमें दे सकेगी वैसा पुरुष बहुत साधना के उपरांत भी शायद ही दे सके।[15]

महादेवी के यहाँ स्त्रीवादी आलोचना-दृष्टि की नितांत आवश्यकता महसूस करने के चिह्न देखे जा सकते हैं। वे स्त्रियों के रचे साहित्य और साहित्यकार के रूप में उनके निखार को लेकर साहित्य जगत की उपेक्षा की भी आलोचना करती हैं। क्योंकि प्रतिभा तो नैसर्गिक है, यह कहकर लोग शंका करते हैं कि क्या ठोंक-पीटकर या पुस्तकालयों में बन्दी करके साहित्यिक महिलाएँ गढ़ी जा सकती हैं[16] इसका जवाब लिखते हुए महादेवी कहती हैं कि नैसर्गिक प्रतिभा को भी बिना सुविधाएँ और मौक़े दिए निष्क्रिय बना दिया जा सकता है। हमारे यहाँ स्त्रियों में साहित्यिक वातावरण बनाए रखने के लिए कोई प्रयत्न नहीं किया जाता, अत: अगर

किसी स्त्री की प्रवृत्ति इस ओर हुई भी तो अनुकूल परिस्थितियाँ न पाकर उसका नष्ट हो जाना ही सम्भव है।[17] उसे फलने-फूलने के पर्याप्त अवसर, साहित्यिक वातावरण, घर से बाहर आना-जाना, लोगों से मिलना-जुलना, सब चाहिए होगा बेहतर साहित्य रचने के लिए।

शिवरानी देवी के संस्मरणों में पुरुष-दृष्टि की पर्याप्त आलोचना है। यह बात कम याद रखी जाती है कि प्रेमचन्द की जीवनी लिखनेवाली उनकी संगिनी के साथ-साथ वह ख़ुद एक कहानीकार थीं। 'प्रेमचन्द घर में' लिखते हुए भले ही शिवरानी अपने पति के प्रति पूरे सम्मान और श्रद्धा से पूर्ण हैं लेकिन वे तमाम प्रकरण साफ़गोई से लिखे हैं उन्होंने जब वह प्रेमचन्द से स्त्री-लेखन, स्त्री-स्वातंत्र्य और स्त्रियों पर लिखे गए द्वेषपूर्ण लेखों को लेकर चर्चा करती हैं। अपनी तीखी प्रतिक्रियाएँ दर्ज करती हैं। 'विश्वामित्र' में छपे एक लेख 'हमारी देवियाँ किधर जा रही हैं' से शिवरानी के बेहद नाराज़ और आक्रोशित हो जाने पर प्रेमचन्द उन्हें एक जगह हतोत्साहित भी करते हैं कि पुरुष के लेख का जवाब स्त्री न दे तो अच्छा। कहीं मन में था कि शिवरानी देवी न लिखें। और बहुत-सी औरतें हैं, लिखेंगी।[18] वह 'माधुरी' में प्रत्युत्तर छापते हैं लेकिन शास्त्रीजी का लिखा हुआ। वह बार-बार कहती हैं, आपसे न हो तो मुझे कहिए, मैं लिखूँ। एक बार उन्हें सन्देह भी होता है कि ये दोनों पुरुष हैं, कहीं लेख लिखते-छापते हुए उस तिलमिलाहट को कम न कर दें जो शिवरानी ने उस लेख को पढ़कर महसूस की थी। कौन जाने। आप लोग भी तो पुरुष हैं! 'चाँद' में भेजिए?[19] स्त्री-लेखन में ही छिट-पुट स्वर सुनाई दे रहे थे जो स्त्री-दृष्टि से साहित्य को पढ़े जाने की, आलोचना किए जाने की ज़रूरत का एहसास दिला रहे थे।

हिन्दी के सुधारवादी लेखकों का साहित्य हो या स्त्री के लोक-जीवन के शुद्धिकरण की कोशिशें*, ये तमाम बातें एक-दूसरे से जुड़ जाती हैं। स्त्रीवादी-आलोचना दृष्टि से साहित्य को परखने की शुरुआत अगर व्यवस्थित चिन्तन-पद्धति के रूप में हो पाती है तो वह इक्कीसवीं सदी में क़दम रखने के साथ ही। सुमन राजे की दोनों किताबें 'हिन्दी साहित्य का आधा इतिहास' और 'इतिहास में स्त्री' न केवल हिन्दी साहित्येतिहास में स्त्री-लेखन की खोई हुई परम्परा तलाशती हैं बल्कि इतिहास-लेखन के जेंडर पूर्वग्रहग्रस्त मानकों को भी सामने लाती हैं।**

कविता के क्षेत्र में अनामिका ने विश्व-स्त्री कविता से अनुवाद, स्त्रीवादी विमर्शात्मक पुस्तकें लिखकर महत्त्वपूर्ण काम किए। स्त्री-भाषा पर उनके कुछ लेख कई अलग-अलग किताबों में मिलते हैं। स्त्रीवादी समीक्षा की ज़रूरत को पूरा करने की तमाम कोशिशें हैं उनके यहाँ लेकिन बिखरी हुई, जो महत्त्वपूर्ण हैं लेकिन एक

* देखें अध्याय-6 खंड-2

** खंड-2 के अध्याय-1 में विस्तार से

मुकम्मल तस्वीर नहीं बना पातीं। अलग-अलग दिशाओं में जाते हुए तमाम लेख हैं जो ज़रूरी हैं लेकिन एक क्रमबद्ध, व्यवस्थित चिन्तन जिसे करने में वे बेहद समर्थ हैं, वह नहीं हो पाता। अन्तत: हर किताब लेखों का संग्रह रह जाती है।

स्त्री-भाषा पर हिन्दी में सबसे पहले अनामिका ने विचार आरम्भ किया और स्त्री-भाषा को मुच्छड़ पुरुष-भाषा से अलगाते हुए उसके बहुरंग को रेखांकित किया। वह बताती हैं कि कैसे स्त्री-भाषा ने अपने इतिवृत्त और ऊबड़-खाबड़पन और सविनय अवज्ञा के साथ 'स्त्री-सुबोधिनी' से लेकर 'चोखेर बाली' जैसे स्त्रीवादी ब्लॉग की भाषा तक एक तेवर लिए हैं और आज एकदम नए ढंग से फहरा रही है। (त्रियाचरित्रं : उत्तर कांड—अनामिका) स्त्री-भाषा को 'एक्रीचर फ़ेमिनाइन' के समकक्ष रखते हुए वे उसकी ख़ूबियाँ गिनाती हैं। 'स्त्री-विमर्श की उत्तर-गाथा' में वे लिखती हैं—औरतों की भाषा का एक अलग मिज़ाज है (ecriture feminine) जिसे कैनन में प्रतिष्ठा मिलनी चाहिए। स्त्री-भाषा के सन्दर्भ में उत्तर-आधुनिक स्त्रीवादियों को पढ़ते हुए भी वे मानती हैं कि लेखक की मौत वाली अवधारणा बेबुनियाद है और एक पंक्ति में यह भी बताती चलती हैं कि बहुत अधिक अमूर्तन अबूझ कलरव में घटित हो सकता है, लेकिन ये तमाम पंक्तियाँ पूरे-पूरे अध्याय की माँग करती हैं, सूत्र खुलने चाहिए, वे जल्दी में इनसे होकर गुज़र जाती हैं।

एक दिसि आग दूसर दिसी पानी में वह मानती हैं कि इस दोहरे-तिहरे शोषण से ही स्त्री कविता इतनी उन्नत है। बहुत सुख से अघाया समाज भी अच्छी कविता नहीं लिखता। ('बीसवीं सदी का हिन्दी महिला लेखन', सं. अनामिका, पेज 35, साहित्य अकादमी, 2015) इसके अलावा अनामिका ने कई क्लासिक अंग्रेज़ी कृतियों के स्त्री-पाठ किए और अंग्रेज़ी कक्षाओं में क्लासिक्स पर 'भाषिक पुनर्वास' के नाम से उन्हें पढ़ा जा सकता है।

हिन्दी कथा-साहित्य की स्त्रीवादी आलोचना का महत्त्वपूर्ण काम रोहिणी अग्रवाल ने किया। 'साहित्य की ज़मीन और स्त्री-मन', 'हिन्दी उपन्यास का स्त्री-पाठ' जैसी तमाम किताबों में संकलित उनकी समीक्षाएँ और निबन्ध स्त्रीवादी आलोचना-दृष्टि का वैचारिक आधार स्पष्ट करते हैं। वे अक्सर आलोचकों के उन प्रश्नों का जवाब देती रही हैं जो समय-समय पर स्त्री-लेखन के सन्दर्भ में वे उठाते रहे हैं। स्त्री-लेखन पर दिए गए फ़तवे वह अस्वीकार करती हैं और यह बीड़ा उठाती हैं कि स्त्री-लेखन और स्त्रीवादी-लेखन की जाँच-परख करती चलें—

> आज मुख्यधारा के साहित्य में जिस प्रकार दलित एवं स्त्री लेखन को साहित्य के समग्र स्वरूप के लिए घातक आक्रमण की संज्ञा दी जाती है, और अस्मिता विमर्श को पश्चिम से आयातित अवधारणा कहकर पिछवाड़े डाल देने की रणनीति गढ़ी जा रही है, उससे स्वयं स्त्री-रचनाकारों में अपने को सायास 'स्त्री' न कहलाने का आग्रह बढ़ता जा रहा है। यह

> प्रवृत्ति शनैः-शनैः घर करती जा रही है कि स्त्रीदृष्टि मूलतः संकीर्ण और आत्मरतिग्रस्त होती है जो घर की चौहद्दी से बाहर जीवन की जटिलताओं को देख ही नहीं पाती। प्रायः यह तर्क दिया जाता है कि स्त्री-लेखन एवं स्त्री-दृष्टि जैसी कोई चीज़ नहीं होती क्योंकि सृजन की ऐकान्तिक साधना में साहित्यकार अनिवार्यतः हर तरह के सामाजिक-सांस्कृतिक विभाजन से परे 'मनुष्य' होता है। लेकिन यह सामान्यीकरण अपने तईं इस बड़े सवाल को जान-बूझकर अनुत्तरित छोड़ देता है कि अपने व्यक्तित्व को प्रतिफलित करते हुए जिस अन्तर्दृष्टि के साथ लेखक रचनाशील है, वह लिंग-धर्म, वर्ग-वर्ण के अनुशासनों और दबावों के भीतर ही आकार ग्रहण करती है? भय, स्वप्न या राग की बात करते हुए स्त्री-पुरुष, अमीर-ग़रीब, सवर्ण-दलित के कोण एक ही बिन्दु से उठकर अनायास इतनी तेज़ी से दूर होते चलते हैं कि अकसर एक ही घर, एक ही समाज और एक ही समय में साथ रहनेवाले भी अजनबी दीखने लगते हैं। इसलिए स्त्री एवं दलित रचनाकारों द्वारा रचा गया साहित्य अब तक के सुपरिभाषित साहित्य को कठघरे में खींच लाता है और जान लेना चाहता है कि स्त्रियों और दलितों की उपस्थिति में क्या वह अपनी उसी गर्वोन्नत मुद्रा में अखंड-अभंग साबुत 'मनुष्य' की गरिमा की रक्षा का दावा दोहरा सकता है? चूँकि साहित्य का सवर्ण पुरुष-चरित्र उसके रचयिता के अपने चरित्र का प्रतिबिम्ब है, अतः ज़रूरी है कि उस एकांगी-खंडित अभिव्यक्ति को 'सम्पूर्ण' करने के लिए हाशिए पर धकेल दिए गए अंगों-उपांगों को भी अपना दाय निभाने दिया जाए।*

स्त्री लेखकों की बाढ़ तो आई लेकिन किसी ने उसे स्त्रीवादी पैमानों पर परखने की कोशिश नहीं की। स्त्रियों के लिखे की समीक्षा तो हुई, समग्रता में कोई मूल्यांकन नहीं। अस्मितामूलक साहित्य को ऐसे तमाम लांछन उठाने पड़े हैं। इसलिए भी ज़रूरी था कि स्त्री-साहित्य अपनी वैचारिक ज़मीन को स्पष्ट करे। यह काम रचनाकारों को भी लगातार करना था। लेकिन स्त्रीवादी साहित्य ही जब नापसन्द किया जा रहा हो तो स्त्रीवादी आलोचना और भी चुनौतीपूर्ण हो जाती है। उसे अपने लेंस के बारे में ठीक-ठीक बताना होता है। रोहिणी अग्रवाल लिखती हैं—

साहित्य की स्त्री-दृष्टि चार रूपों में क्रियाशील दिखाई देती है** :

1. पुरुष-दृष्टि से विश्लेषित स्त्री-साहित्य की पुनर्व्याख्या।
2. पुरुष-दृष्टि से रचित साहित्य का पुनर्पाठ।

---

* ऑनलाइन पत्रिका *हिन्दी समय डॉट कॉम* पर प्रकाशित रोहिणी अग्रवाल के लेख 'साहित्य की स्त्री दृष्टि' से

** वही

3. स्वयं साहित्य-सृजन द्वारा अपनी मनोकांक्षाओं की अभिव्यक्ति।
4. तमाम लैंगिक पूर्वग्रहों से उपरत हो एक समग्र मनुष्य-समाज की निर्मिति का स्वप्न।

कथा-साहित्य में स्त्री-रचनाकारों की स्थिति अपेक्षाकृत मज़बूत रही। कथा-तत्त्व के साथ साहित्य में प्रवेश करनेवाली स्त्री के लिए भी अपना स्पेस बनाना कम चुनौतीपूर्ण नहीं था लेकिन वह इलाक़ा कविता से जल्दी परिपक्व हुआ और कविता जैसा तिरस्कार उसे झेलना नहीं पड़ा। कृष्णा सोबती, मन्नू भंडारी, उषा प्रियम्वदा, चन्द्रकिरण सौनरेक्सा, मृदुला गर्ग, ममता कालिया जैसी कथाकारों को अपने लेखन के चलते पहचान, प्रशंसा और सम्मान मिला। आलोचना में भी निर्मला जैन, सुमन राजे, रोहिणी अग्रवाल, सुधा अरोड़ा जैसी लेखिकाएँ आईं। सीमोन द बुवा की किताब 'द सेकेंड सेक्स' का हिन्दी अनुवाद करने के साथ प्रभा खेतान ने स्त्रीवाद को पढ़ा और समझने की कोशिश की। उनकी किताब 'उपनिवेश में स्त्री' समकालीन स्त्रीवाद के सवाल क्या हैं और क्या हों, न सिर्फ़ इस पर विचार करती है बल्कि आलोचना की परम्परा और स्त्री-लेखन पर पूरी किताब लगातार आलोचनात्मक है। हिन्दी में स्त्री-लेखन के मुतल्लिक़ उनके पास अनेक सवाल हैं और वह समझ रही हैं कि स्त्री-लेखन का माहौल दुष्कर बना दिया गया है। स्त्री लेखक स्वयं अपने आप को दोयम दर्जे का समझती हैं और अपने लेखकत्व के प्रति सशंकित हैं। अपने लेखन में प्रभा खेतान बेहद प्रखर हैं और मानती हैं कि लड़े बिना स्त्री को कुछ नहीं मिलनेवाला। यह लड़ाई उसे रचना में ही नहीं आलोचना में भी करनी होगी। वह कभी वर्जीनिया वूल्फ़ पर बात करती हैं कभी स्त्री-भाषा पर वह लूस इरिगेरे व अन्य फ्रेंच स्त्रीवादियों के विचारों को भी सामने रखती हैं। प्रभा खेतान स्त्रीवादी आलोचना की हिन्दी में सख़्त ज़रूरत महसूस करते हुए लिखती हैं—

> मैं यहाँ नारीवादी आलोचना के किसी नए प्रतिमान की चर्चा नहीं कर रही। मुझे आलोचना के स्थापित प्रतिमानों को स्वीकार करना होगा। कोरे काग़ज़ पर बिलकुल एक नया शब्द लिखने में मैं असमर्थ हूँ लेकिन स्थापित आलोचना प्रणाली का मूल्यांकन तो करना ही होगा। इसके साथ ही यह स्पष्ट करना होगा कि यह प्रणाली न पूरी तरह सही है न एकदम ग़लत।[20]

अकादमिक कामों में, जगदीश्वर चतुर्वेदी ने 'स्त्रीवादी साहित्य विमर्श' और सुधा सिंह ने 'ज्ञान का स्त्री पाठ' में पश्चिम की स्त्रीवादी आलोचकों के सिद्धांतों का विवेचन किया। स्त्री-लेखन और स्त्री-भाषा पर फ्रांसीसी, ब्रिटिश, अमरीकी स्त्रीवादियों के चिन्तन को व्यवस्थित रूप में प्रस्तुत किया। प्रेमचन्द और यशपाल जैसे लेखकों का स्त्रीवादी पाठ करने के अलावा महादेवी वर्मा को स्त्रीवादी के

रूप में पढ़ना होगा, छायावादी कवयित्री की तरह नहीं; यह महत्त्वपूर्ण प्रस्थापना देते हुए सुधा सिंह ने महादेवी वर्मा के स्त्रीवादी पक्ष को सामने रखा। कुल मिलाकर यह अभाव कविता के क्षेत्र में रहा कि कवयित्रियों ने स्वयं उन तमाम आक्षेपों के जवाब में, जो स्त्री कविता पर लगाए जाते रहे, कोई वैचारिक ज़मीन स्त्री कविता और आलोचना-दृष्टि के लिए तैयार नहीं की। वे क्या कारण रहे कि कविता लिखती स्त्रियाँ गद्य लिखती स्त्रियों से अपेक्षाकृत अधिक दुर्भाव का सामना करती हैं साहित्य में, इस पर इस खंड के अन्तिम अध्याय में चर्चा होगी।

पश्चिमी साहित्य में इसी सन्दर्भ में चेतना उन्नीसवीं सदी के उदय के साथ ही दिखाई देती है। लेकिन स्त्रीवादी आलोचना की जो एक पुष्ट परम्परा बन गई है उसकी शुरुआत वर्जीनिया वूल्फ़ से मानी जाती है। 1792 में मेरी वोलस्टनक्राफ़्ट की किताब 'स्त्री अधिकारों का औचित्य साधन' आ चुकी थी जिसके एक अध्याय का शीर्षक है—*ऐसे कुछ लेखकों की आलोचना जिन्होंने स्त्रियों को लगभग तिरस्कारपूर्ण दया का पात्र बना दिया है।* इस अध्याय में मेरी ने रूसो, डॉ. फारडाइस, डॉ. ग्रेगरी, लॉर्ड चेस्टरफील्ड के साहित्य में स्त्री-द्वेषी तत्त्वों को रेखांकित और विवेचित किया है। मनुस्मृति सिर्फ़ भारत में ही नहीं लिखी गई और साहित्य-लेखकों को प्रभावित करती रही बल्कि बाक़ी देशों में भी ऐसे तमाम लेखक हुए जिन्होंने स्त्रियों की परतंत्रता, दुर्बलता, अशिक्षा की हिमायत की और साहित्य को एक सामंती क़िस्म के रोमांस से भर दिया जिसके हिसाब से स्त्री कमनीयता की मूर्ति है, मस्तिष्क से रहित है, सुकुमार है, गुड़ियों के साथ खेलती है और मूर्खतापूर्ण बातों में उलझी रहती है, उसका मुख्य काम मर्दों को रिझाना है। रूसो के कथन को वह उद्धृत करती हैं—*स्त्रियों को बहुत कम स्वतंत्रता मिलती है, अथवा मिलनी चाहिए, उन्हें जो कुछ प्राप्त होता है उसमें स्वयं को अतिरेकी ढंग से लिप्त कर देने की उनकी प्रवृत्ति होती है; प्रत्येक वस्तु के प्रति अन्तिम सीमा तक व्यसनी, वे विपथगमन की दिशा में पुरुषों की तुलना में कहीं अधिक उन्मुख की जा सकती हैं।*[21]

वह आगे डॉ. फारडाइस, डॉ. ग्रेगरी, लॉर्ड चेस्टरफील्ड के विचारों की आलोचना उद्धरण दर उद्धरण करती हैं जो स्त्री को महज़ देह मानते हैं और उसमें आकर्षण, विनयशीलता, आज्ञाकारिता, सतीत्व के गुणों के विकास की हिमायत करते हैं। वह आगे लिखती हैं—

> मेरा आशय उन सभी लेखकों का उल्लेख करना नहीं है जिन्होंने स्त्री-आचरण के विषय में लिखा है। यह मात्र लकीर पीटना होगा क्योंकि उन सभी ने सामान्यत: एक ही शैली में लिखा है, परन्तु पुरुष के दम्भपूर्ण विशेषाधिकार—वह विशेषाधिकार जिसे निरंकुशता का कठोर राजदंड,

> निरंकुश शासक का आद्य अधर्म कहा जा सकता है—पर प्रहार करते हुए, मैं पूर्वग्रहों पर निर्मित समस्त वर्चस्व के विरुद्ध, उद्घोषणा करती हूँ—चाहे वे कितने ही पुरातन क्यों न हों।[22]

इसलिए मेरी उन तमाम स्त्रियों को भी शामिल करती हैं जो इसी मर्दवादी लीक पर चलते हुए उन्हीं भावों को अंगीकार करती हैं जो उन्हें अज्ञान के समस्त दुराग्रह के साथ पाशविक बना देते हैं।[23] इस सन्दर्भ में वह श्रीमती पियोजी, जो बहुधा यंत्रवत उन शब्दों की आवृत्ति करती रहती थीं जिसे वह समझ नहीं पातीं, जॉन्सनवादी जुमलों के साथ सामने आती हैं,[24] श्रीमती बैरोनेस द' स्तेल जो और अधिक उत्साह के साथ यही बातें बोलती हैं,[25] के उदाहरण लाती हैं और विवेचना करती हैं। मदाम जेनलिस के यहाँ भावुकता, धर्म से उपजी नैतिकता, सांसारिकता और अंधविश्वास इतना घुला-मिला होता है कि किसी युवा को उन्हें पढ़ने की सलाह तब तक नहीं दी जा सकती जब तक कि *मुझे उन विषयों पर बाद में वार्ता करने और अन्तर्विरोधों को रेखांकित करने का अवसर नहीं मिलता।*[26] कैथरीन मैकाले की समझदारी को सराहते हुए वह कहती हैं कि यदि वह जीवित रहतीं तो मुझे आशा थी कि वह मेरे आलोचना के इस काम का अनुमोदन अवश्य करतीं।[27]

मेरी समझ रही थीं कि इस तरह के लेखन ने स्त्री के प्रति समाज में भ्रान्तियों को और ज़्यादा हवा दी और स्त्री के लिए एक तिरस्कारपूर्ण वातावरण तैयार किया है। ऐसे ही पुरखों को पढ़कर समकालीन लेखक संकीर्ण पूर्वग्रहों से ग्रस्त हो जाते हैं। वह एक तरह से अपने समकालीनों से आग्रह करती हैं कि इस ओछी प्रवृत्ति को त्यागकर सन्तुलनकारी दृष्टिकोण अपनाएँ। अपने समस्त चिन्तन को भी सीमित न करें घर की चौहद्दी तक ही और बुद्धि-विकास को भी बराबर महत्त्व दें। पुरखे लेखकों की स्त्रीवादी आलोचना करती हुई वह कभी आक्रोशित होती हैं, कभी दुखी। किसी वरिष्ठ को स्त्रीवादी आलोचनाएँ बुरी भी लग सकती हैं क्योंकि यह एकदम अनपेक्षित है कि कम-बुद्धि समझी जानेवाली, दो अंगुल प्रतिभा वाली स्त्रियाँ मरे हुए वरिष्ठों की आलोचना करें, इसलिए वह विनम्रता और दृढ़ता के साथ ही कह देती हैं

> उसकी आत्मा को शान्ति मिले! मेरा युद्ध उसकी भस्म के साथ नहीं बल्कि उसकी धारणाओं के साथ है।[28]

बैरेट ब्राउनिंग 1845 में सवाल करती हैं—इंग्लैंड में बहुत-सी विदुषी स्त्रियाँ रहीं...इसके बावजूद स्त्री कवि कहाँ है? मैं सब जगह देखती हूँ उन पुरखिनों के लिए और कोई नहीं दिखती।[29] 1862 में एमिली डिकिंसन मानो जवाब लिख रही हैं—

उन्होंने मुझे बन्द कर दिया गद्य में
जैसे अलमारी में बन्द कर देते थे मुझे
जब छोटी लड़की थी मैं
क्योंकि उन्हें पसन्द हूँ मैं जड़ ही।[30]

वर्जीनिया वूल्फ़ की किताब 'अपना कमरा' दरअसल लड़कियों के कॉलेजों में दिए गए उनके दो व्याख्यानों का पुस्तक रूप है। यह किताब किसी भी स्त्री-रचनाकार के लिए पढ़ना ज़रूरी है और न केवल इसमें से उसे मर्दवादी आलोचना की समझ विकसित करनी होगी बल्कि आत्मालोचन के तत्त्व जो पूरी किताब में बिखरे पड़े हैं, उन्हें भी समझना होगा। यह किताब अब तक पुरुषों के लिखे में स्त्री-द्वेष के तत्त्वों की खोज ही नहीं करती बल्कि उन कारणों की भी खोज करती है कि अब तक का स्त्री-लेखन इतना विरल और अनगढ़ क्यों रहा? आत्मविश्वास की कमी, पितृसत्ता के हिसाब से स्त्रियोचित का अनुकूलन, बँधा हुआ जीवन, स्त्री होने के चलते रचनाशीलता के पनपने से उपजे भय और तनाव, अपने कहलाए जा सकनेवाले स्पेस का अभाव, लेखन के लिए ज़रूरी सामग्री को ख़रीदने, यात्राएँ करने की स्वतंत्रता का अभाव जैसे तमाम बिन्दु सिलसिलेवार आते हैं। वह मेरी सेटन का एक काल्पनिक चरित्र गढ़ती हैं जिसकी तेरह सन्तानें हैं और पूछती हैं कि क्या इस स्त्री के लिए लिखना किसी भी तरह सम्भव है? अगर स्त्रियों के पास एकाग्रता से काम करने के लिए न अपनी कोई जगह है, न अपना कमाया हुआ पैसा और न ही घर-द्वार से कुछ समय मुक्त होकर घूमने-फिरने, अनुभव इकट्ठे करने के मौक़े हैं तब फिर जो भी उन्होंने लिखा है उसे श्रेष्ठ समझना चाहिए क्योंकि वह उन परिस्थितियों के नितांत अभाव में लिखा गया है जो किसी पुरुष-लेखक को सुगमता से मिल जाती हैं। इसलिए कोई स्त्री शेक्सपियर नहीं हो सकती थी।

वर्जीनिया अब तक चली आ रही आलोचना-पद्धति की जेंडर्ड संरचना को सामने लाई और बताया कि स्त्री-लेखन को समझने में आलोचना के ये प्रचलित प्रतिमान कितने नाकाम साबित होते हैं। स्त्रियों-पुरुषों की दुनिया को श्रम और जेंडर के आधार पर विभाजित ही नहीं किया गया बल्कि स्त्रियों के हिस्से आनेवाले सभी कामों को कमतर भी सिद्ध किया गया। इसका साहित्य में प्रतिफलन यह हुआ कि आलोचक मान लेता है कि एक किताब इसलिए महत्त्वपूर्ण है क्योंकि वह युद्ध पर लिखी गई है और कोई एक किताब इसलिए महत्त्वहीन है क्योंकि इसमें ड्राइंग रूम में बैठी औरतों की अनुभूतियों का वर्णन किया गया है।[31] ऐसी आलोचनाओं के चलते स्त्रियों ने भी अपने लेखन के मूल्य बदल डाले।[32] ऐसे भी आलोचक हुए

जो कविता की आलोचना के भीतर औरत जाति की आलोचना भी खींच लाते थे। 'स्त्री साहित्यकारों को अपने लिंग की सीमाओं को साहसपूर्वक स्वीकार करके ही किसी उत्कृष्टता की इच्छा करनी चाहिए...'[33] यह वाक्य 1828 में नहीं 1928 में लिखा गया है। 1828 में ऐसी डाँट-डपट, झिड़कियों और ईनामों के वादों की उपेक्षा करने के लिए किसी नौजवान औरत के भीतर बहुत दिलेरी की ज़रूरत पड़ती होगी।[34] कहने की बात नहीं कि समकालीन हिन्दी साहित्य के परिदृश्य में भी यह दिलेरी की ही बात कही जाएगी।

वर्जीनिया इसलिए स्त्री-लेखन के लिए सबसे ज़रूरी बात मानती हैं—स्त्री होकर लिखा जाना। यानी मर्दाना तौर-तरीक़े, हिट होने के मर्दाना तरीक़े, मर्दाना भाषा का अनुकरण न करना। ये जल्दबाज़ी के तरीक़े हैं। वह मेरी कारमाइकल का ज़िक्र करती हैं जिसकी अनगढ़ सी भाषा, वाक्य-संरचना वर्जीनिया को कुछ सोचने को मजबूर करती है। वह लिखती हैं—उसने पूर्वापर क्रम को तोड़ दिया-प्रत्याशित व्यवस्था को ध्वस्त कर दिया। शायद उसने ऐसा अनजाने किया है, महज़ चीज़ों को उनकी स्वाभाविक व्यवस्था में लाने के लिए, जैसा कि कोई भी औरत करेगी अगर वह औरत की तरह लिखती है।[35] लेकिन औरत की तरह लिखना ही पूरी बात नहीं है। वह आगे कहती हैं—

> उसने औरत की तरह लिखा है, लेकिन ऐसी औरत की तरह जो भूल चुकी है कि वह औरत है, ताकि उसके लेखन में वह विचित्र लिंगीय गुण उभर उठे जो केवल तभी प्रकट होता है जब लिंग अपने ही अस्तित्व के प्रति अचेत हो जाता है।[36]

वर्जीनिया चाहती थीं कि स्त्रियाँ अपने जेंडर के पितृसत्तात्मक प्रशिक्षण से स्वयं को व्याख्यायित न करें जैसा कि पुरुष करते ही हैं। वे स्त्री होकर लिखें, ऐसी स्त्री जो अपनी स्त्री-अस्मिता के प्रति सचेत है, जो आत्म-चेतस है न कि आत्म के नकार के भाव से भरी हुई।

अंग्रेज़ी स्त्रीवादी साहित्यालोचक एलेन शोवाल्टर की किताब 'अ लिट्रेचर ऑफ़ देयर ओन' स्त्रीवादी आलोचना को सूत्रबद्ध, तर्कबद्ध करती है। शोवाल्टर आलोचना की परम्परागत पद्धतियों की आलोचना करती हैं। किताब रूप में छपे अपने इस रिसर्च थीसिस में वह उन्नीसवीं सदी की उपन्यास-लेखिकाओं की साहित्यिक प्रवृत्तियों और स्त्री-आन्दोलनों के बरअक्स विकसित होते स्त्री-लेखन की विशेषताओं का भी विवेचन करती हैं। स्त्री-रचनाकारों के पास न साहित्य की शिक्षा के मौक़े थे, न ही अपना साहित्य रचने के लिए कोई आदर्श अतीत, न ऐसे क्लासिक्स जिन्हें स्त्रियों ने रचा और जिन्होंने साहित्य के इतिहास में अमिट जगह बनाई, जिन्होंने साहित्य को नया मोड़, नई दिशा दी। एलेन शोवाल्टर वर्जीनिया

की विचार-प्रक्रिया को एक तरह से आगे बढ़ाती हैं जब वह कहती हैं कि यह अन्यायपूर्ण ही था कि स्त्री-रचनाकार जोकि ख़ुद ही सीख रही थीं, जब भी अपने ज्ञान का इस्तेमाल करने का जोखिम उठाती थीं तो उनसे अपेक्षा की जा रही थी कि वे मर्दों के स्तर और योग्यता का मुक़ाबला करें।[37] साहित्य-लेखन में मर्द मानक की तरह सामने थे।

स्त्री-लेखन पर हुई तमाम मर्दवादी आलोचनाओं के जवाब देने की कोशिश करते हुए एलेन शोवाल्टर स्त्री-लेखन की प्रकृति और गति को समझने का प्रयास करती हैं। वह उन्नीसवीं और बीसवीं सदी की ब्रिटिश स्त्री लेखकों के उपन्यासों में बदलते चेतना-स्तरों को आलोच्य सामग्री बनाती हैं। लेकिन आलोचना का जेंडर्ड चरित्र सिर्फ़ स्त्री को ही नहीं अन्य जेंडर अस्मिताओं को भी हाशिए पर रखता है। इसलिए सामाजिक विभिन्नताओं, ब्लैक, लेस्बियन, को ध्यान में रखते हुए आगे आनेवाले विविध क़िस्म के साहित्य की आलोचना-दृष्टियों को भी वह अगली पुस्तक 'द न्यू फ़ेमिनिस्ट क्रिटिसिज़्म' में समाहित करती हैं।

फ्रेंच आलोचना पद्धति की शुरुआत सीमोन द बुवा के यहाँ दिखाई देती है जब वह 'द सेकेंड सेक्स' में सिग्मंड फ्रॉयड की आलोचना करती हैं। कैथरीन मेककिनन फ्रॉयड को स्त्री-अध्ययन के लिए सहायक मानती हैं। फ्रेंच स्त्रीवादी आलोचना-पद्धति न केवल फ्रॉयड, लकाँ के कामों की आलोचना करते हुए आगे बढ़ती है बल्कि वह स्त्री-भाषा और पुरुष-भाषा को अलग-अलग पहचानने का सूक्ष्म अध्ययन करती है। लूस इरिगिरे और हेलेन सिक्सू स्त्री-भाषा, स्त्री-लेखन, उसकी ज़रूरत, उद्देश्यों को सामने लाती हैं। अगले दो अध्यायों में हम इस पर विस्तार से बात करेंगे।

शुरुआती चरण में ब्रिटिश और अमरीकी स्त्रीवादी-आलोचना ने उसी स्त्री-यूटोपिया की कल्पना की जो 'सुल्ताना का सपना' में है; अपना एक देश हो स्त्रियों का, स्त्रियों का साहित्य और कला। स्त्री-लेखन की खोई हुई परम्परा की खोज इसी का हिस्सा है। आज यह आलोचना अपने तीसरे चरण में है। अमरीकी स्त्री-आलोचकों ने भी भरपूर काम किए। 1970 में केट मिलेट की किताब 'सेक्शुअल पॉलिटिक्स' साहित्य में सामंती मूल्यों की आलोचना करती है और तीन पुरुष उपन्यासकारों की आलोचना सामने रखती है। उत्तर-स्त्रीवाद (post feminism) के आते-आते कई आलोचक सामने आती हैं। बारबरा स्मिथ का ब्लैक स्त्री-लेखन पर आलोचनात्मक काम उल्लेखनीय है। बॉनी ज़िमरमैन का समलैंगिक आलोचना में महत्त्वपूर्ण योगदान है। सूसन गुबार, नैंसी मिलर, एड्रिएन रिच, सांड्रा गिलबर्ट, सांड्रा हार्डिंग तमाम नाम हैं जो स्त्रीवादी आलोचना की ज़मीन को लगातार सींचते रहे। यों भी इक्कीसवीं सदी आते-आते स्त्रीवाद के क्षेत्र में अध्ययन की अनेक शाखाएँ पुष्पित-पल्लवित होती हैं जो स्त्री-चेतना, लेखन और आलोचना की एक विशद, विस्तृत और सम्पूर्ण

तस्वीर बनाने की कोशिश है। स्त्रीवादी आलोचना-दृष्टि का विकास पश्चिम में कई पड़ावों का साक्षी हो चुका है; स्त्रीवादी आन्दोलनों के द्वितीय चरण से सीधे ऊर्जा भी मिली उसे और अब बहु-विध प्रश्न और चुनौतियाँ उसके सामने हैं। तमाम उत्तर-स्त्रीवादी पद्धतियाँ महत्त्वपूर्ण सवाल उठाती हैं जिनमें से कई के जवाब अभी दिए जाने बाक़ी हैं।

कोई भी आलोचना यूटोपिया के सहारे ज़िन्दा नहीं रहती। उसे क़लम से जुड़े कई लैंगिक-सामाजिक-राजनीतिक यथार्थ सामने लाने के लिए अपने क़दमों के नीचे ठोस वैचारिक ज़मीन चाहिए जिसके मौजूद होने बारे में अब कोई शंका नहीं की जा सकती।

4

स्त्री-भाषा और पुरुष-भाषा : जेंडर और लेखन

एक कविता पढ़िए—

मैं तुम्हारा/तुम्हारी समन्दर हूँ
मुझसे मत पूछो
आगामी यात्राओं की समय सारणी के बारे में।

तुम्हें वही करना है जो है तुम्हारी फ़ितरत
भूल जाओ दुनियावी आदतों को
पालन करो सामुद्रिक नियमावली का।

मेरे भीतर धँस जाओ एक पागल मछली की तरह
टुकड़े-टुकड़े कर दो
मेरे जलयान के
क्षितिज के
मेरे जीवन के
छिन्न-भिन्न कर बिखेर दो मेरा अस्तित्व।

अब सोचिए कि यह स्त्री लिख रही है या पुरुष? जो लिख रहा/रही है वह भले ही प्रेम की उत्कट भावना की अभिव्यक्ति कर रही/रहा है लेकिन यह प्रेम स्त्री का नहीं हो सकता कि मुझे छिन्न-भिन्न कर दो मेरे भीतर धँसकर। एक स्त्री जो समाज में अपने जन्म से ही यौनिक हिंसा, हमलों का सामना करती है, अक्सर वैवाहिक सम्बन्ध में भी बलत्कृत होती है, जिसका सामाजिक प्रशिक्षण यह है कि वह अपने विवाह से पूर्व कौमार्य-झिल्ली (जिसका कोई सम्बन्ध भी सेक्स से नहीं है यह विज्ञान सिद्ध कर चुका) के भंग हो जाने की बात भी शर्म से छिपाती फिरती है, जो ऑनर-किलिंग में मार दी जाती है; इतनी हिंसा झेलनेवाली प्राणी प्रेम में ही सही अपने अस्तित्व के

छिन्न-भिन्न हो जाने की ख़्वाहिश कर सकती है? जिस अस्तित्व को बनाने, बचाने में वह सम्पूर्ण दुनिया से टकराती है उसके क्षितिज के टुकड़े-टुकड़े होने की ख़्वाहिश अगर उसने व्यक्त भी की है कविता में तो समझिए कि उसने पुरुष से उसकी भाषा और भाव उधार लिया है। इसमें कुछ भी उसका अपना नहीं है।

यह कविता निज़ार कब्बानी की है।

निज़ार कब्बानी या नाज़िम हिकमत, जिनका सन्दर्भ पहले अध्याय में आया या पाब्लो नेरुदा, जिनका सन्दर्भ कुछ पंक्तियों बाद है, ऐसे कवि हैं जिन्हें हिन्दी कविता जगत में ख़ूब प्रसिद्धि मिली, ख़ूब सेलीब्रेट किया गया और ढेर-ढेर अनुवाद किया गया। पाब्लो नेरुदा पर प्रतिष्ठित पत्रिका *पहल* ने विशेषांक तक निकाला और ऐसे ही नाज़िम हिकमत भी ख़ूब प्यारे रहे हिन्दी कवियों के। पाब्लो नेरुदा की प्रेम कविताएँ हिन्दी कवि की आदर्श रहीं। हिन्दी के कवियों ने उन्हें जो इतना सेलीब्रेट किया तो क्यों? क्या उन कविताओं में शिश्न-केन्द्रिकता पुरुष-कवियों को एक कर रही थी?

इससे क्या फ़र्क़ पड़ता है कि कविता स्त्री लिख रही है या पुरुष?

हम एक जेंडर्ड समाज में रहते हैं। एक पितृसत्तात्मक समाज में। अगर देर रात सुनसान सड़क पर आप अकेले हैं और इस बात से फ़र्क़ पड़ता है कि आप स्त्री हैं या पुरुष तो यक़ीनन कविता लिखते हुए भी इस बात से फ़र्क़ पड़ता है कि आप स्त्री हैं या पुरुष। यह साहित्य ही नहीं किसी भी कार्यक्षेत्र; घर, दफ्तर, कला, विज्ञान, संसद, राजनीति, डिफेंस कहीं के लिए भी सच है। कोई काल/टाइम या स्पेस/जगह आपके लिए महज़ इसलिए अनकहे तौर पर प्रतिबन्धित हो सकती है कि आप स्त्री हैं। यह प्रतिबन्ध आप स्वयं भी स्वयं पर या अन्य स्त्रियों पर लगा सकती हैं।

अक्सर मज़ाक उड़ाया जाता है कि भाषा तो भाषा होती है उसमें भी आप स्त्री-पुरुष करने लगे हैं। संवेदनाओं में फ़र्क़ कैसे हो सकता है? अब साहित्य को भी जेंडर में बाँट दोगे? क्या कविता भी स्त्री कविता पुरुष कविता होती है? जी हाँ भाषा भी होती है स्त्री-भाषा और पुरुष-भाषा। लेखन का भी जेंडर होता है और इसे सिद्ध भी स्वयं पुरुष-साहित्यकारों ने ही किया है। फ्रांसीसी स्त्रीवादियों की मानें तो सेक्स अपने आप में कुछ नहीं, जो है वह भाषा में ही है। भाषा पुरुष के सन्दर्भ से दुनिया को देखती और व्याख्यायित करती आई है, उसका केन्द्र है मर्दाना ताक़त का प्रतीक, उत्थित लिंग (phallus) और इसी को केन्द्र में रखकर एक अस्मिता (पुरुष), एक ही अंग (शिश्न), एक आनन्द (मर्द का), अभिव्यक्ति का एक ही मॉडल (मर्दाना) का सिद्धांत रचा गया। इस एक से अलग जब अनेक क़िस्म की

अस्मिताएँ, यौनिकताएँ, चरम आनन्द के विभिन्न रूप और अभिव्यक्तियाँ मुखर होने लगीं तो दिक़्क़त होना स्वाभाविक था।

आप कहेंगे भाषा का सेक्स से क्या लेना-देना। लेकिन यह तो मानेंगे कि दुनिया में शुभ और अशुभ है, स्वर्ग और नर्क है।

पुरुष और स्त्री हैं।

इनमें स्त्री दोयम लिंग है। वह स्पष्ट रूप से बाईं तरफ़ है यानी 'सही' (right) के ग़लत साइड पर है।[1] वह मर्दवादी लैंगिक-द्वित्व (binary) में क़ैद है। मर्दवाद जो स्त्री को पुरुष लिंग के एकदम आदिम विलोम की तरह देखता है। जबकि स्त्री की यौनिकता, उसका सेक्स, आनन्द और उसकी भाषा पुरुष के विपरीत होने के कोण से व्याख्यायित हो ही नहीं सकती। यह सिर्फ़ स्त्री नहीं अन्य लैंगिक-अस्मिताओं के लिए भी सच है। एक मर्दवादी भाषा-संरचना में स्त्रीत्व का प्रतिनिधित्व सम्भव ही नहीं है। अगर मेरी दृष्टि के केन्द्र में सिर्फ़ आम ही है तो मैं सेब, अंगूर, अमरूद को सेब, अंगूर, अमरूद की तरह नहीं देखूँगी, बल्कि कहूँगी कि सेब वह है जो आम नहीं, अंगूर वह है जो आम नहीं, अमरूद वह है जो आम नहीं। और इस तरह आम-केन्द्रित भाषा में सेब, अंगूर, अमरूद को कभी सच्चा प्रतिनिधित्व नहीं मिल सकेगा।

यानी—

* समाज में लैंगिक संरचनाएँ भाषा के ज़रिए परिभाषित होती हैं।
* भाषा एक-लिंग (पुल्लिंग) प्रधान नहीं है, बल्कि एक-लिंगीय ही है। एक ही लिंग पुल्लिंग है और बाक़ी सबके लिए वही सन्दर्भ-बिन्दु है।

भाषा, साहित्य, आलोचना में इस शिश्न-केन्द्रिकता (phallocentricism) को स्त्रीवाद परखता है तो छुपा हुआ मर्दवाद सामने आता है। ज़ाक लकाँ के अनुसार यह फैलस किसी एक मर्द का शिश्न नहीं है, बल्कि यह पितृसत्तात्मक शक्ति का प्रतीक है, जिसे स्त्री-पुरुष दोनों ही हासिल नहीं कर सकते।[2] लकाँ यह भी मानते हैं कि बच्चे का भाषा सीखना भी 'Law of the Father' है[3] (फिर तो वह निश्चित ही स्त्री को बाहर कर देगा जिसके पास पुरुष-अंग नहीं है) यह बाप भी कोई एक व्यक्ति नहीं है बल्कि यह एक पूरी सांस्कृतिक व्यवस्था है जो प्रतीकीकरण, प्रतिबन्धन और आदान-प्रदान के नियमों पर टिकी है।[4] बेहद आसान भाषा में कहूँ तो उत्थित लिंग (phallus) दरअसल उस पितृसत्तात्मक ताक़त का प्रतीक है जो एक पूरी व्यवस्था को बाप का राज बनाती है जिसमें सभी कुछ शिश्न-केन्द्रित (phallocentric) है।

जिसको भी पूँछ उठाकर देखा मादा ही पाया (धूमिल)

इसका स्त्री-पाठ करने पर यही दिखता है कि सिर्फ़ मर्दाना लिंग ही स्वीकृत, समादृत है तमाम लैंगिकताओं में और वही सन्दर्भ का केन्द्र है। बाप का राज है

तो यह होगा ही। लकाँ की इसी थियरी के जवाब में हेलेन सिक्सू स्त्री-लेखन (Ecriture Feminine) और आनन्द (Jouissance) की अवधारणा लाती हैं जिसके बारे में हम अगले अध्याय में बात करेंगे।

अब सोचिए, जिसके पास लिंग नहीं है योनि है उसके लिए इन पंक्तियों के मानी किस विधि से निकलेंगे? इस विधि से निकलेंगे कि वह, जिसके पास योनि है, यानी छिद्र है—छिद्र यानी ख़ाली जगह, रिक्तता, अर्थहीनता वह अस्मिता, यौनिकता, आनन्द, अभिव्यक्ति से स्वयं को पहले ख़ुद बाहर करे और तब कवि के अर्थ ग्रहण करे। वैसे भी, योनि का काम ग्रहण करना ही तो है!

ऐसे में जब वह अपना प्रतिनिधित्व चाहती है, वह बोलती है, लिखती है, वह दर्ज होना चाहती है, तो घुसपैठिया हो जाती है। बाहरी। अपनी स्त्री-अस्मिता और लिंग चेतना के साथ आए तो आतंकी। हमलावर। भाषा का सारा बना-बनाया खेल छिन्न-भिन्न करनेवाली।

फ्रेंच स्त्रीवादी लूस इरिगेरे ने इस 'एक' की अवधारणा के बरअक्स स्त्री के एकाधिक सेक्स होने का मनोवैज्ञानिक सिद्धांत खड़ा किया। सिग्मंड फ्रॉयड ने स्त्री यौनिकता को व्याख्यायित करते हुए पेनिस-एनवी का सिद्धांत सामने रखा था, उन्हीं के शब्द पेनिस की जगह लकाँ ने उत्थित-लिंग (phallus) किया। इरिगेरे ने इसी फैलस के ज़रिए लकाँ की थियरी को सर के बल खड़ा कर दिया। लूस ने कहा कि स्त्री की देह और यौनिकता मर्दाना व्यवस्था में, मर्दाना प्रतीकों से, मर्दाना भाषा में व्याख्यायित नहीं की जा सकती। स्त्री अपने आनन्द में पूर्णत: आत्मनिर्भर है। उसके भग-शिश्न और ख़ुद को ख़ुद ही हमेशा छूते रहनेवाले निचले होंठ उसके आनन्द को मर्दाना अभिव्यक्ति के तरीक़ों से एकदम अलग बनाते हैं। फ्रॉयड और लकाँ की दृष्टि में सब एक है, इरिगेरे बताती हैं कि स्त्री की देह में आनन्द के अनेक स्थल हैं, पुरुष की तरह सिर्फ़ एक नहीं, स्त्री ऐसी यौनिक-अस्मिता है जो एक नहीं है (This sex which is not one[5]) कोई भी एक नाम स्त्री के यौनांग को परिभाषित नहीं करता। वह हमेशा अनेक है।[6] वह केवल योनि के ज़रिए नहीं, और कई तरीक़ों से कई बार चरम आनन्द तक पहुँच सकती है। इसी *एक न होने* से उसकी भाषा बनती है और इसलिए स्त्री-भाषा अपने साथ अन्य सभी उपेक्षित, दमित यौनिकताओं की अभिव्यक्ति में सक्षम है। उसकी भाषा ऐसी है—भग-शिश्न की तरह, निचले होंठों सी खुलती-बन्द होती हुई, योनि द्वार की तरह खुले अन्त वाली, रिक्तताओं में गूँजनेवाली। क्या परम्परागत यौनिक अभिव्यक्तियों में हम इसे शामिल कर पाएँगे? नहीं कर पाते और इसलिए वह नगण्य हो जाती है।[7]

> वह न एक है न दो। कड़ाई से कहूँ तो वह एक व्यक्ति की तरह या दो व्यक्तियों की तरह नहीं पहचानी जा सकती। वह सभी पर्याप्त परिभाषाओं का विरोध करती है। और उसका कोई 'उचित' नाम नहीं है। और उसका यौनांग जो एक नहीं है, वह नगण्य है।

भाषा पुरुष-भाषा ही है और स्त्री कभी भी उसके विमर्श से बाहर हो सकती है। यह बहिष्कृत हो जाना इतना सामान्य है कि लकाँ को कहना पड़ता है—*स्त्रियों को पता ही नहीं कि वे क्या कह रही हैं, उनके और मेरे बीच सारा अन्तर यही है।*[8] स्त्री की देह, उसका मनोविज्ञान, उसकी भाषा एक की उस पूरी परिपाटी से, मूल्यांकन-पद्धति से समझी नहीं जा सकती लेकिन उसी की बनी व्यवस्था में उसे रहना है। वह एक लिंग के हिसाब से बनी सामाजिकता और भाषा में स्वयं को अभिव्यक्त करने चलती है तो उसका एक समय पर कई होना सुनाई देता है। इरिगेरे कहती हैं—

> उसके शब्द विरोधाभासी हैं, तर्क के नज़रिए से कहें तो पगलाए हुए, जो पहले से तैयार एक ग्रिड और हाथ में एक विस्तृत कोड-तालिका लेकर आएगा उसे सुनाई भी नहीं देंगे। और जब वह बोलेगी भी, हिम्मत करेगी बोलने की, वह लगातार अपना ही स्पर्श कर रही होगी। वह अपने से ही ज़रा-सा हटकर एक क़दम रखती है एक हलकी बड़बड़ के साथ, एक फुसफुसाहट, एक विस्मय, एक अपूर्ण वाक्य के साथ...फिर जब वह वापस लौटती है अपनी जगह, तो उसे फिर से शुरू करना होता है, अबकी बार कहीं और से, आनन्द या पीड़ा के किसी अलग बिन्दु से। इसलिए उसे सुनने के लिए अलग कानों से सुनना होगा, ऐसे जैसे कोई 'अन्य अर्थ' सुन रहे हों जो अपने बनने की प्रक्रिया में है लगातार, जो शब्दों को सँजो रहा है, शब्दों से मुक्त हो रहा है, उसे फिक्स नहीं होना, जमना नहीं। उसने जो कहा वह अब नहीं रह गया, वह उस जैसा कभी नहीं होगा जो उसने कहना चाहा था। वह जो कहती है वह किसी के भी जैसा नहीं है, बल्कि संस्पर्शी होगा, नज़दीकी होगा। ऐसा करते हुए जब वह दूर तक भटक जाएगी तो फिर झटके से तोड़ती हुई फिर से शून्य से शुरू करेगी।[9]

यहीं अनामिका की वह कविता याद आती है—'एक औरत का पहला राजकीय प्रवास'। होटल के कमरे में आई अकेली स्त्री उस अकेलेपन से चौंकती है, जो उसे कभी नहीं मिला गृहस्थी में, फिर तीन लोगों को फोन लगाती है—

सबसे पहले अपने बच्चे से कहा—
"हैलो-हैलो, बेटे
पैकिंग के वक्त... सूटकेस में ही तुम ऊँघ गए थे कैसे...
सबसे ज्यादा याद आ रही है तुम्हारी
तुम हो मेरे सबसे प्यारे!"

अन्तिम दो पंक्तियाँ अलग-अलग उसने कहीं
ऑफिस में खिन्न बैठे अंट-शंट सोचते अपने प्रिय से
फिर, चौके में चिन्तित, बर्तन खटकाती अपनी माँ से।

इस बात पर उसकी गिरफ़्तारी होती है कि उसने तीन लोगों से एक ही बात कैसे कही—सबसे ज़्यादा तुम्हारी याद आ रही है, तुम हो मेरे सबसे प्यारे—तो पेशी हुई ख़ुदा के सामने। झूठ बोला गया है। ख़ुदा ने भी क़लम रखकर कहा—*औरत है उसने यह ग़लत नहीं कहा।* एक मर्दवादी आलोचक भले न समझ सकता हो लेकिन औरत के यहाँ तो उसका ख़ुदा भी जानता है स्त्री-भाषा को और समझता है उसके अर्थ। बाप की बनाई प्रतीक-व्यवस्था से इसके अर्थ नहीं निकलेंगे। इसे सुनने के लिए दूसरे ही कान लाइए और 'अन्य' अर्थ को सुनिए।

स्त्री धरती पर रहनेवाली जीव नहीं है, स्वयं धरती है, अदृश्य, ध्यान से ग़ायब : स्पेस है, स्पेस में नहीं

इस फ़र्क़ को समझने के लिए पुरुष-कविता को भी साथ-साथ समझना होगा कि कैसे अक्सर स्त्री वहाँ पुरुष के साथ एक साझा स्पेस में उपस्थित होने की बजाय स्वयं ऐसा स्पेस बना दी जाती है जहाँ पुरुष राहत पाता है। उसकी कोख, गोद, उसकी बाँहें सब वह ज़मीन हैं जहाँ भावनात्मक क्रिया व्यापार घटित हो रहा है। इसलिए उसका दिखाई देना बन्द हो जाता है। जाना नखाल के एक शोधपत्र से अंग्रेज़ी में एक वाक्य दे रही हूँ। उनके इस वाक्य को पढ़ना चाहिए जिसे हिन्दी में एकदम ठीक इसी तरह अभिव्यक्त नहीं किया जा सकेगा लेकिन आगे जिसकी व्याख्या का प्रयास किया गया है—

> While she 'is' the space, she seems to be forgotten 'in space' itself, which by itself becomes then the sole kingdom of the roaming man. "She doesn't exist in space."[10]

पुरुष विचरण करता है जिस स्थान में, स्त्री वह स्थान है, वह विचरण की ज़मीन है, ख़ुद किसी ज़मीन पर विचरण नहीं कर रही है। जब वह स्वयं स्पेस है, जगह है, स्थान है, तो वह स्थान 'में', किसी जगह 'में' कैसे हो सकती है? वह ख़ुद घर है, इसलिए घर 'में' होना उसका दिखाई नहीं देता। घर ऐसा स्पेस जो पुरुष और बाक़ी परिवार के रहने खाने आराम करने की ज़रूरी जगह है। वह केवल उन्हीं जगहों 'में' देखी जाएगी जहाँ विशिष्ट देखभाल के लिए उसे समाज-निर्मित भूमिकाएँ दी गई हैं; जैसे घर के भीतर रसोई, सार्वजनिक जगहों में महिला-शौचालय, मॉल में बच्चों की नैपी बदलने की जगह, महिलाओं के लिए ख़रीदारी की जगहें।[11]

जाना नखाल कहती हैं महमूद दरवेश और निज़ार कब्बानी जैसे कवियों के यहाँ ऐसे विवरण ख़ूब मिलते हैं। लेकिन मुझे तो ये ज़्यादातर पुरुष-कवियों के यहाँ मिलते हैं। पाब्लो नेरुदा के यहाँ जब वे प्रेम कविताएँ लिखते हैं। नाज़िम हिकमत के यहाँ जब वह प्रेम कविताएँ लिखते हैं। तब ये कवि स्त्री को वह स्पेस बना देते हैं जो

भूख, निद्रा और राहत के लिए ज़रूरी है। नेरुदा के यहाँ आई स्त्री ख़ामोश है,[12] वह बोलती, बतियाती, प्रतिक्रिया करती एक वजूद वाली स्त्री नहीं है, वह कोई मूर्तिवत प्रतिमा है जिसका पक्ष क्या है, कभी पता नहीं चलता। उसकी आँखें अगाध हैं, स्तन घोंघों जैसे लगते हैं, परछाईं की तितली उसके पेट पर सो रही है। *वह गुनगुनाती है लेकिन कवि की आत्मा में।*[13] *मेरी प्रसन्नता तुम्हारे मुँह के आलूबुखारे में गड़ती है*[14] *निशान लगाता गया हूँ मैं तुम्हारी देह की एटलस पर।*[15] वह प्रेमिका की ख़ामोशी से बतियाना चाहता है, *जो इतनी उदास है जैसे मर गई हो।*[16] वह इतनी ख़ामोश, उदास, अवसाद में है क्यों? और इसके बाद भी कवि बोलता जा रहा है और कह रहा है ताकि तुम मुझे सुन सको, चाहता हूँ तुम मुझे सुनो।[17] सबसे डरावना है कि—

मेरे दिल के वास्ते पर्याप्त है तुम्हारा सीना
और तुम्हारी आज़ादी के वास्ते मेरे पंख[18]

संग्रह का नाम है *बीस प्रेम कविताएँ और उदासी का एक गीत* लेकिन ये बीसों ही उदासी के गीत हैं, जिनमें प्रेमिका इतनी उदास है कि जैसे मर गई हो और कवि है कि प्रेम किए जा रहा है। ऐसे तमाम उदाहरण हिन्दी सहित दुनिया की तमाम भाषाओं में भरे पड़े हैं जो प्रेम-कविताओं के सर्वश्रेष्ठ उदाहरण की तरह पढ़े जाते हैं।

होती है किसी भी युवा स्त्री की देह की पुकार में इतनी ताक़त
कि उसकी आँच में
मक्खन की टिकिया-सा घुल जाता है दूसरे युवा पुरुष का शरीर
परन्तु तुम्हारे क़रीब आते ही नागफाँस-सी लगती हैं मुझे तुम्हारी सुन्दर भुजाएँ
खौलते हुए तेल की बूँद की तरह गिरता है मेरी आत्मा पर तुम्हारा
प्रणय निवेदन मत
पुकारो ओ स्त्री
न दे सकूँगा तुम्हारे प्रेम का जवाब।[19]

कवि जवाब नहीं दे सकेगा। 'अब भी दिलकश है तेरा हुस्न मगर क्या कीजे' (फ़ैज़) पहली-सी मोहब्बत तो नहीं कर सकूँगा! स्त्री ऐसी देह है जो रास्ते की रुकावट है, मुसीबत है, ध्यान खींचने, भटकानेवाली है। सारे काम मर्दों को ही हैं इस दुनिया में। औरतें सब बेरोज़गार हैं; या तो हुस्न लिए मर्दों को पुकार रही हैं या उनके लौटने पर उन्हें राहत देने के लिए देह को गोद, बिस्तर, अंगूर बना रही हैं। लेकिन हैं महज़ देह, जिस पर एटलस की तरह यात्राओं के निशान बनाए जाते हैं या जहाँ विश्राम किया जाता है, टिकने की जगह मिलती है। वह मनुष्य की तरह कैसे देखी जाएगी! कभी जार में मछली-सी दिखेगी और कभी बंजर धरती पर फूल सी। स्त्री प्रेम में केवल देह है! उसे केवल उसकी हसीन बाँहों, होंठों और स्तनों और नितम्बों में याद रखनेवाले कवियों से क्या कहा जाए!

समाज-निर्मित भूमिकाएँ हैं रसोई में पकाना, धोना, पछींटना, पीसना-कूटना और यहाँ स्त्री दिखाई देती है स्पेस में; फिर उसे देखकर एक विगलित करुणा से कवि भर उठता है। कुमार अम्बुज की 'खाना बनाती स्त्रियाँ' कविता की तरह। हर हाल में, हर सपने को नष्ट करके खाना बनाती स्त्री बूढ़ी हो गई युवा से, लेकिन बदले में थाली फेंकने की आवाज़ ही मिली, यह कहते हुए कवि दया उपजाना चाहता है या महिमामंडन करता है खाना बनाती स्त्री का यह पाठक समझे या सोचे। एक संवेदनशील दर्शक तो कम से कम बनता है कवि! जो भी है, शुरुआत में ही बड़ी समस्या है—

जब वे बुलबुल थीं उन्होंने खाना बनाया
फिर हिरणी होकर
फिर फूलों की डाली होकर

मज़ेदार है यह कि बुलबुल, हिरणी और फूलों की डाली का स्त्री-पाठ बेहद अपमानजनक है। प्यार से अगर स्त्री पुरुष को मेरे गिद्ध, मेरे भालू और मेरे गुलाब के झाड़ कहने लगे तो भी यही दिक़्क़त रहेगी। इसलिए कि यह भाषा शिश्न-केन्द्रिकता की मारी भाषा होगी। आप बुरा मान रहे हैं तो चलिए अगर वह मेरे मोर, मेरे चीते और मेरे बरगद कहे तो? तो भी दिक़्क़त यही रहेगी। बुलबुल, हिरणी और फूलों की डाली से स्त्री के बेडौल होने तक की यात्रा को देखता हुआ 'संवेदनशील' पुरुष या तो रीतिकालीन सोच से प्रभावित है या उसी सोच से जो पाब्लो के यहाँ है, जिसकी प्रेमिका बेहद उदास और अवसादग्रस्त है लेकिन न बोलती है, न प्रतिवाद करती है, न संवाद करती है, न ही कवि चिन्तित है कि वह क्यों, किस वजह से मर-खप जा रही है!

'अपना कमरा' में वर्जीनिया स्त्रियों के बारे में पुरुषों की राय के बारे में सोचते हुए सैमुअल बटलर को याद करती हैं जो कहता था 'समझदार लोग औरतों के बारे में जो सोचते हैं वह कभी बोलते नहीं'[20] लेकिन मैं सोचती हूँ कि कुछ कवि/लेखक समझदार भी तो नहीं रह पाते! आगे वर्जीनिया सोचती हैं कि ज़्यादा दुर्भाग्यपूर्ण यह है कि समझदार लोग औरतों के बारे में एक ही तरह से सोचते हैं।[21] आप समझदार हैं तो यह इशारा पर्याप्त है।

पूरी रीतिकालीन कविता तो शिश्न-केन्द्रिक सोच का उदाहरण है ही लेकिन कबीर की कविताओं के साथ भी बड़ी समस्या तब खड़ी होती है जब आप मीराँ को साथ रखकर अध्ययन कीजिए। कबीर को भक्ति करने के लिए हरि की बहुरिया बनना पड़ता है, वे भक्ति के लिए स्त्री होते हैं, लेकिन मीराँ तो स्वयं ही स्त्री हैं, उन्हें भक्ति में कुछ और नहीं बनना। मीराँ के यहाँ एक्रीचर-फ़ेमिनाइन* देख सकते हैं।

* इस पद पर विस्तार से बात अगले अध्याय में।

मीराँ अपनी स्त्री-देह और अपने जेंडर को पूरी तरह क्लेम करते हुए कविता करती हैं। मज़ेदार है कि कविता में स्त्री होकर भी कबीर असल में पुरुष ही रह जाते हैं—नारी नसे तीनि सुख, जो नर पासे होय। मीराँ के लिए स्त्री होना चयन नहीं। वह न तो आदर्श पत्नी है न आत्मबलिदानी विधवा, दोनों भूमिकाएँ वह अस्वीकार कर देती है।[22] स्त्री होकर भी वह स्त्रीत्व को व्याख्यायित करने की कोई कोशिश नहीं करती, पितृसत्तात्मक मूल्यों को चुनौती देती है। कबीर की भक्ति के पूरे ताने-बाने में यही पितृसत्तात्मक मूल्य गुँथे हुए हैं। सती, स्वकीया, विवाहिता का माहात्म्य।

रही एक ही भई अनेक की, वेश्या बहुत भतारी
कहिन कबीर काके संग जरी है बहु पुरसन की नारी[23]

कबीर के रचना-संसार में स्त्रीत्व का लक्ष्य यदि रूढ़िगत धर्म से दूरी बनाना है, तो यह लक्ष्य पितृसत्तात्मक मूल्य-संरचना को यथावत बनाए रखने की क़ीमत पर हासिल हुआ है।[24] यह ठीक है कि जेंडर एक सामाजिक-सांस्कृतिक निर्मिति है तो कोई भी पुरुष आसानी से स्त्री वेष, नाम धरकर स्त्री हो सकता है लेकिन स्त्री होना क्यों विशेष है भक्त-कवियों के लिए? इसलिए कि स्त्री होकर सर्वस्व समर्पण ज़ाहिर करना अधिक युक्ति-संगत है? इसलिए भी कि ईश्वर परम-पुरुष (Phallic strength) के समक्ष अपना लघु होना स्त्री होकर स्वीकारना आसान है? यानी स्त्री होना स्त्री के प्रति कोई संवेदनशीलता नहीं है, महज़ भक्ति की एक टेक्नीक है जिसका आधार है भाषा और समाज की शिश्न-केन्द्रिकता। भक्ति और वफ़ादारी के लिए बहुरिया हो जाना और राम का कुत्ता बन जाना, यह स्त्री को पशुवत और वस्तुगत मानना नहीं?*

वह उतना ही बढ़ती है जहाँ से लौटा जा सके

स्त्री की भाषा न केवल उसकी यौनिकता बल्कि उसकी सामाजिकता से भी प्रभावित होती है। यौनिकता के सम्बन्ध में ही नहीं, पुरुषों से अपनी किसी भी मौखिक-अमौखिक बातचीत में स्त्रियाँ 'निगोशिएट' करती हैं। इन समझौतों में नफ़ा-नुक़सान ठीक-ठाक कभी पता नहीं होता। सामाजिक शक्ति-संरचना में अपने दोयम दर्जे के चलते यह मोल-भाव और 'मैनिपुलेशन' स्त्री-भाषा की विशेषता भी है। लेकिन मोल-भाव करना आज़ादी तो नहीं है![25] जहाँ वह शक्तिहीन है, ग़ुलाम के ओहदे पर है, सीधी बात कहना आपदा-निमंत्रण हो सकता है, वह काम निकालने के लिए भाषायी कीमियागरी से ख़ुद को संकट से बचाती है और जान की ख़ैर मनाती है। बातचीत के किसी भी मक़ाम से कभी भी लौटना पड़ सकता है, यह मजबूरी स्त्री

---

* मीराँ पर और विस्तार में बात किया जाना अपेक्षित है और अगले खंड में उन पर एक विस्तृत अध्याय में चर्चा की गई है।

भाषा को कम निश्चयात्मक, कम गम्भीर और उनके मुद्दों को कम ज़रूरी बनाती है। यहाँ भी मानक के रूप में हमारे पास पुरुष-भाषा है।

जैसे एक अधीन और दोयम अस्मिता के साथ हो सकता है कि वह अपनी दैहिक भाव-भंगिमाओं में, हँसी और रुदन में बहुत मुखर नहीं होगी और कभी-कभी छद्म आचरण करेगी तो यह बात उसे 'पढ़ा जाना' मुश्किल बनाएगी। इसलिए स्त्री-पाठ और स्त्री-भाषा को पढ़ने के लिए कई तरह के सन्दर्भों में जाने की ज़रूरत पड़ती है। यही स्त्री-पाठ को खुला हुआ पाठ बनाते हैं।

स्त्री-भाषा और पुरुष-भाषा के अन्तर पर वर्जीनिया वूल्फ़ ने ध्यान दिया था। वह बार-बार स्त्री की तरह लिखने की बात करती हैं—

> 'सफलता प्रयास के लिए प्रेरित करती है; और आदत सफलता की सहायता करती है।' यह एक मर्दाना वाक्य है; इसके पीछे जॉनसन, गिबन या औरों को देख सकती हैं। यह वाक्य किसी औरत के काम का नहीं है। शार्लोट ब्रॉण्टे गद्य सम्बन्धी अपनी तमाम अद्भुत प्रतिभा के बावजूद लुढ़क गईं और अपने हाथों में लिये इस अनगढ़ हथियार समेत गिर पड़ीं। जॉर्ज इलियट ने इस पर इतने अत्याचार किए कि यह व्याख्या की भीख माँगता नज़र आता है। जेन ऑस्टेन ने इसकी ओर देखा, हल्के से हँसी और अपने प्रयोग के लिए उपयुक्त पूरी तरह प्राकृतिक ढला हुआ वाक्य विकसित किया और कभी उससे अलग नहीं हुई। इसी कारण शार्लोट ब्रॉण्टे के मुक़ाबले कमतर लेखन के बावजूद वह बहुत अधिक कह सकीं।[26]

भाषायी अपंगता, बिखराव, इतिवृत्तात्मकता, लचीलापन, सरलता, खंड-खंड होना जैसे जितने आरोप स्त्री-लेखन पर लगाए जाते हैं वे पुरुष-भाषा के मानक को ध्यान में रखते हुए। ज़रूरी यह है कि आप क्या, कितना, कैसे कह सकीं? साहित्य का इतिहास अनिवार्यत: पुरुष रचित साहित्य का इतिहास है। इसलिए स्त्री का लिखा मर्दवादी भाषा और विषयों में सेंध लगाता है। स्त्री ने अपने लिए भाषा और साहित्य में जो नए स्पेस निर्मित किए वे भाषा के मर्दाना स्वरूप को चुनौती हैं। स्त्री का लिखना और लेखिका की तरह लिखना जितना ज़रूरी है, उतना ही उसका पाठक होना भी ज़रूरी है। जब वे होंगी तो अपने मुद्दों और अपने साहित्य के लिए उनके पास आलोचना, प्रशंसा, सहमतियाँ-असहमतियाँ भी होंगी।

स्त्री का पाठ कैसे बनता है

स्त्री का पाठ कैसे बनता है और कैसे पढ़ा जाता है, दोनों पर ध्यान देने की ज़रूरत है। भाषा की संरचना भी लैंगिक है, हम पहले कह चुके। स्त्रीवादी आलोचक मानते हैं कि स्त्री-पाठ खुले हुए पाठ होते हैं। सर्वस्वीकृत पाठों में समस्या नहीं

है। लेकिन उनका भी स्त्रीवादी पाठ तभी किया जा सकता है जब पाठक को राजनीतिक, सामाजिक, ऐतिहासिक जानकारियाँ हों। मुश्किल बात नहीं है। स्त्री कवियों की कुछ पंक्तियाँ लेती हूँ। अनामिका लिखती हैं—*मैं दरवाज़ा थी, जितना पीटी गई उतना खुलती गई।* जितना पीटी गई 'खुलती गई' जैसे एक पूरा इतिहास हो स्त्री जीवन का। यह खुलते जाना अनेक व्यंजनाएँ कहता है स्त्री-जीवन की। मार खाकर और ढीठ होते जाना, जिस यौनिक अबोधता का इशारा एलेन शोवाल्टर ने किया था वह, मज़बूत और परिपक्व होते चले जाना, स्त्री का अतीत-इतिहास उजागर होते चले जाना! पाकिस्तानी शायरा किश्वर नाहिद की अक्सर उद्धृत की जानेवाली पक्तियाँ हैं—

घास भी मेरी तरह है
जैसे ही यह होती है सिर उठाने योग्य
आ पहुँचता है कटाई करनेवाला
उन्मत्त, बना देने को इसे मुलायम मखमल
और कर देता है इसे चौरस।
...गीला होने से ही इच्छा पूरी होती है इसकी

स्त्री-जीवन की वे तमाम विडम्बनाएँ सामने आ जाती हैं जिन्हें पुरुष-भाषा में नहीं कहा जा सकता था। बिछने लायक़ कोमल बना दिया जाना, कुचला जाना घास का, उसका फिर सर उठाना, अस्तित्व के लिए जंग और उसकी यौनिकता की अभिव्यक्ति। जॉन स्टुअर्ट मिल से लेकर जर्मेन ग्रीयर तक तर्कबद्ध करते हैं स्त्री को बधिया किए जाने के इस सामाजिक अनुकूलन को।

अमरीकी कवि मार्च पियर्सी की कविता है—चाँद हमेशा स्त्री है! (Moon is always female) इसी नाम से उनका संग्रह है। गर्भावस्था में गर्भ अपने सामान्य आकार का सैकड़ों गुना बड़ा होता है फिर सिकुड़ जाता है मटर के दाने में, किशोरी होते ही योनिद्वार को सिल दिया जाता है जब पति ख़रीदता है तो काटकर उसे खोला जाता है। ऐसे आकार बदलता है रोज़ चाँद कि वह स्त्री ही हो सकता है। जब मार्च पियर्सी लिखती है चाँद स्त्री ही हो सकता है और आप उसके साथ दुनिया-भर की औरत के वे तमाम अनुभव जोड़ते हो जिनका ज़िक्र है तब कविता का स्त्री-पाठ पूरा होता है।

चाँद हमेशा स्त्री है—यह कहा जाना उस संवेदना और उस भाषा की पहचान है जिसके मूल्यांकन के लिए परम्परागत मानक नहीं चल सकते। सीमाओं के पार भी एक संसार है जिसका अतीत एक है, एक पुराना घाव जो हरा होता है हर बलात्कार की ख़बर के साथ। एक पीड़ा है जिसे कोई भी स्त्री महसूस करती है जब *फीमेल जेनिटल म्यूटिलेशन* (यौन सुख को कम करने के लिए मादा जननांगों को

पूरा या आंशिक रूप में विकृत कर दिया जाना) से गुज़रती स्त्री की कल्पना करती है। स्त्री की संवेदना उसकी समस्त जाति की संवेदना की अभिव्यक्ति हो जाती है। रूसी कवि वेरा पाव्लोवा स्त्री के लिए उस कछुए का बिम्ब लाती हैं जो कभी ख़ुद से असहाय नहीं होता जब तक कि प्रयत्न से कोई उसे पीठ के बल न पलट दे।

पता है क्या नहीं है तुम्हारे पास?

वह तिरस्कार कि जिसके बिना
एक औरत को पलट नहीं सकते तुम यों
कि वह एक कछुए की तरह तड़पे
उस हृदयहीन मूर्ख को यह एहसास कराने के लिए
कि ख़ुद से पलट के सीधी नहीं हो सकती

यह भाषा और बिम्ब स्त्री-भाषा और स्त्री कविता के बिम्ब हैं। यह स्त्री की भाषा है जिसे समझने के लिए स्त्री का स्त्री होना ख़ारिज नहीं किया जा सकता। आत्म-मुग्ध पाठक, प्रबन्ध-सम्पादक और बिगबॉसेज़ को स्त्रियों का सच्चा लेखन—जिनमें उनका स्त्री होना झलकता हो, ऐसा टेक्स्ट पसन्द नहीं आता। वह उन्हें डराता है।[27] यह सच्ची स्त्री वही होगी जो वाणीहीन, दृष्टिहीन नहीं है और उग्र पुरुष की परछाईं नहीं है, यानी एक सम्पूर्ण स्त्री जिसे अपने भीतर की नक़ली स्त्री को ख़त्म करके पाया जा सकता है, वह नक़ली स्त्री जो इस सम्पूर्ण स्त्री को साँस भी नहीं लेने देती।[28] एक स्त्री होकर लिखना भी तभी सम्भव हो सकेगा जब पितृसत्ता से वह अपनी देह पर अपने क़ब्ज़े को पा लेगी।[29] अपने लिए खड़े होना और बोलना, इसका तनाव क्या होता है हर स्त्री ने झेला होगा जो पहले-पहल बोली होगी।

इसलिए एक स्त्री कविता की सारी जद्दोज़हद स्त्री-भाषा को पाने की होगी जिसमें वह अपनी बात कह सके। बात, जो वह कहना चाहती है। वह जो non-male है। वह यानी स्त्री।

5

स्त्री-भाषा और स्त्री पाठ : एक पहचान

तो ज़ाक लकाँ ने कहा कि भाषा पितृ-नियम से सीखता है बच्चा। वह पितृ-भाषा जो शिश्न-केन्द्रिक होती है। तो सामान्य सी बात है कि हर वह व्यक्ति, सिर्फ़ स्त्री नहीं, जो भी पुरुष नहीं है, वह उसकी संरचना से बाहर या हाशिए पर होगा। इसी के बरअक्स फ्रांसीसी स्त्रीवादी हेलेन सिक्सू स्त्रैण-लेखन (Ecriture Feminine) और स्त्री के आनन्द (Jouissance) की अवधारणा प्रस्तुत करती हैं।

हेलेन अपने प्रसिद्ध निबन्ध The laugh of the medusa* में स्त्री-लेखन के लिए यह शब्द एक्रीचर फ़ेमिनाइन गढ़ती हैं। उनका स्पष्ट मानना है कि स्त्रियों को भाषा से वैसे ही बाहर किया गया जैसे कि उन्हें उनकी देह से। स्त्री की देह पर क़ब्ज़ा कर लिया गया। इसलिए स्त्री का लिखना न सिर्फ़ अपनी आवाज़ वापस पाना है बल्कि अपनी देह पर भी पुन: अपना क़ब्ज़ा पाना है। लिखेगी तो वह अपनी देह की ओर वापस लौटेगी।[1] वह स्त्री को सम्बोधित करती हुई कहती हैं, जानती हूँ तुम इसलिए नहीं लिखतीं कि लिखना महान काम है और इतना महान काम तो महापुरुषों का रहा है।[2] ख़ुद भी तो न बोल पाई थी, न लिख पाई थी। अपने हिस्से की आधी दुनिया को तो उसने भी रंग दिया ही नहीं[3] इस डर से कि शायद वह पागल है[4] अपने तूफ़ानी ख़्यालों पर वह शर्मसार रही, अपने आप को वह राक्षस (कामनाएँ हैं और उनकी अभिव्यक्ति भी है तो मेड्युसा होगी या शूर्पणखा) समझती रही क्योंकि यक़ीन करवाया गया था कि सामान्य स्त्रियों में तो दैवीय संयम और शान्ति होती है[5] तुमने पढ़ा तो उसे गुप्त रखा (राश्शुंदरी देवी) लिखा तो ख़ुद को ही सज़ा दी (वर्जीनिया वूल्फ़)।

लेकिन अब स्त्रियों को लिखना होगा। स्त्रियों के लिए लिखना होगा। पुरुषों ने तो हमेशा से ही लिखा है और अपनी यौनिकता के बारे में कहने के लिए उनके पास बहुत कुछ है, कहते ही रहे हैं वे, अब भी कह रहे हैं।[6] महिलाओं को

* यूनानी पौराणिक कथाओं में मेड्युसा एक स्त्री चरित्र है, अक्सर बेहद ख़ूबसूरत, जो राक्षस है, अभिशप्त है, जिसके पंख हैं और उसके सर पर बालों की जगह साँप हैं।

आनन्द से वंचित करके, उनसे नफ़रत करके, उन्हें उन्हीं का शत्रु बनाकर पुरुषों ने महानतम अपराध किया है।[7] इसलिए अब स्त्रियों को अपना वह आनन्द (Jouissance) वापस लेना होगा जिससे हमें बाहर किया गया।[8] संस्कृत काव्यशास्त्र में भी काव्य या वाङ्मय या साहित्य में रस को 'ब्रह्मानन्द सहोदर' माना गया है। साहित्य के इस आनन्द की बड़ी-बड़ी व्याख्याएँ काव्यशास्त्र में मिलती हैं। लेकिन इस ब्रह्मानन्द के सहोदर कहे जानेवाले रस, आनन्द में स्त्री का आनन्द कहाँ है? (इस बिन्दु पर विस्तार से अगले अध्याय में) नहीं है क्योंकि स्त्री वहाँ न लेखक है, न अभिप्रेत पाठक है। उसकी पाठक के तौर पर कल्पना ही नहीं की गई।

हेलेन कहती हैं, एक तो स्त्री लेखकों की संख्या है ही कम (पिछली शताब्दी से अब तक थोड़ी ही वृद्धि हुई है उनकी संख्या में) उसमें भी तमाम वे हैं जिनके लेखन में और पुरुषों के लेखन में कोई अन्तर नहीं।[9] अब तक का साहित्य पुरुषों ने लिखा पुरुषों के लिए लिखा। इसलिए वह ज़ोर देती हैं स्त्री के लिए स्त्री के लिखने की बात पर (Women for women)[10] स्त्री-लेखन जो स्त्री की ओर उन्मुख है (women writing towards women) और लकाँ के भाषा के पितृ नियम (Law of the Father) की जगह माँ को लाती हैं—

> स्त्री के लिए स्त्री—स्त्री में हमेशा से वह बल है जो अपने ही भीतर की स्त्री को जन्म देता है या उससे जन्म लेता है। उसमें एक कोख है, गोद है; स्वयमदात्री एक माँ और बच्चे के रूप में : वह ख़ुद अपनी बहन है, बेटी है। आप शायद आपत्ति करेंगे, "उसका क्या जो एक बुरी माँ की हिस्टेरिकल सन्तान है?" सब बदल जाएगा जब औरत दूसरी औरत को एक औरत की तरह ही मिलेगी। 'अन्य' के लिए उसके भीतर एक स्थान, हमेशा से तैयार मिलनेवाला, एक छिपा हुआ बल होता है। माँ भी तो एक उपमा है। यह ज़रूरी है और काफ़ी है कि वह अपना श्रेष्ठ स्त्री को दे और अन्य स्त्री से पाए ताकि वह स्वयं से प्रेम कर सके और उस देह की ओर लौट सके जिसमें वह जन्मी है। मुझे छुओ, मुझे सहलाओ, तुम अनाम जीव, मुझको मेरा स्वत्व सौंप दो।[11]

जैसे बाप का राज में बाप प्रतीक ही है, एक मर्दाना ताक़त की सर्वोच्च सत्ता का प्रतीक, ऐसे ही माँ भी यहाँ प्रतीक है। माँ से यहाँ मतलब रौबदार, जकड़ कर रखनेवाली माँ नहीं बल्कि वह है जो तुम्हें सहलाती है, प्रभावित करती है, तुम्हारे स्तनों को दूध से भर देती है इस चाहत के साथ कि तुम उसे भाषा तक ले आओगी और अपने बल को प्रस्थापित करोगी।[12]

अपने ही भीतर स्त्री एक 'अन्य' है। वह अन्य जो मौन कर दी गई है। उस स्त्री को हम उन लोकगीतों में सुन सकते हैं जिन पर खंड दो में विस्तार से बात की

गई है। यह ग्रामीण और अपढ़ कही जानेवाली स्त्री का वह अन्य है जिसे वह गीतों में हमेशा किन्हीं और स्त्री पात्रों के माध्यम से, कभी सीता, कभी पार्वती या किसी भी और स्त्री के माध्यम से अभिव्यक्त करती है। इसी अन्य को पा लेना अपनी देह को वापस पा लेना है जिससे स्त्री को पराया किया गया।

क्या कोई भी स्त्रियों की तरह लिख सकता है?

हेलेन सिक्सू मानती हैं कि बहुत-सी स्त्रियों ने पुरुषों की तरह लिखा। निश्चित ही जिन्होंने भाषा के पितृ-नियम को भाषा की शिश्न-केन्द्रिकता को आत्मसात करके लिखा होगा तो पुरुष की तरह ही लिखा होगा, मर्द बनकर। तो क्या कोई स्त्री की तरह भी लिख सकता है? फ्रांसीसी स्त्रीवाद मानता है कि स्त्री की तरह भी लिखा जा सकता है और पुरुष की तरह भी। स्त्रैण लेखन के लिए स्त्री होना ज़रूरी नहीं है। हालाँकि फ्रांसीसी स्त्रीवाद के इस मत का विरोधी मत है एंग्लो-अमरीकी स्त्रीवाद में। उनके अनुसार स्त्री-लेखन में स्त्री एक जैविक स्त्री ही है और उसी के लिखे को पिछली परम्परा में तलाशने का काम स्त्रीवादी आलोचना को करना है। इसे उलझाकर यहीं छोड़ रही हूँ थोड़ा और उलझाने के लिए।

हम मान लेते हैं कि कोई भी स्त्री की तरह लिख सकता है। कोई भी पुरुष की तरह लिख सकता है। भाषा तो न्यूटर नहीं है। लेकिन वर्जीनिया वूल्फ़ बार-बार कहती हैं कि औरत को औरत की तरह लिखना चाहिए और यह कि दूसरों की बातों को मानने के चक्कर में औरतों ने अपने मूल्य बदल डाले तो साथ ही यह भी कहती हैं कि मस्तिष्क में दो शक्तियाँ होती हैं—मर्दाना और ज़नाना।

> अगर कोई मर्द है तो भी उसके मस्तिष्क के ज़नाना भाग का प्रभाव रहना चाहिए; और औरत में भी उसके भीतर के मर्दाना हिस्से से संवाद होना चाहिए।[13]

वह याद करती हैं कॉलरिज को जो कहता था कि महान मस्तिष्क उभयलिंगी होते हैं तो उसका मतलब यह नहीं था कि ऐसा मस्तिष्क जिसे औरतों के साथ विशेष सहानुभूति होती है। बल्कि ऐसा मस्तिष्क जो औरतों के हित के लिए काम करता है या उनके निर्वचन के लिए समर्पित होता है।[14] वह समझती हैं कि धीरे-धीरे मर्दों ने अपने मस्तिष्क का मर्दाना हिस्सा ही अधिक मज़बूत कर लिया। निश्चित रूप से स्त्रियों ने उनके अहंकार को बढ़ाने में भूमिका निभाई। लेकिन आज के समय में जिस तरह से स्त्रियाँ अधिक लिंग-सचेत हो गई हैं उसने भी मर्दों को चुनौती दी

और वे बदले में ज़्यादा ज़ोर लगाकर अपनी मर्दाना विशेषताओं को बढ़ाने लगे।[15] लेकिन वे अपने भीतर की स्त्री को ज़िन्दा रख सकें तो? हिन्दी कवियों ने अपने भीतर स्त्री को देखने की कोशिशें की हैं।

सूरदास के यहाँ स्त्री के घरेलू चित्र बेहद सहज और आत्मीय हैं। उनका भ्रमर-गीत प्रसंग ही नहीं यशोदा का वात्सल्य भी स्त्री-लेखन की ख़ूबियों के साथ आया है। महान और ज्ञानी उद्धव के सामने प्रेम और अनन्यता के तर्कों के बाण चलाती वे स्त्रियाँ ऐसी हैं जो अपने आनन्द से समझौता करने को तैयार नहीं हैं। सीधी-सरल ग्रामीण स्त्रियाँ जिन्होंने प्रेम-रस का स्वाद चखा था, वे जीवन का सब काम-काज छोड़कर सब योगिनियाँ हो जाएँ यह सोचना मूर्खता है; ऐसी महानता तो मर्द के ही हिस्से आ सकती है; वे उद्धव को यह समझा देती हैं। कृष्ण और राम के चरित्र में से भक्ति-काव्य लिखनेवाली स्त्रियों को अगर कृष्ण अधिक भाए तो यह अकारण नहीं था। राम-कथा में स्त्रियों के पास गुंजाइश ही नहीं है। 'चन्द्रसखी और उनका काव्य' नामक अपने शोध में सरस्वती शबनम लिखती हैं—

> उसकी (स्त्री की) अहर्निश तड़पती-जलती आत्मा को कृष्ण-भक्ति में वह स्नेह-सिक्त आधार मिला जिसने उसको अपने में आत्मलीन कर लिया। भक्ति के इस रूप के अन्तर्गत जन्मोत्सव, बाल-लीला, युगल किशोर छवि, वंशी-वादन और तदजनित अदम्य आकर्षण, गोपियों और राधा का कृष्ण-मिलन, मिलन जनित आनन्द, अभिसार और रासलीला, वियोग और तद्जनित वेदना, उपालम्भ आदि अनेक भावों का वर्णन स्त्री-हृदय की सहज प्रवृत्तियों के अधिक निकट पड़ा। विभिन्न परिसीमाओं में आकंठ अवरुद्ध उनके जीवन के अति स्वाभाविक सुख-दुख, भाव-अभाव, संघर्ष और कल्पना व आदर्शों को कृष्ण-भक्ति के व्याज से स्नेह और समर्पण युक्त गौरवमय प्रवाह मिला।[16]

रामायण और महाभारत में स्त्री के लिए सबसे ज़्यादा विविध जगह महाभारत में है। न ही महाभारत की कथा में किसी भी पात्र को चरित्र प्रमाण-पत्र देने की ज़रूरत पड़ती है, न ही कहानी को बीच में ही काटकर प्रश्नेय स्थलों से बच जाने की। महाभारत में कृष्ण भी शाप से बच नहीं पाते और कहानी का अन्त कृष्ण की भी मृत्यु तक जाता है। रामायण आदर्श स्थापित करने की कोशिश करता है। इससे यह भी समझ आता है कि जब आप आदर्श बनाने की क़वायद करते हैं तो वे आदर्श स्वाभाविक रूप से पितृसत्तात्मक आदर्श ही बनते हैं। ऐसा लेखन उभयलिंगी हो, यह सम्भव नहीं। यहाँ स्त्री के लिए जगह स्वाभाविक तौर पर

सिकुड़-सिमट जाती है। साँस लेने की उतनी जगह भी नहीं बचती जितनी गोपियों के पास है। अभिव्यक्ति की स्वतंत्रता है बिना किसी चरित्र-प्रमाण-पत्र की चिन्ता के। तो शायद रहा होगा सूरदास का मस्तिष्क उभयलिंगी। लेकिन असली परीक्षा उभयलिंगी मस्तिष्क की तब होती अगर वे भक्ति-काव्य की जगह सामाजिक यथार्थ पर लिख रहे होते। तब क्या उनके स्त्री-चरित्र ऐसे ही बेबाक होते! वह भी भक्ति के दायरे में रहते हुए स्त्री के मान्य परकीया-भाव (कृष्ण की गोपियाँ) या मातृत्व (यशोदा) को ही सहजता से उकेर पाते हैं।

माँ, पत्नी जैसी स्वीकृत भूमिकाओं में स्त्री को देखना पुरुष के लिए सुलभ है इसलिए वहाँ वह अपने 'भीतर की स्त्री' (पवन करण) को तलाश लेता है, जैसा तमाम भक्त-कवि करते ही आए हैं। लेकिन जो स्त्री बाहर है, जो स्पेस 'में' है उसके भीतर प्रवेश पाने में अक्सर चूक होती है। गुजरात दंगों में बलात्कार की शिकार होती मुस्लिम स्त्री की अस्मिता में काया-प्रवेश करते ही भाषा साथ छोड़ने लगती है।

'मैं' की तकनीक अपनाने के बावजूद, बर्बरता और हिंसा के वर्णन में स्त्री लगातार 'अन्य' दिखाई देती है। केन्द्र में अपने आप पुरुष-दृष्टि और भाषा में शिश्न-केन्द्रिकता आ जाती है। जिस स्त्री की योनि में डंडा घुसेड़कर उस पर ध्वज फहराया जा रहा हो, गोद से नवजात छीनकर फेंक दिया गया हो, स्तन निचोड़े जा रहे हों, वह स्त्री नग्न दौड़ते हुए यह सोच रही है कि उसे नंगा दौड़ते देख भाई, पिता को कैसा लग रहा होगा? कवि चाहता है कि हम मानें कि स्त्री-पात्र अपनी ही देह से बाहर निकलकर खड़ा है और उसका दर्शक हो गया है! लेकिन नहीं, रुकिए, दंगा हो रहा है या पिक्चर चल रही है? घर के पुरुषों (वे भी मुस्लिम ही हैं) पर कोई हमला नहीं हो रहा (सन्दर्भ 2002 का गुजरात दंगा है) वे दर्शक की तरह खड़े घर की स्त्री को नग्न दौड़ते हुए देख रहे हैं। ऐसा लगता है कवि स्त्री की काया में प्रवेश करके अनायास और अचानक उससे बाहर निकल गया और भाई, पिता, बुज़ुर्ग बन गया है। ऐसी कविताओं की दिक़्क़त यही है कि जब-तब स्त्री-काया में से पुरुष निकलकर अपना पुरुष पद ग्रहण कर लेता है—

भाइयों पिताओं और बुज़ुर्गों के सामने मुझे अपने
करके एकदम नंगा दौड़ाया गया है सड़कों पर
जिन्होंने पाल-पोसकर किया मुझे बड़ा
सँजोए मुझे लेकर सपने
सोचती हूँ अपने सामने मुझे नंगा दौड़ते देख उन्हें कैसा लगा होगा

हेलेन सिक्सू के लिए स्त्रैण (feminine) लेखन वर्जीनिया वूल्फ़ के अर्थ में नहीं है। यह ऐसा स्त्रीवादी यूटोपिया है जब तमाम यौन भेदभाव समाप्त हो चुका होगा क्योंकि सिक्सू कविता के साथ राजनीति को नहीं जोड़ती हैं जिस तरह आनन्द की अवधारणा को जोड़ती हैं। यानी उनके यहाँ स्त्रैण स्त्री-व्यक्ति से जुड़ा है जो इतनी ताक़तवर है कि सब कुछ पा सकती है। भाषा में पितृ-नियम की तरह मातृ-स्वर भी है, वह माँ जो पालन-पोषण करती है, धात्री है, प्रेम और स्नेह देती है, जिसके स्तन दूध से भरे हैं, जो नए विचारों का गर्भ धारण कर सकती है। लेकिन आगे जैसे-जैसे अमूर्तन होता जाता है (पठनीयता ही यौनिकता है, textuality is sexuality) वैसे-वैसे वे तमाम सामाजिक, आर्थिक भिन्नताएँ जो स्त्रियों के बीच पाई जाती हैं, वह तमाम तरह का शोषण जो समाज में विद्यमान है, नज़रअन्दाज़ हो जाएगा।

औरत की तरह लिखना? लेकिन औरत तो बनाई जाती है!

स्त्रीवाद तो इस बात की हिमायत करता है कि स्त्री को रूढ़ छवियों में क़ैद नहीं करना चाहिए और 'स्त्रियोचित' में हम अनिवार्य रूप से कुछ विशेषताओं को स्त्रैण कहकर स्त्री के साथ नत्थी कर देते हैं जैसे त्याग, सहनशीलता, ममता, सुकुमारता, भोलापन (मूर्खता), सुन्दरता, घरेलूपन, बिखराव, उद्देश्यहीनता, कभी चुप न रहना, बड़े लक्ष्य न बना सकना, भटकना और ऐसे ही कई। इनमें से कुछ महिमामंडन के काम आते हैं और कई ये बताने के कि स्त्रियाँ पुरुषों के समक्ष कितनी हीन हैं।

हेलेन सिक्सू भी जब बार-बार कहती हैं औरत जब दूसरी औरत को औरत की ही तरह मिलेगी तब ये समस्याएँ दूर होंगी, उसे अपनी देह की ओर लौटना होगा जिसमें वह जन्मी है या जब वर्जीनिया वूल्फ़ कहती हैं कि औरत की तरह लिखना चाहिए और लिखने के लिए उसे आत्मनिर्भर होना होगा, कोई मर्द उसे कुछ नहीं दे सकता, उसे कमाना और घूमना होगा और स्त्री की तरह लिखना होगा तो सिमोन की वह उक्ति 'औरत पैदा नहीं होती बनाई जाती है'[17] (One is not born, but rather becomes, woman.) सहज ही सामने आ जाती है। स्त्री-विमर्श पर मेरी पहली किताब 'स्त्री निर्मिति' जब हिन्दी के वरिष्ठ कवि के हाथों में गई तो उसे खोले बिना उन्होंने पहले पूछा—तुमने सिमोन को तो पढ़ा ही होगा! सिमोन के उक्त वाक्य के अलावा उन्हें कितना समझा गया है हिन्दी की दुनिया में? मुझे लगा कि सब कुछ लिख देने के बाद भी यही सवाल रास्ते में फिर आकर खड़ा होगा—सिमोन को तो पढ़ा ही होगा! वह कहती हैं औरत पैदा नहीं होती बनाई जाती है। फिर किसे आप स्त्री-लेखन कह रहे हैं? क्या है

एक्रीचर फ़ेमिनाइन? अगर पितृसत्ता मादा-मनुष्य को स्त्री बनाती है और जो स्त्री उसके मानकों पर खरी न उतरे वह अप्राकृतिक है या स्त्रियोचित नहीं है तब स्त्री-भाषा या स्त्री की तरह लिखना या स्त्री-देह की ओर लौटना क्या है?

'औरत पैदा नहीं होती बनाई जाती है' की व्याख्या बेहद ज़रूरी है ताकि सिमोन को स्त्री-भाषा का दुश्मन या स्त्री-भाषा की बात करनेवाली फ्रांसीसी स्त्रीवादियों को मूर्ख बताने की क़वायद में कोई पितृसत्ता का पहरेदार न जुट जाए। औरत बनाई जाती है का अर्थ है कि वह स्त्री जिसे पितृसत्ता गढ़ती है, उसकी वह छवि जो पितृसत्ता के आईने में दिखाई देती है, जैसा पितृसत्ता उसे देखना चाहती है; और इसी वजह से वह कभी वो स्त्री नहीं हो पाती जो वह ख़ुद होना चाहती थी। अगर पितृसत्ता उस पर दबाव न बनाती, वह वही स्त्री और वही देह हो पाती जिसमें उसने जन्म लिया है। जिसे कभी बधिया नहीं किया गया। जिसे कभी घरेलू नहीं बनाया गया। जिसे कभी किसी और लिंग, जो प्राथमिक लिंग है, के लिए आनन्द की वस्तु नहीं बनाया गया। जिसके पास यह बोध है कि वह स्वयं एक सम्पूर्ण मनुष्य है जिसकी ज़िन्दगी का अन्तिम लक्ष्य विवाह नहीं है, सबको ख़ुश रखना नहीं है, बिस्तर पर वेश्या, रसोई में माँ होना जिसके जीवन की सार्थकता नहीं है; यह 'स्त्रियोचित' पितृसत्तात्मक निर्मिति है। सिमोन अपनी किताब 'द सेकेण्ड सेक्स' के दूसरे खंड के पहले अध्याय 'बचपन' की पहली पंक्ति में जब लिखती हैं—One is not born...तो उससे पहले स्त्री-अनुभव पर आधारित इस पूरे खंड के परिचय में कुछ बातें कहती हैं—

> आज की औरतें स्त्रियोचित के मिथक को उलट रही हैं; वे अपनी आत्मनिर्भरता को मज़बूती से स्वीकार करने की शुरुआत कर रही हैं; लेकिन पूरी तरह मानवीय परिस्थितियों में जी सकने में उन्हें सफलता मिलना आसान नहीं है। चूँकि उन्हें स्त्रियों द्वारा पाला-पोसा गया है, एक स्त्रैण दुनिया के बीच, तो उनकी सामान्य नियति शादी है, जो अब भी व्यावहारिक रूप से उन्हें पुरुषों के अधीनस्थ करती है; पौरुष की प्रतिष्ठा समाप्त होना अभी बहुत दूर की बात है : अभी तो यह मज़बूत सामाजिक और आर्थिक आधारों पर खड़ी है। इसलिए यह ज़रूरी है कि स्त्री की परम्परागत नियति का अध्ययन ध्यान से किया जाए। मैं यह बताने की कोशिश करूँगी कि कैसे स्त्री को अपनी स्थिति के बारे में एक धारणा बनाना सिखाया जाता है, वह उसे कैसे महसूस करती है, वह अपने आप को किस ब्रह्मांड में बन्द पाती है, और इससे बचाव के कौन से तरीक़ों की उसे अनुमति है। तभी हम समझ पाएँगे कि स्त्रियों को—जिन्हें अतीत का भार विरासत में मिला है और जो एक नया भविष्य बनाने की कोशिश कर रही हैं—किन समस्याओं का सामना करना पड़ रहा है।

> जब मैं 'स्त्री' या 'स्त्रियोचित' इन शब्दों का इस्तेमाल करती हूँ तो ज़ाहिर है कि मैं किसी मूल आदर्श या अपरिवर्तनीय तत्त्व की बात नहीं कर रही; मेरी अधिकांश बातों के अनुसरण के लिए 'शिक्षा की वर्तमान स्थिति और रूढ़ियों' को समझना ज़रूरी है। किसी सनातन सत्य की अभिव्यक्ति का तो सवाल ही नहीं है यहाँ, बल्कि उस ज़मीन को समझना है जहाँ से एक स्त्रैण अस्तित्व जन्म लेता है।[18]

स्त्री बनाई जाती है लेकिन पुरुष के 'अन्य' के रूप में। सिमोन के इस वाक्य को पूर्वापर सन्दर्भों से काटकर उद्धृत करने से पहले यह याद कर लेना चाहिए कि सिमोन दर्शनशास्त्र की विद्यार्थी थीं और वहीं से ली गई 'अन्य' की अवधारणा को उन्होंने जेंडर के साथ सम्बद्ध करके अध्ययन किया और पाया कि स्त्री को पुरुष का 'अन्य' बनाए जाने की प्रक्रिया क्या है? याद रखना चाहिए कि सिमोन भी वही कहती हैं कि अपनी मुक्ति के लिए काम करना मुश्किल होता है और बन्धनों में जीना आसान लगता है।[19] स्त्री का यह दासत्व तभी टूटेगा जब वह अपने लिए अपने भरोसे जिएगी।[20] सिमोन, वर्जीनिया, महादेवी वर्मा का सन्दर्भ यही सामाजिक सन्दर्भ है। लेकिन यह अपने स्त्रीत्व, अपनी देह को नष्ट करने की बात नहीं है, उसे पितृसत्ता के क़ब्ज़े से वापस लेने (reclaim) करने की बात है।[21] वर्जीनिया की औरत औरत की तरह तभी लिख पाएगी। हेलेन सिक्सू की स्त्री तभी 'अपनी स्त्री-भाषा' में अपनी उसी देह की ओर लौट सकेगी जिसमें उसने जन्म लिया था।

फ़र्क़ यही है कि सिमोन के यहाँ स्त्री-देह महज़ यौनिक-अस्मिता नहीं है, वह खाती है, सोती है, कूदती है, पेड़ पर चढ़ना चाहती है, वह यौनिक-आनन्द के अलावा भी बहुत कुछ चाहती है। सिमोन ख़ुद एक बौद्धिक स्त्री है और उनका लेखन अपने सच्चे स्त्रीत्व को पाने की क़वायद भी है। लगभग पूरा जीवन इसकी खोज और जद्दोजहद के बीच गुज़रता है। हम उनके लेखन में एक बौद्धिक स्त्री का बनना देख रहे हैं। स्त्री का अपनी आदिम देह और अपनी मनुष्यता की ओर लौटना पितृसत्तात्मक सन्दर्भों के बिना नहीं समझा जा सकता।

स्त्रीवाद स्त्री के मिथकों से मुक्ति पाते हुए उसे नए मिथकों में नहीं उलझा सकता। स्त्री-भाषा के सौन्दर्य को समझने के लिए स्त्री-भाषा पर फ्रांसीसी स्त्रीवादियों का काम बेहद महत्त्वपूर्ण है लेकिन स्त्री-लेखन को समझने के भाषायी, सामाजिक, वैचारिक तमाम औज़ारों की एक साथ ज़रूरत है; स्त्री-भाषा का अध्ययन और स्त्री के सामाजिक यथार्थ की और उसकी यौनिक-अस्मिता, उसके अपने आनन्द के लिए अड़ना स्त्रीवादी सौन्दर्यशास्त्र निर्मित करता है। ध्यान यही रखना है कि

जिन भी औज़ारों से स्त्री एक अबोधगम्य इकाई बन सकती हो उनसे स्त्रीवादी आलोचना-दृष्टि को बचना होगा।

स्त्री-भाषा के साथ स्त्री-अनुभव भी महत्त्वपूर्ण हैं

स्त्रैण या स्त्रियोचित (Feminine) पितृसत्ता के बनाए मानकों पर आधारित हो सकते हैं। नारीत्व जिसे मैं femaleness के हिन्दी अनुवाद के तौर पर इस्तेमाल कर रही हूँ, उन विभेदों का द्योतक है जो उसे पुरुष से अलग करते हैं। स्त्री-पुरुष भिन्न हैं, लेकिन वे समान हैं। अलग होते हुए भी वे बराबर हैं। भिन्नताएँ कमतर या बेहतर साबित करने के लिए नहीं होतीं। नारीत्व (femaleness) वही है जिसे नकारने या कमतर साबित करने की कोशिश पितृसत्ता द्वारा की जाती है और एक स्त्रियोचित गढ़ा जाता है।

एक ताज़ा उदाहरण 'पीरियड लीव' का ले सकते हैं। इस बात को लेकर पर्याप्त विवाद हुआ पिछले दिनों कि स्त्रियों को अपने लिए अलग से यह सहूलियत नहीं माँगनी चाहिए, मज़बूत होना चाहिए और यह उनके नियोक्ताओं को प्रोत्साहित करेगा कि स्त्रियों को काम पर न रखा जाए। लेकिन अपने आस-पास देखिए तो स्त्रियों को नौकरियों में लेने के बारे में नियोक्ताओं की वैसे भी अच्छी राय नहीं है। वे गर्भवती होंगी, उन्हें माहवारी से जुड़ी समस्याएँ होंगी, उनके बच्चे बीमार पड़ेंगे, स्त्रियाँ होंगी तो ऑफ़िस में अधिक सुविधाएँ चाहिए, उनके लिए अलग शौचालय चाहिए, हो सकता है वे बच्चों के लिए क्रेच की सुविधा भी माँगें! यह सब जायज़ है, माहवारी-अवकाश हो या मातृत्व-अवकाश, व्यवस्था यह स्वीकार करने को तैयार नहीं कि दुनिया में कुछ लोग ऐसे हैं जो पुरुष 'नहीं' हैं। जयशंकर प्रसाद की एक कहानी है 'छोटा जादूगर'। उसमें एक वाक्य आता है—दूसरे के सुख-दुख का माप अपना ही पैमाना होता है। तो यह पैमाना अगर मर्दाना हो और संरचना में निहित, स्वीकार्य पैमाना हो तो हर वह सुख-दुख जो मर्द से नहीं जुड़ा है बेगाना, ग़ैर-ज़रूरी, सतही और उपेक्षणीय मान लिया जाएगा।

औरत 'बनने' (becoming) से पहले स्त्री एक मनुष्य है[22] लेकिन वह अलग तरह की मनुष्य है। वह मादा-मनुष्य है। उसके हक़ भी अलग हैं और ज़रूरतें भी। यह अपराध 'नहीं' है। यह समस्या न सिर्फ़ जैविक है, न सिर्फ़ सामाजिक, न सिर्फ़ राजनीतिक, न ही सिर्फ़ मनोविश्लेषण से जुड़ी हुई।

यही वजह है कि जब सिमोन ने 'द सेकेंड सेक्स' लिखा तो अपनी थियरी को स्त्री-अनुभवों से जोड़ा। इतिहास, जीव-विज्ञान, मनोविश्लेषण सब पर चर्चा करने के बाद उन्होंने स्त्री-अनुभवों को समझने के लिए वर्जीनिया वूल्फ़, कोलेट, कैथरीन मेन्सफील्ड, इज़ाडोरा डंकन की आत्मकथा और सोफ़िया तॉल्स्तॉय की

डायरी पढ़ी। इसके अलावा बचपन से सुनी-सुनाई जानेवाली कहानियाँ तो थी हीं। स्त्री की सम्पूर्णता के जो मिथ बनाए गए हैं उनमें उसके मातृत्व को सबसे ऊँचा दर्जा दिया गया है। अगर मातृत्व स्त्री को सम्पूर्ण करता तो बारह बच्चों को जन्म देनेवाली सोफ़िया तॉल्स्तॉय अपनी डायरी में अपने जीवन के अर्थहीन होने की बात बार-बार नहीं लिखतीं।[23] ऐसे तमाम स्त्री-अनुभवों के सहारे सिमोन पितृसत्ता द्वारा गढ़ी जाती औरतों और स्त्रीत्व के मिथक की बात करती हैं और उस स्त्रीत्व की ओर वापस लौटने की बात करती हैं जो उसे तब हासिल होगा जब वह बराबरी का दर्जा पाएगी, आत्मनिर्भर होगी। उसका सच्चा 'स्त्रीत्व' तभी आकार ले सकेगा।

तो कैसे पहचानें स्त्री-लेखन को!

अमरीकी और फ्रांसीसी स्त्रीवादी आलोचना में बेहद स्पष्ट मत-टकराव दिखाई देता है। अमरीकी स्त्रीवादी आलोचक मानते हैं कि भाषा के अमूर्तन में नहीं जाना चाहिए बल्कि भाषा को एक सामाजिक व्यवहार मानकर ही वे उसकी आलोचना करना चाहते हैं। जबकि फ्रांसीसी आलोचक मानते हैं कि देह का भाषा से गहरा ताल्लुक है। सिमोन, हेलेन सिक्सू, लूस इरिगेरे—इन सभी के चिन्तन के केन्द्र में मनोविश्लेषण है। हेलेन, इरिगेरे और जूलिया क्रिस्टीवा भाषा का स्त्रैण और परुष होना सिद्ध करते हैं। इसलिए स्त्री-लेखन अलग से रेखांकित होने योग्य है। उसे श्रेणीबद्ध करने की ज़रूरत है। अमरीकी स्त्रीवादी आलोचक भी मानते हैं कि स्त्री-लेखन को अलग से रेखांकित, श्रेणीबद्ध किए जाने की ज़रूरत है लेकिन इसलिए कि 1960 के दशक के बाद स्त्री-लेखन में स्त्रियों ने स्वयं को दमित वर्ग के रूप में पहचाना और उन अनुभवों को लिखना शुरू किया।

लेकिन ऐसा लगता है कि अमरीकी स्त्रीवादी आलोचकों का यह मत इस धारणा पर टिका है कि जो भी पुरुष लिखता है वह अनिवार्यत: स्त्री-विरोधी है और जो भी स्त्री लिखती है वही स्त्री-पक्षधरता है, स्त्रीवादी लेखन है। जैसे स्त्रीत्व चमत्कारिक रूप से कोई एकदम अनछुआ तत्त्व है और जैसे विचारधारा कोई एकांगी चीज़ है। स्त्री-अनुभव का सच भी कोई एकांगी सच नहीं है। स्त्री-सच भी विचारधाराओं और विमर्श की पद्धतियों से प्रभावित हो सकता है जो कि मासूम और पारदर्शी नहीं होतीं।

तब फिर क्या ऐसा कुछ भी नहीं है जो स्त्रीवादी अध्ययन के लिए आधार शब्द 'स्त्री' को व्याख्यायित कर सके! हेलेन सिक्सू को पढ़ते हुए यह लग सकता है कि स्त्रैण और परुष लेखन के ज़रिए वे एक लैंगिक द्वित्व बना रही हैं। वे भाषा और पाठ को स्त्रैण और परुष कहते हुए बाइनरी बना रही हैं। ऐसा नहीं है,

बल्कि, वे देरिदा से प्रभावित हैं और बाइनरी ऑपोज़िट्स की संरचना में स्त्री को भिन्न (differance) की तरह लिखने की बात कहती हैं। यों भी शिश्न-केंद्रिकता ने एकाधिक शिकार बनाए हैं। लूस इरिगेरे भी जब एक-लिंगीय संरचना के बरअक्स अनेक को खड़ा करती हैं तो यहाँ वे सभी शामिल हो जाते हैं जो उस निश्चित एक के खाँचे में नहीं आते। सभी 'अन्य' जेंडर। हेलेन स्त्री को उभयलिंगी मानती हैं और यह कि उभयलिंगी भाषा स्त्री-भाषा होती है। हालाँकि प्रयत्न करके पुरुष भी यह उभयलिंगी भाषा पा सकते हैं। समलैंगिक आलोचना के समर्थक मानते हैं कि अगर हमें सदियों से चुप कराया गया है और हमने उत्पीड़क की भाषा ही बोली है तो यह ज़रूरी है कि हमारी आज़ादी की शुरुआत भाषा से ही हो।[24] इसलिए भाषा अध्ययन का एक ज़रूरी पक्ष है। हाँ, वह अकेला पक्ष नहीं है। अगर हम मानें कि लेखक मृत हो चुका, जो है वह भाषा और पाठ में ही है, भाषा ही बोलती है, लेखक नहीं[25] और इसलिए भाषा या पाठ ही तय करेगा कि वह एक स्त्री-भाषा है या पुरुष-भाषा तो हमें आगे अभी और चर्चा करनी होगी।

इस प्रश्न का सुलझना ज़रूरी है। भाषा के सवाल को अबूझ और गूढ़ बनाते चले जाने से पितृसत्ता का ही भला होगा। इसलिए स्त्री-अनुभवों पर वापस लौटना होगा। जब तक हमारे अनुभव सामाजिक, आर्थिक, राजनीतिक यथार्थ से विभिन्न स्तरों पर प्रभावित होते रहेंगे, लेखक की मृत्यु नहीं होगी।

> अर्थ को हमेशा चुनौती दी जा सकती है, वे संशोधित किए जाते हैं, पुनर्निर्मित किए जाते हैं, नए महत्त्व को प्राप्त करते हैं अलग सन्दर्भों में; भाषा और जगत-जीवन में एक द्वन्द्वात्मक सम्बन्ध होता है।[26]

यह एकदम सम्भव है कि लम्बी दासता से एक उत्पीड़ित अस्मिता के पास भी वही भाषा आ जाए जो उत्पीड़क की भाषा है, या उसे लगे कि उसी भाषा में बात करने से उसे सुना जाएगा; यहीं स्त्रीवाद या कोई भी विचारधारा मदद करती है ताकि स्थापित अर्थों को चुनौती दी जा सके, उनमें बदलाव किया जा सके, संशोधन किया जा सके, उन्हें धो-पोंछ कर, धूप में सुखा कर, रंग-रोगन करके, फिर से सजाकर अपने इस्तेमाल के लायक़ बनाया जा सके। एक स्त्री-यूटोपिया की तो जगह बनी रहेगी कि जिसे चुप कराया गया है वह 'अपनी' भाषा पा ले। जिस जूते को आप पहनते हो उसकी दिक़्क़तें आपसे बेहतर कोई नहीं जान सकता। उन्हीं को जानना अपनी भाषा के पास आना है। उन्हें कह पाना अपनी देह की ओर लौट आना है। जिस रसोई में स्त्री खाना बनाती है वहाँ चीनी कहाँ रखनी है और नमक कहाँ, यह वही जानती है। इस समानता को पाने के लिए कि रसोई में जानेवाली हमेशा कोई एक नहीं अनेक हो, रसोई का लिंग न हो वह उभयलिंगी हो जाए, लगातार बाहर की दुनिया में भी संघर्ष करते रहना होगा।

महादेवी वर्मा स्त्री को, स्त्री-भाषा को एक सामाजिक-ऐतिहासिक-सांस्कृतिक परिवेश में देखती हैं। स्त्री के नागरिक होने की हिमायत करती हैं। एक लेख में वे लिखती हैं कि युद्ध को लेकर स्त्री-दृष्टि कभी वह नहीं हो सकती जो पुरुष की होती है। युद्ध के लिए वीरों को जाता देख पुरुष सोचेगा देश का कितना गुरु महत्त्व इनके सम्मुख है, और स्त्री सोचेगी कितने आर्तनाद से पूर्ण घर इनके पीछे हैं, एक कहेगा ये जा रहे हैं क्योंकि इनका देश है, दूसरा कहेगा ये जा रहे हैं लेकिन इनके स्नेहमयी पत्नी और बालक हैं।[27] यह भेद इसलिए है कि युद्ध कभी स्त्री के हित में नहीं रहे। युद्ध न केवल उसके लिए शारीरिक-मानसिक दृष्टि से अहितकर हैं बल्कि युद्ध उसके विकास में बाधक हैं।[28] स्त्री-दृष्टि और पुरुष-दृष्टि का यह अन्तर शरीर-विज्ञान तक महदूद नहीं रखा जा सकता। पितृसत्ता का ऐतिहासिक विकास और स्त्री के ऐतिहासिक दमन की प्रक्रिया को समझना होगा। इतिहास और समाज की बात किए बिना स्त्रीवादी आलोचना और स्त्रीवाद दोनों का कोई भला नहीं हो सकता। वरना एक बड़ी समस्या होगी दलित स्त्री, काली स्त्री या समलैंगिक स्त्री को भाषा और साहित्य में प्रतिनिधित्व मिलने की। लेखक की मृत्यु की शुरुआत हो इसके लिए लेखक के पास भाषा से इतर कोई उद्‌देश्य नहीं है, यह भी मानना होगा। स्त्री-भाषा को स्त्री-अनुभवों से जोड़कर ही उसका सौन्दर्यशास्त्र विकसित हो सकेगा।

लेखक मृत नहीं है, लेकिन पाठक का जन्म ज़रूरी है

अब चौथे अध्याय के आरम्भ में जो कविता निज़ार कब्बानी की मैंने उद्धृत की थी उसी पर वापस लौटिए। मैंने कहा था यह स्त्री-भाषा नहीं हो सकती। लेकिन सम्भव है कोई स्त्री ही इसे लिख रही होती! बहुत सम्भव है कि अपनी देह की ओर लौटने पर, यौनिक आनन्द को हासिल करने पर स्त्री की अभिव्यक्ति ऐसी ही हो! हमें क्या पता? उस यूटोपिया को तो अभी पाया ही नहीं गया! लेकिन तब साहित्य के ज़रिए पितृसत्तात्मक मूल्यों के प्रतिकार का क्या होगा? या पितृसत्तात्मक मूल्य नहीं रहेंगे? फिर से पढ़िये—

मेरे भीतर धँस जाओ एक पागल मछली की तरह
टुकड़े-टुकड़े कर दो
मेरे जलयान के
क्षितिज के
मेरे जीवन के
छिन्न-भिन्न कर बिखेर दो मेरा अस्तित्व

यह स्त्री-भाषा इसलिए नहीं हो सकती कि भाषा और जगत-जीवन का रिश्ता द्वन्द्वात्मक है। मेरे समय का सच यह है कि हर पन्द्रह मिनट पर यहाँ बलात्कार होता है और एक दिन के अन्दर 97 घटनाएँ बाल-यौन-शोषण की। इसे पढ़ते हुए कँपकँपी होती है, कोई ख़बर याद आ जाती है, सोनी सोरी के यौनांगों में पत्थर डाल दिए जाने की, निर्भया की योनि में लोहे की रॉड घुसा देने की। अगर स्त्री का सच स्त्री लेखक की मृत्यु के साथ निर्मित हो रहा है तो वह उन साझा लक्ष्यों की बात किन आधारों पर करेगी जो स्त्रीवाद का राजनीतिक एजेंडा है? यह स्त्री-भाषा इसलिए भी नहीं है क्योंकि यह स्त्री का आनन्द नहीं है। ये खरबूज चाकू पर गिरे या चाकू खरबूज पर वाली पंक्तियाँ हैं। जो स्त्री के लिए ज़हर है, काँटा है, जाल है, उसमें उसी ज़हर को पीने की, उसी काँटे से बिंधने की, उसी जाल में फँसने की इच्छा एक शिश्न-केन्द्रिक दृष्टि हो सकती है। (जाने किस मछली में फँसने की चाह हो) अगर स्त्री पुरुष हो जाए तो फिर वह निज़ार कब्बानी भी हो सकती है पाब्लो नेरुदा भी। फ़िलहाल, इसके बरअक्स गगन गिल की यह कविता देखिए—

जिस काँटे से
बचने के लिए
तैरती रही मछली
समुंदर-दर-समुंदर
उसकी देह में छिपा था

या

इस मछली के मस्तिष्क में
जल नहीं
आकाश भर गया है

और ऊपर की पंक्तियों से इसकी तुलना कीजिए। हालाँकि गगन गिल कहती हैं कि वह स्त्री की तरह नहीं लिखतीं (आप भाषा में स्त्री हैं, आपके अनुभव स्त्री-अनुभव हैं; स्त्री होना कमतर होना है यह पितृसत्तात्मक सोच होने के बावजूद आप जिसे लिख रही हैं वह स्त्री ही है) लिखती कोई भी स्त्री की तरह नहीं। वह अपनी तरह लिखती है। लेकिन अपनी तरह लिख पाना ही स्त्री की तरह लिखना है जैसे सिमोन कहती हैं मादा-मनुष्य और नर-मनुष्य[29], उनमें मादा-मनुष्य अपना स्त्री होना पा लेगी अगर वह स्त्रियोचित के मिथ को समझ लेगी। मछली में फँसने की चाह नहीं है, वह अपनी पीड़ाओं और स्त्रैण नियति से वाक़िफ़ है, उसके एक

मस्तिष्क है और उसमें भी पानी नहीं आकाश भर गया है, उड़ने की इच्छा भर गई है। यह स्त्री-भाषा है।

स्त्री-भाषा को पाने के लिए उस स्त्री-पाठक को भी जन्म लेना होगा जो चमकती पंक्तियों में फुसलाई नहीं जा सकती। जो किसी पुरुष की यह पंक्ति पढ़कर इठला सकती है कि 'प्रेम में पड़ी स्त्री का चेहरा बुद्ध जैसा होता है (गीत चतुर्वेदी),' उसे बुद्धू बनाना भी आसान होता है।

6

लेखक स्त्री और पाठक स्त्री
लेखकत्व और पाठकत्व के संकट

यह प्रश्न कितने लोगों को परेशान करता है कि आत्मकथा लिखने की कोशिश करनेवाली दु:खिनीबाला कौन है? या 'सीमंतनी उपदेश' की लेखिका एक अज्ञात हिन्दू औरत अज्ञात क्यों है? बंग महिला की कहानी 'दुलाईवाली' पढ़ते हुए कितने लोग सोचते होंगे कि राजेन्द्र बाला घोष को अपना नाम छिपाकर क्यों लिखना पड़ा!

आप कहेंगे, बहुतों ने छद्म नाम से लिखा, इसमें क्या है! ठीक बात है। बालमुकुन्द गुप्त ने 'शिवशम्भु के चिट्ठे' लिखे, धनपत राय ने छद्मनाम अपनाया प्रेमचन्द लेकिन उसी से विख्यात हुए, अज्ञेय छद्मनाम था सच्चिदानन्द हीरानन्द वात्स्यायन का जब वे राजनीतिक क़ैदी थे, बाद में उपनाम हो गया। छद्मनाम के पीछे राजनीतिक-सामाजिक कारण होते हैं अक्सर जब व्यक्ति अपनी पहचान को पूर्णत: गुप्त रखना चाहता है। लेकिन वे तमाम लेखक जिन्होंने छद्मनाम रखे छपने के लिए, उनके सामने अपने लेखकत्व का कोई संकट नहीं था। वे जानते थे कि स्थितियाँ बेहतर होने या बदलने पर वे इन नामों से बनी पहचान को क्लेम कर सकते हैं। लिखने के लिए अपनी पहचान छुपाने के पीछे उनकी लैंगिक अस्मिता कोई वजह नहीं थी।

लेकिन स्त्री के लिए लेखकत्व एक बहुत बड़ी चीज़ थी। जोखिम-भरी और लगभग अस्वीकृत। आरम्भ में तो केवल अपनी बात कह सकना ही बड़ी बात थी। आत्मकथा का सहारा लेना और भी ख़तरनाक था क्योंकि यहाँ सच की कसौटी होती है। स्त्री के लिए अपनी वास्तविक पहचान से अपना सच कहना आपदा को निमंत्रण देने से कम नहीं था, यह उस कथ्य से पता चलता है जो स्फुरणा देवी की 'एक विधवा की आत्मजीवनी' में दर्ज है या 'सरला : एक विधवा की

आत्मजीवनी' में या विनोदिनी दासी की आत्मकथा 'आमार कोथा' और 'अभिनेत्री जीबोन' में।* वे लिखना चाहती हैं, अभिव्यक्त होना चाहती हैं, यह तड़प है, लेकिन उस लेखकत्व को पाने के लिए नहीं जो अपनी एक हैसियत रखता है। क़लम एक सत्ता है। अपने लेखकत्व को क्लेम करने की चाहत से ज़्यादा यह अपने को अभिव्यक्त करने की छटपटाहट है, लेखक बनने की नहीं। भला लेखकत्व स्त्री का कैसे हो सकता है! लेकिन मान लीजिए कि इन तमाम स्त्रियों में लेखक बनने की चाहत होती! वे चाहतीं कि उनके लिखे को गम्भीरता से लिया जाए! वे लिखें अपनी पहचान के साथ और अपने समय की बौद्धिक-सामाजिक बहसों में सार्थक हस्तक्षेप कर पाएँ! तब?

अपनी लेखकीय पहचान को लेकर स्त्री के संकट के और भी कई आयाम हैं।

वे चाहती थीं उन्हें गम्भीरता से लिया जाए

एक वक़्त था उन्नीसवीं सदी में जब ब्रिटिश लेखिकाएँ छद्म पुरुष नामों से उपन्यास लिख रही थीं ताकि उन्हें गम्भीरता से लिया जाए। शार्लोट, एन्न और एमिली—तीनों ब्रॉण्टे बहनों ने ऐसे नामों से लिखा जिससे लेखक का जेंडर स्पष्ट न हो या पुरुष लगे। एमिली ऑर्बेक ने ख़ुद को जेन ऑस्टेन किया।

यह उन्नीसवीं सदी की बात थी। लेकिन इसी सदी की शुरुआत में हैरी पॉटर उपन्यास-शृंखला की लेखिका जेन ने पहला उपन्यास लाते हुए अपना नाम जे.के. राउलिंग किया जिससे पता ही न चले कि लिखनेवाली कोई स्त्री है। इससे वह लड़कों को भी अपने पाठक के तौर पर आकर्षित कर सकती थीं। 'द गार्जियन' ने 31 जुलाई, 2015 के एक लेख में एक अध्ययन का उल्लेख किया है जिसके अनुसार स्त्री लेखकों की पाठक लगभग अस्सी प्रतिशत स्त्रियाँ ही होती हैं। (पुरुष उसे अपने पढ़ने लायक़ नहीं समझते या स्त्री को लेखक ही नहीं समझते?) प्रकाशकों को लगा कि हैरी पॉटर जैसी सीरीज़ को लड़के ख़ूब पढ़ेंगे लेकिन स्त्री लेखक का नाम देखकर वे शायद पीछे हट जाएँ। मज़ेदार है न कि पुरुष-लेखकों को सालों से स्त्रियाँ पढ़ती-गुनती आ रही हैं। एक स्त्री-पाठक किसी पुरुष-लेखक को इसलिए अगम्भीर मानकर नहीं चलती कि वह पुरुष है।[1] उसके लिए पुरुष का लेखक होना

---

* साध तो है, लेकिन क्षमता कितनी है मेरी? और कहूँगी भी क्या? क्या बताऊँ—क्या न बताऊँ? कुछ भी पता नहीं है मुझे। आजकल का थियेटर देखती हूँ कभी-कभी। कैसा नशा-सा छा जाता है। सब कामों में उलझे रहने पर भी जैसे थियेटर मुझे अपनी ओर खींचता रहता है...कमज़ोर पड़ती यादें मुझे अतीत के किसी स्वप्न लोक में खींच कर ले जाती हैं। मन होता है उन दिनों की सब बातें तरतीबवार सुनाऊँ—जिसको भूली नहीं, भूल नहीं पाई, जिसको अपने सम्पूर्ण हृदय से प्यार करती थी, आज भी जिसके मोह से मुक्त नहीं हो पाई। —नटी विनोदिनी, 'मेरा अभिनेत्री जीवन' से एक अंश, पृ. 16, 'औरत उत्तर कथा', सं. राजेन्द्र यादव और अर्चना वर्मा, राजकमल प्रकाशन।

कोई हल्की, सन्दिग्ध या प्रश्नेय सचाई नहीं है। वह उस ज्ञान के प्रति सन्देह नहीं रखती जो किसी पुरुष-लेखक की किताब से प्राप्त होगा। क्यों?

रचनात्मकता को पुरुष इलाक़ा माना गया। इसलिए इतिहासकार और आलोचक को बार-बार कहना पड़ता है कि स्त्रियाँ पुरुषों की नकल कर रही थीं। कुछ आलोचक इस तर्क का इस्तेमाल यह बताने के लिए करते हैं कि स्त्री-लेखन का साहित्यिक मूल्य कितना कम था। कुछ आलोचक अस्मिता-विमर्श के पक्ष में खड़े होकर यह यह बताने के लिए करते हैं कि सौन्दर्यशास्त्र (aesthetics) में नहीं फँसना चाहिए। यह दलितों के मन्दिर प्रवेश के आन्दोलन जैसा है।[2] दलितों और स्त्रियों के साथ खड़े होकर भी उन्हें कहना पड़ता है कि महिलाओं ने पुरुषों की तरह लिखने की कोशिश की इसलिए ही तो लोगों ने महिलाओं द्वारा लिखी अनेक रचनाओं के बारे में यह प्रचार किया कि वे उनके पुरुष मित्रों द्वारा लिखी गई हैं।[3] महादेवी वर्मा और प्रसाद का कथ्य अलग नहीं है और मीरा के पदों को सूर के पदों में मिलाया जा सकता है।[4] सूर के पदों को मीरा के पदों में क्यों नहीं मिलाया जा सकता, इस पर शायद आलोचक ने सोचा नहीं होगा! या यह भी नहीं सोचा होगा कि महादेवी वर्मा पुरुषों की तरह लिख रही थीं तो पुरुषों की ही तरह उन्हें प्रगतिवाद की ओर भी मुड़ जाना चाहिए था! यों तो दूसरे खंड में महादेवी पर एक अलग अध्याय के अन्तर्गत विस्तार से बात की गई है लेकिन इतना यहाँ कह देना आवश्यक है कि पर्याप्त उदाहरणों के बिना स्त्री-लेखन पर आक्षेप लगाना आलोचना की एक सहज प्रवृत्ति है जिसके पीछे यह दम्भ है कि रचनात्मकता मूलत: पुरुषों का इलाक़ा है।

स्त्री लेखकत्व का संकट

आलोचना स्त्री-लेखन को ख़ारिज करने की जल्दी में रहती है। पहले से ही पता होता है कि स्त्री है तो क्या लिखा होगा। स्त्री-लेखन को 'अगम्भीर' मानने की एक प्रबल धारणा रही है जो हर नई लेखिका को प्रतिकूल ढंग से प्रभावित करती है। स्त्री-लेखन को ही अगम्भीर माना जाता है तब उस पर टिप्पणी/आलोचना/समीक्षा लिखनेवाली स्त्री को भी उतना ही अगम्भीर माना जाता होगा। पुरुष-आलोचकों में स्त्री-लेखन को ख़ारिज करने का दम्भ यों ही नहीं आया। उनकी बात सुनी जाती है। भले ही कितनी भी अगम्भीर हो। यह साहित्य की दुनिया में लेखिकाओं की जमात के ऊपर पुरुषों को एक सत्ता के रूप में ही स्थापित करता है। रचनात्मकता की मर्दाना दुनिया में अपने स्त्री लेखकत्व के संकट से जूझते हुए मर्द-पहचान के आवरण में रहना एक कारगर उपाय हुआ। वर्जीनिया वूल्फ़ लिखती हैं—

> यौन शुचिता के बोध के अवशेषों के ही कारण उन्नीसवीं शताब्दी तक औरतें अनाम रहती थीं। करेर बेल, जार्ज इलियट, जार्ज सैंड—इन सबके

लेखन से सिद्ध होता है कि ये आंतरिक संघर्ष की शिकार रहीं और किसी मर्द के नाम का इस्तेमाल कर इन्होंने एक रूढ़ि को अपनी श्रद्धांजलि दी, जिसे अगर मर्दों ने जन्म नहीं दिया तो प्रचुर बढ़ावा ज़रूर दिया (पेरिक्लीज़ जो ख़ुद बहुत मशहूर था, कहता है, औरत का सबसे बड़ा गौरव यही है कि वह मशहूर न हो) यह कहकर कि औरत के लिए प्रचार घृणास्पद है। गुमनामी उनके ख़ून में है। छिपे रहने की इच्छा अब भी उन पर हावी रहती है। अब भी वे अपनी प्रसिद्धि को लेकर उस तरह चिन्तित नहीं रहतीं जैसे मर्द रहते हैं, और सामान्यत: वे किसी समाधि-प्रस्तर या किसी मार्ग-पट्ट पर अपना नाम ख़ुदे होने की अप्रतिरोध्य इच्छा के बग़ैर वहाँ से गुज़र जाती हैं।[5]

लिखना और छपना स्त्री के लिए एक सामाजिक ही नहीं घरेलू दुविधा भी खड़ा कर रहा था। क्षेमचन्द्र सुमन जब आधुनिक हिन्दी कवयित्रियों के प्रेम-गीतों का संकलन कर रहे थे तो उन्हें रचनाएँ तो ख़ूब मिलीं लेकिन कुछ कवयित्रियों ने अपने जीवन-परिचय और फ़ोटो भेजने में आनाकानी की। सम्पादक महोदय इतने अनुशासनबद्ध थे कि संकलन की एकरूपता बनाए रखने के लिए ऐसी कवयित्रियों को उन्होंने शामिल ही नहीं किया।[6] कुछ कवयित्रियाँ इसलिए शामिल नहीं हो पाईं कि बीसवीं सदी के स्वतंत्र भारत में भी कुछ पति ऐसे हैं जिन्हें पत्नियों का साहित्यिक जीवन बर्दाश्त नहीं। ऐसी ही एक बहन के पत्र की कुछ पंक्तियाँ उन्होंने उद्धृत कीं—

आपके कई पत्र मुझे मिले। उत्तर न देने की अपराधी अवश्य हूँ, किन्तु मेरे पतिदेव को कविता और कल्पना लोक पसन्द नहीं। इस कारण मैं इस क्षेत्र से बहुत पीछे हट आई हूँ। अपनी रचनाएँ मैंने नष्ट कर दी हैं और यह भूल गई हूँ कि मैंने कभी कुछ लिखा था...आशा है आप मेरी इस उदासीनता को विवशता समझ कर क्षमा करेंगे और कवयित्रियों की सूची से मेरा नाम काट देंगे। (वैसे तो मैं एक पाठिका भी नहीं हूँ)[7]

यह लिखते हुए कितने आँसू गिरे होंगे, पढ़नेवाला हर संवेदनशील शख़्स अन्दाज़ा लगा सकता है। जीवन-परिचय और अपने फ़ोटो के बिना भी न जाने कितनी कवयित्रियाँ अपनी रचना को छपा हुआ देखकर ख़ुश हो जातीं। लेकिन यह सुख सम्पादक की ज़िद ने छीन लिया। परिवारों का खामख़ाह नैतिक दबाव तो भयानक था ही। पतियों की कूढ़मगज़ी भी थी। इसने इतना आत्म-संशय पैदा कर दिया कि न केवल अपने छपने को लेकर उक्त कवयित्री अपनी आकांक्षाओं को मारती है, वह अपने कवित्व तो क्या पाठक होने के प्रति भी संशयग्रस्त है। इतना आत्मविश्वास हीन और दुर्बल प्राणी भाषा, साहित्य और समाज की शिश्न-केन्द्रिक संरचना के हाशिए पर ही होगा या उसके बाहर।

एलेन शोवाल्टर बताती हैं कि घर-परिवार के भीतर भी स्त्रियाँ जूझ रही थीं। यह सिर्फ़ लेखिकाओं की ही समस्या नहीं है। स्त्री-पत्रकारों की भी है। उन्होंने 'क्वार्टरली रिव्यू' से एलिज़ाबेथ रिग्बी को उद्धृत किया है। एलिज़ाबेथ 'क्वार्टरली रिव्यू' में नियमित रूप से लिखनेवाली पहली स्त्री आलोचक और साहित्यकार थीं। वह कहती हैं—

> स्त्री-पत्रकारों को आरम्भ में जनता से बहुत अच्छा बर्ताव मिलता है जब वे अनाम लिखती हैं जिससे लगे कि किसी पुरुष का लिखा हुआ है।[8]

हमारा मूल्यांकन एक पुरुष के लिखे की तरह किया जा रहा है या पाठक कहानी की तारीफ़ कर रहा है लेखिका को पुरुष मानकर; इसे सम्मान की तरह लिया जाना भी स्त्री लेखकत्व के आंतरिक संघर्ष और संकट को ही सामने लाता है। मन्नू भंडारी अपनी आत्मकथा में स्त्री के लेखकत्व से जुड़ी तमाम परेशानियों पर बात करती हैं। राजेन्द्र यादव का लेखक होना हम जानते हैं लेकिन लेखक-पति होना मन्नू भंडारी की आत्मकथा 'एक कहानी यह भी' से सामने आता है। ख़ैर, यहाँ फ़िलहाल इस अध्याय से जुड़ी बात। मन्नू भंडारी की शुरुआती दो कहानियाँ जो 'कहानी' नामक पत्रिका में छपीं उन्हें ख़ूब प्रशंसा मिली। मन्नू लिखती हैं—

> यहाँ एक बात ज़रूर कहना चाहूँगी कि 'कहानी' पत्रिका में छपी शुरू की दो कहानियों के साथ मेरा चित्र नहीं छपा था और नाम स्पष्ट रूप से लिंग-बोधक नहीं था सो अधिकतर पत्र तो 'प्रिय भाई' सम्बोधन से आए...ख़ूब हँसी आई, पर एक संतोष भी हुआ कि यह प्रशंसा लड़की होने के नाते रियायती बिलकुल नहीं है...(उस समय इसका भी बड़ा चलन था) विशुद्ध कहानी की है।

यह एक साधारण बात नहीं थी। यह हिन्दी साहित्य में लेखन-पठन पर एक गम्भीर टिप्पणी है। कहानी के साथ चित्र छपना और लड़की होने के कारण रियायत मिलना जिसका उस समय चलन था, हिन्दी की साहित्यिक दुनिया के बारे में कई तरह के सवाल खड़े करता है। अपने लड़की होने की छूट साहित्य में स्त्री ने कब माँगी? और बिना माँगे मिल रही है, अगर मिल रही है तो क्यों? कौन दे रहा है? सम्पादक? प्रकाशक? आयोजक? क्यों? यों भी हिन्दी सम्पादकों में लेखिकाओं को लेकर गाँठें काफ़ी लम्बे अर्से से मौजूद रही हैं।[9] पत्र 'प्रिय भाई' सम्बोधन से आए तो बहुत सम्भव है वे सभी पुरुष-पाठक थे। कहीं मन्नू भंडारी इस बात से तो प्रसन्न नहीं थीं कि पुरुष-पाठक ने 'विशुद्ध कहानी' की प्रशंसा की। तस्वीर होती तो...

'स्त्री-दर्पण' पत्रिका में छपी 'सरला : एक विधवा की आत्मजीवनी' को सामने लाते हुए भूमिका में प्रज्ञा पाठक लिखती हैं—*मैंने एक बार फिर से 'स्त्री दर्पण' की फाइलों*

को पलटा और आत्मजीवनी का संग्रह किया। वर्ष 2003 में 'तद्भव' में प्रकाशन के लिए भेजा तो सम्पादक का कहना था कि यह रचना बोल्ड नहीं है इसलिए उनके लिए उपयोगी नहीं है।[10] 'हंस' पत्रिका में जब राजेन्द्र जी ने इसका अंश छापा तो भी इस संशय के साथ कि इसकी भाषा देखकर लगता है कि किसी स्त्री ने भी लिखी है तो किसी मर्द की क़लम इसमें ज़रूर लगी होगी।[11] राजेन्द्र जी क्या अपने यहाँ छपी आत्मकथाओं को भी सन्दिग्ध नहीं बना रहे थे जिनके बारे में ठीक यही बात कोई भी कह सकता हो! ख़ैर, 'स्त्री दर्पण' की सम्पादक तो एक महिला थी।

हमें लगता था लेखिकाओं को पूर्वग्रह से देखा जाता है

एलेन शोवाल्टर बताती हैं कि किस तरह विक्टोरियन समीक्षकों ने स्त्री-रचनाकारों को स्त्री-द्वेषी[12] ad feminam आलोचना का शिकार बनाया। ad feminam यानी स्त्री के तर्क-वितर्क का जवाब देने की बजाय उसके चरित्र पर जाना। उसे सन्दिग्ध बनाने, लज्जित करने, कलंकित करने के लिए उसकी चारित्रिक विशेषताओं को इंगित करना, उसके तर्कों पर बात न करना। यह भय स्वाभाविक तौर पर हर उस स्त्री को डराता होगा जिसने कलम उठाया। उस स्त्री का क़लम उठाना, जिसे सदियों लेखन-पठन से वंचित रखा गया हो, आत्म-संशय से भरता ही होगा। उस पर से स्त्री-विरोधी आलोचना। इस प्रवृत्ति पर उषा महाजन अपने एक लेख में टिप्पणी करती हैं। 'मित्रो मरजानी' और 'सूरजमुखी अँधेरे के' लिखने के बाद कृष्णा सोबती के जीवन को खँगाला जाने लगा। उन्हें ही मित्रो समझा जाने लगा। 'यारो के यार' के बाद हुआ ऐसा कि लोग समझने लगे कि बस अभी बातचीत करते हुए गालियों के नगीने जड़ने लगेंगी। उषा, सोबती को ही उद्धृत करती हैं—*'सूरजमुखी' तक आते-आते यह मान लिया गया कि मैं अक्सर पिए रहती हूँ। और अमुक वह है—वह है और वह है। कई सीधी-सादी दोस्तियाँ इस हल्ले में रंगीन हो गईं।*[13] चरित्र पर हमला करना, यह कोई नया नहीं था। बंग महिला के साथ भी यह हुआ जब उन्होंने हिन्दी लेखकों के लेखन में अंग्रेज़ी सामग्री से की जानेवाली चौर्य-निपुणता, भाषायी लचरता, अश्लीलता पर 'हिन्दी के ग्रंथकार' नामक लेख लिखा। नाम और ग्रंथ का नाम बताते हुए किसी नारी को तिलमिलाने और खिल्ली उड़ाने के जितने भी ज्ञात तरीक़े थे, उन सबका प्रयोग प्रतिक्रियावादियों ने उस वक़्त किया।[14]

तीनों ब्रॉण्टे बहनें लेखक बनना चाहती थीं। बनीं भी। अपने प्रसिद्ध उपन्यास 'जेन आयर' के लिए जानी जानेवाली शार्लोट ब्रॉण्टे लिखती हैं—

> हमने शुरू से लेखक बनने का सपना सँजोया था। यह सपना, जिसे हमने तब भी नहीं छोड़ा जब दूरियों ने हमें अलग किया और खपाऊ कामों ने उलझा लिया, उसे अचानक एक ताक़त और रवानगी मिल गई : उसने एक संकल्प

का रूप ले लिया। हम अपनी कविताओं का एक छोटा-सा संकलन तैयार करने पर सहमत हुए और सम्भव हुआ तो उसे प्रकाशित कराने के लिए। नज़रों में आने से बचने के लिए हमने करर, एक्टन और एलिस बेल के नाम से अपनी पहचान ढक ली; एक ऐसा अपष्ट-सा चयन जिसके पीछे एक ईमानदार-सी झिझक थी और यह धारणा कि ईसाई नाम अवश्य ही मर्दाना होंगे, हम भी यह घोषणा नहीं करना चाहते थे कि हम स्त्री हैं, क्योंकि हमें सन्देह था कि हमारा लिखने और सोचने का तरीक़ा वह नहीं है जिसे 'स्त्रियोचित' कहा जाए—हमें यह लगता था कि लेखिकाओं को पूर्वग्रहों से देखा जाता है; हमने देखा था कि कैसे आलोचक उन्हें दंडित करने के लिए चरित्र को हथियार बनाते थे और पुरस्कृत करने के लिए चापलूसी, जो कि सच्ची प्रशंसा नहीं होती थी।

—शार्लोट ब्रॉण्टे, 19 सितम्बर 1850, उपन्यास 'वुदरिंग हाइट्स' के 1910 जॉनमर्रे एडीशन से[15]

खेल और भी बहुत सारे हैं। 'द गार्जियन' के उस लेख में यह भी कहा गया कि आज जब पुरुष उपन्यास पढ़ना छोड़ डिस्कवरी और एच.बी.ओ. को अधिक समय दे रहे हैं तब उपन्यास-कहानियों के पुरुष-लेखकों के लिए एक नया संकट उभरा कि वे अपनी कहानियाँ स्त्री-छद्म नामों से लिखें ताकि कम से कम स्त्री-पाठकों को वे विश्वसनीय लगें और उन्हें पढ़ा जाए। छद्म स्त्री-नाम से लिखनेवाले तीन लेखकों का ज़िक्र लेख में है और वे तीनों अपनी स्थिति से सन्तुष्ट हैं। तीन में से एक शॉन थॉमस कहते हैं—यह यक़ीनन मदद करता है, इन दिनों, कि फिक्शन-लेखक स्त्री हों, या कम से कम पुरुष न हों।

'इलियड' लिखनेवाले होमर के प्रसिद्ध काव्य 'ओडिसी' का गद्यानुवाद विक्टोरियन लेखक सैम्युअल बटलर ने किया और बाद में एक किताब लिखी 'ओडिसी की लेखिका' (The Authoress of Odyssey) और यह दावा किया कि वह निश्चित ही किसी स्त्री का लिखा हुआ है। इसलिए कि इलियड तो युद्ध के वर्णनों से भरपूर है लेकिन ओडिसी में घर-बार की बातें हैं, ऐसा लगता है लिखनेवाला कभी अपने पड़ोसी राज्य तक भी नहीं गया, स्त्रियाँ जहाँ मर्दों पर हँसती हैं वे स्थान लेखक दिलचस्पी से उकेरता है, पुरुष-पात्रों की कोई ख़ास जगह नहीं है, नदी की धारा में कपड़े धोने जाने का दृश्य इतना विस्तार से है जो कि कोई ऐसा व्यक्ति ही लिख सकता है जो इसी में निपुण हो, वग़ैरह-वग़ैरह। बटलर ने तमाम ख़ामियाँ भी गिनाईं जो पुरुष नहीं कर सकते या लिखते। 'ओडिसी' एक स्त्री ने लिखी है इस बारे में वह मानता है कि वह अपने तमाम बिन्दुओं को स्पष्ट कर चुका और अब पता लगाना है कि आख़िर वह औरत थी कौन? *मैं विश्वास से नहीं कह सकता... लेकिन हमें ट्रैपेनी की ऐसी युवा महिला को ढूँढ़ना होगा जिसकी इच्छाशक्ति मज़बूत है, जो निडर है और स्त्री-प्रजाति के सम्मान के लिए जिसमें बहुत अधिक ईर्ष्या है*[16]

(निश्चित रूप से पुरुषों के लिए)। यह ब्रिटिश आलोचक की ही दिक़्क़त नहीं थी, जहाँ नायिका मज़बूत है, निडर है और अपनी इच्छाओं की अभिव्यक्ति करती है वहाँ नवजागरण काल का हिन्दी, बंगाली साहित्यालोचक भी पूर्वग्रहग्रस्त हो जाता है। वह सीता की महानता को स्थापित करते हुए शेक्सपियर की मिरांडा को भी शूर्पनखा तुल्य बताता है।*

'ओडिसी' पर ये चर्चाएँ आगे भी चलीं। इस आधार पर ओडिसी को स्त्रीवादी पाठ भी माना गया। उसका स्त्रीवादी होना ख़ारिज भी किया गया (एमिली विल्सन, 2017, पहली स्त्री जिसने ओडिसी का अनुवाद किया)। यह भी कहा गया कि नहीं, वह पुरुष के बारे में है, उसकी पहली पंक्ति ही पुरुष की कथा[17] से शुरू होती है (रॉबर्ट फेगल्स, 1996)। ईसा पूर्व आठवीं सदी की इस रचना को स्त्री ने लिखा है, यह दावा करके विक्टोरियन समाज में वितंडा खड़ा करनेवाला लेखक सैमुअल बटलर लेखक के स्त्री होने को लेकर जो कारण देता है वे लैंगिक-पूर्वग्रहों से ग्रस्त दिखाई देते हैं। बटलर को यह शंका होमर के इलियड के बारे में तो रत्ती-भर नहीं है। महान तो 'ओडिसी' भी कही जाती है लेकिन किसी महान कृति में पुरुष-पात्रों की गौणता बटलर को असह्य है।

किन अज्ञात कारणों से शिवानी का मूल्यांकन करने में हिन्दी आलोचना असमर्थ रही है? इसलिए कि वे अपनी नायिकाओं के पक्ष में खड़े होने की कोशिश करती हैं, भले ही वे शहरी मध्यवर्गीय नैतिकता के मानदंडों से अलग चलती हैं! शिवानी की कहानी 'करिए छिमा' की नायिका पर लिखते हुए शिवानी ने कई बार पेज फाड़े और फिर लिखे। वह सोचती रही थीं कि समाज जिसे एक पतिता मानेगा उसकी ओर न खड़े होना क्या एक स्त्री लेखक का अन्याय नहीं होगा! वह लिखती हैं—

> ऐसी कैफ़ियत मैं उससे कैसे दिलवा दूँ? मैं सोचती हूँ, यह उलझन, केवल मेरी उलझन नहीं थी। आज से तीस वर्ष पूर्व वर्जीनिया वूल्फ़ ने अपनी इसी उलझन के विषय में लिखा है, 'मैं कितना कुछ लिखना चाहती हूँ, किन्तु क्या नारी होकर यह सब लिखना मुझे शोभा देगा? लोग क्या कहेंगे?' यही आशंका कि लोग क्या कहेंगे, एक लेखिका की कल्पना का गला घोंटकर

---

* बंगाली लेखक पूर्णचन्द्र वसु अपनी कृति 'साहित्य-चिन्ता' में 'साहित्य में प्रेम' शीर्षक के तहत लिखते हैं कि शेक्सपियर और मिल्टन के आदर्श आसुरी हैं और मिरांडा शूर्पनखा तुल्य है क्योंकि उसमें विवाह की अधीरता है, चतुराई है, वाक् कौशल है। ऐसी स्त्री राम या लक्ष्मण जैसे पुरुष के सामने आती तो निस्सन्देह शूर्पनखा हो जाती। इस कृति को दोष और अभाव रहित समालोचना कृति मानते हुए पं रामदहिन मिश्र ने इसका अनुवाद 'साहित्य-मीमांसा' नाम से किया। सन्दर्भ-पेज-12, 4, 'साहित्य-मीमांसा', हिन्दी ग्रंथ रत्नाकर कार्यालय, हीराबाग़, गिरगाँव, बम्बई, जून, 1921

> रख देती है। कलाकार अपने कल्पना-लोक में किसी प्रकार का व्याघात नहीं चाहता। किसी आशंका की सामान्य-सी पदचाप ही उसकी मृत्यु का कारण बन सकती है।[18]

अपनी सुविधानुसार स्त्री-रचनात्मकता को ख़ारिज कर देना या अपने पूर्वग्रहों के अनुसार उसे लेखिका मान लेना या जहाँ स्त्री-नाम का फ़ायदा मिलता लगे वहाँ स्त्री-नाम अपना लेना यह बताता है कि लेखन की दुनिया में पुरुष अपनी अथॉरिटी का बेजा फ़ायदा उठाता रहा है। यह बताता है कि लेखन की दुनिया कितनी लिंग-भेद ग्रस्त रही है। यह बताता है कि स्त्री होना लेखन की दुनिया में भी स्त्री के लिए नुक़सान की बात रही है।

कथा-वाचन की परम्परा ही पुरुष-परम्परा रही हो तो समझा जा सकता है कि स्त्री के लिए अपना लेखकत्व हासिल करना कैसी चुनौती होगी। जनता की स्मृति में सबसे अधिक प्रभाव डालनेवाले 'रामायण' और 'महाभारत' जैसे आख्यान पुरुषों ने कहे। कहीं याज्ञवलक्य कथा सुनाते हैं कहीं वेद व्यास ग्रंथ लिखते हैं। तभी तो यह होता है कि ये कथाएँ जब कोई प्रबुद्ध स्त्री कहना शुरू करती है तो पूरा कोण ही बदल जाता है। मीनाक्षी नटराजन का उपन्यास 'अपने-अपने कुरुक्षेत्र' यही काम बख़ूबी करता है। न केवल स्त्री के कोण से 'महाभारत' की कथा सुनाती हैं वह बल्कि स्त्री-पुरुष की बाइनरी को भी तोड़ने की कोशिश करती हैं। शिखंडी के चरित्र में उनकी मौलिकता उल्लेखनीय है। तो औरत के लिए साहिब-ए-किताब होना किसी अज़ाब से कम नहीं रहा होगा। घर में भी लानत पड़े और साहित्यिक मर्द भी चरित्र-चित्रण लिखें ऐसी जान की मुसीबत से बचते हुए न जाने कितनी प्रतिभाशाली, संवेदनशील, भावुक स्त्रियाँ गुमनाम रह गई होंगी। उनके हिस्से के सवाल हमारी पीढ़ी की झोली में हैं।

स्त्री-प्रश्न को चटखारे का विषय बना दिया जाना, एक पितृसत्तात्मक समाज में स्त्री की बौद्धिकता को कुचलने का यही एक तरीक़ा है। हिन्दी की दुनिया में अभी ये प्रश्न, प्रश्न ही नहीं हैं। अभी तो कुछ और ही खेल चल रहे हैं। हिन्दी में ऐसे आँकड़े निकालने और उनका अध्ययन करने की कोई ज़रूरत नहीं समझी जाती कि किस तरह के साहित्य के कितने प्रतिशत पाठक स्त्री या पुरुष हैं। पुरुष आलोचक स्वयं ही बता देता है कि हिन्दी में लेखिका और लेखक या लेखिका और सम्पादक के बीच रिश्तों की चर्चा बड़ी जीवंत होती है।[19] अगर वातावरण यह होगा कि 'हंस' में छपी लेखिकाओं के कथ्य पर कम और राजेन्द्र यादव की महफ़िलों पर ज़्यादा चर्चाएँ होंगी तो स्वाभाविक है कि यह सब मिलकर उन रचनात्मक स्त्रियों का रास्ता रोकने का काम करेगा जो हिन्दी में स्त्री-प्रश्नों को गम्भीरता से सामने लाना चाहती

हैं। स्त्री के लिए एक अपमानजनक, संकुचित और असुरक्षित वातावरण बनाकर हम स्त्री-लेखन के फलने-फूलने की आशा करें तो इसे अन्याय कहना चाहिए। राजेन्द्र यादव के 'होना सोना' लेख, उनकी महफ़िलों और उनकी पत्रिका ने आख़िरकार कुछ लेखिकाओं का विरोध भी झेला। यह किसी राजेन्द्र यादव सरीखे सम्पादक मात्र की वजह से नहीं है। जब भी एक बन्द समाज में स्त्री की यौनिक मुक्ति का ठेका किसी मर्द सम्पादक के हाथ आएगा, वे तमाम ख़राबियाँ साथ आएँगी, जो आईं। बहुत सम्भव है इसकी आलोचना करनेवाले मुद्राराक्षस स्वयं ठीक इसी जगह होते तो इतिहास ठीक यही होता! कौन जानता है! मुद्राराक्षस लिखते हैं—

> स्त्री-नाम से तथाकथित बोल्ड लिखेंगे तो सबका ध्यान खिंचेगा ऐसी शरारत करने की इच्छा से छद्म-स्त्री-नाम का उपयोग करके कुछ नामाकूल हिन्दी युवा कवियों का दिमाग़ ज़रूर चला। यह परम्परा से मिलता है। ऐसे संस्मरण अक्सर लिखे गए जिनमें कुछ शरारती युवा लेखकों ने कुछ लेखकों या सम्पादकों को किसी लड़की के नाम से प्रेम पत्र लिखे और सब नहीं तो उनमें से कई उस काल्पनिक लेखिका को खोजते रहे।[20]

छद्म-स्त्री-नाम से सोशल मीडिया पर की जानेवाली ऐसी कारस्तानियों को छोड़ दें तो असल में छद्म-स्त्री नाम से लिखनेवाले कवियों का कोई कविता-संग्रह या उपन्यास हिन्दी में अब तक नहीं आया है। स्नोवा बार्नो 'हंस' में छपी अपनी एक कहानी से एकदम चर्चा में आईं लेकिन उनके स्त्री या पुरुष होने के बारे में अब तक कोई ठोस बात पता नहीं चली है। ऐसा सन्देह लगातार जताया जाता रहा है कि वह कोई पुरुष है जो स्त्री-नाम से लिख रहा है या फिर स्त्री और पुरुष लेखिकाओं का एक समूह। न ही हिन्दी लेखिकाओं-कवयित्रियों को स्वीकृति पाने और जगह बनाने के लिए पुरुष-नाम का सहारा लेकर लिखने की ज़रूरत पड़ी है। शायद हमारे यहाँ कवि/लेखक की जगह बनाने में अभी पाठकों को इतनी बड़ी भूमिका नहीं मिली है। हमारे यहाँ अभी आलोचक, टिप्पणीकार, साहित्यिक पत्रकारिता करनेवाले, बाज़ार और प्रकाशक ही यह काम कर रहे हैं।

स्त्री-लेखन पर हल्की टिप्पणियाँ करने की रवायत से हिन्दी-आलोचक अभी उबर नहीं पाया है। चरित्र छोड़िए, वह तो अभी चूड़ी, पायल, महावर, सिन्दूर की गुलामी से इतना चिन्तित है कि स्त्री का लिखा ठीक से पढ़ नहीं पाया है। अपनी किताब 'आलोचना का समाजशास्त्र' के आख़िरी अध्याय 'समाज, स्त्री और साहित्य' में मुद्राराक्षस लिखते हैं—

> विचित्र बात है कि जहाँ पिछली सदी के उत्तरार्द्ध में हिन्दी की तार्किक और वैज्ञानिक विवेकसम्पन्न लेखिकाओं ने समाज में स्त्री की दूसरे दर्जे की हैसियत के ख़िलाफ़ तीखी वैचारिक छटपटाहट ज़ाहिर की, वहीं मार्क्सवादी आलोचक इस प्रश्न को प्रासंगिक नहीं बना पाए। इसके विपरीत महादेवी

> वर्मा से लेकर कृष्णा सोबती तक का एक बहुत बड़ा महिला वर्ग ऐसा है जो राखी-पायल-घुँघरू, महावर, सिन्दूर और सत्यनारायण की कथा में स्त्री जीवन की सारी आकांक्षाएँ पूरी होने से सन्तुष्ट है।[21]

महादेवी वर्मा और कृष्णा सोबती का नाम लेकर ऐसी चलताऊ पंक्ति बनाना गम्भीर आलोचक का काम नहीं हो सकता। कुछ छिपाने के लिए कुछ उघाड़ना एक बेहद ख़राब तकनीक है। कम से कम तब जब स्त्रियाँ पढ़ना सीखने लगी हों। लगता तो यह है कि स्त्री-लेखन पर टिप्पणी करना शायद एक बहुत ही आसान काम मान लिया गया है। ठीक है कि सोशल मीडिया के समय में यह ख़ूब देखा जा रहा है कि लेखिकाएँ करती क्या हैं और लिखती क्या! अन्तिम अध्याय में इस पर विस्तार से बात करेंगे। लेकिन फ़िलहाल यह नहीं भूलना चाहिए कि लेखकों को भी ख़ूब देखा जा रहा है कि वे लिखते क्या हैं और करते क्या!

स्त्री लेखक : वक्ता की सत्ता और दोहरा पाठ या बाइटेक्स्चुएलिटी

धर्मार्थ काम मोक्षेषु यानी पुरुषार्थ चतुष्टय जो साहित्य-सृजन के हेतु हैं वे स्त्री के लिए नहीं हैं।

रचनात्मकता को हमेशा पुरुष के गुण की तरह व्याख्यायित किया जाता है जिसका अपने आप यह परिणाम निकलता है कि साहित्य में स्त्री की प्रमुख छवियाँ भी असल में पुरुष-फंतासियाँ होती हैं।[22] स्त्रियों को ख़ुद अपने स्त्रीत्व की छवि नहीं बनाने दिया गया बल्कि यह अपेक्षा की गई कि उन पर थोपे गए पितृसत्तात्मक मानकों से वे बँधी रहें। जब वे लिखने बैठें तो उसी स्त्रियोचित को ध्यान रखें जो पितृसत्ता ने गढ़ा है। इस अपेक्षा को आत्मसात करने, शोषण की व्यवस्था को उपयोगी मान लेने, अपना दोयम दर्जा और पुरुषत्व को स्वयं महत्त्व देने की प्रवृत्ति स्त्री-लेखन में आदतन झलक जाती रही है। शोवाल्टर इसे बाइटेक्स्चुएलिटी कहती हैं। पुरुषवादी साहित्य से भूमिकाएँ और छवियाँ ग्रहण करना उसके साहित्य को एक दोहरेपन से ग्रस्त करता है। उसके लेखन में से आनेवाली एक मज़बूत आवाज़ पितृसत्तात्मक वर्चस्व की होती है और दूसरी थोड़ी कम स्पष्ट, धीमी आवाज़ वह मूल स्त्री-स्वर होता है जिसे दमित किया जाता रहा है। ऐसे में स्त्री-रचनाकार पितृसत्तात्मक मानक को चुनौती देने पर ही अपना वह मूल स्त्री-स्वर पा सकती हैं जिसे दबाया जाता रहा और जो अस्पष्ट, कमज़ोर और धीमा हो गया है।

एक औरत जो अपने स्व से वंचित होने को नकारती है और अपनी ही प्रेरणा के हिसाब से चलती है, जिसके पास कहने के लिए एक कथा है—संक्षेप में जो उस आज्ञाकारी भूमिका को नकारती है, जिसे पितृसत्तात्मक सत्ता ने उसके लिए तय किया है;[23] वह अपना सच्चा स्त्री-स्वर तभी पा सकती है जब वह स्त्री-छवि

को पुरुषवादी साहित्य से ग्रहण न करे। जॉन स्टुअर्ट मिल लिखते हैं—*यदि महिलाएँ पुरुषों से अलग अपने देश में रहतीं और उन्होंने पुरुषों का लेखन कभी नहीं पढ़ा होता, तो उनका अपना साहित्य होता।*[24] हमारे पास ऐसा स्त्री-लेखन कम नहीं है जहाँ स्त्रियाँ अक्सर यह तय नहीं कर पाई हैं कि उनकी अपनी आवाज़ मुख्य है या वर्चस्ववादी मर्दाना विचारों ने प्रमुखता हासिल कर ली है।

इरिगेरे लिखती हैं कि एक वक्ता का पद पाने के लिए स्त्री के बहिष्करण के कारणों पर फिर से विचार करना होगा। इस बहिष्करण को उन दैहिक ख़ूबियों के ज़रिए स्थायी बनाया जाता है जो एक स्त्री-देह निर्मित करते हैं। यही देह वस्तुजगत में पहचान की माँग करती है। फ्रॉयड जहाँ से शुरू करता है वह अभाव है।[25] रचनात्मक कार्यों के लिए किस तरह की परिस्थितियाँ और मानसिक अवस्था चाहिए इसके बारे में भी सोचा जाना चाहिए। अक्सर स्त्रियाँ कलाएँ इसलिए सीखती हैं कि वे घर में काम आ सकें, पुरुष का मन बहला सकें। आजीविका या सामाजिक प्रतिष्ठा पाने के लिए नहीं। लेखकत्व को पाना भी एक पद को पाने की महत्त्वाकांक्षा से जुड़ा है।

क्या पढ़ना चाहती है स्त्री?

1908 में स्थापित 'मिल्स एंड बून' पब्लिशिंग हाउस इंग्लैंड का रोमांटिक फिक्शन का नम्बर एक प्रकाशक है जिसका मानना है कि वह सौ सालों से महिलाओं का प्रिय बना हुआ है और उन्हें ख़ुशनुमा रोमांस की ऐसी रोज़ाना ख़ुराक दे रहा है जो तुरन्त राहत की गारंटी है।[26]

'मिल्स एंड बून' ख़ुद नहीं कहता कि वह स्त्रीवादी प्रकाशक है। लेकिन कुछ लोग दावा करते हैं कि यह औरतों द्वारा औरतों के लिए लिखा जाता है इसलिए फ़ेमिनिस्ट है। फ़िलहाल इसके पास 200 स्त्री लेखक हैं जिनमें से एक जो 1981 से लिख रही हैं उनके 150 उपन्यास आ चुके। लेकिन यह तुरन्त राहत क्या है? रोमांस का रोज़ाना का डोज़ क्या है? कल्पना की दुनिया? जहाँ आप ख़ुद को हसीन हीरोइन समझें और आपके सामने हो एक सफ़ेद घोड़े वाला राजकुमार! आधुनिक युग में किसी बड़ी कम्पनी का मालिक! एक साक्षात्कार में प्रकाशन से जुड़े समरविल कहते हैं—अगर आज ऑस्टेन के लिखे उपन्यास 'एमा' या 'प्राइड एंड प्रेज्युडिस' छपने के लिए मिल्स एंड बून्स में भेजे जाएँ तो उसमें थोड़ा सेक्स बढ़ाना पड़ेगा।[27] समझा जा सकता है कि यह तुरन्त राहत, तुरन्त एस्केप क्या है?

मिल्स एंड बून के हर उपन्यास में औसतन 55000 शब्द होते हैं जिनमें एक रोमांटिक कहानी होती है और दो या तीन भड़कीले सम्भोग दृश्य। इसके इकलौते पुरुष लेखक रॉजर सैंडर्सन का कहना है कि उसे महिलाओं की तरह लिखने में कोई ख़ास मुश्किल अब नहीं होती। औरतों की भावनाएँ मर्दों से

अलग होती हैं। यह सिर्फ़ इमोशन का मामला है ('women tend to be more emotional')[28] 'मिल्स एंड बून' की वेबसाइट पर उनका Dare सीरीज़ बताता है कि यह उन कामुक हीरोइनों के बारे में है जिन्हें आप भी अपना 'बेस्ट फ्रेंड' बनाना चाहेंगे, ये अपने योग्य मर्दों को मजबूर कर देंगी प्यार करने के लिए। Desire, True love जैसे सीरीज़ बताते हैं कि सेंसुअस, सिडक्शन, बाक़ी सब खेल इन किताबों में मिलेंगे।

और इस तरह औरतों को रोमांस में फँसाए रखकर इमोशनल डोज़ देते चले जाने के 100 साल पूरे हो चुके हैं। अपने यहाँ एक भी ऐसा प्रकाशक नहीं है जो स्त्री-पाठकों की 'भावनाओं' का इतना ध्यान रखे। जो उन्हें रोमांस में उलझाए और कड़वे यथार्थ से उनका कुछ देर पीछा छुड़ाए। लेकिन हाँ, सेक्स-रोमांस को घरेलू अवतार में छिपाकर 'फेमिना', 'गृहशोभा' जैसी पत्रिकाएँ ज़रूर आईं। मुस्लिम परिवारों की औरतों के बीच घूमनेवाली, 'गृहशोभा' की ही तर्ज की पत्रिकाएँ हैं 'ख़ातून मशरिक़', 'पाक़ीज़ा आँचल', 'बानो', 'मशरीक़ी दुल्हन' और 'मशरीक़ी आँचल' जिन्हें डाकिया घर-घर पहुँचाता था।[29] स्त्रियों के बीच इन पत्रिकाओं के लिए ख़ूब दीवानगी रही आई।

थोड़ा-बहुत पढ़ी-लिखी स्त्रियों को भी स्त्रियोचित प्रशिक्षण होते रहना बेहद ज़रूरी है वरना किताबें उनसे उनका घरेलूपन और कोमलता छीन लेंगी। इसी उद्देश्य की पूर्ति में गृहशोभा, गृहलक्ष्मी वगैरह पत्रिकाएँ जुटी रहीं। मज़ेदार है यह सोचना कि घरों के भीतर मिल्स एंड बून्स जैसा सेक्स-रोमांस और गृहशोभा या पाकीज़ा के आने के रास्ते तो खुले रहे लेकिन स्त्रीवादी सामग्री के लिए कोई जगह न बन पाई। स्पष्ट वजह है कि स्त्रियोचित भावनाओं का दोहन और पोषण करनेवाली ये पत्रिकाएँ पितृसत्ता की मुखालफ़त सिखाने के लिए नहीं थी।

'मनोहर कहानियाँ', मधुर कहानियाँ से लेकर मस्तराम तक अपने यहाँ छपता रहा, इंटरनेट पर अश्लील कहानियों की भरमार है, लेकिन यह सब मूलतः पुरुष क्षेत्र ही हैं। मिल्स एंड बून के लेखकों का कहना है कि महिलाओं की अपनी फैंटेसीज़ होती हैं जिन्हें महिलाएँ ही लिख रही हैं। इसलिए यह एंटी-फ़ेमिनिस्ट नहीं है। लेकिन सोचकर देखिए कि क्या ब्रिटिश समाज, आज से सौ साल पहले से लेकर अब तक एक खुला हुआ समाज रहा है जहाँ स्त्रियों की फंतासियाँ और जुनूनी प्रेम-प्रसंगों के खुले विवरण स्वीकार्य हों? फिर मिल्स एंड बून इतना सफल कैसे है कि आज भी हर तीसरे सेकेंड उसकी एक किताब बिकती है? (पुरुष उन्हें छिप-छिपकर पढ़ते हैं) हमारे भारतीय घरों में तो सेक्स को लेकर बात करना अनैतिक माना जाता है फिर महिलाओं की पत्रिकाओं में आनेवाली यौन-सामग्री की स्वीकृति कैसे है?

ऐसे कि, घर की चारदीवारी में रहे-रहे ही आसमान में उड़िए लेकिन अपने पैरों तले ज़मीन मत माँगिए। कोई झुनझुने से ख़ुश है, कुछ और नहीं माँग रहा, न आज़ादी न बराबरी, तो दिक़्क़त क्या है?

साहित्य में जब भी पुरुषों ने रोमांस लिखा वह स्त्री को यौवन और सौन्दर्य की देवी बनाए बिना नहीं किया। जब ज़्यादा मोहभंग हुआ तो कह दिया—*अगर मैं तुम्हें ललाती सांझ के नभ की अकेली तारिका अब नहीं कहता...*या उससे भी आगे अकविता के कवि की तरह जुगुप्सा भरे विवरणों में चला गया। 1857 में फ्रांसीसी में गुस्ताव फ्लाबर्ट का 'मदाम बोवारी' आया और आज तक उसकी ख्याति है। हमने उस पर 'माया मेमसाब' फिल्म बना डाली। रीतिकाल तो है ही। स्वकीया, मुग्धा से लेकर परकीया नायिका के मन की या कहिए कवि के मन की बातें दर्ज हैं।

हम इतने ही उन्मुक्त विचारों वाले हैं तो शिवानी के लेखन को लेकर इतने संशय में बरसों से क्यों पड़े हुए हैं! सच यह है कि हिन्दी के लिए उन्हें किसी भी खाँचे में रखना एक चुनौती हो गई है। क्या वह मिल्स एंड बून्स जैसा साहित्य है? 'गृहशोभा' जैसा घरेलू है? मन्नू भंडारी या उषा प्रियम्वदा की तरह शहरी सम्भ्रांत नहीं है? प्रभा खेतान, मैत्रेयी पुष्पा या रमणिका गुप्ता की आत्मकथाओं में इतनी समस्या क्यों देखने लगते हैं?

केरोलीन जी हेल्ब्रम लिखती हैं, भले ही आज स्त्रीवाद के श्रोता बढ़ रहे हों फिर भी स्त्रीवाद को लेकर एक भय बना हुआ है इसलिए कि—

> स्त्री-अध्ययन मुख्यधारा नहीं है, केन्द्रीय नहीं है, वहाँ नहीं है जहाँ सत्ता है। स्त्री और पुरुष दोनों समान रूप से केवल हाशिए के प्रति प्रतिबद्धता से बचते हैं।[30]

'द गार्जियन' का ही एक लेख बताता है कि कथा-लेखन के लिए स्त्री-पाठक लाइफ़ सपोर्ट सिस्टम है। स्त्रियाँ न हों तो उपन्यास विधा मर जाएगी।[31] लेकिन हमने लगातार उपन्यास की वस्तु को हल्का किया है। पुरुष अगर फ़िक्शन पढ़ना भी चाहें तो स्त्रियों का लिखा कथा-साहित्य कम पसन्द करते हैं। मुझे गम्भीरता से लगता है कि हिन्दी-साहित्य की दुनिया में ऐसे अध्ययन किए जाने की सख़्त ज़रूरत है।

लेकिन अगर हिन्दी में भी कथा-साहित्य की, कविता भी साथ में जोड़िए, यही स्थिति है तो स्त्रीवादी मुद्दों को गम्भीरता से फिक्शन में प्रस्तुत कर सकना एक महत्त्वपूर्ण काम है। जिसे भी लगता है कि वह स्त्रीवादी है, उसे कथा-साहित्य की कसौटी पर थियरी को ज़रूर परखना चाहिए। सीमोन द बुवा एक फिक्शन-लेखक ही बनना चाहती थीं।

उपन्यास लिखे उन्होंने। लेकिन 'द सेकेंड सेक्स' ने उन्हें अमर कर दिया वह अलग चीज़ है। हर कोई सेकेंड सेक्स नहीं लिख सकता। लेकिन स्त्री-पाठक को हल्के में लेकर हल्की कथावस्तु उन्हें थमाकर लेखक बनने की खुजली मिटाना एक सत्यानाशी प्रवृत्ति है।

यह स्त्री के पाठकत्व पर भी असर करता है। साथ ही स्त्री के लेखकत्व और उसकी प्रामाणिकता पर बार-बार सवाल उठने से जो माहौल पैदा होता है वह पाठक को भी संशय में डालता है। फलस्वरूप स्त्री-पाठ की कोई पद्धति या प्रणाली विकसित नहीं होती बल्कि उसकी जगह सिर्फ़ शोर या फिर क्रंदन से भर जाती है। कोई एक पुरस्कार, कोई एक नाम, कोई एक किताब, कोई एक सम्बन्ध, कोई एक प्रसंग रह जाता है। स्त्री का आस्वाद भी कोई प्रश्न है, यह हम सोच ही नहीं पाते। ऐसा कोई अध्ययन नहीं है जो केवल स्त्री पाठकों के आस्वादन की प्रक्रिया और कारणों को समझता हो। हम मान लेते हैं कि स्त्री-पाठक भी साहित्यास्वाद वैसे ही कर पाएगी (बल्कि, उसे करना चाहिए) जैसे कोई भी पुरुष-पाठक, जो कि अभिप्रेत पाठक है, करता है। आस्वाद कोई नैसर्गिक प्रक्रिया नहीं है। आस्वाद की निर्मिति में तमाम कारक शामिल होते हैं।

स्त्रीवाद उन कारकों में से एक है।

7

अनुभूति का अधिकार

आस्वादन/आस्वाद्यता का सवाल और एक केस स्टडी के रूप में रीतिकालीन श्रृंगारी कविता

'नाट्यशास्त्र' (भरतमुनि) का पहला अध्याय बताता है कि समाज के संस्कारों में परिष्कार वेद साहित्य से सम्भव नहीं, किसी सरल और आकर्षक माध्यम से ही यह हो सकता है जो खेल या खिलौने जैसा हो। देवताओं की प्रार्थना पर स्वयं प्रजापति ब्रह्मा ने तदर्थ नाट्यवेद बनाया जिसमें पाठ विधि ऋग्वेद से, अभिनय विधि यजुर्वेद से, गीत विधि सामवेद से और भाव तथा रस विधि ली अथर्ववेद से। इसमें पूरा विश्व अधिकारी था। वैदिक संहिताओं के समान केवल त्रैवर्णिक का ही अधिकार इस पर नहीं था। बस स्त्री इस विश्व में, किसी वर्ण में नहीं आती थी।

यह पुरुष द्वारा पुरुष के लिए रचा गया शास्त्र था। समाज को संस्कारित करने का मतलब था यह बताना कि राजाओं के लिए दिवासम्भोग भी अवर्जित है और प्रभुतासम्पन्न पुरुष स्त्री का भोग बलपूर्वक भी कर सकते हैं किन्तु उचित यही है कि वे दाक्षिण्य से काम लें। (अध्याय-22) या कैसे नारियों के साथ नायक साम, दाम, दंड, भेद का प्रयोग करे। (अध्याय-23, 23.70) नारी को रस्सी से पीटें या बेंत से, सब उपाय विफल हों तो अच्छा है कि नायक उसे छोड़ ही दे। (अध्याय-23, 23.71) नारी सेक्स चाहती है या नहीं, यह उसके मुखराग और उसकी चेष्टाओं से भाँपा जा सकता है। किन्तु वेश्याओं की स्थिति भिन्न है (अध्याय-23, 23.78) और नयिका भेद का तो क्या कहें, अगर आप हिन्दी साहित्य से एम.ए. कर चुके हैं तो जानते होंगे कि नायिका-भेद जाने बिना आप रीतिकाल का साहित्य नहीं पढ़ सकते।

आचार्य भरत के अनुसार कवि के अन्तर्गत भावों को ही भाव कहते हैं और इन्हीं भावों से रस-निष्पत्ति होती है। यहाँ कवि से मतलब पुरुष-कवि से है। सहृदय भी पुरुष ही

है यही मानकर पूरा रस-सिद्धांत खड़ा होता है, काव्यशास्त्र की संरचना निर्मित होती है। भरतमुनि तो यह भी कहते हैं कि अगर सहृदय के चित्त में व्याकुलता, चिन्ता, विषाद है तो वह चाहकर भी काव्यास्वाद नहीं कर सकता तो निश्चय ही इसका मतलब स्त्री की चिन्ताओं, विशाद या व्याकुलता से नहीं है जो उसे पितृसत्तात्मक सामाजिक यथार्थ के चलते प्राप्त होती हैं। अब आप कहेंगे कि तो क्या हुआ, नए समय के हिसाब से कवि और सहृदय में स्त्री को भी शामिल कर लो, दिक़्क़त क्या है? लोमड़ी और सारस वाली कहानी याद है?

लोमड़ी ने दोस्ती में किए वादे के मुताबिक सारस को खाने पर बुलाया और दोनों के लिए थाली में खिचड़ी परोसी। लोमड़ी सब चट कर गई, सारस अपनी लम्बी चोंच लिए देखता रहा। जब तक संरचना ही नहीं बदलेगी तब तक सबके लिए खिचड़ी परोसना लोमड़ी की तरह खिचड़ी परोसना ही होगा। और सबके लिए खिचड़ी ही क्यों? सबके लिए एक ही तरह का काव्यास्वाद क्यों? सबके लिए एक ही तरह का विषमलिंगी यौन-सम्बन्ध क्यों? सिर्फ़ एक ही तरह के शास्त्र के अन्तर्गत लिखित शब्द ही मान्य क्यों? इस तरह से स्त्री-साहित्य तो पढ़ना मुश्किल है ही, आदिवासी साहित्य समझना तो असम्भव हो जाएगा क्योंकि हम उस वाचिकता की परम्परा को शामिल ही नहीं करते जिसमें समस्त आदिवासी संस्कृति, स्थापत्य और साहित्य रचा गया है। और विडम्बना यह कि जब हमदर्द यह कहते हैं 'गिविंग अ वॉयस टू द वॉयसलेस' तो मानकर चला जा रहा होता है कि आदिवासियों के पास न भाषा है न साहित्य।[1] ठीक जैसे स्त्रियों के लिए कहा जाता है! इसी का नतीजा यह होता है कि स्त्रियों को सुनने की बजाय लोग उनकी ओर से बोलना शुरू कर देते हैं। इसी में महानता समझते हैं कि वे बेज़ुबान औरतों को ज़बान दे रहे हैं। दलित, आदिवासी या स्त्री को वाणी नहीं चाहिए, वह उसके पास अपनी है। लोमड़ी ही क्यों न सारस की तरह सुराही से खाना सीख ले! लेकिन ऐसी बहस का कोई अर्थ नहीं। बेहतर तो यही है कि कोई भी एक मुख्य होने का दावा करते हुए बाक़ियों को दरकिनार न कर दे। आस्वाद की प्रकृति को लचीला बनाया जाना चाहिए ताकि कोई एक (इरिगेरे के मत को याद करें) ही मुख्य न बना रह जाए। साहित्य उसी एक का हो, साहित्यशास्त्र भी, आस्वादन भी और मूल्यांकन भी! समस्या यहीं है।

रीतिकालीन साहित्य जो है वह है, उसे काव्य-शास्त्रीय सन्दर्भों में समझने की पर्याप्त कोशिशें की जा चुकीं लेकिन क्या रीतिकाल को समझने के लिए केवल काव्यशास्त्रीय प्रतिमान ही बहुत हैं? ऐसा करना रीतिकाल के अध्ययन को सीमित करना नहीं है? पढ़त हर नए युग में बदल सकती है और बदलनी चाहिए। किसी एक काल के साहित्य को आलोचना के लिए उपलब्ध तमाम वैचारिकियों के सहारे पढ़ा जाना ज्ञान की अजस्र धारा में एक नया अध्याय जोड़ना होता है।

रसास्वाद की प्रक्रिया या साधारणीकरण

संस्कृत काव्यशास्त्र में जिसे काव्य का आस्वाद ग्रहण करना कहा गया है या आधुनिक आलोचना की शब्दावली में जिसे अर्थ-मीमांसा कह सकते हैं, की प्रक्रिया में दो सत्ताएँ मौजूद हैं—कवि और सहृदय। सहृदय वह जिसकी आत्मा में से रस आविर्भूत होता है। जिसे हम पाठक कहते हैं। रस की स्थिति तो सहृदय के ही मन में है लेकिन जो अपनी अनुभूति को सहृदय के प्रति इस प्रकार प्रेषणीय बना पाता है कि उसको ग्रहण करके सहृदय को आनन्द की उपलब्धि हो, वह कवि है।

सहृदय के हृदय में स्थित स्थायीभाव से जब रचना में व्यक्त विभावादि का संयोग होता है तो वे स्थायीभाव ही रस का रूप धारण कर लेते हैं। स्थायी भाव क्या हैं? सभी आत्माओं में, विशेषकर सहृदयों की आत्माओं में, स्वभाव से ही सांसारिक अनुभव पूर्वजन्म अथवा पठन-पाठन आदि के फलस्वरूप कुछ मूलगत वासनाएँ संस्कार रूप में स्थित रहती हैं। ये वासनाएँ ही पारिभाषिक शब्दावली में स्थायी भाव कहलाती हैं।

मम्मट, विश्वनाथ, पंडितराज जगन्नाथ आदि परवर्ती विद्वानों में ही नहीं बल्कि अभिनवगुप्त की उपरोक्त व्याख्या हिन्दी साहित्य में भी काफ़ी मान्य हुई। लेखक की सत्ता यहाँ सर्वोपरि देखी जा सकती है, वह जब अपने 'हृदय रस में डुबाकर' अपनी अनुभूति को व्यक्त कर पाता है तो उसे भी आत्माभिव्यक्ति का, अस्मिता के आस्वादन का रस मिलता है, और उस सम्वेदित अनुभूति को ग्रहण करने में सहृदय को अपनी अस्मिता का आस्वादन होता है[2] यह तो ठीक है और ज़रूरी बात है कि कवि अपनी अस्मिता की अनुभूति कर पाएगा तभी सहृदय अपनी अस्मिता की अनुभूति तक पहुँचेगा। वरना सहृदय के हृदय में रस सुप्त पड़ा रहेगा।[3] इस तरह पाठक उपस्थित होते हुए भी साधारणीकरण की प्रक्रिया में कुछ करता दिखाई नहीं देता। डॉ. नगेन्द्र अभिनवगुप्त की व्याख्या करते हुए उनसे सहमत हैं। हिन्दी में रामचन्द्र शुक्ल और डॉ. नगेन्द्र ने रस-सिद्धांत का विवेचन किया। साधारणीकरण के बारे में रामचन्द्र शुक्ल ने लिखा—

> जब तक किसी भाव का कोई विषय इस रूप में नहीं लाया जाता कि वह सामान्यत: सबके उसी भाव का आलम्बन बन सके, तब तक उसमें रसोद्‌बोधन की पूर्ण शक्ति नहीं आती। इसी रूप में लाया जाना हमारे यहाँ साधारणीकरण कहलाता है।[4]

यानी साधारणीकरण आलम्बन का होता है। आलम्बन वह जिसके प्रति आश्रय के मन में भाव उत्पन्न होते हैं। जैसे रीतिकालीन श्रृंगारी काव्य की नायिका। साधारणीकरण आश्रय के भावों का हो, आलम्बन का या कवि की अनुभूति का इतना तय है कि इस प्रक्रिया में सहृदय अपने बारे में किसी भी

विशिष्ट ज्ञान से शून्य हो जाता है। भाव की वैयक्तिकता नष्ट हो जाती है। वह मेरा या दूसरे का न रहकर साधारण भाव मात्र रह जाता है। यहाँ दो बातों पर ध्यान देना चाहिए :

(1) **सहृदय का किसी भी और ज्ञान से शून्य हो जाना**—किसी भी और ज्ञान से शून्य होने का मतलब है अपनी उम्र, लिंग, सामाजिक स्थिति आदि को भूल जाना। लेकिन क्या अनुभूति के ही बल पर काव्यास्वाद मिल जाएगा? क्या काव्यास्वाद का बोध से कोई लेना-देना नहीं है? जिसे अलंकारों का ज्ञान नहीं और न ही काव्यशास्त्रीय परम्परा का, क्या वह रीतिकालीन साहित्य में ब्रज भाषा के मनोहारी प्रांजल रूप और शृंगार रस का आस्वाद कर पाएगा? मतलब यह कि ज्ञान और अनुभूति दोनों ही चेतना के अंग हैं। परम्परा-बोध, भाषा-ज्ञान, काव्यशास्त्र, सौन्दर्यशास्त्र, कविता की समझ और परख भी अनुभूति में ही शामिल है। इसके अलावा आधुनिक आलोचना ने ज्ञान की नवीनतम प्रणालियों को आलोचना का आधार बनाया। और फिर अनुभूति भी निर्वात में नहीं बनती। इसी समाज में रहते हुए, जीते हुए, समझते हुए बनती और ज्ञान के सहारे परिष्कृत होती है। मैं यहाँ इतिहास-बोध को भी शामिल करते हुए कहूँगी कि अस्मितामूलक विमर्शों के साथ आए साहित्य की समीक्षा अन्तर्विषयी अध्ययन की माँग करती है। लैंगिक संरचनाओं को समझने के लिए कला और ज्ञान के हर क्षेत्र में स्त्रीवादी अध्ययन संवेदनशीलता और अनुभूति का दायरा बढ़ा रहे हैं।

(2) **सबके उसी भाव का आलम्बन बन सकना**—यहाँ 'सब' दिक़्क़ततलब है। क्या 'सब' में वाक़ई सब शामिल हैं? इसे समझने के लिए शुक्ल जी को ही आगे पढ़ना होगा। वह लिखते हैं—काव्य में वर्णित आलम्बन आदि स्वाभाविक होने चाहिए। यानी किसी काव्य में वर्णित किसी पात्र का किसी कुरूप और दु:शील स्त्री से प्रेम हो सकता है; पर उसी स्त्री के वर्णन द्वारा शृंगार रस का आलम्बन नहीं खड़ा हो सकता।[5] यानी कोई कुरूप चरित्रहीन स्त्री किसी व्यक्ति को आकृष्ट कर लेती है, या उसमें शृंगार की भावना जगा देती है तो वह काव्य का आलम्बन बनने योग्य नहीं। पाठकीय आस्वाद से कुरूप और चरित्रहीन स्त्री बाहर हुई। कुरूप और चरित्रहीन ब्राह्मणवादी, सामंती पितृसत्ता के शब्द हैं। सौन्दर्य और सत्चरित्रता के मुख्यधाराई मापदंडों में बहुत-सी हाशिए की अस्मिताओं को बाहर किया जा सकता है। गौर वर्ण के अतिशय आग्रह के साथ आदिवासी और दलित के लिए मुख्यधारा के पूर्वग्रहों को इसी ब्राह्मणवादी पितृसत्ता से खाद मिलती है। ऐसे तो स्त्री शृंगार

> का आलम्बन है लेकिन जब कुरूप और चरित्रहीन स्त्री किसी पुरुष को आकर्षित करती है, अचानक वह कर्ता हो जाती है।

यह सवाल कि 'साहित्य अपने पाठकों को कैसे प्रभावित करता है?' अनुभव-सापेक्ष है और यदि इसका कोई उत्तर हो सकता है तो वह अनुभव के आधार पर ही दिया जा सकता है; और चूँकि हम साहित्य शब्द का प्रयोग व्यापकतम अर्थ में कर रहे हैं और समाज शब्द का प्रयोग भी इसके व्यापकतम अर्थ में कर रहे हैं, अन्तत: इसका आधार केवल कला-पारखी के अनुभव को ही नहीं बल्कि समस्त मानव जाति के अनुभव को बनाना पड़ेगा।[6]

नायिका-भेद पर बात करते हुए नगेन्द्र भी यही लिखते हैं कि काव्यशास्त्र के अनुसार काव्य की नायिका सुन्दर, कुलीन, शील, आदि गुणों से युक्त होनी चाहिए ताकि वह सभी के रति-भाव का आलम्बन हो सके।[7] *पात्र मुख्य सिंगार को सुद्ध स्वकीया नारि*—वेश्याओं को दरबार में रखनेवाले भी स्वकीया का ही गुणगान कर रहे थे। सुन्दर और सत्चरित्र नायिका हो तो शृंगार रस की निष्पत्ति हो जाएगी—रीतिकाव्य को इस तरह समझते हुए सहज सवाल उठता है कि कौन है वह अभिप्रेत पाठक जिसका पाठ इसलिए बदमज़ा हो जाता है कि स्त्री कुरूप है और तथाकथित रूप से चरित्रहीन! सुन्दरता और कुरूपता के मानदंड किसके बनाए हैं और साहित्य की सामंती परम्परा को कहाँ से हासिल हो रहे हैं! साथ ही यह पाठक की सत्ता को भी तो ख़ारिज करना हुआ। वह पाठक जो स्त्री है और सौन्दर्य के काव्यशास्त्रीय या मध्यकालीन मानदंडों के हिसाब से सुन्दर नहीं है, दलित या आदिवासी स्त्री जिसका उस साहित्य से कोई नाता न रहा, विकलांग, ट्रांसजेंडर या कोई भी हो सकता है।

तो क्या सब कुछ पाठक के हाथ में है? न, दिक़्क़त यह नहीं कि पाठ में अर्थ की सम्भावना नहीं है और पाठक ही अर्थ तय करेगा बल्कि मुद्दआ यह है कि अर्थ भी तो कोई ठस्स चीज़ नहीं होता जिसे लेखक ने पाठ में रख दिया है। वह हमेशा गतिशील होगा। जब-जब उसे कोई पाठक पढ़ता है, वह निर्मित होने की प्रक्रिया में होता है। यानी—

> पाठ में अर्थ की सम्भावना तो है, पाठ में अर्थ निहित तो है, यानी पाठ में अर्थ अव्यक्त रूप से विद्यमान तो है, लेकिन वह कर्ता पाठक ही है, जो पाठ के अर्थ को मूर्त करता है। यों समझिए कि पाठ बारूद की डली है, पढ़त-प्रक्रिया उसे पलीता दिखाती है जिससे वह प्रज्वलित होती है और इस प्रकार वह फुलझड़ी रौशन होती है, जिसे अर्थ का चराग़ाँ कहते हैं। अन्तर यह है कि बारूद की तरह प्रज्वलित होने के पश्चात् पाठ लुप्त नहीं होता, बल्कि यथातथ्य मौजूद रहता है।[8]

किसी भी रचना में यह सम्भावना होती है कि वह अर्थ की अनंत छवियाँ समेट सकता है। एक ही कृति एक ही व्यक्ति को अलग-अलग परिस्थिति और उम्र में अलग-अलग आस्वाद दे सकती है; जैसे मनुस्मृति को स्त्री-पाठ एक नया पाठ बनाता है। इस स्त्री-पाठ को जगह देना 'अनुभूति के अधिकार'* की स्वीकृति है। नायक अगर दलित-विरोधी, स्त्री-विरोधी, सामंती और ब्राह्मणवादी मूल्यों को प्रश्रय देनेवाला हो तो एक दलित, स्त्री या आदिवासी या कोई भी अन्य जेंडर अस्मिता उसका आस्वाद कैसे कर सकती है! यह सम्भव नहीं कि अर्थ-मीमांसा में पाठक के ज्ञान और अवस्थिति की कोई भूमिका नहीं है।

अनुभूति की व्यापकता** साधारणीकरण में एक बड़ा ही अहम मसअला है। पाठक पुरुष ही है, वह भी विशिष्ट, तो यह अनुभूति की व्यापकता को प्रभावित करनेवाला कारक हुआ! पाठक लिखत-पढ़त को कैसे बदलता आया है, इस पर अलग से शोध किए जा सकते हैं, किए जाने चाहिए। यहाँ आस्वाद की लैंगिक प्रकृति से जुड़ा एक उदाहरण ज़रूर देना चाहूँगी। छापेखाने के आने के बाद साहित्य में मूल्यांकन की कसौटियाँ बदलना शुरू होती हैं। स्त्री-शिक्षा, सामाजिक-सुधार आन्दोलन जो पहले से चले आ रहे थे, ये सब यथार्थ मिलकर एक नए यथार्थ का सृजन करते हैं और वह है—पाठक-वर्ग के रूप में स्त्री का स्वीकार।[9] बहुत सा आरम्भिक साहित्य पत्र-पत्रिकाओं में छपा, 1920 के आस-पास लभगभ सभी पत्रिकाओं में स्त्री-विषयक कुछ सामग्री और स्त्रियों के पत्र प्रकाशित होना शुरू हो गए थे। स्त्रियाँ पाठक भी हैं यह तो समझ आने लगा था, तभी पत्रिकाओं ने स्त्री-कण्टेंट को नियंत्रित करने की कोशिश की। अगर 'चाँद' जैसी एकाध पत्रिका को छोड़ दिया जाए तो अधिकांश की सामग्री को स्त्रीवादी नहीं कहा जा सकता। वे उसी उद्देश्य की पूर्ति कर रही थीं कि सुशिक्षित स्त्रियाँ अच्छी माताएँ और गृहिणियाँ

---

* यह पदबंध फ्रांचेस्का ऑर्सीनी के शोध 'हिन्दी का लोकवृत्त' से लिया गया है जिसे वे 1920 से 40 के बीच हिन्दी पत्रिकाओं में स्त्री-विषयक सामग्री पर बात करते हुए इस्तेमाल करती हैं। वे बताती हैं कि कैसे स्त्री-उपयोगी साहित्य स्त्रियों से पूर्ण आत्म-बलिदान की अपेक्षा करता था, उसका ध्यान एकान्त भाव से स्त्री के कर्तव्यों पर था, कभी उसकी ज़रूरतों पर नहीं। स्त्रियों के पत्रों और सच्ची कहानियों को छापकर कुछ पत्रिकाओं ने दूसरी आवाज़ को जगह दी। 'चाँद' पत्रिका ने ख़ास तौर से ऐसा स्थान उपलब्ध कराया जहाँ महिलाओं की ज़िन्दगी के अन्य पक्ष और आयाम भी अभिव्यक्त हो सकते थे और उनकी भावनात्मक ज़रूरतों का समर्थन किया जा सकता था। 'चाँद' ने संवेदना के अधिकार की धारणा को प्रचलित बनाने में महत्त्वपूर्ण भूमिका निभाई—'हिन्दी का लोक-वृत्त', वाणी प्रकाशन, पेज-324

** उसे (कवि को) ऐसे स्वरूप खड़े करने पड़ते हैं जिनके द्वारा रति, हास, शोक, क्रोध, घृणा आदि स्वयं अनुभव करने के कारण कवि जानता है कि श्रोता भी अनुभव करेंगे। अपनी अनुभूति की व्यापकता के कारण मनुष्यमात्र की अनुभूति को तथा उसके विषयों को अपने हृदय में रखनेवाले ही ऐसे स्वरूपों को मन में ला सकते हैं। —'रस मीमांसा', रामचन्द्र शुक्ल, पुस्तक प्रतिष्ठान, दिल्ली, 2016, पेज-61

कैसे बनें और यह स्त्रियोचित देशभक्ति और हिन्दू उत्थान की ओर उन्मुख था। खंड-दो में आधुनिक कविता अध्याय में इस पर थोड़े और विस्तार से बात होगी।

आस्वाद्यता की लैंगिक निर्मिति

काव्यास्वाद केवल अनुभूति का विषय नहीं है, अनुभूति के अतिरिक्त भी उसमें बहुत कुछ शामिल होता है। ज्ञान, मानसिक स्थिति, अभिरुचि, प्रशिक्षण, इतिहास-बोध, संस्कृति तमाम चीज़ें। उसी तरह आस्वाद को प्रभावित करनेवाला एक महत्त्वपूर्ण आयाम लैंगिक भी है।

इस दृष्टि से रीतिकालीन कविता की आस्वाद्यता या पठनीयता का स्त्री कोण बदल जाता है। 21 वीं सदी में भले ही पुरुष के लिए उसकी आस्वाद्यता में कुछ विशेष अन्तर न आया हो लेकिन जो 'स्त्री' रीतिकाल का 'विषय' बना दी गयी थी वह अपने होश-हवास में आज उसके समक्ष खड़ी है और उसे पढ़ती है तो सहज नहीं रह पाती। रह पाती है तो वह अभी भी स्वयं को पुरुष-दृष्टि से देख रही है।

एक स्त्री-पाठक को कवि की उस अनुभूति से एकाकार होना चाहिए जिसके सामने ऐसी नायिका है जिसकी कामोत्तेजक गतिविधियाँ और शारीरिक सौन्दर्य नायक को आनन्द प्रदान कर रही हैं, नायक का चित्त हरण कर रही हैं? या स्वयं को वही नायिका मान लेना चाहिए जिसकी इसके अलावा कोई भूमिका नहीं है कि वह आलम्बन है। जिसकी देह ही अपने आप में सम्पूर्ण कामोत्तेजक गतिविधि है। उन्नत स्तनों का कंचुकी से झलक पड़ना ही नायिका की ओर से कामुक गतिविधि हो गई। मानो सेक्सी होना ही स्त्री की यौन-क्रिया है। उसके नेत्र ऐसे हिरण हैं जो शिकार करना सीख गए हैं।* चमत्कार यह तो है ही कि पुरुष हिरण का शिकार नहीं कर रहा बल्कि नायिका के नैन-रूपी मृग ही शिकारी हो गए हैं; चमत्कार यह भी है कि कवि की वाणी एक निष्क्रिय नायिका को कर्ता की तरह दिखाने में सफल हुई। वह असल में कुछ नहीं कर रही लेकिन कवि लगातार उसे भ्रम में डाले है कि सब किया-धरा उसी का है। इसी मानसिकता को समाज के भीतर स्त्री पर होनेवाली हिंसा की घटनाओं में भी देख सकते हैं। अन्ततः उकसाती तो स्त्री ही है! उस पर मज़ेदार यह है कि नायिका सुन्दर सुशील है, भले ही निष्क्रिय है तो भी रस निष्पत्ति हो जाएगी।

कंचुकी में कसे आवैं उकसे उरोज बिन्दु
बदन लिलार बड़े बार घुमड़े परत। —देव

या

---

* *खेलन सिखए अलि भले, चतुर अहेरी मार।*
काननचारी नैन मृग, नागर नरनि सिकार॥ —बिहारी

कुच गिरि चढि अति थकित है चली डीठि मुँह चाड़।
फिरि ना टरी, परियै रही, गिरी चिबुक की गाड़॥ —बिहारी

शुक्ल लिखते हैं कि मैं आलम्बन मात्र के विशद वर्णन को श्रोता में रसानुभाव (भावानुभाव सही) उत्पन्न करने में पूर्ण समर्थ मानता हूँ।[10] ऐसा न होता तो हिन्दी में नायिका भेद और नख-शिख के जो सैकड़ों ग्रंथ बने हैं उन्हें कोई पढ़ता ही नहीं[11] जबकि ऐसे वर्णनों में रसिक लोग बराबर आनन्द प्राप्त करते देखे जाते हैं।[12] अब सोचिए कि आलम्बनत्व धर्म के साधारणीकरण से क्या उपरोक्त कविता स्त्री के लिए उसी प्रकार आस्वाद्य है जैसा कि पुरुष के लिए? क्या वह आनन्द का कारण बन कर आनन्द प्राप्त कर रही है? समाज से कटी हुई दरबारी कविता में एक आम स्त्री कैसे आस्वाद ग्रहण कर सकती है जब कि स्वयं दरबार का चरित्र पौरुषमय है,* सामंती है,** दरबारों में संगीत-नृत्य के अखाड़े लगा करते थे और कवि अपने आश्रयदाता की रुचि के अनुसार कविता लिखा करता था। स्त्री यहाँ 'कर्ता' न होकर 'वस्तु' थी। जिसका वस्तुकरण हो गया हो उसकी कैसी अनुभूति! जहाँ सक्रिय दिखती है वहाँ भी उसकी सभी काम-चेष्टाएँ स्त्री की उपभोग्यता में श्रीवृद्धि करने के लिए ही निर्मित प्रदर्शित की गई हैं।[13] उसके व्यक्तित्व, प्रेम, विरह, हाव-भाव, लीला-विलास का एक ही उद्देश्य है, उसके आकर्षण को समृद्ध करके अधिक से अधिक उपभोग्य बना देना। इस आलम्बनरूपी नायिका के अंगों का वर्णन एक स्वतंत्र विषय हो गया और न जाने कितने ग्रंथ केवल नखशिख वर्णन के लिए लिखे गए।[14] डॉ. नगेन्द्र कहते हैं कि साधारणीकरण कवि की भावनाओं का होता है[15] (जो भट्टनायक और अभिनवगुप्त का भी प्रतिपाद्य है) लक्ष्मण-परशुराम संवाद में क्रोध और उपहास दोनों भावों का साधारणीकरण नहीं हो सकता। कवि की भावनाएँ लक्ष्मण के साथ हैं। अत: सहृदय उसी के साथ स्वयं को एकाकार कर पाएगा।

नायिका-भेद, नखशिख वर्णन, रूप कथन की कविता की रचना पुरुष ने पुरुष के आस्वादन के लिए ही की है। इसलिए 'आनन्द' में स्त्री का वह हिस्सा ग़ायब है जिसके साथ वह साधारणीकरण कर पाए। वह केवल यौन-वस्तु में बदल जाती है

* अमीरों और राजाओं के महलों में शृंगारिकता का नग्न नृत्य होता था। सैनिक शिविरों में भी वेश्याओं का जमाव रहता था—मुग़ल सेना की सहायता के लिए कामदेव की भी बृहत सेना चला करती थी। छोटे-छोटे अधिकारियों और रईसों के सामने भी यही आदर्श था और उनका भी सारा समय भोग-विलास में ही व्यतीत होता था, जिसका विवरण देव और अन्य कवियों के अष्ट-यामों में अत्यन्त स्पष्ट रूप से मिलता है। —'रीतिकाव्य की भूमिका', डॉ. नगेन्द्र, नेशनल पब्लिशिंग हाउस, दिल्ली, दूसरा संस्करण, 1953, पेज-11

** हम कह चुके हैं कि रीति-कविता शुद्ध सामंतीय वातावरण की सृष्टि है—स्वभावत: रीतिकालीन कवियों का नारी के प्रति दृष्टिकोण भी सर्वथा सामंतीय है जिसके अनुसार वह समाज की एक चेतन इकाई न होकर बहुत-कुछ जीवन का उपकरण मात्र है—'रीतिकाव्य की भूमिका', डॉ. नगेन्द्र, नेशनल पब्लिशिंग हाउस, दिल्ली, दूसरा संस्करण, 1953, पेज-161

जो दूसरे लैंगिक प्राणियों (पुरुषों) के इस्तेमाल और आस्वादन के लिए है। इस प्रकार निष्क्रियता के रूप में स्त्री की पहचान करके उसकी लैंगिकता को नकारा भी जाता है और उसका मिथ्या निरूपण भी होता है।[16] ऐसा करके एक अभीष्ट स्त्री रूढ़ छवि की प्राप्ति होती है, जिसका आकांक्षी पितृसत्तात्मक समाज रहता है। यही कारण है कि वात्सल्य के आस्वादन में स्त्री का जितना हिस्सा है उसका शतांश भी शृंगार में नहीं है। जहाँ सम्भव हो सकता था वहाँ उसे अलौकिक और अशरीरी बना दिया गया।

रस और साधारणीकरण की दृष्टि से इस समस्त विवेचन के केन्द्र में स्त्री है ही नहीं

भारतीय काव्यशास्त्र में सिर्फ़ साधारणीकरण का सिद्धांत ही है जो अर्थ-ग्रहण में पाठक की भूमिका पर विचार करता है। अन्यथा काव्यशास्त्र रचनाकार को ही केन्द्र में रखता है। काव्य से मिलनेवाला आनन्द रस है। रस तो लोकोत्तर है, ब्रह्मानन्द सहोदर है। इसलिए लेखक की नीयत पर सवाल उठाना वाजिब नहीं है। साधारणीकरण में भी पाठक की योग्यता और स्थिति पर पारम्परिक भारतीय रस-चिन्तन कवि की ही दृष्टि से विचार करता है।

आस्वाद कोई लिंग-निरपेक्ष अवधारणा नहीं है। इसलिए एक स्त्री के लिए आस्वाद का स्वरूप निश्चित रूप से पुरुष से भिन्न होगा। कोई दो पाठक किसी पाठ से एक अर्थाभिप्राय नहीं लेते। पाठ में उपस्थित अवकाशों को हर पाठक अपने तौर पर भरता है। यह प्रश्न भी ज़रूरी है कि साहित्य को रचते हुए भी क्या यह जेंडरिंग की प्रक्रिया काम करती है जो काव्यास्वाद के स्वरूप को प्रभावित करती हो? या क्या लेखक भी स्वयं यह तय करता है कि साहित्यास्वाद का क्या स्वरूप होगा? निश्चित रूप से रीतिकाल के आस्वाद के सम्बन्ध में यही होता है क्योंकि रीतिकालीन कविता के काव्यास्वाद के स्वरूप को समझने के लिए जो भी पारम्परिक व्याख्याएँ की गयीं उनका 'अभिप्रेत पाठक'* पुरुष ही है। अभिप्रेत पाठक अनुभवजन्य बाह्य यथार्थ से प्रभावित होने की जगह पाठ से पोषित होता है। वह एक हाइपोथेटिकल निर्मिति है। रस को अखंड और ब्रह्मानन्द स्वरूप माननेवाली पारम्परिक सरणियाँ, जिनका पितृसत्तात्मक समाज के प्रतिनिधियों ने सूत्रपात किया, उनमें 'सहृदय' और 'साधारणीकरण' की व्याख्या पुरुष की

* अभिप्रेत पाठक वह है जिसे पाठ पोषित करता है। यह वास्तविक पाठक नहीं बल्कि केवल एक निर्मिति है। अभिप्रेत पाठक को पाठ स्वयं अपने लिए पैदा करता है, वह पाठ की संरचना में उपस्थित होता है और हमें पाठ को विशेष प्रकार से पढ़ने के लिए आमादा करता है। पाठ अधिकतर अपने अभिप्रेत पाठक की अवधारणा रखता है, अर्थात् काव्यास्वाद की कम से कम बुनियादी योग्यता। वास्तविक पाठक उसके पश्चात् अपनी पढ़त से पाठ को जो दिशा देता है, वह उसकी सहृदयता, सामर्थ्य और वरीयता का मामला है। (विस्तार के लिए देखें 'The Act of Reading', Wolfgang Iser, 1978, p-34)

दृष्टि से की गई और आलम्बन रूप में जो स्त्री उपस्थित है वह आस्वादन की प्रक्रिया में अनुपस्थित है। साहित्य रचना के प्रयोजनों में भी जब कहा जाता है—'धर्मार्थकाम मोक्षेषु, वैचक्ष्णयंकलासु च' तो यहाँ साहित्य रचना से काम की प्राप्ति किसके लिए है?

रीतिकालीन कविता की आस्वाद्यता में कठिनाई ही यह है कि वह उस बड़े सिस्टम का उत्पाद है, जिसे हम समाज कहेंगे, जिसकी संरचना में यह निहित था कि साहित्य का पाठक स्त्री नहीं है। पुरुष भी कोई भी पुरुष नहीं है, वह 'रसिक' है।

कामशास्त्र, स्त्री-यौनिकता और शृंगार कविता की स्त्री-आस्वाद्यता

इसमें आश्चर्य की बात नहीं कि रीतिकालीन शृंगारिक कविता की स्त्री पूरी तरह से पुरुष की निर्मिति है। 'इत आवत चलि जात उत'; नायिका इतनी भारहीन है कि हवा के झोंके के साथ कभी इधर जाती है कभी उधर। ये किस धरती की नायिकाएँ हैं! हम लड़कियों ने एक बार स्कूल में रीतिकालीन नायिका का चित्र बनाने की कोशिश की और ख़ूब हँसते रहे उसे देखकर। ये वे स्त्रियाँ हैं ही नहीं जिन्हें हम अपने आस-पास देख सकते हों, जिनके जैसा हो सकते हों। ये नायिकाएँ शोडष शृंगार करती हैं, कामसूत्र के अनुसार अनुलेपन की कला में पारंगत हैं और अपनी देह को हमेशा सुवासित रखती हैं, गोरे रंग को हमेशा निखारती रहती हैं। केशव, मतिराम, देव, बिहारी सभी की नायिकाएँ ऐसी ही कुलीनाएँ हैं।

घाघरे झकोरनि चहूँगा खोरि खोरिहू
खूब खसबोई के खजाने से खुलति जात —देव

यौवन मद में मत्त नायिका, जिसके स्तन और नितम्बों पर रीतिकालीन कवि मुग्ध और मेहरबान है, उसकी स्वच्छंदता अपने आप में पुरुष के लिए आनन्द का विषय है। इस स्वच्छंदता की कल्पना का आनन्द स्त्री के लिए भ्रम है। दरअसल विषय बन जाने में ही एक भ्रम है। 'विषय' बनकर मनुष्य समझता है कि वही 'कर्ता' है। लेकिन होता सिर्फ़ इतना है कि वह किसी बड़े सिस्टम या किसी बड़े संस्थान का औज़ार-भर बनता है।[17] बिहारी की नायिका भी जब राह में नायक को छल से टकराकर उकसाना चाहती है तो वह दरअसल 'कर्ता' नहीं है। स्थितियों को नियंत्रित वह नहीं करती है बल्कि कवि के हाथ में, उस बड़ी पितृसत्तात्मक सामाजिक संरचना का एक पुर्ज़ा-भर है जिसमें स्त्री की यौनिकता उसके अपने आनन्द का साधन नहीं वरन पुरुष के मनोरंजन का विषय है। रीतिकालीन कविता के आस्वादन में स्त्री के लिए यह एक बड़ी बाधा है कि वह स्वयं को वहाँ जिस रूप में उपस्थित पाती है उसके साथ तादात्म्य स्थापित करना कठिन है। उसके लिए स्त्री को स्वयं को हमेशा पुरुष की दृष्टि से देखते रहना होगा।

स्त्री की यौनिकता उस जेंडर स्टीरिओटाइप का शिकार रही है जिसके अनुसार स्त्री कामोत्तेजना का विषय तो है लेकिन स्वयं उसकी कामेच्छा स्वतंत्र ना होकर, केवल पुरुष के लिए आलम्बन का काम करती है। शृंगार की कविता केवल पुरुष के आस्वादन का विषय नहीं होनी चाहिए। वह समान रूप से स्त्री के आस्वाद का विषय भी है और यह कहने की आवश्यकता पड़ना अपने आप में कुछ संकेत करता है।

रीतिकालीन कवियों के पास प्रेम और शृंगार के आस्वाद की यह परम्परा आती कहाँ से है? रीतिकालीन कवियों ने जिस प्रकार संस्कृत-काव्यशास्त्र की पिछली परम्पराओं को अपना आदर्श माना उसी प्रकार कामशास्त्र की ह्रासोन्मुख परम्परा से भी बहुत कुछ सीखा।[18]

वात्स्यायन का कामसूत्र : भोग और सम्भोग

ह्रासोन्मुख का विवेचन करने से पहले वात्स्यायन के कामसूत्रम पर बात करना लाज़िमी है। चौथी शताब्दी के हिसाब से वात्स्यायन का यह काम बेहद क्रान्तिकारी जान पड़ता है जिसका मुख्य आधार इस बात पर है कि काम जीवन का सहज अंग है और उसे जानवरों की तरह नहीं किया जाना चाहिए बल्कि उसका भोग धर्म के हिसाब से हो तभी हितकर है। वह एक कला है। एक कौशल है। वात्स्यायन का ज़ोर सम+भोग पर है जिसका उद्देश्य है पति-पत्नी में आध्यात्मिकता, प्रेम और उद्दात भावनाओं का विकास। सात भागों में से एक, भाग-6, वेश्यावृत्ति पर है। वात्स्यायन वेश्याओं को सेक्स-वर्कर मानकर वे तरीक़े और गुर सिखाने की कोशिश करते हैं जिससे वह एक पितृसत्तात्मक सामंती समाज में जी सकती है। अगर एक ही जगह प्रेम और धन मिले तो धन को चुनो। यानी प्रेम चुनकर बर्बाद मत हो। यह अपने आप में आधुनिक लगता है कि सेक्स-वर्क को पेशे की तरह देखा जाए और उस पेशे के उचित कौशल निर्मित किए जाएँ।

कहना यह है कि कामसूत्र की रचना शिक्षण के लिए की गई यह सोचकर कि अर्थ और धर्म की ही तरह काम के लिए भी शास्त्र की ज़रूरत है। कामसूत्र का मक़सद जेंडर्ड संरचनाओं से टकराना नहीं था फिर भी पूरे कामसूत्र में कुछ जेंडर्ड सामाजिक यथार्थ बार-बार पीछे से गूँजते हैं। जैसे कि स्त्री का स्वतंत्र न होना* स्त्रियों की यौनिकता के विषय में विद्वानों में हमेशा विवाद रहे हैं ** कि स्त्रियों को पुरुष की भाँति या

* तिर्यग्योनिषु पुनरावृतत्वात स्त्रीजातेश्च, ऋतो यावदर्थ प्रवृत्तेबुद्धिपूर्वकत्वाच्च प्रवृत्तीनामनुपाय: प्रत्यय: वात्स्यायन कामसूत्र, भाग-1, अध्याय-2 त्रिवर्ग प्रतिपत्ति प्रकरण, श्लोक-20

** तत्र स्त्रियाँ विवाद : वात्स्यायन कामसूत्र, भाग-2, अध्याय-1, श्लोक-9

उसके बराबर आनन्द प्राप्त होता है या नहीं* उसका चरम सुख है या नहीं, नहीं है तो वह सम्भोग में रत क्यों हो और वात्स्यायन इस नतीजे पर पहुँचते हैं कि काम-क्रिया में स्त्री देनेवाली कही गई है** और पुरुष लेनेवाला लेकिन यह केवल स्थिति भेद से है कि उनके लिंग अलग हैं। स्त्री का भी चरम सुख होता है और वह भी पुरुष के बराबर आनन्द प्राप्त करती है क्योंकि दोनों ही मनुष्य हैं।*** लेकिन समाज का वर्णों में बँटे होना या यह स्वीकार कि वेश्यावृत्ति समाज का आवश्यक अंग है ऐसी किसी भी सामाजिक सचाई से टकराए बिना वात्स्यायन कोशिश करते हैं कि पुरुष स्त्री को पूरी तरह प्रसन्न करने के बाद ही सम्भोग करे। यह भी कह सकते हैं कि यह सिखाता है मर्द को कि स्त्री से सेक्स कैसे पाया जाए, उसे कैसे ख़ुश किया जाए कि वह साथ देने लगे।

आज के दिन जब हर पन्द्रह मिनट पर एक बलात्कार की घटना दर्ज होती है, यह पढ़ना बड़ी बात लगती है कि कोई चौथी सदी में पुरुषों को सिखा रहा था कि स्त्री से यौन-सुख पाने के लिए उसे काम-कला और कौशल के सहारे मनाया जाए। लेकिन क्या स्त्री को भी उसकी यौन-इच्छाओं के लिए शिक्षित करता है यह? स्त्री की यौनिकता क्या है इसे लेकर वात्स्यायन अनुमानों पर ही चले हैं। मलयालम में 'स्त्रैण कामसूत्रम' लिखनेवाली के.आर. इन्दिरा वात्स्यायन द्वारा बताई 64 में से सिर्फ़ 4 सेक्स-मुद्राओं को स्त्री के लिए उपयोगी बताती हैं और दावा करती हैं कि यह एक सम्पूर्ण सेक्स-गाइड है स्त्री के लिए।[19] मलयालम में होने से इसे मैं पढ़ नहीं पाई हूँ इसलिए यह 'स्त्रैण कामसूत्रम' कितना स्त्रीवादी है या नहीं है इस विषय में कुछ नहीं कहा जा सकता। हिन्दी और अंग्रेज़ी में उपलब्ध डॉ. विनोद वर्मा की 'नारी कामसूत्र' सिर्फ़ स्त्री की कामुकता पर बात नहीं करती बल्कि स्त्री के यौनिक स्वास्थ्य, मातृत्व, हाईजीन पर विस्तार से चर्चा करती है। यौनिकता स्त्री की योनि का मामला-भर नहीं है उसके मन, जीवन, स्वास्थ्य सबसे प्रभावित होता है।

वात्स्यायन को पढ़ते हुए लगता है कि रति-क्रिया सिर्फ़ पुरुषों का कौशल है। इसके बावजूद कोई भी स्त्री पुरुष को एक सभ्य पुरुष बनने के लिए कम से कम कामशास्त्र पढ़कर आने की सलाह देना चाहेगी। सच भी है, जिस समाज में स्त्री को अभिव्यक्ति

---

* न स्त्री पुरुषवदेव भावमधिगच्छति, भाग-2, अध्याय-1, श्लोक-10

** कथमुपायवैलक्षण्यं तु सर्गात। कर्ता हि पुरुषोऽ अधिकरण युवति:। अन्यथा हिकर्ता क्रियां प्रतिपद्यतेऽन्यथा चाधार:। तस्माच्चोपायवैलक्षण्यात्सर्गादभिमानवैलक्षण्यमपि भवित। अभियोक्ताहमितिपुरुषोऽनुरज्यते। अभियुक्ताहमनेनेति युवातिरिति ववात्स्यायन:। भाग-2, अध्याय-1, श्लोक-26

*** देखें श्लोक संख्या 9 से 30 तक
वात्स्यायन कामसूत्र, भाग-2, अध्याय-1

की स्वतंत्रता न रही हो, उसमें भी यौनेच्छा की अभिव्यक्ति तरह-तरह की नैतिकताओं और मर्यादाओं में बँधी हो वहाँ सबसे ज़्यादा शिक्षित होने की ज़रूरत पुरुष को ही है। ज़रा रीतिकालीन कविता से हटकर समाज की तरफ़ आइए तो स्त्रियों में कामोत्तेजना को बाधित करने, लताड़ने, स्त्री को सेक्स के लिए मानसिक रूप से बधिया कर देने का काम समाज ने किया है। जब समाज की यह सचाई हो वहाँ लैंगिकता के बारे में खुलकर बात करने की छूट का यही परिणाम हुआ कि बेईमानी और चालू भाषा से भरा लैंगिक सामान्यता का एक और दकियानूसी सिद्धांत स्थापित हो गया।[20]

वात्स्यायन के कामसूत्र में स्त्री के आनन्द देनेवाले अंगों के बारे में ख़ूब विस्तार से लिखा गया है। यह काम-क्रिया की जानकारी देनेवाला अभूतपूर्व ग्रंथ है। लेकिन मज़ेदार यही बात है कि पुरुष-नज़रिए से काम-शिक्षण करनेवाले ग्रंथों से प्रेरणा लेते हुए अन्ततः इसे फेल न होनेवाला फॉर्म्यूला मान लिया गया। रीतिकाल में प्रेम-व्यापार और सौन्दर्य-वर्णन की तमाम रूढ़ियाँ दिखाई देती हैं।

> विशेषज्ञों द्वारा वर्णित वह प्रक्रम जिसमें पुरुष कर्तव्यनिष्ठ भाव से कामोत्तेजक क्षेत्रों का दौरा करके, दोनों कुचाग्रों पर बराबर समय लगाकर, ध्यान भगशिश्न की ओर ले जाकर (अक्सर तो सीधे ही) अंगुलीय या जिह्वीय उद्दीपन के चरणों को पूरा करके, सौम्यता से योनि में आकर शायद भगशिश्न की ओर खिंचकर अपने स्वागत के संकेत की प्रतीक्षा करता है, बहुत उबाऊ और अमानवीय ढंग से कम्प्यूटरीकृत है। यह निहितार्थ कि सही प्रक्रम का सही पालन होने पर एक ऐसी सांख्यिकीय आदर्श देहतुष्टि की प्राप्ति सुनिश्चित है जिससे संतोष मिलेगा, विषादकारी और भ्रामक है। उत्तेजना की जगह कोई भी चीज़ नहीं ले सकती : सहलाना-बहलाना संतोष की गारंटी नहीं है क्योंकि मामला मनोलैंगिक विमोचन का है। पूर्ण तुष्टि स्नायुओं के एक छोटे से गुच्छे में नहीं, पूरे व्यक्ति के लैंगिक जुड़ाव में है।[21]

अब रीतिकाल के बारे में। वात्स्यायन से पहले भी जो कामशास्त्र लिखे गए वात्स्यायन उनका उल्लेख करते हैं। लेकिन कामसूत्र उन सबसे वैज्ञानिक और प्रामाणिक है। काम-शिक्षण और नागरक की अवधारणा को छोड़कर बाद के कवियों ने नायिका-भेद, आलिंगन, चुम्बन जैसी कुछ सामग्री चुन ली। इसलिए बाद के ग्रंथ विलासप्रियता के सूचक अधिक बन गए। जैसे कामसूत्र को संक्षेप में लिखनेवाले, जैसे जयदेव (गीत गोविन्द वाले ही) का 'रतिमंजरी' जिसका आरम्भ ही इस वाक्य से होता है कि रसिकों के मन को हरनेवाले शिव को प्रणाम करके सुबोध रतिमंजरी नामक कामशास्त्र बनाता हूँ।[22] या वश में न आनेवाली स्त्री को वश में करने के तरीक़े बतानेवाले।* शृंगारी कविता

---

* असाध्याया: सुखं सिद्धि:, सिद्धायाश्चानुरंजनम
रक्तायश्च रति: सम्यक, कामशास्त्र प्रयोजनम्। (रतिरहस्य-कक्कोक पंडित) सन्दर्भ—डॉ. बच्चन सिंह, 'रीतिकालीन कवियों की प्रेम-व्यंजना', लोकभारती प्रकाशन, 2005, पेज-48

का सहृदय या अभिप्रेत पाठक पुरुष था। यही वह रसिक था। कवि हो, राजा हो या अन्य दरबारी पुरुष। इस ह्रासोन्मुखता ने स्त्री को भी यौन-वस्तु में तब्दील कर दिया।

> समय के परिवर्तन के साथ-साथ कामशास्त्र सम्बन्धी दृष्टिकोण भी बदलता गया। कोक पंडित के रतिरहस्य में कामसूत्र के कतिपय प्रकरण नहीं हैं। 'नागरक' का उल्लेख रतिरहस्य तथा परवर्ती कामशास्त्रों में नहीं दिखाई पड़ता है। इसका अर्थ है कि इस समय के पूर्व ही नागरक वर्ग समाप्त हो चुका था। नागरकों के स्थान पर रसिक वर्ग का उदय हो गया था। इन रसिकों की सीमा केवल सामंतों तक सीमित न रहकर उच्च मध्य वर्ग तक फैल चुकी थी। इन परवर्ती कामशास्त्रों के प्रयोजन और विषय-वस्तु आदि समाज के बौद्धिक ह्रास और विलासप्रियता के सूचक हैं।[23]

रीति-काव्य परम्परा में विद्यापति को ऐंद्रिक लेकिन कम स्थूल मानते हुए डॉ. नगेन्द्र लिखते हैं कि उनमें वह मूर्खता नहीं है जो रीतिकालीन श्रृंगार-चित्रों में अनिवार्यत: मिलती है।[24] काम-शिक्षण के शास्त्र से रीतिकालीन कवियों ने स्थूल ऐंद्रिकता जो ग्रहण की उसने स्त्री को महज़ देह में तब्दील कर दिया।

समाज की ही तरह साहित्य और साहित्यास्वाद की संरचना लैंगिक भेदभाव से मुक्त नहीं है। सही कटावों और गोलाइयों में उलझा रीति साहित्य मानव स्त्री की ओर मुखातिब ही नहीं है। वहाँ वह स्त्री है जो इस कदर भरमायी हुई है कि अपनी यौनिकता से ही बेदख़ल है। कविता चाहे कामिनी की परछाईं मात्र से अंधा होने को लेकर भयभीत हो या कामिनी की ही अलकों, चुम्बनों और वक्ष पर जीवन न्योछावर करके प्रगतिशील का तमगा पाना चाहती हो, उसे पढ़ते हुए ख़ुद को 'ठगा हुआ' महसूस होता है। साहित्य, साहित्येतिहास और साहित्यशास्त्र सभी में स्त्री का पक्ष नहीं दिखाई पड़ता। स्त्री की दृष्टि से रीतिकालीन श्रृंगारी कविता, नखशिख और नायिका भेद ऐसा प्रतीत होता है जैसे रात में रति-क्रीड़ारत स्त्री सुबह उठी तो यह देख कर अवाक रह गई कि उसका एम.एम.एस. बना लिया गया है जो संचार के हर माध्यम पर प्रसारित होकर पुरुष के आनन्द का कारण हो गया है।

कुलीनों का साहित्य, कुलीनों द्वारा, कुलीनों के लिए

केवल नायिका-भेद ही नहीं है बल्कि नायकों के भी प्रकार हैं—धीरोद्दात्त, धीर ललित, धीर प्रशांत और धीरोद्धत। जैसे श्रृंगार की नायिका सुन्दर और सुशील ही हो सकती थी उसी तरह नायक भी कुलीन ही हो सकते थे। तथाकथित नीच और अधम पात्र श्रृंगार के क्षेत्र से बहिष्कृत माने गए। रीतिकालीन कवि ने कहा—'आगे के सुकवि रीझिहैं तो कविताई/न तो राधिका-कन्हाई सुमिरन को बहानौ है' और यह कहते हुए कविता-आलोचना में आस्वाद को सुकवि यानी जो रसिक भी है उसके

सुपुर्द कर दिया। रीतिकालीन शृंगारी कविता का आस्वाद केवल इसी कुलीन वर्ग के लिए है। हिन्दी को आर्य साहित्य कहा जाना इसी समझ से पैदा होता है।* अमरीकी लोकतंत्र के लिए अब्राहम लिंकन ने कभी कहा था—of the people, by the people, for the people। उसी तर्ज पर काव्य की मुख्यधारा को व्याख्यायित किया जा सकता है : कुलीनों का साहित्य, कुलीनों के लिए, कुलीनों द्वारा।

आधुनिक काल के साहित्यिक मानदंडों में पर्याप्त उलट-पुलट हो जाने के बावजूद एक विशिष्ट क़िस्म की सम्भ्रांतता बनी रही। संस्कृत काव्यशास्त्र की इस कुलीनता-आग्रह-वृत्ति ने कम से कम हिन्दी कविता-आलोचक के अवचेतन को इतना गहरे प्रभावित किया हुआ था कि लम्बे अर्से तक हिन्दी में स्त्री, दलित और आदिवासी कविता का क्या किया जाए उसे सूझ नहीं पाया। वह फिर-फिर कर स्त्री कविता को किसी अदृश्य विचारधारा (शायद स्त्री-द्वेषी और पितृसत्तात्मक) से संचालित होकर परखता रहा।

नई, पुरानी कविता, गहरी कविता, उथली कविता, लेटी, बैठी, उकड़ूँ या सपाट कविता, अकविता और न जाने कैसी-कैसी हिन्दी कविता ने जितने भी क्रान्तिकारी दावे किए हों बदल जाने के, उसकी आलोचना साबित करती आई है कि वह एक शास्त्रीय और प्राचीन विधा है। कुलीनता के भीतर खेलती रही कविता को स्त्री, दलित और आदिवासी कविता का आस्वाद ही पता नहीं लगा और आलोचक का यही रवैया बना रहा कि 'लोगन कबित्त कीबो खेल करि जानो है।'

हिन्दी में आलोचना के शिखरों का अवसान हो चुका। क़िले बचाए रखना बहुत दिन सम्भव नहीं। पाठक-वर्ग में विभिन्न सामाजिक अस्मिताएँ शामिल हैं। पाठकवादी आलोचना आगे की राह दिखाएगी और अपने आस्वाद की प्रकृति स्त्री-पाठक को ख़ुद तय करनी होगी।

---

* 'साहित्य-मीमांसा', पूर्णचन्द्र वसु, अनु. पं. रामदहिन मिश्र, हिन्दी ग्रंथ रत्नाकर कार्यालय, बम्बई, जून 1921

8

स्त्री-रचनाकार का अभिकर्तृत्व
बाधाएँ, चुनौतियाँ और उद्देश्य

इस अध्याय की शुरुआत मैं दो शब्दों से करूँगी—समावेश (inclusion) और पार्थक्य (seclusion) और इन्हें खमीर उठने के लिए अलग रख दूँगी कुछ देर!

*

रूसी कवि मरीना स्वेतायेवा अकेली ही तीन बच्चों को पाल रही थीं जिनमें एक बच्ची लगातार बीमार रहती थी, दूसरी को आर्थिक संकट के चलते अनाथालय भेजना पड़ा जहाँ उसकी मृत्यु हो गई। ऐसे में मरीना को महीनों क़लम को छू भी सकने का समय नहीं मिलता था। लिखने का संकट मरीना का अकेले का संकट था और तमाम जद्दोजेहद के बाद आख़िर उसने आत्महत्या कर ली। अपने एक ख़त में वह लिखती है—

> रात-भर बिस्तर पर बैठे रहना होता है। आल्या को 40.4 डिग्री बुख़ार है। मलेरिया है।...जी रही हूँ चारों ओर उदासीनता है। मैं और आल्या इस संसार में अकेली हैं। मास्को में कोई भी हमारी तरह अकेला नहीं। दूसरे बच्चों के पास कोई न कोई बैठा होता है और मैं उसे अकेली छोड़ने को विवश हूँ, जलाने की लकड़ी लाने के लिए बाहर निकलना ज़रूरी है।...पिछले कुछ दिनों से मैं इतनी सुखी थी : आल्या ठीक हो गई थी और मैं—दो महीनों के बाद—फिर से लिखने लगी थी—पहले से कहीं ज़्यादा और बेहतर।[1]

लिखने का संकट स्त्री के लिए वैसा ही नहीं है जैसा किसी भी पुरुष-लेखक के लिए हो सकता है। 'लिखना है' तुरुप का इक्का है* पुरुष के लिए पर्याप्त और स्वीकृत कारण जिसके एवज़ में वह परिवार या समाज से छूट की अपेक्षा रखता है। इस अपेक्षा के पूरा होते हुए भी वह चिढ़ा रह सकता है कि घर-परिवार उसकी

* इनके अधिकार क्षेत्र में थे इनके 'निजी सम्बन्ध' और सरोकार, जब-तब, जहाँ-तहाँ घूमने-फिरने और जब मन हुआ, बिना पीछे की ज़रा भी चिन्ता किए कलकत्ता से भाग निकलने की छूट। 'लिखना है' का तुरुप का पत्ता तो हमेशा उनके हाथ में ही रहता था, जिसके सामने प्रतिरोध का प्रश्न ही नहीं उठता था। —मन्नू भंडारी, 'एक कहानी यह भी', राधाकृष्ण पेपरबैक्स, दिल्ली, 2016, पेज-57

रचनात्मकता को लील रहे हैं। स्त्री ये शिकायतें नहीं कर सकती। करे भी तो किससे? सामने बच्चे हैं। महीने-दो महीने में एक कविता लिख लेना फिर भी सम्भव हो जाता है। उपन्यास या किसी शोध के काम के लिए तो उसे बेहद अनुशासन और त्याग से चलना होगा। मन्नू भंडारी क्योंकि कॉलेज में पढ़ाती थीं तो उपन्यास 'आपका बण्टी' लिखने के लिए प्रिंसिपल से अनुरोध करके हॉस्टल में एक कमरा माँग लिया। शनिवार की शाम घर जाती थीं, बेटी से मिलती थीं। एक बार तो उन्हें शिद्दत से लगा कि बेटी के पास लौट आना चाहिए। ऐसा न हो बंटी की व्यथा लिखते हुए अपना ही बण्टी उपेक्षित हो जाए। हर लेखिका को कभी न कभी, किसी न किसी स्तर पर इस तरह के आंतरिक संकट से तो ज़रूर गुज़रना पड़ता होगा।[2] (या मरीना की तरह इससे भी कई गुना गहरे संकट से) लेकिन वह उपन्यास पूरा करती रहीं। बेटी को पास रखते हुए राजेन्द्र यादव ने ही कहा कि लौटने से बड़ी ग़लती कोई नहीं होगी। उपन्यास पूरा हुआ।

यह समाज का वह जेंडर्ड सच है जिसे समझने के लिए चीज़ों को कई-कई स्तरों पर देखना होगा। स्त्री और पुरुष होने का ही भेद है शायद कि एक ही रुचि और व्यवसाय होने पर भी चीज़ें निभ नहीं पातीं। लेखन के लिए रचनात्मक तड़प के साथ अलमस्त स्वभाव, आवारगी और अकुंठ बेफ़िक्री भी मिल जाए, कोई ज़रूरी नहीं। लेकिन घर जैसी नैतिक, बँधी हुई और प्रतिबद्धता चाहनेवाली जगह पर रहकर पुरुष यह सब पा सके इसकी सम्भावना अधिक है। लेखक-पति मिलने के बावजूद स्त्री के लिए यह सन्दिग्ध है। नौकरी करती औरत के लिए हम एक सपोर्ट-सिस्टम विकसित नहीं कर पाए तो नौकरी के अलावा उसके अपने काम, जोकि घर के काम नहीं हैं, करते रहने के लिए सपोर्ट-सिस्टम तो बहुत दूर की बात है। हर वक़्त अपराध-बोध और मानसिक बोझ उठाए चलने के लिए स्त्री की मजबूरी, प्रशिक्षण और आदत भी एक जंजाल है। रचनात्मक बेचैनियों से जूझते हुए पुरुष अक्सर सिगरेट, शराब और दोस्तों में सहारा तलाश लेते हैं। अधिकांश लेखिकाएँ शायद गृहस्थी और लेखन के बीच समंजन का। महादेवी वर्मा के अतिरिक्त हिन्दी में दूर तक ऐसी कोई कवयित्री नहीं दिखाई देती जिसके लिए रचनात्मक बेचैनी और तड़प सर्वोपरि हो और जो अपने सृजनात्मक अकेलेपन से इस क़दर प्यार करे कि गार्हस्थ्य उसके लिए दूभर हो जाए। महादेवी की कविताएँ पढ़ती हूँ तो लगता है कि यह कवयित्री अगर घर-गृहस्थी से जुड़ी स्त्री की पारम्परिक भूमिका जीने को विवश की गई होती तो घर-परिवार के बीच कवि को मिला अबूझ रह जाने का अभिशाप और अकेलापन, रचनात्मकता की पीड़ा और बेचैनी शायद उसे उसी स्तर तक ले गई होती जहाँ मरीना स्वेतायेवा, वर्जीनिया वूल्फ़ या सिल्विया प्लाथ गईं। लेखन की तड़प और रचनात्मकता के दबाव से निजी जीवन में पनपनेवाले द्वंद्व मानसिक विक्षिप्तता या आत्महत्या तक ले गए हों ऐसा

तो हिन्दी में दिखाई नहीं देता लेकिन हाँ, साहित्यिक जीवन से किनारा कर लेना, ग़ायब हो जाना ज़रूर है। बहुत सी लेखिकाओं के नाम एक बार को चमके और फिर वे हमेशा के लिए ग़ायब हो गईं।

अक्सर तो उस उम्र का इन्तज़ार किया गया जब बच्चे ज़रा सँभल जाएँ। यह सिर्फ़ हिन्दी की दुनिया में ही नहीं है कि चालीस पार की औरतों के साहित्य की दुनिया में 'आ टपकने' को लेकर निजी महफ़िलों में ही नहीं कभी-कभी मंचों से भी व्यंग्य झरने लगते हैं कि ख़ाली होते ही औरतों को अब कविता लिखना याद आ गया है; यह शायद साहित्य की दुनिया में कहीं भी देखने को मिल सकता है। मातृत्व और लेखन को असंगत माननेवाली आलोचना पर बात करते हुए एलेन शोवाल्टर मिसेज़ गास्केल को उद्धृत करती हैं जिन्होंने उभरती लेखिकाओं को सुझाव दिया था कि लेखन को कुछ वक़्त के लिए टाल कर मातृत्व के अनुभव जुटा लेना अच्छा विचार है और इससे वे समृद्ध ही होंगी—

> एक अच्छे फिक्शन-लेखक को सक्रिय और संवेदनशील जीवन जीना चाहिए अगर वह चाहती है कि उसकी किताब में दम हो। जब तुम चालीस की होती हो, और अगर तुम्हारे पास लेखकीय प्रतिभा का उपहार है, तो तुम उससे दस गुना बेहतर लिख पाओगी जैसा अभी लिखोगी क्योंकि तुम इतना कुछ भोग चुकी होगी एक माँ और पत्नी के रूप में।[3]

जिसके जीवन में अनुभवों की विविधता का दायरा घर-परिवार ही होनेवाला है, उस स्त्री के लिए शायद यह अच्छी सलाह ही हो, लेकिन एक अविवाहित या बिना बच्चों वाली स्त्री की शायद लेखक के रूप में कल्पना नहीं की जा सकी होगी। होना तो यह चाहिए कि घरेलू भूमिकाएँ या एक ही तरह की रूढ़ छवि स्त्री के साथ चिपकी न रहे। माँ हो या न हो, उसके अनुभवों का दायरा वहाँ तक फैल सके जहाँ तक सम्भव हो, उसकी अपनी शिक्षा, सामर्थ्य और योग्यता हो। उसे जब-तब यात्राओं पर निकल जाना मिले। साहित्यिक, ग़ैर-साहित्यिक मित्रताएँ मिलें। और मिले ढेर सारा मनचाहा एकान्त। अच्छेपन की क़ैद और रह-रहकर उपजनेवाले अपराध-बोध से मुक्ति।

अपने आप को, अपनी अस्मिता को, रचनात्मकता को मौक़ा देना अब हाथ में आ गया है। पिछले एक दशक में बहुत कुछ स्त्री को हासिल हुआ है। स्त्री ने अपने दायरे फैलाए हैं। शिक्षा, अवसर, आत्मनिर्भरता अब वैसे प्रश्न नहीं रहे जो पिछली पीढ़ियों तक बने रहे। पीड़ाएँ, बन्धन, रुकावटें, निजी द्वन्द्व, आंतरिक उलझनें, साहित्यिक दुनिया का मर्दवाद सब सच है। उसे नकारा नहीं जा सकता। फिर भी, जैसे वर्जीनिया वूल्फ़ ने लड़कियों के कॉलेज में अपने भाषण में कहा था—

> आप जो कह रही हैं उसमें सचाई है—मैं इससे इनकार नहीं करती। लेकिन इसी के साथ क्या मैं आपको याद दिला सकती हूँ कि वर्ष 1866 से इंग्लैंड

में औरतों के लिए कम से दो कॉलेज मौजूद हैं; कि वर्ष 1880 के बाद से कोई विवाहित औरत क़ानूनी तौर पर अपनी निजी सम्पत्ति की स्वामिनी हो सकती है; और कि 1919 में—जिसे पूरे नौ साल बीत चुके हैं—औरतों को मताधिकार प्राप्त हुआ है? क्या यह भी मैं आपको याद दिला सकती हूँ कि आपके लिए अधिकांश तरह के व्यवसायों की राह खुले दस साल बीतने जा रहे हैं? अगर आप इन विशेषाधिकारों पर विचार करेंगी, और यह सोचेंगी कि कितने लम्बे अरसे से इनका उपभोग किया जा रहा है, और इस तथ्य पर ग़ौर करेंगी कि आज के दिन दो हज़ार औरतें इस या उस तरह से पाँच सौ सालाना कमा लेने में सक्षम हैं, तो आप भी सहमत होंगी कि अवसर, प्रशिक्षण, प्रोत्साहन, अवकाश और धन की कमी का बहाना ठहरनेवाला नहीं है।[4]

ज़रूरी है 'मर्दाना अनुमोदन' की आकांक्षा वाले शैशव से मुक्ति

स्त्री के लिए लेखक/कवि होना अपने अभिकर्तृत्व (agency) को हासिल करना है, वह अभिकर्तृत्व जिसके लायक़ कभी उसे समझा नहीं गया, योग्य, सक्षम और परिपक्व नहीं माना गया। अपनी मर्ज़ी से शादी कर रही है तो किसी ने फुसलाया होगा। अपने मन का कोर्स पढ़ना चाहती है तो किसी ने बहकाया होगा। माता-पिता से सवाल करती है तो किसी ने भड़काया होगा। प्रेमी या पति से सवाल करती है तो ज़रूर 'कोई और' होगा। सन्देह और अनुमोदन के बिना निजी जीवन में भी बड़े फ़ैसले लेने के क़ाबिल उसे अक्सर नहीं ही माना जाता। ऐसे ही लेखन में भी। जैसे उसे हमेशा किसी पराई सत्ता से कोई अलिखित (लिखित भी) अनुमोदन चाहिए ही। मानो उसका कर्ता होना उसके कर्ता होने मात्र से तय नहीं हो रहा हो। आत्म-संशय ऐसी स्थिति है जिसका फ़ायदा उठाया जाना आसान है। सुधीश पचौरी लिखते हैं—

> अभी तक स्त्री के 'लिखने के योग्य' होने के प्रति एक गहन सन्देह का वातावरण ही स्त्री लेखन का मुख्य वातावरण है। यह एक होस्टाइल वातावरण है जिसके दबाव स्त्री-लेखन पर जगह-जगह पड़ते हैं। हिन्दी में जेंडर्ड या लिंग-न्याय मूलक आलोचना का अभाव है। जिस तरह लोग औरतों के प्रति अपराध करने की प्रवृत्ति को 'स्वाभाविक' मानकर चलते हैं उसी तरह वे उनके लिखने को 'अस्वाभाविक' मानकर चलते हैं। स्त्री के प्रति जिस समाज में अनुदार वातावरण है, स्त्री-लेखन के प्रति भी उसी अनुपात में असहिष्णु वातावरण है।[5]

यहाँ उस 'मैं' के सवाल को भी सुलझा लेना चाहिए जो अक्सर ही स्त्री कविता का पीछा करता है। लेकिन एक मिनट, रुकिए, स्त्री की कविता मैं शैली में है? ओह्हो! अपनी ही अपनी व्यथा कहती रहती हैं औरतें! आप उसे सुनना नहीं चाहेंगे और फिर

अचानक जब कोई पुरुष कवि स्त्री के प्रति संवेदनशील होकर कविता लिखेगा तो आप स्वीकारेंगे कि यह संवेदना-दृष्टि हमारे पास पहले नहीं थी। पवन करण की कविता 'प्यार में डूबी हुई माँ' कविता पर लेख लिखते हुए विष्णु नागर कहते हैं—

> मैं दरअसल कहना यह चाहता हूँ कि उन्होंने ख़ासकर इस कविता के रूप में हमें एक ऐसी संवेदना-दृष्टि दी है, जो हमारे पास इससे पहले नहीं थी।[6]

अब मैं विनम्रता से पूछूँ कि, सर, स्त्री-लेखन को एक शताब्दी से अधिक हो गया, क्या आपकी संवेदना-दृष्टि विकसित होने के लिए इसी का इन्तज़ार कर रही थी कि कोई पुरुष ही आकर आपको यह बताए! क्यों नहीं पढ़ रहे थे आप स्त्री का लिखा वह तमाम साहित्य जो आपको स्त्री-जीवन के सबसे दबे, सबसे छुपे, सबसे ढके, सबसे जटिल पहलू दिखाता? ऐसी एक पूरी पुरुष-लेखकों की पीढ़ी जो वरिष्ठ भी है, हमारे सामने ही मौजूद है जिसने स्त्री के लिखे को चिमटे से भी छूना ठीक नहीं समझा अगर उसमें अपनी स्त्री-अस्मिता का स्वीकार प्रखरतम रूप से दर्ज है। बाक़ी को औसत या रोना-गाना कहकर आगे बढ़ गए। शायद उस पुरोधा के इन्तज़ार में जो स्त्री के मन की परतें उनके लिए खोले। मर्दों को मर्द की भाषा ही समझ आती है, उन्हें मर्द ही शिक्षक चाहिए। मर्दों को मर्द मसीहा चाहिए! मर्द ही लेखक! भले ही वह स्त्री के भेस में हो, बस स्त्री न हो। (ऐसे भी तमाम मर्द मिलेंगे जो लैंगिक बराबरी की आपकी बात से सहमत होते हुए साथ-साथ जोड़ देंगे कि ओशो को पढ़ना चाहिए। तब कहने का मन होता है कि हे देव! सौ साल से ज़्यादा हुआ स्त्रीवादियों ने किताबें लिख-लिख देह और जीवन विलीन कर दिया लेकिन आप उन्हें नहीं पढ़ेंगे। आपको बात तभी समझ आएगी जब आप ओशो का ज्ञान बाँचेंगे, यह भी अजब सी ज़िद है!)

स्त्री के अभिकर्तृत्व को लेकर कुछ और भी बातें ज़रूरी हैं जो ख़ास हिन्दी की दुनिया से जुड़ी हैं। यों स्त्री-लेखन और विमर्श एक ग्लोबल विमर्श है। फिर भी उसके भीतर स्थानीय तत्त्व हमेशा मौजूद रहेंगे। सुनीता जैन विदेश से अंग्रेज़ी साहित्य में पीएच.डी कर के आईं। यहाँ पढ़ाया। विदेश भी आती-जाती रहीं। हिन्दी से लगाव रहा और बचपन से जैनेन्द्र से परिचय भी, तो उपन्यास, कविताएँ, कहानियाँ सब लिखा। हिन्दी की दुनिया में तमाम कटु अनुभव हुए और वह ज़्यादातर अपने एकान्त को पसन्द करती रहीं, बहुत मेल-जोल रख नहीं पाईं। शायद इसी वजह से लम्बे समय तक लिखती रहीं। अपने एक संस्मरण में वह बताती हैं कि कैसे एक पत्रिका के सम्पादक ने देर रात फ़ोन पर उनसे कहा कि आपका एक गहरा चुम्बन लेना चाहता हूँ और सुबह माफ़ी माँगते हुए कहा कि कविताएँ भेज दीजिए छपने के लिए। मानो सार्वजनिक जीवन चुनना अपमान को सहज स्वीकार करने के लिए तैयार होना है। मानो अपमान जैसा कुछ होता ही नहीं क्योंकि पुरस्कार की आकांक्षी

या छपास की मारी लेखिका उसे अपमान मानेगी ही नहीं। सुनीता जी ने फटकारा भी और कभी वहाँ कविताएँ भेजी भी नहीं। आगे वह लिखती हैं—

> दोयम दर्जे की आदी हो गई नारी को अपने लेखन पर स्वयं ही विश्वास नहीं। हिन्दी जगत में यह आकस्मिक नहीं है कि जो नाम नारी लेखन में बचे रहते हैं, उनमें से अधिकांश के पीछे साहित्येतर कारणों के ठोस प्रमाण हैं। किसी को आपत्ति नहीं कि नारी लेखन अतिरिक्त-परितोषित (over-rewarded) क्यों है! सबको चिन्ता उपेक्षा की है। उपेक्षा कोई बुरी बात नहीं लेकिन मैं 'अतिरिक्त-परितोषण' पर अधिक ध्यान देना चाहूँगी। कृपापात्रों को अतिरिक्त परितोषित करना ही वह अचूक सामंतवादी अस्त्र है जिससे हिन्दी मानस स्वयं अपनी और हिन्दी साहित्य की घोर क्षति करता है। ...हिन्दी नारी लेखन को इस बीच घर और सामाजिक मानस के दोहरे घट में पिसना तो है ही। स्वयं अपनी लालसाओं और उद्‌देश्य, दोनों के बीच धीरज की सीमा रेखा खींचे रखना है। याद रखना है कि किसी के कृपापात्र होने से उपेक्षित होना कहीं सम्माननीय है।[7]

लेकिन एक और जगह वह ही कहती हैं कि स्त्रियों का लेखन अपेक्षित परितोष नहीं पाता।[8] ये दोनों बातें अलग-अलग सन्दर्भ रखती हैं। दोनों सन्दर्भ हिन्दी का पाठक बख़ूबी समझ सकता है। सम्मान का यह नियम और उपेक्षा बर्दाश्त करने की यह सीख तो पुरुष-लेखकों के लिए भी ज़रूरी है। स्त्री के लिए इसलिए इसका सन्दर्भ अलग हो जाता है कि उसे एक मर्दवादी संरचना के भीतर रहकर काम करना है जहाँ क़दम-क़दम पर उसके स्त्री होने के 'फ़ायदे' और 'नुक़सान' उसकी प्रतीक्षा कर रहे हैं। मज़ेदार है कि 'फ़ायदे' भी बिना नुक़सान के नहीं आते। नुक़सान शुद्ध नुक़सान की तरह आते हैं। इसलिए अतिरिक्त-परितोषण वाला बिन्दु कई कोणों से विचार करने लायक़ है। इसमें कुछ सत्यता हो सकती है। लेकिन यह भी ध्यान रखना होगा कि स्त्री-लेखन को ध्वस्त करने का यह भी एक तरीक़ा है कि बार-बार बल देकर कहा जाए कि स्त्रियों को स्त्री होने के कारण ज़्यादा ध्यान मिलता है।

पुरुष होने का भाव इतना ऊपर है कि दलित-पुरुष अस्मिताओं में भी पर्याप्त स्त्री-द्वेष देखने को मिल सकता है। लम्बे समय तक स्त्रीवाद मध्यवर्गीय सवर्ण स्त्री के लेखन तक सीमित रहा। लेकिन स्त्रीवाद की शाखाएँ फूटीं, दलित चिन्तन और दलित स्त्रीवाद आया तो यह उम्मीद और बढ़ जानी स्वाभाविक थी कि अस्मिता के अलग-अलग कोण एक दूसरे को जहाँ काटते (intersect) हैं, उनकी समझ बढ़ेगी। लेकिन एक हाशिए की अस्मिता दूसरी हाशिए की अस्मिता के प्रति उतनी ही संवेदनशील होगी जितनी अपने प्रति है, यह कोई नियम नहीं है। सवर्ण लेखकों से प्रश्न करते-करते ओमप्रकाश वाल्मीकि लिख बैठते हैं—'महादेवी वर्मा की 'नीर भरी दुख की बदली' की पीड़ा का स्रोत क्या है? कवयित्री उस स्रोत से टकराती

भी है या नहीं?[9] मानो वे महादेवी के जीवन के तमाम संघर्षों और उनके तमाम लेखन व जीवन से नितांत ही अपरिचित हों। अपने एकान्त का ऐसा अकुंठ उत्सव, स्त्री की नागरिकता के लिए उनकी पैरोकारी और उनका परिवार जितनी विस्तृत अवधारणा लिए है वह हिन्दी में आज भी लेखिकाओं के लिए दुष्कर है। ठीक ऐसे ही कोई स्त्रीवादी समलैंगिकता के मुद्दे पर असंवेदनशील हो सकती है या कोई ब्लैक स्त्री-आलोचक 'लेस्बिअनिज़्म' पर आकर गच्चा खा जाती है।[10]

अस्मिता-विमर्श के साहित्य की बात आएगी तो एक ब्लैक पुरुष-लेखक के लिए ब्लैक स्त्री के लेखन का सफल होना भी एक असुरक्षा का कारण बन सकता है। एफ्रो-अमरीकी लेखक इश्माइल रीड, जो कुख्यात स्त्री-द्वेषी हैं, ने एक साक्षात्कार में अपने नए उपन्यास के बारे में कहा—*'मेरी किताब की 8000 प्रतियाँ बिकी हैं और ये मैंने अपने बलबूते पर बेची हैं। क्या पता अगर मैं एक युवा अमरीकी-अफ्रीकी स्त्री लेखक होता, जोकि इन दिनों बेहद हॉट हैं, तो मेरी किताब और ज़्यादा बिकती।'*[11] यह तो जान-बूझकर की गई द्वेषपूर्ण टिप्पणी थी। अक्सर पितृसत्ता बहुत से मर्दों और औरतों के भीतर से बोलती है तो उन्हें ख़ुद को एहसास नहीं होता कि वे कितने स्त्री-द्वेषी हैं। इसलिए ध्यान बस यही रखना है कि ज़्यादातर लोग अपनी सहजवृत्तियों से संचालित होते हैं जिन पर उनका नियंत्रण नहीं होता, उनकी भी शिक्षा उतनी ही ग़लत रही जितनी कि हमारी। याद रखना होगा कि—

> मुझे किसी मर्द से नफ़रत करने की ज़रूरत नहीं; वह मुझे चोट नहीं पहुँचा सकता। मुझे किसी मर्द की चापलूसी करने की ज़रूरत नहीं; वह मुझे कुछ नहीं दे सकता।[12]

किताबों की बिक्री को ही लेकर उसी लेख में सुनीता जैन हिन्दी की दुनिया के बारे में लिखती हैं—

> ...अन्यथा क्या कारण है कि यह करोड़ों का खदबदाता समाज किसी पुस्तक (मृदुला गर्ग का उपन्यास 'चित्तकोबरा') की मात्र पाँच सौ प्रतियाँ भी नहीं पचा पाता! जबकि इसी देश में अरुंधती राय की पुस्तक की एक लाख और तस्लीमा नसरीन की पुस्तक की इससे भी अधिक प्रतियाँ बिकीं। कारण यह है कि अरुंधती राय या तस्लीमा नसरीन हिन्दी मानस के लिए कोई ख़तरा नहीं। वे कुछ भी बक-झक कर सकती हैं, भाई-बहन सम्भोग दिखा सकती हैं या गाली-गलौच कर सकती हैं, पर हिन्दी की लेखिका यदि किसी पति द्वारा बलात्कारित पत्नी की यातना का मानस-चित्र तक वर्णित करती है तो उसे अति अश्लील क़रार देकर जेल तक भिजवाया जा सकता है।[13]

अरुंधती और तस्लीमा को तो बल्कि हिन्दी लेखक ख़ूब सेलीब्रेट करता है। अभी अमरीकी कवयित्री लुइज़े ग्ल्यूक को 77 वर्ष की आयु में नोबेल पुरस्कार मिला तो सोशल मीडिया पर हिन्दी-कवियों, आलोचकों ने उनके अनुवाद शाया

करते हुए तारीफ़ में यह लिखा कि वे एकाकीपन, मानवीय सम्बन्धों, मृत्युबोध, मोहभंग की स्थितियों के गिर्द घूमनेवाली कविताएँ हैं। यानी वह सब जो वे हिन्दी कवयित्रियों के लिए नकारात्मक अर्थ में कहते हैं। शुक्र ही मनाना चाहिए कि उन्होंने नाक-भौं सिकोड़कर यह नहीं कहा कि—'हाँ, लेकिन राजनीतिक कविताएँ तो नहीं हैं न!' जैसा कि हर स्त्री कवि को हिन्दी में सुनना पड़ता है और फिर उनमें से कुछ स्त्री कवि बेहद सतही राजनीतिक कविताएँ लिखकर ख़ुद को साबित करना चाहती हैं।

स्त्री-लेखन के लिए मर्दाना अनुमोदन कितने व्यर्थ हैं, यह समझ लेना ही स्त्री-लेखन के लिए एक बड़े संसार को खोल सकता है। स्त्री के पास कहने के लिए अभी बहुत कुछ है; और विभिन्न सामाजिक, आर्थिक, धार्मिक पहचानों से जुड़ी हुई स्त्री के पास न जाने कितनी ऐसी कथाएँ और कविताएँ हैं जिन्हें काग़ज़ पर उकेरा जाना बाक़ी है। तमाम मानक जिन पर स्त्री-लेखन को परखा जा रहा है वे लगातार अपर्याप्त और भोंथरे दिखाई दे रहे हैं। अश्लीलता के लिए 'चित्तकोबरा' की पुलिस शिकायत हुई तो मैत्रेयी पुष्पा के उपन्यासों पर ख़ूब 'बात' हुई। स्त्री-लेखन को लेकर अश्लीलता का पूरा मसअला बड़ा मज़ेदार है। उड़िया लेखिका सरोजिनी साहू लिखती हैं कि *हमने तो कभी नहीं सोचा कि यौनता बुरी बात है। संस्कृत का श्रृंगारी साहित्य, तमिल में संगम साहित्य, मन्दिरों के भित्तिचित्र आदि सब असली भूख, प्यास, तंद्रा, जन्म, मरण, कामनाएँ और सपनों को अभिव्यंजित करते हैं।*[14] *यह विडम्बना ही है कि स्त्री नग्नता को चित्रित करनेवाले मन्दिरों के श्रृंगारी भित्तिचित्रों का हम तो आस्वादन करते हैं, पुरुष कलाकारों से विरचित सभी कलमी व रंगीन चित्रकला को स्वीकार करते हैं; लेकिन यदि कमला दास लिखती है तो कहते हैं कि यह सामाजिक उच्छृंखलता है। जब सुनील गांगुली अपने स्त्री सम्बन्धों पर लिखता है तो वह साहित्यिक खुलापन है, पर कमला दास अपने सम्वेग लिखती है तो वह 'अतृप्त मानसिकता' है।*[15]

स्त्री कवि का 'मैं'

'मैं' के सवाल पर बात अधूरी छूट गई थी, बल्कि बहक-सी गई थी। तो स्त्री कविता में 'मैं' के सवाल पर सामान्यत: कहा जाता है कि ये अनुभूतियाँ इतनी निजी हैं कि समाज के किसी काम की नहीं हैं। स्त्रियाँ अधिकतर कविताओं में अपनी ही व्यथा लिखती हैं। उन्हें निजी से बाहर आना चाहिए। परोपकारी, दयालु पितृसत्ता (benevolent patriarchy) इसे ऐसे कहेगी कि 'आप इतनी प्रतिभाशाली हैं कि सिर्फ़ स्त्री-मुद्दों पर लिखने से आपका पाठक-वर्ग सीमित हो जाएगा।' लेकिन वह कभी नहीं सोचेगी कि अगर यह सिर्फ़ रोना-गाना भी है (जोकि नहीं है) तो दो हज़ार वर्ष

से यह ऐसे ही क्यों चला आ रहा है? क्या है जो बदल नहीं रहा? और क्यों? स्त्री कविता जब इस पर विचार करती है तब भी वह रोने-गाने ही लगती है। (और औसत या औसत से नीचे की कविताएँ क्या हिन्दी के पुरुष-कवि के पास नहीं हैं? या दुनिया के किस कोने के साहित्य में नहीं हैं? या उसका 'आह से उपजा गान' सुनकर सब अपना-अपना सा लगता है और स्त्री का पराया?) अधिकांश अवसर तो ऐसे आए जब मैंने स्त्री कविता को तेवरों और निश्चय वाला पाया और स्त्रियों पर लिखी पुरुषों की कविताओं को सच का रोना-गाना। है न बिलकुल बेकार की बात! स्त्री कविता के लिए ढेर सारे स्कैनर लगा देना भी उतनी ही बेकार की बात है।

दिक़्क़त यह है कि स्त्री के लिखे की तुलना विश्व के सर्वश्रेष्ठ से की जाने लगती है जिससे स्त्री-लेखन औसत दिखने लगता है।[16] एक नए उपन्यास या कविता की तुलना में आलोचक को कोई महान कृति याद आती है। उसे ही नज़र के सामने रखे हुए वह स्त्री-लेखन पर एक उड़ती हुई दृष्टि फेंकता है। सब हल्का और फिर सब आसान। हिन्दी सोशल-मीडिया पर सक्रिय किसी भी पच्चीस-सत्ताईस वर्षीय छोकरे से समूचे स्त्री-लेखन पर टिप्पणी करवाई और स्त्री-विशेषांक में छापी जा सकती है।

ओमप्रकाश वाल्मीकि लिखते हैं कि दलित रचनाकार अपने परिवेश और सरोकारों से गहरे जुड़ा होता है और निजी दुख से ज़्यादा समाज की पीड़ा को महत्ता देता है, इसलिए जब वह 'मैं' शब्द का प्रयोग कर रहा होता है तो उसका अर्थ 'हम' ही होता है।[17] स्त्री-लेखन के सन्दर्भ में इस 'मैं' को मैं अलग तरह से देखने की हिमायती हूँ। अगर एक स्त्री कवि अपनी निजी पीड़ा की भी अभिव्यक्ति करती है तो उसका निजी दरअसल पॉलिटिकल है। वह निजी ही लिख रही है, लेकिन फिर भी वह राजनीतिक है। जैसे मार्ज पियर्सी की कविता 'जीने का अधिकार' की शुरुआत होती है—*औरत नहीं होती/नाशपाती का पेड़/कि धड़ाधड़ फल ले हर साल/मूढ़ उर्वरता के आवेग में...*इसका अन्तिम टुकड़ा देखिए—

पंडे-पुजारी-विधायक
गर्भ में, मेरे, मेरी सोच में,
कोई 'शेयर' नहीं रखते!
यह शरीर मेरा है! देकर मैं ले सकती हूँ वापस।
अहस्तांतरणीय डिमांड-ड्राफ्ट है देह मेरी।

जब धर्म और सरकार गर्भपात के हक़ के विरोध में खड़े हों तो स्त्री के गर्भ से जुड़ी बात किसी एक स्त्री की निजी बात नहीं। जब बलात्कारों, एसिड अटैकों, प्यार या दबंग जाति के अत्याचार के लिए स्त्री का इनकार बर्दाश्त न किया जाए

तो यह किसी स्त्री का निजी नहीं, अगर रात को सड़कें, बगीचे, समन्दर के किनारे, पूरी दुनिया स्त्री के लिए एक प्रतिबन्धित जगह हो तो वह अँधेरा क्लेम करना किसी एक स्त्री का निजी स्वप्न नहीं। दुनिया के किसी कोने में किसी देश, संस्कृति की स्त्री यहाँ ख़ुद को देख सकती है और इस घोषणा-पत्र पर सहर्ष हस्ताक्षर करने को तैयार हो सकती है। जब स्त्री कवि 'हम' का प्रतिनिधित्व करती है तो भी ख़ुद को शामिल मान रही होती है। दूसरी बात, एक स्त्री के लिए कोई भी और स्त्री उसी तरह 'अन्य' (Other) बनकर नहीं आती जैसे कि किसी ऐसी कविता में आ सकती है जो महज़ अपनी संवेदनशीलता (?) या सहानुभूति प्रकट करने के लिए लिखी गई है। जैसे, अनिल गंगल की एक कविता देखिए—

कमरे की दीवारों पर सजा रखती हैं वे अधूरी इच्छाएँ
कवियों की कल्पनाओं में उद्दीपन की तरह नहीं उतरती हैं वे
टाँगी नहीं जातीं चित्रानुकृतियों की तरह ड्राइंगरूम में
संग्रहालयों में नहीं रखा जाता उन्हें
इतिहास की अनुपम धरोहर की तरह
कला व्यापारी बच निकलते हैं साफ़
कला-बाज़ार में उनका मोल कूते बग़ैर

ख़ुद पर रंग बर्बाद किए जाने के लिए
बदसूरत लड़कियाँ
ताउम्र एक हुसैन के इन्तज़ार में फ़ना होती हैं।

पूरी कविता में ख़ूबसूरत और बदसूरत लड़की आमने-सामने है और समझ नहीं आ रहा कि कवि ख़ूबसूरत लड़की की ज़्यादा बेइज़्ज़ती करना चाहता है या बदसूरत लड़की की!

सुन्दरता की अवधारणा के केन्द्र में उसने स्वयं को रखा है, यानी 'पुरुष' और वहाँ से दोनों स्त्रियाँ 'अन्य' हो गई हैं। कवि इसी को 'मैं' शैली में भी लिख सकता था। अक्सर कवियों ने यह काम किया है। लेकिन तब भी अगर उसके चिन्तन के केन्द्र में एक हुसैन है जिसका न मिलना तथाकथित बदसूरती की पीड़ा है तो कुछ फ़ायदा नहीं था। यों, ऐसी मर्दवादी सोच को केन्द्र में रखकर जो भी कविता लिखेगा वहाँ स्त्री अन्य ही दिखेगी। स्त्री लिखेगी तो इसका अर्थ होगा कि वह स्वयं को भी अन्य की तरह ही देख रही है। पुरुष की अन्य। इसी कविता के बरअक्स कात्यायनी की 'हॉकी खेलती लड़कियाँ' को रख लीजिए। स्पष्ट हो जाएगा। या तो कवयित्री का 'मैं' दिखाई ही नहीं देता या यह लगता है कि कवयित्री उन लड़कियों के बीच से कोई भी लड़की हो सकती है। या किश्वर नाहिद की कविता 'ये हम गुनहगार औरतें हैं' में हम के भीतर समाया हुआ मैं।

स्त्री के 'मैं' में मुक्ति के साझा घोषणा-पत्र पर हर स्त्री-पाठक का अलिखित अनुमोदन शामिल होता है। वह स्त्री-अनुभवों से जुड़ पाती है, बख़ूबी और सहजता से जिसमें दुनिया की स्त्री-जाति का साझा इतिहास, उद्गम की साझा कहानी और उपेक्षा के साझा इलाक़े लक्षित किए जा सकते हैं। स्त्री के इस 'मैं' से पितृसत्ता को तकलीफ़ होना सहज है। कविता में तो बहुत ज़्यादा। तीसरी बात, 'मैं' लिखना अपने होने को क्लेम करना है। अपने आत्म के क़रीब जाना। जहाँ से पितृसत्ता स्त्री को निर्वासित करती है। शायद यही वजह है कि स्त्री के कथा-लेखन से आलोचक को इतनी तकलीफ़ नहीं होती क्योंकि कथा में अपने आत्म से विलग होकर लिखना होता है। वहाँ हमेशा आप कोई पात्र होते हो। फिक्शन स्त्री को एक छद्म आवरण देता है कि जो वह सोचती है उसे कह पाए। कविता में वह आवरण हट जाता है। सोचिए न, ऐसा क्यों है कि एक कवि का एक संग्रह पढ़ लेने के बाद हम उसके निजी जीवन के तमाम संघर्षों और द्वंद्वों से परिचित हो जाते हैं। हम उसके मन की थाह पाते हैं। पाठक को लगता है, हर कविता उसी स्त्री कवि के साथ घटी होगी। कविता से घरवाले भयभीत रहते हैं। कविता ही वह जगह है जहाँ दमित अस्मिताएँ ख़ुद को बचा ले जाती हैं।[18] कविता पढ़ना एक व्यक्ति को जान लेना है यही भय उन कवयित्रियों को रहा होगा जिन्होंने क्षेमचन्द्र सुमन को स्त्री कवियों के संग्रह के लिए या तो कविताएँ ही न भेजीं या अपनी कविताओं के साथ न परिचय भेजा न फोटो। इसी भय में लिखी कविता बहुत नकली लगे यह ख़तरा बना रहेगा।

स्त्री-लेखन की बाधाएँ और चुनौतियाँ

स्त्री के लिए लिखने से जुड़ी व्यावहारिक कठिनाइयों के अनेक पहलू हैं। सुधीश पचौरी अपने एक लेख में कुछ बिन्दु सामने रखते हैं—

- साहित्य के अखाड़े अभी पुल्लिंगी अखाड़े हैं।
- हर लेखिका को मर्द ही बनाता है यह प्रवाद मौन स्वीकृति से सिद्धांत में बदल जाता है। इतने सारे लेखक हैं तो कुछ औरतें भी गिना दी जानी चाहिए—जगह देनेवाले अक्सर ऐसा ही सोचते हैं।
- हिन्दी के स्त्री लेखन और अध्ययन का अजेंडा नहीं बदल रहा। इसका एक उदाहरण यही है कि ज़्यादातर लेखिकाएँ रचनाकार हैं, बहुत कम हैं जो राजनीतिक टिप्पणियों से लेकर विमर्श के उच्चतर विचारों की खोज करती मिलें।
- विचार करना, विचार के लिए लड़ना बहुत सीमित लेखिकाओं का काम है।
- मर्द की नकल करते हुए मर्दवाद नहीं मिटेगा। लिंग आधारित अन्याय जो

समाज आधारित अन्याय भी है, नहीं मिटेगा। समझना होगा कि लिंगभेद की बात मूलत: एक सामाजिक आशय और विमर्श की संरचना की बात है।

तो क्या स्त्रियाँ अपने हित और अस्तित्व के जटिल सम्बन्धों को नहीं समझ पा रहीं? इसी लेख में आगे वह लिखते हैं—'दुखद यह है कि हिन्दी की लेखिकाएँ सब तरह के अपमान सहती रहती हैं। कई तो सहनशीलता को स्त्री का मूल्य तक मान बैठती हैं। यह भयानक अन्याय का आभ्यंतरीकरण जैसा लगता है।...ऐसी बातें छाप दी जाती हैं। वे प्रतिवाद करने तक नहीं आतीं।'[19]

अनामिका एक साक्षात्कार में हिन्दी स्त्री लेखकों के लिए बनी नकारात्मक परिस्थितियों पर खुलकर बात करती हैं। यह सवाल पूछे जाने पर कि ऐसे माहौल में जब वे सब सहने को बाध्य हैं तो उनकी रचनाएँ कैसे प्रभावित होती हैं? वह कहती हैं कि "सहिष्णुता लड़ाई का पहला चरण है।[20] निश्चित रूप से कविता में तो शिकायत अलग तरह से आएगी ही, काव्यात्मक होकर, लेकिन वास्तविक जीवन में और आलोचना में सहनशीलता से काम चलाना क्या उन्हीं गुणों को पुनर्बलित करना नहीं होगा जो पितृसत्ता स्थापित करती आई है स्त्री के लिए! परिणाम यह होता है कि फिर असहनशील औरतें किनारे कर दी जाती हैं।" जैसे प्रभा खेतान कहती हैं—"या वह निष्क्रिय परी बनी या सक्रिय चुड़ैल।"[21] ऐसे ही सालों बीत जाते हैं लेकिन स्त्री-लेखन की दुनिया नहीं बदल पाती। लम्पटई और मर्दवाद ज्यों का त्यों बना रहता है। आगे अनामिका कहती हैं—"जब कोई सह रहा होता है तो बह रहा होता है। ज़ज़्ब करते हुए रणनीतियाँ गढ़ रहा होता है।" वह मानती हैं कि लिखने को इस लड़ाई का हिस्सा बनाना चाहिए। यह सच है कि लिखना इस लड़ाई का हिस्सा है। लेकिन सहना इस लड़ाई का हिस्सा नहीं हो सकता। अपने वैचारिक पक्ष को मज़बूत करते हुए, लिखकर और बोलकर सहने के विरुद्ध खड़ा होना ज़रूरी है क्योंकि सच है कि साहित्य के अखाड़े अभी पुल्लिंगी अखाड़े हैं। अगर इन अखाड़ों में चटाई बिछानी है कि जिस पर बैठकर सब बात करें और एक-दूसरे को सुनें तो पहले यह तो समझाना पड़ेगा कि मल्ल-युद्ध कितनी व्यर्थ मशक्कत है! इतनी मर्दाना कि स्त्री चटाई पर बैठ ही नहीं सकती!

बाज़ार और बेस्टसेलर ने एक नई उलझन को जन्म दिया है। बिकना यानी पाठकों के हाथ में किताब का पहुँचना। यह ज़रूरी है। लेकिन बहुत कड़ेपन के साथ स्त्री-रचनाकार को यह सोचना होगा कि बाज़ार उसके कंटेंट का नियामक न बन जाए। एक लेखकीय ज़िम्मेदारी या पवित्र शब्द से दिक़्क़त न हो आपको तो, एक पवित्रता होती है, (यौन शुचिता वाली शुचिता नहीं बल्कि नीयत या उद्देश्य की पवित्रता) स्त्रीवादी एंड्रिया ड्वार्किन जिसका उल्लेख करती हुई कहती हैं कि स्त्री लेखक को इसे निभाना होगा। यह पवित्रता उस विश्वास की वजह से है जो

पाठक का एक लेखक के क़लम पर होता है। इस विश्वास की रक्षा लेखक का सबसे पुनीत कर्तव्य है और यह अपने लोगों, अपने समुदाय से प्रेम से ही सम्भव होता है।[22] इसलिए स्त्रीवाद को नकारते हुए अगर आपको मान्यता मिल रही है तो सावधान रहिए। यह साहित्य की दुनिया में फैला 'गायनोफ़ोबिया' है। इस बर्बादी और आत्महंता कृत्य से बचाने आपको बहुत शुभचिन्तक आएँगे, उनकी ज्ञानमर्दी[23] (mansplaining) को अपना आलोचनात्मक-विवेक बनाए हुए सुनिए। तर्क पर कसिए। आत्म-मूल्यांकन कीजिए। अपनी पुरखिन कवयित्रियों का लिखा पढ़िए। दुनिया-भर की स्त्री कविता पढ़िए।

स्त्रीवादी लेखन और स्त्री-लेखन

जिस तरह से आदिवासी और दलित विमर्श आदिवासी और दलित साहित्य की पहचान करता है हम उसी तरीक़े से स्त्री-लेखन को परिभाषित नहीं कर सकते। वह शुरुआत करता है—आदिवासी या दलित के बारे में लिखा गया लेखन, या आदिवासी/दलित चेतना से लैस लेखन या स्वयं आदिवासी या दलित द्वारा लिखा गया या फिर क्या? हम स्त्री-लेखन में स्त्री को जैविक स्त्री मानकर चल रहे हैं। वह जिसके अनुभव जितने स्थानीय हैं उतने ही सार्वभौमिक। वह आदिवासी हो सकती है, दलित हो सकती है, ब्लैक हो सकती है, मुस्लिम या पारसी हो सकती है, दक्षिण भारतीय या कश्मीरी या उत्तर-पूर्व की हो सकती है, ग़रीब, सवर्ण, सम्पन्न हो सकती है लेकिन उसके पास अपने और अपने परिवेश के स्त्री-अनुभव हैं। उसकी यही *फीमेल-सब्जेक्टिविटी* उसके लेखन को स्त्री-लेखन बनाती है। वह लिख रही है और लिखने की प्रक्रिया में अपना मनुष्य होना दर्ज कर रही है। हम स्त्री-लेखन को सिक्सू के 'एक्रीचर फ़ेमिनाइन' के समकक्ष रख सकते हैं। हर स्त्री अपना स्त्री होना कैसे महसूस करती है और कैसे अभिव्यक्त करती है यह कुछ स्तरों पर अलग और बहुतेरी जगहों पर एक-सा हो सकता है। यह सब स्त्री-लेखन है। यह एकदम ज़रूरी नहीं है कि स्त्री-लेखन ही स्त्रीवादी लेखन भी हो। स्त्रीवाद का कोई एक सामान्य एजेंडा जिसे सामने रखकर स्त्रियाँ लेखन करती हों, नहीं है। वह चेतना को विकसित/परिष्कृत करता है, हर समय सामने लहराता दिखाई नहीं देता। स्त्रीवाद के पास कोई एक नायिका नहीं है जिसके दिए आदर्शों पर चलना स्त्रीवादी लेखन कहलाए। स्त्रीवाद विचारों का एक समुच्चय है जिसके आधार पर पाठ को परखा और पढ़ा जा सकता है। शायद इसीलिए स्त्रीवाद के लिए जितना बिखरने की सम्भावनाएँ हैं उससे कहीं ज़्यादा उसमें लोकतांत्रिक होने की सम्भावनाएँ हैं। कह सकते हैं कि स्त्रीवादी साहित्य—

1. स्त्री-मुक्ति और स्वतंत्रता के प्रश्नों को सम्बोधित करता है।

2. लैंगिक ग़ैर-बराबरी की पहचान करता है।
3. भाषा में लैंगिक हेजेमनी का विरोध करता है और स्त्री-भाषा को संरक्षित/विकसित करने की कोशिश करता है।
4. राजनीतिक, आर्थिक, सामाजिक, क़ानूनी, धार्मिक आदि संरचनाओं के जेंडर्ड स्वरूप की पहचान करता है और उन्हें लक्ष्य करता है।
5. सामाजिक न्याय की माँग करता है।
6. पारम्परिक सौन्दर्यशास्त्र, इतिहास, साहित्येतिहास और मिथकों का स्त्री-दृष्टि से पुनर्पाठ करता है।
7. स्त्री-लेखन के ग़ायब कर दिए गए हिस्से को सामने ले आने की कोशिश करता है।
8. वर्ण-व्यवस्था, मनुवाद, स्त्री-देह के वस्तुकरण, पूँजीवाद, ब्राह्मणवाद और पितृसत्ता का विरोध करता है।
9. व्यावहारिक स्तर पर, स्त्री के शोषण को समझने के तमाम मानसिक और वैचारिक औज़ार उपलब्ध कराता है।
10. स्त्री के आनन्द का हिमायती है।

अब आप शायद कह सकते हैं कि शुरू में जिन शब्दों को मैंने ख़मीर उठाने छोड़ा था उनका इस अध्याय से लेना-देना ही नहीं है, तो 11वाँ और अन्तिम बिन्दु यही दो शब्द हैं—स्त्रीवादी साहित्य समावेश चाहता है, पार्थक्य नहीं।

स्त्री लेखकों की भीड़ से अक्सर साहित्य की दुनिया आक्रांत रहती है। कवि, आलोचक, प्रबन्धक, आयोजक, आलोचक, टिप्पणीकार समझ नहीं पाते कि इससे कैसे निपटना है। जब मंचों से यह कहा जाता है कि कविता की किलेबन्दी में हर द्वार पर पुरुषवादी पहरेदार हैं तो अक्सर पलटकर कहा जाता है कि तो फिर उनसे माँग क्यों करते रहना, अपनी पत्रिका निकालो, अपने आयोजन करो, अपने-आप यह, अपने-आप वह। यानी समावेश तो मुश्किल है। यानी संरचनाएँ तो नहीं बदलने वाली। बहुत तकलीफ़ है तो अलग स्पेस गढ़ लो। हाँ, यह भी ज़रूरी है। हिन्दी के पास अपनी स्त्रीवादी पत्रिकाएँ हों, अपने स्त्रीवादी प्रकाशन हों, स्त्रीवादी शोध और किताबों पर मिलनेवाले स्त्रीवादी पुरस्कार हों। लेकिन मूल बात समावेश की है। पार्थक्य की नहीं। सम्पत्ति पर हक़ माँगनेवाली स्त्रियों को आप यह तो नहीं कहेंगे न कि कब तक यहाँ हक़ माँगोगे, अपना अलग ग्रह क्यों नहीं बसा लेते? समावेश को लेकर सबसे बड़ा यह डर कि एक दिन औरतों का ही क़ब्ज़ा हो जाएगा, एक शुद्ध पितृसत्तात्मक भय है।[24] क़ब्ज़ा नियंत्रक की भाषा है। वरना सोचिए तो, कोई ऐसा धर्म, जाति, वर्ग, जगह बता दीजिए जहाँ स्त्री नहीं है! 'हिन्दी साहित्य का आधा

इतिहास' लिखते हुए सुमन राजे कहती हैं, यह कोई स्त्री-विमर्श की पुस्तक नहीं है। साहित्येतिहास ही है परन्तु आधा। मैं कहती हूँ आधा इतिहास यह नहीं जिसे सुमन राजे सामने लाईं, आधा इतिहास वह था जो हम अब तक पढ़ते आ रहे थे; जिसमें से स्त्री ग़ायब थी। आधा वह था। शायद इसलिए ही उन्हें लगता है कि आधा इतिहास लिखकर उन्होंने पूरा इतिहास पूरा कर लिया।

'आधा' शब्द का इस्तेमाल करने के बावजूद उनके यहाँ लगातार उस संरचना की बात होती है जो समावेशी नहीं है।

और देखिए न, आख़िर तो सवर्ण स्त्रियों और ब्लैक पुरुषों के आन्दोलन में ब्लैक स्त्री को समावेश नहीं मिला और उसे अलग से मोर्चाबद्ध होना पड़ा! यही दलित स्त्रीवाद भी करता है! क्या कोई स्त्री कविता हिन्दी साहित्य का प्रतिनिधि स्वर मान ली जाएगी? या कोई दलित स्त्री कविता दलित-चेतना की प्रतिनिधि? अलग मोर्चे भी बने तो 'समावेश' की माँग के लिए ही। यह समावेश भी मर्दवादी मुख्यधारा में समावेश नहीं है। इस ग़लतफ़हमी में नहीं रहना चाहिए किसी को कि 'हमारे इलाक़े' में नए पट्टीदार आना चाहते हैं। समावेश का अर्थ है कि कोई भी एक यह न समझे कि साहित्य तो बस उसी का इलाक़ा है। सौन्दर्यशास्त्र बस उसी का है। मानदंड उसी के हैं। कोई और इतिहास है ही नहीं। व्याख्याएँ बस उसी की मान्य होंगी। बाक़ियों को वह उसमें जगह देगा।

कविता क्या है!

लिखने की तमाम वजहें हो सकती हैं स्त्री के पास। अभिव्यक्ति, धन, यश या सामाजिक बदलाव। छटपटाहट, बेचैनी, मजबूरी, मनोरंजन, कुछ भी। अपने लिखे में दृढ़ विश्वास रखना होगा उसे। लेखन के एक स्तर पर उगल देने भर से बेचैनी शांत हो जाती है। उसके आगे जाने के लिए निरन्तर नए विषयों और विधाओं को साधना होगा। अन्तर्विषयी अध्ययन ऐसे में बहुत काम का होगा। कविता, कहानी, उपन्यास, संस्मरण, रेखाचित्र, यात्रा-वृत्त, इतिहास, राजनीति, समाजशास्त्र, कलाएँ कुछ भी। पाँच-सात स्त्रियों ने मिलकर साहित्य की किसी विधा को प्रभावित करनेवाली कोई पत्रिका शुरू नहीं की, शिष्य नहीं बनाए, कोई वाद प्रचलित नहीं किया, न सही। लेकिन अनुपालन करते रहने की जगह मठों और दुर्गों को भेदना सीखना होगा। नींव से। स्त्री-पाठक और स्त्री-आलोचक तैयार करने होंगे। स्त्रीवादी कविता झंडाबरदारी करती है, चिल्लाती है, शोर मचाती है, नारेबाज़ी है, बेसुरी है यह आरोप या फतवेबाजी के सिवा कुछ नहीं।

कोई भी प्रतिष्ठित स्त्री कवि, दुनिया भर में, यह नहीं कहेगी कि कविता कोई अपरिष्कृत चीज़ है। बल्कि वह तो नफ़ीस है। इतनी नफ़ीस कि ऊबड़-खाबड़ होना

तो सँभाल सकती है बेईमानी नहीं। वह इतिवृत्तात्मक हो सकती है लेकिन भोंथरी नहीं। वह धारदार हो सकती है मारती नहीं। वह शिकायत हो सकती है अपशब्द नहीं। वह रोती है तो सुर में। चुप्पी में गा सकती है। उसमें स्व-विखंडन का तत्त्व है। वह ख़ुद में ख़ुद को ध्वस्त कर सकती है, अपने ही भीतर नई निर्मितियाँ खड़ी कर सकती है। कविता की भाषा के साथ खेलना सीखना होगा। हर पत्थर इमारत खड़ी करने में काम नहीं आता। वे भी जो स्त्री-लेखन पर फेंके गए। अधिकांश नींव में जाते हैं और कभी नहीं दिखते। दिखती है तो कविता।

ऐसा कुछ भी जो कहा जा सकता है भाषण में, कहानी में, उपन्यास में या किसी भी उस विधा में जो कविता नहीं है, उसे कविता में न कहना सीखना होगा; और ऐसा कुछ नहीं जिसे कविता न कह सकती हो।

हम क्यों लिखती हैं?

पुरस्कार, छपास, मंच, बुलावे सब हिन्दी की दुनिया के खेल-तमाशे बन चुके हैं। अन्य भाषाओं के साहित्य में भी। पैसे देकर छपना और अपने लेखकत्व को ख़रीद लेना एक नई प्रवृत्ति है। ये सब खेल-तमाशे जाने दीजिए एक तरफ़। आगे की बात करने के लिए पीछे मुड़कर देखिए। वर्जीनिया वूल्फ़ ने कहा, 'लिखकर कमाओ, भाषण देकर कमाओ। कमाओ ताकि दुनिया घूम सको और निश्चिन्त होकर लिख सको। सिर्फ़ कविता, कहानी नहीं दुनिया के हर विषय पर लिखो। लगातार लिखो।' जब लगा कि अपनी पांडुलिपि पर प्रकाशकों के जवाब का इन्तज़ार करना या प्रकाशकों पर निर्भर होना असह्य हो रहा है तो वर्जीनिया ने अपना प्रकाशन शुरू किया और ख़ुद अपनी किताब छापने का ख़तरा उठाया। एक चुनौती लेखकत्व पाना और दूसरी बड़ी चुनौती प्रकाशक होना अपनी ही किताबों का। सुभद्राकुमारी चौहान प्रकाशकों के रवैये से तंग आकर अपनी किताब ख़ुद छपवाने निकली थीं और कोई फ़ायदा हाथ नहीं आया। नुक़सान उठाना पड़ा था। लेकिन उन्होंने ख़तरा उठाया। अपने बल पर, अपने बूते, ख़ुद को लेखन में खड़ा करना स्त्री के लिए दोगुनी चुनौती है।

ऐसे तो हिन्दी में लिखकर जीविका निर्वाह नहीं किया जा सकता है, यह एक अलग बहस है, लेकिन इतना तो किया ही जा सकता है कि अपने लिखे को लेकर इतना सम्मान हो कि उसे रुपए देकर छपवाना न पड़े। यह स्त्री-पुरुष लेखक दोनों पर लागू होता है। हेलेन सिक्सू ने कहा—लिखकर ख़ुद को बेहतर बनाते चलो। कम से सन्तुष्ट मत होवो। ख़ुद से हलकी उम्मीदें मत लगाओ। हिन्दी की दुनिया की सबसे प्रिय स्त्रीवादी सीमोन द बुवा अपने एक साक्षात्कार में कहती हैं—

> मैं सोचती हूँ एक व्यक्ति में यह कहने का माद्दा होना चाहिए, 'नहीं-नहीं, ऐसा मत करो! कुछ और लिखो! कोशिश करो और कुछ बेहतर कर दिखाओ। अपने लिए ऊँचे मानदंड स्थापित करो! अपने आप से कठोर अपेक्षाएँ करो! सिर्फ़ औरत होना ही अपने आप में पर्याप्त नहीं है।'...स्त्रियों को अपने आप से बहुत आग्रही होना चाहिए। ख़ुद से तीव्रतम अपेक्षाएँ करनी चाहिए।[25]

यों तो यह सबके लिए जायज़ सवाल है कि कोई भी क्यों लिखता है? भूख, कष्ट, ग़रीबी, विद्वेष, ग़ैर-बराबरी से भरी दुनिया में लिखने की सार्थकता है ही क्या? लिखना भी तो एक तरह से विशिष्ट काम है। कोई भी लेखक नहीं ऐसा जिसके लिखने से भूखे का पेट भरता हो या कोई औरत मार खाने से बच जाती हो और कोई बच्चा शोषण से। लेकिन लिखकर हम उस व्यवस्था से सवाल कर सकते हैं जो भूख, ग़रीबी, ग़ैर-बराबरी के लिए ज़िम्मेदार है। सवाल करना एक राजनीतिक हस्तक्षेप है। अपनी कविता में एक स्त्री जगहों के मर्दाना-ज़नाना बँटवारे की बात करती है तो यह एक राजनीतिक हस्तक्षेप है।

इसलिए, यह एक ग़ैर-ज़रूरी सवाल है कि कोई क्यों लिखता है। अहम सवाल यह है कि वह अपने लेखन से करना क्या चाहता है!

खंड : दो

परम्परा

आलोचना के भीतर साहित्येतिहास की बात करना इसलिए ज़रूरी है कि साहित्य का इतिहास भी साहित्यालोचन का ही एक हिस्सा है; इसलिए स्त्रीवादी आलोचना को साहित्येतिहास-लेखन की प्रक्रिया को परखते चलना होगा। इतिहास में किए गए छल दूर तक प्रभावित करते हैं, वे अनजाने में किए गए हों या जान-बूझकर। अनजाने में किए गए छल वे हैं जो पुरुषवादी मानसिकता की वजह से अनायास (by default) हो जाते हैं और जान-बूझकर किए गए छल वे हैं जिन्हें वर्चस्व को बचाए-बनाए रखने के लिए किया गया। ये दोनों तरह के छल स्त्री-लेखन की परम्परा की एक मुकम्मल तस्वीर बनाने में बाधक हैं। हर जगह, हर ओर, हर काल में दुनिया की जो महिला आबादी उपस्थित रही है उसे अल्पसंख्यक की तरह देखे जाने की प्रवृत्ति इतिहास-लेखन की रही है। मध्यकाल में स्त्री को ऐसे ही देखा गया। उसकी प्रतिभा को आँकने के लिए चश्मे मर्दवादी ही थे। अधिकांश बहसें—'उसने लिखा था या उसके प्रेमी ने' के आस-पास घूमती हैं। अक्सर यह कोशिश की जाती है कि स्त्री-लेखन को 'अनुकरण या नकल है' इस संशय में छोड़ दिया जाए। विद्रोह के पक्ष को यथासम्भव नज़रअन्दाज़ करके नवजागरण काल में उन्हें एक ख़ास तरीक़े से दर्ज किया गया। महादेवी वर्मा का रहस्यवादी पक्ष उभारकर स्त्रीवादी पक्ष दबा दिया गया। समकालीन स्त्री-लेखन प्रचुरता से दर्ज हो रहा है तो भीड़ और बाढ़ की तरह लग रहा है। बजाय इसके कि उसे समझने के लिए स्त्रीवादी आलोचना पद्धति का सहारा लिया जाए, उसे दुरदुराने के तरीक़े गढ़ लिये गए।

स्त्रीवादी आलोचना-पद्धति को विकसित करने का फ़ायदा तभी है जब हम उसे अतीत और वर्तमान के स्त्री-लेखन को समझने के लिए काम में लाएँ। एक मक़सद यह है कि स्त्रीवादी आलोचना उन कैननों की समीक्षा करे जिनके आधार पर स्त्री-लेखन की परम्परा को परखा गया। पता लगाया जाए कि क्यों किसी स्त्री की रचना को स्वीकृत कैनन में जगह मिली या उसे बाहर कर दिया गया। कैनन-निर्माण की

प्रक्रिया कभी कोई निर्दोष या निरुद्देश्य प्रक्रिया नहीं होती। अगर थेरीगाथाओं को बौद्ध पाली टेक्स्ट के कैनन में रखा गया या मीराँ को भक्ति कैनन में डालकर उनकी रहस्यवादी छवि निर्मित की गई तो यह स्त्रीवादी आलोचना के लिए जाँच का विषय है कि क्या वाक़ई इन कवियों का मूल्यांकन उन कैननों के अनुसार किया जा सकता है जिनमें इन्हें जगह दी गई? या वह जगह उनके लिए क्यों उपयुक्त नहीं है!

स्त्रीवादी आलोचना ने साहित्यिक मापदंडों की आलोचना की और यह पाया है कि वे जेंडर-निरपेक्ष नहीं हैं। साहित्यिक कैननों पर पुरुषवादी, ब्राह्मणवादी, सामंती और बहुसंख्यक मानसिकता का असर है और स्त्री-अनुभवों की वहाँ उपेक्षा की गई है। साहित्यिक-कैननों में स्त्री-अनुभवों की जगह बनाने का काम स्त्रीवाद को एक साहित्यिक कैनन के रूप में मान्यता दिए बिना सम्भव नहीं है। अन्यथा स्त्री-लेखन कभी भक्ति, कभी रहस्यवाद और कभी 'यह स्त्रीवादी खाँचे में नहीं है' की स्वीकृत प्रणालियों में ही जाँचा जाता रहेगा।

जो अपना इतिहास नहीं जानता वह अपने वर्तमान से सही सवाल नहीं पूछ सकेगा। हमें जानना होगा कि कौन थीं वे औरतें जिनके बारे में इतिहासकार ने अधूरा बताया या वह मौन रहा! खोई हुई परम्परा को सामने लाना स्त्रीवादी आलोचना की ज़िम्मेदारी है ताकि वह जो खोया हुआ, दबा हुआ और ख़ारिज किया गया है उसे पुन: पाया जा सके। किताब का यह खंड स्त्री-लेखन की जड़ें तलाशने और उन कैननों की जाँच की कोशिश है, जिनमें उसे रखा गया।

1

साहित्येतिहास लेखन के जेंडर पूर्वग्रह

जब हम स्त्रीवादी आलोचना-पद्धति की बात करते हैं तो सबसे पहले उस खोई हुई स्त्री कवि परम्परा को खोजना ज़रूरी होता है जिसे साहित्येतिहास दर्ज नहीं करता या अधूरे या भ्रामक या विकृत ढंग से दर्ज करता है या दर्ज करते हुए उसका मूल्यांकन ही नहीं कर पाता। इसलिए कि इतिहासकार कभी उस स्त्री के प्रति उत्तरदायी रहा ही नहीं जो पाठक, लेखक और आलोचक होनेवाली थी एक दिन। वह स्त्री जो आत्मबोध के लिए इतिहास को खँगालनेवाली थी। वह जो ग़ायब थी इतिहास से। इसलिए जानती ही नहीं थी अपना होना। जो अपना इतिहास नहीं जानता वह उसके सामने न सही सवाल प्रस्तुत कर सकता है न उत्तर तलाश सकता है। *इतिहास में होने के लिए सबसे पहले तो इतिहास से लड़ना ज़रूरी है।**

अब तक इतिहास को ऐसे दर्ज किया गया जैसे कि स्त्रियाँ कोई अल्पसंख्यक समूह हैं। 'स्त्री कवि कौमुदी' की भूमिका में ज्योतिप्रसाद निर्मल लिखते हैं कि स्त्री-लेखन की न्यूनता अकारण नहीं है। पराधीनता और विवशता में जकड़ी उनकी प्रतिभा उन्मुक्त उड़ान भरती भी तो कैसे! वास्तव में पुरुषों को जिस प्रकार स्वच्छंदता मिली थी, उनको अपने विचारों को प्रगट करने की जो सुविधाएँ प्राप्त थीं यदि स्त्रियों को भी ऐसे सुयोग प्राप्त होते तो पुरुष-कवियों के साथ-साथ स्त्री कवियों का भी विकास हो जाता और आए दिन दोनों की साहित्यिक सेवाओं की महानता से हिन्दी साहित्य की विशालता और भी प्रकट होती।[1]

भक्ति युग में पुरुषों के अनुकरण पर उन्होंने भक्ति काव्य रचा, शृंगार काल में शृंगार के पद लेकिन हिन्दी साहित्य की शुरुआत जय-काव्य से होती है। तब युद्धों के बीच स्त्रियों के पास अपनी लज्जा बचाने और लज्जा बचाकर अपनी जाति का स्वाभिमान बचाने का ही संकट था, वे काव्य रचना क्या करतीं,[2] हाँ अगर पुरुष युद्ध से बचते तो उनका कर्तव्य था कि चंडी-नृत्य करतीं और वीरता के गान गातीं। लेकिन राजपूत पुरुष स्वयं ही देश-जाति की रक्षा के लिए रक्त बहा रहे थे, ऐसे में स्त्रियों के लिए यह 'आवश्यक' न था कि वे वीर काव्य गाते हुए रणांगन में आएँ।[3]

---

* इतिहास में स्त्री, सुमन राजे

'स्त्री कवि-कौमुदी' हो या 'महिला मृदु वाणी' या भारत की 'काव्य कोकिलाएँ' इन प्रयासों से सहानुभूति तो मिल सकती थी लेकिन वजूद नहीं। उसका संघर्ष तो स्त्री को स्वयं करना था। ज़रूरी था कि इतिहास से स्त्रियों के ग़ायब होने के जवाब स्त्रियाँ ख़ुद तलाशें। इसलिए कि पितृसत्ता जो जवाब देगी उनमें स्त्री को प्राकृतिक रूप से अयोग्य और कमतर बताया जाएगा। इसलिए कि अब तक स्त्रियों को उनका इतिहास जानने से वंचित रखा गया और ऐतिहासिक तथ्यों की व्याख्या के अधिकार से भी। जबकि वे इतिहास बना रही थीं। इसलिए इतिहास को स्त्रीवादी आलोचना से दूर रखना समझ से परे है।[4] वस्तुत: साहित्येतिहास को समझे बिना स्त्रीवादी आलोचना अपनी ज़मीन को कमज़ोर पाएगी।

नाकाफ़ी कोशिशों, सहानुभूति, सफ़ाई इन सबके बरअक्स अपने सवाल स्त्री को ही स्वयं खड़े करने थे। उसने किए भी। 1953 में प्रो. सावित्री सिन्हा ने स्त्री-साहित्य के इतिहास को तार्किक और व्यवस्थित रीति से खँगालने का पहला काम किया और 2003 में सुमन राजे ने हिन्दी साहित्य का आधा इतिहासद्ध लिखकर इतिहास लेखन में स्त्री-विरोधी दृष्टि को सैद्धान्तिक रूप से व्याख्यायित करके। 'मध्यकालीन हिन्दी कवयित्रियाँ' में प्रो. सिन्हा लिखती हैं—

> चिरकाल से मुझे साहित्य में स्त्रियों के योगदान के सम्बन्ध में प्राप्त सामग्री से असंतोष का अनुभव होता रहा है, और इस सम्बन्ध में मैंने साहित्य की इन उपेक्षिताओं को यथाशक्ति सामने लाने का प्रयत्न किया है।[5]

ठीक है कि हिन्दी साहित्य के हज़ार साल के इतिहास पर स्त्रियों की देन का प्रभुत्व नहीं है लेकिन वह इतना हीन और क्षीण भी नहीं है कि उसे जगह न दी जाए। स्त्रियाँ साहित्य में अल्पसंख्यक ही थीं इसलिए अल्प मात्रा में ही दिखाई देती हैं और उनका तमाम लिखा अनुकरण है पुरुष कवियों का यह कहते हुए अपनी तमाम सदिच्छाओं के बावजूद 'स्त्री कवि-कौमुदी' या 'महिला मृदु वाणी' से हमारी अपेक्षाएँ पूरी नहीं होतीं। बाक़ी के इतिहासों का तो कहना ही क्या। अब तक की साहित्येतिहास पुस्तकों की तर्कप्रणाली यह है कि स्त्रियों की रचनाएँ मिलती नहीं, मिल जाएँ तो वे प्रामाणिक नहीं ठहरतीं, प्रामाणिक हों तो कविता की दृष्टि से स्तरीय नहीं हैं, यदि स्तरीय हैं तो सम्भावना है कि उसके पति या प्रेमी (यदि वह कवि है) द्वारा लिखी गयी है।[6] स्त्री का अभिकर्तृत्व हमेशा सन्दिग्ध रहा।

सर्वांग के बिना सम्पूर्ण कैसे हो सकता है!

मुख्यधारा की ज़मीन पर खड़े होकर इतिहास की एक मुकम्मल शक्ल या सम्पूर्ण ढाँचा खड़ा करने का आग्रह रखना भी कम समस्यापूर्ण नहीं है। इतिहास से सम्पूर्ण

का आग्रह महत्त्वपूर्ण के आग्रह में बदल जाता है। महत्त्वपूर्ण हमेशा मुख्य होता है। मुख्य हमेशा ताक़तवर और बहुसंख्यक। रामचन्द्र शुक्ल का 'हिन्दी साहित्य का इतिहास' 1929 में नागरी प्रचारिणी ग्रंथमाला के तहत आ चुका था और वह स्वयं लिख गए हैं कि यह पुस्तक उन्हें जल्दी में तैयार करनी पड़ी है, इसलिए वह जैसा रूप देना चाहते थे, नहीं दे पाए।[7] काश वह जैसा चाहते थे वैसा रूप दे पाने का उन्हें अवकाश मिलता। शुक्ल पहले के ग्रंथों की तरह महज़ कवियों की सूची नहीं बनाना चाहते थे, जिन्हें कैसे भी खाँचों में डाल दिया जाए। वह इतिहास का एक पूरा फ्रेमवर्क बनाना चाहते थे। एक लगभग मुकम्मल तस्वीर उन्होंने बनाई भी। यहाँ वह एकदम सही थे कि सब कुछ को शामिल करके 'मिश्र-बन्धु-विनोद' की तरह 1500 पृष्ठ का तीन भागों वाला ऐसा ग्रंथ तो निर्मित किया जा सकता है जिसमें कवियों के वर्गीकरण और काल-विभाजन की कोई स्पष्ट दृष्टि, प्रवृत्तियों का अन्वेषण नहीं है, (शुक्ल इस प्रवृत्ति पर व्यंग्य करते हैं*) साहित्येतिहास नहीं रचा जा सकता। इसमें कोई दो-राय नहीं कि उन्होंने पहली बार हिन्दी साहित्येतिहास को साहित्येतिहास का रूप और आत्मा दी। लेकिन मिश्र-बन्धु-विनोद की एक बेहद ज़रूरी और लम्बी आलोचनात्मक भूमिका भी थी। कुछेक चीज़ें मिश्रबन्धुओं से उन्होंने ग्रहण कर ली होतीं तो उनके इतिहास का क्षितिज थोड़ा और बड़ा हो जाता। मिश्र-बन्धुओं के लिए मुकम्मल की परिभाषा अलग थी। वह लिखते हैं—

> ...केवल उत्कृष्ट कवियों की भाषा आदि के जानने से हिन्दी का पूरा हाल नहीं ज्ञात हो सकता। भाषा पर बड़े कवियों का प्रभाव अवश्य पड़ता है पर उस समय विशेष की भाषा वही कही जा सकती है, जो सर्वसाधारण के व्यवहार में हो।[8]

यह ध्यान रहे कि रचनाकार स्त्रियों की भाषा मुख्यधारा के साहित्य से या तो अलग रही या उसकी तुलना में सामान्य व्यवहार की भाषा के क़रीब अधिक रही। यह मीराँ, ललद्यद और थेरीगाथाओं के सन्दर्भ में आगे देखेंगे ही। साथ ही लोक-जीवन में स्त्रियों के रचे गीतों और काव्य के इतिहास से बाहर कर दिए जाने को भी नोटिस में लेना होगा। मिश्रबन्धु हिन्दी साहित्य की मुकम्मल तस्वीर के लिए तमाम छोटे-बड़े कवियों को स्थान देना चाहते थे, इसलिए भी उन्होंने अपने ग्रंथ का नाम 'हिन्दी साहित्य का इतिहास' नहीं रखा, जैसाकि वह करना चाहते थे।[9] यहीं जोड़ देना चाहिए कि इतिहास में स्त्री-लेखन को पाने के लिए काल-क्रम के अनुसार मिलनेवाले भाषा-क्रम के दायरे के भी बाहर निकलना होता है। मध्यकाल में जब

* 'सारे रचनाकाल को केवल आदि, मध्य, पूर्व, उत्तर इत्यादि खंडों में आँख मूँदकर बाँट देना, यह भी न देखना कि खंड के भीतर क्या आता है क्या नहीं, किसी वृत्त-संग्रह को इतिहास नहीं बना सकता।' रामचन्द्र शुक्ल, 'हिन्दी साहित्य का इतिहास', नागरीप्रचारिणी सभा, पेज-4

ख़ुद मुगल राजा लोकभाषा में काव्य कर रहे थे,[10] ब्रज और अवधी कवि की भाषा थी, तब भले ही (तुलसी* और केशव** की तरह) वे भाखा में काव्य-रचना करने को हीन समझ रहे हों, उस समय भी शासकवर्ग की स्त्रियाँ तो संस्कृत या अरबी-फ़ारसी में साहित्य-रचना कर ही रही थीं। उनकी शिक्षा की व्यवस्था महलों के भीतर ही होती थी। भाषिक इतिहासों के विकास को एक श्रृंखला के रूप में रखते हैं। भारत के सन्दर्भ में—संस्कृत-पालि-प्राकृत-अपभ्रंश और नव्य भारतीय भाषाएँ। इसका परिणाम यह हुआ कि हम इन भाषाओं के साहित्य को भी यही क्रम देते रहे।[11] भाषाओं का इतिहास जेंडर और लेखन के सन्दर्भ में अलग तरीक़े से देखे जाने की दरकार रखता है। यह कोई ज़रूरी नहीं कि जिस तरह हम विभिन्न भाषाओं में लेखन की परम्परा को समझते रहे हैं स्त्री-लेखन की परम्परा भी वैसे ही चली होगी।

जिस तरह स्त्रियाँ राजनीति से बाहर नहीं थीं, उसी तरह साहित्य से भी बाहर नहीं थीं। दिक़्क़त उन्हें दर्ज न किए जाने की रही। हर्षवर्द्धन की बहन राज्यश्री, चौलुक्य वंश की विजया भट्टारिका, कश्मीर की दिद्दा, रानी कर्णावती, दुर्गावती अकबर के साथ लड़ीं और रज़िया सुल्तान का नाम कौन नहीं जानता! मुग़ल काल में भी प्रकारांतर से राजनीति में पकड़ बनाए रखनेवाली स्त्रियाँ रहीं। महलों के भीतर ही वे साहित्य भी लिखती रहीं। हुमायूँ की बहन गुलबदन बेग़म कवयित्री थी और उसी ने 'हुमायूँनामा' लिखा। हुमायूँ के सेवक जौहर आफ़ताबची ने भी 'वाकियाते-हुमायूँनामा' लिखी। यहाँ गुलबदन के अभिकर्तृत्व पर इतिहासकार को कोई शंका नहीं है। घटनाओं के दस्तावेज़ीकरण का महत्त्वपूर्ण और विस्तृत काम भले ही गुलबदन बेग़म ने किया हो लेकिन था तो वह आख़िर घर-बारी क़िस्म की घटनाओं का ही लेखन! 'हुमायूँनामा' को हिन्दी में अनुवाद करनेवाले ब्रजरत्नदास लिखते हैं—

> इस विषय पर स्त्रियाँ कम लेखनी उठाती हैं, परन्तु जब इनका रचित इतिहास देखने में आता है तब उसमें अवश्य ही यह विचित्रता दिखलाई देती है कि वे स्त्री-संसार की ही घटनाओं का अधिक विवरण देती हैं और पुरुष-संसार की घटनाओं का उल्लेख मात्र कर देती हैं। यही विचित्रता या अधिकता गुलबदन बेगम की पुस्तक हुमायूँनामा में भी है।
>
> जब इस पुस्तक को पढ़िये तब ऐसा ज्ञात होने लगता है कि सहृदय प्राणियों की किसी गृहस्थी में चले आए हैं।[12]

---

* भासा भनति भोरि मति मोरी।
हँसिबे जोग हँसहिं नहिं खोरि॥

** भाखा बोलि न जानहिं जिनके कुल के दास।
तिन भाखा कविता करी, जड़मति केसवदास॥

स्त्रियाँ इतिहास लिखते हुए स्त्री-संसार की बात करें यह विचित्र क्यों है? क्या इतिहास अनिवार्यत: पुरुषों का इतिहास है? और युद्धों का? वैसे भी, जिस सार्वजनिक जीवन से स्त्रियों को दूर रखा जाता रहा उसका उल्लेख मात्र ही किया जा सकता था उनके इतिहास में। यह क्या कम महत्त्वपूर्ण है कि बेग़म ने हुमायूँ के सुख-दुख, शोक, उत्सव आदि के विवरण दिए हैं जिन्हें हुमायूँ के चरित्र को समझने के लिए प्रामाणिक माना जा सकता है!

साथ ही जो लोक-जीवन में स्त्री की रचनाएँ थीं, मूलत: मौखिक, जिनकी हल्की झलक अमीर ख़ुसरो* के यहाँ बाबुल-गीतों के रूप में संकलित मिलती है, ग्रामीण जन-जीवन जिनके रस से सिंचित है, वे सब गीत जो स्त्रियों ने गाए इतिहास से बाहर हैं और स्त्री-लेखन के नाम पर इतिहासकार के हाथ में कुछ नहीं है।

ख़ैर, इतिहासकारों ने विनम्रतापूर्वक स्वीकार कर लिया है कि उनसे भूलें हो सकती हैं। संशय यही है कि उन अज्ञात भूलों में वे शायद ही स्त्री-लेखन को नज़रअन्दाज़ कर दिया जाना शामिल करते थे। मिश्रबन्धु भी स्त्रियों को पाठक के रूप में तो ज़रूर गिन रहे थे लेकिन रचनाकारों में स्त्रियों पर अलग से कोई दृष्टि नहीं जाती उनकी।[13] मिश्रबन्धुओं या शुक्ल जी के बाद के संस्करणों की भूमिका भी ऐसा कोई संकेत नहीं देती कि इस भूल-सुधार की कोई सम्भावना थी भी। यों भी 'शिक्षित जनता की चित्तवृत्तियों'[14] को ही आधार बनाया जाएगा तो अपनी प्रकृति में वह इतिहास बेहद सिलेक्टिव इतिहास ही हो सकता है।

साहित्य से अधिक समावेशी कुछ भी नहीं होता, इसलिए साहित्येतिहास को भी समावेशी होना चाहिए।[15] इसलिए हम इतिहासकारों की मेहनत के लिए शुक्रगुज़ार होते हुए अपने समय के जाति और जेंडर के जलते हुए सवालों को सुलझाएँगे। एक ही प्रयास पर्याप्त नहीं हो सकता। सर्वांग के बिना सम्पूर्ण कैसे हो सकता है!

काल-विभाजन का चौखटा स्त्री-लेखन की परम्परा के लिए बेमानी है

स्त्री का समय पुरुष के समय से अलग है। पुरुष का समय ऊर्ध्व-दिशा में बढ़ता है। स्त्री का समय वृत्ताकार घूमता है। वह सीधा नहीं चलता। सन्दर्भ-बिन्दु पुरुष होगा तो इतिहास स्त्री को वहीं खोजेगा जहाँ पुरुष दिखेगा। वह लोक में होगा तो महलों में काव्य रचती स्त्री नहीं दिखेगी। वह दरबारी होगा तो लोक में रचती स्त्री नहीं दिखेगी। वह रीति-काव्य रचेगा तो वह भक्ति में लीन नहीं दिखेगी। जब स्त्री-पुरुष की दुनियाएँ ही अलग कर दी गईं, जीवन के उत्तरदायित्व और उद्देश्य अलग कर दिए गए तो दोनों को एक ही रीति से इतिहास में कैसे पढ़ा जा सकता है!

---

* काहे को ब्याही बिदेस/सुन बाबुल मोरे।

नागरी प्रचारिणी सभा की खोज रिपोर्टें, राजपूताना में हस्तलिखित हिन्दी ग्रंथों की खोज जिसके आधार पर मुंशी देवीप्रसाद ने 'महिला मृदुवाणी' प्रकाशित करवाई, भाटों और ऐतिहासिक हस्तलेखों की श्री टेसीटरी द्वारा सम्पादित वर्णनात्मक सूची में दो स्त्री कवि मिलते हैं, 'बुंदेल-वैभव' नामक संग्रह, श्री गंगाप्रसाद विशारद की पुस्तक 'हिन्दी के मुसलमान कवि' जिसमें शेख़, ताज और रूपवती बेगम का ज़िक्र मिलता है, कमलधारी सिंह 'कमलेश' की किताब 'मुसलमानों की हिन्दी सेवा' यहाँ भी शेख़ और ताज का उल्लेख मिलता है और ज्योतिप्रसाद मिश्र का 'स्त्री कवि-कौमुदी।'[16] इसके अलावा तमाम रिपोर्ट्स छानने, विभिन्न इतिहासकारों के ग्रंथ खँगालने के बाद प्रो. सिन्हा को समझ आया कि साहित्येतिहास में स्त्रियों का रचा खोजना किसी बड़ी चुनौती से कम नहीं है। एक तो तमाम स्त्रोतों से स्त्री-लेखन का महज़ एक धुँधला प्रकाश, एक छाया भर मिलती है, सारी सामग्री बिखरी हुई है, सूत्र नहीं मिलते। आप इससे समझ सकते हैं कि 'शिवसिंह सरोज' में ताज और शेख़ को पुल्लिंग में लिखा गया है।[17] काल-विभाजन जैसे मुख्यधारा के इतिहास का किया गया उसी में इन नामों को जहाँ-तहाँ बैठा दिया गया जबकि उनकी प्रवृत्तियों में कोई एकरूपता नहीं है और एक ही समय में कई प्रवृत्तियाँ मिलती हैं। बल्कि काल परिवर्तित होने के बाद भी एक पुरानी प्रवृत्ति चलती रहती है। कई जगह नाम हैं लेकिन रचनाएँ नहीं हैं। बिना रचनाओं के मूल्यांकन करना बेहद कठिन है।

न जाने कितना कुछ स्त्री-रचनाओं में सुरक्षित नहीं रखा जा सका होगा। स्त्री की रचनाओं को सुरक्षित रखने का कोई माध्यम बिना उद्देश्य के कैसे होता! 'स्त्री कवि कौमुदी' एक रानी-कवि-वर्ग बनाती है, अधिकांश मध्यकालीन कवयित्रियाँ रानियाँ थीं सम्भवत: इसलिए कि उन्हें या तो विद्वानों का सत्संग या शिक्षा का कुछ अवसर प्राप्त था। इसी को सुमन राजे और तरतीब देते हुए लिखती हैं कि उन्हीं स्त्रियों का साहित्य सुरक्षित रहा जो या तो राजाश्रय में था या धर्माश्रय में। लेकिन हजारीप्रसाद द्विवेदी मानते हैं कि आदिकाल की सामग्री के संरक्षण में राजाश्रय और धर्माश्रय के साथ तीसरा ज़रिया जनता के प्रेम और प्रोत्साहन का है जिसे पाकर जीने वाली रचनाओं के रूप बदलते रहे क्योंकि जनता को उनके 'शुद्ध रूप' से कोई मतलब न था।[18] कबीर या मीराँबाई को इसी श्रेणी में रख सकते हैं। धर्माश्रय थेरीगाथाओं के लिए माना जा सकता है, कह सकते हैं कि मीराँ को जनता का प्रेम और प्रोत्साहन मिला, लेकिन स्त्रियों का रचा सबसे ज़्यादा वहीं पाया जाता है जिसे हम folk कहते हैं। इस लोक को भक्ति और रीति परम्परा से नहीं समझा जा सकता।

'स्त्री कवि-कौमुदी' की सीमा है कि उसमें महज़ 43 कवयित्रियों को संकलित किया गया है और दूसरा वह अधिकांश स्त्री-साहित्य को अनुकरण मानते हैं। यानी स्त्रियों ने भक्ति-काल में प्रभावित होकर भक्ति-काव्य रचा और शृंगार-काल में

प्रभावित होकर शृंगार-काव्य की रचना की। जब लक्षण-ग्रंथों की रचनाएँ होने लगीं तो काव्यशास्त्रीय शिक्षा के अभाव से उनकी काव्य-रचना बाधित हो गई। हालाँकि वे थोड़ी-बहुत भक्ति सम्बन्धी रचनाएँ करती रहीं।[19] अनुकरण तो सभी कर रहे थे न! भक्ति की लहर चली तो सबने भक्ति-काव्य लिखा, रीति युग में सब एक रीति से चल पड़े। किसे कहें कि वह अनुकरण नहीं कर रहा था? स्त्रियों के लेखन में ही अनुकरण देखना और कहना अजीब है।

अनुकरण मान लें तो बिखरी हुई स्त्री-लेखन की सामग्री के लिए क्या तर्क देंगे? कोई सकारात्मक बात तो नहीं ही कही जाएगी। दरअसल स्त्री-लेखन की परम्परा किसी एक रीति से, एक रेखा में, एक गति से नहीं चली। उसे हिन्दी के प्रचलित काल-विभाजन में नहीं डालना चाहिए। सबसे बड़ी अड़चन है एक समय में अनेक प्रवृत्तियों का विद्यमान होना। ऐसे में सबसे उपयुक्त है काल-विभाजन की जगह प्रवृत्तियों के आधार पर विभाजन करना। यों भी काव्य की आत्मा भाव है।[20] प्रो.सिन्हा प्रवृत्ति के आधार पर विभाजन करते हुए काल को एक आधार बनाती हैं। मुझे यही प्रविधि स्त्री-लेखन के इतिहास को समझने के लिए सबसे बेहतर दिखाई देती है जो काल को पार्श्व में रखते हुए उस अजस्र भाव-धारा की खोज करे जो स्त्री-साहित्य में प्राचीन-काल से अब तक बिखरी-फैली चली आई है।

साहित्येतिहास लेखन की प्रकृति

जिस तरह समय और स्पेस को निजी और सार्वजनिक में घरेलू औरत और सामाजिक पुरुष में बाँटा गया उसके अनुसार स्त्री-साहित्य को इतिहास में दर्ज करने के लिए मेहनत करनी पड़ती है। उपलब्ध और मान्य स्रोतों से परे भी जाना पड़ता है। वह सुनना पड़ता है जो बोला नहीं गया, वह देखना पड़ता है जो दिखाया नहीं जा रहा। रामनरेश त्रिपाठी अपने अनुभव से लिखते हैं—

> पर्दे की प्रथा के कारण स्त्रियों के गीत मिलने में और भी कठिनाई है। इसके लिए मेले-ठेले में उनके झुंड के साथ क़ाग़ज़ लेकर चलना पड़ेगा। धान का खेत निराते समय मेंड़ पर, छत कूटते समय छत पर और चक्की पीसने के समय रात के आख़िरी पहर में गृहस्थ के घर के पिछवाड़े बैठना पड़ेगा। नीची श्रेणी के लोगों के शादी-ब्याह में सम्मिलित होना, जाड़े की रात अलाव में बुड्ढों के साथ बैठकर बातें करना और जाड़े की आधी रात से चलनेवाले ईख के कोल्हू के निकट बैठकर थर-थर काँपते हुए गीत लिखना पड़ेगा। कठिन तपस्या है, मैंने करके देख लिया है। कितने ही गीत अधूरे मिलते हैं जिन्हें कई गाँवों में सुन-सुनकर पूरा करना पड़ेगा। ग्राम गाथाओं को महीनों बैठकर सुनना पड़ेगा। किसानों और मज़दूर पेशे वालों की फ़ुरसत का भी सवाल है, जो पैसे से हल होगा।[21]

कोई संकलन का यह काम कर भी दे तो साहित्येतिहास लिखे जाने के उपक्रम में इसे ध्यान में लिया जाएगा, ऐसी कोई मुख्यधाराई इतिहास-लेखन की इच्छा पहले दिखाई नहीं दी। *स्त्री के साहित्य को इतिहास में देखने के लिए एक वैकल्पिक इतिहास की ज़रूरत है* ठीक जैसे स्त्री-साहित्य की संवेदना और भाषा को समझने के लिए वैकल्पिक सौन्दर्यशास्त्र की ज़रूरत है।

इसलिए हमें पूछना होगा कि मौजूदा इतिहास, दस्तावेज़ या क़िस्से के कर्ता को किसने बनाया? उसके केन्द्र को 'केन्द्र' और मुख्यधारा को 'मुख्यधारा' कैसे बनाया गया? क्या यहाँ, इस इतिहास/दस्तावेज़/दास्तान में अन्य कर्ता, अन्य केन्द्र, अन्य इतिहासों की मुख्यधाराएँ नहीं छिपी हैं?[22] सुमन राजे लिखती हैं कि *इतिहास की तरह ही साहित्येतिहास लेखन की प्रकृति भी सामंतवादी है* जिसके अनुसार—

- केवल लिखित शब्द प्रामाणिक है।
- ऐतिहासिक विवरणों से पुख़्ता कृति ही प्रामाणिक है।
- ऐतिहासिकता और प्रामाणिकता एक ही चीज़ है।
- लोकसाहित्य चूँकि मौखिक होता है इसलिए वह साहित्येतिहास से ख़ारिज किया जा सकता है।

इन मापदंडों का प्रतिकूल प्रभाव पड़ा स्त्री-लेखन पर। पहले तो महिला लेखन अधिक हुआ नहीं, जो हुआ वह सुरक्षित नहीं रहा, जो सुरक्षित रहा उसे इतिहास ने गिना नहीं। मुख्यधाराई साहित्येतिहास लेखन की प्रवृत्ति यह है कि वह केवल श्रेष्ठ साहित्य का ही आकलन करता है और उसकी सूची में कुछ ही नाम होते हैं। यह तस्वीर का आधा फटा हुआ टुकड़ा तलाशना नहीं था, यह चित्र बनाने की विधि और नीयत में ही ग़लती थी, इसलिए आधा इतिहास लिखने के बाद अगली किताब 'इतिहास में स्त्री' में सुमन राजे को स्वयं कहना पड़ा है कि...*इस सन्दर्भ में 'आधे इतिहास' की बात करने का अर्थ है साहित्येतिहास की सामंती प्रकृति को सिरे से नकार देना।*[23]

स्त्री साहित्य का इतिहास लिखा जाना है तो लोक-साहित्य के बिना नहीं लिखा जा सकता और लोक में जो रचना होती है वह श्रुत और स्मृत ही होती है। स्त्री के इतिहास को साहित्येतिहास में जगह तभी मिलेगी जब 'स्मृत' और 'श्रुत' को भी इतिहास में स्थान दिया जाएगा। यह श्रुत और स्मृत की परम्परा, ग्राम्य-गीतों की परम्परा स्त्री समाज की पूरी तरह अपनी है। उसकी भाषा से लेकर उसका कथ्य और रूप सब कुछ उनका अपना। इसे तो अनुकरण भी नहीं कहा जा सकता।

साहित्येतिहासकारों का यह रवैया सिर्फ़ श्रुत और स्मृत साहित्य के साथ ही नहीं है। आधुनिक महिला लेखन को भी बँधे-बँधाए ऐतिहासिक ढाँचे में कहीं स्थापित नहीं किया जा सका जिसका सबसे बड़ा कारण सुमन बताती हैं कि 'वे ढाँचे ऐसे थे जिनमें' प्रकाश बिन्दु' खोजकर उनके प्रभामंडल में साहित्यकारों को स्थापित किया गया था...इसलिए अधिकांश महिला लेखन जो प्रभामंडल में नहीं आया वह फोकस से बाहर ही रह गया।' आरम्भिक हिन्दी साहित्य का एक बड़ा हिस्सा पत्रिकाओं में छपा। न जाने कितनी कथा-लेखिकाएँ जिनकी कहानियाँ इन पत्रिकाओं में छपती थीं वे हिन्दी कहानी के अतीत से ग़ायब कर दी गईं। 'चाँद' पत्रिका का फाँसी अंक तो सबको याद रहता है लेकिन स्त्री-शिक्षा और विधवा-अंक में छपा स्त्री-लेखन दर्ज होने से रह जाता है।

ऐतिहासिक स्त्री-द्वेष

सबसे मज़ेदार है साहित्यिक प्रवृत्तियों में निहित एक ऐतिहासिक स्त्री-द्वेष। इसे चिह्नित करने के बाद कई सवालों के जवाब मिल सकते हैं। प्रो. सिन्हा लिखती हैं कि ऋग्वैदिक काल तक स्त्रियों को स्वतंत्रता थी और ऋग्वेद में पत्नी के उच्च पद को देखकर समाज में स्त्री की उच्च स्थिति का अनुमान किया जा सकता है। स्त्रियों की स्थिति में ऐतिहासिक ह्रास धीरे-धीरे हुआ। पुरुषों की गोष्ठियों से स्त्रियाँ धीरे-धीरे अलग रहने लगीं और उसी तर्ज पर स्त्रियों के प्रति साहित्य में एक विद्वेष की भावना भी दिखाई देने लगी।

> काम-प्रवृत्ति की निंदा के आरम्भ के साथ स्त्री के ह्रास का इतिहास भी आरम्भ होता है।[24]

ऋग्वेद काल के बाद भौतिक आनन्द का महत्त्व कम हो रहा था और तपस्या की प्रवृत्ति बढ़ रही थी और संसार से विरक्ति की राह में सबसे बड़ी बाधक स्त्री थी। यहाँ तक कि याज्ञवलक्य और मनु के स्त्री-सम्बन्धी सिद्धांतों में मौलिक अन्तर अधिक नहीं दिखाई देता।[25] ब्राह्मणों के लिखे बाद के साहित्य में स्त्रियों की निंदा आरम्भ हो गई थी और दो परस्पर विरोधी विचार स्त्री के बारे में दिखाई देने लगे। एक जिसमें वे सम्मानित हैं और दूसरा जहाँ वे निंदा की पात्र हैं। वह आगे महाभारत और रामायण का उल्लेख करती हैं और मानती हैं कि महाभारत रामायण से पूर्व का या समकालीन है। मुझे यह मत ठीक लगता है कि महाभारत रामायण से पूर्व का काव्य है। इसे मानने की एक वजह उसके कुंती, द्रौपदी आदि स्त्री पात्र ही हैं। महाभारत में लगातार उत्तराधिकार के संघर्ष अभी चल रहे हैं साथ ही वहाँ मातृप्रणाली के अनेक चिह्न मिलते हैं (नियोग पद्धति से

जन्म, पत्नी की सन्तान को उत्तराधिकारी बनाना)। जबकि रामायण उत्तराधिकार के नियमों के स्थापित हो जाने का उदाहरण है और सीता की स्थिति मातृप्रणाली के अपदस्थ हो जाने की।

बाद में बौद्ध-तिपिटकों के भीतर, सुत्त-पिटक के खुद्दक निकाय में संकलित बौद्ध भिक्खुओं और भिक्षुणियों की गाथाएँ—थेर और थेरीगाथाएँ इस बात का प्रमाण हैं कि कैसे स्त्री को जीवन की तमाम बुराइयों में से एक की तरह लक्षित किया जा रहा था। थेर अपनी ही यौन इच्छाओं से संघर्ष में स्त्री को संक्रामक रूप से अशुद्ध ताक़तवर शत्रु की तरह देख रहे थे जिसकी कामेच्छा अन्तहीन है। थेरीगाथाओं में थेर स्त्रियों को ही कामना का कारण मानते हैं और उनकी तुलना साँप से करते हैं।

> मूर्ख आदमी, स्त्री के भीतर प्रवेश करने से बेहतर है तेरा पुरुष-अंग ज़हरीले साँप के मुँह में चला जाए।[26]

आगे चलकर भक्तिकालीन संत-काव्य भी स्त्री को नरक का द्वार, सर्पिणी, माया और महाठगिनी के विशेषणों से नवाज़ता है। हम देखते हैं कि यह स्त्री-द्वेष अलग-अलग काल में साहित्य, साहित्येतिहास और साहित्यालोचन के भीतर कैसे प्रत्यक्ष और परोक्ष रूप से बार-बार आता है।

2

कवि औरतें जिन्होंने घर छोड़े

थेरियाँ, मीराँ और ललद्यद

मुक्ति के संघर्ष में जूझनेवाली आरम्भिक स्त्रियों की कविता : थेरीगाथा

मैं अक्सर सोचती हूँ, स्त्री-लेखन-परम्परा पर बात करते हुए हमें थेरीगाथाओं की ओर क्यों देखना चाहिए? सम्भवत: इसलिए कि ये विश्व में ऐसा सबसे पुराना टेक्स्ट है जिसका लेखकत्व स्त्रियों के हिस्से में होने का दावा है। सम्भवत: इसलिए कि स्त्री-मुक्ति की अदम्य पुकार के साथ लिखा जानेवाला आधुनिक स्त्री-साहित्य मुक्ति प्राप्त करनेवाली सबसे पहली स्त्रियों, बौद्ध-थेरियों के यहाँ उसके पुरातन निशान देख सकता है। बड़ी सुविधा से यह साहित्य 'धार्मिक' या 'साम्प्रदायिक' की श्रेणी में डाल दिया जाता। यह उद्वेलित करने वाला साहित्य है क्योंकि इसमें दर्ज धार्मिक अनुभव स्त्रियों के हैं। ये पुरखिन स्त्रियों की अभिव्यक्तियाँ हैं। थेरियाँ उन्हें कहा गया जो प्रबुद्ध और अनुभवी स्त्रियाँ थीं। यह न केवल स्त्री-लेखन के आदिम समय में ले जाता है बल्कि बौद्धकालीन स्त्री-जीवन से परिचित कराता है, इस तरह प्राचीन भारत के इतिहास में स्त्रियों की स्थिति और उपस्थिति को समझने के लिए एक ज़रूरी दस्तावेज़ बन जाता है।

इतिहासकारों के अलग-अलग मतों में एक मत यह भी है कि थेरीगाथाएँ सभी ईसा पूर्व छठी शताब्दी की नहीं हैं बल्कि ये ईसा पूर्व तीसरी शताब्दी तक, यानी तीन सौ सालों के अर्से में रची गईं और मौखिक परम्परा में जीवित रहीं जिन्हें बाद में सम्भवत: पहली शताब्दी में श्रीलंका में बौद्ध थेरवाद सम्प्रदाय द्वारा लिपिबद्ध किया गया। इन थेरीगाथाओं, और थेरगाथाओं को भी, जो पहले किसी जनभाषा में ही रची गईं, पालि भाषा कैनन में जगह मिली। यानी पालि में हम मूल नहीं अनुवाद पढ़ रहे हैं।

मौखिक परम्परा में चले आ रहे साहित्य/इतिहास के साथ जो शंकाएँ हमेशा व्यक्त की जाती हैं—उनके एक या अनेक या कि रचयिता की, निश्चित रचनाकाल की, विभिन्न संस्करणों की, भाषा, शब्द रूपों और बदलावों की और फिर उन शंकाओं, सवालों से निबटते हुए इतिहासकार एक प्राक्कल्पना के ज़रिए किन्हीं तार्किक निष्कर्षों पर पहुँचते हैं, वही थेर और थेरीगाथाओं के साथ भी है। लेकिन हमारा फोकस सिर्फ़ थेरीगाथाएँ हैं। इसलिए कि यह दावा कि इनकी रचयिता स्त्रियाँ हैं, यह दावा अगर सही है, और इतिहासकारों द्वारा सही माना भी जाता है, तो यह साहित्य अपने तमाम अनुवादों में भी रोचक, ग्राह्य, सशक्त और संवेदनात्मक है। मुक्ति-कामना की सफलता (मैं कितनी अच्छी तरह मुक्त हुई—मुत्ताथेरी) बयान करनेवाली कविता उस 'मॉडल' की तरह काम करती है जो कोई भी व्यक्ति पाना चाहेगा, लेकिन ये थेरीगाथाएँ बताती हैं कि धार्मिक रास्ते के ज़रिए मुक्ति तलाशने के पीछे उन स्त्रियों को उकसानेवाले सबसे प्रबल कारण क्या थे? थेरीगाथा और थेरगाथा के बीच निश्चित ही एक जेंडर-अन्तर है जिसे समझना स्त्री-लेखन की परम्परा को समझने में बेहद काम का होगा।

स्वयं बुद्ध ने संघ की शरण में आने वाले स्त्रियों-पुरुषों के बीच विभेद किया। स्त्रियों को संघ में प्रवेश करने, भिक्खुनी होने के लिए अतिरिक्त आठ शर्तों का पालन करना पड़ा और उन्हें बौद्ध भिक्खुओं के अधीन माना गया। बौद्धकालीन समाज कोई जेंडर-विभेद मुक्त समाज नहीं था। जिस समय में बौद्ध धर्म जन्मा और प्रचारित-प्रसारित हुआ उसकी संरचना मनुस्मृति पर आधारित थी। उतनी ही पितृसत्तात्मक कि संघ में स्त्रियों को प्रवेश पाने के लिए घर के किसी पुरुष सदस्य से अनुमति लेनी पड़े। बिना इसके संघ स्त्री को धम्म की शरण में नहीं ले सकता था। लेकिन मुक्ति की ऐसी उत्कट इच्छा और ज़रूरत ही थी कि उन्होंने सब शर्तें स्वीकार कीं और लगभग संघर्ष करके संघ में शरण पाई।

जिस तरह वे पीड़ा, कष्ट और मृत्यु से उपजी विरक्ति की राह में 'सत्य' को खोजती, सफल होती हैं वह अपने-आप में बौद्ध दर्शन की दिखाई राह है। थेरीगाथा में 73 बौद्ध थेरियों की कविताएँ संकलित हैं जो कहानियों, परिस्थितियों के नाटकीय और भावुक वर्णन के ज़रिए अवसाद, मातृत्व, आघात, विवाह, छल और मृत्यु जैसे तमाम दुखों की अभिव्यक्ति भी है और दुख के कारणों पर विजय पा लेने की उद्घोषणा भी है। ऐसे तमाम पदबंध हैं जिनका दुहराव होता है, जो मिलते-जुलते दिखते हैं, कभी-कभी पूरा का पूरा पद दुहराव का मिलता है जिसे देखकर लगता है कि शब्दों, वाक्यों का कोई ऐसा साझा उपलब्ध कोश रहा होगा जिसमें से कोई भी जो रचना करने का इच्छुक है वह प्रयोग कर सकता है।[1] लेकिन यह फिर ध्यान रखना होगा कि स्त्रियों के अनुभव हैं या कम से कम इनकी स्त्रियों के अनुभवों की तरह शिनाख़्त की जा सकती है ऐसे तमाम तत्त्व, प्रमाण यहाँ मौजूद है। सोमा थेरी कहती है—

(मार का कथन) जो कठोर साधकों द्वारा भी प्राप्त करने में अत्यन्त कठिन है, उसे दो अंगुली-मात्र* प्रज्ञा वाली स्त्री प्राप्त कर लेगी यह कभी सम्भव नहीं।

उत्तर में सोमा कहती है—जब चित्त अच्छी तरह समाधि में स्थित है, ज्ञान नित्य विद्यमान है और प्रज्ञा के द्वारा धर्म का सम्यक दर्शन कर लिया गया है, तो स्त्रीत्व इसमें हमारा क्या करेगा? (जब साधना पद्धति मेरी भी वही है तो स्त्रीत्व क्यों और कैसे बाधक हो सकता है!)

ऐसे तमाम प्रसंग हैं उन माताओं के जिन्होंने पुत्रों को खोया, सामाजिक सम्मान खोया, जिनके घरेलू श्रम का कोई मोल ही नहीं था, जिन्हें पति ने त्याग दिया और वे जिन्होंने यौनिकता से आजीविका प्राप्त की और विरक्त हो गईं उस जीवन से। इसलिए धार्मिक होते हुए भी ये तमाम कविताएँ महज़ धार्मिक काव्य नहीं हैं।[2] यद्यपि ऐसे अधिकांश पदों में बुद्ध का ज़िक्र है और बार-बार आता है यह ज़िक्र (जैसे अम्बपाली के यहाँ) लेकिन ये कविताएँ फिर भी मुख्य रूप से तथागत के बारे में नहीं हैं, यह कहने में कोई संशय नहीं। पिछले खंड में हम एक्रीचर फ़ेमिनाइन और स्त्री-भाषा को पढ़ चुके हैं। थेरियों की भाषा स्त्री-भाषा है और स्त्री-अनुभवों से लैस है।

जब वे मुक्ति और ज्ञान की बात करती भी हैं तो अपनी यात्रा की बात करती हैं। मनुष्य की उन बुरी चित्तवृत्तियों की बात करती हैं जो उन्हें भटकाती हैं। वे उन बुरी वृत्तियों को जड़ से उखाड़ फेंकने की बात करती हैं।

तिस्सा!
प्रशिक्षित कर ख़ुद को
बन्धनों को रोकने मत दे अपने आप को
जब तुम आज़ाद होगी उन समस्त बन्धनों से
जो तुम्हें पीछे खींचते हैं
तब रह सकोगी दुनिया में सब बुराइयों से मुक्त!

साधारणतया, थेरीगाथाओं में बौद्ध सिद्धांत काफ़ी हल्के ढंग से आते हैं और साथ ही थेरियाँ बौद्ध-सिद्धांत के अनुशीलन की बारीकियों से भी बचती हैं भले ही वे भिक्षुओं के अनुशासनात्मक व्यवहारों से जुड़ी हों या साधकों के मानसिक प्रशिक्षण से[3] थेरियों को पढ़ते हुए यह लगातार लगता है कि वे अपने स्त्री-अनुभवों को भूली नहीं हैं, बल्कि मुक्त भी नहीं हुई हैं पूरी तरह। सुमंगला माता कहती ही है 'मैं भली विमुक्त हुई तीन टेढ़ी चीज़ों से' जिनमें अपने टेढ़े पति को भी गिनती

* स्त्रियों के लिए कहा जाता है कि वे चूल्हे-चौके का काम ही सँभाल सकती हैं जैसे चावल बनाते हुए दो-अंगुल ज़्यादा पानी रखकर पकाने की ही बुद्धि और इतना ही कौशल होता है उनके पास।

है। लौट-लौट कर अतीत की स्मृति में जाना और स्त्री-अनुभवों को कहना थेरीगाथा को थेरीगाथाओं से अलग करता है, थेरीगाथाएँ कहाँ थेर बौद्ध-सिद्धांतों, समझदार और मूर्ख मनुष्य को अंतर की, मानसिक सबलता की बातें कहती हैं।

भले ही पाली कैनन के निर्माताओं ने थेरीगाथाओं को धार्मिक महत्त्व के चलते बौद्ध साहित्य में स्थान दिया हो फिर भी ये कविताएँ व्यक्तिगत मुक्ति का उत्सव हैं, निर्वाण-प्राप्ति के मार्ग-निर्देश देने के बारे में ये कम बात करती हैं। भले ही बुद्ध से शुरू हों लेकिन जल्द ही अपने अतीत की ओर मुड़ जाती हैं, या सम्बन्धों पर बात करने लगती है। अड्ढकासी थेरी जो वेश्या थी उसे अपने वेश्यावृत्ति के दाम याद आ जाते हैं। वाराणसी के सेठ-परिवार में जन्मी लेकिन घर छोड़ कर निकल गई। अन्तत: वेश्या हुई। वह कहती है—

सम्पूर्ण काशी-राज्य की जितनी
(एक दिन की) आय है उतना ही विपुल मेरा दाम था
इतना ही, इससे कम नहीं

मेरा मेहनताना तय था।

मूल मुद्दे (बुद्ध की शिक्षा) पर बात करने की बजाय इधर-उधर निकल जाना स्त्री-भाषा का स्वभाव है। यही कवि-स्वभाव भी तो है। मुद्दे की बात करनी हो तो दर्शनशास्त्री न हो जाए कोई कवि क्यों हो! कवि का मन तो इधर-उधर की बात में ही अधिक रमता है। इसलिए कुछ भी कहा जाए ये थेरियाँ पहले कवि हैं।

पालि भाषा में अनुवाद (जिसे हैलिसी स्थानीय भाषाओं से एक मानक भाषा पालि में पहली बार लिपिबद्ध होने की यात्रा को थेरीगाथाओं का 'इनवॉल्व' होना मानते हैं) दरअसल थेरीगाथाओं के प्रचार का मुख्य कारण था। बहुत महत्त्वपूर्ण इन्हें स्वयं बौद्ध अनुगामियों ने भी नहीं माना शायद इसलिए छठी शताब्दी में धम्मपाल की थेरीगाथाओं पर टीका के बाद ये मानो बौद्ध साहित्य के हाशिए पर चली गईं।[4] यह थेरीगाथाओं के साथ भी हुआ। इसके बाद पहली बार ये फिर सामने आती हैं 1899 में कार्ल न्यूमैन के जर्मन और 1905 में बिजय चन्द्र मजुमदार द्वारा किए बांग्ला अनुवाद से। बाद में 1909 में श्रीमती राइस डेविड्स ने अंग्रेज़ी में इसका अनुवाद किया और मदद के लिए न्यूमैन के जर्मन अनुवाद की सहायता ली। यह बताते हुए कि यदि मूल पालि से इस अनुवाद की दूरी होगी तो उसकी शुरुआत, अनुसन्धान के लिए न्यूमैन को श्रेय देते हुए, जर्मन अनुवाद होगा और अंग्रेज़ी भाषा की कमी।[5] श्री राइस डेविड्स द्वारा 1881 में स्थापित पालि टेक्स्ट सोसायटी थेरी और थेरा गाथाओं का मूल पांडुलिपियों से पालि पाठ 1883 में प्रस्तुत कर चुकी थी। श्रीमती डेविड्स भी स्वीकार करती हैं कि भले ही हम यह प्रमाण सहित

नहीं कह सकते कि जिन नामों से ये गाथाएँ कही गई हैं वास्तव में ही ऐसे स्त्री और पुरुष थे भी या नहीं, लेकिन हमारे लिए ऐतिहासिक रूप से महत्त्वपूर्ण हैं इन गाथाओं में मिलनेवाली भावनाएँ और उच्चाकांक्षाएँ जो किन्हीं संतत्व प्राप्त स्त्री-पुरुषों द्वारा कही गई हैं।[6]

थेरीगाथाओं का अध्ययन करनेवाले लगभग सभी विद्वानों ने इनकी काव्यात्मकता पर बात की है, राइस डेविड्स ने भी। थेरी या थेर अनुभवी, वृद्ध बौद्ध भिक्षुओं को कहा जाता था। सूसन मकॉट मानती हैं कि ये महज़ वृद्ध भिक्षुणियाँ नहीं थीं, बुद्धि और चरित्र वाली विशिष्ट स्त्रियाँ थीं।[7] अधिकांश थेरीगाथाएँ इन वृद्ध थेरियों* की भीतरी यात्राएँ ही अधिक हैं। ऐसी यात्राएँ जो 'निब्बाण' तक तो ले जाती हैं, लेकिन जिनमें दर्द की लहरें उठती हैं और अतीत बार-बार झाँकता है। मूलत: ये कविताएँ एक ऐसा कंट्रास्ट रचती हैं जिसमें बोध और संवेदना एक-दूसरे के बरअक्स दिखाई देते हैं। बल्कि कई जगह पर भावनाएँ और अन्तर्दृष्टि बेहद प्रबल हैं। अम्बपाली तो स्वयं कथा हो चुकी, उसकी कविता इसी बोध और सम्वेदन के कंट्रास्ट के बीच रची गई है। पूरी कविता बुद्ध के अनस्थिरता और परिवर्तन के दर्शन का उपदेश मात्र नहीं है—

काले केश थे मेरे
—जैसे भौंरों का रंग—
पड़ा हुआ घूँघर लटों की नोक पर
उम्र के साथ जो हो गए खुरदुरे सन
सत्यवादी के वचन कभी मिथ्या नहीं होते

सुगंधित, जैसे महकती हुई
फूलों की डलिया मेरा केशपाश :
गंधाने लगा जो उम्र के साथ
पशु की चमड़ी-सा
सत्यवादी के वचन कभी मिथ्या नहीं होते

'सत्यवादी के वचन कभी मिथ्या नहीं होते' की टेक के साथ अम्बपाली पूरी देह की सुन्दरता का काव्यात्मक वर्णन करती चलती है, तब और अब की स्थिति का एक विपर्यय बनाती हुई। अन्त में कहती है—

---

* हे वृद्धा (सुमना) थेरी! तू सुख की नींद सो जा। (देखें पेज 53, थेरीगाथा, डॉ. विमल कीर्ति, सम्यक प्रकाशन, नई दिल्ली 2011)

एक समय ऐसा था मेरा शरीर
आज जर्जर है
बिना लेपादि के जरा का घर हो जैसे
सारा पलस्तर झड़ चुका हो जिसका
ऐसा यह ढह जाएगा शीघ्र
सत्यवादी के वचन कभी मिथ्या नहीं होते

अम्बपाली (आम के पेड़ के नीचे पाई गई जन्म के समय तो नाम अम्बपाली/आम्रपाली पड़ा) का सौन्दर्य श्रेष्ठि-पुत्रों के बीच प्रतियोगिता और कलह का कारण बन गया था। मामला सुलझाने का एक ही रास्ता पंचायत को सूझता है—'सब्बेसंहोतु' सबकी हो जाओ। और वह गणिका बना दी गई। वैशाली की नगरवधू का जीवन बिताने के बाद अहंकार और विरक्ति उस देह के प्रति है जिसे चाहनेवाले तो हुए लेकिन वह प्रेम से वंचित रही।

सुमन राजे इसे 'सौन्दर्य का असौन्दर्यशास्त्र' कहते हुए लिखती हैं—*भारतीय साहित्य का तिहाई हिस्सा सौन्दर्य चित्रण और नख-शिख से भरा पड़ा है, परन्तु उनमें से एक भी ऐसा नहीं है। यह अपने अहंकार को फूँक-फूँक कर उड़ाना है।*[8] यह अपनी ही देह से अजनबी करना भी है ख़ुद को। दर्शन के लिए देह हमेशा चिन्तन का विषय रही आई है और धर्म के लिए हमेशा से समस्या का। मनुष्य के लिए तो यही देह है जो दुख का भी ज़रिया है, आह्लाद का भी, मोक्ष का भी। बौद्ध धर्म में भी देह को लेकर थेर और थेरियों ने विचार किए। थेरियों ने तो अपनी देह को केन्द्र में रखा और उससे ऊपर उठने का संघर्ष किया। लेकिन यह जानना दिलचस्प है कि थेर भी केन्द्र में स्त्री-देह को ही रखते हैं, हिकारत से देखते हुए और उसे दुखों की खान बताते हुए। देह का आकर्षण थेर और थेरियाँ दोनों स्वीकार करते हैं लेकिन थेर आकर्षण के लिए ज़िम्मेदार स्त्री को ही मानते हैं। वे ही मार्ग की बाधा हैं। देह-विमर्श में उनकी अपनी देह और अपनी यौनिकता नहीं है। कैथरीन ब्लैकस्टोन थेर और थेरियों की गाथाओं का तुलनात्मक अध्ययन करती हैं तो समझ आता है कि देह के प्रति सैद्धान्तिक रवैया स्त्री-पुरुष के लिए अलग है। बुद्धिस्ट मिसोजिनी स्त्री की देह को अपावन, मल-मूत्र और तरह-तरह के स्रावों से भरी हुई, दूषित मानती है जिसकी यौनिकता थेर पुरुष के लिए ख़तरनाक है।[9] कृशागोतमी बुद्ध के इस कथन—कि स्त्री होना दुख है, जनम देना दुख है का विस्तार अपने अनुभवों से करती है।

स्त्री होना दुख है
ऐसा मनुष्यों के चित्त को संयमी बनानेवाले उन सारथी—
स्वरूप (भगवान बुद्ध) ने कहा है

सपत्नियों के साथ एक घर में रहना दुख है
बच्चों को पीड़ा में जनना दुख है
कोई-कोई जननेवाली माता एक बार ही मृत्यु चाहती हुई अपना गला
काट लेती है
ताकि दुबारा यह दुख सहना न पड़े
कुछ सुकुमारियाँ विष खा लेती हैं
बच्चा जब पैदा नहीं होता और गर्भ बीच में रुक जाता है
तो भ्रूण मातृघातक बन जाता है और जच्चा और बच्चा दोनों ही विपत्ति
का अनुभव करते हैं

स्वयं बुद्ध कहते हैं—स्त्री होना दुख है। जन्म देना दुख है। अतृप्त यौनिकता से ख़ाली और सन्तान जन्म से भरा हुआ जीवनांत होता है स्त्रियों का। यह वही रूढ़ि है जो तनिक बदलाव के साथ मनुस्मृति से बौद्ध धर्म तक चली आई और आगे यही रूढ़ि भक्त कवियों, विशेष रूप से संत कवियों में दिखाई देती है। थेरियों के लिए इसे आत्मसात कर लेना स्वाभाविक था। गणिका विमला महामौद्गल्यायन को लुभाने की चेष्टा करती है। गणिका है, तो यह पेशा है उसका। लेकिन वह उसे फटकारते और उपदेशित करते हैं। यह विमला के भीतर ग्लानि भरता है और वह पहले उपासिका बनती है फिर विधिवत दीक्षा ले लेती है। अपने अतीत को, यौवन और सौन्दर्य पर अपने अहंकार को याद करती हुई कहती है—

लज्जा-शर्म छोड़ मैं अपने आभूषणों को उघाड़ कर
दिखाती थी, अपने गुप्त-अंग तक दिखा देती थी।
मनुष्यों के पतन के लिए मैं अनेक मायाएँ रचती थी।
वही मैं आज भिक्षाचारिणी, मुँडे हुए सिरवाली हूँ चीवर-वसना हूँ...

स्त्री की अपनी देह से यह विरक्ति कोई मुश्किल चीज़ नहीं है। विदेह रहने का प्रशिक्षण उसका बहुत पुराना है। जब वह वेश्या है तब भी संरचना के अधीन है, देह की मालकिन नहीं है। अम्बपाली की कविता नाटकीयता, सपाटबयानी में जो अवसाद उपजाती है वह अवसाद निर्वाण तक ले जाता है। निर्वाण क्या है? मुक्ति। और यह मुक्ति उन भौतिक सम्बन्धों और दुखों से है जो स्त्री के 'स्व' को नष्ट कर देते हैं।

तीन टेढ़ी चीज़ों से
मैं अच्छी तरह विमुक्त हुई

या सुमंगला की माता जो कहती है—मेरी मुक्ति कितनी धन्य है, मुक्त हुई उस पति से जो मुझे छातों से भी तुच्छ समझता था। यह पीड़ा लल के यहाँ भी देखी जा सकती है। लगातार अनादर, अपमान और शोषण।

ओह! मैं मुक्त नारी! मेरी
मुक्ति कितनी धन्य है!
पहले मैं मूसल से धान कूटा करती थी
आज उससे मुक्त हुई
मेरी दरिद्रावस्था के वे छोटे-छोटे बर्तन
जिनके बीच मैं मैली-कुचैली बैठती थी
और मेरा निर्लज्ज पति मुझे उन छातों से भी तुच्छ समझता था
जिन्हें वह अपनी जीविका के लिए बनाता था
अब उस जीवन की आसक्तियों और मलों को
मैंने छोड़ दिया
मैं आज वृक्ष-मूलों में ध्यान करती हुई
जीवन यापन करती हूँ
ओह! मैं कितनी मुक्त हूँ!

मज़ेदार यह है कि थेरीगाथाओं में स्त्री-पहचान इतनी मुख्य और मुखर है कि उसे कविता के कथ्य और भाषा से अलग किया ही नहीं जा सकता। इसके मुक़ाबले थेरगाथाएँ बेहद सतही हैं और उनमें आत्माभिव्यक्ति के अंश बेहद कम हैं[10] जबकि थेरीगाथाएँ वे कविताएँ हैं जो पाठक का हाथ पकड़कर उसे अपने संवेदना-लोक में ले जाती हैं—इसलिए इन छंदों को एक संवेदनशीलता के साथ पढ़ा जाना चाहिए जो स्वयं कविता द्वारा निर्देशित हैं[11] (these verses must be read with a sensibility that is guided by the poetry itself.)

वे तर्क करती हैं। व्यंग्य करती हैं। कहीं द्वन्द्वात्मक संवाद हैं। लेकिन जिस तरह स्त्री होने की छाप दिखाई देती है उसी तरह वर्ण और वर्ग की सचाइयाँ भी। पूर्णिका का जन्म श्रावस्ती में सेठ अनाथपिंडिक के घर में दासी से हुआ था। पनिहारिन का यह कथन दिखाता है कि दलित स्त्री सिर्फ़ पुरुषों के समक्ष ही नहीं कुलीन स्त्रियों के समक्ष भी हीन स्थिति में थी। बौद्धिकता और व्यंग्य दोनों है इन संवादों में। एक बार वह ब्राह्मण से संवाद करती है—

मैं पनिहारिन थी
सदा पानी भरना ही मेरा काम था
स्वामिनियों के दंड के भय से
उनके क्रोध-भरे कुवाक्यों से पीड़ित होकर
मुझे कड़ी सर्दी में भी सदा पानी में उतरना पड़ता था

वह पूछती है ब्राह्मण से कि तुम्हें क्या मजबूरी है भाई! तो ब्राह्मण कहता है कि स्नानशुद्धि से पापमुक्ति होती है। वह उत्तर देती है—

यदि जल से ही शुद्धि होती
तब मेढक, कछुए, जल के सर्प, मगर और अन्य
जलचरों का स्वर्गगमन निश्चित है।

वहीं थेर अपने आपको मुक्त-मन मानते हैं और दुनिया के फेर में पड़े बाक़ी मूर्खों को सम्बोधित करते हुए स्वयं को अलगाते हैं। थेर या भिक्खु अपने अतीत का ऐसा विस्तृत वर्णन नहीं करते हैं, करते भी हैं तो उसका अमूर्तन करते हैं। लेकिन यहाँ देखिए इसिदासी अपने पूरे जीवन के दुख की ही कथा कहे डालती है—

> इस घर में एक मास तक सुखपूर्वक रहने के बाद मैं वहाँ से भी बहिष्कृत की गई। यद्यपि वहाँ भी सर्वथा निर्दोष और सदाचारिणी रहकर मैंने दासी के समान सबकी सेवा की।

भले ही वे कहें कि उन्होंने मुक्ति या निर्वाण प्राप्त कर लिया है लेकिन उनकी रचनाएँ मुक्ति के लिए निरन्तर संघर्ष दिखा रही हैं—जो बदला है वह केवल उस संघर्ष के प्रति उनकी प्रतिक्रिया है जो बदल गई है। डील करने का तरीक़ा है जो बदल गया है। भले ही उन्होंने ख़ुद को सामाजिक नातों से तोड़ लिया हो लेकिन लगातार उन पर बात करती हैं। थेरियों की रचनाएँ साफ़ बताती हैं कि मुक्त होकर भी वे लगातार द्वन्द्व और दुविधा से जूझ रही हैं। वे लगातार परिस्थितियों और टकरावों पर बात करती हैं। सेला थेरी जो भिक्खुणी बनने के बाद भी अपने एकान्तवास से जूझती है, पूछती है कि इस एकान्तवास से तुझे क्या लाभ? ख़ुद ही जवाब देती है—'पापी मार, जो मुझे भटका रहा है, जिन्हें तू सुख कहता है वे मेरे लिए घृणा की चीज़ हैं। ले, आज ही तेरा अन्त कर दिया।' सोमा थेरी जिसका उल्लेख किया था ऊपर, जो मार से बात करती है, वह दरअसल अपने ही भीतर के द्वन्द्व को लिखती है। एक तरफ़ दुनिया की मान्यता कि स्त्री ज्ञान हासिल नहीं कर सकती तो दूसरी तरफ़ बौद्ध धर्म में दीक्षित उसका मन। खेमा थेरी को एक युवक लगातार प्रणय प्रस्ताव दे रहा है और वह लगातार उससे संवाद करते हुए यौनिक आकर्षक से पार पाती है। उप्पलावणा मार से कहती है कि इस निर्जन एकान्त का मुझे भय नहीं, तेरे जैसे लाखों धूर्त आ जाएँ तो भी मेरा एक रोम भी हिला नहीं सकते।

निर्विवाद रूप से ये कविताएँ मुक्ति के संघर्ष में जूझनेवाली आरम्भिक स्त्रियों की कविताएँ हैं, उस स्त्री-भाषा में रची गई जिसमें पूरी सामाजिक संरचना की आलोचना को ऐसे निबद्ध कर दिया गया कि बौद्ध साहित्य के कैनन में आने के बावजूद इसकी अपनी स्वतंत्र साहित्यिक ऐतिहासिक इयत्ता है। यह स्त्री-संघर्ष का काव्य है।

स्त्री-विमर्श से ही डील नहीं कर पाता हिन्दी का आलोचक : मीराँबाई

हिन्दी में स्त्री-लेखन के अतीत की बात करते ही सबसे पहले जो नाम ज़बान पर आता है वह मीराँ का है।* मीराँ का चरित्र भक्त-कवियों में सबसे रहस्यवादी है, बल्कि बना दिया गया है। शायद इसमें स्त्री होने का भी कुछ योगदान होगा। मज़ेदार यह है कि आलोचक और इतिहासकार इससे न ढंग से उलझते हैं न ढंग से बच पाते हैं। अपनी किताब 'हिन्दी-काव्य-संवेदना का विकास' के आमुख में रामस्वरूप चतुर्वेदी मानते हैं कि समग्रता-समरसता की पहले से चली आ रही भारतीय परम्परा ही है कि भक्ति-युग के पाँच कवियों का समुच्चय कबीर-जायसी-सूर-तुलसी-मीराँ के ज़रिए बनता है, जोकि सर्वस्वीकृत है कि भक्ति-युग के श्रेष्ठ कवि हैं।[12] दलित विमर्श और स्त्री-विमर्श के आने से पहले ही अपनी यह परम्परा रही है, इसलिए दलित साहित्य और स्त्री साहित्य हमारी साहित्य परम्परा से बेमेल बैठते हैं।[13] सर्वस्वीकृत कह देने का मतलब है कि इस पर बहस और विवेचना या स्पष्टीकरण की गुंजाइश नहीं है। इसलिए नहीं है कि इन पाँच में हिन्दू-मुसलमान, ब्राह्मण-दलित, पुरुष-स्त्री का साझा रचना-कर्म है तो अब आप क्या कहेंगे!

इस 'समावेशी/साझा साहित्य परम्परा' पर बात किया जाना ज़रूरी है। इतिहास में खोई हुई स्त्री-लेखन की परम्परा को तलाशना और सामने रखना जितना ज़रूरी है उतना ही ज़रूरी है उसकी सतही, अधूरी और पूर्वग्रहग्रसित आलोचना की वास्तविकता को उद्घाटित करना। सच यह है कि इतिहासकार मीराँ को अनदेखा कर ही नहीं सकते थे। आप इतिहास से उन्हीं तथ्यों को ग़ायब/अनदेखा कर सकते हैं जिनसे आप अविश्वसनीय न हो जाएँ। मीराँ उसी 'सर्वस्वीकृत' में आती हैं जिसे अनदेखा करने का जोखिम उठाना *लोक* और *जनता* दोनों के बीच अविश्वसनीय होना है।

यह जोखिम उठाना बस में होता तो इतिहास क्या करता, इसकी हक़ीक़त उस एक हज़ार शब्द के लेख में है जो इसी किताब में 'भक्ति-युग के पाँच श्रेष्ठ कवियों' में मीराँ को रखते हुए उनके काव्य पर लिखा गया है। 'मीराँ का काव्य उन विरल उदाहरणों में है जहाँ रचनाकार का जीवन और काव्य एक-दूसरे में घुल-मिल गए हैं, परस्पर के सम्पर्क से वे एक-दूसरे को समृद्ध करते हैं। इसका अर्थ यह भी है कि जीवन-वृत्त से अलग किए जाने पर इस काव्य की सर्जनात्मक क्षमता घट जाती है।'[14] लेकिन जीवन-वृत्त से न जोड़ा जाता तो मुद्दुपलानी, नागरत्नम्मा और शेख़ के कृतित्व का ऐतिहासिक अनादर कैसे होता!**

* 'हिन्दी में सबसे पहली स्त्री कवि मीराँबाई का नाम बड़े गौरव से लिया जाता है', ज्योतिप्रसाद मिश्र 'निर्मल', 'स्त्री कवि कौमुदी', गांधी हिन्दी पुस्तक भंडार, प्रयाग, 1931, पेज-12

** विस्तार से अगले अध्याय में

यानी मीराँ का विद्रोही जीवन और त्याग-तपस्या-भक्ति की मिसालें, किंवदंतियाँ साथ न हों तो मीराँ की कविता का सर्जनात्मक मोल वह नहीं होगा जो आज साहित्य में है। तब तो बेहतर होता कि महज़ 'टेक्स्ट' के आधार पर श्रेष्ठ को इतिहास की किताबों में रखा जाता और पाठक को भ्रमित न किया जाता। राजाओं के इतिहास की तरह साहित्य का इतिहास भी केवल श्रेष्ठ (जिसके मानक तय करनेवाले भी 'श्रेष्ठ' ही होंगे यानी सवर्ण मध्यवर्गीय पुरुष) कृतियों का ही इतिहास होता। ख़ैर, विरोधाभासी वक्तव्यों से रामस्वरूप चतुर्वेदी का इतिहास समृद्ध है।

चतुर्वेदी सूरदास और मीराँबाई के काव्य की तुलना 'टेक्स्ट' के आधार पर कम और कृष्ण-भक्ति के स्वरूप के आधार पर अधिक करते दिखाई देते हैं—'सूर के काव्य में गोचारण की जो स्वच्छंद तन्मयता है उसकी जगह मीराँ में राजस्थान से ब्रज की प्रणय-यात्रा की उदग्रता है।' सूर की भक्ति की जगह मीराँ की भक्ति आ कैसे सकती है? वे लगातार अपने से ही उलझे हुए दिखाई देते हैं—कहनी-अनकहनी के बीच। गीत-संगीत में कृष्ण-भक्ति के बोल जैसे सूरदास से लिये गए वैसे ही मीराँ या कबीर और तुलसी से। यह मीराँ की लोक-स्वीकृति है। यह 'सर्वस्वीकृत' और 'मैं क्या मानता हूँ' के बीच का स्पष्ट तनाव है जो चतुर्वेदी के यहाँ दिखता है और जिसका कोई हल उपलब्ध न होने की स्थिति में लेख के अन्त में चतुर्वेदी जल्दी-जल्दी अपनी निम्न प्रस्थापनाएँ बताते हैं—

- मीराँ की भाषा में सर्जनात्मक क्षमता कम है।
- सूर या तुलसी जैसा भाषा का कुशल प्रयोग दिखाई नहीं देता।
- यहाँ लोकगीतों की तरह सीधी अभिव्यक्ति पर बल है, लाक्षणिक प्रयोग बीच-बीच में जहाँ-तहाँ भले मिल जाएँ।
- नारी होने के कारण उनकी तन्मयता और विरह-भावना कुछ अपने-आप प्रामाणिक लगती है, लेकिन उनके पदों का भाषिक गठन उतना सशक्त नहीं।
- अक्सर ही भाषिक प्रयोग से कोई विशिष्ट अर्थ-क्षमता उत्पन्न नहीं होती।
- वर्णन का ढंग और कहीं-कहीं हल्का अप्रस्तुत-विधान कृष्ण-काव्य के प्रसिद्ध रचयिता सूर का अनुकरण लगता है।[15]

आलोचक महोदय पूरे लेख में सूरदास से तुलना करते चले आ रहे थे लेकिन अचानक इसी वाक्य में जहाँ उन्हें बताना था कि यह 'अनुकरण' है वह सूरदास को *कृष्ण-काव्य* के प्रसिद्ध रचयिता लिखते हैं; क्यों ज़रूरी था यह आप समझ सकते हैं। मौक़ा मिलता तो वह कह सकते थे कि स्त्रियाँ जो औसत लिखकर प्रसिद्ध

हो रही हैं वह तो किसी महान पुरुष की लेखनी का ही अनुकरण है। चतुर्वेदी जी जीवित होते तो मैं उनसे मिलकर विनम्रतापूर्वक यह कहती कि भाषा में आपके खेल ख़ूब पकड़ पा रही हूँ सर। स्त्री-रचनाकारों के लिए पूर्वग्रहग्रस्त सोच बनाने की कुछ ज़िम्मेदारी आपकी भी है।

रामस्वरूप चतुर्वेदी की आलोचना-दृष्टि को संरचनावादी कहा जाता है लेकिन अगर आप यह देख ही नहीं सके कि सामाजिक-संरचना में घर-बार सँभालते हुए, विद्रोही हुए बिना स्त्री का कविता लिखना सम्भव ही नहीं था और यह आपके लिए कोई बड़ा तथ्य नहीं तो इतिहास की संरचना अवश्य ही मर्दवादी है।

वापस लौटते हैं उस बात पर कि मीराँ को अनदेखा करना इतिहासकारों के लिए क्यों सम्भव नहीं रहा होगा। हक़ीक़त में मीराँ साहित्येतिहास-लेखन के लिए असुविधा न उत्पन्न करनेवाली एक उपयुक्त पात्र थीं। जैसे कि—सभी इतिहासकार अप्रश्नेय रूप से मीराँ का एक भक्त-कवि के रूप में होना स्वीकार करते हैं। इतिहास-लेखन के मापदंडों के हिसाब से मीराँ की कविता प्रामाणिक है, किसी पति/प्रेमी द्वारा नहीं लिखी गई। उत्कृष्ट भी है क्योंकि उसे लोक की स्वीकृति भी मिली हुई है। मीराँ का आध्यात्मिक रूप निर्विवाद है। वे उन्हीं भाषाओं में शामिल थीं जिनमें संत-भक्त कवि लिख रहे थे।

सबसे महत्त्वपूर्ण है कि वह 'जनता की चित्तवृत्तियों' के आधार पर नामकरण किए गए युग 'भक्ति-काल' की इतिहासकार-सम्मत कृष्ण-काव्य परम्परा में आती हैं। यानी मुख्यधारा में आराम से फिट की जा सकती थीं। इसलिए इतिहास लेखन करते हुए न दृष्टि के साथ कोई समझौता करना पड़ता है न कोई असुविधा होती है। 'सर्वस्वीकृत' के साथ यही फ़ायदा है। इसके आधार पर यह सिद्ध करना भी आसान हो जाता है कि स्त्री कवि न इससे पहले कोई थी न इसके बाद कोई हुई। हुई तो अप्रामाणिक या साधारण थी, उल्लेख करने लायक़ नहीं। इसके बाद महादेवी वर्मा तक छुट्टी। महादेवी वर्मा ने भी ख़ुद को इस स्थिति में ला दिया था कि उन्हें अनदेखा करके निकलना इतिहास के बूते से बाहर हो गया।

अब सोचिए स्त्रीवादी आलोचना ऐसे सुविधाजनक पात्र को उलझाने लगे और उसके मुतल्लिक़ इतिहासकारों और आलोचकों से सवाल पूछने लगे तो क्या इसे बर्दाश्त किया जाना चाहिए?

तमाम कहानियाँ मशहूर हैं मीराँ के बारे में कि उन्होंने बचपन से ही कृष्ण को अपना पति मान लिया था। राणा सांगा के बेटे से शादी तो की गई उनकी लेकिन मन कृष्ण-भक्ति में रमा रहता था। कुछ कहानियाँ कहती हैं कि भक्ति उनके पति की मृत्यु के बाद उनके जीवन में आई। जो भी हो पति के साथ सती हो जाने के लिए उन्होंने साफ़ मना कर दिया था और यहीं से विद्रोह की शुरुआत होती है।

उनकी सास झाली रानी, रैदास की शिष्या थीं और कृष्ण-भक्ति की एक परम्परा मीराँ अपने पीहर से लेकर आई थीं। सती होने से विद्रोह किया, कुलदेवी को पूजने से मना किया, कृष्ण को पति चुना, लेकिन आजीवन विधवा की तरह महलों में एक दमघोंटू वातावरण में रहना उनके लिए वाक़ई कष्टदायी हुआ होगा। उस पर से पीहर और ससुराल के सम्मान का बोझ। मुक्ति की एक ही राह दिखाई दी होगी—भक्ति। धर्माश्रय की जगह वैसे भी उस समय स्त्री को कौन मुक्ति दे सकता होगा। संतों के बीच उठना-बैठना और नाचना-गाना बेपरवाह होकर मीराँ का जीवन हो गया। वे महलों की रानी नहीं रहीं, लोक-जीवन के क़रीब हो गईं। दूर-दूर से संत आया करते थे मीराँ से मिलने। राणा सांगा जब तक रहे और उनकी पत्नी जो मीराँ से एक सहज अपनापा रखती थीं तब तक मीराँ महलों में भी साधु-संतों का सत्कार करती रहीं। जब विक्रमादित्य राणा बना तो उसने मीराँ की 'ऑनर किलिंग' की तमाम कोशिशें कीं।

मीराँ के लिखे में कई पाठांतर मिलते हैं और उनके जीवन को लेकर जो कुछ कहा गया वह भी अलग-अलग तरह से लिखा मिलता है। अकबर, बीरबल, तानसेन और तुलसीदास से उनकी मुलाक़ात दिखाना, कहीं रैदास से उनकी भेंट बताना, द्वारका में उनका कृष्ण की मूर्ति में लीन हो जाना और उन्हें चित्तौड़ वापस ले चलने का आग्रह करने आए ब्राह्मणों के हाथ केवल मूर्ति पर लिपटी साड़ी आना, तमाम चमत्कार। किसी ने कुछ कहा किसी ने कुछ। भक्ति व प्रेम की कवयित्री मीराँ को, उस स्त्री को अप्रश्नेय बना दिया गया। यह भी सम्भव है कि निजी पीड़ाओं, अकेलेपन, दुस्साहस और असुरक्षा के सारे सबूत मिटाकर मीराँ का जीवन एक आदर्श संत की प्रतिनिधि भूमिका में बाद में स्थापित किया गया हो।[16] मीराँ ने अपनी कविता में अपना जीवन-वृत्त ख़ुद शामिल कर लिया है वह आपको नहीं करना है। उनकी कविता ख़ुद बोलती-बतियाती है। भक्ति और नैतिकता के पहरेदारों के लिए यह आसान नहीं रहा होगा कि भक्ति-काव्य के कैनन में स्त्री को स्वीकार करने के बाद उस स्त्री के निजी जीवन का क्या किया जाए जिसके वृत्तांत वह ख़ुद बता रही है?

इस संशय को बल देनेवाले पर्याप्त उदाहरण मौजूद हैं स्त्री-लेखन के इतिहास में। आगे के अध्यायों में आनेवाला मोल्ल और मुद्दुपलानी का उदाहरण इसी तरह के संशयों को पुष्ट करता दिखाई देगा। आलोचकों का ऐसा व्यवहार अक्सर देखने को मिलता है जहाँ उन्होंने स्त्री-लेखन से सम्बन्धित सामग्री को जज किया और अपनी नैतिकताओं के आधार पर उनका रूप बदलने, काटने-छाँटने से गुरेज़ नहीं किया।

मीराँ के बारे में लिखते हुए एक अतिवादी छोर पकड़ लेना एक अजीब-सा व्यवहार है जिससे समझ आता है कि कोई आलोचक 'किन्हीं' दबावों में है।

साहित्य अकादमी की 'भारतीय साहित्य निर्माता शृंखला' में ब्रजेन्द्र कुमार सिंहल की मीराँबाई पर लिखी एक किताब है। कई जगह उसमें कुछ दृश्य और कुछ अबूझ दबावों के तहत खींचतान कर तर्क निर्मित करने की कोशिश है। जिसमें सबसे हास्यास्पद है 'नारी-अस्मिता' खंड के भीतर स्त्री-विमर्श में मीराँ की बात करना। वह स्वीकारते हैं कि 'वर्तमान काल में नारी-विमर्श पर लिखना सर्वाधिक सामयिक व महत्त्वपूर्ण माना जाता है...' इस दबाव के चलते उन्हें नारी-विमर्श करना ज़रूरी लगा। यह उनके लिए भयानक संकट वाली जगह है। कभी उनके विद्रोह के गुणगान करते हैं, कभी अबला बताते हैं। वह लिखते हैं—

> मीराँ युगानुरूप अबला तो यह कहकर बनी रही कि राजा के रूठने पर मैं उसकी नगरी छोड़कर चली जाऊँगी किन्तु अपने मार्ग से च्युत नहीं होऊँगी। मीराँ वर्तमान-कालीन नारी की तरह छाती से छाती अड़ाकर विद्रोह नहीं करती। किन्तु पुरुषप्रधान समाज की ज़्यादती को सहन भी नहीं करती। वह अपना रास्ता स्वयं चुनती है। उस पर चलती है। उसको समतल बनाने का प्रयत्न करती है। नहीं होता है तो उसको छोड़ देती है, उसको और अधिक ऊबड़-खाबड़ नहीं करती। यही मीराँ के विद्रोह में और वर्तमान-कालीन नारी-विमर्श में अन्तर है। वर्तमान-कालीन नारी अपनी अस्मिता व स्वतंत्रता की क़ीमत पर समाज का वातावरण विषाक्त करने, बिगाड़ने से नहीं हिचकिचाती किन्तु मीराँ ऐसा नहीं करती। वह दुर्जनों से किनारा करके अपना मुँह दूसरी ओर करके अपने लक्ष्य की ओर सतत बढ़ती रहती है।[17]
>
> अब निष्कर्ष पढ़िए—
>
> (1) मीराँ के मन में कृष्ण के प्रति दैहिक आकर्षण लेशमात्र भी नहीं था।
> (2) उसको स्वसुख की लेशमात्र भी आकांक्षा नहीं थी।
> (3) जब स्वसुख-वांछा का मीराँ में अभाव है तब न उसमें दैहिक आकर्षण हो सकता है, न समानाधिकार-प्राप्ति की आकांक्षा और न उन्मुक्त आचार-विचार।[18]

ये आलोचक महोदय के निष्कर्ष ही नहीं हैं, सदिच्छाएँ हैं। यही है दुर्जनों से किनारा करके, दूसरी ओर मुँह करके, यानी संन्यास लेकर उन्मुक्त आचार-विचार को त्याग देना। ऐसे आलोचक आज हैं तो कैसे न संशय हो कि मीराँ के लिखे और उसके बारे में प्रचलित को काटा-छाँटा या तथ्यों को निर्मित/विकृत नहीं किया गया होगा! इतिहास के प्रति ईमानदार न रहने की कोई प्रतिबद्धता न हो तो इतिहास-लेखन पाठक के साथ छल है और कुछ नहीं। इससे बेहतर आचार्य शुक्ल रहे। मीराँ के बारे में ज़्यादा कुछ कहे बिना आगे निकल गए।

यों यह नारी-विमर्श का दबाव भी बेचारे आलोचकों से बहुत कुछ करवा ले रहा है हम देख रहे हैं। दबाव में आकर अक्सर लोग अजीब चीज़ें करते हैं। 'तुलसीदास से त्रिलोचन तक कवि परम्परा में' प्रभाकर श्रोत्रिय ने मीराँ और महादेवी वर्मा को शामिल किया है। मीराँ पर वह लिखते हैं—

> ...मीराँ को हम जीवित उपलब्ध कर सकें तो स्त्री-स्वाधीनता की सच्ची प्रतिनिधि को अपने बीच चलती-फिरती पाएँगे, और पाएँगे कि वह आधुनिक स्त्री से ज़्यादा आधुनिक और क्रान्तिकारी है; स्त्री स्वाधीनता का एक समूचा दर्शन है; देश, काल, देह और मन पर रची जीवित चित्रशाला है।[19]

इतने से वह सन्तुष्ट नहीं होते और आगे लिखते हैं कि मीराँ के यहाँ स्त्री-विमर्श और दलित-विमर्श की बैठकी से कम नज़ारा नहीं है। यह एकदम ठीक है। यह कहने में कोई समस्या नहीं कि वर्तमान स्त्री और दलित विमर्श की झाँकी मीराँ के यहाँ है। समस्या है वर्तमान स्त्री और दलित विमर्श को मीराँ के आगे तुच्छ और खोखला साबित करने की मजबूरी या मंशा। वह लिखते हैं—

> मीराँ आधुनिक स्त्री के लिए आईना है—अलंकरण, शोभा, भोग वगैरह के नए बन्धनों में बँधी, स्वतंत्रता का दम्भ भरती आज की फ़ैशनपरस्त स्त्री क्या देख पा रही है कि उसके आस-पास सोने के पिंजरे लिये बाज़ार घूम रहा है और वह उन्हीं पिंजरों में से कोई पिंजरा चुनने को न सिर्फ़ बाध्य है बल्कि स्वेच्छा से परख रही है कि कौन-सा पिंजरा ज़्यादा जड़ाऊ है, ज़्यादा क़ीमती।[20]

मैं सोच रही हूँ आलोचक किन स्त्रियों को देखकर यह राय बनाता होगा? अपने आस-पास की या फ़िल्मों और टीवी की? क्या उसके अपने घर में, पास-पड़ोस में जीती-जागती या विदुषी और प्रखर स्त्रियाँ नहीं हैं जो नौकरीपेशा हैं, लेखक, प्रोफेसर, शिक्षक, डॉक्टर, इंजीनियर, राजनीतिज्ञ, सीईओ हैं? यह कैसे तय कर पाता है आलोचक कि स्वतंत्रता का दम्भ भरती नारी तो बाजार के पिंजरे में है लेकिन पुरुष जो आदिकाल से आज़ाद होने के अहंकार में है उसे बाज़ार छू भी नहीं गया है? धर्म का पिंजरा बाज़ार के पिंजरे से श्रेष्ठ है? चलिए, इन सवालों को जाने दीजिए। वह आगे सिद्ध करते हैं कि वह कौन-सी स्वतंत्रता है जो स्त्री के लिए आदर्श है। आज़ादी की क़ीमत होती है हर तरह के प्रलोभनों और लगावों का निषेध जो मीरा ने चुकाई। लेकिन सवाल तो यह बनता है कि आज़ाद होने के लिए स्त्री को दुनियावी लगावों से मुक्त होकर वैराग्य में ही राह तलाशनी होगी? तभी उसकी मुक्ति को आलोचक सच्ची स्त्री-मुक्ति कहेंगे? कहीं यह तो नहीं कि पुरुष-कामना के अधीन नहीं रहना तो स्वयं कामना-मुक्त हो जाओ क्योंकि तुम्हारी कामना हमें बर्दाश्त नहीं!

तो मीरा को प्रमुखता से आगे करके आधुनिक युग के स्त्री-लेखन को ख़ारिज करने का सुख-सा आलोचक को प्राप्त होने लगा। ऐसा नहीं कि इतिहासकार और आलोचक मीराँ से डील नहीं कर पाते। दरअसल बात यह होती है कि वे स्त्री-विमर्श से ही डील नहीं कर पा रहे होते।

यह बात एकदम समझ आने योग्य है कि परम्परा में रूढ़ियाँ आती हैं लेकिन वह कभी स्थिर होकर नहीं रहती। इतना तो तय है कि मीराँ के समय ने उन्हें मीराँ होने दिया तो समाज में उन अन्तर्विरोधों से कुछ फ़ायदे भी होते हैं लेकिन इसके बावजूद बहुत सारे सवाल अनुत्तरित रह जाते हैं। कुमकुम संगारी लिखती हैं—

> प्रथमत: यह तथ्य उभर कर आता है कि मध्यकाल तक आते-आते 'स्मृति' और पुराण अब क़ानून के रूप में मान्य नहीं रह गए थे, किन्तु उस वैचारिक पृष्ठभूमि और आदर्शों के मानक की तरह वे अब भी उपलब्ध थे जिसने शासक राजपूत जातियों के पारम्परिक प्रभाव क्षेत्र और जातीय बोध को आकार दिया था।[21]

तो स्पष्ट है कि स्मृति और पुराण समाज की मूल संरचना में ही अन्तर्निहित हो चुके थे और मीराँ के बाद में मूल्यांकन के लिए ज़िम्मेदार भी। कुमकुम संगारी की इसी पंक्ति पर आपत्ति करते हुए अपने एक विस्तृत लेख में माधव हाड़ा लिखते हैं कि *नए स्त्री-विमर्शकार भी मीराँ के विद्रोही तेवर, साहस और स्वेच्छाचार की तो सराहना करते हैं, लेकिन उसे हाशिए की वंचित-उत्पीड़ित आवाज़ कहकर उसके समाज को ठंडा और ठहरा हुआ मान लेते हैं।*[22] यह सिद्ध करने के लिए कि मीराँकालीन समाज और राजपूत परम्परा उतनी ब्राह्मणवादी नहीं थी जितनी कि ओरिएंटल दृष्टि से दिखाई देती है। वह तमाम उदाहरण देते हैं और बार-बार 'नए स्त्री-विमर्शकारों' को सम्बोधित करते हैं।

'नए' और 'स्त्री-विमर्शकार' दोनों शब्दों पर आपको ध्यान देना चाहिए। बहरहाल, माधव हाड़ा का पूरा लेख राजपूती संस्कृति के बचाव की कोशिश में कहीं नहीं ले जाता बल्कि वह परस्पर विरोधी बातें लिखते हैं। राजपूत स्त्रियों का सम्मान करते थे बल्कि उनके सम्मान के लिए जान भी दे देते थे।[23] तो पहले वह ख़ुद ही लिख रहे थे कि 'पितृकुल की प्रतिष्ठा और उससे राजनीतिक सम्बन्ध से अन्त:पुर में रानियों का मान-सम्मान तय होता था।[24] सचाइयाँ इकहरी नहीं होतीं इसलिए यह भी एकतरफा सत्य ही है कि राजपूती समाज स्त्रियों का इतना सम्मान करता था कि उनके सम्मान में युद्ध तक कर जाता था। सम्मान कुल का होता था और उसका ठीकरा स्त्री के सर होता था, इसमें क्या शक़ है!

विधवा को क्या-क्या सहना होता है यह बताने की ज़रूरत मुझे नहीं है। मीराँ के साथ यह हुआ था जिसे अपनी एक कविता में दर्ज करती हैं वह—*ठंडा टुकड़ा*

थे पावौ कोई, पीवो खाटी छाछ/भूं सुवौ, भूखा मरौं, कठै मिले गोपाल। माधव हाड़ा लिखते हैं कि महलों में उनकी अवनति भी होती थी जिसे महलों से नीचे उतारना कहा जाता था, इसमें उनके भोजन में कटौती होती थी और उसकी गुणवत्ता भी कम हो जाती थी। यह बताते हुए वह इस बात से सब जस्टीफाई कर लेते हैं कि भले ही विधवाओं की सक्रियता कम थी लेकिन उन्हें 'कुछ हद तक' सामाजिक सुरक्षा प्राप्त थी।

आगे वह एक मज़ेदार बात लिखते हैं—'राजवंश की स्त्रियों को भक्ति, सत्संग और तीर्थाटन की छूट थी।'[25] इसे 'छूट' कहना और बड़ी बात समझना स्त्रीवादियों को क्यों न अखरे! और फिर यह भी बताते हैं वह कि कितनी बड़ी बात है कि स्त्रियाँ बिलकुल ही अशक्त नहीं थीं। राजवंश में 15-20 रानियों में आपसी संघर्ष, कलह और षड्यंत्र होते थे। लेकिन किसलिए होते थे? इसलिए कि किसका बेटा उत्तराधिकारी बनेगा! इस तरह की बातों से नए स्त्री-विमर्शकारों का सामना नहीं किया जा सकता। नए स्त्री-विमर्शकार भी पर्याप्त अध्ययन के साथ आए हैं जिनके पास ज्ञान की विभिन्न शाखाओं से मिली स्त्रीवादी पद्धतियाँ हैं।

इसे स्त्रीवादियाँ ख़ुद स्वीकार करती हैं कि स्त्रियाँ समाज में उपेक्षित मोठ की बोरी की तरह नहीं पड़ी रहीं किसी भी युग में। यह कोई मीराँकालीन समाज का अपवाद नहीं है कि वे जितना जैसे बन पड़ता था कुछ जगह अपने लिए बना लेती थीं। लेकिन क्या इससे समाज की मूल संरचना बदल गई थी या स्त्री की स्थिति? कन्या-शिशु हत्याएँ बन्द हुईं या सती-प्रथा? वह एक जगह लिखते हैं, 'मीराँ सती नहीं हुईं तो सांगा की 14 रानियाँ भी सती नहीं हुईं, सती होना जबरन नहीं स्वैच्छिक था। परलोक या महानता की इच्छा से कुछ स्त्रियाँ स्वयं सती हुआ करती थीं।' मानो सती होने की 'इच्छा' चयन का मामला है जो समाज और अतीत के किसी दबाव से मुक्त है। ऐसे उदाहरणों से इतिहास भरा पड़ा है कि जब स्त्रियों ने अपने लिए राह बनाई और पितृसत्ता से कुछ हक़ पाए।[26] लेकिन निगोशिएट करना आज़ाद होना तो नहीं है! इसके मूल में भी यही स्वीकार है कि स्त्री की स्थिति दोयम है और वह शासित की जानी चाहिए। वे संघर्ष और षड्यंत्र कर रही थीं तो अपनी पुत्रियों की आज़ादी के लिए नहीं बेटों के उत्तराधिकार के लिए। उत्तराधिकार की जंग को स्त्रियों की कुछ या ज़्यादा सक्रियता ने कोई चुनौती नहीं दी, जब दी तो बरदाश्त नहीं की गई।

कोई समाज कभी पूरी तरह ठस्स और ठंडा समाज नहीं होता, लेकिन उसे समझने के लिए नए विमर्श और मदद ही करते हैं। इसलिए उनकी इस बात से सहमत हुआ जा सकता है कि मीराँकालीन समाज में वर्ण और जातीय गतिशीलता थी। लेकिन उनके लेख से कुमकुम संगारी का लिखा ख़ारिज नहीं होता। 'नए स्त्री-विमर्शकारों' के चिन्तन-बिन्दु और प्रक्रिया को ख़ारिज किए जाने की कोई वजह

नहीं थी। बल्कि उसका स्वागत किया जाना चाहिए था। राजस्थानी लेखकों में यह प्रवृत्ति—मीराँ को आध्यात्मिक बताने और मीराँकालीन समाज को डिफेंड करने की—सामान्यत: मिलती है। नए विमर्श, साफ़ कहें तो स्त्रीवाद, इसलिए उन्हें आरोप लगते हैं।

यह समझना चाहिए था कि मीराँ लोक के इतना क़रीब जा चुकी थीं कि राणा विक्रमादित्य के लिए उन्हें मारना कोई खेल नहीं था। मीरा का मेड़तिन होना भी एक बड़ी वजह थी इसलिए मीराँ को सीधा-सीधा न मार सकने के पीछे सिर्फ़ बदनामी ही नहीं बल्कि राजनीतिक सम्बन्धों का एक गणित भी था। यह भी नहीं भूलना चाहिए कि महलों से निकलकर मीराँ अदृश्य नहीं हो गई थीं, महलों से उनका द्वन्द्वात्मक रिश्ता मृत्युपर्यंत बना ही रहा। वे हमेशा ख़बर में बनी हुई थीं। भूलना यह भी नहीं चाहिए कि पितृसत्ता से टकराने के लिए मीराँ ने अपनी पसन्द के पितृसत्तात्मक चयन किए। ऐसा थोड़े था कि मीराँ के लिए आज़ादी को थाली में मोतियों की तरह सजाकर प्रस्तुत किया गया था। पर्याप्त बदनामी सही और बातें सुनीं मीरा ने। सबके बावजूद मीराँ का एक अकेलापन था जिसे वह भक्ति में ख़ुद को विलीन करके पाटना चाहती थीं और फिर भी सफल होती नहीं दिखती थीं। एक लगातार का संघर्ष वहाँ बना रहता है।

'कोई कहे मीराँ भई बावरी, कोई कहे कुलनासी रे' या 'राणा जी मुझे ये बदनामी लगे मीठी' कोई यों ही नहीं कहता।

लेकिन मीराँ जग की बातें सुनतीं तो आत्महत्या (या आलोचक के शब्दों में स्वैच्छिक सती) के अलावा कोई चारा नहीं बचता क्योंकि दुर्जनों लोगों ने तो उनकी निंदा में कोई कसर न छोड़ी थी। मीरा ने जिन सामंती बन्धनों को तोड़ा और अपने लिए एक मार्ग चुना अगर वे उनकी स्वतंत्र जीवन शैली के कारण छिन्न-भिन्न हुए हैं तो उनके गीतों ने इन बन्धनों को लाक्षणिक या आदर्श बनाकर फिर उभारा है और उनकी 'सर्वव्यापी' अनिवार्यता को कम से कम मीराँ के लिए तो एक स्वतंत्र विकल्प के रूप में पुन:परिभाषित कर दिया है[27] पितृसत्ता के उच्चतम शिखर यानी ईश्वर की शरण लेना (स्याम मने चाकर राखौ जी) मीराँ को नैतिक बल देता रहा।

उनकी भक्ति, पितृसत्ता से सामंजस्य और विसंगति को एक साथ लेकर चलीं[28] मीराँ का त्याग उन्हीं वस्तुओं का त्याग तो है जो उन्हें वैसे भी प्राप्य नहीं हैं। वह उनके लिए अड़ नहीं सकतीं। पलायन का रास्ता आज़ादी का रास्ता तो नहीं कहा जा सकता न! इसलिए मीराँ का कहना 'म्हारौ दरद न जाणै कोय...' या मर जाने की इच्छा 'भूख गई, निदरा गई, पापी जीव न जावै जी या पिंड माँ सूँ प्राण पापी निकल क्यूंनी जात....' महज़ अध्यात्म नहीं हो सकती। एक आलोचक लिखते हैं कि मीराँ कितनी साहसी हैं कि आधी रात को अपने प्रिय कृष्ण को नदी किनारे

मिलने के लिए बुलाती हैं। वह भूल जाते हैं कि मीराँ के यहाँ प्रेम और वासना भी इसलिए ही स्वीकार्य हुई कि उन्होंने पितृसत्ता को चुनौती देने की बजाय उसे अपने तरीक़े से बनाए रखा है। भक्ति की भाषा में वह पतिव्रता और दासी हैं ईश्वर रूपी पति की। वर्ना आलोचक एक स्त्री का स्वतंत्र प्रेम स्वीकार कर लेते?

मीराँ के पास भक्त-कवियों की वह भाषा तो आती है जिसमें कबीर जैसे संत कवि हरि को पिउ और स्वयं को उसकी बहुरिया मानकर भक्ति में रमते हैं लेकिन यह जो स्त्री की अहंकार और स्वार्थ से रहित आस्था है वह मीराँ के लिए चयन नहीं है, वह स्त्री ही हो सकती थी। यह उसकी भक्ति को जानने के लिए नए आयाम खोलता है। कबीर को पढ़ना भी मज़ेदार है इस सन्दर्भ में। वह अहंकार और मैं को तिरोहित करने की उच्चतम स्थिति में स्त्री हो जाते हैं। उनके लिए जेंडर का चोला बदल लेना तो आसान है लेकिन पितृसत्तात्मक मूल्यों को नहीं। जब वह स्त्री हैं तो पतिव्रता की तारीफ़ करना विवाह के पितृसत्तात्मक ढाँचे को बनाए रखने के लिए ज़रूरी है और नारी को नरक का द्वार, सर्प और महाठगिनी बताते हुए उनका पुरुष प्रत्यक्ष होता है। कबीर के रचना-संसार में स्त्रीत्व का एक लक्ष्य यदि रूढ़िगत धर्म से दूरी बनाना है, तो यह लक्ष्य पितृसत्तात्मक मूल्य-संरचना को यथावत बनाए रखने की क़ीमत पर हासिल हुआ है।[29] यह अजीब लगता है कि भक्ति में एकनिष्ठता के लिए कबीर स्त्री हो जाते हैं लेकिन स्त्री उनके लिए कोई सम्माननीय जीव नहीं है अगर वह पतिव्रता नहीं है।

मीराँ तो दासत्व स्वीकार करती ही हैं। 'श्याम मने चाकर राखो जी' और 'मैं तो अपने श्री गिरिधर की आप ही हो गई दासी रे' स्त्री की पति के प्रति भक्ति और एकनिष्ठता स्त्री-जाति की स्वतंत्रता का उत्सव तो नहीं है! हाँ लेकिन अपने स्त्री होने को लेकर कोई शर्मिंदगी नहीं है। बल्कि जो भी स्त्रैण कहा जाता है उसी के दावे के साथ सामाजिक अपेक्षाओं से मुक्ति का मुखर उद्घोष है। यही मीराँ को चुनौतीपूर्ण बनाता है आलोचक और इतिहासकार के लिए। भक्ति-साहित्य का जिस तरह कैननाइजेशन हुआ उसमें भक्ति के भीतर की यह पितृसत्तात्मक व्यवस्था मीराँ और जीव गोस्वामी के विषय में प्रचलित उस लोककथा में भी है जब जीव गोस्वामी मीराँ से मिलने को मना कर देते हैं इसलिए कि वह स्त्रियों से नहीं मिलते। वह मीराँ के इस कथन से शर्मिंदा तो होते हैं जब वह कहती है अच्छा! आप भी पुरुष हैं! मुझे तो लगता था कि पुरुष केवल एक ही है (जिसकी भक्ति में सब भक्त कवि स्त्री बने फिरते हैं।) लेकिन मीराँ से मिले फिर भी नहीं।

मीराँ को भक्ति की दुनिया में भजनों की तरह गाया गया। 'जो तुम तोड़ो पिया मैं नाहीं तोड़ूँगी' ने फिल्मों में जगह बनाई। संगीत की दुनिया में भी वह हमेशा प्रिय रहीं। राग मालकौंस में गाया 'पग घुँघरू बाँध मीराँ नाची रे' कौन

भूल सकता है! मीराँ के पदों की गेयता और लोकप्रियता कमाल है, फिर भी हैरानी की बात है कि चित्तौड़ में लोग अपनी बेटियों का मीराँ नाम नहीं रखते। मीराँ के यहाँ विद्रोह और समझौते, बगावत और दासत्व का जो विरोधाभासी स्वर है जो मीराँ को पितृसत्तात्मक मूल्यों के ज़रिए ही पितृसत्ता से जूझने के लिए मजबूर करता है वह समझना मुश्किल नहीं है। महत्त्वपूर्ण है उनका यह संघर्ष जो वह आजीवन करती रहीं। पुरोहितवाद से, पितृसत्ता से और राजवंश से। हम मीराँ को 'संघर्ष' की प्रतिनिधि मान सकते हैं 'विजय' की नहीं।[30] एक तरफ़ अपने प्राप्त जेंडर का प्रखर स्वीकार और दूसरी तरफ़ जेंडर्ड संरचनाओं का भी स्वीकार। अपने समय और समाज में मीराँ शायद ऐसी ही विरोधाभासी हो सकती थीं।

जेंडर से मुक्त हो जाना एक स्त्री कवि का : ललद्यद

जिस समाज में केवल विवाहिता स्त्री का कुछ विशेष सम्मान हो, वह भी पुत्र की जननी और वैधव्य एक अन्तहीन पीड़ा; जहाँ स्त्रियों का सम्मान उनके ख़ानदान की शान से नपता हो, तीर्थाटन की 'आज़ादी' हो, कच्ची उम्र के बेमेल विवाह नियति हों जो अपने साथ ससुराल के अन्तहीन उत्पीड़न का परमिट साथ लाएँ, वहाँ विद्रोह का रास्ता धर्म तक ही ले जा सकता है और कभी संन्यास तक। उन समस्त परम्पराओं से विद्रोह जो सामाजिक संरचना को स्त्री के लिए अमानवीय बनाती हैं। उस विद्रोह में मीराँ ने अपने तरीक़े से लोक-लाज छोड़ी और राजशाही को धता बता दिया। उधर दूर कश्मीर में मीराँ से एक सदी पहले एक साधारण ब्राह्मण परिवार में जन्मी ललद्यद ने विद्रोह किया; स्त्री की कोख, श्रम और यौनिकता को नियंत्रित करनेवाली समाज-व्यवस्था को नकारा; सांसारिक झूठ और दिखावे के त्याग की ही तरह वस्त्रों का भी त्याग कर वन की राह ली।

कश्मीरी कवयित्री ललद्यद को आधुनिक कश्मीरी साहित्य की जननी माना जाता है। मीराँ की तरह लल की जीवन-कथा भी इतिहास से कम और उन लोक कथाओं से ज़्यादा पता चलती है जिसमें चमत्कारपूर्ण कहानियाँ भी घुल-मिल गई हैं। ये सारी कहानियाँ बेहद ग़ौर से पढ़ी जाना ज़रूरी हैं क्योंकि इनमें लल का जितना देवत्व सिद्ध होता है उससे कहीं अधिक एक आम स्त्री की पीड़ा दिखाई देती है। अक्सर आलोचक लल के देवत्व और उनके यहाँ शैव दर्शन को तो लक्ष्य करते हैं लेकिन उन भौतिक कष्टों को अनदेखा कर जाते हैं जो पितृसत्तात्मक व्यवस्था में निरुपाय स्त्री को झेलने पड़ते हैं। यह किंवदंती प्रचलित है कि लल पर उसकी सास बहुत अत्याचार करती थी। बहुत श्रम करना पड़ता था उसे और भोजन न

पूरा मिलता था, न अच्छा। सुनते हैं कि लल के लिए उसकी सास एक बड़ा पत्थर थाली में रखकर उस पर चावल लपेट दिया करती थी जिससे थाली भरी हुई लगे। लल चुपचाप चावल आस-पास से हटा कर खा लेती और पत्थर को धोकर रसोई में वापस रख देती थी। एक बार घाट पर पानी भरने के लिए जाते हुए लल की सहेलियों ने कहा कि आज तो तुम्हारे घर ग्रहशान्ति अनुष्ठान के उपलक्ष्य में कई पकवान बने होंगे, हमें नहीं बुलाओगी! तो लल ने कहा—'हौंड मारितन किन कठ, ललि नीलवठ चलि न जाँह' (घर में चाहे भेड़ कटे या बकरा, लल के भाग्य में तो पत्थर ही लिखे हैं)।

ऐसी ज़िन्दगी से मोह न ख़त्म हो तो क्या हो! लल पर लांछन लगाए जाते थे कि वह पानी भरने इतनी जल्दी चली जाती है और बहुत देर में लौटती है। पति भी दाम्पत्य से उसकी बढ़ती विरक्ति देखकर इस पर यक़ीन करने लगा। एक वाख में वह कहती है कि

> मैं तो संसार में उसी उमंग के साथ खिली थी जैसे कपास का फूल खिलता है, लेकिन धुनिए ने मेरी ख़ूब गत बनाई और मेरा कण-कण उखाड़ डाला, मेरी ख़ूब गत बनाई, फिर जुलाहे के यहाँ मैं (करघे पर) लटक गई।[31]

बारह साल की लड़की अपने से दुगनी उम्र के व्यक्ति से ब्याही जाए तो ही उसके सपने चकनाचूर हो जाते हैं, उस पर भी न मान, न उचित व्यवहार, देह ही जाने कैसे इस सम्बन्ध में लय बना पाई होगी प्रेम की तो बात ही जाने दें। ऐसे में 'देह रूपी मकान की खिड़कियाँ व दरवाज़े बन्द करने'[32] के अलावा स्त्री के पास चारा भी क्या था। एक बार वह पानी लेकर लौटी तो पति ने ग़ुस्से में लाठी से मटकी को फोड़ दिया। कहते हैं मटकी फूट गई लेकिन पानी मटकी का ही आकार ग्रहण किए लल के कन्धों पर टिका रहा। घर लौटकर लल ने उसे बर्तनों में भरा और बचा हुआ ज़रा-सा पानी बाहर जाकर फेंक दिया। वहाँ लल के नाम से एक तालाब बन गया। ललत्राग। चमत्कार को एक तरफ़ रखिए और सोचिए कि ऐसा घर जहाँ न उसके श्रम की इज़्ज़त है न उसके वजूद को कोई मान्यता, वहाँ कोई किसलिए लौटना चाह सकता है! सन्तान अक्सर एक बड़ी वजह होती है जिसके लिए सब कुछ सह जाती है स्त्री और बार-बार शोषण के अपने ठिकाने पर लौट आती है। लल के पास वह वजह भी नहीं थी। कश्मीरी में एक लोकोक्ति प्रचलित है—

> न ज़ायस त न प्यायस, न खेयम हंद त न शोंठ[33]
> (न गर्भिणी बनी, न प्रसूता और न प्रसूता का आहार ही किया)

जीवन के प्रति यह कैसी विरक्ति होगी और कैसा निरर्थकता बोध कि लल सब त्यागकर जंगलों की ओर निकल गई। बाह्य आचार व मर्यादाओं से ऊपर उठ गई वह। निरुद्‌देश्य भटकना ही उद्‌देश्य हो गया। एक वाख में वह कहती है—

गुरु ने एक उपदेश दिया
बाहर से तू अन्दर जा
तभी से यह बात छू गई और
मैं विवस्त्रा नाचने लगी।[34]

सर्वशक्तिमान की अनुभूति से आनन्दातिरेक में वह विवस्त्र यहाँ-वहाँ फिरने लगी होगी। न देह का होश न वेश का। किसलिए रहना चाहिए होश? क्या हासिल है दुनिया की रीत मानते चले जाने का और स्व को खोते चले जाने का? यह आध्यात्मिकता के उच्च स्तर तक पहुँचना तो है ही। नीरजा मट्टू लिखती हैं—

> प्रतीत होता है वह पूर्णत: आत्म-चेतना विहीन हो गई : अपनी देह से लगभग अनजान। इस तरह वह सहर्ष, सहज ढंग से उस जेंडर-फैक्टर से ऊपर उठ जाती है जो आजकल की स्त्री बुद्धिजीवियों, विचारकों और लेखकों का मानसिक स्पेस घेरे रहता है। जब वह नग्न घूमती है तो दुनिया क्या सोचती है, इसकी चिन्ता करने से वह इनकार करती है। जब उससे पूछा जाता है कि क्या उसे शर्म नहीं आती पुरुषों के बीच अपने नग्न देह के प्रदर्शन से तो वह पूछती है कि आस-पास कोई पुरुष भी है? उसके लिए आम लोग भेड़ों और अन्य बेज़ुबान जानवरों की तरह थे...ईश्वर के अलावा भी कोई सच्चा पुरुष है?[35]

मीराँ और जीव गोस्वामी का भी ठीक इसी तरह का एक प्रसंग पहले उद्धृत किया गया है। मीराँ का व्यंग्य मानो उस भक्त-परम्परा पर भी था जिसमें पुरुष-कवियों ने स्वयं को स्त्री मानकर और ईश्वर को पति/परमपुरुष मानकर भक्ति की।

आध्यात्मिकता ठीक है लेकिन मैं इसे, लल द्वारा स्त्री के लिए तय की गई बाह्य मर्यादाओं के त्याग को, एक और कोण से देखने की सिफ़ारिश करूँगी। वह कोण है—जेंडरमुक्त हो जाने का। मीराँ और लल की कविता और विद्रोह को, भाषा और जीवन को जेंडर-पहचान से समझना होगा। मीराँ कृष्ण को पति मानकर उसके प्रेम में बावरी होकर फिरीं। मीराँ ने विद्रोह के रास्ते में अपना स्त्री होना पुन: पाया; तो वहीं स्त्री-देह धरने का पर्याप्त दंड भोग कर लल देह से ही मुक्त हो गई। मीराँ ने अपनी जेंडर-पहचान के साथ विद्रोह किया और लल ने जेंडर के दायरे तोड़कर। एक का लेखन 'एक्रीचर फ़ेमिनाइन' का उदाहरण है जैसे हेलेन सिक्सू

कहती है—लिखो ख़ुद को, तुम्हारी देह को सुना जाना ज़रूरी है[36] और एक का लेखन पूरी तरह जेंडर-प्रशिक्षण से स्वयं को मुक्त करता हुआ, स्त्री होने के दायरे से मुक्त होता हुआ, सीखे को अनसीखा करता हुआ।

अपने-अपने विद्रोह में हालाँकि मीराँ और लल दोनों ने स्त्री की घरेलू छवि को नष्ट किया। मीराँ फिर भी समर्पित पत्नी की भूमिका अपने काव्य में निभाती रहीं लेकिन लल का समस्त विद्रोह नकार और एकान्त के चयन का है। कृष्ण की ही सही, लेकिन पत्नी होकर कम से कम मीराँ कुछ चीज़ें ख़ारिज नहीं करतीं। वह स्वीकार्यता के लिए लोक की ओर, समाज की ओर जाती हैं। उनकी स्थितियों के हिसाब से सम्भवत: यही सबसे उपयुक्त चयन रहा होगा। वह एक सम्मानित राजवंश की स्त्री थीं। उन्होंने अपने लिए भक्ति चुनी। कृष्ण का, साधु-संतों का साथ चुना। लल एक बेहद साधारण परिवार में जन्मी थी, ब्याही गई थी। एक देहाती स्त्री, जो ब्राह्मण के घर जन्मने के कारण थोड़ी शिक्षा ले पाई थी। आत्महत्या कर लेती या मार दी जाती तो भी न इतिहास पूछता न लोक। न जाने ऐसी कितनी स्त्रियाँ गुमनाम जीवन और मौत को स्वीकार करती हैं। लल भले साधारण परिवार की थी लेकिन निश्चित ही बौद्धिक स्त्री थी। आध्यात्मिकता इसी बौद्धिकता की राह से आई। पीड़ाओं की अधिकता में वह पीड़ा के मूल कारण से ही ऊपर उठ गई। सामाजिक मर्यादा को सम्पूर्णत: त्यागा और एकान्त चुन लिया। साधना को चुन लिया। उसके वाख उसके अकेलेपन और दर्द को बखान करते हैं। मीराँ अपनी कविता में कभी माई, कभी ननद और कभी सखी को सम्बोधित करती हैं तो लल अपने स्व और निज की तलाश की कविता है जिसमें स्पष्टता, तर्क, बुद्धि की कुशाग्रता, सारगर्भिता देखने को मिलती है और कभी-कभी संत कवियों की सी प्रवृत्ति।

लल हिन्दी के क्षेत्र में होतीं तो सम्भव है वह संत-कवियों की निर्गुण परम्परा में शामिल कर ली जातीं, उनका जेंडर मुक्त हो जाना एक ज़रूरी भूमिका निभाता इसमें।

लल की भक्ति और कविता दोनों ही अपना अलग संस्करण रचते हैं और अपना कथ्य व शिल्प। लल से पहले तक कविता महज़ ज़रिया थी दार्शनिक/आध्यात्मिक प्रविधियों को कंठस्थ करने का। लेकिन लल ने कविता को व्यक्ति की इच्छाओं, अनुभूतियों, संवेदनाओं और 'चिन्तन प्रक्रिया' को अभिव्यक्त करने के लिए इस्तेमाल किया। लल के वाख उसकी आध्यात्मिक अनुभूतियों की अभिव्यंजना हैं। 'जब मैं सारे शास्त्र भूल बैठी तब मुझे चेतन आनन्द की प्राप्ति हुई'[37] थेरियों को भी याद कीजिए। जिन्होंने अपनी पीड़ा को जीता है उन स्त्रियों को आप शास्त्र सिखाएँगे? इस हिसाब से लल कश्मीर की पहले से चली आ रही किसी भक्ति-परम्परा में नहीं आतीं बल्कि वह रूढ़ियों से विद्रोह करती

हैं। धर्म का कोई रटा-रटाया रूप नहीं है उनके यहाँ। यद्यपि प्रत्यभिज्ञा दर्शन की उन्हें जानकारी थी फिर भी वह सत्य के अन्वेषण के लिए किसी श्रेणीकरण पर भरोसा नहीं करतीं।[38] बल्कि उनके यहाँ एक अन्तर्दृष्टि है, कुछ-कुछ बुद्ध की तरह। उनके वाख पढ़कर किसी को भी हैरानी हो सकती है कि एक लड़की जो इतनी संवेदनशील है, गुणी, प्रबुद्ध और आध्यात्मिक प्रवृत्ति की है और उसे ऐसा बेमेल और क्रूर ससुराल मिलता है। समाज की कुरीतियों, अन्याय, विरोधाभास व विसंगतियों पर उनकी दृष्टि ठीक ऐसे ही पड़ती है जैसे कबीर की—

एक प्रबुद्ध को भूख से मरते देखा
पतझर में विलग हुए पत्ते की तरह गिरा पड़ा था
एक निर्बुद्धि रसोइये को पिटते देखा
तभी से यह मन बाहर निकल पड़ा।[39]

ज्ञान और अध्यात्म की राह चलकर भी रहना इसी जगत में है, लेकिन समरूपता से। वह बार-बार आम व्यक्ति को सम्बोधित करती हैं कि शास्त्रों के चक्कर में मत पड़,[40] पंडित को फटकार बताती हैं,[41] पत्थरों को पूजने की आलोचना करती हैं। वह किसी वैराग्य का रास्ता नहीं दिखातीं। सबके लिए वह सांसारिक इच्छाओं के सम्पूर्ण त्याग की बात भी नहीं करतीं। बल्कि समरूप में उनके इस्तेमाल की बात कहती हैं। *देह को भूख-प्यास से मत तड़पा, ठंड दूर करने के लिए कपड़े पहन और संतोष कर।* लल का अध्यात्म उनका अपना संस्करण है। एक स्त्री का संस्करण। ऐसी स्त्री जो नर और मादा के सामाजिक अन्तर या कहिए भेदभाव यानी जेंडर से मुक्ति हासिल करती है।

लल के वाखों के साथ भी वही स्थिति है जो मीराँ के पदों की। उनका संयोजन करते हुए कितना कुछ खोया गया होगा, जोड़ा गया होगा इसके बारे में तमाम इतिहासकारों ने अपनी-अपनी समझ इस्तेमाल की। ग्रियर्सन ने बड़ी लगन से उनका संग्रह 'ललवाक्यानि' के नाम से 1920 में किया। इससे असन्तुष्ट सर रिचर्ड टेम्पल ने 1924 में 'द वर्ड ऑफ़ लल' के नाम से लल के वाखों का काव्यात्मक अनुवाद किया। यहाँ तक आते-आते अपने-अपने मंतव्यों और समझ के अनुरूप कुछ बदलाव तो हुए ही होंगे इसे जयालाल कौल, शम्स शफ़ी ही नहीं अधिकांश विद्वान स्वीकार करते हैं। तो फिर क्या है जिससे समझ आए कि लल उन वाखों में कहाँ और कितनी हैं?

अन्ततः लल की भाषा, तेवर, ऐतिहासिकता और उपयुक्तता (एप्रोप्रिएटनेस) ही वह कसौटी बचती है कि जिससे पता लगाया जा सके कि यह कविता मौलिक होगी या नहीं या मूल में वह क्या शब्द प्रयोग रहा होगा जो बदल गया है। कई वाख ऐसे हैं जिन्हें पढ़ते हुए समझ आता है कि वह किसी 'धर्माचारी

व पुण्यशील' कश्मीरी पंडित साधु की उक्तियाँ हैं। उनमें वह तेज, चिंगारी और स्फूर्ति नहीं है जो लल का मूल स्वर है[42] भले ही लल के वाखों को बहुत बाद में जाकर लिपिबद्ध किया जा सका। लेकिन ऐसा नहीं है कि लल की भक्ति और चेतना विलुप्त हो चुकी थी। लल की प्रसिद्धि उसके वाखों के ज़रिए लोक-स्मृति में बसी हुई थी। लल के बाद के कई रहस्यवादी कवियों ने लल को सत्यान्वेषण की राह में अपना पथप्रदर्शक बताते हुए श्रद्धांजलि दी है। लल के ही शिष्य कहे जानेवाले नुंद ऋषि ने सबसे पहले लल की प्रशंसा में लिखा कि ईश्वर मुझे भी उसके जैसी योग्यता देना।[43] सोलहवीं शताब्दी में बाबा अली रैना ने तज़किरात-ए-आफ़रीन में उसे लल मौज (माँ) और राबिया (इस्लामी इतिहास में एकमात्र और बेहद प्रसिद्ध सूफी महिला संत) का पुनर्जन्म 'राबिया सानी' यानी राबिया जैसी कहकर सम्बोधित किया है। आगे शम्स फ़क़ीर (1845-1904) ने भी इसी तरह ज़िक्र किया है लल का।[44]

समय के हिसाब से लल मीराँ से पहले आती हैं। चौदहवीं शताब्दी में मीराँ और लल की एक समानता यह है कि उन्होंने उस भाषा को चुना जो जनजीवन के क़रीब थी। मीराँ के यहाँ राजस्थानी, ब्रज, गुजराती के रंग दिखते हैं जिसकी वजह से उनका लोक-हृदय के समीप जाना और उनकी कविताओं का स्मृति में सुरक्षित रहना सम्भव हुआ। यही लल के साथ है। लल को तो आधुनिक कश्मीरी की जननी कहा ही जाता है। कश्मीरी कविता में लल का अन्दाज़ सबसे निराला है। भाषा का यह चुनाव तमाम सामाजिक अवरोधों, पितृसत्ता और धर्म के सांस्थानिक रूप से लेकर जाति के पार ले जाता है। लल को हिन्दू और मुस्लिम एक तरह से सम्मान देते और मानते हैं, क्लेम भी करते हैं। एक जगह वह लल्लेश्वरी हैं तो एक जगह लल आरिफ़ा। यह बताता है कि भाषा स्त्री के हाथ में वह ज़रूरी औज़ार है जिससे वह शिश्नकेंद्रित भाषा को और पितृसत्ता को चुनौती दे सकती है।

स्त्री कविता के ये तीन उदाहरण—मीराँ, ललद्यद और थेरियाँ, इस मानी में महत्त्वपूर्ण हो जाते हैं कि संरचनात्मक गुलामी से स्त्री की आज़ादी के आख्यान हैं ये। ऐसी कवि जिन्होंने मुक्ति की तलाश में घर छोड़े। यह सोचने पर विवश भी करता है कि घर आख़िर ऐसी संरचना क्यों है कि मन का कहने भी नहीं देती? वर्तमान विमर्श की शब्दावली में देखें तो ऑनर-किलिंग, घरेलू उत्पीड़न और घरेलू श्रम के अवमूल्यन की समस्या तीनों यहाँ दिखाई देती हैं। व्यथा और दर्द घर नाम की संस्था के इर्द-गिर्द ही तो घूमता है। घर की संरचना से निकलती है स्त्री तो बेबाक बयान करती है अपनी पीड़ा का और आनन्दपूर्वक मुक्ति का उद्घोष करती है। कविता का आवरण और उसमें भी आध्यात्मिकता की ओट लल को पूज्य बना

देती है। मुक्ति की राह धम्म तक ले जाती है। बाहर जब कुछ नहीं बदलता, न बदल सकता है तो भीतर ही तोड़-फोड़ मचने लगती है।

अपनी बात कहने में लोक-लाज का त्याग स्त्री के लिए एक बड़ी चुनौती है और एक बड़ी उद्घोषणा। न समाज न इतिहास इन स्त्रियों से डील कर पाया न आलोचना। यही वजह भी है कि मीराँ, लल, आंडाल इनकी मृत्यु को लेकर भी अविश्वसनीय कहानियाँ ही प्रचलित हैं।

थेरियाँ हों ललद्यद या मीराँ, तीनों ने ही धर्म की व्यवस्था को विधिवत तरीक़े से न अपनाया न आगे बढ़ाया। थेरियाँ बुद्ध की शिक्षाओं पर नहीं अपने जीवनानुभवों पर बात करती हैं, अपनी मुक्ति का उत्सव मनाती हैं। ललद्यद ने धर्म और अध्यात्म का अपना ही एक संस्करण तैयार किया। मीराँ ने धर्म से विद्रोह किया। ऐसी विद्रोही कवियों के लिए आलोचना कोई कैनन नहीं बना पाती।

सुमन राजे मानती हैं कि जब-जब समाज में कोई नवजागरण हुआ है, स्त्रियाँ निकलकर सामने आईं। बौद्ध स्त्रियाँ, फिर दक्षिण में आठवीं सदी से पनपे भक्ति आन्दोलन में तमिल कवयित्री आंडाल, कन्नड़ में अक्क महादेवी, मध्यकाल में ललद्यद, मीराँ, ताज, बंगाल में चन्द्रावती, महाराष्ट्र की बहिनाबाई। ये सब रहस्यमयी स्त्रियाँ रहीं। जिनके जीवन और मृत्यु के सम्बन्ध में तमाम कथाएँ लोक में प्रचलित रहीं। लेकिन जो स्त्री-द्वेष उत्तर भारत में स्त्री-लेखन के प्रति है वह दक्षिण की तरफ़ नहीं दिखता। आंडाल समादृत रहीं। कुम्मरिमोल्ल की तेलुगु रामायण शूद्र समुदाय के बीच ख़ूब गाई जाती रही। इन्हीं के बीच वे स्त्रियाँ भी थीं जो किसी भक्ति परम्परा में नहीं थीं।

3

इतिहास के लिए भारी पड़ती है स्त्री की प्रतिभा
मुद्दुपलानी और शेख़

> इतिहास को लेकर यह कसरत और शोध किए जाना आवश्यक इसलिए भी है कि अपने समय और साहित्य में मौजूद रहने पर भी उपस्थिति का साक्ष्य इतिहास में दर्ज होकर ही मिलता है, और सच यह भी है कि स्त्रियों के साथ सबसे अधिक छल इतिहास में ही किया गया है।[1]

अठारहवीं सदी की तेलुगु कवि मुद्दुपलानी के क्लासिक काव्य 'राधिका सांत्वनम' को 1910 में जब बैंगलोर की नागरत्नम्मा ने पुन:प्रकाशित किया तो उसकी वजह साफ़ थी। वह न केवल उस कविता से प्रभावित थीं बल्कि इस बात से भी कि वह उन्हीं की भाषा की एक पुरखिन स्त्री कवि की रचना है जिसे 'प्रॉपर फ़ॉर्म' में प्रकाशित किया जाना ज़रूरी है।[2] प्रॉपर फ़ॉर्म से उनका मतलब ग़ैर-ज़रूरी सम्पादन और ख़राब क़िस्म के प्रकाशन से था जो 'राधिका सांत्वनम' की मूल प्रति में कर दिया गया था। 1887 में वेंकटनरासु, नक्शानवीस सी. पी. ब्राउन के सहायक, द्वारा सम्पादित-प्रकाशित संस्करण में मुद्दुपलानी का लिखा प्राक्कथन पूरा उड़ा दिया गया था जिसमें काव्य-परम्परा के अनुसार मुद्दुपलानी ने अपनी माँ, मौसी, नानी की विरासत और तंजावुर के नायक राजा प्रताप सिम्हा (1739-1763) के दरबार में अपनी उपस्थिति का ज़िक्र किया है। नागरत्नम्मा ने तेलुगु साहित्य के बारे में पढ़ते हुए मुद्दुपलानी को जाना था और उसके काव्य की मूल प्रति की तलाश शुरू कर दी। अन्तत: 'राधिका सांत्वनम' की सम्पूर्ण पांडुलिपि सरस्वती मुद्रणालय से, जिसे बाद में वाविला प्रेस के नाम से जाना गया, छपी हुई नागरत्नम्मा को प्राप्त हुई।

मुद्दुपलानी साधारण गणिका नहीं थी। 'नगर शोभिनी' कही जाती थी। तंजावुर संगीत, नृत्य, स्थापत्य और सौन्दर्यबोध के लिए ही नहीं अपनी नगरवधुओं के लिए भी ख्यात था। ये स्त्रियाँ संस्कृत साहित्यशास्त्र पढ़ीं, नवरस में पारंगत, काव्य-रचना करनेवाली चतुर, आकर्षक स्त्रियाँ हुआ करती थीं।[3] मुद्दुपलानी ऐसी ही

नर्तकी थी। सुन्दर, प्रवीण, शृंगार रस के सभी अंगों और संस्कृत, तमिल, तेलुगु भाषाओं में दक्ष। तमिल संत कवि अंडाल का भी मुद्दुपलानी ने अनुवाद किया और सात पंक्तियों की कविता सप्तपदम लिखने की नई शुरुआत की।[4] बेहद प्रतिभाशाली थी मुद्दुपलानी। विनम्र नहीं प्रखर, अपनी उपलब्धियों पर गर्वित।

लेकिन अपने समय में 'राधिका सांत्वनम' जैसा मास्टरपीस रचने के बाद भी उसकी ख्याति आंध्रप्रदेश से बाहर नहीं जा पाई। बाद में इतिहास ने भी खिलवाड़ किया उसके साथ। वेंकटनरासु ने उसकी कई कविताओं के अन्तिम निष्कर्षात्मक हिस्से हटा दिए और कुछ कविताएँ बिल्कुल ही ग़ायब कर दीं। नागरत्नम्मा ने मूल पांडुलिपि को खोजकर दोनों का तुलनात्मक अध्ययन किया तो उसे ज़रूरत महसूस हुई कि इस कृति को सामने लाया जाए।

उन्नीसवीं सदी के भारत का इतिहास समाज-सुधार आन्दोलनों का इतिहास है, समाज-सुधार आन्दोलन जिनके केन्द्र में स्त्री रही। स्त्री-शिक्षा और विधवा पुनर्विवाह के लिए काम करनेवाले आंध्र के समाज सुधार आन्दोलन के जनक कंदुकुरी वीरेसलिंगम के साथ भी वही नैतिक दिक़्क़तें थीं जो बंगाली भद्र-लोक की या महाराष्ट्र के सुधारवादियों की थीं कि वह स्त्री को शिक्षित और सुसंस्कृत तो देखना चाहते थे लेकिन इसलिए कि इससे वह एक अच्छी पत्नी और गृहिणी बन सके। मुक्त-स्त्री की कल्पना उनके लिए सम्भव नहीं थी। मुद्दुपलानी का साहित्य स्त्री की छवि 'ख़राब' करता था। वीरेसलिंगम ने तेलुगु कवियों का इतिहास लिखते हुए मुद्दुपलानी को कवि के रूप में इसलिए ख़ारिज कर दिया कि वह एक व्यभिचारिणी है,[5] किताब के कई हिस्से ऐसे हैं कि उन्हें स्त्रियों को सुनना भी नहीं चाहिए और कहा कि शृंगार रस का सहारा लेकर उसने अश्लील काव्य रचा है। लेकिन एक न एक दिन इतिहास को जवाब तो देने पड़ते हैं। जो उड़ा दिया गया था उस प्राक्कथन में मुद्दुपलानी लिखती है—

है मेरी तरह कोई औरत
अपनी विद्वत्ता के लिए उपहार और धन से सम्मानित हुई?
है मेरी तरह कोई औरत जिसे
समर्पित किए गए महाकाव्य?
है कोई और मेरी तरह की औरत जिसने
विविध कलाओं में प्रशंसा कमाई?

तुम अतुलनीय हो,
मुद्दुपलानी, अपनी तरह की एक ही।[6]

एक तो 'राधिका सांत्वनम' एक बेहद संवेदनशील काव्य है, कामुक है, दूसरा उसकी कवयित्री भी इस कदर आत्मविश्वास से भरी है। एक स्त्री का यह तेवर और आत्मविश्वास कैसे बर्दाश्त किया जा सकता था! इस्मत चुग़ताई से पहले, किसी स्त्री की लिखी यह वह पहली रचना है जिस पर अश्लीलता का आरोप लगा। ब्रिटिश काल की पहली स्त्री-रचना जिसे प्रतिबन्धित किया गया।

'राधिका सांत्वनम' से एक बेहद संवेदनशील अंश उद्धृत कर रही हूँ जिसे अश्लील कहना शुद्ध मर्दवादी नज़रिया होगा। कृष्ण के जीवन में इला के आ जाने से राधा ईर्ष्या-विदग्ध है लेकिन दूसरी स्त्री के प्रति संवेदनशील भी है। प्रताप सिम्हा की सहचरी बनकर रही मुद्दुपलानी कहीं अपने जीवन के अनुभव इसके माध्यम से दर्ज करती प्रतीत होती है।

उसके होंठों पर
अपना जिह्वाग्र फिराना
ज़ोर से काटकर
भयभीत मत करना उसे
उसके कपोलों पर
एक मृदु चुम्बन रख देना
तीखे नाखूनों से अपने
खरोंचना मत उसे
उंगलियों के पोरों से
पकड़ना उसके कुचाग्र
उन्हें निचोड़ कर
उसे डराना मत
धीरे-धीरे
करना प्यार
भयभीत मत करना
आक्रमण से उसे

मूर्ख हूँ मैं भी
जो समझा रही हूँ तुम्हें यह सब
जब मिलोगे तुम उसे
और प्यार की जंग छेड़ोगे
रख पाओगे ध्यान मेरे बताए
करणीय और अकरणीय का?[7]

पूरा रीतिकाल याद कीजिए। मर्दों के लिए तो ऐसे वर्णन करना उचित है कि प्रेमिका के कठोर स्तनों के पहाड़ चढ़ते हुए दृष्टि थक गई और उसकी ठुड्डी के गड्ढे में जा गिरी लेकिन एक स्त्री का यह बताना कि एक स्त्री को कैसे प्यार किया जाना चाहिए, अश्लील है? स्त्री का यह समझाना कि पहली बार जब सम्भोग किया जाए तो वह धीरे-धीरे हो, प्रेमी उस पर टूट न पड़े, उसे भयभीत न करे, उसके नाज़ुक अंगों को कोमलता से छुए और प्यार करे, उसकी कामना को जगाए बजाय इसके कि उस पर आक्रमण कर दे—यह बर्दाश्त किया जाना इतना मुश्किल क्यों है? पुरुष लिखें तो उनके लिए शर्म और तहज़ीब का मतलब कुछ और है, स्त्री के लिए कुछ और? जिस खुलेपन से शास्त्रों में स्त्री देह का वर्णन है और रीतिकाल में यौन-क्रियाओं का रस ले-लेकर बखान है उसे देखते हुए कोई भी समझ सकता है कि उसका अभिप्रेत पाठक पुरुष है और स्त्री का पक्ष वहाँ सिरे से ग़ायब है। उसे ग़ायब ही रखना महज़ साहित्य की राजनीति नहीं है बल्कि पूरी संरचना में निहित है, समाज, इतिहास सब जिसका हिस्सा हैं। वेंकटनरासु ने ऐसा क्यों किया होगा, इसकी वजह समझना मुश्किल नहीं है। तेलुगु साहित्य के इतिहास के लेखक 'राधिका सांत्वनम' का दो पंक्तियों का परिचय देते हैं जिसमें दूसरी पंक्ति है—"यह रचना भी दक्षिणी स्कूल के अन्य कामों की तरह बदमज़ा और शालीनता से रहित है।"[8] यह सेक्सुअल पॉलिटिक्स नहीं तो और क्या है?

यह ऐतिहासिक स्त्री-द्वेष मुद्दुपलानी पर ही ख़त्म नहीं होता। नागरत्नम्मा (1878-1952) स्वयं एक गणिका की पुत्री थी जो अंग्रेज़ी, कन्नड़ और तेलुगु भाषाएँ पढ़ी थीं, बुद्धिमती थी, प्रतिभाशाली थी, संगीत सीखा था। अपनी संगीत-कला से उसने ख़ूब पहचान बनाई। उसकी प्रतिष्ठा और क़द इतना हो गया था कि वह पहली महिला संगीतकार बन गई जो आयकर देती थी। लेकिन मामला स्त्री का हो तो सिर्फ़ प्रतिभा का मूल्यांकन नहीं होता। एक तेलुगु साहित्यिक पत्रिका ने निंदा करते हुए मुद्दुपलानी और नागरत्नम्मा दोनों पर निशाना साधा—

> एक वेश्या ने किताब लिखी और दूसरी वेश्या ने उसे सम्पादित किया।[9]

जीवन में ही नहीं, अपने कृतित्व में भी पितृसत्तात्मक नैतिकताओं पर स्त्री को परखा गया। यह आश्चर्यजनक नहीं था कि अपने समय की प्रसिद्धि प्राप्त कृति 150 साल बाद पर्याप्त बदनाम कृति बनी।

हिन्दी के मध्यकालीन साहित्य में ऐसी ही एक प्रतिभाशाली कवयित्री मिलती हैं—शेख़। शेख़ रंगरेज़िन थीं, स्त्री थीं और वह भी मुसलमान। प्रतिभाशाली होना

ही उनका कुसूर था। शेख़ और आलम कवि-युगल मशहूर है और आलम-केलि नाम का दोनों का संयुक्त संग्रह मिलता है। आलम ब्राह्मण थे लेकिन शेख़ के प्यार में उन्होंने अपना धर्म परिवर्तित किया। कवियों के बीच प्रेम की कड़ी कविता से जुड़ती है। कहते हैं एक बार आलम ने अपनी पगड़ी रँगाने के लिए भेजी तो उसमें एक काग़ज़ भूल से बँधा रह गया जिसमें दोहे की एक पंक्ति लिखी हुई थी—

कनक छरी सी कामिनी काहे को कटि छीन।

शेख़ ने पगड़ी रँगते हुए इस काग़ज़ को पाया। पढ़ा तो मन में आया कि चलो इसे पूरा कर दे। उसने लिखा—

कटि को कंचन काटि बिधि कुचन मध्य धरि दीन॥

और काग़ज़ वापस उसी में बाँध दिया। बस दोहा पूरा हुआ। कवि का दिल इस पर कैसे न आता! शेख़ से प्यार कर बैठे। प्रेम विवाह में परिणत हुआ।

लेकिन यह मज़ेदार है कि इतिहासकारों ने रीतिकाल में शेख़ का नाम लेने से गुरेज़ किया। जिन्होंने किया उन्होंने तारीफ़ की। सहृदया थी, रसिका थी, वाक्‌चातुर्य था। तारीफ़ करते-करते लिख गए कि इतनी अच्छी भाषा उन्होंने कैसे पाई? सम्भव है कि आलम के सहयोग या सम्बन्ध का प्रभाव हो या रंगरेज़िन होने के कारण उसका सम्बन्ध ब्रज-भाषा-परिचित अन्य रसिक कवियों से रहा हो![10] इतिहासकार स्वयं स्वीकार करता है कि फ़ारसी साहित्य में जिस तरह के प्रेम की प्रधानता है वैसा शेख़ के यहाँ मिलता है और उसे बोधा और तोष कवियों की श्रेणी में रखा जाए तो अनुचित न होगा।[11] फिर भाषा की और खुलकर प्रशंसा—

> यह अवश्य है कि शेख़ की रचना में सानुप्रासिक और अलंकृत पदावली उतनी विशेष नहीं जितनी कि कला-काल के पुरुष-कवियों में पाई जाती है। सबसे विशेष बात जो हमें शेख़ की रचना में मिलती है वह है उसकी शुद्ध, सरल, सुव्यवस्थित और रसरा ब्रजभाषा। शेख़ के पहले और शेख़ के बाद भी बहुत दिनों तक ऐसी सुन्दर ब्रजभाषा में ऐसी गठी हुई कविता और किसी भी महिला ने नहीं की।[12]

लेकिन भाषा और प्रतिभा पर मोहित इतिहासकार इतनी जल्दी सर्टिफ़िकेट जारी नहीं करता अगर कवि एक स्त्री हो तो! आगे के पृष्ठों में वह कहता है—*कदाचित शेख़-स्नेहासव-पान से मदनोनमत्त-भावुक आलम ने ही प्रेम-प्रमाद में आकर शेख़ के नाम से रचना की हो जो अब शेख़ की ही रचना प्रसिद्ध हो गई है।* इसी एक स्थान पर लेखक यह तीन बार कहता है कि कविता बहुत अच्छी है लेकिन हो सकता है कि प्रेम में दीवाना होकर आलम ने ही अपनी कविताओं पर शेख़ के नाम

की मुहर लगा दी और साथ ही कहता जाता है कि यह अन्वेषणीय है। यानी पूरा यक़ीन न करो कि रचना शेख़ की है।

इतिहासकार शेख़ की कविता का मूल्यांकन ठीक से नहीं करता। डाँवाडोल है। कुछ भी कहते हुए डरता है। आशंकित है। वह या तो उसके लेखकत्व पर, अभिकर्तृत्व पर सन्देह व्यक्त करता है या और कुछ न सूझे तो शेख़ के कुलक्षिणी होने पर आपत्ति करने लगता है।

> शेख़ की कविता में नारी हृदय के सहज संकोच का अभाव देखकर हम चकित हो जाते हैं। घटना का प्रथम रूप तो उसके नारीत्व के लिए शोभाजनक नहीं है। कारण स्पष्ट है—आलम की पगड़ी में दोहे वाले काग़ज़ के टुकड़े का पड़ा रह जाना भूल हो सकती है, किन्तु शेख़ का उत्तर देना सुनिश्चित विचार का फल था।[13]

इतिहासकार के लिए कविता लिखती स्त्री कर्ता नहीं है या उसका कर्ता होना सन्देहास्पद है लेकिन उसके प्रेम में फँसकर एक ब्राह्मण मुसलमान हो जाए तो वहाँ स्त्री प्रेम में फँसानेवाली यानी कर्ता है! हिन्दी साहित्य का इतिहास लिखते-लिखते कई इतिहासकार यह ग़लतफहमी पाल बैठे कि वह हिन्दू साहित्य का इतिहास लिख रहे हैं।

4

जेंडर, जाति, धर्म के समीकरण

मोल्ल, खगनिया, चंद्राबती, ताज और शेख़

तेलुगु भाषा का पहला टेक्स्ट मोल्ल रामायण

सोलहवीं सदी में तेलुगु भाषा का पहला टेक्स्ट 'मोल्ल रामायण' है। इसे लिखनेवाली अतुकुरी मोल्ल या कुम्मरि (कुम्हारिन) मोल्ल का उल्लेख करना ज़रूरी है। हिन्दी में मोल्ल रामायण का 1977 में आया अनुवाद इसका किसी भी भाषा में आया पहला और एकमात्र अनुवाद है जिसे पढ़कर 'मोल्ल रामायण' को जाना जा सकता है। उसके अनुवादक के अनुसार मोल्ल की जीवन सामग्री प्राप्त नहीं होती लेकिन जनश्रुतियाँ उसके कुम्हारिन होने के पक्ष में हैं; कहा जाता है कि वह राम-भक्त थी जबकि उसके पिता शैव थे।[1] मोल्ल के बारे में बहुत विस्तार से जानकारी नहीं मिलती।

सूसी थारू की किताब के अनुसार चलें तो दोनों पिता-पुत्री वीरशैव थे। पिता कुम्हार तो थे लेकिन कवि भी थे। वीरशैव एक भक्ति-आन्दोलन था जो ब्राह्मणवाद के विरुद्ध आंध्र में बारहवीं सदी के आस-पास हुआ था।[2] वहीं नबनीता देव सेन लिखती हैं कि यह सुन्दर और प्रतिभाशाली शूद्र कन्या कृष्णदेव राय की उपपत्नी थी।[3] कांचा इलैया लिखते हैं कि मोल्ल कुम्हारिन थी और क्योंकि ब्राह्मण समाज की तरह का श्रम का जेंडर-विभाजन शूद्रों में नहीं था तो वह भी काम करती थी और इसी वजह से सभ्य समाज से उसकी बातचीत होती रहती थी। इसी तरह के संवादों से वह पढ़ने-लिखने को उत्सुक हुई। ब्राह्मण तो उसे शिक्षित क्यों करते लेकिन एक शिक्षित शूद्र कुंतमल्लेशु से पढ़ना-लिखना सीखा।[4] इतना तय है कि मोल्ल सवर्ण नहीं थी और मुख्यधारा में नहीं थी। उसका रामायण लिखना एक दुस्साहसिक कार्य था। जैसा जनश्रुतियाँ बताती हैं, कृष्णदेवराय के दरबार में तेनालीराम ने चुनौती देते हुए एक दूसरे गाँव से आनेवाले वरिष्ठ कवि का उपहास किया था। उसी का प्रत्युत्तर देने के लिए मोल्ल ने पाँच दिन में रामायण

लिखकर पूरी की।[5] सभी शास्त्रीय मानकों का ध्यान रखते हुए, रसों का निर्वाह करते हुए मोल्ल ने साबित किया कि वह शूद्र होते हुए भी किसी ब्राह्मण पुरुष की तरह रामायण लिख सकती है। 'मोल्ल रामायण' का हिन्दी अनुवादक लिखता है—'मोल्ल रामायण' से पता लगता है कि मोल्ल ने पूर्ववर्ती कवियों के ग्रंथों का मनन अवश्य किया है।[6] कई प्रसंगों में तो लगता है जैसे तुलसीदास और मोल्ल दोनों एक साथ बैठकर स्वर मिलाकर रामकथा का गान कर रहे हों।[7]

लेकिन जिस तरह से 'मोल्ल रामायण' पितृसत्ता के मानकों पर खरी उतरती है लगता नहीं कि किसी लिंगायत ने उसे शिक्षित किया है, बल्कि किसी दरबारी पंडित ने किया है। यह रामायण थी भी तो दरबार की प्रशंसा पाने के लिए ही लेकिन वह एक शूद्र, वह भी स्त्री द्वारा रची गई थी इसलिए उसे दरबार में प्रतिबन्धित किया गया।

ताड़का-वध, अहिल्या-उद्धार, सीता-स्वयंवर, शूर्पणखा-प्रसंग, राम-रावण-युद्ध सभी राम की प्रशंसा से पूर्ण हैं। यहाँ तक कि सीता-स्वयंवर में भी सीता अनुपस्थित पात्र की तरह रह जाती है। मोल्ल के यहाँ सबसे अधिक श्लोकों की संख्या युद्ध-कांड में है। यह भी एक तरह से मोल्ल का विद्रोह था कि उसने मुख्यधारा के बेहद क़रीब जाकर रामकथा को वैसे ही लिखने की कोशिश की जैसे कि कोई ब्राह्मण पुरुष लिख सकता था। इसी कामना के अनुरूप अनुवादक प्रशंसा भी करता है—स्त्री होकर भी युद्धों के प्रसंग में वीर, रौद्र, भयानक, वीभत्स आदि रसों के वर्णन में भी अपनी प्रतिभा प्रदर्शित किया है।[8] मोल्ल ने यह साबित किया कि अबला भी कविता करने में कितनी निपुण है।[9] यह तारीफ़ पितृसत्तात्मक पैमानों पर खरा उतरे बिना नहीं हो सकती थी। इसलिए जब काँचा इलैया कहते हैं 'मोल्ल रामायण एक व्युत्क्रमित (inverted) अ-हिन्दू टेक्स्ट है। इसने कभी भी हिन्दू पितृसत्तात्मक आर्य नैतिकता का वर्चस्व स्थापित नहीं किया।'[10] तो थोड़ी हैरानी होती है। जल्दी-जल्दी स्त्री-लेखन को किसी कैनन में रख देने की आदत से बचना चाहिए।

यह ठीक है कि पुरुषों की भाँति, ब्राह्मणों के शास्त्रीय परम्परा के अनुरूप मोल्ल ने अपनी प्रतिभा का लोहा मनवाया। लेकिन टेक्स्ट के स्तर पर उसे व्युत्क्रमित अ-हिन्दू टेक्स्ट नहीं कहा जा सकता। इसलिए कि—मोल्ल के राम अवतार हैं और रावण के वध के लिए उन्होंने दशरथ के यहाँ अवतार लिया है[11] दशरथ के यह कहने पर कि राम तो बालक है, दनुजों को मार पाएगा? विश्वामित्र कहते हैं कि भले ही छोटा है लेकिन राम के अलावा कोई राक्षसों को मार नहीं सकता।[12] बालकांड में अयोध्या नगरी को सब नगरियों में श्रेष्ठ बताते हुए वह वहाँ के ब्राह्मणों की प्रशंसा में लिखती है—पंडित हैं पर चालाक नहीं। इस नगर के ब्राह्मण परम पावन हैं।[13] मोल्ल के अनुसार साकेत पुरी स्वर्गपुरी की बराबरी करती है[14] और धरणीपति दशरथ धर्मपरायण हैं।[15]

फिर हम 'मोल्ल रामायण' को उल्लेखनीय क्यों मानें? इसलिए कि मोल्ल शास्त्रीय परम्परा के विरुद्ध जाकर रामायण लिखने के लिए तेलुगु का चयन करती है। वह भी बेहद आसान भाषा में लिखी ताकि आम व्यक्ति भी रामायण की कथा को ग्रहण कर सके जबकि वह पूर्व ग्रंथों का अध्ययन कर चुकी है। वह स्पष्ट रूप से अपनी रामायण के आरम्भ में कहती है कि न मैं विद्वान हूँ न मुझे काव्य के नियमों की जानकारी है, मैं विशेषज्ञ नहीं हूँ, मुझे छंदों, ध्वनि-विज्ञान, क्रियाओं की धातुओं, अलंकारों किसी की जानकारी नहीं है[16] और अपने इस प्रयास को स्वयं राम को ही समर्पित कर देती है न कि राजा को। इसलिए उसका यह प्रयास सामान्य जन के लिए है। शिक्षित शूद्रों के बीच 'मोल्ल रामायण' ने जगह बनाई।

ब्राह्मण-संस्करण में कोई अन्तर लाए बिना मोल्ल कहीं-कहीं अपनी छाप छोड़ती है। यहाँ मोल्ल के भीतर की स्त्री बँधे-बँधाए खाँचे से थोड़ा छूट लेती है। सीता स्वयंवर के बाद अयोध्या में राम के राज्याभिषेक की तैयारी चल रही है। सब नगरवासी प्रसन्न हैं। ऐसे में—

> दलनायकों (कोतवाल), अपने अधिपतियों(पति) की आँखों में चतुराई से धूल झोंककर, सास तथा अपने छोटे बच्चों को ठीक तरह से सुलाकर, निर्मल करकंकण वाली तथा अनवटों को अधिक मुखरित न होने देते हुए जार-लतांगियों ने मध्यरात्रि में उच्छृंखलता से विहार किया।
>
> सुरति के अभाव में दुखी होनेवाली स्त्री, पति से सताई जानेवाली कान्ता, सरसता को जाननेवाली चन्द्रमुखी, सहवास की जोड़ी चाहनेवाली, सौदा करनेवाली (वेश्या), परपुरुष की अभिलाषा न छोड़नेवाली भामा, बलात्कार रति को चाहनेवाली आदि कामिनियाँ अपने उपपतियों के साथ विहार करने लगीं।[17]

इसलिए काँचा इलैया जब यह लिखते हैं कि आज़ादी होती तो सम्भवत: 'मोल्ल रामायण' नहीं शूर्पनखायम लिखती लेकिन अपने ब्राह्मणवादी पितृसत्तात्मक परिवेश से समझौता करके उसने राम-कथा के दायरे के भीतर ही सीता-रामायण लिखकर पितृसत्ता को चुनौती दी[18] तो ठीक ही लिखते हैं।

मोल्ल रामायण हिन्दू-ब्राह्मणवादी पितृसत्तात्मक पाठ को पलटता नहीं है। 'चन्द्राबती रामायण' को उसके साथ रखकर एक बार पढ़ लेना चाहिए जिससे समझ सकें कि स्त्री-पाठ कैसे एक पितृसत्तात्मक आख्यान को पलट देता है। वहाँ स्त्री की आवाज़ दोहरी होकर सुनाई देती है। एक स्वर सीता का है जो रामायण की कथा सुना रही है दूसरा स्त्री-स्वर चन्द्राबती का है जो रचनाकार है। मोल्ल के यहाँ सीता की कोई आवाज़ नहीं है। अपने स्वयंवर के

प्रसंग में भी वह लगभग अनुपस्थित है। चन्द्राबती की कथा का केन्द्र ही सीता है। चन्द्राबती के लिए यह सम्भव हो पाता है मोल्ल के लिए नहीं। ऐसा क्यों? तो यह याद करना चाहिए कि—चन्द्राबती बंगाली ब्राह्मण थी और मोल्ल एक कुम्हारिन। लेकिन दोनों का सही मूल्यांकन नहीं हो पाता।

पहेली कहनेवाली खगनिया

जिला उन्नाव में पुरवा नामक ग्राम में रहनेवाली मध्यकालीन कवयित्री खगनिया को पढ़कर आनन्द आ जाता है। खगनिया के परिचय में कोई जानकारी नहीं मिलती। बस यह संकेत मिलता है कि ऐसी एक तेलिन मध्यकाल में थी जो पहेलियाँ बनाती थी और उसकी पहेलियाँ प्रसिद्ध थीं। इसका ज़िक्र सिर्फ़ 'स्त्री कवि-कौमुदी' में मिलता है। लेखक लिखता है—'इसके पिता का नाम वासू था और जाति की तेलिन थी। यह पढ़ी-लिखी तो विशेष रूप से नहीं थी किन्तु पहेलियाँ बनाने में बड़ी प्रवीण थी। इसकी पहेलियों को साधारण लोग बहुत पसन्द करते हैं। बहुत से लोग इससे पहेलियाँ सुनकर लिख ले जाते थे और उन्हें कंठस्थ कर लेते थे। आज भी कितने ही लोगों को खगनिया की पहेलियाँ कंठस्थ हैं।'[19] लोक-जीवन में मनोरंजन के लिए भी पहेलियाँ रची गईं और उनमें हास्य-व्यंग्य का भी पुट मिलता है। भक्ति, रीति, नीति से अलग यह एक अलग क़िस्म की प्रतिभा है जो जन-जीवन की सचाइयों के बीच पनपती और पोषित होती है।

भीतर गूदर ऊपर नांगि, पानी पियै परारा माँगि।
तिहि की लिखै करारी रहै, वासू केरि खगनिया कहै। —दावात

बाम्हन खावै पेटवा फार, लाली है रंगति वहिक्यार।
नेरे नहीं दूर माँ रहे, वासू केरि खगनिया कहै। —कचौड़ी

तिरिया देखी एक अनोखी चाल चलति है चलबल चोखी
मरना जीना तुरत बताय नेकु न अन्न न पानी खाय
हाथन माँ है मोरे रहे, वासू केरि खगनिया कहै —नाड़ी

इक नारी है बीहड़ नंगी झटपट बन जाती है जंगी।
रकत पियासी खासी रहै वासू केरि खगनिया कहै। —तलवार

पटिया आँखिन में बँधवावै कोल्हू माँ है वाहि चलाव
मौन रहै पर विपदा सहै वासू केरि खगनिया कहै। —कोल्हू का बैल[20]

मुझे अमीर ख़ुसरो की पहेलियाँ याद आती हैं। साहित्य में हमने उन्हें स्थान दिया है तो खगनिया की इन पहेलियों को क्यों नहीं दे सकते जो सामाजिक यथार्थ का आईना हैं। कोल्हू के बैल का दर्द जाननेवाली और चुपके-चुपके से ब्राह्मण की खाने की आदत पर व्यंग्य कर देनेवाली इस साहसी स्त्री की पहेलियाँ महान न सही लेकिन सच्ची हैं और महज़ मन बहलाव तक जाकर ख़त्म नहीं हो जातीं। हालाँकि यह एक महत्त्वपूर्ण बात है जिसकी ओर डॉ. कृष्णदेव उपाध्याय इशारा करते हैं कि पहेलियाँ बुद्धि परीक्षा के अन्यतम साधन हैं और मनुष्यों की बुद्धि की माप के लिए ही पहेलियों की रचना की गई होगी।[21] इसे खगनिया के सम्बन्ध में ध्यान में रखें तो समझ आता है कि प्रतिभा और बुद्धि का किसी जाति से लेना-देना नहीं है। जैसा मोल्ल के लिए वैसे ही खगनिया के लिए भी सत्य है कि अवसर और आज़ादी मिलती तो वह और बेहतर साहित्य सृजित करतीं।

स्त्री-लेखन स्त्री के लिए : चन्द्राबती रामायण

वर्तमान बांग्लादेश के मैमानसिंह जिले में बंगाली साहित्येतिहास के महत्त्वपूर्ण नाम दिनेशचन्द्र सेन को जो लोकगीति-काव्य मिले उन्हें 1923 में 'मैमानसिंह गीतिका' में संग्रहीत किया गया। उनमें एक बेहद महत्त्वपूर्ण कृति थी 'चन्द्राबती की रामायण'। महत्त्वपूर्ण इसलिए कि चन्द्राबती की दो अन्य कृतियाँ तो आलोचकों द्वारा सराही गईं लेकिन रामायण को अधूरा और कमज़ोर मानकर उपेक्षित कर दिया गया।[22] स्त्री-लेखन के सन्दर्भ में आलोचकों-इतिहासकारों के निर्णयों को ज़रूर परख लेना चाहिए। 1997 में लेखिका और बांग्ला स्कॉलर नबनीता देव सेन ने इसे मैमानसिंह जाकर ही खँगाला और यह पाया कि 'चन्द्राबती की रामायण' रामायण का स्त्री-पाठ है। उसके कुछ हिस्सों को न केवल गाँवों में स्त्रियाँ गाती हैं बल्कि उनमें राम के लिए अपशब्द भी शामिल हैं। बल्कि उन्होंने यह पाया कि राम-कथा के इस स्त्री-पाठ को स्त्रियों के गाए जाने वाले पदों से ही चन्द्राबती ने निर्मित किया। चन्द्राबती रामायण राम के हृदय में शक का बीज पैदा होने पर ही ख़त्म हो जाती है। सच भी है कहानी तो तभी ख़त्म हो गई जब रिश्ते में शक का बीज पड़ गया। उसके बाद जो होता है बुरा ही होता है।

'चन्द्राबती की रामायण' का केन्द्र सीता है। उसका जन्म ही रावण को ख़त्म करने के लिए हुआ है। राम तो केवल निमित्त बनते हैं। आरम्भ होता है रावण के विराट स्वर्ण साम्राज्य और अतुलित शक्ति के वर्णन से और उसके बाद सीता का जन्म। संतों के ख़ून को इकट्ठा करके रावण मन्दोदरी को सँभालने के लिए देता है ताकि उचित समय पर उस आसव से विनाश का खेल खेल सके। रावण का अन्य स्त्रियों

के साथ रमण देखकर मन्दोदरी दुखी होती है और अपनी जीवन-लीला समाप्त करने के लिए सुरक्षित रखे उस आसव को पी लेती है। नतीजा यह कि वह गर्भवती हो जाती है। बेहद पीड़ा झेलकर दस महीने के बाद वह एक अंडे को जन्म देती है। रावण को ज्योतिषी बताता है कि इसी अंडे से जन्म लेने वाली कन्या तुम्हारी मृत्यु और लंका नगरी का विनाश करेगी। रावण अंडा नष्ट करना चाहता है लेकिन मन्दोदरी के अनुनय पर उसे समुद्र में फिंकवा देता है। यहीं से वह प्रवाहित होकर जनक के राज्य में एक मछुआरे के हाथ लगता है और अन्तत: जनक के महल में पहुँचता है और कन्या को मछुआरे की पत्नी सत के नाम पर ही सीता कहा जाता है। भारत में और बाहर भी राम कथा में कुछ मामूली विविधताएँ मिलती हैं लेकिन बंगाली साहित्य के मध्यकाल में वाल्मीकि राम-कथा से एक बड़ा परिवर्तन पैदा हुआ सीता के जन्म को लेकर। उसे रावण के बीज से उत्पन्न माना गया जैसा कि संस्कृत की 'अद्‌भुत रामायण' में है।[23]

चन्द्राबती का मन सीता की कहानी है। यहाँ युद्ध का वर्णन नहीं है बल्कि सीता का बारहमासा है। उसके दुखों की कहानी है। शायद इसीलिए ही इसे अधूरा और कमज़ोर कहा गया होगा कि यह राम की महानता के गीत नहीं गाती। राम जो अपनी बहन कुकुया के कान भरने पर पत्नी के प्रति इतना शंकालु हो जाता है कि अब वह उसे एक पल के लिए सहन नहीं महल में। यहीं कवयित्री राम को लताड़ती है और यही चन्द्राबती के रामायण की ख़ूबी है कि वह स्त्री-पक्ष पर खड़ी होकर सीता का दुख हर स्त्री का दुख बना देती है जिसके ख़िलाफ़ कोई भी कान भर सकता है, जिसे कभी भी बेदख़ल किया जा सकता है। पाँच माह की गर्भवती सीता को निष्कासित करते हुए उसे ज़रा भी दर्द नहीं होता। चन्द्राबती रामायण का एक हिस्सा इस प्रकार है[24]—

अपने भवन की ओर राम भागे
ज़हर बुझा बाण दिल को छेद गया था
इस भयंकर तबाही के बारे में कुछ भी नहीं जानती थी सीता

जैसे जंगल जलते हैं दावानल से
जैसे नदियाँ बाढ़ में उफनती हैं
ऐसे ही क्रोधित थे राम, जंगली, पागल

लाल अड़हुल-सी आँखें, कनपटियों में संचरित होता रक्त
नथुने आग फेंकते हुए, खोपड़ी फटने को होती हुई
जो आग उस दिन कुकुया ने लगाई थी
सीतादेवी उसी में जलनेवाली थी संग राम

और जलनेवाली थी उसी में अयोध्या नगरी भी
लक्ष्मी के त्यागने पर नष्ट होनेवाला था राज्य

दूसरों की बातों पर ध्यान देने से अपना ही सर्वनाश होता है
चन्द्राबती कहती है, अभागे राम, तुम पूरी तरह मति भ्रष्ट हो गए

हिन्दी काव्य बनाम हिन्दू काव्य

हम जाति, धर्म और जेंडर को अलग रखकर या इतिहास में अनदेखा करके अब नहीं चल सकते। साहित्य के इतिहास में स्त्रियों के लिखे को दर्ज करते हुए किन मानकों ने काम किया होगा यह पता लगाना हो तो हिन्दी के आरम्भिक साहित्येतिहासों को पढ़ना चाहिए। गिरिजादत्त शुक्ल और ब्रजभूषण शुक्ल का ग्रंथ है 'हिन्दी काव्य-कोकिलाएँ' कवयित्रियों के लिए कोकिलाएँ शब्द का उपयोग करना भी बड़ा अजीब है। मने कवि होगा तो विद्वान होगा लेकिन कवयित्री को तो कोकिला होना चाहिए—सुन्दर और लुभावना गायन करनेवाली! दूसरे के घर में अपना सृजन छोड़नेवाली भी? 'स्त्री कवि-कौमुदी' का लेखक लिखता है—

> यह एक बात स्पष्ट है कि धर्म की आस्था उसकी सत्ता और महत्ता का जितना भाव स्त्रियों के हृदय में रहता है उतना कदाचित पुरुषों के नहीं। स्त्रियों का हृदय अत्यन्त कोमल सरस और सरल होता है, उससे रागात्मिका वृत्तियों का ही प्राबल्य और प्राधान्य रहता है। बोध-वृत्ति साधारणतया स्त्रियों में उतने अच्छे रूप में नहीं मिलती जितनी वह पुरुषों में मिलती है।[25]

सदियों में पितृसत्ता ने ऐसी रूढ़-छवियाँ बनाई हैं, उन्हें साहित्य, संस्कृति, परम्परा के ज़रिए पोषित किया है और स्वीकृत करवाया, यहाँ तक कि किताबों में लिख दिया गया कि शांत-रस-पूर्ण भक्ति और प्रेम ही उनके अनुकूल है, श्रृंगार, वीर और वीभत्सादि उनके लिए स्वाभाविक नहीं[26] लेकिन कहा यह जाता है कि जेंडर की दीवारें स्त्रीवादियों ने खड़ी की हैं!

अधिकांश इतिहासकार तो इस भ्रम में किताबें लिख गए हैं मानो वे हिन्दी साहित्य का नहीं हिन्दू-जाति का साहित्येतिहास लिख रहे हों। हिन्दी काव्य की कोकिलाएँ के लेखक लिखते हैं—*मीराँ हिन्दू समाज की सबसे उच्च कोटि की परकीया नायिका हैं—वह परकीया नायिका जिसका किसी भी साहित्य को गर्व हो सकता है।*[27] पहली बात यह कि मीराँ कवि हैं, नायिका नहीं। उसका कवित्व एक तरफ़ रखकर उसे नायिका की तरह देखने की यह दृष्टि वही है जिसमें स्त्री कवि को उसके अभिकर्तृत्व से वंचित किया जाता है। कवि होने का पद उसे नहीं

दिया जा सकता? फिर सबसे उच्च कोटि की परकीया नायिका इसलिए कि उसका पुरुष कोई वास्तविक नायक नहीं है बल्कि ईश्वर है जिससे प्रेम करना किसी भी तरह व्यभिचार की श्रेणी में नहीं आ सकता। परकीया है लेकिन नैतिकता के धरातल पर उच्च कोटि की है। तीसरी बात, यह इतिहास में सब कुछ हिन्दू-लेंस से देखने की कोशिश है जिसके चलते हिन्दी साहित्य धीरे-धीरे ब्राह्मण वर्चस्व का शिकार होता है।

इसलिए भी मुझे लगता है कि जब कवयित्री ताज की बात होती है तो उनका यह उद्घोष कि—*हौं तो तुर्कानी हिन्दुआनी ह्वै रहूँगी मैं...*साहित्येतिहासकारों को बहुत भाया। या तो ताज को कृष्ण-काव्य के भीतर आसानी से स्वीकार किया गया या वह सच ही बादशाह अकबर की पत्नी रही होंगी, जैसा कि पुष्टि साहित्य के वार्ता साहित्य में माना गया है। तब तो सत्ता अपने आप में अनुप्रमाणन (attestation) ही है। ऐसा है तो यह अकबर की धार्मिक सहिष्णुता का भी प्रमाण है कि वह स्वयं कृष्ण-प्रेम में डूबी अपनी पत्नी को गोसाईं विट्ठलनाथ से दीक्षा लेने की इच्छा पूरी करने के लिए गोवर्धन पहुँचा आए। अगर वह सामान्य स्त्री थीं, जैसा कि ज्योतिप्रसाद निर्मल को गोविन्द गिल्लाभाई का लिखा पत्र सिद्ध करता है[28] परकीया तो ये भी हुईं। लेकिन इतिहासकार के हिसाब से न तो हिन्दू हैं, न ही उच्च कोटि की।

ताज का सर्वप्रथम उल्लेख 'शिवसिंह सरोज' में हुआ है जहाँ उन्हें और शेख़ दोनों को ही स्त्रीलिंग नहीं बताया गया है। जो भी है, अपनी प्रखर उद्घोषणा से ताज इतिहास में जगह पाती हैं। बदनामी सहकर भी दिल की बात कहते रहने की उनकी प्रतिज्ञा मीराँ की सी दिखाई देती है और भाषा भी अभिजात स्त्री होते हुए लोक की ही भाषा है—

सुनो दिलजानी मेरे दिल की कहानी तुम
दस्त ही बिकानी बदनामी भी सहूँगी मैं।
देवपूजा ठानी हौ निवाज हूँ भुलानी तजे।
कलमा कुरान सारे गुनन गहूँगी मैं।
श्यामला सलोना सिरताज सिर कुल्ले दिए
तेरे नेह दाग में निदागह्वै रहूँगी मैं
नन्द के कुमार कुरबान ताणी सूरत पै
हौं तो तुरकानी हिन्दुआनी ह्वै रहूँगी मैं।

सुमन राजे इस बात पर हैरान होती हैं कि जिस कृष्ण सम्प्रदाय के लोगों ने मीराँ को गरिआया था उन्होंने ताज का समादर किया इसका कारण क्या हो सकता है? तो मुझे सबसे प्रबल कारण यही दिखाई देता है कि एक तुरकानी का

हिन्दू ईश्वर की भक्ति में हिन्दुआनी होना स्वीकार करना ही इतिहासकारों को भा गया। हिन्दू जाति के इतिहास की तरह हिन्दी साहित्य का इतिहास लिखने की इस परम्परा पर मैं कोई मनगढ़ंत बात नहीं कह रही हूँ। हिन्दी साहित्य को सामने लाने वाले इतिहासकारों के साथ मध्यकाल की व्याख्या करते हुए इस्लाम और हिन्दू-जाति के अभिमान की समस्या रही आई है। मध्यकाल से डील करना, बिना साम्प्रदायिक हुए, इतिहासकार के लिए एक चुनौती रहा है। इसलिए सीधे-सीधे न सही लेकिन अक्सर ऐसी बातें दर्ज कर गए हैं जो भाषा के इतिहास पर केन्द्रित रहने की जगह हिन्दू, ग़ैर-हिन्दू की श्रेणियाँ बनाती हैं। हज़ारीप्रसाद द्विवेदी लिखते हैं—

> दुर्भाग्यवश हिन्दी साहित्य के अध्ययन और लोक-चक्षु-गोचर होने का भार जिन विद्वानों ने अपने ऊपर लिया है वे भी हिन्दी साहित्य का सम्बन्ध हिन्दू जाति के साथ ही अधिक बतलाते हैं और इस तरह से आदमी को दो ढंग से सोचने का मौक़ा देते हैं—एक यह कि हिन्दी साहित्य एक हतदर्प पराजित जाति की सम्पत्ति है इसलिए उसका सम्बन्ध उस जाति के राजनीतिक उत्थान-पतन के साथ अंगांगि भाव के साथ सम्बद्ध है और दूसरा कि ऐसा न भी हो तो भी वह एक निरन्तर पतनशील जाति की चिन्ताओं का मूर्त प्रतीक है जो अपने आप में कोई विशेष महत्त्व नहीं रखता। मैं इन दोनों बातों का प्रतिवाद करता हूँ। अगर ये बातें मान भी ली जाएँ तो भी यह कहने का साहस करता हूँ कि फिर भी इस साहित्य का अध्ययन करना नितांत आवश्यक है क्योंकि दस सौ वर्षों तक दस करोड़ कुचले हुए मनुष्यों की बात भी मानवता की प्रगति के अनुसंधान के लिए केवल अनुपेक्षणीय ही नहीं अवश्यज्ञातव्य वस्तु है। ऐसा करके मैं इस्लाम के महत्त्व को भूल नहीं रहा हूँ लेकिन ज़ोर देकर कहना चाहता हूँ कि अगर इस्लाम नहीं आया होता तो भी इस साहित्य का बारह आना वैसा ही होता जैसा आज है।[29]

शेख़ को दर्ज करते हुए इतिहासकार यह बात कहना नहीं भूलते कि आलम उनके 'प्यार में फँसकर' ब्राह्मण से मुसलमान हो गए थे। मुसलमान हो जाने की सफ़ाई देने में भी उन्होंने ऊर्जा ख़र्च की है।

ऐसे तमाम इतिहासकार और आलोचक हैं जिन्होंने किताबें लिखते हुए इसे आर्य साहित्य की संज्ञा दी या हिन्दू-साहित्य कहा। पाश्चात्य अंग्रेज़ी साहित्य के बरअक्स, ओरिएंटल नज़रिए से निपटने के लिए वे अपनी भाषा और अपने धर्म को साथ लेकर चले। यह हिन्दी साहित्य के ही साथ नहीं था। बांग्ला में पूर्णचन्द्रवसु अपनी किताब 'साहित्य-चिन्ता' की भूमिका में लिखते हैं—*हिन्दू होकर हिन्दू-दृष्टि से अंग्रेज़ी साहित्य की आलोचना अंग्रेज़ी रुचि सम्पन्न व्यक्ति की समालोचना से*

*भिन्न होगी, इसका सहज ही अनुमान हो सकता है।** और किताब के अनुवादक पं. रामदहिन मिश्र लगातार आर्य साहित्य पद का इस्तेमाल करते हैं। पूरी किताब साहित्य में रामायण और महाभारत के आदर्शों पर चलनेवाले धार्मिक समाज और उसमें भी स्त्रीत्व और पति परायणता के आदर्शों का महिमागान करती है। स्त्री-शिक्षा का सही स्वरूप है, व्रतानुष्ठान सिखाना, घर के काम सिखाना और पति परायणता सिखाना, ऐसी बातें नवजागरण समय में सब ओर कही जा रही थीं लेकिन किस प्रयोजन से यह पुस्तक हिन्दी पाठ्यक्रम में सन्दर्भ पुस्तक के रूप में दिल्ली विश्वविद्यालय में है, यह कोई नहीं जानता।

---

* देखें, पेज-5, 6, 'साहित्य-मीमांसा', हिन्दी ग्रंथ रत्नाकर कार्यालय, बम्बई, जून, 1921

5

कवि तो पुरुष ही हो सकता है, विद्वान भी

स्त्री लेखकत्व पर शाश्वत शंका और मध्यकाल की उपेक्षित लेखिकाएँ

हिन्दी साहित्येतिहास के मध्यकाल में स्त्री कवियों के नाम जिस तरह से मिलते हैं उससे पाठक के मन में यह छवि बनती है कि रचनाकार स्त्रियाँ एक तो थीं ही नहीं और थीं तो कितनी निकम्मी और नकलची थीं कि उनके नाम से उनके प्रेमी या पति कविता लिख रहे थे। यह ठीक है कि मध्यकाल तक आते हुए एक वर्ग शासक वर्ग से सम्बद्ध संस्कृत कवयित्रियों का है तो एक अरबी-फ़ारसी में लिख रही स्त्रियों का, वह भी शासक वर्ग से ही। जबकि फ़ारसी और संस्कृत कवयित्रियों ने अपनी-अपनी काव्य-परम्पराओं का पालन किया केवल मीराँ और ताज जैसे अपवाद छोड़ने होंगे जो अपने स्तर पर परम्पराओं का निर्माण करती हैं, निर्वाह मात्र नहीं।[1]

मज़ेदार केवल यह है कि इस बात को कहने के लिए इतिहासकारों के पास पूर्वग्रह-ग्रस्त और लैंगिक भेदभाव की भाषा है। रमाशंकर शुक्ल रसाल ने तो कॉलेज के विद्यार्थियों के लिए साहित्येतिहास की पाठ्यपुस्तक लिखी। रीतिकालीन कवियों और कृतियों का परिचय देने के बाद अन्त में स्त्री-लेखिकाएँ शीर्षक के तहत वह लिखते हैं—

> इस काल में स्त्रियों ने रचना-क्षेत्र में विशेष-कार्य नहीं किया क्योंकि वे काव्य-कला से, जिसका प्राधान्य था, परिचित न थीं। कुछ दो-चार ने बहुत ही साधारण श्रेणी का भक्ति-काव्य लिखा है। विशेष उल्लेखनीय हैं—गिरधर कवि की पत्नी साईं, जिन्होंने कुंडलिया-शैली से नीति-काव्य लिखा है, जैसा कहा जा चुका है। दूसरी शेख़, जो आलम कवि की प्रियतमा थीं और उन्होंने शृंगार रस की प्रेममयी स्फुट रचनाएँ की हैं जो आलम-केलि में संकलित हैं।[2]

इतना लिखकर वह निपटा देते हैं। न जाने कितने बरस तक विद्यार्थी इसी को पढ़ते और अपनी राय बनाते रहे होंगे।

दरबार के निकटवर्ती होने के कारण ही ये कविताएँ समय से मुठभेड़ नहीं करतीं बल्कि कतराकर निकल जाती हैं।[3] यह समय से मुठभेड़ करने का पैमाना भी स्त्री-लेखन को लेकर आलोचना ने ही बनाया। अन्यथा इतिहास में दर्ज जो इतने कवि और लेखक हैं वे क्या परम्पराओं को रूढ़ियों की तरह नहीं ढोते रहे? उनके द्वारा बनाई और पाली-पोसी गई एक सबसे बड़ी रूढ़ि तो स्त्री की रूढ़-छवि ही है। लेकिन स्त्री-लेखन के सन्दर्भ में यह हमेशा ही एक महत्त्वपूर्ण मूल्यांकन बिन्दु रहेगा कि कोई रचनाकार या कृति स्त्री-जीवन को कैसे दर्ज करती है या अपने समय से किस तरह जूझी है, परम्पराओं का कितना निर्वाह या विरोध वहाँ मौजूद है!

स्त्री लेखकत्व का सन्दिग्ध या गौण मान लिया जाना

मीराँ को ख़ारिज करने की हिम्मत हिन्दी साहित्य में किसी की नहीं है उसके कारण हम पहले ही विस्तार से बता आए। लेकिन मध्यकालीन कवयित्रियों के साथ यह खेल ख़ूब हुआ है। यह हिन्दी साहित्येतिहास लेखन की विशेषता के रूप में रेखांकित किया जाना चाहिए।

चन्द्रसखी का क़िस्सा पढ़कर भी अचरज होता है कि उनका स्त्री लेखकत्व सन्दिग्ध बना देना कहाँ की अक़्लमन्दी की निशानी है? चन्द्रसखी की कहानी निराली है। वह भी कृष्ण-भक्त थीं। लेकिन उनके पदों में 'कृष्ण की बाल छबि' की टेक ही बार-बार मिलती है। इतिहासकारों ने कह दिया कि ये सखी-सम्प्रदाय के कोई कवि थे जो चन्द्रसखी उपनाम से कविता करते थे।[4] कहाँ सखी सम्प्रदाय और कहाँ बाल-छबि की उपासना! लेखकत्व ख़ारिज करने के लिए किसी भी हद तक जाना हुआ यह। चन्द्रसखी और उनके काव्य पर पुस्तक लिखनेवाली पद्मावती 'शबनम', नाम ही मनोहारी है, बताती हैं—राजस्थान भारती पत्रिका अप्रैल 1950 के अंक में 'राजस्थान का एक लोकप्रिय संगीतकार चन्द्रसखी' लेख के अन्तर्गत श्री मनोहर शर्मा पृष्ठ 27 पर लिखते हैं, इन चन्द्रसखी नामयुक्त भजनों का प्रणेता कहाँ का रहनेवाला था, कौन था आदि बातें अज्ञात हैं। कहा जाता है कि सखी सम्प्रदाय के किसी कवि ने अपना उपनाम 'चन्द्रसखी' रखकर भजन बनाए। वे ही चन्द्रसखी के भजन हैं।[5] ...किसी कवि ने प्रेमाधिक्य में अपने आप को राधा जी की प्रिय सखी चन्द्रसखी समझा और यही नाम रखकर भजन बनाए। वे ही चन्द्रसखी के भजन हैं। यही महाशय आगे कहते हैं कि चन्द्रसखी मीराँ से भी अधिक लोकप्रिय है राजस्थान में।

शबनम मानती हैं कि चन्द्रसखी के बारे में केवल उनके लिखे से ही अन्दाज़ा लगाया जा सकता है और मीराँ व चन्द्रसखी के बहुत से पद साम्य होने के बावजूद चन्द्रसखी का पृथक वजूद विक्रम की सोलहवीं सदी के उत्तरार्द्ध में मानती हैं। यों मौखिक परम्परा में रचा काव्य जो लोक-स्मृति में जगह बनाता है उसमें कई चीज़ें घुल-मिल जाती हैं और यह अलगाकर देखना मुश्किल हो जाता है कि कौन सी पंक्ति मौलिक रूप से मीराँ की है कौन-सी चन्द्रसखी की फिर भी 'चन्द्रसखी भजु बाल कृष्ण छिबि' ऐसी टेक है कि वह सभी पदों के साथ नहीं जा सकती। इस हिसाब से चन्द्रसखी के प्रामाणिक पदों की संख्या यद्यपि कम ही ठहरती है लेकिन घुमा-फिरा कर उसे पुरुष मान लेना फैलिक (phallic) समझ के चलते ही हो सकता है।

शेख़ की प्रतिभा का लोहा इतिहासकारों ने माना (शेख़ के छन्द हिन्दी के अच्छे से अच्छे शृंगारी कवियों से टक्कर ले सकते हैं[6]) लेकिन उसका स्त्री होना और मुसलमान होना इतिहासकार के लिए एक चुनौती बन गया। शेख़ के लिए 'रसाल' महोदय कहते हैं कि इसी के प्रेम में फँसकर आलम जी ब्राह्मण से मुसलमान हो गए थे।[7] आलम-केलि का सम्पादन करने वाले लाला भगवानदीन ने भी आलम का जीवन-वृत्त बताते हुए पहली पंक्ति यही लिखी है कि लोग कहते हैं आलम ब्राह्मण थे और शेख़ रंगरेज़िन के प्रेम में फँसकर मुसलमान हो गए।[8] यह तो पहले पढ़ ही चुके हैं कि किस तरह बार-बार कहा गया कि आलम ने ही प्रसन्न होकर अपने छन्दों पर शेख़ के नाम की मुहर लगा दी होगी। लेकिन कोई पूछे कि इतना ही प्रेम था आलम को तो पूरा संग्रह ही शेख़ के नाम कर देना था। हैरानी यह नहीं कि शुरुआती इतिहासकारों ने शेख़ को ख़ारिज करना चाहा, हैरानी यह है कि विपुल सामग्री सामने होने पर भी बाद के इतिहासकारों ने शेख़ का नाम लेने से बचना क्यों चाहा है?

बिरजू बाई (1743 ई.), जिनके भाई करनदीन राजसभा में थे, के बारे में सुमन राजे लिखती हैं[9] कि उन्होंने एक बार अपने भतीजे के नाम से कुछ पद लिखकर दिए :

कहो सुचाला ऐराकी, नाव जेरी की बखाण कीजै।
ऐराकी रूप माँ आछा नाखाँ रीझवर पतीं।

क्रियापदों में स्त्रीलिंग प्रयोग देखकर राजा को शंका हुई तो बालक ने स्वीकारा कि बुआ के पद हैं। बात तो इतनी ही मिलती है इनके बारे में लेकिन समझ आता है कि स्त्रियाँ महज़ ख़ाक नहीं छान रही थीं इतिहास में।

प्रबीण के बारे में इतिहासकार की पहली पंक्ति है—प्रबीण राय वेश्या थी।[10] ओरछा के महाराज इन्द्रजीत के यहाँ जितनी वेश्याएँ थीं उन सभी में केवल प्रबीण कविता करना जानती थी—

नाचति गावति पढ़ति सब, सबै बजावत बीन।
तिनमें करति कवित्त इक, राय प्रबीन प्रबीन॥[11]

केशवदास इनसे प्रेम करते थे। ये शिष्या थीं केशव की और उन्हीं से कवित्त करना सीखी थीं। केशव ने प्रबीन की प्रशंसा में अनेक पद लिखे हैं उसे शारदा भी कहा। प्रबीण की प्रशंसा अकबर तक भी पहुँची तो उन्होंने इन्द्रजीत से प्रबीण को भिजवाने के लिए कहा। इन्द्रजीत ने मना कर दिया तो अकबर ने बड़ा जुर्माना लगाया उस पर। बदले में प्रबीण गईं और अकबर के दरबार में अपनी हाज़िरजवाबी और कविता से उसे प्रसन्न किया। लेकिन जब अकबर ने उसे वहीं रुक जाने को कहा तो प्रबीण ने जवाब में कहा—

बिनती राय प्रबीण की सुनिए साह सुजान
जूठी पातर खात है, बारी बायस स्वान।

प्रसन्न होकर अकबर ने उसे वापस भेज दिया और इन्द्रजीत का अर्थ-दंड भी माफ़ कर दिया। प्रो. सावित्री सिन्हा और सुमन राजे से लेकर मुझे और मेरे युग की पाठक-लेखक-स्त्रियों को भी हैरान करेगा ही यह कि इतनी योग्य और प्रतिभाशाली प्रबीण का लिखा हुआ कोई ग्रंथ क्यों नहीं मिलता जबकि उसकी प्रशंसा में केशव ने पूरा ग्रंथ 'कवि-प्रिया' समर्पित कर दिया! ऊपर दिए दोहे से ही समझ आता है कि प्रबीण बेहद प्रतिभासम्पन्न थी। प्रबीण का लिखा और पढ़ने को मिलता है जो उससे यह भी पता लगता है कि प्रबीण बेबाकी से लिखती थीं। इन्द्रजीत के लिए प्रबीण के बोल हैं—

बैठि पर्यंक पै निसंक ह्वै के अंक भरौ।
करौंगी अधरपान मैन मत्त मिलियौ।
मोहिं मिले इन्द्रजीत धीरज नरिंदराय।
एहो चन्द आजु नेकु मन्द गति चलियौ।

एक स्वाभाविक सा सवाल उठता है कि इतिहासकार जो शेख़ पर कुपित था वह प्रबीण को निर्लज्ज क्यों नहीं कहता? वह वजह बताता है। प्रबीण वारांगना कुल की थी। सोचा होगा उसके लिए क्या लज्जा क्या सम्मान! लेकिन यह तो आसान तरीक़ा हुआ सच तक पहुँचने का। वह भी घिसा-पिटा। भले ही वारांगना कुल की

स्त्री और साधारण स्त्री की मुखरता में अन्तर होगा लेकिन रीतिकालीन श्रृंगारिकता पूरी तरह एकपक्षीय नहीं है। हाँ दर्ज और स्वीकृति एक ही पक्ष (निश्चित रूप से पुरुष की) की होती है, यह तो सामान्य नियम सा है।

प्रो. सावित्री सिन्हा कहती हैं कि सती-सावित्री वाली मर्यादाओं में यक़ीन रखनेवाली स्त्रियों को यह सत्य भले ही कटु विष की तरह पीना पड़े लेकिन यह सत्य और निर्विवाद है कि रीतियुगीन श्रृंगार-प्रियता एक पक्षीय नहीं हो सकती।[12] प्रबीण राय की विशेषता यह है जिसे स्वीकारने का साहस हिन्दी साहित्यकार और इतिहासकार के पास नहीं है कि हिन्दी साहित्य की यह प्रथम लेखिका हैं, जिसने लौकिक श्रृंगार के लिए अपार्थिव आलम्बन की शरण न लेकर, अपने यथार्थ प्रेम पात्र के प्रति अपनी भावनाओं की अभिव्यक्ति की है।[13] और शेख़ के लिए जैसे कहा गया कि आलम ने प्रेम के आधिक्य में अपने पदों पर शेख़ की मोहर लगा दी होगी, एक बार सोचकर देखिए कि अगर कोई ऐसा लिख दे कि गुरु केशवदास को गुरुदक्षिणा देने के लिए प्रबीण ने अपने ग्रंथ पर केशवदास की मुहर लगा दी होगी और केशवदास का लिखा सन्दिग्ध बना दे तो क्या हो! जाने दीजिए दिल पर नहीं लीजिए, बस कल्पना करके देख लीजिए।

एक कवि हुए थे गिरिधर राय। कुंडलियाँ लिखते थे। कहते हैं इन्होंने जितनी कुंडलियाँ लिखने का संकल्प किया था उतनी पूरी करने से पहले ही मृत्यु को प्राप्त हो गए। बाद में इनकी पत्नी साईं (1713 ई.)ने कुंडलियाँ लिखकर काम पूरा किया। उन पदों में साईं नाम लिखा हुआ मिलता है जो साईं द्वारा रचित हैं। लेकिन जैसा कि कवि-पत्नियों/प्रेमिकाओं के साथ होता रहा है, यह विवाद रहा ही कि ये पद साईं के रचे हुए हैं या नहीं क्योंकि जिस कुंडली में साईं का नाम है उसी में अन्त में गिरधर कविराय का नाम भी है। लेकिन जब इतिहासकारों के लिए कवि होने से ज़्यादा ज़रूरी स्त्री कवि का पतिव्रता होना हो (प्रबीणराय वेश्या होने पर भी अपने को पतिव्रता समझती थी)[14] तब पति का अधूरा कार्य पूरा करनेवाली स्त्री को ख़ारिज नहीं किया जा सकता।

साईं हंसन आप ही बिनु जल सरवर बास।
निर्जल सरवर से जरें पच्छी पथिक उदास॥
पच्छी पथिक उदास छाँह विश्राम न पावैं।
जहाँ न फूलत कमल भौंर तँह भूलि न आवैं॥
कह गिरधर कविराय जहाँ यह बूझ बड़ाई।
तहाँ न करिए साँझ प्रात ही चलिए साईं॥

कुंडलियाँ लिखने में गिरधर राय का स्थान बड़ा ऊँचा था और इसी का प्रभाव उनकी पत्नी पर भी पड़ा यह स्वाभाविक था और साईं की लेखनी बख़ूबी गिरधर

राय के साथ मिलकर चलती रही। यहाँ इतिहासकार वही सहज सवाल पूछता है जो शेख़ के बारे में हम पूछते हैं कि—*गिरधर जी को साईं शब्द युक्त तद्विहीन दो प्रकार की कविता बनाने की क्या आवश्यकता थी? इससे यही मानना पड़ेगा कि ये कुंडलियाँ इनकी स्त्री की ही बनाई हुई हैं।*[15]

यह भी एक अजीब-सी रीति है कि आलम की बात हो तो शेख़ के बारे में बताना ज़रूरी नहीं। लेकिन शेख़ की बात आलम के बिना नहीं सम्भव। तुलसीदास महान कवि हो गए। उनके बारे में लिखा जाए तो रत्नावली को अनदेखा किया जा सकता है लेकिन रत्नावली के बारे में बिना तुलसी के बात नहीं हो सकती। पुरुष के कृतित्व का और स्त्री के जीवन में प्रेम का वर्णन ही महत्त्वपूर्ण समझा जाता है। जिस चन्द्राबती रामायण की बात पहले की गई थी उसी चन्द्राबती की प्रेम कथा उसके काव्य से अधिक विख्यात है। उसमें भी इस बात पर अधिक बल है कि उसने आजीवन ब्रह्मचर्य निभाने का प्रण लिया था।

रत्नावली के प्रेम में तुलसी ऐसे दीवाने थे कि एक बार उन्हें घर पर न पाकर उनके मायके पहुँच गए। स्वयं को अजीब स्थिति में पाकर रत्नावली ने कठोरता से कह दिया—

अस्थि चर्ममय देह मम, तासौं ऐसी प्रीति।
जो होती श्रीराम में, होति न तो भवभीति॥

यह सुनकर तुलसीदास आहत हुए, वैराग्य और भक्ति जाग्रत हो गई राम के प्रति। सब छोड़कर चले गए। स्त्री की मजबूरी यह कि पुरुष की महानता के आगे नतमस्तक होने को वह प्रशिक्षित तो हुई ही होती है, रत्नावली भी पति-चरणों की सेवा ही धर्म समझती थी, लेकिन यह महानता उसे निजी जीवन में बेहद महँगी पड़ी। उसे तो न माया मिली न राम। निजी के अलावा स्त्रियों का और कोई जीवन होता ही कहाँ था! वह स्वयं को ही अपने दुख के लिए फटकारती है—

हाय बदरिका बन भई, हैं भामा बिस बेलि।
रत्नावलिहौं नाम की रहसिं दियो बिसमेलि॥
दीनबन्धु कर घर पली दीनबन्धु कर छाँह।
तऊ भई हौं दीन अति, पति त्यागी मों बाह॥

उधर एक हुई सुजान। उसका परिचय भी बस इतना ही रह गया कि वह कवि घन आनन्द की प्रेमिका थी। सुजानराय सम्राट मुहम्मदशाह सदारंग के दरबार में राजनर्तकी थी। थी मुसलमान लेकिन नाम हिन्दू-सा लगता था। सुमन राजे

कहती हैं बहुत सम्भव है बादशाह का दिया हो या सुजान ने स्वयं रख डाला हो। जो हो, नाम यही मिलता है। यहाँ कहानी रत्नावली से उलट है। घन आनन्द से बादशाह ने गाने का आग्रह किया तो वे सुजान की ओर मुख करके सुनाने लगे। नाराज़ बादशाह ने उन्हें दरबार से निष्कासित कर दिया। घन ने सुजान से राज दरबार छोड़ कर साथ चलने को कहा तो उसने मना कर दिया। वे अकेले ही गए लेकिन सुजान उनकी कविता में बनी रही। सुजान का कोई संग्रह नहीं मिलता। यह पद मिलता है—

बेदहूँ चारि की बात को बाँचि, पुरान अठारह अंग में धारै।
चैत्रहू आप लिखे समझै कवितान की रीति मैं वार ते पारै।
राग को आदि जिती चतुराई 'सुजान' कहै सब याही के लारै।
हीनता होय जो हिम्मत की तो प्रबीनता लै कहा कूप में डारै।

कोई तो बात रही होगी दोनों के बीच जो सुजान को यह कहना पड़ा। जो भी हो, हिम्मत ही हीनता को कोसती हुई सुजान और हिम्मत जगाती हुई रत्नावली दोनों बड़े कवियों के जीवन का एक छोटा-सा प्रसंग मात्र बनकर रह जाती हैं जिनका नाम तक दर्ज करना इतिहासकार के लिए ग़ैरज़रूरी है।

धामी सम्प्रदाय के प्रवर्तक प्राणनाथ की पत्नी इन्द्रावती का भी ज़िक्र नागरी प्रचारिणी पत्रिका की खोज रिपोर्टों में आता है। ये महाराज छत्रसाल के समकालीन थे और महामति प्राणनाथ कहलाते थे। धामी सम्प्रदाय की विशेषता थी हिन्दू, मुस्लिम, ईसाई धर्मों का समन्वय करने का प्रयास। प्रो. सावित्री सिन्हा के यहाँ इनका कोई ज़िक्र नहीं आता। सुमन राजे मानती हैं कि इनकी पत्नी इन्द्रावती थीं जिनके एक पद का उदाहरण देकर उन्होंने बताया है कि आध्यात्मिक प्रणय और ऋतु वर्णन इन्द्रावती की मुख्य विशेषता थी। मैं नहीं जानती कि सुमन राजे के यहाँ प्रूफ की ग़लती से नाम इन्द्रामती लिखा गया है बार-बार या वह इसी नाम से किसी और को प्राणनाथ के साथ जोड़कर भ्रमित हुई क्योंकि इसका कोई सन्दर्भ नहीं दिया गया है; लेकिन नागरी प्रचारिणी पत्रिका के ही वर्ष-56, सम्वत 2000 के अंक में पृष्ठ 21 पर लिखा है कि—

> इन्द्रावती, श्रीजी और महामति स्वामी प्राणनाथ जी के नाम हैं। उनके निवास-स्थान का नाम नवतनपुरी (गुजरात), माता-पिता के नाम धनबाई और केशवराय, भाइयों के नाम क्रमशः हरिवंश जी, सामलिया जी, श्री महेराज जी (स्वयं प्राणनाथ जी) और उद्धव जी थे। पिता राजा के दीवान थे। गुरु का नाम श्री देवचन्द था। फूलबाई और तेजकुँवरि इनकी स्त्रियाँ थीं। पिछली खोज रिपोर्टों में इन्द्रावती, श्री जी और महापति उनकी स्त्रियों के नाम माने गए हैं।[16]

इसके अलावा भी हमें पता भी नहीं कि किन-किन का क्या लिखा सुरक्षित नहीं रखा गया या नहीं रखा जा सका। ब्रजकुँवरि बाई का ग्रंथ 'ब्रजदास भागवत' बताया जाता है लेकिन मिलता नहीं। सोनकुँवरि बाई सुबरनबेलि उपनाम से लिखती थीं, उनके ग्रंथ 'सुबरनबेलि' की कविता अप्राप्य है। कृष्णावती का उल्लेख मिश्र बन्धुओं और काशी नागरी प्रचारिणी की खोज रिपोर्टों में मिलता है लेकिन रचना अनुपलब्ध है।

स्त्री-लेखन की अनुपलब्धता और संदेहों का लाभ इतिहास में पुरुषों को मिला है।

6

लोकगीतों में बसा स्त्री-मन

जोबन गयो तो भल गयो, तन से गई बलाय।
जने-जने को रूठना मोसे सहा न जाय।[1]

तमाम पाबन्दियों, सामाजिकताओं, दमन और क्रूरताओं, विरह और प्रेम में चयन और उन्मुक्त अभिव्यक्तियों से वंचित मन जब कराह उठा होगा स्त्री का तो आह से निकला होगा गान। इस धरती की पहली कवि भी कोई स्त्री ही होगी जिसने अपने शिशु को सुलाने के लिए लोरी गाई होगी। ग्रामीण स्त्रियों के जीवन से अनिवार्य रूप में हमेशा एकमेक रहे लोकगीत।

एक शिष्ट, सम्भ्रांत, कुलीन स्त्री के जीवन का एंटीडोट हैं स्त्रियों के लोकगीत। एक्रीचर फ़ेमिनाइन। यहाँ बाई-टेक्स्चुएलिटी मिलने की सम्भावनाएँ बेहद कम हैं। यहाँ कोई इतिहासकार यह नहीं कह सकता कि स्त्रियाँ पुरुष-कवियों का अनुकरण कर रही थीं। इन्हें साहित्य का इतिहासकार दर्ज भी नहीं करता। दरअसल वह स्त्री-लेखन को तलाशने के लिए 'आउट ऑफ़ द वे' नहीं जाता और एक निश्चित दायरे में घूम-फिरकर कह देता है कि यहाँ स्त्री-लेखन अल्प है, मौलिक नहीं है या ग़ायब है। वह लोकगीत रचनाकार स्त्रियों का होना सन्दिग्ध कहकर किसी पुरुष की रचना नहीं बता सकता है। भले ही किसी का नाम नहीं है और ये स्त्रियों की सामूहिक रचनाएँ हैं लेकिन इनकी भाषा स्त्री-भाषा है और यह स्त्रियों के अपने देश की न सही लेकिन एक देश के भीतर स्त्रियों की अपनी कथा ज़रूर है। हाँ, खेल यहाँ भी ख़ूब हुए हैं। बल्कि कहना चाहिए कि यहाँ खेल करना बेहद आसान था। लेकिन कुछ अलग तरह के जिनके बारे में आगे बात की ही जाएगी इस अध्याय में।

स्त्रियों के अनुभव निजी होते हुए भी स्त्री-समस्याओं के विस्तृत पक्ष को सामने लाते हैं। पर्सनल पॉलिटिकल हो जाता है। उद्‌देश्य तो होता है कहकर अपना दुख साझा कर लेना, एक बहनापा बना लेना, अपने अकेलेपन से मुक्त हो जाना कुछ देर। लेकिन सच कभी एकांगी नहीं रहता। स्त्री का निजी स्पेस भी अक्सर

आलोचनात्मक स्पेस होता है जिसके तमाम राजनीतिक अर्थ निकाले जा सकते हैं, निकाले जाने चाहिए।

स्त्रियों के लिए भी जो अभिव्यक्तियाँ, जो बातें यों कहना मुश्किल होती हैं वे अक्सर लोकगीतों में व्यक्त हो जाती हैं। जिसे सिमोन स्त्रियों की सब्जेक्टिविटी कहती हैं वह इन गीतों में सामने आती है। ये वे तमाम भोगे हुए अनुभव (lived experiences) हैं जो स्त्री को मनुष्य के रूप में स्थापित करते हैं। जो दुनिया को देखने के 'पुरुष कोण' को बदलते हैं और स्त्री की दुनिया में लिये चलते हैं। वे तमाम अनुभव जिनसे स्त्री का होना और 'बनाया जाना' समझ आता है, वे दर्ज होते हैं और स्त्रियाँ ख़ुद ही अपनी 'अदरिंग' की प्रक्रिया को उलटती हैं। उसका भी मन है, उसके भी आँसू हैं, उसके भी कष्ट हैं, वह भी मुँह में ज़बान रखती है। भले ही उस पर पहरे हैं लेकिन वह अपने रास्ते निकालती है और भाषा की सांकेतिकता का बख़ूबी इस्तेमाल करती है। लोकगीतों, लोक-गाथाओं और परीकथाओं का अध्ययन स्त्रीवाद और भाषा-विज्ञानियों ने ख़ूब किया है।

लोकगीत स्त्री की दिनचर्या के अभिन्न अंग हैं। यह गीत और कर्म (एक्शन) की एकता है। काम करते हुए ही ये गीत गाए जा सकते हैं।[2] कृषक हल चलाते हुए, बहुएँ चक्की पीसती हुई, पनिहारन पानी भरती हुई और माँ अपनी गोद की सन्तान को सुलाती हुई मधुर स्वर से कुछ न कुछ गाती रहती है। गृहकार्यों में व्यस्त माँ-बहनें अपने वातावरण को मधुर गीतों से गुंजरित करती रहती हैं। अस्तु, इनको वही गीत प्रिय हो सकते हैं जो इनके दैनिक जीवन की सहज भावनाओं से सम्बन्धित हों—यहाँ भी स्त्रियों ने अपना साहित्य स्वयं ही सृजित कर लिया।[3]

घूम-घूमकर हिन्दी-प्रदेश से लोकगीतों का संग्रह करना आसान काम नहीं है। जिस ऋतु में, जिस समय में, जो काम करते हुए गीत गाए जाते हैं उन्हें उसी समय में लिखना पड़ता है। यों भी गाँव के लोग बोलकर गीत लिखा नहीं सकते। वे जब तरंग में आते हैं और गाने लगते हैं तभी उन्हें लिखना पड़ता है। पर्दे की प्रथा के कारण स्त्रियों के गीत मिलने में और कठिनाई है। इसके लिए मेले-ठेले में उनके झुंड के साथ काग़ज़-पेंसिल लेकर चलना पड़ेगा।[4] स्त्रियाँ पराए मर्दों के सामने आती नहीं, यहाँ तक कि वृद्धाएँ भी पर्दा करती हैं, ऐसे में गीत-संग्रह प्रेमियों के लिए बड़ी दिक़्क़तें होती हैं। कृष्णदेव उपाध्याय लिखते हैं—कहा जाता है हिन्दी के कवि मन्नन द्विवेदी लोकगीतों के बड़े प्रेमी थे। वे जाँत पीसते समय गाये जानेवाले गीतों का—जिन्हें जाँतसर कहते हैं—संग्रह करना चाहते थे, परन्तु पर्दे की प्रथा के कारण कोई भी स्त्री इन गीतों को सामने गाकर लिखाने के लिए तैयार न हुई। वे रात्रि में जिस घर में जाँतसर गाया जाता था उसके पिछवाड़े में खड़े होकर गीतों को लिखा करते थे। इस पुस्तक के लेखक को भी ये यातनाएँ झेलनी पड़ी हैं।[5] क्रम-बद्ध और वैज्ञानिक ढंग से रामनरेश त्रिपाठी ने सबसे पहले लोकगीतों का संकलन

किया। हालाँकि वह ख़ुद बताते हैं कि उनसे पहले मन्नन द्विवेदी ने 'सरवरिया' नाम से गीतों का संकलन किया था लेकिन वह उपलब्ध नहीं है। लोकगीतों का आरम्भिक संग्रह कर्नल टाड, टेसीटरी और सर जॉर्ज ग्रियर्सन ने किया। किसी के लिए भी यह काम आसान नहीं रहा होगा।

रामनरेश त्रिपाठी, देवेन्द्र सत्यार्थी के अलावा कृष्णानन्द गुप्त ने बुंदेलखंडी लोक-साहित्य का 'ईसुरी की फागें' के नाम से संग्रह किया। श्याम परमार ने मालवी लोकगीतों का संग्रह किया। श्यामाचरण दूबे की किताब है 'छत्तीसगढ़ी लोकगीतों का परिचय'। पंडित रामनारायण उपाध्याय की 'निमाड़ी के ग्राम-गीत' और रामइकबाल 'राकेश' का संग्रह है 'मैथिली लोकगीत'।

राहुल सांकृत्यायन ने कौरवी, कुरुप्रदेश के लोकगीत और कहानियों का संग्रह 'आदि हिन्दी की कहानियाँ और गीत' नाम से प्रकाशित किया। इस पुस्तक में संग्रहीत गीत और कहानियाँ राहुल जी को मेरठ जिले की किसी बुढ़िया से प्राप्त हुई थीं। इस पुस्तक को उन्होंने गीतों की आगार उसी बुढ़िया को समर्पित किया है।[6] यहीं मुझे एक रोचक क़िस्सा याद आता है जिसे बताने का लोभ सँवरण नहीं किया जा सकता। रसूल हमज़ातोव की किताब 'मेरा दाग़िस्तान' में एक मज़ेदार प्रसंग आता है—

> जब मैंने अपनी लम्बी कविता 'पहाड़िन' लिखी, तो उसको एक ग़ुस्सैल पात्र के मुँह से कहलवाने के लिए कोसनों की ज़रूरत महसूस हुई। मुझे बताया गया कि एक गाँव में एक बुज़ुर्ग पहाड़िन रहती है, जिसे उसकी पड़ोसिनों में से कोई भी कोसनों के मामले में मात नहीं दे सकती...मैं उस बुज़ुर्ग औरत के घर पहुँचा और निष्कपट भाव से अपने आने का उद्देश्य बताया। मैं आपसे कुछ गालियाँ सुनना चाहता हूँ, मैं उन्हें लिख लूँगा और अपनी लम्बी कविता में उनका उपयोग करूँगा।
>
> अल्लाह करे कि तुम्हारी ज़बान सूख जाए, कि तुम अपनी प्रेमिका का नाम भूल जाओ, कि जिस आदमी के पास तुम्हें काम से भेजा जाए वह तुम्हारी बात न समझ सके, कि जब तुम दूर-दराज का सफ़र करके लौटो, तो अपने गाँव को अभिनन्दन शब्द कहना भूल जाओ, कि जब तुम्हारे मुँह में दाँत न रहें तो हवा उसमें सीटियाँ बजाए...गीदड़ के बेटे अगर मेरा मन ख़ुश नहीं तो क्या मैं हँस सकती हूँ (अल्लाह तुम्हें इस ख़ुशी से महरूम रखे)? जिस घर में कोई मरा नहीं वहाँ रोने-धोने का क्या तुक? अगर किसी ने मेरा दिल नहीं दुखाया, मुझे ठेस नहीं पहुँचाई, तो क्या मैं अपने मन से गालियाँ गढ़ूँ? जाओ, अपना रास्ता नापो और ऐसे अनुरोध लेकर फिर मेरे पास न आना।[7]

तो ये ग्रामीण बुढ़ियाँ गीतों, कहानियों, कहावतों की खान होती हैं। नई पीढ़ी का प्रशिक्षण इन्हीं के अधीन होता है और स्त्री-काव्य ठीक वैसे ही पीढ़ी-दर-पीढ़ी

चलता है जैसे उपेक्षा और आँसू। लोकगीतों का कोई संग्राहक स्त्रियों को नज़रअन्दाज़ नहीं कर सका है। गीतों में व्यक्त स्त्री-सब्जेक्टिविटी उन्हें ख़ूब प्रभावित करती है।[8]

इन तमाम सब्जेक्टिव अनुभवों में श्रम को सबसे पहले लेते हैं। ग्रामीण स्त्रियाँ तमाम काम जो करती हैं, वे उनकी जेंडर भूमिकाओं से जुड़े हैं। चक्की चलाते, चरखा कातते, घर और खेत दोनों जगह काम करते हुए गीत गाती जाती हैं वे। ग्रामीण स्त्री का कोई समय ख़ाली समय नहीं होता। जिसे वे ख़ाली समय कहती हैं उसमें भी अचार, पापड़, सिलाई-बुनाई-कढ़ाई चलता रहता है कोई न कोई काम। जाँतसर के कुछ गीत रामनरेश त्रिपाठी ने इकट्ठे किए हैं। वे लिखते हैं—गाँव के ज़मींदार के घर में चमारिनें और अन्य छोटी जातियों की स्त्रियाँ भी आटा पीसने को बुलाई जाती हैं। वे प्रायः रात के पिछले पहर में आती हैं और तब ज़मींदार के घर के पिछवाड़े चक्की की घर्र-घर्र के साथ उनके गीत भी सुनाई पड़ने लगते हैं।[9] कोई भी समझ सकता है कि ज़मींदार के घर आटा पीसने के बाद उसे अपने घर के लिए भी यही काम करने हैं और किसी काम का कोई पारिश्रमिक नहीं। माया एंजेलू की कविता याद आती है—'अ वुमंस वर्क इज़ नेवर डन'। स्त्रियों के काम अनथक चलते जाते हैं।

जाँतघर स्त्री के दुख गा-गाकर रोने का स्थान है।[10] पति का विदेश चले जाना, सास का हाड़-तोड़ काम कराना, ननद बाँझ होने का ताना मारती है,[11] मायके वालों का साथ न देना, या मायके वालों से अपना दर्द छुपाना, मारे-मारे फिरना और बाघिन से कहना कि तू मुझे खा ले,[12] माँ का इसलिए बेटी को दरवाज़े से लौटा देना कि बेटी अपने दोष यानी सास को जवाब देने की वजह से ससुराल छोड़कर आई है,[13] ऐसे तमाम अनुभव दर्ज हैं इन गीतों में। ललद्यद के जीवन की तरह बालपन में ब्याही गई लड़कियों के लिए विवाह जीवन का एक नया संकट ही है। न बचपन ही मिलता है न सुख ही।

खेल लो बेटी खेल लो भाई बाबुल के राज।
जब दूर जैहो बेटी सासरे, सास न खेलन देय॥
रात पिसावे पीसनो, दिवस गुबर की हेल।
दूर के देस गई हैं गौरा बेटी, दई हैं सबईं बेटी॥[14]

पितृसत्ता के भीतर झरोखा

प्रेम, विवाह, वैधव्य और वियोग के तमाम अनुभवों के गीत हैं यहाँ। बिना राज़ी पूछे, बेमन और बेमेल के ब्याह और उसके बाद यह दबाव कि अपने दुखों की कथा नहीं कहनी है। अक्सर स्त्रियों से अपने मन के भाव और अनुभव छिपाने को कहा जाता है। पितृसत्ता स्त्रियों को चुप कराकर स्वयं को पुनर्स्थापित करती है।[15] कहाँ जाती हैं

वे आहें और कराहें जो अकेले मन में उठती हैं। वे दर्ज हो जाती हैं किसी गीत में और साझा बन जाती हैं हर स्त्री की। चुप रहना स्त्री को और अकेला करता है। एक गीत में घर आए भाई से बहन अरज कर रही है। उसकी चिन्ताएँ देखिए क्या-क्या हैं—

हे भैया! यह दुख भौजी के सामने न कहना;
नहीं तो वह दो-चार घरों में बाँट आएगी।
हे भैया! यह दुख माँ से भी न कहना;
नहीं तो वह छाती फाड़कर मर जाएगी।
हे भैया! यह दुख बाबा से भी मत कहना;
नहीं तो वे गाँव के लोगों के बीच बैठकर पछताएँगे।
हे भैया! यह दुख बहन के सामने भी न कहना;
नहीं तो यहाँ का हाल सुनकर वह ससुराल न जाएगी।
हे भैया! यह दुख अगुवा से कहना,
जिसने इस घर में मेरा विवाह कराया।[16]

इस अर्थ में इन गीतों के भीतर एक मुक्ताकाश तो बनता है। स्त्रियोचित कई पहलू सामने आते हैं। दर्द और पीड़ा अनवरत चलती है। ऐसे तमाम गीत हैं जिनमें वह पिता और भाई को कोसती है अनमेल ब्याह के लिए, दूर भेज देने के लिए अभावग्रस्त घर में।

काहे विदाई दिहला
बक्सर में ढाहि दिहला
गैया नियारे पगहा धरवल
हो बाबूजी पहिला में बूढ़ा बरवा
दूसर गरीब हो घरवा
तीसर में जादूगरवा खोजला
हो बाबूजी! [17]

अपनी अस्मिता के प्रति वह सचेत है, भले ही उसे अपढ़ कहिए। वह जानती है कि विवाह के बाद वह ससुराल में पोतन, झाड़, चलनी और क़ैदी सुग्गा हो जाएगी।[18] लेकिन कोई दूसरा चयन भी उसके पास नहीं है। उड़ीसा के गाँवों के सामाजिक जीवन में कांदणा गीत मिलते हैं जो न सिर्फ़ रो-रोकर लड़की को विदा करते समय गाए जाते हैं बल्कि ससुराल से पीहर लौटनेवाली लड़कियाँ भी गाती हैं। जैसे एक गीत है—

मते खुआइ पिआइ बढ़ाइ थिलु बा' गो
अच्छा समिआथिं टंटि काटिलु बा' गो
गाइ मुलाइलु गुहालें बसि बा' गो
मते बिकिदेलु सभा रे बसि बा' गो

यहाँ छत्तीसगढ़ी का भी प्रभाव है। बेटी पिता से कहती है—पिता जी आपने मुझे खिला-पिला कर बड़ा किया और अच्छा समय देखकर गला काट दिया। जिस तरह गोहाल में बैठकर गाय का मोलभाव करते हैं और फिर बेच देते हैं, उसी तरह सभा में बैठकर मुझे बेच दिया।[19]

बात इतनी भी सीधी नहीं है। यह नहीं कह सकते कि स्त्रियाँ रीति-रिवाज़ों की महज़ विक्टिम हैं। स्त्रियों के लिए सार्वजनिक जीवन में हिस्सा लेने के मौक़े नहीं थे और मनोरंजन के सार्वजनिक साधनों तक उनकी पहुँच भी नहीं थी। तीज-त्योहार-शादी जैसे अवसरों पर वे अपने लिए यह स्पेस निकाल पाती थीं। इसलिए ये साँस लेने की जगहें भी हैं। रीति-रिवाज़ कहीं राहत भी हैं उनके लिए।

फाग के गीत हैं तो भाई-बहन के प्यारे गीत श्यामा-चकोवा भी। झूमर, कजली, बारहमासा और वियोग के वर्णन तो हैं ही इन गीतों में लेकिन ऐसे भी कई गीत मिलेंगे जिनमें पत्नी अपनी फ़रमाइशों की लिस्ट थमाती है। कोई स्त्री चाहती है कि विदेश गए पति लौट आएँ। वही सब कुछ है। कोई अपने लिए गहने भी चाहती है। एक गुजराती लोकगीत को ऐसे ही पति-दर्शन को व्याकुल स्त्री के मैथिली लोकगीत के बरअक्स रखा गया है—

हाथ के नाप का चूड़ा लाना
गुजरी हाट में जाकर इस पर रत्न जड़वाना
गले के नाप का झरमर गहना लाना
तुलसी की माला में मोती बँधाकर लाना[20]

या पति-पत्नी की प्यारी चुहल और व्यंग्य। झूमर का एक उदाहरण है जिसमें पत्नी मायके जाना चाहती है भाई के विवाह में और पति इजाज़त देने में टाल-मटोल करता है। पूछता है पहले बताओ वहाँ कितने दिन रहोगी? वह कहती है वर्षों रहूँगी। पति कहता है सोलह श्रृंगार करोगी तो किसे दिखाओगी? वह कहती है—अपनी प्यारी सखियों को। पति कहता है जाड़े की रात आएगी तो किसकी गोद में सोवोगी? वह कहती है अपनी माँ की गोद में सोऊँगी। ऐसे ही सवाल-जवाब चलते जाते हैं। अन्त में पति कहता है जाओ फिर मैं दूसरा विवाह कर लूँगा, तुम्हें कभी नहीं बुलाऊँगा। यहाँ वह स्त्री समर्पण नहीं करती। कहती है—

पिया हे नइहर में भाइ अयह वकील
तोहि के बँधवाएव
पिया हे नइहर में भाइ छथ दरोगा
तोहि के पिटवाएव[21]

स्त्रियाँ पितृसत्ता को आत्मसात ही नहीं करती हैं उसकी आलोचना भी करती चलती हैं। उनके तीखे विश्लेषण शर्मिंदा कर सकते हैं।

एक गर्भवती स्त्री कहती है सास अलग सोई है, ननद अलग। पति रंगमहल में सो रहा है मुझे सातवाँ महीना चढ़ा है। दर्द हो रहा है। अपने गहने फेंक-फेंक के मारती हूँ उस पर कि नींद खुले उसकी लेकिन दाढ़ीजार की नींद ही नहीं खुलती। *'ललना एतना अभरनमा फेंकि मार लौंद हिजरवा नहिं उठल रे।'*[22]

निजी स्पेस में दम्पती का कैसा आपसी व्यवहार है यह तो सबको नहीं दिख सकता लेकिन जो हैरान करता है वह यह कि लोकगीतों में पति-पत्नी के काल्पनिक संवादों और असलियत में, सामने दिखाई देनेवाले रिश्ते में एक साफ़ विपर्यय है।[23]

सम्पत्ति और यौनिकता

सुख-दुख की कथा कहना फिर भी सम्भव है। सम्पत्ति और यौनिकता ऐसे मुद्दे हैं जिन पर प्रत्यक्ष कोई भी बात करना सम्भव नहीं है स्त्री के लिए। ब्याह के समय गाया जानेवाला *काहे को ब्याही बिदेस, भैया को दीन्हे महल दुमहला हमको दिया परदेस* ब्याह के साथ ही सम्पत्ति से भी बेटी को बेदख़ल कर दिए जाने का संकेत करता है। अनब्याही लड़कियाँ कैसे पैतृक सम्पत्ति के लिए ख़तरा हो सकती हैं और कैसे एक पिता गीत में बेटी को समझाता है कि चुटकी भर सिन्दूर लगेगा और जाने कहाँ की कहाँ चली जाएगी तू, चौंकानेवाला उदाहरण है जिसका ज़िक्र स्मिता तिवारी जस्साल करती हैं—

जे कुछ अरजिहे ए बाबा
अधिया हमार
अधिया अधिया जिन करा बेटी
सभे धन तोहार
चुटकी-भर सिन्दूरवा ए बेटी
तु त जइबु कउन पार[24]

देह का संकट स्त्री पर हमेशा से मँडराता रहा है जिसमें सौन्दर्य उसे अभिशाप लगने लगे। कुसुमा और भगवती की एक कथा है जिनके रूप पर तुर्क की नज़र पड़ गई। बिहार में होरिल सिंह की बहन है भगवती। वह स्नान कर रही थी तो उसी घाट पर मिर्ज़ा उतरा। राजा जयसिंह की बहनें कुसुमा और भगवती विवाह प्रस्ताव के बदले में कहती हैं मेरे बाबा को भूमि बख़्श दो, काका को हाथी दे दो, भैया को घोड़ा दे दो। लेकिन होरिल सिंह की बहन भगवती नदी में डूबकर आत्मोत्सर्ग करती है। तुर्क ही नहीं मध्ययुगीन राजा और ज़मींदार भी इसमें शामिल हैं। लाची

की कहानी में घोड़े पर बैठे एक राजपूत की नज़र बारह बरस की सुन्दर लाची पर पड़ जाती है। जीरा की कहानी में जेठ ही रास्ता रोकता है।

लोकगीतों का 'शुद्धिकरण'

कजली, लावणी, रागिनी मज़े-मज़े (लेज़र टाइम) के गीत थे। ऐसे गीत व्यंग्य और व्यंजना, हास्य और विनोद से भरे होते थे। इसके अलावा होली पर, मेले-ठेले में गाए जानेवाले गीत थे, ये सब बाद में एक सवर्ण हिन्दू शुद्धिकरण की प्रक्रिया के शिकार हुए। ब्याह के गीतों का ज़िक्र ऊपर आया ही है। एक ब्राह्मण ज़मींदार के यहाँ एक बड़े से हॉल में लोकगीतों के एक रिकॉर्डिंग सेशन का अनुभव स्मिता बताती हैं। उस दोपहर में ज़मींदार के यहाँ दिहाड़ी मज़दूर की तरह काम करनेवाली 6 दलित स्त्रियों को बुलाया गया। उत्सुकता में ब्राह्मण परिवार के लड़के और बाक़ी परिवार भी जुट गया। जबकि उनकी स्त्रियाँ बाहर से ही झाँक रही थीं, दरवाज़े के भीतर नहीं आईं। दलित स्त्रियों में एक साठ पार की स्त्री तब तक मरी हुई आवाज़ में गाती रही जब तक पुरुष वहाँ मौजूद रहे। अन्ततः उन्हें बाहर भेजना ही पड़ा। तब जाकर उस स्त्री ने घूँघट हटाया और पहले गाए गए गीत का असली और कामुक संस्करण खुलकर गाया जो ब्राह्मण स्त्री को वेश्या की तरह दिखाता था।[25] वर पक्ष के अपमान की मंशा से बने ये गाली गीत अपना एक जातीय चरित्र भी रखते हैं।

यौनिकता की बात करते गीतों से ग़ैर-दलित, तथाकथित ऊँचे घराने की स्त्रियाँ फिर भी कुछ दूर रहती थीं तो उसकी एक साफ़ वजह समझ आती है कि उन्नीसवीं सदी के हिन्दू समाज-सुधारकों ने त्योहारों पर गाए जानेवाले इन गीतों से अश्लीलता, फूहड़ता, अपसंस्कृति को सीधा जोड़ दिया। वे स्त्रियों के उद्धार के लिए तो प्रयासरत थे लेकिन एक विक्टोरियन नैतिकता उनके चिन्तन के केन्द्र में थी जिसके अनुसार सभ्य स्त्रियाँ, शुद्ध और पवित्र स्त्रियाँ यौनिकता पर बात नहीं कर सकतीं। गाली के गीत जो गाए जाते थे, वर पक्ष के पुरुषों को शर्मिंदा करते हुए, उन्हें भी बन्द कराने के प्रयास किए गए।[26]

उन्नीसवीं सदी के समाज सुधारकों को लगता था कि स्त्रियाँ और दलित इस फूहड़ता से मुक्त होने चाहिए। सुधारकों, बुद्धिजीवियों और नए उभरते मध्य वर्ग का एक शुद्धतावाद था और विक्टोरियन क़िस्म की नैतिकता जिसके ज़रिए स्त्रियों के इस स्पेस को स्वच्छ बनाने की कोशिश की गई। यह पॉपुलर कल्चर पर एक आक्रमण की तरह था। बंगाल के गाँवों से कलकत्ता की ओर पलायन करनेवाले निम्न सामाजिक स्थिति वाले समुदाय अपने साथ यह संस्कृति लेकर चले थे। स्त्रियों और इतरजन की यह अश्लीलता और फूहड़ता बंगाली भद्रलोक

की आलोचना का कारण बनी। पत्रिकाओं में इस पर लिखा गया। पढ़े-लिखे बंगाली पुरुषों की सोच ने स्त्री-मुक्ति की सम्पूर्ण अवधारणा को प्रभावित किया।[27] भारतेंदु हरिश्चन्द्र ने कुलीन स्त्रियों को संस्कारित करने के लिए 'बालाबोधिनी' पत्रिका निकाली। इसके अगस्त 1857 के अंक में वह लिखते हैं—

> हे सुमति कुलीन स्त्रियों का यह व्यवहार है कि गाना तो कैसा वह अपना बोलना भी दूसरों के कान तक नहीं जाने देतीं उनकी समझ में तो गाना बड़ा ही खोटा काम है किस कारण कि उस में अलंकार रस वा शृंगार वा संयोग-वियोग का बयान मन को दुरमन करनेवाला होता है और बहुधा ऐसा व्याख्यान होता है कि जिस का स्त्रियों को अपने मुँह से निकालना या सुनना बड़ी निर्लज्जता है और जो कोई स्त्री भजन करके अभ्यास करती है वह भी अयोग्य है किसलिए कि उनमें भी ऐसा व्याख्यान होता है। सो कुलीन स्त्रियों को तो किसी प्रकार का भी अभ्यास करना योग्य नहीं है और जो दुर्बुद्धि हैं उनका क्या कहना है। फिर जिन कुलों में स्त्रियाँ ब्याह-शादी के समय गालियाँ गाती हैं और उनके कुल की स्त्री गान करे व पर-स्त्री नावन ब्राह्मनी वह तो किसी प्रकार भी कहने सुनने योग्य नहीं होती।[28]

मैथिलीशरण गुप्त भी मानते थे कि जो गालियाँ गाई जाती हैं अभद्र हैं और ऐसे शब्दों का उच्चारण तो नाचनेवालियाँ भी नहीं करतीं। यह बेहद शर्मनाक है।[29] 'भारत भारती' में एक पद आता है—

रखती यही वे गुण कि गंदे गीत गाना जानतीं,
कुल, शील, लज्जा उस समय कुछ भी नहीं वे मानतीं
हँसते हुए हम भी अहो! वे गीत सुनते सब कहीं,
रोदन करो हे भाइयो! ये बात हँसने की नहीं! ॥ 232 ॥[30]

यह पढ़ने के बाद लगता है कि स्त्रियों के लोकगीतों का संकलन करनेवालों ने भी इसी तरह के शुद्धतावाद के चलते बहुत कुछ संकलित नहीं किया होगा। गाली तो किसी संकलन में नहीं मिलतीं। रामनरेश त्रिपाठी जब लिखते हैं कि 'कुछ गीत कचरा भी होते हैं' तो बहुत सम्भव है कि इसी तरह के गीतों को वे कचरा कह रहे हों क्योंकि 'चाँद' पत्रिका के ज़रिए जब उन्होंने स्त्रियों से उनके प्राचीन गीत मँगाए तो उन्होंने दादरा, ठुमरी, ग़ज़ल भेजीं। अपनी चिट्ठी में वे लिखते हैं कि 'मुझे इस बात का दुख है कि कैसे निम्न स्तर के गीत भेजे गए हैं मुझे।'[31]

इस अर्थ में राम इकबाल का काम सराहनीय है। स्त्री-यौनिकता से जुड़े तमाम गीत संकलित किए हैं राम इकबाल ने। विरहिणियाँ कहती हैं सेज पर नींद नहीं आती, पपीहे की बोली सताती है, सेज दुश्मन हो गई है। चन्दन की शीतलता भस्मीभूत करती है। प्रिय के बिना यौवन साधना में ही बीत गया यह अफ़सोस

करती हैं। वक्षस्थल जो कभी कमल थे, प्रिय के इन्तज़ार में शिथिल पड़ गए हैं।[32] तो वहीं प्रिय के लौटने पर सेज पर आज धूम मचेगी[33] जैसी ख़ुशी भी अभिव्यक्त होती है। बारहमासा के तो कई गीत हैं जो देह की तड़प की अभिव्यक्ति करते हैं।

> विरह का एक मैथिली गीत है 'विरह में भ्रान्ति'। प्रियतम प्रवासी है। नायिका अपने ही शरीर को देखकर भयभीत हो रही है। दर्पण में अपना ही चेहरा देखकर नायिका उसे चन्द्र समझती और भय से कम्पित हो रही है। वक्षस्थल पर भ्रम से अपने ही हाथ रखकर विरहिणी उसे कमल समझती और ललचा कर बार-बार स्पर्श करती है। अपने ही केश-पाश देखकर काले बादल के भ्रम से उसका हृदय बैठ रहा है।[34]

इसके अलावा जट-जटिन के गीतों का भी संग्रह राम इकबाल के यहाँ है। यह एक ग्रामीण पद्यबद्ध अभिनय है जो आश्विन-कार्तिक मास में खेला जाता है। इसमें केवल लड़कियाँ-युवतियाँ भाग लेती हैं। जटनी का पात्र यहाँ एक दबंग स्त्री का है जो कहती है कि मैं अपने पिता की लाडली बेटी हूँ, ऐंठ कर चलूँगी[35] लेकिन स्वाधीनता की शर्तों को जट विवाह में स्वीकार नहीं करता।

जट जो खेल का प्रधान पात्र है—बलात्कारी है। वह जटिन के साथ प्रणय सूत्र में बँधने के पूर्व जटिन के स्वाधीन व्यक्तित्व को कुचल देना चाहता है। दोनों में द्वन्द्व उठ खड़ा होता है। अन्त में जटिन जट के हाथों की कठपुतली बन जाती है, और उसके जीवन का स्वतंत्र प्रवाह रुक जाता है।[36] यहीं राम इकबाल जॉन स्टुअर्ट मिल को उद्धृत करते हैं।[37]

उन्नीसवीं सदी के सुधारक महज़ शुद्धिकरण पर नहीं रुकते, मारवाड़ी और खत्री जिसमें सबसे आगे थे। जाट, अहीर जैसे समुदायों ने भी इसे ही अपनाया। यह अन्याय इतिहास के साथ खेलने में बदल जाता है जब औरतों के गाए जाने के लिए गीत बनाए जाते हैं और नैतिक शिक्षाओं व राष्ट्रवाद के डोज़ के साथ उनका संकलन 'ग्राम गीतांजलि' के नाम से करके महिलाओं को सौंपा जाता है। अंग्रेज़ी का पद 'मैन मेड' बेहद उपयुक्त है यहाँ। इसकी भूमिका लिखते हुए रामनरेश त्रिपाठी लिखते हैं कि जब तक महिलाएँ स्वयं अपने लिए ऐसे गीत नहीं बनाने लगतीं तब तक उन्हें एक पुरुष की ओर से यह उपहार स्वीकार करना चाहिए। मज़ेदार है कि इस संग्रह की तारीफ़ मैथिलीशरण गुप्त और राजेन्द्र प्रसाद भी करते हैं।[38] स्त्रियों के लिए आदर्श गीत बनाने की मुहिम-सी चल पड़ी जैसे। स्त्री गीत प्रकाश, स्त्री गायन प्रकाश। सब सिखाने लगे कि स्त्री के गीतों में राष्ट्रवाद की भावना होनी चाहिए।

बहनों बुरी किताब कभी न पढ़ा करो
किस्सों से सदा दूर ही प्यारी रहा करो
भारत की देवियों की कहानी कहा करो[39]

स्त्रियों के लोकगीत पुरुषों की नई प्रयोगशाला बन गए और इस तरह महिलाओं के लिए अपने सदियों से चले आ रहे गीतों को गाना भी 'एंटी-नेशनल' हो गया। स्त्रियों के गीत राष्ट्रीय उत्थान के मैनुअल और सलाहों में तब्दील हो गए।[40] हम नहीं जानते कि इतिहास के साथ इस कुत्सित खेल में क्या-क्या मिटा दिया गया होगा। इतना ज़रूर दिखता है कि बहुत कुछ जो स्त्रियों को नियंत्रित करने की मंशा रखता था ऐसा जोड़ दिया गया होगा।

हालाँकि सुमन राजे अपने आधे इतिहास की शुरुआत में, समर्पण लिखते हुए, तमाम मर्दवादी आलोचकों इतिहासकारों को फटकारते हुए, रामनरेश त्रिपाठी और देवेन्द्र सत्यार्थी जैसे पुरुषों (उनके यहाँ लोकगीतों के लिए मुख्यत: इन्हीं दोनों के संकलनों का उपयोग है) का आभार व्यक्त करती हैं कि उन्होंने स्त्रियों के गीतों को संकलित किया लेकिन संवेदना रखते हुए भी रामनरेश त्रिपाठी की कोई स्त्री-पक्षधरता मुझे दिखाई नहीं देती। राम इकबाल नरेश के मैथिली गीतों के संकलन में ख़ूब दिखाई देती है तो इसका कारण साफ़ दिखाई देता है कि राम इकबाल ने जॉन स्टुअर्ट मिल की किताब 'स्त्रियों की पराधीनता' का अध्ययन किया है और इसलिए एक समझदारी उनके यहाँ है। उनका कोई शुद्धतावादी आग्रह नहीं दिखाई देता।

लोकगीतों में सीता

रामायण के तीन सौ से ज़्यादा संस्करण भारत और बाक़ी दक्षिण एशियाई देशों को मिलाकर मिलते हैं। ए.के. रामानुजन का लेख, जिसे दिल्ली विश्वविद्यालय के अंग्रेज़ी के पाठ्यक्रम से हटा दिया गया उन तमाम तरह के राम-कथा के संस्करणों का विवेचन करता है जो अलग-अलग समाजों के लोक और इतिहास में प्रचलित रहे; भिन्न वैचारिक चिन्ताओं से सम्बद्ध। जाति, जेंडर और जातीयता के अलग-अलग सवालों से जूझते हुए।

पिछले अध्यायों में चन्द्राबती की रामायण का ज़िक्र करते हुए बताया ही था कि उनकी रामायण सीता-केन्द्रित है और वह लोक में प्रचलित सीता विषयक स्त्रियों के लोकगीतों से बहुत कुछ ग्रहण करती है। कोई अस्पृश्य भाट द्वारा गाया गया लोक आख्यान है जहाँ रावण रावुला के नाम से आता है। कन्नड़ और तेलुगु लोक-कथाओं में रावण के यहाँ सीता पुत्री के रूप में जन्म लेती है जिसका मक़सद ही रावण का नाश करना है। थाईलैंड की राम-कथा के राम मानवीय रूप में चित्रित हैं और विष्णु के अवतार होते हुए भी शिव के मातहत हैं। उनके हनुमान भी ब्रह्मचारी नहीं और श्रोता राम से अधिक हनुमान को पसन्द करते हैं। इस तरह मौखिक परम्परा

प्रसंगों के एक ऐसे बिलकुल अलग समूह में भागीदारी करती प्रतीत होती है जो वाल्मीकि के यहाँ अज्ञात है।[41]

लोक की अपनी अलग गति है। स्त्रियों के जीवन में सीता को आत्मसात करके उसे एक ऐसा मानवीय रूप दे देती हैं स्त्रियाँ जो उन्हीं की बानी बोलती हुई उन्हीं के जीवनानुभवों, दुखों और कष्ट की प्रतीक बनकर उनका प्रतिनिधित्व करने लगती है। सीता वनगमन को कवियों ने छिपाने का ही प्रयास किया पर स्त्रियों ने उसी प्रसंग को उठाया है। सच यही है कि जहाँ पुरुष मौन हो जाता है वहाँ जन्म लेता है महिला-लेखन।[42]

चरित्र पर सवाल उठाकर देश-निकाला दिया जाना, अग्निपरीक्षा देना और अन्ततः धरती में सीता का समा जाना स्वाभाविक है कि राम-कथा में ये घटनाएँ स्त्रियों के गले नहीं उतर सकतीं। एक आम स्त्री हमेशा इस तरह से चरित्र पर आघात झेलती आई है। अपने सत की परीक्षा देनेवाली, जौहर करनेवाली, पति, मायके और ससुराल वालों के शक का सामना करनेवाली स्त्रियों की व्यथा कई लोकगीतों में आती है। लेकिन सामाजिक संरचना के बीच सीता को वाणी मिलती है। उसके कष्टों और दर्द का अन्दाज़ा अपने दुखों की माप से ही स्त्रियाँ लगा लेती हैं। ऐसे ही एक लोकगीत में सीता की परीक्षा चलती जाती है, ठीक वैसे ही जैसे असल जीवन में स्त्री की परीक्षा अन्तहीन होती है।

जब रे सीता देई अदित हाथे लिहली रे
अदित छपित होई जाई आय
इहो किरिएव इ सीता हम ना पतियाएब

सरप बिचरवा हम लेबी आई
जब रे सीता देई सरप हाथे लिहली रे
सरप बैठेले फेटा मारी आय
इहो किरियवा हम न पतियाईब

गंगा बिचरवा हम लेबी आई
जब रे सीता देई गंगा ही हाथे लिहल आय
गंगही परी गैले रेत आय
इहो किरियवा हम न पतियाईब

तुलसी बिचरवा हम लेबी आई
जब रे सीता देई तुलसी हाथे लिहली

तुलसी गैल सुखाई आय

अइसन पुरुखवा मुँह नाही देखबी
जिनी राम देहलें बनवास आय
फटी जैती धरती अलोप होई जैत रे
अब ना देखबी संसार आय[43]

टिकुला लोकगीतों की एक पात्र है जो जेठ के साथ सम्बन्ध में जाने की बजाय आत्मोत्सर्ग की राह चुनती है। *सत के तहत सामी धरम के बिअहुआ गे जान। जान अँचरवे अगिया ले धधकहु ले जान।* (यदि मेरे स्वामी सत के हैं और मैं उनकी धर्म की विवाहिता हूँ, तो मेरे आँचल से आग धधक उठे)[44] सीता के दुखमय जीवन के साथ ही लगता है जैसे स्त्रियों ने स्वयं भी सती-सावित्री की अवधारणा को आत्मसात कर लिया। सीता को अपने आत्मिक-बल का प्रतीक बना लिया या उसके जैसी नियति को चुपचाप स्वीकार कर लिया।

लेकिन मैथिली लोकगीतों में तमाम ऐसे उदाहरण हैं जहाँ स्त्रियाँ साफ़ कहती हैं कि उनका प्रिय बुज़दिल है,[45] उसने मेरा त्याग करके जड़ता का परिचय दिया है[46] वह बदकिस्मत है।[47]

'चन्द्राबती रामायण' की सीता पूरे रामायण में मुखर रहती है। उसका आरम्भ ही सीता के जन्म से होता है। युद्धों के लम्बे वर्णन की बजाय वहाँ बारहमासा आता है। यहाँ राम के मन में सन्देह पैदा करने का काम सीता की ननद करती है। लेकिन जब राम सीता को वन भेजने का लक्ष्मण को आदेश दे देता है तो चन्द्राबती ग़ुस्से से पगलाए राम का वर्णन करती हुई कहती हैं कि राम तुम्हारी मति भ्रष्ट हो गई है। नबनीता देव सेन लिखती हैं कि मैमानसिंह ज़िले की स्त्रियों के लोकगीतों में राम को अपने इस कृत्य के लिए ख़ूब कोसा जाता है।

हिन्दी में बारहमासा आषाढ़ से शुरू होता है जबकि असमिया में बारहमासा अगहन से शुरू होता है।[48] बारहमासा मूलत: विरह की भावनाओं से जुड़ा है। राम और सीता की बारहमाही के अतिरिक्त अन्य बारहमाही सामाजिक प्रकृति के होते हैं जहाँ व्यापार के लिए विदेश गए प्रिय के विरह की अभिव्यक्तियाँ मिलती हैं। असमिया में एक बारहमाही में गर्भावस्था में वनवास दे दी गई सीता की व्यथा दर्ज हुई है[49]—

अगहन शालि धान का महीना है
इतनी दूर से मैं करती हूँ रामचन्द्र की प्रार्थना
पौष भयानक शीत का महीना है
पर मुझ दुखियारी को चैन नहीं है
माघ महीना है पुण्य संचय का समय

पर मुझे गर्भावस्था में कर दिया निर्वासित
फागुन में चलती है पछुवा हवा
पर मैं निपट अनाथ हूँ दुखियारी सीता

प्रकृति, परिवेश और सामाजिक जीवन

ग्रामीण समाज एक-दूसरे पर निर्भरता के बिना नहीं चलता। इसलिए सभी जातियों, समुदायों की भावनाएँ अभिव्यक्त होती हैं वहाँ। विशेष यह है कि मानकीकरण की कोई एजेंसी नहीं होती तो उपेक्षित वर्ग की आवाज़ें निर्बाध आती हैं। निर्भरता एक-दूसरे पर मनुष्यों की भी और प्रकृति पर भी। सहज ही जीव-जगत इन गीतों का हिस्सा हो जाता है। एक गीत शायद कुछ लोगों का पहचाना हुआ होगा, जिस भी स्त्री ने इस गीत की रचना की होगी, प्रकृति और जीव-जगत के प्रति संवेदना से भरा मन होगा उसका और राजाओं, ऊँची जातियों के आगे यह बेबसी उसने झेली होगी जो हरिनी की है। इसी से लगता है कि यह गीत किसी दमित, दलित जाति से रही स्त्री का होगा। सामान्यत: सोहर में यह गीत भी सवर्ण घरों में नहीं गाया जाता है या ब्राह्मण-संस्करण में अन्त में जोड़ दिया जाता है कि हरिन हरिनी को समझाता है कि इससे उसी को मुक्ति प्राप्त होगी।

छापक पेड़ छिउलिया तौ पतवन गहबर
अरे रामा तिहि तर ठाढी हरिनियाँ
त मन अति अनमनि हो

चरत इ चरतइ हरिनवाँ तौ हरिनी से पूँछइहि
हरिनी का तोर चरहा झुरान
कि पानी बिनु मुरझिउ हो

नाहीं मोर चरहा झुरान न पानी बिन मुरझिउ हो
हरिना आजु राजाजी के छट्ठी
तुम्हैं मार डरिहइँ हो

मचिये बैठी कौसिल्ला रानी हरिनी अरज करइ हो
रानी मसुवा तौ सिझही रसोइया
खलरिया हमैं देतिउ

पेड़वा से टँगवइ खलरिया त मन समुझाउव हो
रानी हेरिफेरि देखबइ खलरिया

जनुक हरिना जीतइ हो

जाहु हरिनी घर अपने खलरिया नाहीं देबइ हो
हरिनी! खलरी क खँजड़ी मढउबइ
त राम मोर खेलिहइ हो

जब-जब बाजइ खँजड़िया सबद सुनि अनकइ हो
हरिनी ठाढि ढकुलिया के नीचे
हरिन क बिसूरइ हो

[ढाक का एक छोटा-सा घने पत्तोंवाला पेड़ है, जो ख़ूब लहलहा रहा है। उसके नीचे हरिनी खड़ी है। उसका मन बहुत बेचैन है॥1॥

चरते-चरते हरिन ने हरिनी से पूछा—हे हरिनी! तू उदास क्यों है? क्या तेरा चरागाह सूख गया है? या तेरा मन पानी की कमी से मुरझा गया है?॥2॥

हरिनी ने कहा—हे प्रियतम! न मेरा चरागाह ही सूखा है और न पानी की ही कमी है। बात यह है कि आज राजा के पुत्र की छठी है। आज तुम मारे जाओगे॥3॥

रानी कौशल्या मचिये पर बैठी है। हरिनी ने उनसे बिनती की—हे रानी! हरिन का माँस तो आपकी रसोई में सीझ रहा है, हरिन की खाल आप मुझे दिलवा दीजिए॥ 4॥

मैं खाल को पेड़ से टाँग दूँगी। बार-बार मैं उसे देखूँगी और मन को समझाऊँगी, मानो हरिन जीता ही है॥5॥

कौशल्या ने कहा—हरिनी! तुम घर लौट जाओ। खाल नहीं मिलेगी। इस खाल की तो खँजड़ी बनेगी और मेरे राम उसे बजाएँगे॥ 6॥

जब-जब खँजड़ी बजती थी, तब-तब हरिनी उसके शब्द को कान लगाकर सुनती और उसी ढाक के पेड़ के नीचे खड़ी होकर अपने हरिन को बिसूरा करती थी॥ 7॥]

मैथिली में श्यामा-चकोवा का खेल भाई-बहन का खेल है जिसके कई पात्रों में से एक है चुगला। चुगली करनेवाला पात्र। श्यामा-चकोवा के कई लोकगीत हैं जो बताते हैं कि लड़कियाँ अपने छोटे भाइयों को खेलने के लिए संग ले जाती थीं। लेकिन हमेशा भाई-बहन की पटरी नहीं बैठती। भाई तगड़ा हुआ तो बहन की चीज़ें तोड़ देता था। बहन तगड़ी हुई तो भाई की ख़ूब मरम्मत कर देती थी। स्त्री-जीवन

के विविध रंग जो उसके सम्बन्धों से जुड़े हैं, लोक जीवन से जुड़े हैं वे सभी यहाँ दर्ज होते हैं।

जितनी भी तथाकथित हाशिए की जातियाँ हैं उनमें स्त्री अपेक्षाकृत अधिक मुखर है। दारू पीने के शौकीन अहीर की पत्नी उसे फटकारती है—दारू पीकर सड़क पर गिरोगे और दाँत निकाल दोगे, कुत्ते मुँह में मूतेंगे और सारा बाज़ार हँसेगा। डिप्टी साहब को नहीं जानते, वे पन्द्रह हज़ार गालियाँ देंगे। अंधे! तुम अनरेरी कचहरी में जुर्माना दोगे।[50] या किसी बूढ़े कहार की पत्नी कहती है—बुड्ढे कहार की बुढ़ाई आई, तब ताल में जाल फेंकने लगा। जब उसे एक भी मछली नहीं मिली, तो खिसियाकर पतोहू का गला मींजता है। यह बुड्ढा मेरे जी का जंजाल है। मेरे माथे पर टिकुली देखकर जल उठता है। हे देवी! यह बुड्ढा मर जाए तो तुमको रोट चढ़ाऊँगी।[51] बुंदेलखंड और उत्तर प्रदेश में गाया जानेवाला सुआ गीत है जिसमें राजा धोबिन से कहता है कि अपने धोबी पति को छोड़ और मुझे अपना पति बना ले। वह कहती है राजा को पति बनाने के लालच को आग लगे, मुझे तो अपनी ही जाति का पति प्यारा है।[52] तो अपनी जातीय ठसक भी है क्योंकि ग्रामीण जीवन में सवर्णों की लम्पटई से दलित स्त्रियाँ अच्छी तरह परिचित रही हैं और उनके गीतों में न केवल अपने शोषण की कहानियाँ हैं वरन अपने समाज की आलोचना भी है। ये ज़्यादा सजग स्त्रियाँ हैं और सुविधाओं का अभाव होते हुए भी सवर्ण स्त्रियों की तरह इनके जीवन घुँटे हुए जीवन नहीं दिखाई देते।

स्त्री-भाषा की तमाम ख़ूबियाँ इन लोकगीतों में है। खुले हुए अन्त और लचीला शिल्प ग्रामीण स्त्रियों को ख़ूब मौक़ा देते हैं कि वे अपने साझापन को इनमें अभिव्यक्त कर पाएँ। पीढ़ी-दर-पीढ़ी चलते आते ये गीत न अपनी ख़ूबसूरती खोते हैं, न उपयोगिता न प्रासंगिकता। ये छंद में हो कर भी छंद से मुक्त होते हैं, ये आकार में रहते हुए भी नित प्रयोगशील होते हैं। इन्हें बुनकर फिर उधेड़ा जा सकता है। ये निर्मित और विखंडित हो सकते हैं। इन्हें शास्त्र का कोई भय नहीं। न इतिहास से कोई अपेक्षा।

लोकगीतों में बसी स्त्री कविता स्त्री-जीवन की जड़ें हैं।

7

आधुनिक स्त्री कविता

उन्नीसवीं सदी के सुधार आन्दोलन और स्त्रियाँ, महादेवी वर्मा, सुभद्राकुमारी चौहान तथा स्वातंत्र्योत्तर स्त्री कविता

उन्नीसवीं सदी के सुधार आन्दोलन और पुनरुत्थान की ज़मीन बनती स्त्री

भारत में सुधारवादी आन्दोलनों की शुरुआत स्त्रियों को केन्द्र में रखकर पुरुषों के नेतृत्व में हुई। राजा राममोहन राय, विवेकानन्द, दयानन्द सरस्वती, ईश्वरचन्द्र विद्यासागर, ज्योतिबा फुले वे नायक थे जिन्होंने सामाजिक बुराइयों की जड़ में लैंगिक भेदभाव को लक्ष्य किया और समझा कि अपने ही सहजीवन के साथी किस गर्त में पड़े हैं। लेकिन इन्हें भारतीय स्त्रीवादी आन्दोलन नहीं कहना चाहिए। ये सुधारवादी आन्दोलन थे जिनके केन्द्र में स्त्री थी। स्कॉटिश इतिहासकार जेम्स मिल की 1826 में आई किताब 'हिस्ट्री ऑफ़ ब्रिटिश इंडिया' किसी समाज के उन्नत होने के मानक के रूप में स्त्री की दशा को चिह्नित करती थी और भारतीय सामाजिक स्थितियों में स्त्रियों की दुर्दशा को चित्रित करती थी। अंग्रेज़ी पढ़ा-लिखा भद्र लोक उस प्राच्यवादी ओरिएंटल नज़रिए की फिक्र करने लगा जिसके हिसाब से भारतीय स्त्रियों की दशा बेहद शोचनीय थी।[1] सती-प्रथा, बाल विवाह, विधवाओं की दुर्गति, अशिक्षा तमाम ऐसी बातें थीं जिनके लिए शिक्षित भारतीय पुरुष के पास कोई जवाब नहीं था। वह ईसाई मिशनरियों और अंग्रेज़ अफसरों से प्रभावित हुआ।[2] तो यह पहला कर्तव्य हुआ कि स्त्रियों को इस जहालत से बाहर निकाला जाए। यह भद्र-लोक मूलतः मध्यवर्गीय था। इसलिए स्त्री की एक इच्छित मध्यवर्गीय छवि बनाई गई। ऐसी नई स्त्री जो भद्र लोक के बीच रहने के काबिल भी हो और परम्परागत भूमिकाएँ भी निभाना जानती हो। ऐसी शिक्षा के प्रसार के लिए सुधारवादी एक हुए। हिन्दुस्तानी सभ्यता की आलोचना से जूझने के लिए एक ऐसे स्वर्ण युग का मिथक भी तैयार किया गया जिसके अनुसार स्त्री एक समय पुरुष की बराबरी पर थी, सम्मानित थी।[3]

फुले दम्पती, ताराबाई और पंडिता रमाबाई जैसे अन्य कुछ ईसाई, भारतीय स्त्री-सुधारकों को यहाँ एक अलग राह पर देखा जा सकता है। इसलिए भी वे सुधारवादियों की नज़र में भी बहुत देर नहीं टिकते क्योंकि स्त्री-सुधार का जो मानक सुधारवादियों का तय किया गया था उस पर ये खरे नहीं उतरते। सुधारवादियों में भी एक धड़ा मानता था कि समाज-सुधार बाद में देखा जाएगा पहले राजनीतिक सुधार होना चाहिए और संस्कृति को नहीं छेड़ना चाहिए। जबकि एक पक्ष मानता था कि सामाजिक सुधार पहले हों और कुरीतियों, अन्धविश्वासों से मुक्ति पाई जाए। भले ही इसके लिए प्राचीन परम्पराओं को बदलना पड़े। लेकिन दोनों तरह के सुधारवादियों में एक वैचारिक समानता थी कि वे घर और राष्ट्रीय आन्दोलन को अलग रखना चाहते थे।[4] यह एक मुश्किल चीज़ थी क्योंकि अगर हम स्त्री की सच्ची मुक्ति के लिए प्रयासरत हैं तो घर की संरचना पर भी उसका असर पड़ता ही। इसलिए भी सुधारवादियों की अधिकांश कोशिशें स्त्रियों को अच्छी गृहिणी और माँ बनाने पर केन्द्रित थीं। वे स्त्रियों की परम्परागत छवि को ही धो-पोंछ कर सामने रखना चाहते थे। पिछले अध्याय में ज़िक्र किया गया है कि किस तरह स्त्रियों के लोकगीतों को भी सुधारवादियों ने शुद्ध, पवित्र करना चाहा, उन्हें लोकगीत बनाकर दिए और एक आदर्श हिन्दू राष्ट्रवादी स्त्री की छवि गढ़ने का प्रयास किया। तो उनके पास स्त्री-मुक्ति का अपना एक नक़्शा था।

स्त्रियाँ जो सुधारवादियों की नज़र में न शहीद थीं, न पीड़ित और न नायिका

अठारहवीं और उन्नीसवीं सदी में भारत आनेवाले अंग्रेज़ और ईसाई मिशनरी सुधारवादियों के शिक्षा के प्रति नज़रिए को प्रभावित कर रहे थे। बंगाल और महाराष्ट्र में अंग्रेज़ीदाँ कुलीन पुरुष ने जब सुधार की कमान अपने हाथों में ली तो स्त्री-शिक्षा के लिए लगभग मिशनरियों वाला ही मॉडल अपनाया। लेकिन यह चिन्ता बराबर बनी हुई थी कि अंग्रेज़ी शिक्षा, जैसी भारतीय पुरुष पा रहा है, वह स्त्री को मिली तो वह अपना स्त्रियोचित स्वभाव खो देगी, घर के काम नहीं करेगी, पुरुषों की प्रतिस्पर्धी हो जाएगी। इसलिए उन्हें वह शिक्षा दी जाए जो उन्हें घर के काम करने में मदद करे।[5] स्त्री-मुक्ति को लेकर बंगाली भद्र-लोक की अवधारणा भी काफ़ी हद तक हिन्दू समाज के पितृसत्तात्मक नियमों के आधार पर संशोधित थी।[6] फिर भी ऐसी स्त्रियाँ हुईं जिन्होंने अपनी रीढ़ की हड्डी सीधी रखी और स्वयं पर भरोसा किया। संघर्ष किए और अपना वजूद बनाया। भले ही वे संख्या में बहुत कम थीं। सुधारवादियों की नज़र में ये न पीड़िताएँ थीं न नायिकाएँ। स्त्री-लेखन के आधुनिक युग में प्रवेश करने में इनकी भूमिका को साहित्येतिहास आराम से नज़रअन्दाज़ कर देता है।

सावित्रीबाई : स्त्री-शिक्षा की अलख

सावित्रीबाई का जन्म 1831 में हुआ और 9 वर्ष की उम्र में ही 13 वर्षीय ज्योतिबा फुले से, 1840 में विवाह हो गया। यह विवाह इसलिए अनोखा था कि सावित्री को पति नहीं एक शिक्षक मिला। स्त्री-शिक्षा के पक्षधर अंग्रेज़ों ने ज्योतिबा की सहायता की और ज्योतिबा-सावित्री समाज का तमाम विरोध सहकर भी अन्धविश्वास, अशिक्षा, अन्यायपूर्ण वर्ण व्यवस्था के ख़िलाफ़ काम करते रहे। 1848 में पुणे में लड़कियों का पहला स्कूल खोला गया और सावित्रीबाई उसकी पहली शिक्षिका बनीं। सावित्रीबाई ने कविताएँ भी लिखीं और नैतिकता, नशाखोरी सम्बन्धी कुछ भाषण भी दिए। शूद्रों के ऐतिहासिक दमन के प्रति वे जानकार और सजग थीं। अंग्रेज़ी पढ़कर 1855 में उन्होंने टॉमसन क्लार्कसन की जीवनी को पढ़ा। यह महत्त्वपूर्ण था कि दमित स्वदेशी जातियों को विश्व के अन्य दमित समूहों के आन्दोलनों की जानकारी हासिल हो। शिक्षा और वह भी अंग्रेज़ी शिक्षा शूद्रों को जहालत और शोषण से मुक्ति दिला सकती है इसमें सावित्रीबाई का यक़ीन पक्का हो चला जो कि उनकी कई कविताओं से ज़ाहिर होता है। स्त्री-शिक्षा की वे ज़बरदस्त पैरोकार बनीं। इस युगल ने अपने आस-पास न जाने कितने जीवनों को प्रभावित किया होगा। फ़ातिमा शेख़ और सगुणा भी ज्योतिबा की ही शिष्या थीं और सत्यशोधक समाज को चलाने में, शिक्षा की अलख जगाए रखने में उनके योगदान की चर्चा स्वयं सावित्रीबाई ज्योतिबा को लिखे अपने पत्रों में करती हैं।[7] तमाम तनाव झेलकर भी इस क्रान्ति-युगल का साहस नहीं चुका। कैसा अदम्य था वह साहस सावित्रीबाई के ज्योतिबा को लिखे इस पत्र के अन्तिम अंश में देख सकते हैं—

> उपरोक्त विषय में पढ़कर आप समझ गए होंगे कि जिस तरह से पूना में हमारे विरोध में दुष्प्रचार करनेवाले, ज़हर फैलानेवाले, निंदक, लोगों को भड़का कर झगड़ा करवानेवाले भारी संख्या में सक्रिय हैं, ठीक उसी तरह यहाँ सतारा में भी इसी तरह के लोग हमारे विरुद्ध सक्रिय हैं। लेकिन उन दुष्ट लोगों से भयभीत होकर हम अपने लक्ष्य से नहीं डिगेंगे। अपने हाथ में लिया शिक्षा का कार्य, महार-माँग, स्त्रियों को पढ़ाने का काम हम हरगिज़ नहीं छोड़ेंगे। हमारे जीवन का एक-एक क्षण, एक-एक पल लोगों को शिक्षित करने और हर समय उनकी भलाई करने और उन्हें स्वाभिमानी बनाने में देना होगा। हमें विश्वास है हम सफल ज़रूर होंगे। भविष्य में किए कार्यों का समय मूल्यांकन ज़रूर करेगा, इससे अधिक और क्या लिखूँ...।[8]

ताराबाई शिंदे : अंग्रेज़ीदाँ कुलीन पुरुष के दोगलेपन पर चोट

> ईश्वर की निंदा के लिए मैं क्षमाप्रार्थी हूँ परन्तु इसके सिवा दूसरा उपाय भी तो नहीं। शास्त्रों और पुराणों का उदाहरण देकर नारी को किस प्रकार झुकाया जा रहा है, यह तो समझना चाहिए ना![9]

ताराबाई ने महाराष्ट्र में कुलीन पुरुषों के समाज सुधार की भी ख़ूब आलोचना की जो अंग्रेज़ों के उपनिवेशवाद से मुक्ति की बात करता था लेकिन अपने घरों को उपनिवेश ही बनाकर रखना चाहता था। एक नई बनती हुई स्त्री-चेतना उनमें दिखाई देती है। जैसे ब्राह्मणवाद से मुक्ति के लिए दलित समाज संघर्षरत था, पितृसत्ता से मुक्ति की छटपटाहट इन प्रबुद्ध स्त्रियों में सुनाई देना शुरू हो गई थी। खंड-1 में उन पर विस्तार से बात की गई है।

पंडिता रमाबाई : हिन्दू स्त्री का जीवन

इस ब्राह्मणवादी पितृसत्ता की सबसे साफ़ और व्यवस्थित तरीक़े से पहचान सर्वप्रथम पंडिता रमाबाई ने की। उन्होंने सती-प्रथा शब्द के लिए विधवाओं का आत्मदाह जैसा पद इस्तेमाल किया। अपनी पुस्तक 'हिन्दू स्त्री का जीवन' में वह एक जगह लिखती हैं—

> पति की चिता में विधवाओं का आत्मदाह ऐसी प्रथा है, जो स्पष्टत: मनु की आचार-संहिता के संकलन के पश्चात् पुरोहितों द्वारा ईजाद की गई। आपस्तम्ब, आस्वलन तथा दूसरे धर्मसूत्र, जो मनु के पहले के हैं, इस नियम का उल्लेख नहीं करते और न ही मनु की संहिता...यहाँ एक सत्ता थी, जो मनु या अन्य नियम प्रदाताओं से व्यापक थी और जिसकी अवज्ञा नहीं की जा सकती थी।[10]

साथ ही रमाबाई ने उस पितृसत्तावादी जेंडर ट्रेनिंग की भी बारीकियों पर प्रकाश डाला जिसके तहत स्त्रियों की हर अगली पीढ़ी पिछली से कमज़ोर होती चली जाती है, मूल्यों के रूप में वह अपनी माँ से मूढ़ता और पुरुष के स्त्री से श्रेष्ठ होने, ख़ुद के 'कुछ नहीं' होने की हीनता ग्रंथि में पलती और अपनी दासता स्वीकार करती है। वे इशारा करती हैं कि कुछ कुप्रथाएँ उच्च जातियों की देखा-देखी दलित भाइयों ने भी अपनाकर अपनी स्त्री पर अत्याचार करना शुरू किया।

स्वर्ग का विचार भी इस तरह आनन्द से युक्त और रंगीन बनाया गया कि स्त्री अपने पति के साथ उसे पाने के लिए अधीर हो उठी। वैधव्य उसके जीवन की दुर्गति करके उसमें जो पीड़ाएँ और कलंक भर देता है उसके प्रति सचेत स्त्री आग में कूद जाने को कम कष्टकर समझती थी तो क्या ग़लत था? ऐसे में 'स्वैच्छिक' और जबरन सती का फ़र्क़ करना या सती और विधवाओं की आत्महत्याओं में फ़र्क़ करना बहुत मानी नहीं रखता। इन मामलों में हस्तक्षेप से अंग्रेज़ सत्ता ख़तरे में आ सकती थी। इसलिए लॉर्ड बैंटिक ने भी सती के विरुद्ध शास्त्रों से ही प्रमाण जुटाने की रणनीति अपनाई। रमाबाई समझ पा रही थीं कि पुरोहितों ने ऋग्वेद के श्लोकों का अर्थ बदल कर रख दिया अपने स्वार्थ के लिए।

यही नहीं, रमाबाई ने भारतीय पितृसत्ता के तहत पुरुषों की एकता के कई प्रमाण जुटाए और स्त्री की बदहाली का वास्तविक और दर्दनाक ब्योरा प्रस्तुत किया। वे

रख्माबाई केस उद्धृत करती हैं जिसमें रख्माबाई पर उस पुरुष ने अदालत में केस किया था जिससे रख्माबाई का विवाह 11 की अवस्था में हो गया था लेकिन वह उसके साथ नहीं रहना चाहती थी। उसका साफ़ कहना था कि इस विवाह में मेरी सहमति नहीं ली गई थी। इसलिए ऐसे पुरुष के साथ विवाह की पुनर्स्थापना का कोई मामला ही नहीं बनता जिसमें मेरी सहमति नहीं थी और जिसके पास मैं कभी विवाह के बाद गई ही नहीं, पति-पत्नी का हमारा कोई सम्बन्ध स्थापित नहीं हुआ। भारत में 'कंसेंट' को लेकर शायद यह सबसे पहला क़ानूनी मामला था। अब तक किसी स्त्री ने ऐसा 'दुस्साहस' नहीं किया था। पहली बार तो जज मिस्टर पींन्हे ने रख्माबाई के पक्ष में फ़ैसला दे दिया और कहा कि रख्माबाई को अपनी इच्छा के विरुद्ध उस व्यक्ति के साथ रहने को मजबूर नहीं किया जा सकता। इस निर्णय के बाद रख्माबाई को सबक सिखाने के लिए 'पूरे भारत के दकियानूसी लोग' ऐसे खड़े हो गए मानो वे सब एक पुरुष हों और एक साथ उन्होंने उस असहाय स्त्री और महज़ मुट्ठी-भर साथियों को सबक सिखाने के लिए कमर कस ली।[11] लेकिन बात यहाँ ख़त्म नहीं हुई। पति ने हार नहीं मानी। वह आगे भी लड़ा। रूढ़िवादी लोग उसके पति का साथ दे रहे थे, उसके केस लड़ने का पैसा भी सम्भवत: जुटा रहे थे। इसके बारे में रमाबाई ठीक ही समझ रही थीं कि देवता और न्याय हमेशा पुरुष का साथ देते हैं।[12] दूसरी बार रख्माबाई को कसूरवार माना गया लेकिन उसे जेल भेजा जाए या नहीं इस पर जद्दोजहद होती रही और अन्तत: पति ने 2000 रुपए रख्माबाई से लेकर अदालत से बाहर समझौता किया।

गोपाल गणेश अगरकर, जो एकमात्र रेशनल सुधारवादी थे महाराष्ट्र के, ने पंडिता रमाबाई का उस समय समर्थन किया जब वे न केवल रूढ़िवादियों बल्कि तिलक जैसे सुधारवादियों की आलोचना व निंदा का भी शिकार हो रही थीं। यह भी मज़ेदार है न कि तिलक का अख़बार 'केसरी' ज्योतिबा फुले को ईसाई मिशनरियों की कठपुतली[13] बता रहा था और पंडिता रमाबाई के शारदा सदन को धार्मिक (ईसाई) संस्थान।[14]

अपने समय में रमाबाई का अपने एक्टिविज़्म और लेखन के ज़रिए कैसा हस्तक्षेप था इसके एक उदाहरण के तौर पर एक क़िस्सा सुनाकर आगे बढ़ती हूँ। ऊँची जाति की हिन्दू विधवाओं के लिए वे लगातार काम कर रही थीं। नवम्बर 1890 को लियोनल एश्बर्नर ने, जो गवर्नर की एक्ज़ीक्यूटिव काउंसिल का सदस्य था, नेशनल रिव्यू में एक लेख में हिन्दू शास्त्रों की असलियत उघाड़ते हुए हिन्दू विधवाओं के लिए भाड़े पर मिलनेवाली व्यभिचारिणियाँ (chartered libertines)[15] कहा जिसका विरोध गोपाल गणेश अगरकर ने किया। 'सुधारक'* के सम्पादक के नाम के.के. तैलंग ने छद्मनाम 'शंकित' से एक पत्र लिखा और पहले तो एश्बर्नर को

* अगरकर का अख़बार

जवाब देने के लिए बधाई दी फिर पूछा कि क्या मनुस्मृति और गोहिल गुहाशास्त्र की असलियत को सबके सामने लाने की ज़रूरत है? और क्या विवाह की न्यूनतम आयु (Age of Consent) बिल के विरोधी विधवाओं, ब्याहताओं के लिए अपमानजनक शब्दों के बारे में यह मत स्वीकार करेंगे?

रमाबाई ने सुधारक में लिखा कि इसमें कोई सन्देह नहीं कि हिन्दू शास्त्रों ने स्त्री के लिए अपमानजनक बातें लिखी हैं। रमाबाई ने मनुस्मृति, ऋग्वेद, महाभारत, भागवत पुराण, बृहत पराशर संहिता, दक्ष स्मृति से उद्धरण-दर-उद्धरण देते हुए सिद्ध किया कि वे स्त्री को ख़ारिज करते हैं और हैरानी की बात यह है कि आधुनिक महर्षि, महामहोपाध्याय तिलक, रामशास्त्री आप्टे, के. आर. कीर्तिकर इन शास्त्रों को स्वीकृत करते हैं।

और यह पत्र रमाबाई ने शंकित के जवाब में 'निश्शंक' नाम से लिखा।

राससुन्दरी देवी : इन्होंने तमाम सामाजिक बाधाओं के बावजूद अक्षर ज्ञान हासिल किया। जब स्त्री का किताब छूना पाप माना जाता था और पढ़नेवाली स्त्री का पति मर जाता है ऐसे कहा जाता था, उस वक़्त राससुन्दरी देवी ने घर में ही बच्चों की किताबों से पढ़ाई की और अपनी आत्मकथा 'आमार जीबोन' में अपने उस साधारण से जीवन की चर्चा की।

कृपाबाई सत्यानन्दन : इधर कृपाबाई सत्यानन्दन भी हिन्दू स्त्री के जीवन की दुर्दशा बयान कर रही थीं। कृपाबाई अपने माता-पिता, राधाबाई ख्रिस्ती और हरिपंत, की 13वीं सन्तान थीं। बॉम्बे प्रेसिडेंसी का यह पहला ब्राह्मण परिवार था जो ईसाई हो गया था। अपने आरम्भिक जीवन में कृपाबाई पर अपने बड़े भाई भास्कर का बहुत प्रभाव था, वह पढ़ने में मदद करता था, किताबें बताता था। ग्रीक और रोम के महान व्यक्तित्व और दार्शनिकों से कृपाबाई का परिचय उसने करवाया। कृपाबाई भी एक जिज्ञासु और मेहनती विद्यार्थी थीं। जॉर्ज इलियट को उन्होंने पढ़ डाला था। बॉम्बे में ही एक ज़नाना मिशन स्कूल में पढ़ते हुए वह एक अमरीकी महिला डॉक्टर के सम्पर्क में आईं और डॉक्टरी पढ़ने की उनकी इच्छा जागी। इंग्लैंड से मेडिकल पढ़ने की इच्छा तो पूरी नहीं हुई लेकिन मद्रास मेडिकल कॉलेज में दाखिला लेनेवाली वह पहली महिला विद्यार्थी बनीं। स्त्री-मुद्दों के प्रति वे जागरूक थीं और मुस्लिम लड़कियों के लिए एक स्कूल खोला। पत्रिकाओं में लगातार लिखा। अंग्रेज़ी में भारतीय स्त्री के बारे में लिखने की शुरुआत उन्होंने की। 'कमला' और 'सगुना' उनके दो उपन्यास हैं। कमला के रूप में वह एक ऐसी कुलीन हिन्दू स्त्री का चित्रण करती हैं जिसकी दशा देखकर यह महसूस हो

कि स्त्री-दशा में सुधार की कितनी सख़्त ज़रूरत है समाज को।[16] वह दो विरोधी स्त्री-चरित्र निर्मित करती हैं और जानती हैं कि वह ताक़तवर, चालाक लड़की अस्वीकार होती आई है। (जो हेलेन सिक्सू की मेड्युसा हो सकती है, जो समाज के दोगलेपन पर खुल कर हँसती है) पूछती है सत्यानन्दन कि *कौन सी लड़की पसन्द है तुम्हें वह जो निष्क्रिय, बेज़ुबान, डरी हुई है या एक चतुर, सयानी, और अदम्य साहस वाली है?* अपने ही भीतर की ख़ुदमुख़्तार औरत से ख़ुद ही भयभीत स्त्री-रचनाकार के लिए लेखन कम ख़तरों से भरा नहीं रहा होगा।

आधुनिक हिन्दी की पहली आत्मकथा : स्फुरणा देवी की 'अबलाओं का इंसाफ़' रचना को पढ़ते हुए लगातार महसूस होता है कि कैसे सुधारवादियों के लिए वे तमाम स्त्री-मुद्दे कोई मानी नहीं रखते थे जिन्हें सामने लाने से पितृसत्ता की पोल खुल सकती थी। विधवाओं के लिए काम करने की इच्छा फुले-दम्पती, कृपाबाई, पंडिता रमाबाई में यों ही नहीं जागृत हुई थी। स्त्री महज़ रक्षिता थी जिसके सर पर किसी पुरुष का हाथ न होने से वह वेश्यावृत्ति करने को मजबूर हुई। जीने के लिए स्त्री को सिर्फ़ अनाज नहीं चाहिए। मनुष्य है वह। लेकिन समाज कभी स्वीकारने को तैयार नहीं हुआ। महिलाओं की मुक्ति के मानी भी हमीं देंगे और उसकी मशाल लेकर भी हमीं चलेंगे इस दम्भ ने उन स्त्रियों का दुख सुना ही नहीं जिन पर असलियत बीत रही थी। 'एक विधवा की आत्मजीवनी' और 'अबलाओं का इंसाफ़' लिखनेवाली स्त्रियाँ न होतीं तो सच का यह पक्ष हम तक न पहुँचता। सुधारवादी की नज़र में ये स्त्रियाँ न विक्टिम थीं न हीरोइन।[17] उन्हें राष्ट्रवादी नायिकाएँ चाहिए थीं जो लिखें तो राष्ट्र-प्रेम लिखें, राष्ट्र-प्रेम भी वैसे ही जैसे वे चाहते हैं।

स्त्रियों के बारे में लेखकों-सुधारवादियों के विचार और व्यवहार जाने बिना हिन्दी नवजागरण को समझना आधा ही समझना हुआ। भारतेंदु हरिश्चन्द्र का बलिया में दिया गया भाषण जानते ही हैं सब जिसमें स्त्री-शिक्षा पर वह कहते हैं—

> लड़कियों को भी पढ़ाइए किन्तु इस चाल में नहीं जैसे आजकल पढ़ाई जाती है, जिससे उपकार के बदले बुराई होती है ऐसी चाल से उनको शिक्षा दीजिए कि वे अपना देश और कुल-धर्म सीखें, पति की भक्ति करें और लड़कों को सहज में शिक्षा दें।[18]

वहीं जातिवाद विरोधी और स्त्री-शिक्षा के समर्थक सुब्रह्मण्यम भारती स्त्री-शिक्षा और स्त्री-मुक्ति को एक साथ देखते हैं। स्त्री-मुक्ति और स्त्री-शिक्षा पर उनके विचार धीरे-धीरे विकसित हुए और वे स्त्री-शिक्षा के पैरोकार बन गए। उनकी कविता का एक अंश है—

नाचो! ख़ुशियाँ मनाओ!
जो कहते थे कि स्त्रियों का पुस्तक छूना पाप है
वे मर चुके हैं
जो मूर्ख कहते थे कि वे स्त्रियों को
घरों में क़ैद कर देंगे
वे अब अपनी सूरत नहीं दिखा सकते
उन्होंने हमारी जगह घर में दिखाई
जैसे हम कोई बैल हों जो
चारा खाए पीटा जाए
और मुँह बन्द करके काम करे
हमने यह ख़त्म कर दिया है
नाचो-गाओ ख़ुशी मनाओ।[19]

राष्ट्रवाद यानी हिन्दी, हिन्दू, हिन्दुस्तान!

द्विवेदी युग में राष्ट्रीयता की पहचान के मुख्यत: तीन बिन्दु थे—हिन्दी, हिन्दू, हिन्दुस्तान।[20] यह कोई अचानक आया बदलाव नहीं था। यह उन्हीं सुधारवादी प्रवृत्तियों का नतीजा था। वेदों और मनुस्मृति से प्रेरणा पाकर जो भारतीय ब्राह्मणवादी पितृसत्ता खड़ी होती है वह अपने क्रमिक विकास में कई भ्रम/भ्रान्तियाँ छोड़ती जाती है ताकि मिथकीकरण की प्रक्रिया बाधित न हो। इतिहास की सीमाओं को भी इस प्रकार फैलाने की कोशिश की जाती है जिससे कि वह वर्तमान परिस्थितियों के अनुकूल दिखे।[21] डॉ. आंबेडकर ने भी अपने निबन्ध 'नारी और प्रतिक्रान्ति' में मनु के स्त्री विषयक दृष्टिकोण की गम्भीर आलोचना की है। लेकिन इन आलोचनाओं और प्रबुद्ध लेखिकाओं के बावजूद हिन्दू राष्ट्रवाद स्थापित होने लगा।

वीर भारत तलवार '19वीं सदी में स्त्री चेतना और ताराबाई शिंदे' नामक लेख में लिखते हैं कि—'राष्ट्रवाद की शक्ल में इस सिद्धांत को सबसे पहले तिलकपंथियों ने पेश किया और अन्तत: सुधारकों ने इस राष्ट्रवाद के आगे सिर झुका दिया।'[22] पत्र-पत्रिकाएँ इस उद्‌बोधन काल में महत्त्वपूर्ण भूमिका निभा रही थीं।

पत्रिकाएँ

आधुनिक युग का बहुत-सा आरम्भिक हिन्दी लेखन पत्र-पत्रिकाओं में प्रकाशित हुआ। अधिकांश पत्रिकाएँ अच्छी स्त्रियाँ बनाने के काम में रत थीं। बग़ैर भनक लगे स्वतंत्रता-पूर्व स्त्री-मुक्ति हिन्दू स्त्री की पितृसत्तात्मक छवि के निर्माण में पूरी तरह जुट गई। आधुनिक स्त्रीवाद को जी-भर गरियाने और विदेशी बताने के लिए जो 'जनक-

दुलारी-संग्रह' संजय गर्ग राष्ट्रीय अभिलेखागार से निकाल ले आए उसमें आज़ादी पूर्व की पत्रिकाओं के सम्पादकीय हैं जो स्त्री की आज़ादी को हिन्दू धर्म के अनुसार हिन्दू स्त्री की आज़ादी सिद्ध करते हैं। इस किताब को स्त्री-विमर्श का कालजयी इतिहास कहते हुए सुरेश नीरव आमुख में पूछते हैं कि—करियर की चाह में रक्त सम्बन्ध को अनदेखा करना क्या स्त्रीत्व है? समाज में भारतीयता कहाँ से आएगी?[23]

इस संग्रह के ज़्यादातर संगृहीत सम्पादकीयों में भारतीय संस्कृति की रक्षा करते हुए स्त्री के उत्थान की बातें लिखी गई हैं। एक ओर जातिवादी और राष्ट्रवादी क़िस्म का स्त्री चिन्तन यहाँ दिखाई देता है। क्या स्त्रियाँ शूद्र हैं जो वे यज्ञोपवीत न धारण करें? (कन्याओं का उपनयन संस्कार, सुभद्रा देवी, पेज-219 मई, 1931) 'पत्नी की ज़िम्मेदारियाँ' लेख में सूर्य कुमारी मेहता बताती हैं कि पति को कैसी पत्नी हाथ में ला सकती है और वह क्या क्या करे कि आसानी से सास-ससुर को भी हाथ में ले सके। (दम्पती, सं: उमाशंकर मेहता, अगस्त, 1930)

दूसरी तरफ़, 'नारी' पत्रिका जिसकी सम्पादक सुभद्रा कुमारी चौहान थीं अपने स्वरूप में बेहद प्रगतिशील थी। इस पत्रिका के एक लेख में कैलाशपति त्रिपाठी स्त्रियों के सम्पत्ति में हिस्से की वकालत करते हुए उसे देश के लिए कल्याणकारी बताती हैं। सम्पत्ति में स्त्री के अधिकार की बात उठाना अपने आप में क्रान्तिकारी बात थी उस वक़्त। 'नारी' का ही एक अन्य लेख स्त्री के श्रम और श्रमिक स्त्री की समस्या भी उठाता है।

मारग्रेट कूजिंस ने भारतीय स्त्रियों को अन्तर्राष्ट्रीय धरातल पर स्त्रीवाद से जोड़ने के लिए एक पत्रिका 'स्त्री धर्म' की शुरुआत की। स्त्री धर्म ने भारतीय स्त्री के आन्दोलन को एक सूत्र में जोड़ने की कोशिश की और बाल-विवाह, देवदासी प्रथा जैसे तमाम मुद्दों पर पाठकों को जागरूक करने का प्रयास किया। लेकिन जल्द ही स्त्रियों ने कहा कि भारत का समाज अलग है और भारतीय स्त्रियों की स्थितियाँ पश्चिमी स्त्रियों से अलग हैं तो वे स्वयं ही अपने मुद्दों पर लिखना चाहेंगी। कूजिंस ने सहर्ष यह पत्रिका छोड़ दी। 'स्त्री धर्म' स्त्रियों के लिए स्त्रियों द्वारा निकाली जानेवाली पत्रिका होने का दावा करती थी। एक वैश्विक बहनापे को विकसित कर सकने की शुरुआती आकांक्षाएँ इस पत्रिका के इतिहास में दिखाई देती हैं। लेकिन देशी स्त्रियों ने ब्रिटिश स्त्रीवादी साम्राज्यवाद को नकारते हुए इसे अपना भारतीय संस्करण बनाने की कोशिश की। उस वक़्त के तमाम ज्वलंत स्त्री-मुद्दों पर बात करते हुए पत्रिका ने यह ध्यान रखा कि वे मुद्दे राष्ट्रवाद के दायरे के भीतर ही रहकर ज़ाहिर हों।[24] साथ ही साम्राज्यवाद विरोधी लेखन भी छापा। यह सोचना भी कम समस्यापूर्ण नहीं है कि वर्ग, जाति, धर्म और राष्ट्रीयताओं के पार स्त्रियाँ केवल जेंडर के मुद्दे पर एक हो सकेंगी!

यह मज़ेदार है कि जैसे स्त्री में दुर्गा, माँ और शक्ति के रूप को देखा गया,

स्वयं भारत को माता बना दिया गया, उस वक़्त की स्त्रीवादियों ने भी उसे शक्ति और मातृत्व के तेज से ओत-प्रोत कहा। देवी बनकर, मातृरूपा कहलाई जाकर वह और दयनीय हो गई। आज़ादी की पुकार के साथ स्त्री की मातृशक्ति का आह्वान स्त्रीवाद के एक विचित्र भारतीय संस्करण को रच रहा था जिसे स्त्रियाँ पढ़-लिखकर भी सहज आत्मसात कर रही थीं। तमाम पत्रिकाओं के बीच 'चाँद' की भूमिका अलग से रेखांकित की जाने लायक़ है। जिसने स्त्री द्वारा सृजित सामग्री को स्थान दिया और स्त्री-लेखन को अलग पहचान दी। रामरख सहगल ने काफ़ी हिम्मत से इसे निकाला। स्त्रियों के लेख ही नहीं पाठकों के पत्र भी 'चाँद' में छप रहे थे और स्त्री-मुक्ति का विमर्श निर्मित हो रहा था। यह एकदम विचित्र नहीं कि कोई लेखिका अपने परिचय में चतुर्वेदी जी की पत्नी होना लिख रही थी और अपने लेख 'पातिव्रत धर्म और पुनर्विवाह' का आरम्भ यह कहते हुए कर रही थी—

आर्य कन्या मान लेती स्वप्न में भी वर जिसे
भिन्न उससे फिर जगत में और भज सकती किसे?[25]

विचित्र शायद यह लगे कि 'चाँद' में ही इस लेख पर किसी पाठक का पत्र भी छप रहा था जो कहता है—*गत अप्रैल 1924 के 'चाँद' में पातिव्रत धर्म और पुनर्विवाह शीर्षक लेख पढ़कर कहना पड़ता है कि लेखिका ने इसके लिखने में भावुकता का जितना प्रदर्शन किया है उतना विवेक का नहीं, सिद्धांत का जितना ख़्याल रखा है उतना व्यवहार का नहीं, और आदर्श का जैसा आदर किया है उतना वास्तविकता का नहीं। उनके लिखने का तात्पर्य यह है कि पातिव्रत धर्म और पुनर्विवाह एक-दूसरे के कट्टर विरोधी हैं। इसलिए यदि पुरुष पुनर्विवाह करना न छोड़े तो स्त्रियों को किसी हालत में पुनर्विवाह का नाम न लेना चाहिए। आप ऐसी भी बाल विधवाओं के पुनर्विवाह पर अत्यन्त शोक प्रकट करती हैं 'जिन्होंने पतिदेव के कभी दर्शन नहीं किए।'*[26] इस तरह दो पेज के लेख के जवाब में लम्बा-चौड़ा लेख भेज दिया श्री भोलालाल दास, बी. ए. एलएलबी, ने स्त्री का पक्ष लेते हुए। अन्त में यह भी स्वीकार कर लिया कि मैं पातिव्रत धर्म में एक इंच की भी कमी नहीं करना चाहता लेकिन पुनर्विवाह को भी कुछ रीतियों से किया जाना सही मानता हूँ। अच्छा यह है कि वाद-विवाद के चलते न जाने कितने पाठकों के लिए यह विचारणीय मुद्दा बना। विमर्श को बहस के केन्द्र में लाना भी एक बड़ा योगदान है। फ्रेंचेस्का ऑर्सीनी लिखती हैं—'चाँद' ने यह काम उन सीमाओं को तोड़ कर दिखाया कि 'औरतों को क्या जानना चाहिए' तथा 'औरतों को क्या बोलना चाहिए।'[27] विधवाओं को पुनर्विवाह करना चाहिए या वेश्या हो जाना चाहिए ऐसे मुद्दों पर बहस चलाती हुई पत्रिका 'चाँद' के सम्पादकीयों में भी शारदा एक्ट, बाल विवाह, सनातनियों के विचारों की आलोचना लिखी जाती रही।

राष्ट्रीय स्वतंत्रता आन्दोलन

बीसवीं सदी की शुरुआत में यही स्त्री-प्रश्न जो सुधारवादियों के प्रयासों से सामाजिक विमर्श का हिस्सा बना था और सदी के अन्त तक आते-आते स्त्री-चेतना में बदलता दिख रहा था वह अब ज़रा बदले हुए स्वरूप में सामने आना शुरू हुआ जब स्त्रियों ने राष्ट्रीय स्वाधीनता आन्दोलन में अपनी भूमिका और राजनीति में अपनी जगह पहचानी। अब तक स्त्रियों के प्रयास अपने लेखन और अपने स्थानीय स्तर पर सुधार के प्रयासों से जुड़े थे। बीसवीं सदी की शुरुआत व्यापक स्तर पर आम स्त्रियों का सामाजिक जीवन में आना देखती है।

कांग्रेस के गठन के बाद पहली बार सार्वजनिक रूप से स्त्रियाँ बड़ी संख्या में बंगाल के विभाजन के विरोध में 1905 में आगे आईं। पुरुषों के अलावा लगभग 500 स्त्रियों ने मुर्शिदाबाद में विभाजन के विरोध में एक सभा की, वंदेमातरम के नारे लगाए। स्वदेशी आन्दोलन के लिए अपने गहने दे दिए। सरला देवी, रवींद्रनाथ टैगोर की भांजी इसमें शामिल हुईं। स्त्रियाँ अपने पर्दे से बाहर निकलीं और राष्ट्रीय परिदृश्य का हिस्सा बनीं। स्वाधीनता आन्दोलनों में स्त्रियों की भूमिका के साथ भारतीय स्त्री आन्दोलन का एक राष्ट्रीय स्वरूप बनता है। 1916 में होम रूल लीग और 1917 में एनी बेसेण्ट ने विमेंस इंडियन असोसिएशन की शुरुआत की। सरोजिनी नायडू और मार्गरेट बहनों ने उनका साथ दिया। मद्रास में बड़ी संख्या में स्त्रियों के मार्च को एनी बेसेण्ट ने सराहा और कहा कि जब पुरुष हार मानकर बैठ चुके तब स्त्रियों ने आगे आकर मोर्चा सँभाला है।[28] 1925 में सरोजिनी नायडू कांग्रेस की पहली महिला अध्यक्ष चुनी गईं। अपने भाषण में उन्होंने यह कहा कि सालों से अब तक जो स्त्री पालना झुलाती थी और लोरियाँ गाती थी, उसे यह ज़िम्मेदारी सौंपकर आपने अपने गिरते हुए पुरुषत्व का कुछ प्रायश्चित्त किया है और स्त्री को, जिसकी कोख से सभ्यता की शुरुआत हुई, उसे जनता के दुनियावी और आध्यात्मिक विकास में अपना साथी और साझीदार स्वीकार किया है।[29]

भारतीय पवित्र 'घर' के भीतर सेंध लगाकर स्त्री को सार्वजनिक जीवन में ले आने में महात्मा गांधी का भी बड़ा योगदान रहा। 'मातृशक्ति' के प्रतीक रूप में स्त्रियों ने बढ़-चढ़ कर गांधी के आह्वान पर देश के लिए अपना वक़्त, धन और प्राण दिए। असहयोग आन्दोलन, सविनय अवज्ञा आन्दोलन, स्वदेशी प्रचार, चरखा चलाना और खादी वस्त्र भंडारों में काम करना-जैसा बहुत कुछ स्त्रियों ने अति उत्साह से किया। यहाँ स्त्रियों की स्वातंत्र्य चेतना देश की आज़ादी के ख़्वाब से जुड़ गई। बाहर निकल कर सामाजिक-सार्वजनिक जीवन में प्रतिभागिता ने स्त्रियों में एक नए उत्साह का संचार किया। "स्त्री को उसके सम्पूर्ण रूप में यदि कहीं अभिव्यक्ति प्राप्त हुई तो इसी युग में। कविता के साथ-साथ बाहर की दुनिया के द्वार उनके लिए खुल गए।

पत्र-पत्रिकाओं के माध्यम से वे व्यापक रचनात्मक संसार से जुड़ीं, स्वयं पत्रिका भी निकाली। देशभक्ति की भावना ने सुभद्रा कुमारी चौहान में एक रूप ग्रहण किया और महादेवी वर्मा में दूसरा।[30] सुभद्राकुमारी सत्याग्रह आन्दोलन से सीधा जुड़ी थीं और महादेवी के कर्म, विचार और व्यक्तित्व पर गांधीजी का प्रभाव और स्वाधीनता, समाज-सेवा की भावना देखी जा सकती है।

स्वयं गांधी के विचारों से पितृसत्ता को कोई भय नहीं था। वे स्वीकृत परिभाषाओं के दायरे में रहकर ही बात कर रहे थे। हिन्दी का लेखक भी जब उस समय स्त्री के उत्थान की बात करता है तो स्त्रीत्व की वही छवि गढ़ता है। प्रेमचन्द जब 'गोदान' में स्त्री को देवियाँ और तितलियाँ वाली बाइनरी में परिभाषित करते हैं तो स्त्री उत्थान के विचारों से पितृसत्ता को कोई चुनौती नहीं मिलती। बहुत-सी लेखिकाएँ कुलीन और सम्भ्रांत घरानों की थीं जिन्हें पढ़ने का मौक़ा और पढ़ने का वक़्त मिल पाया था। बंग महिला की तरह जो कविता, कहानी, उपन्यास में समय बिताने के साथ अपनी अभिरुचियों का पालन कर सकती थीं।[31]

राष्ट्रीय आन्दोलन में स्त्रियों की भरपूर भागीदारी ने उनके ख़ुद के लिए स्वतंत्र फ़ैसलों की कोई राह नहीं खोली। उनकी जीवन शैली में कोई परिवर्तन नहीं आया। स्त्री को उसकी प्रतिभागिता केवल देवी, माँ और शक्ति के नाम पर खपा दिया गया उसके श्रम को मज़दूरी की तरह और उसकी हिस्सेदारी को सत्ता में हिस्सेदारी की तरह नहीं देखा गया। स्त्रियाँ स्वयं यह सब अपने देश के पुरुषों, अपने पतियों, भाइयों और बेटों के लिए कर रही थीं। माँ अपना हिस्सा थोड़े लेती है। वह सिर्फ़ सन्तान के हित संघर्ष करती है त्याग करती है। इसलिए तमाम परिवर्तनों के बीच 'स्त्रियोचित' जैसा था वैसा ही बना रहा। इस दक्षिणपंथी स्त्रीवाद में जाति और वर्ग के मुद्दे सिरे से ग़ायब थे। धीरे-धीरे 'स्त्री' बाक़ी सब कोटियों से रहित सिर्फ़ सवर्ण हिन्दू स्त्री हो गई।

यों स्त्री संगठन बनने शुरू हो गए थे। शारदा सदन, पारसी, गुजराती, मराठी स्त्रियों का स्त्री मंडल, भगिनी समाज आदि। 1917 में विमेन्स इंडियन असोसिएशन बना। बम्बई में विमेन काउंसिल 1920 में। फिर एनी बेसेंट के ही विमेस इंडियन असोसिएशन से एक अखिल भारतीय 'ऑल इंडिया विमेन कॉन्फ्रेन्स' 1926 में बना। एक मराठी कुलीन महिला चिम्नाबाई गायकवाड़ इसकी अध्यक्ष बनीं। ऑल इंडिया विमेन कांफ्रेंस एक सफल संगठन बना। राजकुमारी अमृत कौर ने 1936 के नागपुर सम्मेलन में जानकारी दी कि साठ स्त्री सदस्य विधानसभाओं में पहुँची हैं और उनमें से एक विजयलक्ष्मी पंडित कैबिनेट मिनिस्टर भी हुईं। अरुणा आसफ़ अली, मैडम कामा, सुचेता कृपलानी जैसी स्त्रियाँ आगे आईं जिन्होंने न केवल स्त्री-हित में काम किया बल्कि राष्ट्रवादी आन्दोलन को मज़बूत किया। स्त्रियों के आज़ादी के आन्दोलन में भाग लेने से स्त्री-अधिकारों के प्रति भी जागरूकता बढ़ी।

जैसे भारत एक 'माता' बनी वहीं स्त्रियाँ भी एक मातृत्व शक्ति के रूप में सामने आईं और पुरुषों का सहयोग किया। लेकिन अपने असली शत्रु की पहचान के बिना इस लड़ाई में आगे बढ़े हुए क़दम पीछे जाने तय थे।

राष्ट्रवाद की नयी धारा और स्त्री कविता

बाइटेक्स्चुएलिटी प्रखरतम रूप में आधुनिक स्त्री कविता में ही देखने को मिलती है तो सम्भवत: उसकी वजह यही रही कि पूरे राष्ट्रीय आन्दोलन ने उन्हें अपनी भूमिका और स्पेस को लेकर कुछ उलझनें तो दीं ही जिन्हें सुलझाने के लिए अभी और कुछ बरस इन्तज़ार करना था। कम से कम साहित्य में स्त्री-विमर्श के मुखर होने तक। नई धारा की कवयित्रियों की बात होती है तो सुमन राजे लिखती हैं—

> 1900 से लेकर 1925 तक हमें कवयित्रियों के कई स्वर सुनाई पड़ते हैं। हाँ, यह कहना आवश्यक है, बदले हुए रचना केन्द्रों के साथ। राजघरानों में कविता अभी भी हो रही है, परन्तु वह लगभग सूख गई धारा है। कविता अब मध्य वर्ग से भी जुड़ने लगी है और राष्ट्रीय स्वर उसका प्रधान स्वर है।[32]

हालाँकि वे आधुनिक स्त्री कविता की शुरुआत बताते हुए बुंदेलबाला का नाम याद करती हैं जिनके पति लाला भगवानदीन ने नई धारा की कविताओं पर लगभग दो पृष्ठ ख़र्च किए और बुंदेलबाला का नाम तक नहीं लिया। सुमन राजे रसाल जी का कथन उद्धृत करती हैं कि बुंदेलबाला जी को समाज में वही स्थान दिया जा सकता है जो पुरुष-कवि समाज में भूषण जैसे कवियों को दिया गया है।

साथ ही लिखती हैं कि 'हिन्दी की काव्य कोकिलाएँ' के लेखक द्वय ने नई धारा की प्रथम कवयित्री राजरानी देवी (1870 ई.) को माना है।[33] तो यही समझ सकते हैं कि वे भी राजरानी को ही नई धारा की पहली कवयित्री मान रही हैं। ठीक भी है क्योंकि वे पहली कवयित्री हैं जो ख़ुद को स्त्री-समुदाय के साथ जोड़ते हुए अपनी साथी स्त्रियों का आह्वान करती हैं—

देवियो! क्या पतन अपना देखकर
नेत्र से आँसू निकलते हैं नहीं?
भाग्यहीना क्या स्वयं को लेखकर
पाप से कलुषित हृदय जलते नहीं?
क्या न अब कुछ देश का अभिमान है?
खो गई सुखमय सभी स्वाधीनता
हो रहा कितना अधिक अपमान है?
समुद्र इसको कौन सकता है बता।

तोरनदेवी शुक्ल 'लली' (जन्म 1896, विवाह, 1911) का नाम भी राष्ट्रीय काव्यधारा के भीतर लिया जाता है। उन्हें जागृति कविता-संग्रह पर सेकसरिया पुरस्कार से सम्मानित भी किया गया था। 'हिन्दी काव्य की कोकिलाएँ' में लेखक लिखते हैं—जिन दिनों हिन्दी साहित्य का स्त्री कवि समाज प्रगतिहीन होकर प्राय: स्तब्ध-सा खड़ा था उस स्मय आपने हिन्दी साहित्य के रंगमंच को अपनी रचनाओं से सजाया। नवीन युग का स्त्री-साहित्य आपकी ही कृतियों से प्रारम्भ होता है। स्त्री-समाज को साहित्य का सन्देश सुनानेवाली आप प्रथम आधुनिक महिला हैं। सरसता, सरलता और स्वाभाविकता आपके काव्य के सहज गुण हैं।[34] मज़ेदार ही है न कि इसके बावजूद राष्ट्रीय काव्यधारा में किसी कवयित्री का नाम नहीं लिया जाता। मैथिलीशरण गुप्त, रामचरित उपाध्याय, माखनलाल चतुर्वेदी, नवीन, दिनकर की पंक्ति में खड़ा करने लायक़ कोई स्त्री नहीं थी?[35]

तोरनदेवी ठीक वे दो काम कर रही हैं जो उनसे हिन्दी का पुरुष-कवि समाज अपेक्षा करता है। पूर्वजों को याद करते हुए वीरों को प्रेरित करनेवाले जागरण गीत—

अब उठो चलो बढ़ चलो। है यही तुम्हारी कर्मभूमि।
इस पर रणवीर शिवाजी से
आगे अरिगण श्रीहीन हुए
वनवासी हो राणाप्रताप सिंह—
धन्य अमर स्वाधीन हुए
जिसके गौरव की स्वर्ण शिखा अब तक भारत-नभ चूम रहा।

और साथी स्त्रियों के उद्धार और जागरण का स्वर जो सुधारवादी आन्दोलनों का मुख्य स्वर होने के साथ-साथ राष्ट्रवाद से आ मिला—

कहो बन्धु अब क्या कहते हो
कब तक मुक्त करोगे?
इस घूँघट की कड़ियों से
हम दुर्बल दीन मलीन हुईं
सुख शान्ति स्वास्थ्य बलहीन हुई।
हा! परदे ही परदे में—
मिलती अन्तिम घड़ियों से।

स्त्री पढ़ती है तो कई पुश्तें पढ़ी-लिखी बनती हैं। ऐसे ही यह कहावत नहीं कही जाती। गोपाल देवी (संवत 1940 बिजनौर) पंडित सुदर्शनाचार्य से विवाह के बाद इन्होंने स्त्री शिक्षा का ही प्रसार नहीं किया बल्कि बच्चों के लिए साहित्य लिखे जाने का महत्त्व समझा और 'शशि' नामक बालोपयोगी मासिक पत्रिका का संचालन किया। देवियों में सबसे प्रथम आप ही के कार्यों में स्त्रियों

और बच्चों में देशभक्ति का भाव क्रियात्मक रूप में दिखाई पड़ा।[36] जानवरों के माध्यम से कथाएँ कहना और अन्त में एक सीख देना इस गीत के इस हिस्से में देख सकते हैं—

समय पड़े जो दोनों दल की करते हैं हाँ जी हाँ जी।
वे चमगादड़ के समान दोनों की सहते नाराजी॥

भेड़ और भेड़िए की कहानी का निचोड़ है—

जो ज़ालिम होता है उससे बस नहीं चलता एक
करने को वह ज़ुल्म बहाने लेता ढूँढ़ अनेक॥

आधुनिक स्त्री कविता के साथ एक्टिविज़्म का जुड़ जाना स्वाभाविक था। यह असम्भव था कि पुरखिनों के प्रभाव से और स्त्री-शिक्षा के प्रसार की तमाम कोशिशों से स्त्री-समाज के भीतर कोई बदलाव न आता। राष्ट्रीय आन्दोलन ने इस पर अपने तरीक़े से असर किया यह हम पीछे कह आए हैं। गांधी की विचारधारा और जीवन ने सामाज़िक जीवन के हर पहलू पर अपना असर डाला। स्त्रियों को राजनीतिक-सामाजिक जीवन में अपने लिए एक जगह बनती हुई दिखाई दी और अपनी भूमिका भी समझ आई।

पहली महिला सत्याग्रही और कवि सुभद्राकुमारी चौहान

पति लक्ष्मण सिंह चौहान के साथ ही 1923 में यह गांधी जी के सत्याग्रह आन्दोलन में शामिल हो गईं और दो बार जेल गईं। 16 अगस्त 1904 में इलाहाबाद में जन्मीं सुभद्रा कुमारी 9 बरस की उम्र में ही अपनी कविता से अपने पूरे स्कूल-भर में प्रसिद्ध हो गई थीं लेकिन बस नवीं तक ही वह पढ़ाई कर पाईं। 15 साल में उनका विवाह हो गया। लेकिन उनकी प्रतिभा और कविता की राह में यह रुकावट नहीं बन पाया।

आधुनिक काल में जिस कवयित्री का नोटिस लेने से कोई नहीं चूक सकता वह सुभद्राकुमारी ही हैं। लेकिन *'ख़ूब लड़ी मर्दानी, वो तो झाँसी वाली रानी थी'* के अलावा भी उनकी कई कविताएँ हैं जो स्वतंत्रता-आन्दोलन की विरासत हैं। *राहतें और भी हैं वस्ल की राहत के सिवा* और *'मुझसे पहली सी मोहब्बत मेरे महबूब न माँग'* जैसी पंक्तियाँ पढ़ते हुए हमें एक पुरुष का दुनिया/समाज के प्रति अपने कर्तव्यों के निर्वाह को प्रेमिका से ज़्यादा तरजीह देना कितना स्वाभाविक लगता है। सच यह है कि स्त्री की ज़िन्दगी में भी हर राहत 'वस्ल की राहत' नहीं हो सकती। उसकी ज़िन्दगी में भी समाज/देश के प्रति कर्तव्यों की कई चुनौतियाँ होती हैं। उसके लिए कविता करना भी गृहस्थ-जीवन और प्रेम के समकक्ष चुनौती बनकर खड़ा

हो सकता है। 'वीरों का कैसा हो बसंत' और 'जलियाँवाला बाग़' पढ़नी चाहिए। एक अन्य कविता में पति के साथ भावनाओं का द्वन्द्व दिखाई देता है। पति शृंगार रचना की कामना करता है, स्वभावत: दुनिया स्त्री से कोमल विषयों पर लिखने की उम्मीद करती है। वे स्त्रीत्व का नया मानक गढ़ती हैं। स्त्री जो एक प्रेमिका ही नहीं माँ भी है और साथ-साथ राष्ट्र की एक नागरिक भी। सुभद्राकुमारी के जीवन का हर चुनाव स्त्री के पक्ष में है, यद्यपि उसका गंतव्य राष्ट्रप्रेम है।[37]

मुझे कहा कविता लिखने को, लिखने मैं बैठी तत्काल।
पहिले लिखा—"जालियाँवाला", कहा कि "बस, हो गये निहाल॥"
तुम्हें और कुछ नहीं सूझता, ले-देकर वह ख़ूनी बाग़।
रोने से अब क्या होता है, धुल न सकेगा उसका दाग़॥
भूल उसे, चल हँसो, मस्त हो—मैंने कहा—"धरो कुछ धीर।"
तुमको हँसते देख कहीं, फिर फ़ायर करे न डायर वीर॥
कहा—"न मैं कुछ लिखने दूँगा, मुझे चाहिये प्रेम-कथा।"
मैंने कहा—"नवेली है वह रम्य वदन है चन्द्र यथा॥"
अहा! मग्न हो उछल पड़े वे। मैंने कहा—"सुनो चुपचाप।
बड़ी-बड़ी सी भोली आँखें, केश पाश ज्यों काले साँप।"

(मेरी कविता—सुभद्राकुमारी)

वह उस नवब्याहता का चित्र खींचती हैं जो इसी जलियाँवाला बाग़ हत्याकांड में अपने प्रिय को खो चुकी है। जो हाथों की मेहँदी लिये, आँसू पोछते हुए, रोज़ पागलों की तरह उस बाग़ की ओर जाती है और अपने सुख के दिनों को याद करती है, आँसू बहाती है। यह कविता पुन: पाठ की माँग करती है हमसे।

देश के प्रति कर्तव्य भावना को नारी की भगिनी, मातृ तथा प्रेयसी भावना के साथ समन्वित करके उन्होंने कर्तव्य और भावना का सुन्दर सामंजस्य उपस्थित किया है। देशप्रेम की भावनाओं के अतिरिक्त उन्होंने वात्सल्य रस की सुन्दर कविताएँ लिखी हैं।[38]

झाँसी की रानी को मर्दानी लिखने से बहुत से लोग आज प्रश्न करते हैं कि क्यों वे वीर स्त्री को मर्दानी कहती हैं? मैं पूछती हूँ वीरता के मानक क्या बनाए हैं समाज ने? क्या वे मर्दाना ही नहीं हैं? (एक अंग्रेज़ अफसर ने भी लिखा था कि लड़नेवालों में एक ही मर्द था—झाँसी की रानी।) अपने युग की चेतना और अभिव्यक्तियाँ प्रभावित करती ही हैं।

युद्ध और राजनीति माने ही मर्दाना इलाक़े जाते हैं हमेशा से। पुलिस में शामिल होनेवाली स्त्री से भी मर्दानी होने की अपेक्षा की जाती है। बहादुरी मार-काट है, युद्ध,

आक्रामकता है। प्रसव वेदना सहना, अकेले परिवार का भरण-पोषण करना, मीलों दूर से चलकर पानी के मटके सर पर उठा लाना, खेतों में काम करना, मवेशियों का पानी-सानी करना, चक्की पीसना बहादुरी नहीं? श्रम का, बहादुरी का ऐसे ही जेंडर अलग कर दिया गया। रोहिणी अग्रवाल लिखती हैं—

> एक अन्य तथ्य भी ग़ौरतलब है कि समाज में पुरुष वर्चस्व के कारण सम्प्रेषण की भाषा पुंसवादी हो गई है। साहित्य में भी वह ठीक इसी रूप में अभिव्यक्त होती है। सुभद्राकुमारी चौहान द्वारा झाँसी की रानी को 'मर्दानी' कहना जिस सक्रियता, दृढ़ता, गत्यात्मकता, निर्भीकता और नेतृत्वशीलता जैसे गुणों की ओर संकेत करता है, वे स्त्रियों के लिए आदर्श नहीं बताए गए हैं। यह 'पुरुषार्थ' है जो 'पुरुषार्थ चतुष्ट्य' का नाम लेकर साहित्य को भी संचालित करता है। जाहिर है इसकी रेंज से स्त्रियाँ पूरी तरह छूट जाती हैं। वे अधिक से अधिक 'जनाना' कही जाती हैं जो किसी भी पुरुष के लिए गलीज़ 'गाली' से अधिक महत्त्व नहीं रखता। यहीं इस तथ्य का उल्लेख किया जाना भी अनिवार्य है कि जितनी भी गालियाँ समाज में प्रचलित हैं, वे स्त्रियों के अंगों या स्त्री-पक्ष के सम्बन्धियों को लेकर हैं जो भाषिक स्तर पर समाज में स्त्री को घृणित और हीन बनाने के लिए काफ़ी हैं।[39]

यह भी देखिए कि जिस समय सभी कवियों ने वीरों और महापुरुषों का प्रशस्ति-गान किया सुभद्राकुमारी चौहान ने झाँसी की रानी को हीरो माना। साथ ही उन्होंने राष्ट्रीय काव्यधारा के भीतर के प्रचलित रूपक नहीं लिये। अपने रूपक और मानक बनाए।

याद रखना चाहिए कि बेटी के जन्म का उत्सव मनाने वाली वह हिन्दी की पहली कवयित्री हैं। एक रूढ़िवादी ज़मींदार परिवार में जन्म लेकर, एक रूढ़िवादी समाज में जीते हुए 'मेरा नया बचपन' कविता में बेटी को ही अपने व्यक्तित्व का विस्तार मानती हैं। गर्वित और प्रसन्न होती उनकी कुछ कविताएँ संकेत देती हैं कि उनके पति भी कन्या के जन्म से शायद प्रसन्न न थे। एक कविता 'इसका रोना' पढ़िए—

तुम कहते हो—मुझको इसका रोना नहीं सुहाता है।
मैं कहती हूँ—इस रोने से अनुपम सुख छा जाता है।
सच कहती हूँ, इस रोने की छवि को जरा निहारोगे।
बड़ी-बड़ी आँसू की बूँदों पर मुक्तावली वारोगे॥
ये नन्हे से होंठ और यह लम्बी-सी सिसकी देखो।
यह छोटा-सा गला और यह गहरी-सी हिचकी देखो।
कैसी करुणा-जनक दृष्टि है, हृदय उमड़ कर आया है।
छिपे हुए आत्मीय भाव को यह उभार कर लाया है।

बालिका का परिचय एक अनूठी कविता है। बेटी को आँगन में खेलता हुआ देखकर वे उसी में अपना कृष्ण, राम, ईसा मसीह, काबा, काशी सब देख लेती हैं। पुत्री के जीवन में होने को लेकर ऐसी प्रसन्नता और आश्वस्ति हिन्दी कविता में निराली थी। क्रान्तिकारी थी।

बीते हुए बालपन की यह, क्रीड़ापूर्ण वाटिका है
वही मचलना, वही किलकना, हँसती हुई नाटिका है।
मेरा मन्दिर, मेरी मसजिद, काबा काशी यह मेरी
पूजा-पाठ, ध्यान, जप, तप, है घट-घट वासी यह मेरी।

मिट्टी खानेवाले बाल-कृष्ण के मुख में यशोदा ने पूरा ब्रह्मांड देख लिया था। कैसा अलौकिक दृश्य है। इससे कहीं कम नहीं है यह दृश्य जहाँ नन्ही बच्ची मुँह में मिट्टी भरकर तोतली बोली से माँ को भी कहती है 'माँ, काओ।' सूरदास के यहाँ आई कृष्ण की बाल-लीलाओं या तुलसी के वात्सल्य वर्णन से कहीं आगे जाता हुआ कितना सुन्दर, सहज, मानवीय चित्र बनता है यहाँ। वात्सल्य ही नहीं प्रेम की भी सहज अभिव्यक्तियाँ इनके यहाँ मिलती हैं।

'माँ ओ' कहकर बुला रही थी मिट्टी खाकर आई थी।
कुछ मुँह में कुछ लिए हाथ में मुझे खिलाने लाई थी॥
पुलक रहे थे अंग, दृगों में कौतूहल था छलक रहा।
मुँह पर थी आह्लाद-लालिमा विजय-गर्व था झलक रहा॥
मैंने पूछा 'यह क्या लाई?' बोल उठी वह 'माँ, काओ'।
हुआ प्रफुल्लित हृदय ख़ुशी से मैंने कहा—'तुम ही खाओ।'

हिन्दी साहित्य की दुनिया शुरुआत से ही महादेवी और सुभद्रा की तुलना करती रही। कोई दो कवि विशिष्ट होते हैं। अतुलनीय होते हैं ऐसा नहीं है लेकिन उनकी तुलना का आधार उनकी लैंगिक अस्मिता नहीं होती। कभी किसी ने सुभद्रा को महादेवी से बेहतर बताने की कोशिश की तो किसी ने महादेवी से सुभद्रा को। सुभद्रा कुमारी पहले नारी हैं फिर कवयित्री और महादेवी जी पहले कवयित्री हैं और फिर नारी।[40] सुभद्रा जी को पसन्द करते रहे पदुमलाल पन्नालाल बख़्शी यह लिखते हुए बताते हैं कि दोनों एक-दूसरे की तरह इसलिए नहीं लिख सकतीं। दिनकर जी ने अपने संस्मरण में ऐसा ही कुछ लिखा है कि महादेवी जी सुभद्रा जी की बहुत बड़ाई करती हैं तब जाकर संतोष हुआ कि जो मैं पसन्द करता हूँ उन्हें महादेवी जी भी पसन्द करती हैं। यह लगातार की चलनेवाली तुलना सुभद्रा जी की कविताओं को प्रभावित तो करती ही थी। कवित्व को लेकर एक आत्म-संशय उनमें पनपा। उनकी सुपुत्री सुधा चौहान लिखती हैं—

> केशव प्रसाद पाठक का अस्तित्व थोड़ा आक्रामक था। जो बात उन्हें ठीक लगती थी उसे वे अपनी मित्र-मंडली से मनवाए बिना नहीं रहते थे। माँ की कविताओं में उन्हें कला की जो कमी दिखाई पड़ी, उसको भी उन्होंने मनवाकर ही छोड़ा। माँ ने अपने रंग से इतर कुछ कविताएँ लिखने का प्रयत्न भी किया, पर वह उनसे चल नहीं पाया, क्योंकि उनके स्वभाव से उसका मेल नहीं बैठता था। अन्ततः परिणाम यह हुआ कि उन्होंने कविताएँ लिखना एक प्रकार से छोड़ ही दिया और अन्ततः कहानी को ही अपनी अभिव्यक्ति का माध्यम बना लिया।[41]

पहले खंड में हम जिन बातों की सिद्धांत रूप में चर्चा कर आए हैं वे यहाँ व्यवहार में घटित होते हुए दिख जाएँगी। मर्दवादी आलोचना किस तरह से स्त्री के लिखे को बार-बार संशयग्रस्त बनाती है कि वह अपने अभिकर्तृत्व को न पा सके। जिस ad feminam का हमने ज़िक्र किया था यह उसी का एक रूप है कि वह पहले नारी है या पहले कवि है। यह आलोचना का मुद्दा बन जाएँ मानो नारी होना और कवि होना दो अलग खाँचे हैं। हिन्दी कविता की ये दो पुरखिनें अपनी स्त्री-पहचान और चेतना में कई स्वातंत्र्योत्तर कवयित्रियों से आगे ठहरती हैं और अपने लेखन-कर्म की सही आलोचना के लिए लगभग एक शताब्दी का इन्तज़ार करती हैं।

कविता और आलोचना में पितृसत्तात्मक मानकों को चुनौती : कवि महादेवी वर्मा

अपने सूनेपन की मैं रानी मतवाली
प्राणों के दीप जलाकर करती रहती दीवाली

छायावाद को जब सबने गरियाया तो पंत और निराला भी उसमें शामिल होकर प्रगतिवाद की ओर मुड़ गए। लेकिन एक मतवाली थी जिसे अपने लिखने पर, अपने छायावादी होने पर कोई शर्म नहीं थी। ताने दिए गए, व्यंग्य किए गए, उनकी कविता को अनुमान की कविता कहा गया, किसी ने कहा कि जिसे जीवन में इतना दुलार मिला वह वेदना की कविता क्यों लिखती है, किसी ने पूरे छायावाद को ही बेमानी बता दिया। लेकिन महादेवी वर्मा अपने गद्य में समस्त जीव-जगत को अपनी करुणा के दायरे में समेटकर, अपना परिवार बनाकर, परिवार की पितृसत्तात्मक परिभाषा को चुनौती देती रहीं और कविता में अपने आत्म की निर्द्वन्द्व छवि अंकित करके भी उस पितृसत्ता को चुनौती देती रहीं जो आत्म से निर्वासित स्त्री को पूज्य मानती है। महादेवी ने भी ज़रूर सुनी होंगी अपनी आलोचनाएँ लेकिन ज़िन्दगी-भर उनकी कोई परवाह नहीं की। बकौल ग़ालिब—ग़र नहीं है मेरे अशआर में मानी न सही।[42]

शचीरानी गुर्टू ने जैनेन्द्र से एक साक्षात्कार में पूछा था कि अगर महादेवी माँ और गृहिणी होतीं तो? जैनेन्द्र भी जवाब में कहते हैं कि तब उनकी कविता इतनी सूक्ष्म, गूढ़ या जटिल न होती, प्रकृत होती। सहज होती।[43]

यह प्रश्न भी अटपटा है और जवाब भी। सवाल भी पितृसत्तात्मक और जवाब भी। स्त्री का 'सहज' वही होगा जो सहज समाज ने बनाया है? यानी शादी करना, बच्चे पैदा करना? वह शादी में न रहना चुनती हैं, अकेलापन पूरी ठसक से स्वीकारती हैं अपना तो वह सहज नहीं है क्योंकि हम उसे सहज नहीं मानते। माँ बने बिना वह संसार-भर के लिए वात्सल्य से पूर्ण है इस बात का कोई अर्थ नहीं क्योंकि वह अपने गर्भ से शिशु उत्पन्न नहीं करती?

छायावाद का पक्ष लेते हुए और पूरी ठसक से कविता और गद्य लिखते हुए महादेवी वर्मा ने अपनी एक जगह बनाई जिसे चुनौती देना आलोचक के लिए असम्भव हो गया। अपने अकेलेपन का उत्सव मनाती, दुख को सुख पर प्रश्रय देती, वेदना के माल गूँथती और फिर भी जीवन में अकुंठ रहती, निश्शंक हँसती हुई यह स्त्री स्वीकारी जाने के लिए इतनी कठिन हुई कि रहस्य क़रार दी गई। जिसने अपनी कविता के लिए कभी क्षमायाचक स्वर नहीं अपनाया, जिसने अपने सामाजिक सरोकारों का दिखावा नहीं किया, जिसके राष्ट्रीय कर्तव्यों को किनारे करके एक काव्य पंक्ति 'नीर भरी दुख की बदली' में सीमित कर दिया गया वह बेपरवाह अपनी 'अपूठी चाल' (मीराँ की पंक्ति) चलती रही। उसने परिवार की परिभाषा ही बदल दी और 'मेरा परिवार' में जीव-जगत सबको शामिल कर लिया। विवाहित होकर भी उस विवाह में बँधे न रहने का निर्णय लिया, गांधी जी के विचारों से प्रभावित हुई, बौद्ध धर्म की दीक्षा भी ली लेकिन भिक्षुणी बनना नहीं स्वीकारा। यही एक जन्म और यही पठन-पाठन उनकी कर्मभूमि था। बढ़-चढ़ कर आलोचक उनके काव्य में ये दर्शन और वो दर्शन दिखाने की भले ही कोशिश करें, उनकी कविता ही उनके अन्तर का सच्चा प्रमाण है।

क्या अमरों का लोक मिलेगा तेरी करुणा का उपहार?
रहने दो हे देव! अरे यह मेरा मिटने का अधिकार।

उनके बारे में प्रचलित प्रवाद यह है कि वे मूलत: दुखवादी हैं; उनके काव्य में पीड़ा से मोह है इसलिए वह जीवन से अस्वीकृति का काव्य है लेकिन पीड़ा की अभिव्यक्ति जीवन की स्वीकृति है।[44]

मेरे हँसते अधर नहीं जग की
आँसू-लड़ियाँ देखो
मेरे गीले पलक छुओ मत
मुरझाई कलियाँ देखो

आक्षेप तो ये भी लगते रहे कि महादेवी की कविताएँ अनुभूति के आधार पर नहीं, अनुमान के आधार पर लिखी गई हैं (रामचन्द्र शुक्ल और उनकी शिष्य परम्परा), यथार्थ पीड़ा नहीं है।[45] कहा यह भी जाता है कि महादेवी अपने ऊपर लिखे लेख नहीं पढ़ती थीं। लेकिन महादेवी क्या यह सच नहीं जानतीं कि दुख और वेदना को लेकर उनकी कविता पर निरन्तर आक्षेप होते रहे?

जाने क्यों कहता है कोई
मैं तम की उलझन में खोई
मैं कण-कण में ढाल रही अलि
आँसू के मिस प्यार किसी का
मैं पलकों में पाल रही हूँ
यह सपना सुकुमार किसी का

एक मनुष्य की वेदना उसकी निजता का हिस्सा है, महादेवी जानती हैं और निजता की रक्षा करना उनसे बेहतर कौन जान सकता है जो सम्मेलनों में इसलिए कविता पढ़ने से घबराती थीं कि 'भीड़ में व्यक्ति को समझा नहीं जाता।' यह कष्ट कि एक पुरुष-प्रधान समाज में उन सरीखी स्त्री को धैर्य से सुना और समझा नहीं जाएगा, इसे समझना आलोचक के लिए मानो बेहद कठिन रहा। वह लिखती हैं—

जब तेरी ही दशा पर न दुख हुआ संसार को
कौन रोएगा सुमन! हमसे मनुज नि:सार को।

इसलिए यह एकान्त साधना और दुर्बोध हो जाती है दुनिया के लिए कि यह एक सुशिक्षित, प्रबुद्ध, रचनात्मक स्त्री की चुनी हुई साधना है और वह भी ऐसी कि जिसका धर्म से कोई लेना-देना नहीं। कविता लिखना भी उसी एकान्त का हिस्सा है। वह लिखती हैं—ऐसी कविताएँ कम हैं जिनके लिखते समय मैंने रात में चौकीदार की सजग वाणी या किसी अकेले जाते हुए पथिक के गीत की कोई कड़ी नहीं सुनी।[46]

यहाँ मत आओ मत्त समीर सो रहा मेरा एकान्त
बनाओ न इसे लीला भूमि तपोवन है मेरा एकान्त

अपने वैवाहिक जीवन के बारे में महादेवी कुछ अधिक नहीं खोलतीं। यह भी उनका अधिकार है और उनका चयन। ऐसा सम्भव नहीं कि इस पर उन्हें सवालों का सामना नहीं करना पड़ा होगा। बल्कि आज के समय में रहते हुए हमें यह उनके समय के हिसाब से बेहद चुनौतीपूर्ण लगता है। और भी समझदारी से वे ऐसी बातों को कोई महत्त्व दिए बिना कहीं-कहीं बता देती हैं कि ये सवाल उनके तईं कितने बेमानी हैं।

> स्त्री जब किसी साधना को अपना स्वभाव और किसी सत्य को अपनी आत्मा बना लेती है तब पुरुष उसके लिए न महत्त्व का विषय रह जाता है न भय का कारण।[47]

ऐसी परिस्थियों में प्रेम की अभिव्यक्ति ख़तरे से ख़ाली थोड़े है! *तड़ित है उपहार तेरा/बादलों सा प्यार मेरा* (दीपशिखा) महादेवी तो लिख जाती थीं लेकिन उनके एक-एक लफ़्ज़ पर आलोचकों की निगाह रहती होगी तभी आलोचक के लिए बड़ी बेचैनी का सबब यह है कि प्रेम का भी कोई आलम्बन सामने दिखाई नहीं देता!

मेरे प्रिय को भाता है
तम के पर्दे में आना
ओ नभ की दीपावलियों
तुम चुपके से बुझ जाना

प्रेम है, विरह है, पीड़ा है लेकिन किसके लिए? क्या प्रेम और पीड़ा के लिए एक आलम्बन का सामने होना ज़रूरी है? दुनिया को जब तक पता न चले कि किसे सम्बोधित किया गया है क्या तब तक प्रेम और विरह की पीड़ा की कविता में कोई जगह नहीं? कोई मूल्य नहीं? उर्दू शायरी में तो कभी नहीं पूछा गया कि महबूब कौन है? यह पीड़ा किसलिए है? किसका विरह है? महादेवी लिख दें—*तुमको पीड़ा में ढूँढा/तुममें ढूँढूँगी पीड़ा* तो मज़ाक उड़ाइए और कोई शायर लिख दे तो वाह-वाह! यह दोगलापन नहीं है हिन्दी पाठक का तो क्या है?

प्रभाकर माचवे ने अपने महत्त्वपूर्ण लेख में महादेवी का मूल्यांकन करते हुए अक्सर लिखी जानेवाली तीनों बातों का खंडन किया है। एक तो महादेवी की तुलना मीराँ से किए जाने का। उनके काव्य में बौद्ध दर्शन देखने का। तीसरा, उन्हें रहस्यवादिनी कहे जाने का। उनके अनुसार मीराँ आज पुन: जीवित होतीं तो वे महादेवी ही बनतीं या कुछ और यह कहना उतना ही कठिन है जितना महादेवी जी के काव्य में उपनिषद और वेदांत के ब्रह्म तत्त्व को खोजने का निरर्थक यत्न करना।[48] मीराँ कहती हैं जो *मैं ऐसा जानती प्रीत करे दुख होय/नगर ढिंढोरा पीटती प्रीत करे न कोय।* लेकिन महादेवी उस पीड़ा को अपना लेती हैं। वह पीड़ा से विलग नहीं होना चाहतीं।

कैसे कहती हो सपना है
अलि! उस मूक मिलन की बात?
भरे हुए अब तक फूलों में
मेरे आँसू उनके हास!

न यह स्वप्न है, न यह अनुमान है, न यह ईश्वर को प्रेमी मानकर अभिव्यक्त किए उद्‌गार हैं। ये कवि की पंक्तियाँ हैं और उसका प्रेमी जो भी कोई है उसके प्रति उसका महसूस करना झूठ नहीं है। अगर यह झूठ है तो समस्त काव्य ही झूठ है क्योंकि कवि उन समस्त अनुभूतियों पर लिखता है जिन्हें प्रत्यक्ष जीवन में कभी महसूस करने के मौक़े उसे नहीं मिले। लेकिन वह काव्य उतना ही सच्चा होता है। यहाँ सारी समस्या स्त्री के जेंडर की वजह से सामने आती है। स्वीकार्यता और अस्वीकार्यता का पैमाना जेंडर्ड साहित्यिक मापदंडों की वजह से ही बनता है।

और पूछता क्यों शेष कितनी रात, जाग तुझको दूर जाना, जाग बेसुध जाग जैसी कविताएँ उनके मूल्यांकन में क्या गिनी नहीं जाएँगी? महादेवी के गद्य और पद्य को अलग-अलग देखना भी बड़ी दिक़्क़त पैदा करता है। यह समझना होगा कि उनकी कविता और गद्य बिखरे हुए नहीं हैं,[49] उन्हें साथ रखकर ही महादेवी का सम्पूर्ण व्यक्तित्व बनता है।

दरअसल यह उनकी दिक़्क़त ज़्यादा रही जो अपने मन का दूसरे के काव्य में देखने के आग्रही होते हैं। क्यों किसी को वह कविता करनी चाहिए जोकि आपको लगता है कि उसे करनी चाहिए? देवेन्द्र सत्यार्थी महादेवी को याद करते हुए अपने निबन्ध में तीन जगह लिखते हैं कि यह या वह उनकी कविता में क्यों नहीं आता? कुछ विषय अछूत क्यों समझे उन्होंने कविता में?[50] क्या यही बात महादेवी तुम्हारी कविता में नहीं आ सकती?[51]

कोई कहता है यथार्थवादी कविता क्यों नहीं लिखी? कोई पूछता है महादेवी गृहिणी या माता होतीं तो उनका काव्य कैसा होता? जितना उनका गद्य है—समाज के वंचित तबक़े से आनेवाले पात्रों पर, स्त्री-स्वातंत्र्य पर, सामाजिक मुद्दों और साहित्य पर जो निबन्ध हैं वे क्या कम हैं एक व्यक्ति के सामाजिक सरोकारों का हवाला देने के लिए? एक ही तरह की अपेक्षा क्यों पालनी चाहिए हर कवि से? कोई उनकी पाब्लो से तुलना करता है और आग का अभाव है महादेवी में कहता है[52] तो किसी की समस्या यह है कि जिसे इतना आदर-दुलार मिला उसे वेदना क्यों?[53]

जिस तरह उनके गीतों में भाषा प्रवहमान दिखाई देती है, नाचती है उनके संकेतों पर वे शब्दों की जादूगर दिखाई देती हैं। संस्कृत की विद्वत्ता और आत्मा में एक कवि बसा हुआ उनके पद्य-गद्य दोनों में दिखाई देता है।

अब धरा के गान ऊँचे
मचलते हैं गगन छूने
किरण रथ दो
सुरभि पथ दो
और कह दो अमर मेरा हो चुका सन्देश।

महादेवी भी जहाँ सम्भव हुआ जवाब लिख गईं और बाक़ी बचा हुआ इतिहास के लिए, स्त्रीवादी आलोचना के लिए छोड़ गईं मूल्यांकन करने को। उन्हें भी यह सवाल परेशान करता था कि सूक्ष्म से इतना भय क्यों है कविता में? स्थूल और ललकारती हुई ही कविता क्यों चाहिए सबसे? भीतर और बाहर का सामंजस्य करने से एक परिपूर्ण मानव ही मिलेगा। 'आधुनिक कवि' की भूमिका में वह लिखती हैं—

> साहित्य मेरे सम्पूर्ण जीवन की साधना नहीं है यह स्वीकार करने में मुझे लज्जा नहीं है। आज हमारे जीवन का धरातल इतना विषम है कि एक पर्वत के शिखर पर बोलता है और दूसरा कूप की अतल गहराई में सुनता है। इस मानव समष्टि में जिसमें सात प्रतिशत साक्षर और एक प्रतिशत से भी कम काव्य के मर्मज्ञ हैं हमारा बौद्धिक निरूपण कुंठित और कलागत सृष्टि पंखहीन है। शेष के पास हम अपनी प्रसाधित कलात्मकता और बौद्धिक ऐश्वर्य छोड़ कर व्यक्ति-मात्र होकर ही पहुँच सकते हैं। बाहर के वैषम्य और संघर्ष से थकित मेरे जीवन को जिन क्षणों में विश्राम मिलता है उन्हीं को कलात्मक कलेवर में स्थित कर मैं समय-समय पर उनके पास पहुँचाती रही हूँ जिनके निकट उनका कुछ मूल्य है। शेष जीवन को जहाँ देने की आवश्यकता है वहाँ उसे देने से मेरा मन कभी कुंठित नहीं होगा।[54]

इन प्रतिक्रियाओं के चलते भी महादेवी ने दुर्ज्ञेय बनने की चाह रखी। वाक़ई क्या ऐसे में उन्हें समझा जा सकता था? अमृतराय ने उनकी कविताओं के लिए कहा—*'मैं नीर भरी दुख की बदली'* बस इस पंक्ति से आप महादेवी के पूरे काव्य को समझ लीजिए। यह सबूत है कि महादेवी का रचना कर्म किस कदर मर्दवादी आलोचना पद्धति का शिकार हुआ। रामविलास शर्मा ने अपने एक लेख में ऐसी तमाम मर्दवादी आलोचनाओं को एक साथ रखकर जवाब दिया है। मुझे कुछ और करने की ज़रूरत ही नहीं है क्योंकि कृष्णदत्त पालीवाल ने भी महादेवी पर अपनी किताब के आख़िरी अध्याय में मर्दवादी आलोचकों के उद्धरण-दर-उद्धरण देते हुए सब कट्टम-कुट्टस कर दिया है। एक जगह वह लिखते हैं—

> महादेवी के काव्य व्यक्तित्व और काव्य-चिन्तन दृष्टि पर कुछ कहने का साहस जुटा पाना कठिन लगता है। मेरे सामने कई प्रकार की कठिनाइयाँ हैं। एक तो यह कि अध्यात्मवादियों-रहस्यवादियों के हाथों पड़कर महादेवी वर्मा की काव्यानुभूति के मर्म की अच्छी-खासी दुर्दशा हुई है। दूसरी कठिनाई यह कि महादेवी के कवि कर्म की दृष्टि पर दु:खवाद, निराशावाद, अज्ञेयवाद की चादर बहुत बड़े लोगों ने बहुत कुछ कहकर डाली है। तीसरे, हिन्दी के फ्रायडवादी आलोचकों ने महादेवी की बड़ी घेरघार की है और उन्हें अभाव, अतृप्ति, कुंठा की भीतरी मार से चीख़ती नारी सिद्ध करके दम लिया है। चौथी कठिनाई यह कि महादेवी संकेतों-प्रतीकों में कहती हैं और

इसमें भी अनकहा इतना ज़्यादा छोड़ती हैं कि उनके बारे में कुछ भी कहने में टटोलकर कहना पड़ता है।[55]

रही-सही कसर महादेवी वर्मा पर स्त्री-रचनाकारों की टिप्पणियों से पूरी हो जाती है।

निराला के बुरे वक़्त में उनकी मदद करने में वह सबसे आगे थीं। इलाहाबाद की साहित्यकार संसद में कई-कई महीने निराला रहे। महादेवी हमेशा इस बात से चिढ़ती थीं कि प्रकाशक निराला का पैसा मारे बैठे हैं। निराला भी उनके लिए लिख गए—

हिन्दी के विशाल मन्दिर की वीणापाणि
स्फूर्ति चेतना रचना की प्रतिमा कल्याणी

संसार के प्रति करुणा रखनेवाली महादेवी का राष्ट्र-सेविका रूप कैसे भुलाया जा सकता है? 47 में नोआखली के पीड़ितों के लिए उन्होंने साहित्यकारों से पैसा इकट्ठा करके भिजवाया था। 1942 में भी बंगाल में उन्होंने मदद भेजी थी। महिला विद्यापीठ स्थापित किया और लड़कियों की शिक्षा को महत्त्वपूर्ण योगदान दिया उन्होंने।

'शृंखला की कड़ियाँ' स्त्री-स्वातंत्र्य और उसमें भी स्त्री के आर्थिक स्वातंत्र्य के महत्त्व को रेखांकित करते हुए वे हिन्दी की एक पुरखिन स्त्रीवादी के रूप में सामने आती हैं। महादेवी का संघर्ष नारी-जागरण और आधुनिकता बोध से जुड़ा है।[56] भारतीय स्त्री के अपने संकटों का विवेचन उन्होंने अपने समय और सामाजिक सन्दर्भों में किया और राष्ट्रवादी आन्दोलन में स्त्री की बनाई जाती छवि उन्हें एक समस्या दिखाई दी।

हमें न किसी पर जय चाहिए, न किसी से पराजय; न किसी पर प्रभुता चाहिए, न किसी का प्रभुत्व। केवल अपना वह स्थान, वे स्वत्व चाहिए जिनका पुरुषों के निकट कोई उपयोग नहीं है, परन्तु जिनके बिना हम समाज का उपयोगी अंग नही बन सकेंगी। हमारी जागृत और साधनसम्पन्न बहनें इस दिशा में विशेष महत्त्वपूर्ण कार्य कर सकेंगी, इसमें सन्देह नहीं।[57]

यह ठीक वही स्त्रीवादी पक्ष है जो 'सत्ता' की आलोचना करता है और अपने अस्तित्व, वजूद के विकास के लिए बराबरी के मौक़ों की माँग करता है। सुधा सिंह लिखती हैं कि महादेवी को परम्परा में रखकर देखिए लेकिन उनकी विशिष्टता भूलिए मत। महादेवी के सृजन की मर्दवादी आलोचनाओं के जवाब में वह लिखती हैं—स्त्री के रूप में देखना न तो दुनिया को छोटा करके देखना है और न ही स्त्रीवादी दृष्टि से केवल स्त्री ही दिखाई देती है। यह (स्त्रीवाद) दुनिया को देखने की मुकम्मल दृष्टि है जिसमें स्त्री भी शामिल है।[58]

महादेवी पर गांधी जी के विचारों और जीवन का प्रभाव था। उन्हीं के उपदेश कि अपनी ग़रीब बहनों की शिक्षा के लिए कार्य करें तो अच्छा है, उन्होंने विद्यापीठ की स्थापना लड़कियों के लिए की।[59] वह अपने घर में कई पीढ़ियों के बाद उत्पन्न हुई लड़की थीं। उनसे पहले या तो लड़कियाँ जन्मती ही न थीं या जन्मते ही मार दी जाती थीं। उनके जन्म से माता-पिता विशेष उत्साहित थे इसलिए भी उनका हठ चलता था। हठ करके ही वे प्रयाग जाकर पढ़ने की इच्छा पूरी कर सकीं। कम लोग जानते होंगे कि उन्हें यायावरी का भी ख़ूब शौक था। स्नातक होने से पहले ही उन्होंने बदरीनाथ, केदार आदि पर्वतीय यात्राओं के साथ रामेश्वरम, कन्याकुमारी, पुरी आदि घूमकर रमण महर्षि का तथा बापू का आश्रम भी देख डाला और बापू के आह्वान पर अपने शरीर से सोना-चाँदी उतार कर माँ, दादी, नानी के सलमे-सितारे जड़े वस्त्र क़ीमती लहँगे जला डाले।[60] भिक्षुणी होने का निर्णय कर ही लिया था लेकिन जो स्वभाव से विद्रोही हो वह भिक्षुणी भी नहीं हो सकती थी। वह जो अपने भीतर की रात, अँधेरों और अकेलेपन में निर्भय उतर सकती थी वह ऐसी ही निराली हो सकती थी।[61] अपने लेखन और कर्म दोनों से उसे हिन्दी की प्रोटो फ़ेमिनिस्ट होना था।

सुभद्राकुमारी चौहान और महादेवी वर्मा समकालीन थीं और दोनों भिन्न प्रतिभाओं की कवि थीं। दोनों एक ही स्कूल में पढ़ीं। दोनों सखा। दोनों का नाम हिन्दी की आधुनिक कविता के इतिहास में अमिट हो गया। हम कथा साहित्य में प्रेमचन्द और प्रसाद की परम्पराएँ पढ़ते हैं, हिन्दी स्त्री कविता का स्वाभाविक विकास होता तो सुभद्राकुमारी और महादेवी की दो भिन्न परम्पराएँ विकसित होतीं कौन जाने!

स्वातंत्र्योत्तर स्त्री कविता

स्वातंत्र्योत्तर हिन्दी स्त्री कविता अपना कोई चेहरा नहीं बना पाती। सच यह है कि स्त्री कविता का विकास अटका-रुका-फाँकों में बँट गया। अज्ञेय ने *दूसरा सप्तक* में शकुंत माथुर और *तीसरा सप्तक* में कीर्ति चौधरी को शामिल किया। जैसा कि सप्तकों का तरीक़ा था कि हर शामिल कवि अपनी कविताओं से पहले एक वक्तव्य लिखता था; शकुंत माथुर दूसरे सप्तक में अपनी कविताओं से पहले आत्मकथ्य में लिखती हैं कि उन्होंने अपनी कविता को कभी गम्भीरता से नहीं लिया और उनकी कविता को पति भी हँसी में उड़ा दिया करते थे—

> काव्य सम्बन्धी अपने विचार प्रकट करने से पूर्व मैं एक बात स्पष्ट कर देना चाहती हूँ कि यद्यपि मैंने पिछले दस वर्षों में (अर्थात् 1941-1951 तक) ढेर कविताएँ लिखी हैं पर मैंने आरम्भ से यह कभी नहीं सोचा कि

मैं कवि हूँ और मेरी रचनाएँ औरों के लिए भी महत्त्व रख सकती हैं। मैंने जब भी कुछ लिखा उसे मन की मौज समझकर छोड़ दिया और मेरे पति (गिरिजाकुमार माथुर) ने भी सदा उसे हँसी में टाल दिया। इसके अतिरिक्त, जब भी मैं कविता लिखती, इनकी कोई न कोई रचना मेरे सामने आकर खड़ी हो जाती और मेरी रचना शर्मिंदा हो जाती।

वह अपने भोलेपन में लिख गईं लेकिन बाद में कभी पढ़ा होगा तो एक शर्मिंदगी शायद पतिदेव को भी महसूस हुई होगी। यह आधुनिक स्त्री कविता की शुरुआत से एकदम मेल नहीं खाता। उनकी अधिकांश कविताएँ सुखी गृहस्थिन की अनुभूतियों को लेकर लिखी गई हैं, वे छूती न हों ऐसी बात नहीं है, पर छूकर ही द्वार बन्द कर लेती हैं। अनुभव संसार का सीमित हो जाना कवि की सम्भावनाओं का अवरुद्ध हो जाना है।[62] ये सुभद्राकुमारी और महादेवी की परम्परा से बिलकुल अलहदा क़िस्म की कविताएँ हैं। हालाँकि बाद में शकुंत माथुर के संग्रह भी आए लेकिन स्पष्ट कहना होगा कि स्त्री कविता उनसे कुछ नहीं पाती।

पुराने नौकर को/देरी से काम करने की आदत पर/बहुत डाँटा/
प्यारे बब्बी को शैतानी मचाने पर/लगाया करारा चाँटा/रसोई
की अलमारियाँ झाड़ीं/मसाले के डिब्बे किए साफ़/फिर भी
अभी तक ऑफ़िस से/लौटे नहीं हैं आप

या

मैं सुख के इस छोटे से पोखर में/सुनहरी मछली सी तैर गई हूँ/उसे ही/
एकमात्र धुरी बना/धरती-सी उसी पर यथावत घूम रही हूँ/पहला और
आख़िरी प्यार/तुम्हें ही जानती हूँ

कीर्ति चौधरी का परिवेश कविता का परिवेश था। वे तीसरे सप्तक की कवि थीं। उनकी एक कविता सीमा-रेखा उल्लेखनीय है जहाँ वे सीता द्वारा लक्ष्मण रेखा के भीतर रहकर राम की प्रतीक्षा करने के पूरे बिम्ब को उलट देती हैं। किसी और की बनाई लक्ष्मण रेखा नहीं है वह, अपनी ही मन की सोची हुई सीमा-रेखाएँ हैं और अपने ही मन को साहस जुटाना है।

मन मेरे! अब रेखा लाँघो
आए तो आए
वह वन्य
छद्मधारी
अविचारी
काल खंडित कलंकित

ले जाए तो ले जाए मन्दिर में ज्योतित
उजाले का प्राण करती
कम्पित निर्धूम शिखा सी
यह अनिमेष लगन
कौन वहाँ आतुर है
किसे यहाँ देनी है
ऊँचा ललाट रखने को
अग्नि की परीक्षा वह।

यह मेरी समझ से एकदम परे है कि सुभद्राकुमारी चौहान और महादेवी वर्मा जैसी कवयित्रियों के बाद हिन्दी की स्त्री कविता इतना दिग्भ्रमित क्यों है! इतनी ढुल-मुल और शिथिल क्यों है? स्वाभाविक तो यह होना चाहिए था कि जिस तरह अपनी कविता में स्त्री-अनुभूतियों को ये दोनों कवयित्रियाँ ले आईं और स्त्री कविता को एक मज़बूत ज़मीन दी वहाँ आगे की स्त्री कविता ख़ूब विविध रंगों में, परिपक्वता के साथ फलती-फूलती। लेकिन वह लगातार अपना प्राण खोती है। कीर्ति चौधरी की एक कविता है—सोचता हूँ!

सोचता हूँ हर सुबह
हर रात
केवल एक ही यह बात
क्यों नहीं मैं हो सका हूँ दीन।

यह भी समझ से परे है कि आधुनिक स्त्री कविता का आरम्भ जब इतनी पुष्ट ज़मीन से हुआ तो इस आत्म-संशय और आत्मविश्वास की कमी की वजह क्या है जो पुल्लिंग में कवयित्री को लिखना पड़ा? सुमन राजे लिखती हैं—

> कवयित्री का पुल्लिंग में लिखने का शौक किस ग्रंथि की उपज है, कहना मुश्किल है, परन्तु उसका एक ज़रूरी परिणाम यह हुआ कि उनकी कविताएँ अपनी ही ज़मीन को नकारती हैं और कविता की एक पूरी भीड़ में अपनी पहचान खो देती हैं। वस्तुत: कीर्ति चौधरी का रचना-संसार उन लाल फूलों के गुच्छेवाली लता का है, जो अनायास उगती है लेकिन मज़बूती से ज़मीन को पकड़ने एवं दीर्घ काल तक खड़े रहने की शक्ति खो देती है। शकुंत माथुर एवं कीर्ति चौधरी, दोनों ही कवयित्रियों के लिए कविता एक ओढ़ी हुई उढ़ाई हुई रेशमी चादर है, उनके जीने की शर्त नहीं, इसलिए वह दूर तक साथ नहीं देती।[63]

'गीत-अगीत' संग्रह से 1962 में अपनी कविता-यात्रा की शुरुआत करनेवाली रमणिका गुप्ता का लेखन का सफ़र लम्बा चला। कई कविता संग्रह आए, कहानी

संग्रह, आदिवासी विमर्श और लम्बे समय तक 'युद्धरत आम आदमी' पत्रिका का सम्पादन करती रहीं। गीत-अगीत में एक युवती के कल्पना के पंख, उनकी उड़ान और उम्मीदें दर्ज हैं और स्वतंत्रता की चाह में एक ऐसा व्यक्तित्व विकसित होता हुआ दिखता है जिसके पास निवेदन नहीं है, संकल्प और आत्मविश्वास हैं—

मैं
प्रतिबन्धों की चौखट पर खड़ी
समय की दहलीज
लाँघ कर
परम्परा के किवाड़ों से
निषेध की कीलें
उखाड़ रही थी।

आगे यह दृष्टि जीवनानुभवों के साथ व्यापक होती चली जाती है। अपनी स्वतंत्रता तब तक सम्भव नहीं जब तक समाज के हर वंचित तबक़े को आज़ादी नहीं, यह चेतना आगे की कविताओं में लगातार दिखाई देती है। लेखन और व्यवहार के स्तर पर अस्मिता विमर्शों से जुड़ जाना उनकी कविता को ख़ूब फैलाव देता है।

दुष्यन्त जिस दौर में ग़ज़ल कह रहे थे उसी दौर में डॉ. रमा सिंह का नाम आता है। उनका एक ही कविता संग्रह 'समुद्रफेन' मिलता है। इसके अलावा उन्होंने पत्रिकाओं में लगातार लिखा।

एक ज़िन्दा लाश ही वो बन गया होगा
सामने जब उसके उसका घर जला होगा
चुप्पियों में रहके कितना बोलता है वो
ज़िन्दगी का यह भी कोई फलसफ़ा होगा[64]

आज़ादी के बाद के दौर में स्त्रियों का हिन्दी-कविता की दुनिया में वह स्वाभाविक विकास न हो पाने की एक वजह यह भी रही कि प्रयोगवाद और नयी कविता तक हिन्दी-कविता एक बेहद मर्दाना दुनिया हो चुकी थी। स्वतंत्रता-पूर्व युग में आज़ादी के साथ पिछली सदी से चले आ रहे सुधारवादी आन्दोलनों की दी हुई एक क़िस्म की नैतिकता का बड़ा असर था जिसने स्त्रियों को मर्दों के इस छिछलेपन से एक हद तक बचाया होगा। साहित्य उन सामाजिक सरोकारों से जुड़ा था जिनमें एक क़िस्म का आदर्शवाद था। स्त्री-शिक्षा और स्त्री-उद्धार के सवाल लगातार आज़ादी के आन्दोलन के साथ-साथ चल रहे थे। स्त्रियाँ राजनीतिक रूप से भी बेहद सक्रिय थीं। संगठन सँभालना, पत्रिकाओं का सम्पादन करना, आन्दोलनों का हिस्सा होना, यह राजनीतिक प्रतिनिधित्व स्त्री की एक छवि निर्मित कर रहा था। भले ही पितृसत्तात्मक

ही था लेकिन वह स्त्री लेखकों से पुरुषों के आक्रांत होने, उन्हें नगण्य या उपलब्ध मानने का दौर नहीं था।

आज़ादी एक और तरह का संकट स्त्रियों के लिए लेकर आई। आज़ाद स्त्री के उपलब्ध माने जाने का। सबसे भयानक अकविता का दौर तब था जब माहौल यह हो गया कि कोई कवयित्री किताबों में ऐसे दर्ज हो रही थी—

> राजकमल चौधरी अब जल्दी-जल्दी दिल्ली आने लगा था और बड़ी तेज़ी से टी हाउस की दुनिया में अपनी जगह बना रहा था। वह दिल्ली में एक भारी-भरकम कोट पहनता था। मोटे फ्रेम के चश्मे के साथ हैटनुमा टोपी लगाकर ख़ासा अंग्रेज़ लगने लगा था। उसकी दोस्तियाँ कुछ गहरी हो गई थीं। इन दोस्तियों के बीच वह कभी-कभी कुछ लड़कियों के नाम उछाल देता था। मैं कभी भी निश्चय नहीं कर पाया कि जिन लड़कियों के वह नाम लेता है, उनमें से किससे उसके कैसे और किस हद तक सम्बन्ध हैं। पर कुछ मित्र यह मामला बहुत खुला रखते थे। रमेश बक्षी तो बाक़ायदा बिना विवाह किए एक लड़की के साथ रह ही रहा था। पर जगदीश चतुर्वेदी विवाहित था। इसके बावजूद वह टी हाउस में मोना गुलाटी के साथ बैठता रहा। फिर धीरे-धीरे चर्चा होने लगी कि मोना उसकी प्रेमिका ही है। कुछेक बार लोगों ने उसे जगदीश के दफ़्तर में भी देखा। ...मोना गुलाटी कविताएँ लिखती थी। कुछ दिन बाद दोनों का झगड़ा हुआ और दोनों अलग हो गए।[65]

1965 में जब अकविता पत्रिका की शुरुआत हुई, जो सात अंकों तक छपती रही, तो कई युवा कवियों ने अपनी कविताओं को अकविता कहकर अपनी जगह बनाई। ये युवा कवि थे जगदीश्वर चतुर्वेदी, सौमित्र मोहन, श्याम परमार, राजकमल चौधरी, मोना गुलाटी, मणिका मोहिनी, मुद्राराक्षस। ममता कालिया ने जल्द ही ख़ुद को इससे अलग कर लिया। एक गुस्सा, चिढ़, हताशा, मोहभंग, मूल्यों से विद्रोह इन कविताओं में सर्वत्र व्याप्त है। निषेधात्मक कविता है अकविता, एण्टी पोएट्री कहा जिसे इसके प्रस्तावकों ने। यहाँ निर्ममता और वितृष्णा से सब कुछ देखा गया। लोकतंत्र, सामाजिक व्यवस्था या स्त्री-पुरुष सम्बन्ध।

सुबह होने से लेकर दिन डूबने तक
मैं इन्तज़ार करती हूँ रात का
जब हम दोनों एक ही कोने में सिमटकर
एक-दूसरे को
कुत्ते की तरह चाटेंगे
विवाह के बाद ज़िन्दा रहने के लिए
जानवर बनना बड़ा ज़रूरी है। (मणिका मोहिनी)

अकविता की भाषा जो उसने तमाम विद्रोह की अभिव्यक्ति के लिए अपनाई एक यौन भाषा है। एक मर्दवादी समाज में जब भी भाषा यौन-भाषा होगी उसका निशाना अपने आप स्त्री और उसकी यौनिकता हो जाएगी, अपने आप सेक्स एक कमोडिटी बन जाएगा। यथार्थ के अंकन और नैतिकता शालीनता के प्रपंच का विरोध करने में कवि जुगुप्सा की हदों तक चला जाता है *'मैं हर छिद्र से सम्भोग करना चाहता हूँ'*। यौन-क्रान्ति तक सीमित रहकर अपना प्रभाव भी सीमित कर लिया इस कविता ने।

कुछ नाम अस्सी-नब्बे के दशक तक सुनाई तो देते हैं लेकिन बिखरे-बिखरे से। कोई लय बनती नहीं दिखाई देती और कथा साहित्य में जिस तरह स्त्रियों का सशक्त हस्तक्षेप पचास के दशक के बाद हुआ वह कविता में नहीं दिखाई देता।

डॉ. रमासिंह, किरण जैन, कान्ता, अमृता भारती, इन्दु जैन, सुमन राजे, स्नेहमयी चौधरी, सुनीता जैन, मोना गुलाटी, ममता कालिया की कविताएँ स्वातंत्र्योत्तर युग में बनीं।

ममता कालिया, सुनीता जैन अंग्रेज़ी से पढ़ाई करने के बाद हिन्दी साहित्य में आईं। सुनीता जैन ने न्यूयॉर्क से अंग्रेज़ी में एम. ए. किया और यूनिवर्सिटी ऑफ़ नेब्रास्का से अंग्रेज़ी में पी-एच.डी। उन्होंने अंग्रेज़ी और हिन्दी दोनों में उपन्यास और कविताएँ लिखीं। पद्मश्री और व्यास सम्मान से सम्मानित हुईं। उनका पहला काव्य-संग्रह 1978 में आया 'होने दो मुक्त' नाम से और आख़िरी 'क्षमा' 2008 में। सुनीता जैन की मृत्यु 2017 में हुई। आरम्भिक कविताओं को छोड़ दें तो उनके बाद के संग्रहों में एक सशक्त स्त्री-स्वर मिलता है। स्त्रीत्व के वे पहलू भी हैं जहाँ पीड़ा है परम्पराओं से जुड़ी हुई और आधुनिक स्त्री जीवन की वे यादें भी जो नानियों, दादियों, माँओं की पीढ़ी से अलगा देती हैं। देह के सवालों से जूझती कुछ कविताएँ हैं प्रेम में ख़ुद को पा जाती स्त्री है।

उसने अपनी भाषा को किया नरम
दूब-सा
उसने अपनी हथेली को किया
फूल-सा
उसने छुपा लिया अपने ही भीतर
अपना सारा असला
वह आँखों में लाई आँज कर
एक प्रतिसंसार गहरा
वह स्त्री प्रेम में थी
खिल रही थी काँटों में।

कुछ औसत कविताओं के अलावा उनके पास कुछ बेहतरीन कविताएँ हैं। यों औसत कविताएँ किस कवि के पास नहीं होतीं और एक बड़े कवि की हर रचना कमाल की रचना नहीं होती। ख़ैर, सुनीता जैन का हिन्दी में कम नाम लिया जाता है। अमरीका आते-जाते रहने के कारण और हिन्दी की दुनिया में विशेष घुलने-मिलने से बचने के कारण भी वे कम चर्चा में रहीं। आठ खंड की रचनावली में उनका विपुल गद्य और पद्य लेखन समाहित है।

सुमन राजे 1979 में आए *चौथा सप्तक* की कवयित्री रहीं। यह बात हम लोग कम याद करते हैं। वैसे भी हिन्दी समाज उन्हें 'हिन्दी साहित्य का आधा इतिहास' लिखने के लिए ही अधिक स्मरण करता है। 'हिन्दी साहित्य का आधा इतिहास' उनकी प्रतिभा और मेधा को सिद्ध करता है। 'सपना और लाशघर', 'उगे हुए हाथों के जंगल', 'यात्रादंश', 'एरका', 'इक्कीसवीं सदी का गीत' जैसे 6 संकलन आए उनके। अपनी रचना-प्रक्रिया पर टिप्पणी करते हुए वे लिखती हैं—

> जो जीवन हमें जीने के लिए मिला है, उसकी अनिवार्य नियति है—निरन्तर चुभती हुई जूते की कील। हर क़दम उस जूते को और जर्जर करता है और ज़ख़्म को गहराता जाता है, लेकिन चलना ही तो हमारा अस्तित्व है। पैरों और पैरों में कोई भेद नहीं होता इसलिए सबके ज़ख़्म भी एक होते हैं। उन ज़ख़्मों के आस-पास पकती और फूटती रहती है कविता।[66]

शैलप्रिया का पहला संग्रह 'अपने लिए' 1983 में आया। इसके बाद पाँच और संकलन आए। शैलप्रिया की कविताओं को पढ़ते हुए भी कोई आलोचक कह सकता है कि ये अधिकांश कविताएँ 'मैं' से सम्बन्ध रखती हैं इसलिए ये बस अपने निजी जीवन के स्वर हैं।

> *मैं हूँ, कि मैं हूँ अभी।*
> *वक्र रेखाओं से घिरी। बेहद अकेली।*

लेकिन एक छिपाव के साथ लिखना भी है। काग़ज़ की सतह जिस पर वे लिख रही हैं जाने उस पर पहले क्या लिखकर मिटा दिया गया है। मानो चाहती हों कि वे जो चाहती हैं वह बहुत स्पष्ट न होने पाए। यहाँ उनकी कविता में दोहरी आवाज़ें सुनाई देती हैं। एक जो वे मुखर करती हैं और एक जो दबी रह जाती है। वह ख़ुद लिखती हैं—

> एक लम्बे समय तक कविता मेरे लिए एक निजी डायरी रही है। अपने मन के बोझ को शब्दों में बाँधकर यादगार के रूप में रखने की एक कोशिश। वह रचना से ज़्यादा आत्माभिव्यक्ति रही है। शुरू के कई वर्षों तक मैंने लिखा और किसी को सुनाया नहीं। इसे आप मेरा संकोच कह लीजिए या

> आत्मविश्वास का अभाव भी। प्रकाशन कतई मेरा उद्देश्य नहीं था। सचमुच मैं सिर्फ़ अपने लिए लिखती रही।[67]

इस सफ़ाई की ज़रूरत पड़ना ही अपने आप में सिद्ध करता है कि स्त्री-लेखन की पूरी एक शताब्दी बीत जाने पर भी यह आत्म-संशय और अभिकर्तृत्व को क्लेम न करने की हिचक स्त्री कवियों में छिपी रही। कुछ बनने की ललक, छपने की ललक होना अचरज की चीज़ नहीं है जिसके बचाव में किसी कवयित्री को लिखना पड़े कि मैं तो छपना नहीं चाहती थी। सचमुच अपने लिए लिख रही थी। अगर यह है तो इसकी वजह ज़रूर अपने घर, रिश्तेदारी, पड़ोस, दोस्ती-यारी में छिपी वह पितृसत्ता है जो स्त्री में अपने लेखकत्व को हासिल करने की चाह को घृणित मानती है। लेकिन फिर भी शैलप्रिया के छह संग्रह और एक 'सृजन समग्र' छपे ही। यह उन्हें अच्छा ही लगा होगा।

नब्बे के बाद हिन्दी की स्त्री कविता एक नए युग में प्रवेश करती है जब हिन्दी में स्त्री-विमर्श की पृष्ठभूमि भी बन रही है। ऐसे में अनामिका, कात्यायनी, सविता सिंह, गगन गिल, रमणिका गुप्ता, अनीता वर्मा, नीलेश रघुवंशी, निर्मला पुतुल, सुशीला टाकभौरे जैसी कवयित्रियों की एक युवा ब्रिगेड पदार्पण करती है। यह आधुनिक स्त्री कविता की तीसरी लहर है जिसने स्त्री-भाषा को गढ़ा और इक्कीसवीं सदी की स्त्री कविता के लिए एक मज़बूत वैचारिक ज़मीन को तैयार किया।

एक ऊबड़-खाबड़ यात्रा...

स्त्रियों ने स्त्री लेखकों के न दरबार लगाए, न गोष्ठियाँ की न महफ़िलें सजाईं। जो सार्वजनिक जीवन में ही नहीं थीं वे इतना सब उद्यम करतीं भी कैसे! यों भी उनकी गिनती करने न करने से किसी काव्य-परम्परा को कोई फ़र्क़ नहीं पड़ना था। न ही स्त्रियाँ वहाँ थीं जहाँ ताक़त या सत्ता थी। भारतेन्दु, महावीर प्रसाद द्विवेदी और राजेन्द्र यादव ने पत्रिकाओं का सम्पादन किया और उनके आस-पास के लेखक कवि प्रभावित हुए उनसे। 'चाँद' का सम्पादन महादेवी ने किया और सुभद्राकुमारी ने भी 'नारी' पत्रिका का सम्पादन किया। लेकिन उनका किया इतिहास ने मानो अनकिया ही कर दिया। न ही इन स्त्रियों ने अपनी कोई शिष्य-परम्परा, फॉलोवर्स बनाए जैसे अधिकांश महत्त्वपूर्ण पुरुष-कवियों के हुए। अठारहवीं सदी की ब्रिटिश उपन्यासकारों ने यह समझ लिया था कि उपन्यास लिखकर पैसे कमाए जा सकते हैं और जैसे भी उनके मानक थे, उन्होंने लेखन को पेशेवर तरीक़े से करना शुरू किया। अपने यहाँ स्त्रियों ने शायद ही कभी सोचा हो कि लिखकर पैसा कमाना है। स्वातंत्र्योत्तर स्त्री कवियों ने कभी साहित्य की राजनीति में, ना राजनीति में ही सक्रिय

भूमिका निभाई। महादेवी वर्मा लगातार सक्रिय थीं अपने समय के साहित्यकारों से भी अधिक लेकिन उसके बावजूद साहित्य का कोई मठ या सम्प्रदाय उनके इर्द-गिर्द न चला न आगे बढ़ा। सुभद्राकुमारी को ज़रूरत थी तो उन्होंने कमाने के लिए कहानियाँ लिखीं।

पीछे जाओ तो थेरीगाथाएँ मिलती हैं। उसके बाद कुछ नहीं। मध्यकाल में कुछेक कवयित्रियाँ मिलती हैं। मीराँ का नाम आता है क्योंकि उन्हें अनदेखा नहीं किया जा सकता था। इसके बाद फिर सन्नाटा। आधुनिक काल में इतिहासकार सुभद्राकुमारी चौहान और महादेवी वर्मा को दर्ज करता है। दोनों सक्षम और अपने ढब की कवयित्रियाँ। लेकिन दोनों के ही आगे कोई स्त्री कवि परम्परा नहीं बढ़ती। हम सीधा ही नवें दशक की स्त्री कविता के साथ एक नए युग का आग़ाज़ पाते हैं। न केवल कविता लिखनेवाली स्त्रियाँ अब अधिक दिखाई देती हैं किसी भी काल की तुलना में बल्कि वे अपने साथ अपनी काव्य-भाषा और संवेदना लेकर आती हैं।

स्त्री काव्य परम्परा एक खोई हुई परम्परा है। बिखरी हुई और छितराई हुई। एक लयबद्ध परम्परा इसलिए भी नहीं बनती दिखाई देती कि जेंडर को लेकर कोई सचेत नहीं है। स्त्रियाँ तो यही मानकर चल रही थीं कि वे कविता कर रही हैं जैसे बाक़ी सब कर रहे हैं। उन्होंने इतिहास पर भरोसा किया। लेकिन इतिहास-लेखन स्त्रीवादी दृष्टि की राह देख रहा था। प्रोफेसर सावित्री सिन्हा, सुमन राजे, सूसी थारू और के. ललिता जैसी बहुत से स्त्री-आलोचकों ने खोई हुई परम्परा को तलाशने का ज़िम्मा उठाया।

स्त्री का अतीत एक सीधी रेखा में चलता नहीं दिखाई देता। न ही वह युगानुरूप भाषा, चौखटे अपनाती हुई साहित्यिक युग-परिवर्तन के साथ अपनी भी लीक बदलती है। भक्ति-युग बीत जाने के बाद भी न जाने वे कब तक भक्ति रचनाएँ लिखती रहीं। महादेवी वर्मा छायावाद की अकेली कवयित्री रहीं। ऐसी ही अजब-गज़ब यात्रा है स्त्री कविता की।

स्त्री कविता का विकास लय नहीं हिचकी और हिचकोले हैं। ठीक स्त्री-जीवन की तरह।

खंड : तीन

पाठ

पहले खंड में हम जिस पद्धति तक पहुँचे थे यह खंड उसकी परख का है। हर सिद्धांत को व्यवहार के स्तर पर खरा उतरना चाहिए। इसलिए पाठ आधारित इस खंड में कुछ स्त्री कवियों के पाठ को लिया गया है। नब्बे के दशक से पहले की बात हम पिछले खंड में कर चुके। नब्बे के बाद आई कवयित्रियों में अनामिका और सविता सिंह की कविता को उनके स्त्रीवादी स्वर के लिए ख़ास मानना चाहिए। दोनों स्त्रीवादी विचारक और बहुपठित हैं, सवर्ण, मध्यवर्गीय हैं। ऐसा नहीं कि इनकी कविता पर लिखा नहीं गया, ख़ूब लिखा गया, लेकिन उनकी कविता का पाठ स्त्रीवादी आलोचना पद्धति के अनुसार नहीं किया जा पाता। अपनी कविता में अनामिका स्त्री-भाषा गढ़ती हैं तो सविता सिंह के यहाँ अपने अभिकर्तृत्व को पाने की स्त्रीवादी भंगिमा दिखाई देती है। लेकिन भाषा के खेल से मंत्र-मुग्ध आलोचक अनामिका के यहाँ स्त्रीवादी भंगिमा को अनदेखा करता है और उन्हें लगभग सर्व-स्वीकृत मान लिया जाता है तो सविता सिंह के यहाँ अभिकर्तृत्व की ठसक को विदेशी कहकर भ्रम पैदा किया जाता है मानो अपना होना दर्ज करना देशी स्त्री का स्वभाव नहीं हो सकता। दोनों के यहाँ दो अलग क़िस्म की कविता-यात्रा है और अलग भाषा। कहना होगा कि दोनों की कविताएँ अपने पाठक से अलग स्तरों पर अपेक्षाएँ रखती हैं।

नीलेश रघुवंशी को पढ़ते हुए जेंडर और वर्ग को एक साथ विमर्श में लाने की बजाय आलोचक अक्सर इस बात से ख़ुश हुआ है कि वहाँ अपनी वर्गीय चेतना बख़ूबी है और 'रूढ़' स्त्रीवाद नहीं है, या स्त्रीवाद है ही नहीं। नीलेश की कविता समकालीन हिन्दी स्त्री कविता में एक ज़रूरी हिस्सा है और स्त्रीवादी आलोचना पद्धति से उसका पाठ किया जाना मुझे ज़रूरी लगा। सुमन केशरी की कविता पर आलोचनात्मक लेखन कम हुआ है। उनके चार कविता-संग्रह आ चुके हैं और आख़िरी संग्रह तक की यात्रा को मैं अस्मिता और चेतना तक के पड़ाव तक

जाता हुआ देखती हूँ जिसके बारे में ख़ुद कवयित्री शुरू के संग्रहों में संशय में है।

हिन्दी में आदिवासी स्त्री कविता के लिए राह बनाने का काम निर्मला पुतुल से शुरू होता है और वंदना टेटे, ग्रेस कुजूर, जेसिंता केरकेट्टा जैसी कई स्त्री कवि आज हमारे सामने हैं। दलित और आदिवासी स्त्री कविता को बिना किसी आलोचना-पद्धति के सहारे समझना न केवल मुश्किल है बल्कि नाइंसाफ़ी भी है। इसलिए इस खंड में आदिवासी और दलित स्त्री कविता की आलोचना के लिए अन्तरानुभागीय (intersectional) स्त्रीवाद के अनुसार आलोचना की पद्धति प्रस्तावित की गई है। इससे पहले हिन्दी में आदिवासी और दलित स्त्री कविता को इंटर्सेक्शनल स्त्रीवाद के आधार पर समझने की कोशिश नहीं की गई। भविष्य में समलैंगिक और अन्य अन्तरानुभागीय अस्मिताएँ हिन्दी-कविता में प्रवेश करेंगी; यह पद्धति उन सभी का समुचित आकलन और सही पाठ बनाने में मददगार साबित होगी है, यह उम्मीद करते हुए इस खंड की समाप्ति की गई है।

समस्या यह है कि स्त्री-विमर्श को अलगाकर स्त्री कविता को पढ़ते हुए कुछ सामान्यीकृत तरीक़ों को अपनाया जाता है। जबकि होना यह चाहिए कि पाठ की पद्धति स्त्रीवादी हो न कि स्त्री-विमर्श की सिर्फ़ पृष्ठभूमि हो। इस खंड में आए पाठ केवल उदाहरण के तौर पर लिखे गए हैं कि स्त्री कविता को स्त्रीवादी आलोचना पद्धति के अनुसार कैसे पढ़ा जा सकता है। समकालीन हिन्दी स्त्री कविता के पास गगन गिल, अनीता वर्मा, कात्यायनी, शुभा, अजंता देव जैसे कई नाम हैं, जिनका अध्ययन इस पद्धति से किया जाना चाहिए। यह केवल शुरुआत है।

पाठ खंड में केवल कविता इसलिए कि केन्द्र में आरम्भ से कविता रही है और स्त्री कविता के साथ आलोचना ने लगातार नाइंसाफ़ी की है। आलोचना-पद्धति किसी एक विधा की नहीं होती। प्रस्तावित पैमानों पर स्त्रीवादी पाठ किसी भी विधा की रचना का किया जा सकता है। और किया जाना चाहिए।

1

अनामिका : भाषा से लिया है अपना ब्रह्मास्त्र

लकाँ और बार्थ को समझें तो दुनिया में मनुष्य भाषा की दया पर है और सब कुछ को अर्थ देने के लिए भाषा ज़रूरी है। आख़िर अर्थ कहाँ रहता है, भाषा में। अगर यह दुनिया मर्दों की दुनिया है, जो कि है, तो निश्चित रूप से भाषा उसके अस्तित्व को व्यवस्थित तरीक़े से बनाए रखकर आगे की पीढ़ियों तक जारी रखती है। जैसे भाषा प्राकृतिक नहीं है यादृच्छिक है, मने भाषा यदि गढ़ंत है, जोकि है, तब भाषिक निर्मितियों को चुनौती दी जा सकती है/दी जानी चाहिए ताकि भाषा रूपी लोहे की दीवार को नहीं भी फोड़ा जा सके तो उसके इधर-उधर फलाँगा जा सके, हेजीमनी टूटे। भाषा और साहित्य की लैंगिक निर्मिति की समझ मेरी वोलस्टनक्राफ़्ट, वर्जीनिया वूल्फ़ और सीमोन से होती हुई अमरीका में फले-फूले। 'स्त्रीवादी कविता आन्दोलन' के बाद फ्रेंच स्त्रीवादियों या कहें उत्तर-स्त्रीवाद में एक व्यवस्थित स्त्रीवादी आलोचना तक जाती है। समाज और साहित्य का, जीवन और कविता का स्त्रीवादी पाठ साथ-साथ बनता है। इस दृष्टि से अनामिका की कविता इस मिथ को तोड़ती है कि भाषा 'न्यूटर' होती है, ऐसा नहीं कि न वह स्त्री-भाषा होती है न पुरुष-भाषा, इस मिथ को तोड़ती है कि वह कोई अ-यौनिक निर्जीव वस्तु है, कि भाषा की कोई देह नहीं होती और उस देह का कोई 'सेक्स' नहीं होता, कि वह लाठी है जो किसी को भी ताक़त से ग़ुलाम बना सकती है—भैंस ही नहीं बैल भी! और इस तरह अनामिका की कविता स्त्री-भाषा को गढ़ते हुए मातृ-निगम से चलती है। वह एक्रीचर फ़ेमिनाइन (स्त्री लेखन) और फ़ेमिनिस्ट राइटिंग (स्त्रीवादी लेखन) के स्तरों पर एक साथ भीतर-बाहर की यात्रा है।

अपने यहाँ हिन्दी की स्त्री कविता एक ऐसा इलाक़ा है जहाँ पंगा ही पंगा है। ख़ारिज किए जाने का कष्ट बड़ा कष्ट है। ख़ारिज किए जाने की वजहें तय करनेवाले ही वाह-वाह करनेवाले भी तो ठहरे। तो वाहवाही के लिए 'मर्दानी' भाषा और विषयों का सहारा लिया तो ठीक, यानी मेरे पाले में आकर खेलो वर्ना दूर ठिठककर पाठक रह जाएगा—कि मेरे तो सर से गुज़र जाता है और आलोचक बरसेगा—कितनी

इतिवृत्ति है, अनावश्यक विस्तार है, एडिटिंग माँगता है, शिल्प अनगढ़ है! देश-दुनिया की पॉलिटिक्स तो इसमें है ही नहीं! जैनेन्द्र की कहानी 'पत्नी' पढ़ी-गुनी हो ईमानदारी से तो समझ आए कि 'घर' जो समाज और देश की आधारभूत इकाई है उसकी राजनीति दुनिया के दो टोलों में बँट जाने की राजनीति है, एक के स्वामित्व और एक की कमतरी को स्थापित करनेवाली पॉलिटिक्स है। लेकिन यही एक बस पॉलिटिक्स नहीं लगती! निजी और सामाजिक स्पेस और श्रम के लैंगिक बँटवारे भी शायद समझ नहीं आते! सारे इलाक़े घेर लेना और फिर कहना कि—इस वक़्त बाहर निकलोगी तो छेड़छाड़ ही होगी, राजनीति में जाओगी तो झेलना ही पड़ेगा, फिल्मों में जाना है तो 'यह सब' करना ही होगा, पब में बैठोगी तो बलात्कार ही होगा न! फिर भाषा की सारी श्वेत-श्याम शब्दावली! और ये सारे विभाजन-द्वेष-हिंसा जहाँ मौजूद हैं वह भाषा है। जहाँ स्त्री के प्रतिकार दर्ज होने हैं, वह स्पेस भाषा है और भाषा में है। इसलिए अगर स्त्री आन्दोलन के दूसरे चरण की मुखर स्त्रीवादी विचारकों ने 'पर्सनल इज़ पॉलिटिकल' का नारा दिया था तो सही ही था।

भाषा और साहित्य भी एक जगह है! बेदख़ली यहाँ भी स्त्री की वैसी ही हुई जैसी घर में बेघर होकर घर की मालकिन कहलानेवाली की हुई! स्त्री के सामने, सारी दुनिया में क्रान्ति करनेवाले पुरुष का धीरज चुक जाता है! पाँच-सात हज़ार हिन्दी के पाठकों, जिनमें कविता के पाठक जो उसके एक-चौथाई से भी कम होंगे, उसमें भी कुछ कवियों को इस सदी में लगने लगा है कि उनका पीढ़ा औरतें छीने ले रही हैं। यह 'गाइनोफोबिया' नहीं तो और क्या है कि कुछ सोचते हैं पहले तो घरों में चैन नहीं लेने देती थीं, फिर दफ्तरों में बॉस बन-बनकर आईं और अब कविता में भी फूल-पत्ती करने लगीं, एकाध नहीं, हुजूम की हुजूम! यह हाल तब है कि जब प्रकाशक वे ही हैं, सम्पादक वे ही हैं, आलोचक वे ही हैं, पुरस्कारों के निर्णायक वे ही हैं, आयोजनों के मालिक वे ही हैं। आयोजन और पुरस्कार की जाने दीजिए। उनका क्या है! लेकिन साहित्येतिहास और आलोचना से ही नहीं, सीमांतों पर ढकेली गई स्त्री कविता तो भाषा से भी पूछेगी ही *'स्त्रियों की होती है वह कौन-सी जगह जहाँ से गिरकर वे नहीं रहतीं कहीं की!'*

अनामिका को पढ़ते हुए उत्तर-आधुनिक स्त्रीवादी आलोचकों के चिन्तन, स्त्री-लेखन, स्त्री-भाषा और द्वितीय चरण के स्त्रीवादी आन्दोलनों से प्राप्त हुए सिद्धांतों को सामने रखना होगा। निश्चित ही अनामिका के पास एक मज़बूत भाषा है जो लोक-भाषा के नज़दीक जाती है और स्त्री-भाषा के अपने मुहावरे गढ़ना चाहती है; और है एक मज़बूत स्त्रीवादी अध्ययन का वैचारिक आधार। लेकिन यह स्वाभाविक जिज्ञासा मुझे अक्सर हुई है कि स्त्रीवादी कविता कहे जाने के बावजूद अनामिका की कविता के इतने विस्तृत स्वीकार का कारण क्या है? अनामिका के यहाँ आनेवाले बिम्ब स्त्री-जीवन के बेहद अपने बिम्ब हैं लेकिन सबसे मज़बूत

चीज़ है भाषा के साथ बड़े कौशल से खेल सकना। भाषा में अनामिका लकाँ के पितृ-नियम से नहीं सिक्सू के मातृ-नियम के नज़दीक हैं। भाषा वाले अध्याय 4 और 5 याद कीजिए।

हेलेन सिक्सू के ही यहाँ आनन्द (Jouissance) की बात आती है। अनामिका के यहाँ वह आनन्द भाषा का आनन्द है। प्लेज़र ऑफ़ टेक्स्ट। लेकिन आनन्द की स्थिति तक तो तभी पहुँचा जा सकता है जब स्त्री अपने सम्पूर्ण नारीत्व को पा लेगी। ऐसा तो अभी हो नहीं सका। अनामिका के यहाँ स्त्री की पीड़ा, पितृसत्ता के दमन के तमाम चित्र बिखरे पड़े हैं। इसलिए सूसन गूबर और सांड्रा गिलबर्ट को भी साथ पढ़ना होगा और उनकी आलोचना को। सूसन गूबर और सांड्रा गिलबर्ट (मैड वूमेन इन द एटिक) लिखती हैं कि—

> जेन ऑस्टेन से मेरी शैली से लेकर एमिली ब्रॉण्टे और एमिली डिकिंसन तक स्त्री लेखकों ने ऐसे साहित्यिक सृजन किए हैं जो किसी हद तक palimpsestic (किसी काग़ज़ पर पुराने को बार-बार मिटा कर नया लिखना) हैं, ऐसे काम जिनकी सतह की बनावट छिपाती या गहरी अव्यक्त है, जिस तक पहुँचना आसान नहीं (सामाजिक रूप से जो कम स्वीकार्य है) ऐसे अर्थ स्तर वाले हैं। इस तरह इन लेखकों ने एक साथ दमनकारी पितृसत्तात्मक साहित्यिक मानदंडों के बीच अपने सच्चे स्त्री-स्वर को बचा ले जाने का कठिन काम सम्पन्न किया।[1]

यानी *स्त्री-स्वर हमेशा दोहरा (Duplicitous) होता है, लेकिन फिर भी वह सच, सच्चा स्त्री-स्वर होता है।*[2] तो क्या स्त्री-लेखन में हमेशा ये दो चेहरे होंगे? एक ऊपर फ़रिश्ते-सा और उसके भीतर एक पागल शैतान! और यही स्त्री का सम्पूर्ण नारीत्व होगा? और स्त्रीवादी आलोचना का काम होगा कि फ़रिश्ते और शैतान की इन दो छवियों, जिन्हें स्त्री ने पितृसत्तात्मक साहित्य-परम्परा से ग्रहण किया है उन्हें पहचाने, विखंडन करे? यानी यह मानना होगा कि हर स्त्री जो लिख रही है उसके यहाँ भले ही पितृसत्तात्मक मुखौटे हैं लेकिन उनके भीतर एक 'असल औरत' छिपी हुई है जिसे सामने लाना स्त्रीवादी आलोचक का काम है?

सच्चा स्त्री-स्वर और सम्पूर्ण नारीत्व जिसे पाया जाना है वह क्या हर जैविक रूप से स्त्री के पास है? इससे एक तो यह पूर्वधारणा सामने आती है कि पितृसत्ता सब जगह एक जैसी ही है और सबको एक ही तरह से प्रभावित करती है। दूसरा यह नहीं समझा जा रहा कि एक स्त्री के लिए अपने 'सम्पूर्ण नारीत्व' (full femininity) को हासिल करना वस्तुत: कितना मुश्किल है; और यह भी ध्यान में रखना होगा कि किस तरह कुछ स्त्रियाँ पितृसत्ता की रक्षक हो जाती हैं।[3] पितृसत्ता के साथ स्त्री-लेखन के किस तरह के प्रतिरोधात्मक समीकरण होंगे यह सावधानी

से पढ़ना होगा। पहले खंड में भी हम बाइटेक्स्चुऐलिटी के सन्दर्भ में पढ़ चुके हैं। अनामिका के यहाँ यह लेकिन बहुत अनजाना नहीं है। ऐसा नहीं कि यह दोहरा duplicitous स्वर ही अनामिका का सच्चा स्त्री-स्वर है बल्कि यह जहाँ भी आया है एक तकनीक की तरह अधिक है। यहाँ हेलेन सिक्सू का सम्पूर्ण नारीत्व का यूटोपिया रखा जा सकता है जो अनामिका जानती हैं कि पाया जाने लायक़ है। इसके बावजूद कई स्तरों पर palimpsestic लेखन की झलक दिखाई देती है। जो दिख रहा है उस सतह के नीचे बहुत कुछ है, शायद वह यूटोपिया और वह आनन्द जिसे पाया जाना, असल स्त्रीत्व जिसे पाया जाना अभी किसी विध सम्भव नहीं दिखता! और क्योंकि यह दोहरापन एक तकनीक की तरह है अनायास नहीं जिसे अनामिका स्वयं स्वीकार करती हैं—

> 'दोहरा'—यह शब्द ही अपने आप में बहुत व्यंजक है और स्त्री की मनोगतिकी का बड़ा रूपक। स्त्री-जीवन में सब कुछ ही दोहरा है। उसकी वफ़ादारी हरदम दोहरी होती है, एक पाँव मायके में, दूसरा ससुराल में, एक घर को निवेदित, एक चौखट को, एक छूटी हुई भाषा को, दूसरा नई-नई सीखी हुई भाषा का जो पब्लिक स्फ़ियर की भाषा है।[4]

शायद यही वह वजह है जो पितृसत्तात्मक मानदंडों वाले साहित्य-जगत में अनामिका की कविता की स्वीकार्यता को इतना व्यापक बनाती है। अनामिका अक्सर अपने नारीत्व और स्त्रीवादी समझदारी के बीच टहलती हुई दिखती हैं। इधर से उधर निकल जाती हुईं सहजता से, जानते-बूझते और इसमें भाषा का ब्रह्मास्त्र साथ है। सम्पूर्ण नारीत्व के यूटोपिया को भीतर समोए हुए। अपने लिए ही नहीं हर स्त्री के लिए। जैसे ही सतह के नीचे का भी झाँकने लगता है वे सावधान हो जाती हैं। 'जोई-सोई कुछ भी कह देती हूँ' वाली भंगिमा के साथ। इसलिए उनका लिखा आक्रांत नहीं करता। जैसे ही पलड़ा इधर अधिक झुकता है वे स्त्रीवाद की तरफ़ जाती हैं।

निजता निजेतर के घर आती-जाती है

विचार और संवेदना की देहरी के इधर-उधर आवागमन करतीं और कभी दोनों की बाँहें थाम सैर को निकल जातीं अनामिका की कविता इस मानी में हिन्दी की स्त्री कविता का महत्त्वपूर्ण पड़ाव है कि अनामिका जितना अच्छे से 'सेक्शुअल-पॉलिटिक्स' को समझती हैं उतना ही वे 'टेक्स्चुअल पॉलिटिक्स' को भी बारीक़ी से समझती हैं। कविता के शिल्प को स्त्री कविता का शिल्प बनाते हुए अनामिका ने अपनी कविता में लगातार न सिर्फ़ एक स्त्री-भाषा को गढ़ने की कोशिश की

है बल्कि भाषा के 'मुच्छड़पन' की नस-नस जानते हुए उसे ख़ूब अलटा-पलटा, फेरा, घुमाया, उठक-बैठक कराई है और वह बुलवाने की कोशिश की है जो स्त्री कहना चाहती है। जैसे रोटी फिराई जाती है चिमटे से कि पक जाए बराबर लेकिन जल न जाए। ऐसे कविता में अनामिका स्त्री की उस 'चुप्पी' को शब्द देती हैं जो पुरुष की भाषायी मुखरता में अक्सर भीतर घुट जाती है। अनामिका के यहाँ भाषा ही कविता है, वही लय है, वही शिल्प है, वही औज़ार है, वही पाठ है। भाषा के ज़रिए कवयित्री ने स्त्रीत्व को मुखर बनाया है। स्त्री लिखती ही क्यों है? अपनी जगह बदलने के लिए। अपनी जगह पाने के लिए। ख़ुद को समझने के लिए। वह लिखती है क्योंकि मनुष्य है। जब कोई थेरी कहती है कि 'मैं आज मरती हूँ और इस तरह मुक्त होती हूँ' तो वह पीड़ा और मुक्ति ललद्यद तक ले जाती है। घर के भीतर के शोषण के कई दस्तावेज़ हैं वहाँ। पूरे परिवार तंत्र में एक अदना उपेक्षित पुर्ज़ा रह जाने की पीड़ा हब्बा खातून के यहाँ भी मिलती है। यह शांत, मारक विद्रोह है परिवार संरचना से बाहर निकल गई कवयित्री का। मीरा जो लोक-लाज को धता बताती हैं तो साँवरे के रंग में रँग कर मुक्त हो जाती हैं। लिखना मुक्त भी करता है। जिसे अपने 'वजूद की गठरी' कहती है कवयित्री जिसे स्त्री कन्धे पर उठाए फिरती है कि जाने कब, कहाँ से कहाँ निकलने की स्थिति आन पड़े। उस गठरी में दुनिया-भर की स्त्रियों का वजूद समाया है। वह 'स्त्री उपेक्षिता' है जिसने प्रतिकार के लिए उसी भाषा को चुन लिया जिस भाषा में उन्हें गढ़ा गया। फिर आग्रह किया कि पढ़ो ऐसे—

जैसे पढ़ा जाता है काग़ज़
बच्चों की फटी कॉपियों का
चना जोरगरम के लिफ़ाफ़े बनाने के पहले! ...

और जैसे ही स्त्री प्रतिकार करती है कि—*पढ़ा जाए हमें जैसे समझी जाती है नई-नई सीखी हुई भाषा* तब चारों तरफ़ चीख-पुकार मच जाती है

दुश्चरित्र महिलाएँ, दुश्चरित्र
महिलाएँ—
किन्ही सरपरस्तों के दम पर फूली-फलीं
अगरधत्त जंगली लताएँ!
खाती-पीती, सुख से ऊबी
और बेकार बेचैन, आवारा महिलाओं
का ही
शगल है ये कहानियाँ और कविताएँ...!

जैसे हेलेन सिक्सू भी कहती है कि स्त्री का लिखना प्रतिरोध है उसका। लिखना

उसके लिए अपनी देह की ओर लौटना है क्योंकि दरअसल प्रतिबन्धित देह का मतलब है, प्रतिबन्धित सोच और प्रतिबन्धित लेखनी। इस तरह लिखना स्त्री का, दमन की उस संरचना से ख़ुद को फाड़कर अलग कर लेना है जहाँ उसके लिए जो जगह नियत है वह 'अपराध-बोधों' से भरी हुई है। यह वजूद चिंदी-चिंदी हो जाना और पूरी दुनिया में बिखर जाना, किसी झाड़ी में अटक जाना अपनी तय की गई 'औरत की जगह' से मुक्त होना, व्याप्त हो जाना है। लद्दाख की सड़क पर कोकाकोला की टूटी बोतल के काँच से एक बूढ़े भोटिए की हथेली में लगी चोट पर बाँधने के लिए कपड़ा नहीं, अपना ही वजूद फाड़ती है छोटे-छोटे टुकड़ों में, यह बाहर निकलना अपनी सीमाओं से, अपने तहाए हुए पन से, सिमटेपन से, तभी समाज के लिए भी कल्याणकारी हो सकेगा वजूद, कहने को यह कश्मीर की सरहद से ललद्यद का बयान है, एक थेरी वह भी है, उसी की अविछिन्न परम्परा कवयित्री तक चली आई है।

फाड़ रही हूँ टेढ़ा-बाकुल!
एक की बाँधी है पट्टी किसी तरह,
बाकी का उड़ा रही हूँ परचम!

मजाज़ कहते हैं जैसे—*'तेरे माथे पे ये आँचल बहुत ही ख़ूब है लेकिन/तू इस आँचल का एक परचम बना लेती तो अच्छा था...'*

अपने उपेक्षित वजूद को पहचानने की कोशिशें, अपनी स्त्रीत्व के प्रशिक्षण को समझने-समझाने के प्रयास, सीमोन की भाषा में कहें 'जैसे औरतें बनाई जाती हैं' उसकी परख और प्रतिकार-विद्रोह के तेवर कुछ इस तरह एक-दूसरे से लिपटे हैं एक-दूसरे को कि फाँसी लगाने से पहले पंखे की धूल झाड़ने की इच्छा होती है एक तरफ़ तो कभी लगता है—

धीरे-धीरे मेरे कन्धे से
उतर रहा है घर

फिर 'गृहलक्ष्मी' शृंखला की कविताएँ! घर की दुछत्ती, ख़राब घड़ी, केसरॉल की आख़िरी रोटी से लेकर कोई भी उपेक्षित सामान कवयित्री के लिए साथी हो सकता है जिससे वह बतियाती है, दोनों समझ लेते हैं कष्ट एक-दूसरे का। फिर अचानक एक विद्रोही तेवर प्रकट होता है—

कल मैं सोई मिट्टी पर
हरसिंगार के नीचे
एक अकेली औरत का

ऐसे सो पाना
एक पराक्रम है पूरा!

स्त्री क्या चाहती है? यह सवाल फ्रॉयड के पूछने का है ही नहीं। यह स्त्री का ख़ुद से पूछा जानेवाला सवाल है। अमरीकी स्त्रीवादी बेट्टी फ्रीडन ने अपने सर्वेक्षण में इसे समझा कि अपनी पहचान क्यों ज़रूरी है—इस सवाल की मुश्किल से बचने का सबसे आसान तरीक़ा लड़कियों के लिए शादी है। आख़िर हमारी पिछली सभी पीढ़ियों ने यही किया है और पिछले सौ साल से पहले हमारे पास घर से बाहर निकल कर पहचान बनाती आम औरतों का कोई इतिहास नहीं है। इसलिए 'मैं क्या चाहती हूँ' लड़कियों के लिए ज़्यादा मुश्किल सवाल है जिनकी माँओं ने अपना जीवन घर-परिवार को बनाते-बाँधते और गृहस्थन होने की ट्रेनिंग लेते-देते गुज़ार दिया। पाब्लो नेरुदा जब लिखते हैं कि 'मैं सिर्फ़ पत्थरों या ऊन का विश्राम चाहता हूँ' तो बड़ी सादगी और भोलेपन से से कहना चाहती है कवयित्री

दर्ज़ी की दूकान हो या सिनेमाघर—
कितना ज़रूरी है जाने को एक जगह, करने को एक काम!

यह अपने स्पेस, दुनिया में अपनी जगह, अपनी अस्मिता, अपने मक़सद की अनवरत तलाश और सहज जिज्ञासा अनामिका की कविताओं में समाई सृष्टि की समस्त स्त्री में दिखाई देती है। भीतर से बाहर और बाहर से भीतर की यात्रा लगातार चलती है। दो दुनियाओं के बीच दरवाज़े खुले रहते हैं हमेशा और एक खुली छत से झाँकता बड़ा-सा आसमान।

यौनिकता ही पाठकीयता है

अपनी स्त्रीभाषा और स्त्रीवादी एजेंडा के साथ यह कविता में स्त्री की लैंगिक उपस्थिति का दावा भी है कि भाषा में इकहरेपन को चुनौती मिले। प्रेम और मातृत्व के इर्द गिर्द बुना गया स्त्री मिथक टूटना ज़रूरी है। प्रेम का प्रश्नचिह्नित होना ज़रूरी है। अनामिका के यहाँ मौसियाँ-नानियाँ-दादियाँ और बेटू-बेटी के बीच पुल-सी तनी हुई स्त्री है जो अक्सर कामकाजी है और बच्चे के होमवर्क के साथ-साथ अपने जीवन के भी उन रिक्त स्थानों के बारे में सोचती चलती है जिन्हें कभी नहीं भरा उसने। यहाँ माँ के भीतर पेंडुलम-सा दोलन करती स्त्री है जो अपने स्त्री होने के वजूद और अपने सम्बन्धों की गुनगुनाहट के बीच बिना रुके-थके आती-जाती है। 'एक स्त्री का पहला राजकीय प्रवास' का वह मार्मिक स्थल है कि पहली बार परिवार से दूर आकर स्वयं एकान्त पहली बार महसूस करती है, डनलप पर लेटती है तो घर की चटाई चुभती है—

'तो क्या राजकुमारी ही होती है हर औरत!' फिर सारी डॉलर ख़र्च करके पहले बेटे को फोन मिलाती है कहते हुए कि तुम ही सबसे प्यारे हो। फिर दो फोन और मिलाकर यही दोहराती है—आफिस में खिन्न बैठे अंट-शंट सोचते अपने प्रिय से फिर, चौके में चिन्तित, बर्तन खटकती अपनी माँ से! तीनों से ही बात कहने की बेईमानी पर ख़ुदा के सामने उसकी पेशी होती है। लेकिन ख़ुदा यह कहकर क़लम रख देता है कि—

औरत है, उसने यह ग़लत नहीं कहा!

और मानो आधुनिक स्त्री-जीवन की समस्त विडम्बनाएँ साक्षात हो जाती हैं। अनामिका लगातार भाषा की झाड़-पोंछ कर रही हैं कि वह स्त्री-संवेदना को अभिव्यक्त करने के क़ाबिल हो जाए। जब पुरुष उसे 'झाड़' रहा है वह मन ही मन गाली दे, कोसे अपनी किस्मत को या एकदम ही उस तरफ़ से अपना स्विच ऑफ़ कर ले और किसी निर्जीव चीज़ से बात करने लगे उसे अपना साथी, प्रेमी बना ले... अवहेलना भी न हो उस पुरुष की और अपना विद्रोह भी बचा रह जाए, पढ़नेवाला कसमसा कर रह जाए। 'फर्नीचर' कविता की शुरुआत में ही कहती हैं—

मैं उनको रोज झाड़ती हूँ—
पर वे ही हैं इस पूरे घर में,
जो मुझको कभी नहीं झाड़ते!

और इसी तरह 'पगड़ी' कविता में पिता की पगड़ी से, अकेले पढ़ने/नौकरी के लिए शहर में आई लड़की को जो देनी होती है भाड़े के मकान के लिए पगड़ी कविता वहाँ तक जाती है—

मैं सारी दुनिया उठा लूँगी माथे पर
अपने ही आँचल की बाँधे हुए पगड़ी।

'चुनरी में दाग़' का अर्थ ही बदल जाता है जब चौदह साल की सेक्स वर्कर अपने अंकलनुमा क्लाइण्ट को कहती है, माहवारी होनेवाली है शायद मेरी अपनी शर्ट दूर हटा लो वर्ना बीवी पूछेगी यह दाग़ कैसे लगा! मुहावरों को मौक़ा मिलते ही प्रश्नांकित करती हैं—*बेगानी शादी में अब्दुल्ला दीवाना/हुआ कि नहीं—मैं नहीं जानती/अलग-अलग दुखों की टोकरी उठाए/लेकिन ये दीवानियाँ नाच रही हैं दे-दे ताली। या फिर 'ईश्वर की दाढ़ी में तिनका' होना और 'चोर-चोर मौसेरे भाई।' मौसेरे ही क्यों होते हैं, चचेरे क्यों नहीं!* 'आँखों का पानी' मुहावरे का अर्थ बदल जाता है जब अकेली, निश्चिन्त से अँधेरों में गुम वृद्धा की पथराई हुई आँखों में *'इत्ता-सा पानी बचा है/बड़ी सख़्तजान-सी बूँद बनकर'* या जैसे 'लेडीज़ संगीत'

कविता में शादी के लिए तैयार होती बेटी पूछती है माँ से *"क्या प्रेम में पड़ना खटाई में पड़ना है अम्मा?"*

शब्द की ताक़त का भान है कवयित्री को। वह जानती है—

शब्द ही होते हैं
चप्पू
उचकुन
उड़नखटोला
डेंगा-पानी
वायुयान
रिक्शा
लिल्ली
घोड़ा
कहीं न कहीं तो पहुँचते ही हैं।
इन शब्दों की सोचते ही पैरों में पंख लग गए मेरे!

(वितृष्णा थेरी अब बोल पड़ी मेरे ही भीतर से)

उधर चम्पा थेरी कहती है—मेरे दुखों को सस्ता और दोटकिया कहते हुए वह बोला—*'असली दुख का स्वाद तुमने नहीं चखा।'* पूछती है *'सखियो, दुख का स्वाद उसने चखाया/या फिर चखाया मज़ा?'* दुख के इन्हीं चखाए हुए मज़ों से थककर थेरियाँ आ पहुँची थीं मुक्ति के लिए बुद्ध की शरण में। 'टोकरी में दिगंत : थेरीगाथा 2014' इस दृष्टि से उनका अब तक का सबसे सशक्त संग्रह है।

मुख्यधारा साहित्य ने मौखिक रचना को तो साहित्य के दर्जे में ही जगह न दी। एक पूरा लोक, स्त्री की एक पूरी दुनिया साहित्य और साहित्य के इतिहास से बाहर हो गई। इतिहास में अपना नाम न मिलना भविष्य का बड़ा संकट है। उस पूरे लोक को उसकी शब्दावली सहित कवयित्री ने अपने काम में जगह बनाने दी है, उस सब को भाषा में 'क्लेम' कर लिया है जिसे साहित्येतिहासकारों ने अनदेखा और ग़ैर-ज़रूरी मान लिया। कवयित्री कहती है 'माँओं के बचाए हुए ही बचती है भाषा।' (मातृभाषा: आई.टी. में कार्यरत पुराने सहपाठी के साथ एक शाम) अनामिका के यहाँ सहज ही भोजपुरी, अंग्रेज़ी, पंजाबी की अभिव्यक्तियों का भी ख़ूब आना-जाना है! बीच-बीच में लोककथाओं के बैल और धोबन चिड़िया ही नहीं शेक्सपियर, कंफ्यूशियस बेधड़क चले आते हैं। अनामिका की कविता पढ़ते हुए लगता है वे—

ढूँढ़ रही है भाषा ऐसी
जिससे मिट जाएँगी सब सलवटें दुनिया की।

(एक नन्ही सी धोबिन-चिरैया)

बक रही हूँ जुनूँ में क्या कुछ/कुछ न समझे ख़ुदा करे कोई

लड़कियों को बहस-चर्चा में उलझना नहीं सिखाया जाता। सिखाया जाता है—*'बेवजह उलझो नहीं, सुन लो सबकी, करो अपने मन की!'*

(एक पिता की मुश्किलें)

जिस इमारत में अपने ही बच्चे, पति, प्रेमी, पिता, बहनें, बहनोई, सगे-वाले, नातेदार, पितृसत्ता की संरक्षक अपनी ही माँएँ, सहेलियाँ, पड़ोसिन बहनें फँसी हुई हों वहाँ घुस कर मत्था नींवा करके धीमी-धीमी लगातार ठक-ठक-ठुक-ठुक करते रहने की कविता है अनामिका की। बनी हुई दरारों से वह गहरे उतरती है और तहख़ाने में पहुँचकर चिल्लाती है, पुरुष अहं को सीधा चोट नहीं पहुँचाती। अपना थोड़ा-ज़रा सा काम निकालने, जीते रहने के तरीक़े खोजने की स्त्री-भाषा को ग़ज़ब का मैनीपुलेशन मिला है। इससे अनामिका की भाषा में जो लचीलापन और गतिशीलता आई है वह लेखन में एक नई ताक़त पैदा करती है। जूलिया क्रिस्टेवा जानती हैं कि बातचीत के किसी भी मोड़ पर से स्त्री को 'वापस लौटना पड़ सकता है' इसलिए वह अक्सर 'निश्चयात्मक' नहीं होती। इसलिए भी भाषा के 'स्त्री-पाठ' अक्सर खुले हुए पाठ होते हैं। एक व्यवस्था जहाँ प्रिय ग़ुलाम को भी मालिक को सीधा चुनौती देने की हिम्मत नहीं, जहाँ घुमा-फिरा कर कहने पर बात फिर भी सुन ली जाएगी यह सम्भावना है, सीधा कहने को तो द्रोह ही मान लिया जाएगा। वहाँ अनामिका स्त्री-भाषा के इस मैनीपुलेशन को अपनी हाज़िरजवाबी और बौद्धिकता के साथ बख़ूबी इस्तेमाल करती हैं।

कितने बरस अभी और रहेंगे आप
इसी पाँचवीं कक्षा के बालक की मनोदशा में—
लगातार मुझको काटते-छाँटते
गोदी में मेरी
नन्हीं इकाइयाँ बिठाकर। (भिन्न)

सब बात कह चुकने, कटाक्ष करने के बाद 'कह देती हूँ जो-सो' कहकर अक्सर वे प्यार से निकल जाती हैं। जैसे ग़ालिब कहते हैं 'बक रहा हूँ जुनूँ में क्या कुछ, कुछ न समझे ख़ुदा करे कोई' लेकिन चाहत तो यही है न कि जिसे समझना चाहिए वह कम से कम समझ ले!

वह हाशिया जिसने एक जैसा इतिहास साझा किया है, जिसे प्रकृति से एक जैसी देह मिली है, लैंगिक भेदभाव और उपेक्षा जिसकी विरासत रही है, अर्थ और देह के स्तर पर जिसका शोषण पूरी दुनिया में पितृसत्ता और पूँजीवाद एक तरह से कर सकते हैं। जिसके पास कोख है, योनि है और विशिष्ट श्रम है।

अनामिका का बिम्बों का चयन निराला है। अकेलेपन और उपेक्षा के लिए घर, आँगन, रसोई से जाने कितने बिम्ब हैं जिन पर हम ध्यान ही नहीं देते। केसरॉल की आख़िरी रोटी, घर की दुछत्ती, बारिश में भीगता हुआ पोंछा। शिल्प में जितना प्रतिकार विद्रोह उतना ही कथ्य में! बुद्ध, ईसा मसीह याद आते हैं लेकिन ईसा मसीह तुम स्त्री नहीं हो सकते थे यह भी जोड़ देती हैं! अनामिका का प्रतिरोध उस संरचना के भीतर रहकर है जिसमें स्त्री-लेखन को इतिहासकारों ने क़ाबिले ग़ौर नहीं समझा। बालकनी से कुत्तों पर पत्थर उछालने जैसा नहीं, पानी में रहकर मगर से बैर करने जैसा! इसलिए मेघदूत भी याद आते हैं कूरियर वाले को देखकर, हबीब तनवीर याद आ जाते हैं, विद्यापति का गाँव याद आता है, कुमारजीव, बुद्ध याद आते हैं और फिर थेरियाँ जो बुद्ध से भी प्रश्न करती हैं और अन्ना कारेनिना भी जिसे मॉस्को घूमते हुए गले लगा लिया है कवयित्री ने।

सिस्टरहुड इज़ पॉवरफुल

स्त्री-आन्दोलन के सबसे मज़बूत दौर यानी 1970 से लगभग 1990 तक का यह एक मुख्य नारा था 'सिस्टरहुड इज़ पॉवरफुल'! 'स्त्री ही स्त्री की दुश्मन है' वाले प्रपंची दिमाग़ को स्त्री-आन्दोलनों का जवाब था यह! अनामिका के यहाँ दुनिया की हर स्त्री अपनी ही भगिनी है। 'टोकरी में दिगंत' की थेरियाँ कभी बुख़ार की तंद्रा में बतियाने लगती हैं अपनी पीड़ा से और कभी कवि के भीतर से ही बोल उठती हैं। स्त्रियाँ ही नहीं, दुनिया की हर उपेक्षित और तिरस्कृत शय से उनका बहनापा है जिसे इस्तेमाल के बाद त्याग दिया गया, अनुपयोगी होने पर फेंक दिया गया, जिस पर ध्यान ही नहीं दिया गया कि ज़रूरत ख़त्म हुई। 'हकासी-पियासी सड़क चल रही थी मेरे साथ!' सम्बन्धों की परख, अपने आप से बात करना ख़ूब मिलता है। निश्चय-अनिश्चय, संकल्प-विकल्प, उधेड़-बुन सब। बार-बार प्रश्नचिह्न आते हैं। स्त्री-भाषा बराबर संवादोन्मुखी होती है! थेरियों से ख़ुद को एक परम्परा में जोड़ते हुए कहती हैं—

अब मेरा रास्ता आसान था!
उनके पदचिह्न टोहती
उलटी दिशा में लौटी
उन थेरियों तक
जिन्होंने उनको
उन-तक ही भेजा था
वापस! (गठरियाँ)।

आम्रपाली, मुक्ता, सुजाता, तिलोत्तमा, चम्पा थेरी के साथ-साथ ललद्यद भी हैं और मज़ेदार है कि एक स्मृति, विस्मृति, तृष्णा और भाषा थेरी भी है इन थेरियों

में। दुनिया भर की नानियाँ-मौसियाँ-दादियाँ, पुरधाइन, रमावती नाइन, प्रेसवाली, श्रीमती सावित्री पाठक, यौन-दासियाँ, सेक्स-वर्कर्स, इराक-युद्ध की सैनिक-विधवाएँ, जलेबा-बुआ, वृद्धाएँ जो धरती का नमक हैं, वे मध्यवर्गीय औरतें भी जो पिटकर ब्यूटी-पार्लर जा सकती हैं बरफ-पट्टी करवाने और कुंठा शमन के लिए शॉपिंग, चचा ट्रांसलेशन, पुस्तकालयों में टिफिन बाँध कर लानेवाले वृद्ध, कूड़ा बीनते बच्चे, ट्राफिक सिग्नल पर भीख माँगते बच्चे, वे सब 'बाहर के आदमी' जिनकी गिनती कोई कुटुम में नहीं करता और वे जाने कहाँ के होते हैं...उन सभी को कवयित्री के संवेदना-संसार में जगह मिली है। 'रोटी बेलती हूँ जैसे पृथ्वी' की तर्ज पर 'कविता लिखती हूँ जैसे पृथ्वी'। कवयित्री को अति-साँकरी नेह-गली नहीं चाहिए बल्कि ऐसा मोहल्ला चाहिए 'जिसमें समाए सब इसरे-बिसरे आइली-बाइली' यहाँ तक कि पूरी प्रकृति। 'होती ही हैं औरतें हवा, पानी और मिट्टी!' 'हलो धरती-हलो पानी' कहती हुई एकाकार हो जाना भी चाहती हैं उसी प्रकृति से और कचरे, पॉलीथिन से पटती जाती धरती का दुख भी है। ईको-फेमिनिस्म अनामिका के यहाँ एक ज़रूरी हिस्सा है।

चिड़िया जाल में फँसी, क्योंकि वह चिड़िया थी

अनामिका का पहला कविता संग्रह 1975 में आया था पन्द्रह वर्ष की अवस्था में। तब से 1993 में आए संग्रह 'बीजाक्षर' में उनकी काव्य-संवेदना और भाषा को आकार लेते हुए देखा जा सकता है। 'पेड़, तारे, अन्तरिक्ष पृथ्वी की ज़िद ही तो है ठनी हुई' से लेकर 'वह रोटी बेलती है जैसे पृथ्वी' और 'कामकाजी औरतों का सो जाना बस में' धीरे-धीरे एक स्त्रीवादी दृष्टि और भाषा में पक कर तैयार होती है जहाँ औरतें हैं संवेदनशील, अभिव्यक्ति-समर्थ, प्रश्नाकुल और आत्म-चेतस! लेकिन यह स्त्री बेतरह अकेली है। उसके पुरुष साथी को, एक नए पुरुष को उसके लायक़ होने में अभी और मेहनत करनी है। मेहनत ईमानदारी माँगती है। अपने साथी की चेतना को कभी प्यार भरी लताड़ से, कभी आईना दिखाकर, कभी उलाहनों से वह उस ईमानदारी के रास्ते ले जाना भी चाहती है, उसके हाल पर छोड़ देना नहीं चाहती। अनामिका के पास स्त्री-विमर्श की आधुनिक दृष्टि, स्त्रीवाद के इतिहास की समझ, एक समर्थ भाषा और गहरी काव्यात्मक संवेदना है; बराबरी की आकांक्षा के साथ जो पूरे जड़-चेतन को अपना साथी मान लेती है। वे अपने अध्ययन और अनुभव से जानती हैं कि 'चिड़िया जाल में फँसी/क्योंकि वह भूखी थी' भाषा का पितृसत्तात्मक पाठ है। इसका अधिक पैना और खुला पाठ या कहें सम्भावना-भरा पाठ है 'चिड़िया जाल में फँसी/क्योंकि वह चिड़िया थी'। यह सम्भावनाशील पाठ स्त्री पाठ है और स्त्री कविता को इस तरह पढ़ने के लिए आज की आलोचना को स्त्रीवाद, स्त्रीवादी आलोचना, अन्तर्पठनीयता की समझ बेहद ज़रूरी है।

2

सविता सिंह : बदलेगा संसार स्त्री की कामना से ही

सविता सिंह की कविता से गुज़रते हुए एक ऐसी कवि दिखाई देती है जो कुछ भी होने से पहले अपना स्त्री होना याद रखती है। लिखना उसके लिए उस स्पेस का विस्तार है जो वह वास्तविक दुनिया में चाहती है, जो रात के नीलेपन में, नींद और स्वप्न में सम्भव होता है। एक ऐसी कामनापूरित स्त्री जिसके लिए रात एक विस्तीर्ण नीला आकाश है, अथाह समुद्र है नीला और वह चुपचाप उसे उलाँघती जाती है। एक ऐसे समय में और ऐसी दुनिया में जहाँ स्त्री होना एक असुविधा है, दोयम होना है, जहाँ स्त्री का ढलना ही काम्य है; वह चुपचाप आत्म-मंथन में, आत्म-विस्तार में, उस व्यक्तित्व को निखार रही है जिसमें उसका स्त्री होना दूसरों के सामने स्वीकार्यता की सबसे पहली शर्त है।

स्त्रीवादी थियरी और स्त्री-अनुभव की अनेक परतों से सविता सिंह का कविता-संसार बना है। उनकी कविता में स्त्री एक प्रबुद्ध और संवेदनशील स्त्री है जो अपनी व्यक्तिगत सचाइयों और सामाजिक सचाइयों के रिश्तों की पड़ताल करती है। तीनों संग्रह सामने रखें तो उनकी यात्रा मनुष्यत्व से व्यक्तित्व की यात्रा दिखाई देती है जिसमें वे लगातार ख़ुद को पिछली सदियों की औरत से अलग भी करती हैं और बार-बार उसकी ओर पलट कर देखने के साथ चारों दिशाओं में, भूतल, आकाश और स्पेस में ख़ुद को फैला देना चाहती हैं। यहाँ ऐसी स्त्री है जिसकी कामनाएँ उसे सहज मानुषी बनाती हैं और आत्म-बोध या सजगता उसके पैरों तले की ज़मीन है। नीली रातों और स्वप्नों की राह से गुज़रती हुई ये कामनाएँ स्त्री-जीवन की तुच्छताओं से निजात पाते हुए उदात्त हो जाना चाहती हैं। यह उदात्तता आध्यात्मिक या सूफ़ी राह पर नहीं ले जाती। एक ऐसे संसार की सृष्टि करना चाहती है जहाँ हम उस स्त्री को देखने के आदी हो जाएँ जो स्पर्धा पैदा करती है, जो अपनी बुद्धि और अपने आत्मविश्वास से, अपनी सोच की गहराई और कल्पनाशीलता से, अपनी संवेदनशीलता से और स्वातंत्र्य-कामना से दुनिया में अपना होना सम्भव करे। लेकिन उन स्त्रियों का क्या जो कमज़ोर हैं, जो व्यवस्था के शोषण को आत्मसात

कर चुकीं, जिनके पास जाकर सामाजिक सचाइयाँ इतनी परतदार हो जाती हैं कि अस्मिता-विमर्शों से अपरिचय राह आसान करता है। उन तक पहुँचने के लिए कवयित्री सहानुभूति की राह पकड़ती है।

राह जिस पर चलकर अपने अभिकर्तृत्व को पाया जाता है। एक पितृसत्तात्मक समाज में इसके ख़तरे समझना मुश्किल नहीं है। सविता सिंह की कविता अपने अभिकर्तृत्व को पा जाने का उद्घोष करती है।

मैं किसकी औरत हूँ : स्त्रीवाद का खाद और पानी

अपने पहले संग्रह 'उसके जैसा जीवन' में कवयित्री स्त्री की ग़ुलामी की पड़ताल करती है। पितृसत्ता के दुष्चक्र में फँसी स्त्रियों के प्रति उसमें सहानुभूति भी है और अपने परिवेश के प्रति कृतज्ञता भी जिसने उसे ग़ुलामी के लिए प्रशिक्षित नहीं किया। स्वयं वह मुक्त स्त्री है और उसकी मुक्ति उसे विशिष्ट होने के एहसास से भरती है। वह गर्व करती है—

मैं किसी की औरत नहीं हूँ
अपना खाती हूँ
जब जी चाहता है तब खाती हूँ
मैं किसी की मार नहीं सहती
मेरा कोई परमेश्वर नहीं।

और ख़ुद को अलगा लेती है दूर तक चली आई उस परम्परा से जिसमें स्त्री की आत्मा को नष्ट कर उसे महज़ देह में बदल दिया। जोड़ लेती है स्त्री मुक्ति संघर्ष की परम्परा से। उसके अन्दर बेचैनी है कि उसे देह नहीं एक व्यक्ति के तौर पर स्वीकारा जाए। उसकी कविता को माना जाए ऐलान। अपनी बुद्धि के चलते उसे दिया जाए सभ्यता के निर्माण में यथोचित स्थान। हिन्दी की आधुनिक स्त्री कविता में सविता सिंह पहली बार स्त्री की ग़ुलामी में उसके प्रेम के प्रशिक्षण की सीधे-सीधे निशानदेही करती हैं। प्रेम को कठघरे में खड़ा करती हैं।

यही तो वह आखेट है जिसमें मेरी हार हुई थी
प्रेम के भीतर कितनी मृत्यु कितना दुख बेआवाज़ उपस्थित रहता है
उस सपने की तलाश जिसमें कोई भी पन्ना अपनी किताब में दोबारा
लौट सकता है
प्रेम के लिए अस्तित्व ख़तरों में था (सपने और तितलियाँ)

कितना कठिन है इस स्त्री के जीवन का रास्ता

जो किसी पुरुष से कहे—
मेरा जन्म ही तुमसे प्रेम करने के लिए हुआ है।

आत्मा की मुक्ति देह-मुक्ति के बिना कैसे सम्भव है! देह है, जो भुगतती है तो रात का अँधेरा और अकेलापन मिलता है उसे अपने साथी की तरह। *'वह जो पिटने के बाद ही/खुल पाती है अंधकार की तरफ़/एक दरवाज़े सी।'* वह हिसाब करती है सुख-दुख का और पाती है कि 'दुख ही ज़्यादा हिस्से आए।' दुख सहने की यह आदत बुरी है लेकिन स्त्रियाँ इसमें निपुण हो गई हैं।

तकलीफ़ उठाने की सचमुच
कैसी तमीज़ होती है औरतों में। (मृत्यु की याद)

कोई और उसकी मुक्ति सम्भव नहीं कर सकता। एक स्त्री ही जानती है कि कैसे वह देह को देह से मुक्त कर सकती है। देह को देह से मुक्त करना उसे रीक्लेम करना है। अपनी देह जो पितृसत्तात्मक मर्यादाओं की ग़ुलाम है, जिस पर धर्म, क़ानून, समाज का क़ब्ज़ा है उसे कैसे पुन: अपने क़ब्ज़े में लिया जा सकता है। (जैसे एक स्त्री जानती है) इन बरसों में जब उसने नेतृत्व नहीं किया, निर्माण किया लेकिन कोई श्रेय नहीं लिया, वह कँगूरे पर प्रतिष्ठित नहीं हुई तल में दबी रही, उसने जो धैर्य और रचनात्मकता सँजोई है वही अब नई सृष्टि के निर्माण के काम आएगी। इसके लिए उसे लौटना होगा अपनी जड़ों की ओर। कौन-सी जड़ें हैं स्त्री की? क्या है उसका इतिहास? इसके लिए उसे लौटना ही होगा पीछे, खँगालते हुए सब कुछ।

जीवन का सत्य पा जाने के बाद फिर से उसी जीवन में लौटना आसान नहीं। लगता था नया संसार ही आविष्कृत करना पड़ेगा। इसके लिए वापस उन्हीं शब्दों में लौटना पड़ता जहाँ दफ़न हुई है स्त्री-अस्मिता। उन ग्रन्थों को खँगालना पड़ता, नए पाठ करने पड़ते, यही मजबूरी वापस लौटाती है। यही वह सनक है जो शब्दों और सभ्यताओं में उसे लौटा लाई। (अजन्मी मछलियों का संसार) यही वह अप्रत्याशित संसार है जिसका धीरे-धीरे निर्माण हो रहा है। जिसकी भनक ट्रेन में बैठी उस हैरान बूढ़ी स्त्री को नहीं लग पाई जो पूछती है—किसकी औरत हो? अभी उस बूढ़ी स्त्री को और हैरान होना है। अभी बदलेगा और भी बहुत कुछ जिसका उन्हें आभास भी नहीं है। इस सब बदलाव के बावजूद हमेशा चिन्ता में डालती रहेगी उसे सारा (सारा का सुंदर बदन)। प्रेमियों को खोजती, पाती, परित्यक्त होती, भरती और फिर ख़ाली होती सारा को वह कहना चाहती है—ख़ुश रहो सारा लिए अपना यह सुन्दर बदन/आत्मा की चिन्ता मत करो/वह तो सदा ख़ाली ही रहती है। सारा सुन सकती तो आख़िरी पंक्ति उसकी आत्मा तक एक दंश बनाती।

याद रखना नीता

स्त्रीवादी आन्दोलनों के प्रति सविता सिंह लगातार आश्वस्त दृष्टि से देखती है। स्त्रीवाद एक नई दुनिया के निर्माण की कामना का स्वप्न है। प्रख्यात स्त्रीवादी जर्मेन ग्रीयर अपनी किताब 'विद्रोही स्त्री' की भूमिका में लिखती हैं—

> स्त्री-मताधिकार विरोधियों का कहना था कि स्त्रियों की मुक्ति का अर्थ होगा विवाह, नैतिकता और राज्य का अन्त; उनका अतिरेक उन उदारवादियों और मानववादियों की उलझी भलमनसाहत से कहीं स्पष्ट था जो यह मानते थे कि स्त्रियों को कुछ आज़ादी दे देने से कुछ नहीं बिगड़ेगा। स्त्री-मताधिकारवादियों की अनजाने में बोई फ़सल जब हम काटेंगे तो जान पाएँगे कि स्त्री-विरोधी आख़िर सही थे।[1]

यह एक ऐसा उद्घोष है जो पुरुषों को ही नहीं स्त्रियों को भी डरा सकता है। हम देखते हैं कि स्त्री-मुक्ति की तमाम दलीलों के बाद परिवार का बचना ज़रूरी होता है। परिवार जो प्रेम के औज़ार से स्त्रियों को काबू में रखने के, शोषण के सबसे बड़े अड्डे हैं। परिवार नहीं होगा तो कहाँ होगी नींव उस राष्ट्र की जो ख़ुद को बचाने के लिए हिंसा और हथियार पर आश्रित है। क्या होगा उस देशभक्ति का जिसमें स्त्री सिर्फ़ माँ या देवी के रूप में स्वीकार्य है। उस नैतिकता का क्या होगा जिसके भय से औरतें आत्म-निरीक्षण में रहने की आदी होती हैं, सुधार करती चलती हैं ख़ुद का पितृसत्ता के हिसाब से।

सविता बार-बार स्त्रीवादी एजेंडे का ऐलान करती हैं। नैतिकता और मर्यादा नहीं स्त्री की कामना पर ही बनेगी नई दुनिया। बदलाव वही लाएगी कोई ईश्वर नहीं। कोई पुरुष उसके लिए उसके पसन्द की दुनिया नहीं बना सकता। जब वह अपनी कालिमा तुम्हें सौंपेगी तब तुम जानोगे—वह किसका इन्तज़ार करती है। मुक्ति की आकांक्षा, उत्कट अभिलाषा, सब कुछ कितना रंगीन है आस-पास...इस घोषणा के साथ शुरुआत होती है 'स्वप्न-समय' संग्रह की। साथ ही स्त्री-आन्दोलनों से सामने आई नई उलझनों से भी वह आगाह करती हैं।

पितृसत्ता की एक बड़ी विशेषता है कि वह म्यूटेट करती है, रूपांतरित होती है, अपनी शक्तियाँ और सीमाएँ बदलती है। हथियार बदलती है। वह अय्यारी की कला है। इधर स्त्रियाँ मुक्ति के लिए आकुल हुईं इधर कुछ पुरुषों ने उसमें भी अपने लिए मौक़े तलाश लिये। स्त्री-मुक्ति के वे विरोधी कहीं भले हैं जो स्पष्ट ही स्त्रीवाद को गरियाते हैं, स्त्री-मुक्ति के ख़िलाफ़ हैं। वे नहीं समझते कि मुक्त हुई स्त्री ने सबसे पहले उन्हें ही मुक्त किया है। ख़ुद खा-कमा रही हैं। वे लोग अधिक ख़तरनाक साबित हुए जिन्होने झूठे में ही इसका पक्ष लिया।

अच्छा है मुक्त हो रही हैं मिल सकेंगी स्वच्छंद संभोग के लिए अब
एक समय जैसे मुक्त हुआ श्रम पूँजी के लिए (मुक्ति के फ़ायदे)

स्त्रीवाद किसी निर्वात में, एकान्त में नहीं पनपा है। ग्लोबल इकोनॉमी, पूँजीवाद और मुक्त बाज़ार ने शोषण के जो नए अड्डे तैयार किए उसकी पृष्ठभूमि में स्त्रीवाद के लिए भी नई चुनौतियाँ बढ़ीं। द्वितीय चरण का समाजवादी स्त्रीवाद बाज़ार और मीडिया के एजेंडे का भी शिकार हुआ जिसे सूसन फालूदी अपनी महत्त्वपूर्ण पुस्तक 'बैकलैश' में विस्तार से बताती हैं। अस्मिता की उत्कट चाह और भागते हुए समय में सफलताएँ जो क़ीमत वसूलेंगी स्त्री से वह उसकी निजी नहीं होगी। न लाभ निजी होगा न उस क़ीमत का असर। स्पर्धा स्त्री नहीं है, सत्ता और ताक़त पर क़ब्ज़ा किए हुए पुरुष हैं और जीतने का रास्ता स्त्री के लिए भयानक चुनौतियों से भरा हुआ है। इधर कवयित्री चेतावनी देती है—

याद रखना नीता
एक कामयाब आदमी समझदारी से चुनता है अपनी स्त्रियाँ
बड़ी आँखों वाली सुन्दर बाँहों लम्बे बालों वाली प्रेमिकाएँ
चुपचाप घिस जानेवाली सदा घबराई धँसी आँखों वाली मेहनती
कम बोलनेवाली पत्नियाँ। (याद रखना नीता)

स्त्रियों को इस संघर्ष में अपने विवेक के भरोसे जीतना होगा। यह बात, हो सकता है हमारी माँओं को समझ न आए। लेकिन आँखों में जो असंख्य जुगनुओं का प्रकाश है उसे बचाने और जो आकाश-सी अनंत इच्छाएँ हैं उन्हें पूरा करने के लिए कटु अनुभवों को भी सहेजना होगा। 'होनी चाहिए पास में अपनी कौड़ी।' यहीं वर्जीनिया वूल्फ़ याद आती हैं—'अ रूम ऑफ़ वन्स ओन'। अगर हमारी माँएँ बच्चे जनने और पालते रहने की बजाय दौलत कमा रही होतीं तो हमारा संघर्ष कुछ कम हो जाता। सम्पत्ति के नाम पर स्त्री को अब तक उसके पूर्वजों से मिला है ही क्या? पूर्वजों ने तो देश, राज्य, रियासतें, खेत, मिलें, हवेलियाँ, घर सब बेटों के नाम किए। नई स्वचेतन स्त्री के लिए सब संघर्ष एक खरोंच से शुरू हो रहा है।

मैं छोड़े जा रही हूँ यह ज़िद
कि यह दुनिया मेरी है दाग़ों से भरी सही
कि इसमें मेरे भी कुछ सपने हैं मेरे लिए दुख से भरे। (मैं छोड़े जा रही हूँ यह ज़िद)

यह ज़िद जो तमाम दुखों और पूर्वजों की धूर्तताओं के बावजूद बची रहनी ज़रूरी है। यह ज़िद ही रास्ता दिखाएगी आगे का और यह बहनापा जिसमें समस्त स्त्रियाँ रहस्यमय ढंग से एक-दूसरे को अपना दर्पण बना लेती हैं। स्त्री-पुरुष दोनों

को विषाक्त करनेवाली स्त्री-द्वेष की भावना यानी मिसोजिनी और उसका संस्थागत निर्वाह चलता रहेगा निर्बाध। उसके बीच से ही, ख़ुद के स्त्री होने से, आस-पास की स्त्रियों से प्रेम और भरोसा ही नए रास्ते सुझाएगा। 'ख़ुश हूँ कि स्त्री हूँ और घिरी हूँ इतने प्रेम से' (सौन्दर्य का आश्चर्यलोक)। लेकिन ये स्त्रियाँ सिर्फ़ अपनी ही बेटी और माँ नहीं। देश, राजनीति पर एकछत्र राज मर्दों का, मुकम्मल तौर पर, उसे इस बहनापे की भावना के बिना चुनौती नहीं दी जा सकती। इस बहनापे में वे सब भी शामिल होने चाहिए जो कमज़ोर हैं।

कुसुम, सुप्रिया, विमला, सारा जैसी कितनी ही स्त्रियाँ सविता सिंह के काव्य-लोक में आती हैं। वे सभी स्त्रियाँ जो प्रेम की तलाश में हैं, जो नींद में जी रही हैं, जो अपने आप से निर्वासित हैं, बुझ गया है जिनकी आत्मा का प्रकाश और थक-हार कर जो अब ज़्यादा से ज़्यादा शान्ति चाहती हैं घरों में अपने, कम से कम प्रतिरोध उन सबकी कथा बार-बार कहना चाहती है कवयित्री। लेकिन जो सहानुभूति इन स्त्रियों की तरफ़ ले जाती है वह कवि की एक दूरी भी निर्मित करती है उन पात्रों से। सहानुभूति से समानुभूति तक जाना होता है कवि को।

क्या वहाँ सब कुछ ठीक था? : थीसिस-एंटीथीसिस

रोमांटिक प्रेम सामंती प्रेम है इसमें छिपी, स्त्री को दोयम समझे जाने की धूर्तता को पहली बार उद्घाटित करता है स्त्रीवाद। (प्रेम और यातना की कविता) जेंडरिंग की ऐतिहासिक प्रक्रिया को भाषा और साहित्य के अध्ययन से बख़ूबी समझा जा सकता है। न्यूटर नहीं है भाषा। इसलिए जब वे अपनी कविताओं में कर रहे होते हैं स्त्री से प्रेम, चित्रण कर रहे होते हैं नख-शिख का, कर रहे होते हैं बात राजनीति की, जब वे कहते हैं स्त्री लेखन आवृत्ति और रोने-गाने से भरा पड़ा है, कि स्त्री कवियों ने गिरा दिया है कविता का स्तर, कि स्त्री-लेखन अ-राजनीतिक है वे अपनी ही सचाई सामने ला रहे होते हैं। ऐसी कविता-गोष्ठी में जहाँ उनके मन-मुताबिक चर्चा हो रही हो, बदस्तूर परस्पर प्रशंसा के दौर चल रहे हों और दुनिया-देश के सब विषयों पर 'राजनीतिक' चर्चा हो रही हो, माने सब 'ठीक' चल रहा हो, ऐसे में कोई प्रबुद्ध स्त्री उनके लिए पीड़ा पैदा किए बिना और सब बदमज़ा कर देने के लिए उनके मन में उपजी घृणा के बिना गोष्ठी को स्त्रीवादी एजेंडे पर ला भी कैसे सकती है! (वहाँ सब कुछ ठीक था) वह मर्दवाद के एंटीथीसिस की तरह बल्कि एंटीडोट की तरह पढ़ने-लिखनेवालों के बीच उपस्थित रहेगी। यातना देनेवालों को कविता भी छिपाती रही है तो वह इसलिए कि अब तक स्त्रीवादी आलोचना के कोई औज़ार साहित्य में विकसित नहीं हो सके।

लेकिन बचना उसे भी है अपने पाले में गोल करने से। अपने साथियों की पहचान में सक्षम वह स्त्री ख़ुद स्त्रीवाद का एंटीथीसिस होने का जोखिम उठाए ऐसी अभी स्त्री कविता और भाषा में ताक़त नहीं। कभी नहीं होगी। ज़रूरत भी नहीं। 'मुझे वह स्त्री पसन्द है' एक कविता है। इसका उत्तरार्द्ध ठीक है। वह आपकी बात सम्प्रेषित कर देता है। लेकिन कविता में अर्थ का नियंता नहीं हुआ जा सकता। 'जो स्त्री नहीं पसन्द है' से शुरू होते ही यह स्त्री कविता के मुहावरे में बात करना बन्द कर देती है।

मुझे वह स्त्री पसन्द नहीं
जिसकी जीभ लटपटाती है पुरुषों से बात करने में
जिसका कलेजा काँपता है उनकी मार के डर से
जो झुकाकर उठाती हैं उनके जूते
पहनाती हैं उन्हें समर्थ समझकर
जो सोती हैं उनके साथ किसी फ़ायदे के लिए। (मुझे वह स्त्री पसन्द है)

अन्तिम पंक्ति तक कवि का रूपांतरण एक न्यायाधीश में हो जाता है जैसे। माने पूरी पितृसत्तात्मक संरचना, अनुकूलन और इतिहास एकदम से दरकिनार हो गया। आलोचनात्मक होने और फ़ैसलाकुन होने में फ़र्क़ है। पढ़े-पचाएँ स्त्रीवाद पर यह अकेली कविता एक ज़ोरदार प्रहार करती है। नाओमी वूल्फ़ अपनी किताब 'द ब्यूटी मिथ' में एक जगह लिखती हैं कि सबसे पहले स्त्रियों को अन्य स्त्रियों को उनके फ़ैसलों के लिए जज करना बन्द करना होगा। कम से कम यह काम हम मर्दों के लिए ही छोड़ दें तो बेहतर है। वे इसे बख़ूबी करना जानते हैं। दूसरों को मुक्ति के फ़ायदों से चेतावनी देते हुए, अपनी मुक्ति के इस ख़तरे को भी याद रखना ज़रूरी है जो सहानुभूति के रास्ते चलते-चलते सहानुभूति के पात्रों से ही विलगा दे। भाषा जितना छिपाती है उतना उघाड़ती है। अपना बेजा इस्तेमाल वह किसी को करने नहीं दे सकती। कविता में तो बिलकुल नहीं। कविता के तरीक़े दूसरे हैं। कविता को किन्हीं और औज़ारों से धीमे-धीमे गढ़ना होता हैं अपनी कहन को। उदाहरण के लिए किश्वर नाहिद की एक कविता देखिए, कैसे आप बिना वार किए, दूसरों के लिए फ़ैसलाकुन हुए बिना, अपने लिए एक लाइन खींचते हैं—

ये हम गुनहगार औरतें हैं
जो मानती नहीं रौब चोगाधारियों की
शान का
जो बेचती नहीं अपने जिस्म
जो झुलातीं नहीं अपने सिर
जो जोड़ती नहीं अपने हाथ।

रात का रंग सिर्फ़ काला नहीं होता

नए संघर्ष में स्त्री उस आत्म-नकार (सेल्फ-डिनायल) के साथ नहीं चल सकती जो माँ की पीढ़ी में है, जिसके चलते लड़कियों की दृष्टि शादी के दृश्य तक जाकर रुक जाती है। कवयित्री उसके प्रति चौकन्नी है। उसका एक संसार है जो अपराध-बोध से एकदम मुक्त है। सिर्फ़ रात है जो स्त्री की अपनी है। जिसमें किसी का कोई तक़ाज़ा नहीं। वह रात जिसके अकेलेपन को वह चुनौती दे सकती है, ढूँढ़ सकती है उन्हें जो उसका साथ देंगे। वह जानती है कि नींद में ही छिपा है स्त्री होने का स्पर्श। रात, जो उसकी प्रिया है उसे वह हो जाने का अवसर देती है जो वह दिन के उजालों में नहीं हो पाती। रात के एकान्त में जब अपनी ही साँस चलाने की आवाज़ आती है—*'एक स्त्री उतार कर रख रही है, तैयारी में है जैसे कोई नदी पार करनी हो उसे'।* कई नीले समुद्र उलाँघती हुई कवयित्री भीतरी यात्राओं पर निकल जाती है। वह प्रकृति से एकमेक है। हवा भीतर समा जाए, वह देख सके पेड़, आकाश, चिड़िया...सब। रात का रंग उसे काला नहीं लगता, वह नीला है। एक नीला विस्तार, एक खुला स्पेस, जहाँ उन्मुक्ति है, गहराई है, जाग्रत चेतना है, भावनाएँ हैं, कल्पना है और एक असीम शान्ति और ठंडक।

यह स्त्री का वह नया एकान्त है जिसे उसने चुना है। इस एकान्त का एक विचित्र सम्मोहन है जिसे वही समझ सकता है जिसने स्वतंत्रता का अमृत चखा है, आत्मसाक्षात्कार किया है। यह हेलेन सिक्सू का Jouissance है जिस तक जाने की कवि आकांक्षी है। तभी यह होगा कि अन्तत: 'प्रेम भी पहचान लेगा इस नए एकान्त को'। यह वह स्पेस है जो प्रेम में भी ज़रूरी है कि साँस लेते रह सकें, खिल सकें। सिलविया प्लाथ के जीवन की पीड़ाओं और आत्मघाती एकान्त में उसके निर्वासन से दुखी वह आह्वान करती है—

सिलविया प्लाथ आओ
मेरी आत्मा में बसो निश्चिन्तता महसूस करो

सम्पूर्ण नारीत्व का यह यूटोपिया स्त्रीवादी कविताओं की रातों का स्वप्न है। पहले संग्रह 'उसके जैसा जीवन' में जो 'सपने की औरत है' कभी-कभार हाल लेने आती है, चेताती है, हिम्मत देती है, वही तीसरे संग्रह 'स्वप्न-समय' में फैले साम्राज्य की अकेली साम्राज्ञी है। दूसरी भाषाओं की अतृप्तियाँ हैं बटोरने को, न जाने कितने आँसू वह उठाती है छूटी हुई पंक्तियों की तरह जो अपनी भाषा से बिछुड़ भटक रही हैं जैसे वह ख़ुद भटकती है अनाम लोकों में। स्त्री जो निर्वासित थी ख़ुद से, जो चल रही है अँधेरे में अपनी नींद लिये बगल में वह इन अनाम लोकों में विचरती हुई अपनी कामनाओं से, ख़ुद से वह तो साक्षात्कार कर पाती है।

रात चूमती है उसको
बदहवास वह कुछ नहीं कहती
निर्वस्त्र उसकी आत्मा उसी की हुई जाती है
कोई भाषा नहीं वहाँ कि वह कुछ कहे भी
एक चुप्पी में सब होता चला जाता है। (रात चूमती है)

यह रात का नीला संसार है जहाँ स्त्री सच है, उसकी आत्मा निर्वस्त्र है, कुछ भी समझे जाने/समझ लिये जाने का जहाँ कोई भय नहीं, कोई रूढ़ जेंडर-भूमिका नहीं है निर्वाह करने को, जहाँ एकान्त सच है, जहाँ सपना भी रात का अपना समझा हुआ साफ़-सुथरा सच है। यहाँ चट्टानें भाषा जानती हैं। यह रात एकदम अपनी है जो धैर्य से रुदन-विलाप सब सुनती है। यहाँ अकेलापन कोई यातना नहीं। यहाँ कोई प्रेमी बालों से घसीट कर नहीं निकाल लेता है सपनों और नींद से बाहर (अपनी यातना में), कविता के प्रति बार-बार कृतज्ञ है, भरोसा है उस पर पूरा कि जहाँ भी ले चले यह। कविता जो उसका होना सम्भव करती है अपने होने से।

अपने इस संसार में वह अपना मौलिक रच सकती है। वह किसी ईश्वर के भ्रम में नहीं है। स्वाभाविक जिज्ञासाएँ हैं उसकी जिन्हें वह सच मानती है। हो सकता है वह जीवन में कुछ महत्त्वपूर्ण न करे, कविता भी न लिखे, लेकिन भ्रम नहीं होगा किसी अदृश्य शक्ति का। नहीं भी कुछ रचेगी तो क्या यह कम है कि अपनी आँखों से संसार देखती रहेगी अपना गड्ड-मड्ड। पूरे एक जीवन में अपना एक नज़रिया, जीवन का एक फलसफ़ा बना लेना क्या कम महत्त्वपूर्ण उपलब्धि है जबकि आधी से अधिक आबादी का जीवन लकीर पीटते कब गुज़र चुकता है पता भी नहीं लगता। बकौल साहिर लुधियानवी—

ले देके अपने पास फ़क़त इक नज़र तो है
क्यूँ देखें ज़िंदगी को किसी की नज़र से हम।

इस लोक में विचरते नींद में बनते हुए देश से लेकर, प्रकृति और आदिवासी जीवन के साथ मुख्यधारा के छल, व्यापक हिंसा और बढ़ती अजनबीयत की चिन्ताएँ समेटती चलती है। सारे सवाल-जवाब कुन्द हो गए हैं और शब्द ढन-ढन ख़ाली। आकाश है विस्तीर्ण लेकिन 'सारा आकाश एक बन्द किवाड़ है' अपनी तमाम बेचैनी को बयान करते यहाँ कवि सफल होती है। 'शैटगे' एक सुन्दर कविता है। राष्ट्रीयताएँ भी स्त्री-जीवन के अहम सवालों में से है। जब आँखों का स्वप्न अमेरिका बदल दे तो तकलीफ़ होना लाज़मी है। अपने-अपने समय, समाज, संस्कृति में जीती हुई सारा, नीता, विमला, रूथ सब एक ही हैं।

भाषा झेलती है और पीठ की तरह दुखती है

और आख़िरकार अपनी पाई हुई भाषा में वह ख़ुद को सुकून से पाती है। एक जेंडर-भेदभावपूर्ण भाषा में स्वयं को अभिव्यक्त कर पाना, ख़ुद की सच्ची तलाश कर पाना दुष्कर है। लिखती हुई स्त्री को सबसे पहले इससे ही टकराना होता है। साहित्यालोचन, रस-सिद्धांत, ज्ञान-विज्ञान की शाखाएँ-प्रशाखाएँ, स्वयं साहित्य भी सामंती और मर्दवादी रहा और भाषा मर्दवाद की चेरी! ऐसे में उसी भाषा में, जिसमें स्त्री को रहस्य-मंडित किया गया, जिसे ईश्वर भी समझ नहीं पाए, हम क्या समझेंगे—की आड़ में अकेला और निरुपाय छोड़ दिया गया, सारा स्त्री-द्वेष का मनुवादी शास्त्र जिस भाषा में रचा गया उस भाषा को अपनी सखी बना लेना, उससे बढ़ाकर अपना अस्त्र बना लेना एक स्त्री लेखक की साधना है, स्त्री-लेखन के लिए यह एक अनिवार्य पहला चरण है। भाषा में ही होगी एक लिखती हुई स्त्री की अस्मिता की लड़ाई। यहीं खुलेगा मोर्चा। अपने भय और संशयों पर जीत होगी यहीं सबसे पहली। भाषा ही झेलेगी सब ओर से आते वार, भले दुखती रहेगी उसकी पीठ।

मुझे खोजने आ सकते हैं मेरे प्रेमी
मैं मिलूँगी भी अब शायद उन्हें सजी-धजी
उनका स्वागत करती
अब मुझमें कोई संशय नहीं
न भीरुता पहले वाली
ज़रा भी रहस्यमय नहीं रहूँगी अब मैं
जैसे मैं थी जब नहीं समझती थी भाषा के तिलिस्म को
उसके विस्तार को।

भाषा और इतिहास, दोनों स्तरों पर यह युद्ध एक साथ लड़ा जाता है। अपनी बेहद महत्त्वपूर्ण पुस्तक 'इतिहास में स्त्री' में सुमन राजे इतिहास-लेखन की प्रक्रिया में स्त्रियों के लेखन को बेदख़ल किए जाने की स्त्रीवादी-सैद्धान्तिक व्याख्या करती हैं। अपनी भाषा में बचे रहने के लिए अपने इतिहास से लड़ना ज़रूरी है। 'जीवित रहना अपनी भाषा में अपने इतिहास के लिए' कहती हैं सविता।

एक सहज व्यक्ति ही दूसरों के साथ सहज हो सकता है। अब सहज हूँ फिर भी अपनी भाषा में कितनी सबके साथ हूँ/बिना किसी द्वेष और ईर्ष्या के। कविता को पढ़ने और मूल्यांकन करने के पितृसत्तात्मक और सामंती मूल्यों से उलझ-निपट कर अब यह विश्वास और दृढ़ हो गया है कि बाक़ी काम कविता स्वयं कर लेगी। *'जो झिझक है थोड़ी-बहुत दूसरों को लेकर, वह कविता की ही है'*। यह सही है कि इतिहास की छन्नी से भाषा ख़ुद झाड़-फटक लेगी अच्छा-बुरा,

उपयोगी-अनुपयोगी। लेकिन आत्म-साक्षात्कार की राह रपटीली होती है। हम कवि के संघर्षों का गवाह होना चाहते हैं, उसका गिरना भी देखना चाहते हैं। हम जानना चाहते हैं भाषा ने उसे कहाँ-कहाँ मात दी। हम वे सारे द्वन्द्व और दुविधाएँ जानना चाहते हैं जिनसे वह निजी जीवन में छलनी हो लेकिन जिसने उसे ताक़त दी और जो उसके साथ हमें ताक़त दे।

सविता सिंह के यहाँ यह स्त्रीवादी तेवर बेहद प्रखर है कि 'मैंने अपनी भाषा को पा लिया है'। कामना का स्वीकार और अपने वजूद का साहसी स्वीकार वहाँ मौजूद है। स्त्री का आनन्द (Jouissance) उनके यहाँ एक स्तर पर देखा जा सकता है जहाँ रात, नींद और स्वप्न में कवयित्री लगातार अपने साथ है, अपना विस्तार देखती है, अपने भीतर विश्व देखती है।

कविता लिखना बदल लेना है इस जीवन को दूसरे जीवन से

सविता सिंह का 'स्वप्न-समय' संग्रह अपने आप में एक लम्बी कविता जैसा है। भीतरी लोक की यात्राएँ जिनसे सविता सिंह की कवि खाद-पानी-ऊर्जा लेती है। कविताएँ रात, नींद और स्वप्न में घटित होती हैं, फिर भी सविता सिंह के लिए कविता लिखना एक सचेत कर्म है। कविता के सहारे वे इस जीवन को दूसरे जीवन से बदल लेना चाहती हैं। यह एक अदम्य साहस देता है, आत्म-बोध देता है। *'मैं स्वयं काम हूँ/स्वयं रति/अनश्वर स्त्री/सम्भव नहीं मेरी मृत्यु'* (चाँद, रात और अनश्वर स्त्री)। इन बीहड़ यात्राओं के बाद अब डरना भी अतार्किक लगता है। (तुम्हें लिखना) जब रात पर कविताएँ कर रही होती है तब अपना ही अनुवाद कर रही होती है मानो। वह प्रतीक्षा करना चाहती है उन तमाम औरतों की जो अपना सामना करने लौटेंगी, वे कैसे अपनी आत्मा को शान्त करेंगी, कैसे सम्भव होगी उनकी कविता, जो तड़प रही हैं और सच्ची कविता के सिवाय कोई भी लिप्सा जिन्हें विचलित नहीं कर सकेगी। (सच्ची कविता के लिए)

एक स्त्री कवि के पास इससे अनमोल कुछ नहीं हो सकता कि वह अपनी भाषा अर्जित करे। साथ ही भाषा, समाज, इतिहास में घटती जेंडरिंग के प्रति जागरूक हो। वह उन विषयों को ले आए जिन पर लिखा जाना ज़रूरी है। सविता सिंह की बलात्कार पर लिखी कविताएँ हिन्दी के लिए महत्त्वपूर्ण हैं। यह कहने का साहस करना कि बलात्कार पर जीवन नष्ट नहीं होता, एक ज़रूरी कर्तव्य था।

कवि की भावनाएँ उनके विचारों (आध्यात्मिक और ऐंद्रिय) को जोड़ सकती हैं। जो रोज़मर्रा के जीवन और कामों से अजनबी है ऐसी दुनिया के कभी-कभार चक्कर जो लगाते हैं वे। जो ऐसे विचित्र प्राणी हो सकते हैं वे कवि हो सकते हैं। कवि जब स्वप्न में हो, भीतरी यात्राओं पर निकली हुई, जब वह ट्रांस में हो, जब

भावनाओं और विचारों का स्वयं उसकी चेतना सेतु बन जाए तब असल कविता घटित होती है। सविता सिंह के यहाँ हर बार यह घटित हुई है जब वे अपनी विशिष्ट पोज़ीशन के प्रति असावधान हुई हैं। जब-जब वे कामनाओं की तरफ़ गई हैं। कवि हम जैसा होकर, हम जैसी बात कहकर भी विशिष्ट होता हैं। परम्पराओं से निर्मित औरत को सविता गोल-गोल घूमता, बिना थके नाचता देख रही है। इस देखने में कवि 'हतप्रभ और अकेली है'। यह अकेलापन उस औरत का हाथ थामे कीकली* किए बिना दूर नहीं होगा। सबकी मुक्ति की लड़ाई तो सबके साथ ही लड़ी जा सकती है।

* हाथ थामे गोल-गोल घूमने का खेल जो लड़कियाँ आपस में खेलती हैं।

3

नीलेश रघुवंशी : खोजने दो मुझे अपना ख़ुद का वसन्त

सबसे उदास कविता की बात हो तो नेरुदा का याद आना स्वाभाविक है। मुझे नीलेश भी याद आती हैं। अपनी कविता 'उदास गीत' में वह लिखती हैं—

हे महाकवि हे औघड़ कवि हे सौन्दर्य के संघर्ष प्रेमी कवि
जब भी तोड़ती हूँ ख़ुद को
दिखते हो तुम सूनी राह में बाँहें फैलाए
अँधेरे में राह न दिखाओ पितातुल्य महाकवि
लिखने दो मुझे उदास गीत वसन्त का
खोजने दो मुझे अपना ख़ुद का वसन्त।

स्त्रीवाद से बाल-बाल बची स्त्री कविता और आलोचक की ख़ुशी

पिछले अध्यायों में हमने देखा है कि स्त्री-लेखन और पुरुष-लेखन को देखने के अलग-अलग पैमाने और स्वीकृति की अलग-अलग शर्तें हैं। जैसे कि कवयित्री-लेखिका को 'स्पेस' दिए जाने और उसके मूल्यांकन के मापदंड तय करने में इस बात की भूमिका अहम है कि वह कविता लिखते हुए कितनी 'कम स्त्री' और कितनी अधिक 'हम' जैसी है। स्त्री को 'अन्या' (other) की तरह देखा ही जाता रहा है। पहले भी लिखा है कि इस तर्ज पर चलते हुए, स्त्री कविता का मूल्यांकन करते हुए उसे इसलिए बेहतर बताना कि वह 'स्त्रीवादी' या 'स्त्री-विमर्श' से बच पाई है, हिन्दी आलोचना में अब एक 'क्लीशे' हो गया है। नीलेश की कविता पर बात करते हुए यह अक्सर किया जाता रहा है।

नीलेश के अद्यतन संग्रह 'खिड़की खुलने से पहले' के ब्लर्ब पर परमानन्द श्रीवास्तव के लेख का एक अंश है जिसमें वे लिखते हैं—

> नीलेश जादुई फंतासी की जगह घर-परिवार, बच्चे का जन्म, प्रसव के दर्द आदि को काव्य का विषय बनाती हैं और उन्हें सादगी का मर्म जानने में ही

कविता अक्सर सहायक होती है। राजनीति प्रकट न हो, पर नीलेश समय से इस हद तक बेख़बर नहीं हैं कि राजनीति उनके लिए सपाट, झूठ और ग़लत शब्द हो। इस तरह नीलेश रघुवंशी को पढ़ना एक भरोसेमन्द साथी को पढ़ना है। उनकी इधर की कविताओं में आए ठहराव, कीमियागिरी या उसके उलट सरलतावाद के विरुद्ध नया प्रस्थान है। स्त्रीवाद को विमर्श बनाए बग़ैर नीलेश रघुवंशी के यहाँ संघर्षरत स्त्री है, जो जटिल समय को 'क्लीशे' नहीं बनने देती।

स्त्री-लेखन और स्त्री कविता पर ऐसी अनेक टिप्पणियाँ करते हुए आलोचक और आलोचकनुमा लोग अक्सर पाए जाते हैं। ऐसे क्लीशे निर्मित करती आलोचना में 'स्त्री के नज़रिए' की वजह से उसके कथ्य की महत्ता नहीं होती बल्कि उसके कथ्य के मेनस्ट्रीम कथ्य होने, यानी मुख्यधाराई समझ के कथ्य से नज़दीकी की वजह से स्त्री के नज़रिए का महत्त्व होता है। यहाँ आलोचना स्त्रीवाद और स्त्री-विमर्श को 'क्लीशे' कहते हुए एक तो यह नहीं बताती पाठक को कि स्त्रीवादी कविता है क्या? स्त्रीवाद या स्त्री-विमर्श ही है क्या? स्त्री-विमर्श की बँधी-बँधाई लक़ीरें कौन सी हैं जिनसे कविता बाल-बाल बची है और बचना ही श्रेयस्कर है; फ़ैसला सुनाते हुए आलोचक का दायित्व बनता है कि पाठक को शिक्षित तो करे! नीलेश का पहला कविता संग्रह 'घर-निकासी' 1997 में आया था। तब तक स्त्री कविता ने ऐसे कौन से एस्थेटिक्स गढ़ लिये थे जो आलोचक के अनुसार रूढ़ भी हो गए थे और नीलेश का मूल्यांकन और महत्त्व इसी आधार पर तय किया जा रहा है कि वे स्त्री कविता के तथाकथित रूढ़ एस्थेटिक्स को तोड़ती हैं। मुझे अक्सर हैरानी होती है कि आलोचकों ने क्या कभी स्त्रीवाद या स्त्रीवादी आलोचना-दृष्टि या स्त्री-विमर्श को पढ़ा-समझा भी है? वे आख़िर कौन सी स्त्री कविता पढ़ रहे हैं जिसमें उन्हें रूढ़ियाँ(?) दिख रही हैं? जिस हिन्दी कविता ने आधुनिक युग में क़दम रखने से पहले तक स्त्री-सौन्दर्य, प्रकृति-चित्रण और काव्यरूढ़ियों का इतना अधिक एक जैसा प्रयोग किया कि नया कवि नयी कविता तक से जल्दी-जल्दी ऊबने लगा, उपमान मैले होने लगे। वही हिन्दी कविता अगर पिछले तीस बरस में पहली बार प्रखरता से सामने आई स्त्री कविता में रूढ़ एस्थेटिक्स और बँधी-बँधाई लकीरें देखने लगी तो सन्देह करना चाहिए कि कहीं यह सिर्फ़ पूर्वग्रह तो नहीं?

2003 में सुमन राजे की किताब 'हिन्दी साहित्य का आधा इतिहास' सामने आई जिसमें दस वर्ष का शोध समय लगा था। इस किताब में सुमन राजे ने नामवर आलोचकों द्वारा नज़रअन्दाज़ कर दी गई कवयित्रियों को इतिहास में खोज निकाला है और हिन्दी-कविता के इतिहास की दरारों में छिपी उस परम्परा को सामने लाने की कोशिश की है जिसके बारे में आज मैं ख़ुद यह सोचना चाहूँगी कि हम उस

परम्परा में कहाँ ठहरते हैं! जिनका नाम तक भी नहीं लिया गया कभी इतिहास में उन्हें खोज कर सामने रखते हुए वे पुस्तक को उन तटस्थ, उदासीन, विमुख और पूर्वाग्रही आलोचकों को भी समर्पित करती हैं जिनके पास साहित्यालोचन की एक सुदीर्घ परम्परा है लेकिन स्त्री कविता को देखने-समझने की नीयत नहीं है।[1] अपनी अगली और आख़िरी किताब 'इतिहास में स्त्री' में वे और भी महत्त्वपूर्ण काम कर गई हैं कि इन पूर्वग्रहों और अनदेखियों के पीछे की वजहों को भी बख़ूबी पकड़ा और सिद्धांतबद्ध किया।

हिन्दी कविता के इस दुर्गद्वार पर नब्बे के दशक में आई कवयित्रियों ने लगातार दस्तक दी है।

तुम्हारे सपनों में क्यों नहीं है कोई उछाल?

जिस समय नीलेश का पहला काव्य-संग्रह 'घर-निकासी' आया उस वक़्त हिन्दी की आधुनिक स्त्री कविता अपना आकार ले रही थी। अनामिका, सविता सिंह, गगन गिल के बाद नीलेश सबसे सशक्त कवयित्री हैं हिन्दी में जिनके यहाँ 'पहचान की छटपटाहट' अपने चरम रूप में दिखाई देती है। 'घर-निकासी' में हिन्दी-कविता की किसी मुख्यधारा का दबाव और अस्सी-नब्बे की कविता-धारा की कोई छाप दिखाई नहीं देती। जब मैं कविता की 'मुख्यधारा' कहती हूँ तो ज़ाहिर तौर पर वह स्त्री कविता तो एकदम नहीं है। इस संग्रह में वे मरीना स्वेतायेवा तक से पूछ डालती हैं कि क्या तुम्हें भी कविता-वविता लिखने के लिए ताने सुनने पड़ते हैं?

ओ मारीना
क्या तुमसे भी कहा गया बार-बार
रहो लड़कियों की तरह
क्या तुमने भी सिले कपड़े बनाए स्वेटर
या सड़कों पर टहलती
देखती रहीं आसमान
सहे होंगे तुमने ताने
किया होगा तुम्हें भी परेशान
फिर भी तुम झाँकती रही होगी खिड़की से।
ओ मारीना
तुम्हारी ही तरह
मैं भी बनूँगी कवि। (कविता लिखनेवाली लड़की)

और जैसा कि मुख्यधारा को अप्रोप्रिएट करने की आदत है तो 'लड़कियों की तरह न रहना चाहनेवाली' कवयित्री के भीतर की पहचान की छटपटाहट को

ओप्रिएट कर लिया गया और तथाकथित बँधी-बँधाई स्त्रीवादी/स्त्री-विमर्श—कविता के पाले से मुक्ति के अर्थ में व्याख्यायित कर ख़ुश होने लगे। स्त्री कविता का हाल मानो उस नरगिस जैसा हुआ जो हज़ारों साल उपेक्षा झेलती है और चमन में कोई दीदावर पैदा ही नहीं होता। भूल जाते हैं आलोचक कि वह मरीना की तरह—कवि—होना चाहती है।

वह स्त्री जो क़स्बे के अभावग्रस्त जीवन से निकलकर शहर में नौकरी के लिए संघर्ष करती है। अकेली पड़ती है, दुखी-सुखी, आशंकित और कभी सफल होती है। जिसके पीछे एक बड़ा सा परिवार है आठ बहनों और एक भाई का। जिसमें एक माँ है हमेशा बेटियों के कभी बसनेवाले घरों की चिन्ता में अपने फ़ुर्सत के पलों में भी काम करती हुई। एक पिता है जिसके संघर्षों और त्यागों की वह साक्षी है जिससे उसे बेहद प्यार है। इकलौता भाई है जिसके कन्धों पर अनजाने वह आठ बहनों और बुढ़ाते-थकते माता-पिता का एक अदृश्य बोझ कई बार देखती है। इन परिस्थितियों में एक लड़की के मानस को कैसी सामाजिक विडम्बनाओं से गुज़रना पड़ता होगा हम समझ सकते हैं। 'बेटिकट सफ़र करती लड़की' इस समस्त विडम्बना को उभार देती है। आख़िर टिकट के पच्चीस रुपए बचाकर वह पिता के लिए दवाई और बहन के लिए किताबें ले जा सकती है। टिकट चैकर को देखकर उसका मुस्कुराना और भीतर ही भीतर सिहर जाना कि पकड़ी न जाऊँ, इसे पूरी समाज-संरचना पर एक टिप्पणी क्यों न माना जाए? क्या यह किसी नेता को गाली देनेवाली कविता से कम राजनीतिक है? उसका यह सोचना मन ही मन कि *चिड़िया भी तो बेटिकट ही आसमान में उड़ती है...* और फिर धप्प से यथार्थ में कूदना कि 25 रुपए में पिता की दवा आ जाएगी और बहन की किताब; यह सारा द्वन्द्व जितना मार्मिक और काव्यात्मक है उतना परतदार। बेरोज़गारी और अभावों में संघर्ष करती लड़की जो समाज की व्याख्याओं में ज़रा मर्दानी हो गई है वह सत्रह साल की उस लड़की को देखकर चिन्तित है जिसके सपनों में उछाल नहीं है।

पहाड़ों के ऊपर उड़ती चिड़िया
नहीं आ पाएगी कभी
लड़की की आँखों में।

ओ मेरी बहन की तरह सत्रह साल की लड़की
दौड़ते हुए क्यों नहीं निकल जाती मैदानों में
क्यों नहीं छेड़ती कोई तान
तुम्हारे सपनों में क्यों नहीं है कोई उछाल!

(सत्रह साल की लड़की)

यों किसी की भी कविता में विरोधाभास मिल सकते हैं। नीलेश के यहाँ भी कहीं दिखते हैं तो हमारी सामाजिक सचाइयों और कवि-मन के बीच के संघर्ष से ही उपजे। सिन्दूर की डिबिया से कहती हैं कि आओ और मेरी बहन की माँग में सज जाओ। आठ बहनों के परिवार में उनकी पढ़ने की फ़िक्र के साथ शादी की भी फ़िक्र पूरे परिवार की फ़िक्र बन जाती है। सिन्दूर और सपनों की उछाल दोनों एक साथ चाहना एक और विडम्बना रचता है जिसे समाज ने स्त्री को सौंपा है। सपनों में उछाल सिन्दूर की डिबिया तले अक्सर कुचलती आई है। 'मेहंदी' और 'हंडा' दोनों कविताएँ इसी बात की गवाही देती हैं। 'हंडा' कविता पर ही उन्हें भारतभूषण अग्रवाल पुरस्कार भी मिला था। आगे के संग्रहों में एक वैचारिक परिपक्वता है।

वह हंडा

एक युवती लाई थी अपने साथ दहेज़ में
देखती रही होगी रास्ते भर
उसमें घर का दरवाज़ा।
बचपन उसमें अटाटूट भरा था
भरे थे तारों से डूबे हुए दिन।

फिर युवती नहीं रही। तारे भी नहीं। लेकिन उसकी पुकार लिए हंडा जिसमें कभी अनाज भरा जाता था कभी पानी पूरे घर में लुढ़कता फिरता है।

भागती हूँ भीतर और बाहर के बीच

नीलेश की कविताएँ घोर अस्मिता-चेतस कविताएँ हैं। यहाँ एक स्त्री की भीतर-बाहर की छटपटाहट है। उस जेंडर भूमिका से मुक्ति की छटपटाहट है जिसे समाज ने रूढ़ कर दिया है और जिससे विचलन समाज को स्वीकार नहीं। ग़ौर से देखा जाए तो स्त्री कविता सबसे पहले समाज की दी इसी जेंडर-भूमिका को अस्वीकार करती है जिसे साहित्य ने भी ज्यों का त्यों स्वीकारा और पोषित किया। 'बाले तेरे बाल-जाल में कैसे उलझा दूँ लोचन' और 'मुझसे पहली सी मुहब्बत मेरे महबूब न माँग' जैसी बातें स्त्री के कहने के लिए थोड़े हैं! स्त्री कविता वहाँ स्त्रीवादी कविता हो जाती है जहाँ-जहाँ वह जेंडर रूढ़ि को तोड़ने की कोशिश करती है। नीलेश की कविता दायरों, बँधे हुए जीवन, बँधे हुए रोल, रूटीन से निकल भागने की प्रबल इच्छा की कविता है। वजूद की उत्कट ललक, ख़ुद को पहचानने के लिए कुछ भी और हो जाने की तत्पर संवेदनशीलता है यहाँ। एक लड़की जो

किताबें ख़रीदना चाहती है कि उनकी रहस्यमयी दुनिया के भीतर उतर सके वह कहती है किताबों सस्ती हो जाओ कि बाईस की उम्र तक एक भी किताब पर लिख नहीं सकी अपना नाम!

मैं रखना चाहती हूँ
किताब को उतने ही पास
जितने नज़दीक रहते हैं मेरे सपने (किताब)

वजूद की छटपटाहट इतनी तीव्र और अत्यधिक है कि वह बार-बार अभिव्यक्त होती है नीलेश के यहाँ।

भागती हूँ भीतर और बाहर के बीच ...
मैं भीतर और बाहर के बीच रहना चाहती हूँ,
इसलिए न पूरी तरह भीतर हो पाती हूँ न बाहर... (भीतर और बाहर)

न इस पार रह पाती हूँ, न उस पार जा पाती हूँ
थक चुकी हूँ अब अपने ही ढब से जीना चाहती हूँ
मुझे एकदम नया दिन चाहिए जिस पर चलूँ मैं नंगे पाँव (नया दिन)

देखना चाहती हूँ शाम को आते और पूरी तरह आते
आकाश और अवकाश दोनों एक साथ हों मेरे पास (आकाश और अवकाश)

बारिश के साथ क़दमताल करना चाहती हूँ
लेकिन मैं ऐसा कर नहीं पाती इसमें मेरा क्या दोष है (दोष)

कभी लिखती हैं मैं डाकिया बन जाना चाहती हूँ या ठंडी नींद कविता में—लोगों को आते-जाते देखती हूँ और देखते-देखते ऊब जाती हूँ/एक जैसा दिन, एक जैसी शामें, रातें और दोपहरें...और

बहुत दिनों से जाना चाहती हूँ यात्रा पर
लेकिन जा नहीं पा रही हूँ
एक हरे-भरे मैदान में
तेज़ बहुत तेज़ गोल चक्कर काट रही हूँ
यात्रा के चक्र को पूरा करते
ख़ुद को अधूरा छोड़ रही हूँ।

घर-गिरस्ती-चारदीवारी में तैनात रहते बँधे-बँधाए तरीक़ों में नहीं रहना चाहतीं वह।

मैंने अपनी सारी जड़ें
धरती के भीतर से खींच लीं और
चिड़िया की तरह उड़ने लगी
मैं इस दुनिया को चिड़िया की आँख से देखना चाहती हूँ

प्रेम की पहली ट्रेनिंग में माँ सिखाती है कि कोई बात नहीं जो पिता इतना सख़्त हैं और प्रतिबन्ध लगा कर रखते हैं। आख़िर वे बहुत प्यार करते हैं, जताना नहीं जानते। यही भाई, पति और पुत्र करते हैं और स्त्री को बुरा नहीं लगता। वह असहज नहीं होती। सवाल नहीं करती क्योंकि सवाल कभी माँ ने भी नहीं किए थे। जीव-विज्ञानी, दार्शनिक, मनोवैज्ञानिकों ने सिर्फ़ व्याख्याएँ कीं। स्त्रीवाद ने पहली बार प्रेम पर सवाल उठाए और वाजिब ही उठाए। स्त्रीवादी लेखिका शुलमिथ फ़ायरस्टोन लिखती हैं कि ग़ैर-बराबरी के बीच प्रेम एक अभिशाप बन जाता है तो गहरी ज़रूरत होती है इस बात को समझने की कि प्रेम पितृसत्ता के हाथ का औज़ार तो नहीं? मेरी वोल्सटनक्राफ़्ट, जॉन स्टुअर्ट मिल, सीमोन द बुवा ने अपने-अपने तरीक़े से स्त्री की निर्मिति में प्रेम के प्रशिक्षण पर सवाल उठाए और इसे समझाने की कोशिश की, जब तक स्त्री का सामाजिक दर्जा दोयम है तब तक एक में दूसरे के व्यक्तित्व के विलय वाला प्रेम सबसे ज़्यादा ख़तरनाक है स्त्री के लिए। नीलेश इसे समझती हैं।

तुम
गये भी तो आँधी की तरह
मैं
बची रही लौ की तरह तब भी। (तब भी)

एक कविता में वे लिखती हैं—*जाने से पहले हम क्यों नहीं रोए जी भर जैसे रोते हैं अकेले में...*यह प्रेम में सहज मनुष्य हो जाने की इच्छा है। दोनों रोएँ। एक कन्धा दे दूसरा आँसू बहाए यह नहीं। अकेले में रोते हैं, यह सचाई भी पता है। तो प्रेमी-प्रेमिका सहज हो सकें और रो सकें एक-दूसरे के सामने। प्रेम के बारे में स्त्री कविता एक स्टेटमेंट भी है अपने वक़्त और समाज पर। प्रेम पर उतनी ही कोमल भी।

एक किलकारी की तरह
खुलती है नींद
खुलेगा हमारा भेद एक दिन मंगल गीत की तरह

बराबरी पर खड़ी स्त्री की कामनाएँ कितनी मोहक हैं। लेकिन प्यार करते-करते अपने प्रेमी की दौड़ में शामिल हो जाना और चिढ़ जाना भी है नीलेश के यहाँ।

चिढ़ना भागने से और उसे सांसारिक प्यार कहकर पहचानना भी है (दौड़ते-दौड़ते प्यार), अपने वजूद को बचाए रखने की अद्‌भुत ललक भी है।

मुझे प्रेम चाहिए
घनघोर बारिश-सा।

लेकिन ठिठुरती सर्दी में अलाव-सा, कड़कती धूप में घनी छाँव-सा, काले बादलों में छिपे चाँद-सा, अँधेरे में टिमटिमाती रोशनी-सा प्रेम चाहने में क्या ख़ास है? एक क्लीशे ही है। यह क्लीशे टूटता है जब वे आख़िर में कहती हैं—

मुझे प्रेम चाहिए
सारी दुनिया रहती हो जिसमें...

और प्रेम एक उदात्त भाव में बदल जाता है। मानव-प्रेम में। प्रेम के लिए उत्कट चाह और बराबरी व सहजता की चाह; यही नीलेश को हिन्दी की आधुनिक स्त्री कविता की प्रखर काव्य-परम्परा में खड़ा करता है।

फ़ुरसत के कामों से भरे हुए ख़ाली हाथ

परमानन्द श्रीवास्तव उल्लेख करते हैं कि घर-गिरस्थी, हाट-बाज़ार, सफ़र और समय की अनंतता के बीच नीलेश कब पर्सनल को पॉलिटिकल बना देंगी, कहना मुश्किल है। वे अनजान कैसे रह गए कि यह 'पर्सनल इज पॉलिटिकल' दरअसल द्वितीय चरण के प्रखर स्त्रीवादी आन्दोलन का एक प्रमुख नारा था। स्त्रियों के निजी अनुभवों से निकले छोटे-छोटे मुद्‌दे दरअसल उन बड़े संरचनात्मक और व्यवस्थापरक मुद्‌दों तक ले जाते हैं कि जहाँ पराए शहर में किसी स्त्री के भीतर घर-भर की चिन्ता-फिकिर करती, व्रतोपवास करती अपनी माँ की छवि देखकर नीलेश कहती हैं—

मेरी माँ की तरह ओ स्त्री
उम्र के इस पड़ाव पर भी घबराहट है
क्यों, आख़िर क्यों?

नौकरीशुदा औरत की दिक़्क़तों पर बार-बार उनकी नज़र ठहरती है। ऑफ़िस में उनींदी और उदास होती औरत का दफ़्तर के लोग मखौल बना सकते हैं, चिढ़ते हैं, सर पीटते हैं लेकिन 'स्त्री की नींद' उसके घर और दफ़्तर के बीच कभी न ख़त्म होनेवाले कामों के बीच कैसे कसमसाती है यह नीलेश पकड़ पाती हैं। एक और कविता है—

स्वप्न और दु:स्वप्न के चलतेकोख
बनेगी वह माँ
फ़ाइलों को लेकर चढ़ते-उतरते
देखते हैं हम सब उसे
एक आशंका के साथ।

माँ बनना कोई फ़ुरसत का काम नहीं है। आसान काम नहीं है। उस स्त्री के लिए और भी कठिन जो नौकरीशुदा है। 'पहली रुलाई तक की डायरी' शीर्षक से नीलेश की 21 कविताएँ हिन्दी कविता में पहली बार प्रसव, जन्म और मातृत्व के अनुभवों की प्रामाणिक कविताएँ हैं। केदारनाथ सिंह इनके विषय में ठीक ही लिखते है कि—'पहली रुलाई तक की डायरी जैविक स्त्री बोध का क्रमिक दस्तावेज़ है, जो शायद हिन्दी में पहली बार इतनी प्रामाणिकता के साथ दर्ज हुआ है। इस काव्यात्मक डायरी को जो बात सबसे अधिक विश्वसनीय बनाती है, वह अजन्मे शिशु के साथ माँ की वह चुहल है जो प्राय: इसके हर टुकड़े में मिल जाएगी।' यह चुहल मज़ेदार है कि 'मैं लिख रही हूँ डायरी और तुम बन्दर बने हुए हो' लेकिन केदार जी की बात में मुझे यह जोड़ना है कि यह सिर्फ़ जैविक स्त्री बोध के क्रमिक दस्तावेज़ नहीं हैं। सामाजिक प्रशिक्षण में बननेवाली माँ के भीतर की जैविक स्त्री की टकराहटें भी हैं। यह निजी नहीं, पॉलिटिकल है। 'जन्म और यातना' शीर्षक से इस श्रृंखला की कविता में वे कहती हैं—

एकदम से शक्ल ही बदलती जा रही है मेरी
बहुत शर्म आती है, कहीं भी आने-जाने में
मोटी अम्मा बनाकर रख दिया है तुमने तो

या फिर यह चिन्ता कि *'कौन से कपड़े ठीक हो सकते हैं इन दिनों ऑफ़िस के लिए?'* या दुनिया की बातें—*लड़का हो तो माँ का रूप चुरा लेता है, लड़की हो तो निखार देती है लेकिन मेरे पास रूप है ही नहीं तो क्या तुम चुराओगे, क्या निखारोगे!* या गर्भावस्था में रज्जो जीजी के चाँटे याद आना जो सिलाई-बुनाई न सीखने के लिए कवयित्री ने बचपन में खाए। यह सिर्फ़ चुहल नहीं है। नहीं हो सकती। और वह कविता! 'ढेर सारे काम'। बच्चे के जन्म का समय नज़दीक आने पर नवजात के कपड़ों की व्यवस्था, मालिश वाली और आया ढूँढ़ना, शिशुपालन की किताबें पढ़ना, दूधवाले की जान खाना, नाम ढूँढ़ते रहना, घर ठीक-ठाक करते रहना, दिन-भर इन्हीं चकल्लसों में उलझे रहना। गर्भवती स्त्री के मनोविज्ञान को समझेंगे तो पता चलेगा इसे 'नेस्टिंग इंस्टिंक्ट' कहते हैं। वह सारी घबराहट जो एक शिशु जन्म के पहले हो सकती है क्योंकि जीवन अब पूरी तरह बदलनेवाला है, वह सब यहाँ अभिव्यक्त हुई है। इसका चरम उस कविता

में है जहाँ कवयित्री अभिव्यक्त करती है एक ऐसी यात्रा में होने की पीड़ा जिसे ज़ंजीर खींच कर रोक देने का मन करे। नवें महीने तक आते-आते अगर गर्भवती स्त्री यह कह दे कि *'बुरी तरह से तंग कर रखा है तुमने, सच कहूँ तो बोर कर दिया है'* तो मातृत्व को लेकर तमाम महिमामामंडन की बखिया उधड़ जाएगी। इस कविता और ऐसी कविताओं की बात ही नहीं होगी। जबकि मेरे हिसाब से यह हिन्दी की स्त्री कविता में एक विशिष्ट कविता है। जैसे सुभद्राकुमारी चौहान बच्ची के जन्म के उल्लास की कविता पहली बार दर्ज करने का नवोन्मेष करती हैं, वैसे ही नीलेश इस विशिष्ट अनुभूति को ईमानदारी से दर्ज कर हिन्दी कविता में एक नवोन्मेष दर्ज करती हैं।

शिशु-जन्म से जुड़ा यह भाव-बोध नया नहीं है, लेकिन इसे कह पाना इस समाज में एक साहस का काम है। एक महिला-मित्र से मैंने एक बार कह दिया था कि 'भ्रूण भी एक तरह का ट्यूमर ही है' तो उनकी भावनाएँ बुरी तरह आहत हुई थीं। उन्हें यह मातृत्व का अपमान लगा था। लेकिन सच यही है कि मौक़ा मिले तो स्त्रियाँ न अपने जीवन में मासिक-धर्म चाहतीं न नौ माह के पीड़ादायक सफ़र का दर्दनाक अंजाम। मेडिकली तो एक सच यह भी है कि बच्चे के जन्म के तुरन्त बाद भी कुछ दिनों तक माँ 'बेबी ब्लूज़' के एक दौर से गुज़रती है जो भावनात्मक रूप से तोड़नेवाला होता है, जिसमें वह अपने जीवन के सब कष्टों का ज़िम्मेदार उस अजनबी को मानती है जो उसी की कोख से जन्मा है, उसी का अंश है, जिसके आने से वह इतनी मुहताज हो गई है कि चलकर अपने लिए पानी का ग्लास नहीं ले सकती, नहा-धो नहीं सकती, अपने और बच्चे के लिए पूरी तरह निर्भर है। अभी हिन्दी स्त्री कविता में प्रामाणिकता से ये अनुभव भी दर्ज किए जाने बाक़ी हैं। बल्कि, कोख से जुड़े तमाम अनुभव।

खुटने से डरते हो?

नीलेश का काव्य-संसार जंगल, पेड़ और जल की चिन्ताओं में कभी डूबता है और ख़ुद को पानी का अपराधी पाता है तो कभी यांत्रिकता को कोसता है, कभी उस सभ्यता को जो बच्चे के बड़े होने पर उसके लिए गिटार और बन्दूक का फ़र्क़ ख़त्म कर देती है। 'जनरल बोगी' के दृश्य हैं यहाँ। जेंडर और वर्ग के साथ-साथ चलते विमर्श हैं। कामवाली बाई, मालिश वाली, मल्लाह, किसान, मज़दूर और हर कामगार नीलेश की संवेदनाओं के दायरे में है। *'वो जो घर बनाते हैं, उसके स्वप्न भी नहीं आते उन्हें/जिस कुएँ को खोदते हैं उसका जल भी नहीं तैरता नींद में दिन-रात खुटनेवाले सर्वहारा हैं जो खुटने में भी ही-ही, खी-खी की जगह तलाश सकते हैं।'* 'खुट जाएँ' अपने शिल्प और कहन के अन्दाज़ में एक शानदार कविता

है। 'पिता' सम्बन्धी उनकी सभी कविताएँ बेहद सशक्त हैं। 'पिता पर बुढ़ापा अच्छा नहीं लगता...' जैसे हम सबके मन की बात हो जिन्होंने पिता को आँधियों में एक मज़बूत बरगद की तरह खड़ा देखा है। ढाबे की आठ कविताएँ सीधे दिल से निकलती हुईं। माँ तो लगातार साथ है। भुजरिए उगाती, व्रतोपवास करती, बेटियों के घरों की चिन्ता में घर के काम निबटाती। हर अधेड़ स्त्री में अपनी माँ और हर लड़की में अपनी बहन को देखती है कवयित्री। अभावों में संघर्ष और स्पेस का संघर्ष दोनों परतों पर कविता साथ चलती है।

ख़तरों से भरी बात

'घर-निकासी' संग्रह को पढ़ते विस्मित हो जाते हैं हम कि कुछ भी कविता में कहा जा सकता है। आगे के संग्रहों में वे लयात्मक आख्यानों की तरफ़ अधिक मोह से ग्रस्त दिखाई देती हैं। नीलेश के पास जो मन और भाषा की सादगी, भोलापन, ईमानदारी और मौलिकता है वह नीलेश को यह सामर्थ्य देती है कि वे जीवन के किसी भी सामान्य से क्रियाकलाप को कविता का रूप दे दें। अपनी कविता की ताक़त को पहचानना कवि के लिए बेहद ज़रूरी है। लिखनेवाली स्त्री कुछ भी और होने से पहले स्त्री है। नीलेश भी। यह ज़रूरी भी है। और यह शर्म की बात नहीं है। एक चिन्तित माँ इन संग्रहों में लगातार झाँकती रहती है। 'मेरा बेटा कभी न शामिल हो उन्मादी भीड़ में', 'स्त्री की नीद', 'सुन्दरियों' जैसी कविताओं में जो सशक्त स्वर आता है वह फेशियल कराती औरतों और फेशियल करती औरतों के बीच एकसूत्रता का बिन्दु भी पा लेगा। पहली रुलाई तक की डायरी वाली श्रृंखला में एक प्यारी-सी कविता है—'ख़तरों से भरी रात'।

अगर लड़का हो तो इस ड्राइवर जैसे बिलकुल मत बनना
और अगर लड़की हो तो मेरी तरह सूनी सड़क पर अकेली कभी मत चलना।

संसार में बहुत बुरे लोग हैं, घिनौने! कुछ भी हो सकता था! रात को सड़क पर अकेले चलते हुए एक बेहूदा ड्राइवर की सन्दिग्ध हरक़त से रूबरू होना कड़वा अनुभव और एक सामाजिक सच है जिससे कोई इनकार नहीं कर सकता। इससे बचना और एक अनजान दादाजी के सहारे घर तक पहुँचना एक अच्छा अनुभव है लेकिन सच नहीं है क्योंकि 'ज़रूरी नहीं, हर बार दादाजी मिल ही जाएँ' कविता की अन्तिम पंक्ति कहती है। हमारी दुनिया और समाज जेंडर्ड है। ख़तरा भी यहीं है क्योंकि तमाम मासूमियत को मुख्यधाराई आलोचक आसानी से अप्रोप्रिएट कर लेते हैं। लेख के आरम्भ में उद्धृत पंक्तियाँ उस 'पेट्रनाइज़' करने की मानसिकता की ओर भी सही संकेत करती हैं। इसलिए स्त्री कविता के पाठ/अन्तर्पाठ की आलोचना से क्या ही उम्मीद की जाए। फ़िलहाल बस यात्राओं के लिए बेक़रार,

जकड़बन्दियों से आज़ाद होने की बेचैनी से भरी स्त्री को, कवि-माँ को अजन्मे शिशु की कल्पनाओं में भी सावधान रहना होगा कि शिशु *'सफ़ेद फ्रॉक में फुलझड़ी छोड़ती परी नन्ही सी है या घोड़े पर सवार रॉकेट छोड़ता नन्हा राजकुमार...?'* अपनी अस्मिता के प्रति सचेत नीलेश इधर की कवयित्रियों से भी सजग हैं इसलिए 'जब भी ख़ुद को तोड़ती हूँ' वाली विखंडन (de-construction) की प्रक्रिया को आगे और प्रखर होना होगा।

4

सुमन केशरी : लड़कियों के अपने देस की कथा सुनी है?

जॉन स्टुअर्ट मिल ने अपनी किताब 'स्त्रियों की पराधीनता' में लिखा है कि अगर स्त्रियों का कोई अलग देश होता कि जिसमें उन्होंने कभी पुरुषों द्वारा लिखा साहित्य न पढ़ा होता तो शायद उनके पास 'अपना' साहित्य होता। लिट्रेचर ऑफ़ देयर ओन! मिल का यह लिखना सन्दर्भ से हटाकर पढ़ा नहीं जा सकता लेकिन इतना कहा जा सकता है कि स्त्री-लेखन का इलाक़ा इसलिए भी चुनौतीपूर्ण है कि इसमें वह सब अनसीखा करना भी शामिल है जो सदियों से लिखे जा रहे साहित्य को पढ़कर उसने आत्मसात कर लिया है। अपनी ही देहयष्टि को कभी रीतिकालीन नज़रिए से तो कभी कलगी बाजरे की तरह के उपमानों में ढलते देखना और प्रेम को भी पुरुष के नज़रिए से समझना। वह अपनी दर्शक रही है। द्रष्टा बनने से पहले उसे कई चश्मे उतारने होंगे। यह तकलीफ़देह काम है लेकिन बेहद ज़रूरी। ऐसी कई कोशिशें अंग्रेज़ी और फ्रेंच में की गईं। मेरी वोल्स्टनक्राफ़्ट ने 'स्त्री अधिकारों का औचित्य साधन' में नामी लेखकों, दार्शनिकों के लिखे में स्त्री-द्वेष को रेखांकित किया। सीमोन ने 'स्त्री उपेक्षिता' में। केट मिलेट ने 'सेक्शुअल पॉलिटिक्स' में। एलेन शोवाल्टर का पीएचडी का काम ही ब्रिटिश स्त्री उपन्यासकारों पर था। इन सबका विश्लेषण करते हुए समाहार किया टॉरिल मॉय ने अपनी किताब 'सेक्शुअल/टेक्स्चुअल पॉलिटिक्स' में।

अब, कविता की बात। इक्कीसवीं सदी की स्त्री कविता का प्रस्थान बिन्दु वहाँ होना चाहिए था, जहाँ कि वह साहित्य की दुनिया में अपने होने का दावा करे। वह ड्राइविंग सीट पर आए तो पिछली सीट पर से किसी सत्ता के निर्देश सुनने के लिए नहीं। कभी बहुत व्याकुल होकर, कोई बेहद ज़रूरी चीज़ तलाशने को जैसे हम घर का करीने से लगा सामान उलट-पलट कर देते हैं, ऐसे ही स्त्री कविता को भी बने-बनाए मानकों और भाषा के साथ करना होता है। फिर जैसे घर से निकलते हुए निर्देश दे जाते हैं कि जो चाहो साफ़-सुथरा करना, मेरे काग़ज़ों को हाथ मत

लगाना ऐसे ही, चलते-फिरते टीका-टिप्पणीकारों से कहे—सबको हाँकिए अपने चाबुक से चाहे जैसे भी, लेकिन स्त्री कविता को उन मानकों पर मत कसिए जिनसे उसकी आत्मा तक पहुँचा ही नहीं जा सकता। शिश्न-केन्द्रित आलोचना से सबसे ख़राब काम यह हुआ कि जहाँ-जहाँ स्त्री कविता सबसे ताक़तवर होती है कवि उसे पहचान ही नहीं पाती और अन्यान्य इलाक़ों में भटकते हुए आलोचकों के मापदंडों पर खरा उतरने की कोशिश करती है क्योंकि स्वीकृति-अस्वीकृति के लिए मुख्यधारा की ओर देखने के लिए बरसों का अनुकूलन रहा। एलेन शोवाल्टर इसी ख़तरे की ओर इशारा करते हुए लिखती हैं कि स्त्री-लेखन अक्सर 'बायटेक्स्चुअल' रहा। दोहरी आवाज़ों वाला। जिसमें प्रभुत्वशाली पुरुष-लेखन-परम्परा का असर भी है और दबे हुए स्त्री-स्वरों का भी।

इस तरह देखें तो स्त्री कवि जहाँ-जहाँ मुक्त होती है वह 'लिट्रेचर ऑफ़ हर ओन' रचती है।

मैं उड़ती हूँ खिड़की के पार

सुमन केशरी के संग्रह 'याज्ञवलक्य से बहस' में 'एक निश्चित समय पर' और 'मैंने ठान लिया है' शीर्षक से बनाए गए दो खंडों की कविताएँ सबसे सशक्त हैं। जहाँ कवयित्री अपने मन के साथ बही है, मने यह कि जितना वह 'कॉमन' को भूली है, जहाँ-जहाँ सामान्य से विमुख हुई है, वहाँ-वहाँ कविता ने ख़ूब साथ दिया है। स्वाभाविक सी बात है कि जैसे ही कवि को विषयों की चिन्ता होती है सबसे पहले कविता उसका साथ छोड़ती है अगर उसने भाषा को साधा नहीं है। कविता की भाषा भी एक साधना की माँग करती है ताकि 'कुछ भी' कविता में कहा जा सके।

कोई भी कविता वहाँ सबसे सघन होती है जहाँ वह अपनी निजी अनुभूतियों को लेकर सबसे ईमानदार होती है। यह स्त्री कविता की ताक़त भी है। इसी निज से निजेतर के रास्ते खुलते हैं। इसलिए भी बेतरतीबी स्त्री कविता के लिए कोई अवगुण नहीं। यह वही ख़ास तकनीक है जो उसने अपनी भाषा के प्रशिक्षण में एकदम सहज पा ली है। बात कहाँ शुरू होती है कहाँ चली जाती है। मर्द शिकायत करते हैं, चुटकुले भी बनाते हैं कि औरतें बात कहाँ से कहाँ ले जाती हैं! कभी पॉइंट पर नहीं रहतीं। लेकिन सोचने की बात है कि क्यों चले पॉइंट टू पॉइंट, जैसे हमेशा स्त्रियों को चलाया जाता रहा! हम आड़े-तिरछे चलेंगे, आँधी-बारिश में खिड़कियाँ-दरवाज़े खोल देंगे, काट-पीट, सीना-पिरोना नहीं करेंगे बल्कि धार भोंथरा कर देने को कैंचियाँ बच्चों को दे देंगे, गुमा देंगे। सुमन जी की एक बेहद

सुन्दर कविता है और ऐसी ही कविताएँ सुमन केशरी की ताक़त हैं। कविता है यह 'मैंने ठान लिया है'—

इन दिनों मैंने घर की तमाम कैंचियाँ छिपा दी हैं ख़ुद अपने से भी
और भूल जाना चाहती हूँ वे जगहें
जहाँ वे दुबकी पड़ी हैं
कुछ को तो मैंने ख़ुद ही बच्चों को दे दिया है
कि वे उनसे खेला करें
उनकी धार भोंथरी कर दें
खेल-खेल में ही उन्हें गुमा दें।

बड़ा मज़ा आता है आँधी-पानी के दिनों में
खिड़कियाँ-दरवाज़े खोल देने में...

यहाँ पति से दोस्ती करने की भी चाह है। याज्ञवलक्य से लम्बी बहस में उलझ जाना भी है और साथी से यह सवाल भी कि क्या तुम मेरे साथ इस बहस में उनसे उलझोगे? एक बौद्धिक स्त्री अपने मन की राह चलेगी तो दुनिया पूरी ताने देगी ही, बहस करेगी, गरियाएगी। वह लिखती हुई स्त्री होगी तो विद्वान पुरुष भी बहस को उद्यत स्त्री को उसकी मर्यादा समझाएँगे। ऐसे में वह साथी क्या करेगा जिसे उसने चुना है अपने जीवन के सफ़र के लिए? स्त्री के हाथ क़लम आएगा, दिमाग़ चलेगा और ज़बान खुलेगी तो ऐसे दुरूह सवाल वह सबसे पहले अपने सबसे क़रीबी से पूछेगी। बाहर जो संघर्ष होगा वह भीतर तक आएगा। उसकी जगह 'घर' है यही कहा गया जब पब्लिक मैन/प्राइवेट वूमन के खाँचे बनाए गए।

मज़ेदार यह कि जब जीवन इस बेतरतीबी के ठीक उलट हो जाता है, निश्चित समय और रूटीन में बँधा तो सबसे अनिश्चित होता है स्त्री को ख़ुद से रू-ब-रू होने का अवकाश मिल पाना। कई बार पूरी उम्र गुज़र जाती है इस आत्मबोध के बिना या इससे बचते-बचाते हुए। ऐसी ही कविताएँ हैं 'एक औरत अपने को फिर से सिरज कर', 'औरत रचती है एक वितान 1 और 2', 'डराके मन में उतरना', 'बहाने से जीवन जीती औरत', 'औरत', 'कहानियों की दुनिया में लड़की', 'धुंध में औरत', 'हाँ, वह रोज़ी थी'। माँ के जीवन में माँ के अपने लिए स्पेस के नितांत अभाव को याद करते हुए जैसे 'औरों के लिए तप' कविता में और फिर अपना एकान्त चाहना, अपनी स्पेस जहाँ स्वाधीन, स्वतंत्र बैठा जा सके जैसे 'सुनो भर्तृहरि' कविता में। माँ को चाहते हुए भी बेटियाँ माँ का जीवन नहीं जीना चाह सकतीं। अपने स्पेस की यह छटपटाहट बीच-बीच में झाँकती है। स्पेस सिर्फ़ 'अ रूम ऑफ़ वन्स ओन' और अपनी तनख़्वाह ही नहीं। उससे भी ज़्यादा। एक मानसिक स्पेस।

अकुंठ और तकादों से मुक्त। एक और कविता है हाल ही में असुविधा ब्लॉग पर प्रकाशित। कवयित्री विदा होती लड़कियों को देखते हुए एक भोली और अर्थवान जिज्ञासा प्रकट करती है—*'लड़कियों के अपने देस की कोई कथा सुनी है क्या तुमने?'* जवाब तो है ही उसके पास कि—*नहीं होते लड़कियों के देस। न वह जगह उनकी है जहाँ वे जन्मती हैं और बड़ी होती हैं, न वह जगह जहाँ वे ब्याह के जाती हैं।* लेकिन स्पेस का मसला मायके/ससुराल की ज़मीन अपने नाम लिखा लेने का नहीं। यह स्पेस बिना मलाल खिड़की के पार उड़ जाने और अपनी उड़ान पाकर आनन्दित होने में है।

सूरज की किरण पर बैठ

यात्राओं की इच्छा के मानी बदल जाते हैं जब स्त्री यह कहती है कि सूरज की किरण पर बैठ मैं यात्रा पर निकल गई। ख़ुद सूरज हो गई। चर-अचर के कोनों-कोनों में झाँका। लेकिन शाम हुई। दीवाल से सटे एक पालने में बच्चे का मुँह में पाँव का अँगूठा डालने का खेल देखा और वहाँ बँध कर 'थम गई'। यह थम जाना मानो सृष्टि की आदिम स्त्री का थम जाना हुआ। बच्चे के जन्म के साथ, उसकी ज़रूरत में, उसके मोह में, उसकी ज़िम्मेदारी के एहसास के साथ बँध जाना हुआ। यह कौन नहीं जानता कि स्त्री की उन्मुक्त उड़ान और उसकी सम्भावनाएँ तक, सबसे पहले शिशु के होने से एक चारदीवारी में बदलती हैं। आवारा लड़के के लिए अगर यह कहा जाता रहा कि शादी करा दो, पाँव में बेड़ियाँ डाल दो (भले वे बेड़ियाँ बदले में पत्नी ही के पाँव में डाल के मस्त हो जाए) तो विवाहिता का भी 'बहुत उड़ना' बन्द कराने के लिए लिए सन्तान के जन्म का इन्तज़ार करने की पारिवारिक संस्कृति रही आई है।

'सुनो बिटिया' कविता बेहद ख़ूबसूरत है। कवयित्री में अपने उड़ने को लेकर कोई अपराधबोध नहीं बल्कि अपनी उड़ान को बिटिया के लिए एक नज़ीर भी बना दिया और नज़रिया भी।

पंजों को उचकाना
इसी तरह तुम देखा करना
इक चिड़िया का बनना

सुनो बिटिया
मैं उड़ती हूँ
खिड़की के पार
चिड़िया बन
तुम आना...

माँ-बेटी वे चिड़ियाँ हैं जिनके लिए सिर्फ़ उड़ना नहीं, खिड़की के पार उड़ जाना ज़रूरी बात है। उस ताक़त और कष्ट को देखना ज़रूरी है जो खिड़की से बाहर जाने के प्रयत्नों में लगती है। उस आनन्द को महसूस करना ज़रूरी है जो सब अवरोध मिटा कर खिड़की के पार उड़ जाने में है। बिटिया तुम देखना, ताली बजाती और खिलखिलाती। फिर यह कामना और यह प्रोत्साहन कि 'तुम भी आना खिड़की के पार' ऐसे ही उड़ने के लिए। मेरी नज़र में यह कविता सुमन केशरी की बेहद महत्त्वपूर्ण कविता है स्त्री कविता की परम्परा को मज़बूत करती हुई।

इन कविताओं में वह बेटी और माँ हैं जो 'जैसे उनके दिन फिरे...' का इन्तज़ार नहीं करतीं। बेटी कहती है—

कहानियाँ सुनती लड़की सवाल करती है माँ से कि
कहानी में भी औरत रोती है
वन को जाती और कोख बँधाती
दिन बीतने को वह तरसती है।

अब तुम बैठो बिटिया बनके
और कथा कहूँ मैं कुछ तन के।

माँ-बेटी के बीच यह संवाद और निरन्तरता कई कविताओं में दिखाई देती है। मैं यहाँ मातृसत्ता को देखती हूँ। वह मातृसत्ता जो पितृसत्ता का विलोम नहीं है। स्त्री अपने अनुभवों का पोटला बेटियों को सौंपती है। इस पोटले में कई दुख होते हैं, कई राज़ होते हैं, कई कोड्स होते हैं। यही वह 'प्राइवेट प्रॉपर्टी' है जो माँ बेटी को देती है तो उसके सुख, ख़ुशी और आज़ादी की कामना के साथ।

मैं अपने हाथों की सारी कलाएँ
और
देह की सारी ऊष्मा
तुम्हें सौंप देना चाहती हूँ
मेरी बिटिया
तुम्हें छाती से लगाकर
अपने मन के तमाम भेद बता देना चाहती हूँ
बिटिया
ताकि तुम जी सको जीवन को कुछ अपनी तरह... (सौंपना)

जिस नई दुनिया को बनाने का स्वप्न स्त्रीवाद देखना चाहता है वह इस बहनापे

के और इस माँ-संतति सम्बन्ध के बिना सम्भव नहीं। सम्पूर्ण जीव-जगत में सुमन माँ को एक बड़ी भूमिका में देखती हैं। विपुल पृथ्वी और निरवधि काल की तरह माँ का मन। मन ही नहीं, तन भी।

और फिर वह धीरे से बो देती है
स्मृतियाँ अपनी संतति में
विपुल पृथ्वी पर जगह-जगह
निरवधि काल के लिए
(बड़के बिलौटे के लिए जो छिन गया असमय ही)

चल रही होगी कविता नामालूम-सी

'पेड़ और माँ' एक ख़ूबसूरत कविता है। स्त्री का जीवन कैसे प्रकृति से हमेशा एक-मेक रहा है इसे स्त्री कवि बार-बार अपने यहाँ अभिव्यक्त करती रही है। प्रकृति की चिन्ता स्त्री कविता में एक समानांतर चिन्ता है। 'जगह' कविता में पशु-पक्षियों के प्राकृतिक आवास पेड़ छिनते जाने की चिन्ता है तो 'बचाना-1 और 2' में थोड़ी सी जगह, ज़मीन का एक टुकड़ा ऐसा बचा लेने की चिन्ता है जहाँ आत्मा की आदिम आवाज़ शेष रह गई हो। 'बूँद-भर जल' में कामनायुक्त धरती का बिम्ब सुन्दर बन पड़ा है।

कविता कविता होते-होते रह जाती है कई बार। उम्मीद जगती है लेकिन कविता पिकअप नहीं लेती। यह पींग बढ़ाने की जगह है, यह समझे बिना ही कविता कहीं और रेंग जाती है। 'टिटहरी' वाली कविता में जैसे। कभी एकदम सहज कोई बात कविता हो जाती है। एकदम नामालूम ढंग से वह कविता हो जाती है। लड़की चलती है डुग डुग डुग डुग। तब भी जब तुम सोच रहे होगे कि वह आराम करने लेटी है। वह चल रही होगी।

वह तब भी
डुग डुग डुग डुग
चल रही होगी
नामालूम-सी
पृथ्वी-सी। (लड़की)

या बेबसी पर जीत की तरह कविता आती है कभी जब उस स्त्री की आँखों में देखती है जिसे अपने घर में बात-बेबात मार खानी होती है। जिसकी देह पर कई निशान हैं और वह मुस्कुरा कर उन्हें दिखा रही है यह कहती हुई—

बेबस की जीत
आँख की कोर में बने बाँध में होती है

बाँध टूटा नहीं कि बेबस हारा
आँसुओं के नमक में सिंझा कर
मैंने यह मुस्कान पाई है! (उसके मन में उतरना)

कविता के अन्त तक अगर कवि के पास एक जगह है जिसे सुरक्षित करके चलना उसकी तकनीक है तो कविता का पाठ एक बन्द पाठ होगा। कविता कहीं की कहीं निकल जाएगी यह ख़तरा जहाँ-जहाँ मोल ले सकी हैं सुमन वहीं-वहीं कविता ने उड़ान भरी है। सारे अर्थ पहले से तय करके कविता नहीं हो सकती न ही सारे अर्थ प्रचलित मानकों पर कसकर उसका पाठ। फिर उसमें कोई खोज नहीं होगी, कुछ नया नहीं होगा। कहने को मन के घोड़े होंगे लेकिन उनका गंतव्य एक क्लीशे होगा। 'घास' अच्छी कविता है। इसे पढ़ते हुए किश्वर नाहिद की कविता 'घास बस मेरी तरह है' की याद आ जाती है।

बिम्बों का चयन कवि के लिए एक महत्त्वपूर्ण और मुश्किल काम है। स्त्री कवि को यहाँ दोगुनी सावधानी से चलना होता है। आसमान की निष्प्राणता, सूखेपन और वीरानी के लिए निपूती विधवा की आँखों के सूनेपन का बिम्ब आए तो पुत्र और पति-विहीन होना स्त्री के जीवन की निस्सारता है यह पितृसत्तात्मक सोच बल ही पाएगी।

स्त्री कविता और मिथक

स्त्री कविता के लिए मिथक एक बड़ी चुनौती है। मिथकों के साथ पंगा लेना स्त्रीवादी साहित्य के लिए एक बड़ा काम है। मेहनत, सब्र और रौशनी माँगनेवाला इलाक़ा। कोयले की खदान जैसा! जब स्त्री कवि मिथकों को कविता के विषय के लिए चुनती है तो उसका मक़सद होता है (1) मिथकीय आख्यानों/चरित्रों का स्त्रीवादी आलोक में पुनर्पाठ/पुनराख्यान करना (2) जेंडर-रूढ़ियों को चुनौती देना (3) एक प्रति-आख्यान रचना। मिथकों की रचना का एक बड़ा प्रयोजन स्त्री-यौनिकता का नियंत्रण और पवित्रता को बचाए रखना है। इस अर्थ में स्त्री कविता जब मिथकों की ओर देखती है तो आस्थाओं को प्रश्नचिह्नित करती है, डीकोड करती है संकेतों को, भाषा की तहें खोलती है, प्रतीकों को अलटती-पलटती है। ये केवल साहस से ही सम्भव होनेवाली बातें नहीं हैं, अन्तर्पठनीयता इसमें बड़ी मदद है। कविता का कविता होना तो पहली शर्त है ही। जैसे फ़ॉर्म और कथ्य की तमाम तोड़-फोड़ के बावजूद भाषा की परतों का बचा होना और रह-रह कर गूँजना! सवालों में वह विवेक और मानसिक सन्तुलन बने रहना जो पठन-पाठन से पाया जा सकता है।

इस मानी में सुमन केशरी ने पहली बार हिन्दी स्त्री कविता में वह काम किया है कि मिथकों से कई पात्र उठाए हैं। द्रौपदी और कृष्ण पर लिखी कविताएँ पुनराख्यान

हैं। रीटेलिंग! पुनराख्यान मिथक-कथा के भीतर के 'अन्य' को मुखपृष्ठ पर ले आता है या मुख्य दिखनेवाले किरदार की 'अन्यता' को उजागर करता है। रावण कविता एक तरफ़ रावण को राम से इस मानी में बेहतर कहती है कि कम से कम वह बहन के अपमान का बदला लेने के लिए एक युद्ध तक के लिए तैयार है। वही रावण शर्म से ढह जाता है कि वह सीता को हर लाया है जिसका कोई अपराध नहीं इसके सिवाय कि वह लक्ष्मण रेखा पार करने में सक्षम है। इस पंक्ति के साथ कविता लक्ष्मण रेखा का जो अर्थ रचती है वह बेहद काम का है। एक पितृसत्तात्मक समाज-संरचना में लक्ष्मण रेखा को पार कर 'सकने' में समर्थ स्त्रियाँ अपने इस साहस के परिणाम अक्सर भोगती हैं। लेकिन कविता 'स्त्री के लिए युद्ध होते हैं' इस कॉमन सेंस को चुनौती नहीं दे पाती। कर्ण और अश्वत्थामा की ओर भी कवयित्री का ध्यान गया है हालाँकि सिर्फ़ महाभारत के ही पात्रों की कविताएँ नहीं हैं। राम और सीता भी हैं। होने को उर्मिला, मन्दोदरी, गांधारी भी हो सकती थीं। उम्मीद है आगे होंगी भी।

अपने लेख 'लाफ ऑफ़ मेड्यूसा' में हेलेन सिक्सू कहती ही हैं कि 'विमेन शुड स्पीक देयर बॉडीज़'। उन्हें अपनी देह से निर्वासित कर दिया गया है और लेखन में भी वह दिखाई देता है। इसलिए उन्हें लेखन में अपनी देह को क्लेम करना होगा। 'मेड्यूसा' ख़ुद एक ग्रीक मिथक है। एक ऐसी स्त्री जिसके बालों की जगह ज़हरीले सर्प हैं, जिसकी तरफ़ देखनेवाला पत्थर हो जाता है। अपनी यौनिकता को लेकर जो अकुंठ है ऐसी उन्मुक्त स्त्री को डायन की तरह देखना समाज के अवचेतन में गहरे पैठा हुआ है। इसलिए, मिथक इसके लिए सबसे काम की जगह है। वे प्रतीक या प्रतीक शृंखलाएँ जिनसे व्यवहार-सरणियाँ प्रभावित होती हैं, वहाँ लगातार काम किया जाना ज़रूरी है। 'महाभारत' के एक अवांतर प्रसंग के रूप में आई माधवी की कथा स्त्री-यौनिकता के मसले पर कई सवाल खड़े करती है। चक्रवर्ती सम्राट बने ऐसे पुत्र को जन्म देने और हर बार शिशु के जन्म के पश्चात् अनुष्ठान करके चिर-यौवना बने रहने का वरदान मिला था माधवी को। पिता ने अपने अहंकार के लिए उसे दान कर दिया विश्वामित्र-शिष्य गालव को। तीन राजाओं ने उससे संसर्ग किया और चक्रवर्ती होनेवाली पुत्र सन्तान प्राप्त की। गालव और विश्वामित्र ने उसे इस्तेमाल किया। आख़िर एक समय में इस देश को कितने चक्रवर्ती सम्राट चाहिए थे? चक्रवर्ती सम्राट बने ऐसा पुत्र पाने की इच्छा क्या पूरे पितृसत्तात्मक संरचना में एंगेल्स के 'परिवार, निजी सम्पत्ति और राज्य की उत्पत्ति' की याद नहीं दिलाती? स्त्री-देह क्या सिर्फ़ कोख, योनि और श्रम उपलब्ध कराने के लिए है? माधवी के बहाने स्त्री की इस संरचना में अवस्थिति पर सवाल करते हुए सुमन केशरी लिखती हैं—

क्या कभी किसी ने धरती से पूछा
वह किसके बीज को धारण करेगी?

कर्ता है पुरुष सच्चिदानन्द स्वरूप
उसी का सत्य है स्त्री का सत्य
उसी की चेतना स्त्री की चेतना है
और उसी के आनन्द में है स्त्री का आनन्द।

द्रौपदी पर बात करते हुए भी स्त्री-यौनिकता तक बात ले जाना ज़रूरी है। इस मानी में द्रौपदी एक बेहद प्रखर चरित्र है अनेक सम्भावनाओं वाला, इसके लिए दुस्साहस और दृष्टि चाहिए। इधर के कुछ उपन्यासों में द्रौपदी के चरित्र को लेकर कई तरह से लेखकों ने आख्यान रचे भी हैं। उड़िया में प्रतिभा रे का उपन्यास 'याज्ञसेनी' महत्त्वपूर्ण है। सुमन भी कृष्णा, द्रौपदी और याज्ञसेनी तीन शीर्षकों से तीन कविताएँ लिखती हैं। कृष्ण द्रौपदी के प्रति अपराधबोध से ग्रस्त हैं। सुमन जी की कविता में कृष्ण स्त्री के प्रति सबसे संवेदनशील हैं। द्रौपदी को पाँच भाइयों से साझा किया जाना और चीर-हरण की घटनाएँ याद करते हैं। कृष्ण अर्जुन से मुखातिब हैं—'क्या माँ भी बेटों की ज़बान बोलने लगती है/कहो तो पार्थ?' यहाँ कृष्ण ख़ुद को कटघरे में खड़ा करते हैं—'मिटा दिए हैं असुविधाजनक सवाल/या फिर उनकी धार मोड़ दी है अपने हित में।' राम-सीता का चरित्र सबसे पावन है। सवाल वहाँ सबसे ज़्यादा असुविधा श्रद्धा के कारण पैदा करते हैं। द्रौपदी या कृष्ण से अपनी बात कहलवाने में जो छूट है, वह राम-सीता में नहीं।

इन मुख्यधाराई मिथकों के अलावा स्त्री-मिथकों का एक बेहद समृद्ध क्षेत्र है जिनका न पौराणिक आधार मिलता है और जिनका न मठ है। सुमन राजे इस ओर इशारा करती हैं। इन मिथकों को स्पष्ट करने के लिए किसी टीका या पुराण कथन की भी आवश्यकता नहीं होती। न पंडित, व्यास, कथावाचक की। स्त्रियाँ यह कार्य स्वयं ही कर लेती हैं उन उत्सव कथाओं के माध्यम से जिन्हें कहकर इन मिथकों की पूजा की जाती है। अहोई आठे, सकट देवता, गज्ज बीबी, दिवारीओट पर चित्रित आस मैया, प्यास मैया, नींद मैया, भूख मैया।[1] मिथकों का यह पूरा इलाक़ा स्त्री कविता के लिए अनन्वेषित नहीं छूटना चाहिए। लोकगीतों या ऐसे मिथकों को खँगालना और लोक-मानस में गहरे पैठी आस्थाओं का अध्ययन एक ज़रूरी काम है। चुनौती भी। यहाँ मुझे याद आता है निर्मल वर्मा का एक पत्र। ज्योत्सना मिलन को लिखते हुए वे कहते हैं कि कुछ शब्द ईश्वर या आत्मा जैसे, हमारे बहुत निकट और मूल्यवान होते हैं। इसलिए उनका नाम लिये बिना उनके पीछे की अर्थवत्ता को उजागर करना चाहिए। कला की यह अजीब विडम्बना है कि जहाँ वह अज्ञान, अनाम चीज़ों को 'नाम' देती है, वहाँ दूसरी तरफ़ नाम दी हुई चीज़ों (ईश्वर, आत्मा, प्रेम) को हमारे

लिए फिर एक अज्ञात रहस्य में 'अनाम' कर देती है। वे लिखते हैं—

> किसी पवित्र तक पहुँचने के लिए कविता कोई तीर्थयात्रा नहीं है बल्कि पवित्र की देहरी के परे उन चीज़ों की खोज है जिन्हें उकेरा नहीं जा सका है, जो अपनी दयनीयता में नग्न, पापयुक्त हैं।[2]

पुराणों ने स्त्री-मिथकों को पवित्रता ओढ़ाई है। लेकिन साहित्य उन्हें चेस्टिटी बेल्ट पहनाने का काम नहीं कर सकता। मुझे पूरी उम्मीद है कि भविष्य में सुमन केशरी मुख्यधारा के मिथकों के पार इन मिथकों तक भी पहुँचेंगी और मानीखेज़ बिम्ब रचेंगी जिसमें वे समर्थ हैं।

लड़कियों का अपना देस

एलीन मार्गन अपनी किताब 'नारी का अवतरण' के एक अध्याय—'स्त्री क्या चाहती है?' में लिखती हैं—'बहुत सारे लोगों के अवचेतन में यह विचार होता है कि स्त्री कुल-मिलाकर उतनी जटिल प्राणी नहीं है, वह न्यूनाधिक सदाबहार झाड़ियों या फलियों या लताओं जैसी सहज है, हमारे पास सीधा-सादा उत्तर है ही कि उन्हें बहुत सारी फास्फेट खाद ही चाहिए, और एक बार यह रहस्य समझ आ जाता है तो ज़िन्दगी सरल हो जाएगी। स्त्री को वह दिया जा सकेगा जो वह चाहती थी और फिर वह ख़ामोश बनी रहेगी, और तब वास्तविक मनुष्यों (यानी कि पुरुषों) को इतना समय मिल सकेगा कि अन्य वास्तविक मनुष्यों से अपने महत्त्वपूर्ण और कठिन व्यवहार की उलझनें सुलझाने पर अपना ध्यान केन्द्रित कर सकें।'[3]

यह आसान सवाल नहीं है कि स्त्री क्या चाहती है! तब और भी मुश्किल है जब इसका जवाब स्त्री को ही देना हो। जब कविता में जवाब दिया जाता है तो बेहतरीन जवाब होता है—मैं उड़ती हूँ खिड़की के पार/बिटिया तू भी आना/चिड़िया बन। लेकिन अपनी ही कोई और कविता जक्सटा पोज़ीशन में खड़ी हो सकती है क्योंकि प्रभुत्वशाली-पुरुष-लेखन-परम्परा का प्रभाव भी अपना काम कर रहा है। स्त्री कविता अपने ही पाले में गोल कर लेती है जब 'एक औरत को क्या चाहिए' कविता कहती है—

एक औरत को क्या चाहिए
पात भर भात
और अनुराग अपने प्रिय का
× × ×
औरत को क्या चाहिए
एक सच होता सपना प्रेम का

और चुटकी-भर विश्वास
नमक-सा...

मैंने बात शुरू की थी 'लिट्रेचर ऑफ़ देयर ओन' से। साहित्य पढ़ते हुए स्त्री अब तक अपनी दर्शक रही आई थी। द्रष्टा बनने से पहले उसे कई चश्मे उतारने होंगे। यह बेहद ज़रूरी है। मैं उस 'बायटेक्स्चुअल' विमर्श की बात करूँगी जो स्त्री-लेखन में कभी-कभी खड़ा हो जाता है। 'कबीर-अबीर' कविता है एक। यहाँ कवि बचपन में जिस कबीर को पढ़ी हुई है, बड़े होकर उसे कई टुकड़ों में विभक्त देखा। यानी, कबीर के अलग-अलग पाठ। ज़ाहिर है अस्मितावादी विमर्शों ने अपने-अपने पाठ किए कबीर के जिनमें एक पाठ स्त्री-पाठ भी है जिसकी ओर कवयित्री का इशारा है। वह कहती है—इन सब पाठों से कबीर कराह उठे जबकि शिष्य सब मदमस्त हैं। सारे अस्मितावादी विमर्श पूर्ण मनुष्य की कल्पना में जैसे बाधा हैं। लेकिन जो पूर्ण है वह ढेर सारे अपूर्णों का समुच्चय भी तो है, जो महाआख्यान है वह सीमांत के अनंत आख्यानों की सामूहिक सहजीविता है। कबीर धरती की कोख भी है, आकाश का बीज भी, प्रेमी भी, विरहिनी भी, मस्त भी और चिड़चिड़ा भी, ज्ञानी भी, भ्रमित भी...और कविता में अन्तत: कबीर ख़ुद मिथक में बदल गया।

ऐसे ही एक कविता है 'यह कैसा समय है?' इस कविता में भी अस्मिता विमर्शों पर सवालिया निशान है। कुछ कविताएँ जिन्हें प्रत्यक्षत: पॉलिटिकल कहा जा सकता है वहाँ आम-आदमी की कॉमन-सेंस से बनता हुआ पाठ है। 'आज कुँवर की सवारी निकल रही है' या 'फौजी' कविता। फौजी एक लम्बी कविता है। एक अनावश्यक विस्तार के बाद जो पाठ बनता है वह मुख्यधाराई कॉमन सेंस तक जाता है। कॉमन सेंस का फ़ायदा यह कि जन-मन के सहज-बोध के पास होगी कविता। नुक़सान यह कि केवल स्वीकार्य सच होंगे, पुनरावृत्तियाँ होंगी, क्लीशे अभिव्यक्तियाँ होंगी यानी किसी न किसी तरह का यथास्थितिवादी अभिप्राय। स्टुअर्ट मिल भी जानते थे और कवयित्री भी जानती है यह सच कि लड़कियों के अपने कोई देस नहीं होंगे। इसी देस में तलाशनी होगी अपनी ज़मीन, अपने पैरों तले भी और अपने भाव-बोध में भी। इसलिए केवल स्त्री कविता को ही नहीं बल्कि हमारे समय की हर कविता को मुख्यधारा के इस सहजबोध से बार-बार टकराना होगा, प्रश्नांकित करना होगा और इसके पार जाकर वैकल्पिक सहजबोध के निर्माण की प्रक्रिया में ख़ुद को, पाठक को शामिल करना होगा—क्योंकि बकौल मुक्तिबोध 'जो है उससे बेहतर चाहिए।'

तहख़ाने का द्वार खुल रहा था धीरे-धीरे

अद्यतन संग्रह 'पिरामिडों की तह में' में सुमन केशरी की कुछ पुरानी और कुछ नई कविताएँ हैं और यह संग्रह एक कवि का स्टेटमेंट है कि मैं यह हूँ। कवि-मन की

तमाम बेचैनियों और पीड़ा के साथ वे बेहद आत्मविश्वास से दीप्त दिखाई देती हैं। बाक़ी कविताओं और ख़ास तौर से संग्रह के बैक कवर पर उनकी कविता 'कभी किसी औरत का घर देखा है?' को पढ़ो तो साफ़ लगता है कि 'लड़कियों के किसी देस की कथा सुनी है?' और 'औरत को चाहिए ही क्या?' के पूरे द्वन्द्व से निकलकर कवि अपनी एक पोज़ीशन सेट करना चाहती हैं। यह बेचैनी किसी कवि की संघर्ष यात्रा में पाया गया बेहद ईमानदार तोहफ़ा है। सुमन का यह अन्दाज़ है कि वे अपनी अधिकतर कविताओं में एक बात को एक ही बार कहकर सन्तुष्ट नहीं होतीं। वे फिर एंगल बदलती हैं। फिर देखती हैं। फिर करवट बदलती हैं, फिर से उसी बात को समझने की कोशिश करती हैं। इससे जन्म होता है कविताओं के 1, 2, 3, 4 ...कई भागों का। कोई बेचैनी है जो—शब्द और सपने के 9 हिस्से लिखवा लेती है। इन नौ हिस्सों में क्षरित होती मानवता, प्रकृति से मनुष्य और आत्मा खोते शब्दों से व्यथित मन की चिन्ताएँ हैं। उम्मीद और बेहतर के लिए लगातार की छटपटाहट और बेचैनी कभी घर को केन्द्र में रखकर बार-बार ख़ुद को अलग-अलग कोण पर खड़ा करके देखती है। 'मेरा कोई घर नहीं' उसी का एक पक्ष है जो 'कभी किसी औरत का घर देखा है?' में है। इसी घर को देखने के लिए वे किसी और कोण पर चली जाती हैं—*'घर सुनते ही वह अपने भीतर सिमट जाता था/मानो वही उसका घर हो/घर सुनकर उसके चेहरे पर मुस्कान नहीं दिखी'*। पिरामिडों की तह में गुज़रते दिन ठीक इसी तरह तीन-चार कविताओं में आते हैं। देश-दुनिया के हालात, विडम्बनाएँ और पितृसत्ता जो इन्हीं के रेशों में बसी है। वे चारों तरफ़ के अँधेरे, दमघोंटू ज़हरीले परिवेश में केवल भय नहीं उपजातीं बल्कि कवयित्री को अपने वजूद की छटपटाहट से भी भर देती हैं। 'खोई हुई अन्तरात्मा' समझाती है कि पिरामिडों की तह में लोभ में नहीं जाया जाता, वहाँ ज्ञान की खोज में जाया जाता है, जान जोखिम में डालकर, वहाँ मौत है क़दम-क़दम पर। इस जोखिम में पड़े बिना कवि नहीं हुआ जा सकता। राह में तमाम भ्रम हैं, भुलावे हैं, मणियाँ नहीं छल हैं लेकिन एक स्त्री कवि को अपनी अभिव्यक्ति और वजूद की राह इन सब तिलिस्मों से पार निकलकर ही पानी होगी। अकेला और अनात्म होना होगा। मृगतृष्णाओं और आकांक्षाओं की अँधेरी क़ब्र पर खड़े होना होगा, मरुथल में पैर धँसाए। स्त्री कविता के लिए यही सच है। जहाँ तर्पण के लिए एक बूँद भी जल नहीं मिलेगा उसे। फिर भी उसे अपने हिस्से की दुनिया अपनी आँखों से देखनी होगी, अपने हिस्से का सच कहना होगा। करनी होगी याज्ञवलक्यों से बहस निर्भय। तभी खुलेगा तहख़ाने का द्वार धीरे-धीरे।

5

निर्मला पुतुल के बहाने आदिवासी और दलित स्त्री कविता का पाठ

धरती के इस छोर से उस छोर तक
मुट्ठी-भर सवाल लिये मैं
दौड़ती-हाँफती-भागती
तलाश रही हूँ सदियों से निरन्तर
अपनी ज़मीन, अपना घर
अपने होने का अर्थ (निर्मला पुतुल)

आदिवासी भी और स्त्री भी, क्या यह दोहरी अस्मिता है? या स्त्री केवल स्त्री है, एक शुद्ध जैविक कोटि, आदिवासी हो, दलित या काली? कैसे पढ़ा जा सकता है आदिवासी स्त्री कविता को? उसे अपने समुदाय का प्रतिनिधि माना जाए या जेंडर का? निर्मला पुतुल के दूसरे काव्य-संग्रह 'बेघर सपने' का ब्लर्ब कहता है—'निर्मला उन कवयित्रियों में से हैं जिन्होंने अपने यहाँ दो अस्मिताओं—आदिवासी और स्त्री के संघर्ष को ज़बरदस्त रूप में उठाया है। ...निर्मला एक स्त्री हैं इसलिए यह संघर्ष दोहरा है।' अक्सर लोग समझ नहीं पाते कि दो अस्मिताओं की बात करें या दोहरी अस्मिता की। ऐसे में स्त्रीवादी आलोचना-दृष्टि से बेहतर फ़िलहाल कोई औज़ार नहीं है जो आदिवासी स्त्री कविता का पाठ कर सके।

हिन्दी में अनूदित अपने पहले संग्रह 'नगाड़े की तरह बजते शब्द' (2005) से निर्मला पुतुल को ख्याति मिली। या तो ख़ूब बढ़-चढ़कर तारीफ़ की गई या फिर उनकी बाद की कविताओं की तथाकथित स्तरहीनता, अनुवादक का नाम न देकर सारा श्रेय ख़ुद लेने की तथाकथित लालसा जैसी वजहों से प्रच्छन्न निंदा। अच्छा यह रहा कि निर्मला पुतुल ने हिन्दी में आदिवासी स्त्रियों की कविताओं के लिए राह खोल दी। वरिष्ठ और युवा, आज हमारे पास आदिवासी स्त्री कविता में कई नाम हैं और आदिवासी स्त्री-अस्मिता को समझने का प्रयास बहुत कम।

कैक्टस, नागफनी और बबूल के काँटे

निर्मला की आलोचना का आधार आदिवासी से पहले उनका स्त्री होना हुआ। स्वाभाविक है कि आलोचना का स्वरूप अगर मर्दवादी है तो वह सबसे पहले किसी अस्मिता का स्त्री होना लक्ष्य करेगी। उनकी आरम्भिक कविताएँ अधिकांशत: सन्ताली में लिखी गईं और अनूदित होकर हिन्दी तक आईं। पहला संकलन अशोक सिंह ने अनुवाद किया। हिन्दी में आदिवासी स्त्री की आवाज़ का प्रतिनिधित्व करनेवाला यह पहला संकलन था और ख़ूब स्वागत हुआ इसका। बहुत सारे पुरस्कार भी मिले। दावा तो नहीं किया जा सकता लेकिन ऐसा भी होता है कि सफलता भी विवाद की वजह बन जाती है; महत्त्वाकांक्षा को पुरुष के लिए जन्मसिद्ध अधिकार माना जा सकता है स्त्री के साथ जुड़ते ही वह पतन की श्रेणी में आ जाती है। निर्मला पुतुल का संकलन आता और ग़ुम हो जाता तो उसके हिन्दी लिप्यंतरण या अनुवाद की तो बात ही क्या होती! अशोक सिंह ने उनकी पुरस्कार-लालसा, आदिवासी समाज के प्रति कर्तव्य और मक़सद को भुला देने आदि पर कविता भी लिख दी। इंटरनेट पर ही किसी सुशील कुमार का लेख दिखाई दिया, लिखते हैं कि हिन्दी भाषा-साहित्य की कितनी ज़मीन निर्मला पुतुल की अपनी है? जवाब देते हैं कि उस ऊसर ज़मीन को उर्वर न बनाया गया होता (यानी हिन्दी में ऐसा अनुवाद न किया गया होता) तो वहाँ नागफनी, कैक्टस और बबूल सरीखे पेड़-पौधे ही अपनी जड़ें जमा पाते! लेकिन हमें तो वही ऊसर ज़मीन देखनी थी, वही कैक्टस, नागफनी, बबूल जो वहाँ थे। अनुवाद करते हुए ऊसर ज़मीन को उर्वर बना देना और कैक्टस को गुलाब बना देना तो अनुवाद के साथ धोखा है! मूल कविता के साथ धोखा है! पूरा लेख तय नहीं कर पा रहा कि अनुवादक को सर आँखों पर न बिठाए जाने का ग़म करे या निर्मला की कविताओं के ख़राब होने की बात कहे। या यह ज़ाहिर करे कि हिन्दी-भाषा न जानना आदिवासी कविता के लिए अयोग्यता है या यह उद्घोष करे कि हिन्दी आलोचना के मानक (पता नहीं कौन से मानक हैं) नहीं बदले जा सकते। या यह दुख व्यक्त करे कि हिन्दी में निर्मला की पहचान अनुवाद की वजह से बनी है।

आदिवासी या स्त्री? या दोनों?

आरंभ में जो निर्मला की कविता उद्धृत की है वह दिखाती है कि एक आदिवासी स्त्री 'दो' अस्मिताएँ नहीं है। यह एक अन्तरानुभागीय (intersectional) अस्मिता है। वह स्त्री जो सदियों से भाग रही है धरती के इस छोर से उस छोर तक, उसके पास मुट्ठी-भर सवाल हैं और तलाश है अपनी ज़मीन, अपने घर और अपनी पहचान की। कौन हूँ मैं? ज़मीन से जुड़े सवाल उसे अपनी आदिवासियत से जोड़ते हैं लेकिन मैं कौन हूँ में उसकी लैंगिक पहचान भी शामिल है। वह पहचान जो

उसके स्त्री होने को एक उसके जैविक सच से नहीं, सामाजिक-सांस्कृतिक यथार्थ से मिलती है। घर की संरचना दुनिया में किसी भी स्त्री के लिए कभी भी दमघोंटू हो सकती है और एक कराह उठती है कि जिसे सजाती, बनाती, देखभाल करती हूँ वह घर मेरा तो नहीं है—

अन्दर समेटे पूरा का पूरा घर
मैं बिखरी हूँ पूरे घर में
पर यह घर मेरा नहीं है।

तो एक तरफ़ वह अपने पूरी आदिवासी समुदाय की साझा चिन्ताओं में मुब्तिला दिखाई देती है। वहाँ भी आदिवासी समाज के भीतर की पितृसत्ता को लक्ष्य करती है। चेताती है कि बाहर से आए लोगों का मक़सद समझो जो तुम्हारे ही साथ बैठकर, तुम्हारी गलबहियाँ डाले, तुम्हारे साथ हँड़िया पीते तुम्हारी ही बहनों से ठिठोली कर रहे हैं, उनकी मंशा समझो, जिनके लिए आदिवासी स्त्री कौतूहल और उपभोग की वस्तु से अधिक कुछ नहीं है—

ये वे लोग है जो खींचते हैं
हमारी नंगी-अधनंगी तस्वीरें
और संस्कृति के नाम पर
करते हमारी मिट्टी का सौदा
उतार रहे है बहस में हमारे ही कपड़े...
जो हमारे बिस्तर पर करते हैं
हमारी बस्ती का बलात्कार

'चुड़का सोरेन', 'बाहामुनी' या 'ढेपचा की माँ' क्या तमाम कविताएँ एक डबल शेड कपड़े की तरह हैं जिसमें कभी रंग एक झलक मारता है कभी दूसरा। लगातार उसकी देह को निशाना बनाती बाहरियों की निगाहें हैं। यह दर्द है कि आदिवासी स्त्री श्रम करती है और कभी नहीं जानती कि दुनिया के बाज़ारों में उसकी क्या क़ीमतें लगाई जाएँगी। कहीं डायन-प्रथा का दंश है जो स्त्री को ही भोगना है।

और एक दिन तो ग़ज़ब ही हो गया
लखना के बेटे को साँप ने काटा
तो सबके सब आ धमके हम पर
कहने लगे डायन हैं हम
कुछ कर दिया है उसके बच्चे को
वह तो अच्छा हुआ शरबतिया ने साँप देख लिया
नहीं तो पकलू बुढ़िया की तरह

मुझे भी घसीटकर ले जाते लोग कुलि में
और भरी पंचायत में सर मुँडवा
नचा देते नंगा
कर देते मुँह पर पेशाब
ठूँस देते मैला।

ज्योति लकड़ा की कविता 'टोनही' को भी साथ देखना चाहिए, टोनही जिसे कभी किसी ख़ुशी के कार्य में शामिल नहीं किया जाता, न्योता नहीं दिया जाता, नवजात शिशु नहीं दिखाया जाता, नई दुल्हन नहीं दिखाई जाती। लेकिन कोई नहीं पूछता सवाल क्योंकि—

इंसाफ़ के एक पलड़े में
हमेशा ही पत्थर हुआ करता है।
टोनही-डायन
विट्ठल-गाँव से बहिष्कृत।

निर्मला पुतुल की एक कविता 'अगर तुम मेरी जगह होते!' बहुत धीरे-से मुख्यधारा के अहंकार को खुरचती है। कुछ ख़ास नहीं बस इतना सोचना था कि अगर मेरी जगह तुम हर पंक्ति में आख़िरी खड़े होते, मैं कुर्सी पर होती और तुम हाथ जोड़े रिरिया रहे होते, कुछ ही देर के लिए सही लेकिन सोचो कि मेरी जगह तुम काले होते, चपटी होती तुम्हारी नाक और पैरों में होती बिवाइयाँ, लोग तुम पर हँस रहे होते! बस यही तो सोचना होता है मनुष्य होने के लिए, उसकी जगह हम होते तो! हमारी जगह होता वह! अहंकार का मूल यहीं तो है कि हम एक पोज़ीशन पर हैं और यहाँ पहुँचने की न सामनेवाले की योग्यता है न हक़!

वह लगातार अपनी स्त्री-अस्मिता के प्रति सचेत है। उसके सम्बोधन दो सत्ताओं से हैं—एक जो आदिवासी समाज के भीतर है पितृसत्ता। दूसरा ग़ैर-आदिवासी समाज, उसकी ब्राह्मणवादी पितृसत्ता और 'राष्ट्र' का महाआख्यान जिसमें आदिवासी शामिल नहीं हैं। 'तुम्हारे एहसान लेने से पहले सोचना पड़ेगा हमें' कविता में वह लगातार सोचती है सड़क अपने बाज़ारों के विकास के लिए बनाओगे या हमें मुख्यमार्ग से जोड़ने के लिए! समझती है वह कि ये कभी नहीं बताएँगे कि इनका विकास का एजेंडा क्या है, नहीं बताएँगे कि किन शर्तों पर करेंगे हमारा विकास और सूझ-बूझ कर कहती है 'नकारती हूँ तुम्हारे इस विकास प्रस्ताव को' तो बस यहीं पाठ करनेवाला 'दो' अस्मिताओं का संघर्ष देखने लगता है। या दोहरा कहता है। दोहरा मतलब दो परतों वाला। दो तहें। पहले एक फिर दूसरी।

दलित स्त्री के सन्दर्भ में शर्मिला रेगे कहती हैं, जाति और जेंडर पृथक नहीं किए जा सकते।[1] यही दिखाई भी देता है। लेकिन जो पृथक नहीं किए जा सकते वे

दो एक-दूसरे से लगे हुए हैं परतों में? या नमक और पानी की तरह घुले हुए? या रस्सी की तरह गुँथे हुए? यानी किसी एक ही आधार (जेंडर या जाति या नस्ल) पर परखना ही समस्यापूर्ण है। किसी एक आधार पर परखना उस आधार को एकान्तिक बना देगा जोकि है नहीं। फिर हम निर्मला की इन कविताओं का क्या करेंगे? इन्हें स्त्री-देह से जुड़े सामान्य सवालों की तरह पढ़ेंगे?—

यह कैसी विडम्बना है
कि हम सहज अभ्यस्त हैं
एक मानक पुरुष-दृष्टि से देखने को
स्वयं की दुनिया
मैं स्वयं को स्वयं की दृष्टि से देखते
मुक्त होना चाहती हूँ अपनी जाति से।

या

अपनी कल्पना में हर रोज
एक ही समय में स्वयं को
हर बेचैन स्त्री तलाशती है
घर प्रेम और जाति से अलग
अपनी एक ऐसी ज़मीन
जो सिर्फ़ उसकी अपनी हो।

या

तन के भूगोल से परे
एक स्त्री के
मन की गाँठें खोलकर
कभी पढ़ा है तुमने
अगर नहीं!
तो फिर जानते क्या हो तुम
रसोई और बिस्तर के गणित से परे
एक स्त्री के बारे में?

दरअसल एक आदिवासी स्त्री की अस्मिता दोहरी नहीं बल्कि एक अन्तरानुभागीय अस्मिता है। जेंडर और नस्ल के दो अलग कोण जहाँ एक-दूसरे को काटते हैं। एक गली को जहाँ दूसरी गली काटती है ठीक वही जगह है आदिवासी स्त्री अस्मिता; जेंडर को intersect करती हुई आदिवासियत और आदिवासियत को intersect करता हुआ जेंडर! वह उस जगह खड़ी है जहाँ दो अलग राहें एक-दूसरे को काट रही हैं। आप दो परतों को अलग कर सकते हैं, उस जगह का कुछ नहीं कर सकते जहाँ दो राहें intersect करती हैं। अन्तरानुभागीयता वह लेंस प्रदान करती है जिससे

हम समझ सकते हैं कि एक हाशिए की अस्मिता में ताक़त किन जगहों से आती है और कहाँ-कहाँ पर टकराती है, आलिंगन करती है या काटती है।

यह भी हो सकता है कि शिक्षा और अवसरों की वजह से इस कवयित्री ने वे अभिव्यक्तियाँ पाई हों जो अपने आस-पास के स्त्री-समाज से उसे चिन्तन के एक अलग धरातल पर ले जाती हों। अक्सर हमें व्यवहारों और परिस्थितियों के प्रति प्रतिक्रिया करना नहीं सूझता क्योंकि उस अनुभव को नाम देना नहीं आता हमें। मुझे अक्सर लगता है कि सामान्य औरतों का एक सर्वे किया जाए तो अधिकांश का पितृसत्ता शब्द से परिचय नहीं होगा। जो भी है, सामने है।

होता यह है कि जब स्त्री-अस्मिता की बात होती है तो अक्सर दलित/आदिवासी स्त्री नज़रंदाज़ हो जाती है और जब दलित/आदिवासी की बात होती है तो उस हाशिए के भीतर भी वह हाशिए पर होती है। दोहरी अस्मिता तो पुरुष होना और आदिवासी होना भी है। लेकिन वहाँ अस्मिता के दोनों अंश एक-दूसरे को काटते नहीं हैं। बल्कि आदिवासी काले या दलित की सामान्य (generic) अवधारणा में आदिवासी पुरुष, काले पुरुष या दलित पुरुष को ही शामिल मान लिया जाता है। स्त्री होने के कारण आदिवासी स्त्री अपने आप रेखांकित नहीं होती। उसे अलग से रेखांकित करना पड़ता है। अन्तरानुभागीयता की थियरी काली स्त्री के सन्दर्भ में सबसे पहले किम्बरले क्रेनशॉ ने दी। वह लिखती हैं—

> एक आदिवासी स्त्री का अनुभव नस्लभेद और लिंग-भेद के निरन्तर अन्तरानुभागीय पैटर्न से बनता है और ये अनुभव स्त्रीवाद और नस्लभेद विरोधी विमर्श दोनों के भीतर प्रतिनिधित्व प्राप्त नहीं कर पाता। नस्लभेद और लिंगभेद दोनों तरह के शोषण के विरोध के लिए जिन विमर्शों ने आकार पाया है, अपनी अन्तरानुभागीय अस्मिता के चलते उनके भीतर भी वह स्त्री और आदिवासी दोनों होने की वजह से हाशिए पर आ जाती है।[2]

यह जानना भी मज़ेदार है कि दलित स्त्रीवाद तो कहता है कि वह दलित विमर्श के भीतर भी हाशिए पर रहा[3] लेकिन आदिवासी स्त्री इसकी हिमायत करती नहीं दिखती। वह पितृसत्ता का होना ख़ारिज करके साझापन और सामूहिक अस्मिता की बात कर रही है—

> आदिवासी समाज में पुरुष सत्ता न होने से स्त्रीवाद भी नहीं है। यदि आदिवासी स्त्रियाँ पुरुष उत्पीड़न पर भी रचनात्मक लेखन कर रही हैं, तो उसकी वजह 'सभ्यता' नामक बीमारी है। आदिवासी दर्शन और संस्कृति नहीं। 'सभ्यता' से सम्पर्क से पहले पुरुष सत्ता जैसी कोई अवधारणा आदिवासियों की सामाजिक व्यवस्था में हमें नहीं मिलती। ...आदिवासी स्त्री का लेखन उसी रचाव-बचाव का अभिन्न हिस्सा है, जो सामूहिक है।[4]

पुरुष सत्ता न होना अलग बात है और बाहरी लोगों के प्रभाव से पुरुष सत्ता का आदिवासी समाज में जगह बना लेना दूसरी बात है। लेकिन आदिवासी स्त्री-लेखन में पुरुष उत्पीड़न पर रचनात्मक लेखन 'बाहरी प्रभाव' है यह आदिवासी-स्त्री कविता पर आक्षेप जैसा है इसलिए व्याख्या-सापेक्ष है। सभ्यता का सम्पर्क कब से माना जाए? यह भी विवेचन किए जाने योग्य है आर्य सभ्यता की टकराहट से, जिन्होंने आदिवासियों को जंगलों की ओर खदेड़ दिया या अंग्रेज़ों के आने के बाद से? 'वाचिकता : आदिवासी दर्शन, साहित्य और सौन्दर्यबोध' में वंदना टेटे इस बात का जवाब देती हैं कि यह पूर्ववैदिक समय से ही शुरू होता है[5] जब आर्यों ने आदिवासियों के बारे में यह धारणा बनाई कि वे काले, राक्षस, खून पीनेवाले, जादू-टोना जाननेवाले हैं। आज जब उनके ही नए वंशजों के हाथ में राष्ट्र है तो वे यह बताते नहीं थक रहे कि आदिवासी क्या हैं, कौन हैं, क्या चाहते हैं?[6] लेकिन पितृसत्ता पर कोई अध्ययन मेरी नज़र में नहीं आया। अगर इस हिसाब से समझने की कोशिश करें तो आदिवासी-स्त्री कविता में पितृसत्ता के प्रतिरोध की कविता मौलिक न होकर बाहरी प्रभाव ठहरती है।

दलित समाज पर ब्राह्मणवादी पितृसत्ता का प्रभाव अनेक जगह लक्ष्य किया जा सकता है। आदिवासी क़ायदे से हिन्दू-जाति-व्यवस्था की संरचना से भी बाहर रहे। वेरियर एल्विन ने माना ही कि आदिवासी हिन्दुओं से पहले के हैं और हिन्दुत्व को अपनाना उनके लिए अनर्थ होगा।[7] आज़ादी से पूर्व कई अभियान चले कि आदिवासियों को हिन्दू धर्म के झंडे तले ले लिया जाए, उनके गीत-संगीत, सूअर पालन, खेती के तरीक़े बदलकर उनकी स्त्रियों को पर्दा कराया जाए और अब तक जो किसी को अछूत नहीं मानते आए उन्हें हिन्दू-संरचना की इन तमाम ख़ामियों से परिचित करा दिया जाए। इस लिहाज़ से, आदिवासी समाजों में हिन्दू-ब्राह्मणवादी-पितृसत्ता के प्रवेश या प्रभाव का अध्ययन एक बेहद ज़रूरी और दिलचस्प शोध/अध्ययन होगा।

वंदना टेटे आदिवासी स्त्रियों के अलग से संकलन की फिर भी ज़रूरत महसूस करती हैं और यह भी साथ कह देती हैं कि इसे नारीवाद न समझा जाए।[8] दरअसल स्त्रीवाद का आरम्भ और द्वितीय चरण तक उसका मध्यवर्गीय सवर्ण स्त्री का स्त्रीवाद बने रहना आज भी उसके प्रति शंकालु बनाता है। स्वाभाविक है। कृष्णा सोबती स्त्रीवादी लेखन करती रहीं और यह भी कहती रहीं कि मैं स्त्रीवादी नहीं हूँ। सवर्ण, मध्यवर्गीय से जुड़ा या सेक्शुएलिटी पर केन्द्रित स्त्रीवाद दलित, ब्लैक, विभिन्न जातीय अस्मिताओं को सन्दिग्ध लगता है तो बहुत हद तक सही ही है। उनके लिए यह पितृसत्ता से कम नहीं था। लेकिन जैसा कि शर्मिला रेगे कहती हैं कि यह मानते ही कि अपनी जातीय पहचान से ऊपर उठना असम्भव है, आप ब्राह्मण और ब्राह्मणवाद और ग़ैर-ब्राह्मण और ग़ैर-ब्राह्मणवाद की बहस में फिसल जाएँगे।[9] स्त्रीवाद में अब तक जो साझापन की कमी रही उससे इतनी आसानी से

पीछा नहीं छुड़ाया जा सकता कि सवर्ण अपराधबोध की दुहाई दें (अब हम क्या बोलें, इन्हें ही बोलने दिया जाए) या दलित स्त्री द्वारा यह अवस्थिति अपनाकर कि ब्राह्मण और उच्च वर्ण की स्त्रियाँ ब्राह्मणवादी ही रहेंगी क्योंकि जाति सिर्फ़ दलित स्त्री की चिन्ता नहीं है और जाति+जेंडर दमन के जटिल इतिहास को समझना, प्रश्नांकित करना हर औरत के लिए ज़रूरी है।[10] स्त्रीवाद ऐसे तमाम अध्ययनों के लिए नई प्रणालियाँ विकसित कर सकता है, कर रहा है और एक स्त्रीवादी होने के नाते तमाम अन्तरानुभागीय स्त्री-अनुभवों को समझना एक साझा ज़िम्मेदारी है।

एक-दूसरे की दुनिया से अपरिचय की दीवार ढहाना बेहद ज़रूरी है

क्रेनशॉ कहती हैं कि लिंग-भेद और नस्ल-भेद से कहीं ज़्यादा होता है यह अन्तरानुभागीय अनुभव और जो अध्ययन इसे ध्यान नहीं रखता वह काली स्त्री की अधीनता को ठीक-ठीक समझ नहीं सकता।[11] अन्तरानुभागीय स्त्रीवाद ने इस सिद्धांत को स्वीकार करते हुए इसे नस्ल, जाति, विकलांगता जैसे अन्य अस्मितांशों पर भी बख़ूबी लागू किया है। इस तरह उस पूरे ढाँचे के बारे में फिर से सोचना पड़ेगा जिससे स्त्री-अनुभव और आदिवासी-अनुभव को समझा जा सके। क्योंकि आदिवासी स्त्री-स्त्री की लड़ाई में तो वे पृथक होती ही हैं, आदिवासी राजनीतिक विमर्श से भी बाहर हो जाती हैं। अपनी ज़मीन का मुद्दा क्या उसके लिए ठीक उसी तरह का मुद्दा है जैसा किसी आदिवासी पुरुष के लिए है? आदिवासी स्त्री अगर किसी ग़ैर-आदिवासी से विवाह कर ले तो वह आदिवासी ज़मीन से भी बेदख़ल हो जाएगी यानी स्वामित्व पुरुष-सत्ता का माना जाए? अधिकांश आदिवासी लेखिकाएँ यह मानती हैं कि ऐसे तमाम मर्दवादी तौर-तरीक़ों पर बाहर की हिन्दू ब्राह्मण पितृसत्ता का असर हुआ है। जेसिंता केरकेट्टा की एक कविता में वह बचपन में माँ को पिता द्वारा पीटे जाने को याद करती है। जब भी किसी स्त्री पर यह ज़ुल्म होता देखती है बचपन याद आ जाता है। दूसरी ओर जमुनी को सावधान होने के लिए कहती है, जमुनी जिसका पति पीट रहा है, पड़ोसी दुष्कर्म कर रहा है, जिसके दर्द ख़बरों के बाज़ार में बिक रहे हैं—*वे लिखना चाहते हैं तुम पर कहानियाँ, कविताएँ और किताबें/उनसे बचो और अपने दर्दों से ही अपना हथियार गढ़ो।*

लगभग सभी आदिवासी स्त्री कवि इस बात को लेकर सचेत हैं कि अपने समाज के भीतर हाशिए पर होते हुए भी ज़्यादा सावधान रहने की ज़रूरत ग़ैर-आदिवासी समाज से है, जो शहरी और सभ्य है, जो राजनीति, साहित्य, कलाओं और बौद्धिक बहसों को संचालित करता है। भारतीय जनजातियों के साथ वेरियर एल्विन ने अब तक शायद सबसे ज़्यादा काम किया। जवाहरलाल नेहरू ने उन्हें 1954 में NEFA (North East Frontier Agency) में जनजातीय मुद्दों के लिए सलाहकार नियुक्त किया। वेरियर ने 'अ फ़िलॉसफी ऑफ़ नेफ़ा' लिखी जिसके पहले पाठक सरकारी

कर्मचारियों में से थे और समझाने की कोशिश की कि वे ख़ुद को जनजातियों से सांस्कृतिक रूप से श्रेष्ठ न मानें। वे मानते थे कि जनजातियों को बाक़ी भारत में मिलाने (assimilate) करने की नहीं एकीकृत (integrate) किए जाने की ज़रूरत है और यह पंचवर्षीय नहीं पचास साला योजना है। जनजातियों को तेज़ी से मुख्यधारा में सम्मिलित करने से उनके जनजीवन के निरालेपन को अपने लालच से हम नष्ट कर सकते हैं यह ख़तरा तो है ही, साथ ही मुख्यधारा जो उनका जल्दी हिन्दूकरण करके उनसे आदिवासियत छीन लेना चाहती है एक बड़ा ख़तरा है। 'अ फ़िलॉसफ़ी ऑफ़ नेफ़ा' में वे लिखते हैं—बाज़ार एक ज़हर बुझे तीर की तरह है जिसका निशाना जनजातीय संस्कृति का हृदय है।[12] लेकिन क्या हो जाता अगर उत्तर-पूर्व की जनजातियों को, जिनके इलाक़े तक जाने के लिए परमिट ज़रूरी है खुला ही रहने दिया जाता? जनजातियों को पृथक रखने की उनकी नीति की तमाम आलोचनाएँ भी होती रही हैं लेकिन झारखंड, मध्यप्रदेश की जनजातीय अस्मिताओं के साहित्य में 'सभ्यों' की नज़दीक़ी के जितने भी वर्णन हैं उसमें बहुधा कटु अनुभव ही हैं। आख़िर कविता की नदी में वह कैसे डूबे-उतराए *जंटगी के खेतों में हिंडालको की माइंस खुदी हैं* (वंदना टेटे, कविताओं वाली नदी)।

मुख्यधारा से आदिवासी समाज की टकराहट के पुरखा-अनुभव और वर्तमान अनुभव एक निरन्तरता में चलते हैं। ग्रेस कुजूर की 'एतवरिया उराइन' दफ़्तरों में बाबुओं को पानी पिलाने और फ़ाइलें ढोने से बेहतर कोयलरी में मज़दूर हो जाना समझती है। उसे अपने श्रम से कमाया धन प्रिय है। बाबुओं की चाकरी से कहीं बेहतर है पैंट, शर्ट, चूड़ी पहन काम करे और पसीने में भीगती-फिसलती बिन्दी को सही जगह टिकाने का भी वक़्त न मिले। सभ्यों के शोषण से वह यथासम्भव बच जाए। पता नहीं किस अनुकम्पा के बदले क्या क़ीमत चुकानी पड़े!

लोक, भाषा और इतिहास

ये तमाम अनुभव आदिवासी स्त्री के अनुभव हैं जिनमें कभी लोकगीतों की झलक है और कभी इतिहास की। आक्रोशित होती है तो वह सिनगी दई[13] को याद करती है बिरसा आबा[14] का तीर याद करती है (एक और जनी शिकार—ग्रेस कुजूर) वह 'पहाड़ की बेटी' है (फ्रांसिस्का कुजूर) जो ऊँचे-नीचे पर्वतों की तराइयों में नन्हे भाई को पीठ में बेतराकर* भी प्रकृति के संग मस्त खेलती है। आँवला, महुआ, फल, फूल, कंद, मूल खाती है, झरने का मीठा जल पीती है, नदी के पानी में रूप निहारती है, पेड़-पौधों को अपना रिश्तेदार मानती है और उन्हीं के साथ बतियाती है अपना सुख-दुख।

* पीठ पर बच्चों को कपड़े से बाँधना

फ्रांसिस्का कुजूर के यहाँ अपनी साथी स्त्रियों, अपनी मिट्टी, भाषा और संस्कृति के प्रति जुड़ाव का गहरा भाव है। तमाम आदिवासी स्त्री कविता का यह मुख्य टोन है। फ्रांसिस्का कुड़ुख और हिन्दी, दोनों में लिखती हैं। उनकी एक कविता 'मेरी मातृभाषा कुड़ुख' की एक पंक्ति है—*भाषा गई, पहचान गई, अस्मिता गई।* यहाँ भाषा 'हमारी' भाषा है। स्त्री-पुरुष आदिवासी की साझा पहचान का कारण। हिन्दी का लिंग-भेदी स्वरूप स्त्री को एक ऐसी खंडित भाषा देता है जिसमें वह अपने अस्तित्व और अस्मिता दोनों के लिए संघर्ष कर रही है। वर्चस्व बनाए रखने के लिए आसान था जनजातियों को यह समझाना कि उनके पास न भाषा है, न अपना दर्शन, न इतिहास और कलाएँ। अपनी जनजातीय भाषाओं के प्रति सम्मान है उनमें और छप भी रही हैं कवयित्रियाँ। लोकगीतों की रंगत है और मार्मिकता। निर्मला पुतुल की कविता 'बाबा मुझे उतनी दूर मत ब्याहना' लोकगीत की छटा लिये है और एक पढ़ी-लिखी स्त्री का आदिवासी मन भी जो चाहता है कि निकम्मा, हरदम हँड़िया में डूबा रहनेवाला वर न मिले, ऐसा वर न मिले जिसके हाथों ने कभी पेड़ नहीं लगाया और तो और जिन हाथों ने कभी लिखा नहीं 'ह' से हाथ। बल्कि वह मिले जो हरदम साथ निभाए, मेहनती हो और 'जिससे खाया नहीं जाए/मेरे भूखे रहने पर/उसी से ब्याहना मुझे'—

बाबा!
मुझे उतनी दूर मत ब्याहना
जहाँ मुझसे मिलने जाने ख़ातिर
घर की बकरियाँ बेचनी पड़ें, तुम्हें।

मत ब्याहना उस देश में,
जहाँ आदमी से ज़्यादा
ईश्वर बसते हों।
जंगल, नदी, पहाड़ नहीं हों जहाँ,
वहाँ मत कर आना मेरा लगन।

प्रकृति-पूजक आदिवासी की कविता में बार-बार ईश्वर का आना भी अक्सर अजीब लगता है। पहाड़ और जंगल की बेटी ईश्वर से प्रार्थना करती है कि अगली बार पुरुषों को स्त्री बनाना तो यह प्रभाव दिखाई देता है। इसी मुख्यधारा सभ्यता के खोखलेपन पर कटाक्ष भी करती है वह। ये तमाम द्वन्द्व बताते हैं कि एक आदिवासी स्त्री की नागरिकता और उसकी राजनीतिक कोटि क्या है यह भी एक सवाल उसके सामने खड़ा होता है।

किसी भी हाशिए की अस्मिता के लिए अपने इतिहास को जानना और भाषा को बचाना बेहद ज़रूरी है ताकि उसे भरमाया न जा सके। न साहित्य में न बाज़ार में न धर्म के नाम पर। वह वर्चस्वशाली अस्मिता के सामने ठीक-ठीक, बिना चोट खाए,

बिना घाटे के, स्पष्ट शब्दों में कहें तो जनजातियों के विषय में बननेवाली नीतियों पर, निश्चित रूप से जिसमें आदिवासी स्त्री शामिल है, मोल-भाव कर सके। अपने इतिहास और अपने लोक को खोते जाने की पीड़ा इन कवयित्रियों के यहाँ दर्ज है।

नहीं जान पाएँगे मेरे बच्चे
कुली बुढी, सनई फूल और चूहे की कहानी
नहीं जान पाएँगे मेरे बच्चे
बारिश से पहले क्यों चींटियाँ
अपने अंडे लिए भागती हैं
नहीं जान पाएँगे
पाड़ू, दुरंग, ठड़िया, लहसुवा के बारे में
बोरो:का, पेछोरा, करया, पड़िया।
...
क्योंकि नहीं लिखी गई हैं इन पर किताबें
नहीं बने हैं सॉफ़्ट्वेयर
और नहीं रहे अब धुमकुड़िया, गितिओड़ा, गिता:चाड़ी

हमारे बच्चे नहीं जानते तोतो-रे नोनो-रे। (वंदना टेटे)

जंगल के रहनेवाले जंगल को जीते हैं। वे जानते हैं कि एक पेड़ की पकड़ ज़मीन पर कितनी मज़बूत है, कितना बढ़ेगा और फलेगा वह। बारिश, बाढ़, पशु-जीवन के बीच बनती ये कविताएँ वहीं से अपनी ऊर्जा, अपने बिम्ब और सौन्दर्यबोध को ग्रहण करती हैं जिसे किसी भी और भाषा के साहित्य में प्रचलित सौन्दर्यबोध से प्रतिस्थापित करना मूर्खता है।

तुम तो आए ही
साथ आई तुम्हारी
भाषा संस्कृति और दर्शन भी
और लील गए आहिस्ता आहिस्ता
*लीलता है जैसे बोड़ा**
*दागता है जैसे बनफोरा पहाड़ की ज़िन्दगी*** (वंदना टेटे)

मुख्यधारा के पुरुष में तो आदिवासी स्त्री वस्तु है ही, उपभोग्य लेकिन जब निर्मला पुरुष सत्ता के ख़िलाफ़ लिखती हैं तो वह मुख्यधारा का पुरुष है या आदिवासी भी? दोनों पितृसत्ताएँ एक नहीं हो सकतीं, यह भी ध्यान रखना होगा। वंदना भी जब कहती हैं तो यह उनके ध्यान में नहीं है कि पितृसत्ताओं के भी अपने स्थानीय

---

* अजगर की प्रजाति।

** साँप जिसकी पूँछ में काँटे होते हैं। कहा जाता है कि वह बाँध या मेंड़ में छेद करता है और यदि इनसान के शरीर से छू जाए तो मांस गलने लगता है।

संस्करण होते हैं। एक मीणा समाज में और एक खासी समुदाय में भी पितृसत्ता एक सी नहीं होगी। इसलिए यह कहना कि कभी स्त्री की देह के भूगोल से परे जाना है उसके मन को वहाँ एक समस्या भाषा भी है। भाषा के इस वर्चस्व से आदिवासी ही नहीं हर वह अस्मिता प्रभावित होती है जिसे मुख्यधारा से अलग छिटका दिया गया। नब्बे के बाद की स्त्री कविता इस भाषायी राजनीति को कुछ-कुछ पहचानने लगती है। अनामिका के यहाँ लोक से कुछ शब्द यों ही बिना प्रयास चले आते हैं क्योंकि वे अपनी भाषा के फलने-फूलने के लिए उसकी जड़ों तक जाना चाहती हैं। शुभा का अपना कोई कविता संग्रह नहीं है लेकिन कुछ फुटकर कविताएँ हैं जिनमें एक बेहद प्रभावी है—

एक समय था
अपनी भाषा सब पर थी
चिड़ियाएँ और चीटियाँ बोलतीं थीं
घोड़े और बैल हमारी भाषा समझते थे
अब्बू खाँ की बकरी ने जो बातें कीं अपने बकरे से
वो बातें पहाड़ी चश्मे ने सुनीं
जब पंडित संसार को मोह-माया बता रहे थे
जब शूद्र और स्त्रियों के लिए वर्जित थी संस्कृत
तब वे किसी और भाषा में
बात करते थे अपनी दुनिया में
कव्वे और गीदड़
कुत्ते और लोमड़ियाँ भी समझते थे
वो भाषा
केवल पंडित उसे नहीं जानते थे।

केवल पंडित उसे नहीं जानते थे बस इसलिए वे भाषाएँ अस्तित्व ही नहीं रखती थीं मानो। भाषा में लैंगिक, जातीय, वर्गीय वर्चस्व के ख़िलाफ़ वंचित अस्मिताओं का अतीत एक-दूसरे से कई कोणों पर मिलता है। वंदना टेटे लिखती हैं—आदिवासी स्त्री कविताओं को हिन्दी में लाने के पीछे हमारी मंशा है कि अपरिचय की दीवार गिरे। बेशक, आदिवासी समाज कुछ हद तक अन्तर्मुखी है। यहाँ अन्तर्मुखी से तात्पर्य इंसान सुलभ संकोच से है, वह सन्देह है जिसे ऐतिहासिक कालक्रम में बाहरी समाजों के दुराव-हमलों ने रूढ़ किया है, न कि यह अलगाव की स्वाभाविक वृत्ति है।

स्त्री-भाषा के पक्ष से परम्परागत सौन्दर्य-शास्त्र में जो सबसे ज़्यादा तोड़-फोड़ होती है वह लोक और आदिवासी स्त्री कविता के माध्यम से। न केवल अपरिचय की दीवार गिरनी चाहिए बल्कि आदिवासी कविता से आ रहे सभी स्वर, बिम्ब और

अभिव्यक्तियाँ ध्यान से पढ़े जाने की माँग करती हैं। कैसरॉल में पड़ी आख़िरी गीली रोटी, झाड़ू, और बर्तन से बतियाती हुई किसी मध्यवर्गीय घर की स्त्री का भीतर उतरता हुआ दर्द उस रिश्ते से अलग है जो एक दलित स्त्री का झाड़ू, बर्तन से हो सकता है—

मैं नहीं माँजूँगी बरतन
ऐसी ज़िल्लत ऐसा जीवन
माँ मुझे मत दो। (माँ मुझे मत दो—पूनम तुषामड़)

क्योंकि आदिवासी स्त्रियाँ ही पीठ पर भविष्य को बेतराती हैं

ग्रामीण, दलित, पिछड़ी, काली और आदिवासी स्त्री का अतीत और वर्तमान उसके श्रम की अनथक लय से बुना हुआ है। ऐसा श्रम जो देश की अर्थव्यवस्था में तो लगभग अदृश्य रह ही जाता है, जीवन में भी जिसका कोई खाता नहीं होता। यों स्त्री के घरेलू श्रम जिसमें प्यार और देखभाल से जुड़ा मानसिक श्रम भी शामिल है किसी श्रम-खाते में नहीं होता। वह कर्तव्य है जिसका गुणगान किया जा सकता है भुगतान नहीं। ऐसे में वह आदिवासी समाज जो समाज की मुख्यधारा में ही अदृश्य है उसका श्रम कैसे दिखाई दे!

तुम्हारे हाथों बने पत्तल पर भरते हैं पेट हजारों
पर हजारों पत्तल भर नहीं पाते तुम्हारा पेट
कैसी विडम्बना है कि
ज़मीन पर बैठ बुनती हो चटाइयाँ
और पंखा बनाते टपकता है
तुम्हारे करियाये देह से टप...टप...पसीना। (निर्मला पुतुल)

ग्रेस कुजूर बेहद सशक्त कवि हैं। उनका कोई काव्य-संग्रह मेरे सामने नहीं आया। लेकिन जितनी कविताएँ पढ़ीं वहाँ एक आदिवासी स्त्री का कवि मन बहुत गहरे में उतार ले गया हाथ पकड़कर। उनकी एक बेहद मार्मिक कविता है—'बिचौलियों के बीज' आदिवासी जीवन के दर्द और शोषण को बयान करती। एक बच्चा माँ से कहता है मैंने तो तुम्हारा चेहरा कभी देखा ही नहीं। हमेशा बस पीठ को जाना जहाँ बँधे-बँधे मेरा बचपन बीता।

जब भी आँखें खोलता
घास की गठरी तुम्हारी
मेरी छाँह होती
और धूप में गुमसाए
घास की गंध
मेरे नथुनों में समा जाती।
यह ज़रूर था कि तुम्हारी घास खाकर

बहुत दूध देती थी गाय
लेकिन मेरे पंजरों को गिनकर
क्या कह सकती हो
कि तुमने मुझे भरपूर दूध पिलाया था!

और अचानक जब माँ करवट लेती है तो एक दिन तो उसका काले हीरे-सा दमकता रूप देखा। फिर एक दिन करवट बदली तूने और हमारे बीच फ़ासला आ गया। अपनी माँ सरीखी ज़मीन और आदिवासी सन्तान के बीच यह फ़ासला कौन पैदा कर गया यह कौन नहीं जानता। उसी का इशारा करती कवयित्री कहती है—जाने कौन बो गया वहाँ बिचौलियों के बीज!

आदिवासी साहित्य मूलत: जल, जंगल और ज़मीन के सवालों से जुड़ा हुआ है। सभ्यता के विकास के आधुनिक मॉडल ने जिन जातीय (ethnic) अस्मिताओं को किनारे लगाया वे सब आज अपनी पहचान का सवाल लिये हमारे सामने खड़ी हैं। अंग्रेज़ों के लिए जंगल मुफ़्त में मिलनेवाले प्राकृतिक संसाधन थे। वही जंगल जिसका आदिवासी ख़ुद को हिस्सा मानता आया, शहरी सभ्यता की लूट-खसोट के लिए ही मानो उपलब्ध था। जिनका संरक्षण करता आया और जिनसे ज़िन्दगी पाई उन अपनी ही ज़मीनों पर ग़ुलाम बनाया जाने लगा तो उसने प्रतिरोध किया। आज़ादी की लड़ाई से ग़ायब, इतिहास से ग़ायब, साहित्य और कलाओं से ग़ायब किया गया। आदिवासी जीवन और कलाओं की अदृश्यता और वाचिक परम्परा को जब मुख्यधारा की समझ से चित्रित किया गया तो एक ही उपाय सूझा कि मुख्यधारा में मिला लो, सबसे आसान है। आदिवासियत मिटे तो मुख्यधारा में मिले।

नए विमर्श उस पुरखा-दृष्टि की ओर ले जाते हैं जहाँ आदिवासी लोकगीत बार-बार दर्ज कर रहे थे कि किस तरह दिकुओं ने अपने सम्पर्क से आदिवासी इलाक़ों में नमक ही नहीं दुष्प्रवृत्तियाँ भी पहुँचाईं। लालच और वर्चस्व की नीयत जिसे पुरखों ने पहचाना था वे बाद में भूल गए और अपने आप को मुख्यधारा के नज़रिए से देखने लगे। आदिवासियत को बचाने का संघर्ष, जल-जंगल-ज़मीन को बचाने का संघर्ष और अपनी पहचान का संघर्ष आदिवासी साहित्य की मूल चेतना में शामिल है।

तो क्या हम कह सकते हैं कि आदिवासी स्त्री कविता आदिवासियत का प्रतिनिधित्व करती है! हाँ। आदिवासी स्त्री कविता के पास अपनी लय, गीत, संस्कृति, अतीत और वर्तमान सब है; अस्मिता की चेतना वहाँ बेहद मुखर है, यह स्त्री अपनी आदिवासी पहचान और स्त्रीत्व को लेकर चौकन्नी है। आख़िर उसी की पीठ पर तो भविष्य बेतराता है।[15] तो वह क्यों न हो आदिवासी चेतना की सच्ची संवाहक!

परिशिष्ट

सन्दर्भ सूची

खंड-एक : पद्धति

अध्याय -1 : स्त्रीवाद की अवधारणाएँ और साहित्य

1. देखें, पृ. 35, *फ़ेमिनिस्ट थ्योरी : फ्रॉम मार्जिन टू सेंटर,* बेल हुक्स, साउथ एंड प्रेस, 1984
2. Being oppressed means the absence of choices. It is the primary point of contact between the oppressed and the oppressor. *फ़ेमिनिस्ट थ्योरी : फ्रॉम मार्जिन टू सेंटर,* बेल हुक्स, साउथ एंड प्रेस, 1984, पृ. 5
3. देखें, पृ. 6, *द डायलेकटिक्स ऑफ़ सेक्स,* शुलमिथ फ़ायरस्टोन, वर्सो, न्यूयार्क, 2015
4. देखें, पृ. 44, *प्रेम कविताएँ,* नाज़िम हिकमत, अनु. सुरेश सलिल, वाणी प्रकाशन, 2013
5. देखें, पृ. 298, *द सेकेंड सेक्स,* सीमोन द बुवा, अनु. कॉन्सटेंस बोर्डे और शील मेलोवेनी, विंटेज, 2011
6. What women have done and experienced has been left unrecorded, neglected, and ignored in interpretation. Gerda Lerner, Creation of Patriarchy, OUP, 1986, पृ. 4
7. देखें, पृ. 67, *अपना कमरा,* वर्जीनिया वूल्फ़, अनु. गोपाल प्रधान, संवाद प्रकाशन, 2002
8. देखें, पृ. 52, *अपना कमरा,* वर्जीनिया वूल्फ़, अनु. गोपाल प्रधान, संवाद प्रकाशन, 2002
9. देखें, भूमिका, *अर्शेबरीं से फ़र्शे ज़मीं तक,* ज़ाहिदा हिना, *पाकिस्तानी स्त्री : यातना और संघर्ष,* वाणी प्रकाशन नई दिल्ली, 2014
10. देखें, पृ. 98, *भारतीय विवाह संस्था का इतिहास,* विश्वनाथ काशीनाथ राजवाड़े, पीपुल्स पब्लिशिंग हाउस, तीसरा संस्करण, 2008
11. देखें, वही, पृ. 9
12. देखें, श्लोक सं. 33, अध्याय-9, *मनुस्मृति*
13. देखें, पृ. 73, *परिवार, निजी सम्पत्ति और राज्य की उत्पत्ति,* फ्रेडरिख एंगेल्स, प्रकाशन संस्थान, दिल्ली, 2014
14. देखें, पृ. 151, *जेंडर ट्रबल,* रुटलेज भारतीय संस्करण, जुडिथ बटलर, रीप्रिंट 2016
15. देखें, वही, पृ. 186 से 191

16. देखें, पृ. 257-258, *अन्या से अनन्या,* राजकमल प्रकाशन, प्रभा खेतान, चौथा संस्करण, 2016
17. देखें, पृ. 119, *द डायलेक्टिक्स ऑफ़ सेक्स,* शुलमिथ फ़ायरस्टोन, वर्सो, 1970
18. देखें, पृ. 47, *वेज़ ऑफ़ सीइंग, जॉन बर्जर,* ब्रिटिश ब्रॉडकास्टिंग एंड पेंगुइन बुक्स, 1972
19. देखें, पृ. 13-35, *जूलिया क्रिस्टेना,* शिकागो, वॉल्यूम-7, नं. 1, ऑटम, 1981
20. देखें, भूमिका, *विद्रोही स्त्री,* जर्मेन ग्रीयर, राजकमल प्रकाशन, दिल्ली, 2001
21. देखें, पृ. 84, द *हिस्ट्री ऑफ सेक्सुएलिटी,* वॉल्यूम-1, मिशेल फूको, एन इंट्रोडक्शन, विंटेज बुक्स, 1990
22. देखें, पृ. 44, *विद्रोही स्त्री,* जर्मेन ग्रीयर, राजकमल प्रकाशन, दिल्ली, 2001
23. देखें, पृ. 315-316, *सेक्सुएलिटी, पॉर्नोग्राफी एंड मेथड,* कैथरीन ए. मैककिनन, अंक-99, नं. 1, जनवरी 1989
24. देखें, वही, पृ. 318
25. देखें, वही, पृ. 232
26. देखें, पृ. 48-49, *रेसिज़्म एंड विमेंस स्टडीज़, फ्रंटियर्स : ए जर्नल ऑफ़ विमेन स्टडीज़,* बारबरा स्मिथ, वॉल-5, नं. 1, 1979
27. देखें, पृ. 7, *एंट आय अ वुमन,* बेल हुक्स, प्लूटो प्रेस, लंदन, प्रथम प्रकाशित 1982, साउथ एंड प्रेस, बॉस्टन
28. देखें, पृ. 3, सांड्रा हार्डिंग इंट्रोडक्शन, *द फ़ेमिनिस्ट स्टैंडपॉइंट थ्योरी, रीडर : इंटेलेक्चुअल एंड पॉलिटिकल कंट्रोवर्सीज़,* रुटलेज, 2014

अध्याय-2 : स्त्रीवाद और आलोचना का सम्बन्ध

1. देखें, पृ. 195, *राइट विंग विमेन,* एंड्रिया ड्वार्किन, पेरिगी बुक्स, यू.एस.ए., 1983
2. देखें, पृ. 45, वही,
3. देखें, पृ. 77, *अपना कमरा,* वर्जीनिया वूल्फ़, अनु. गोपाल प्रधान, संवाद प्रकाशन, 2002
4. देखें, पृ. 28-29, *अन्दर के पानियों का सपना,* मृणाल पाण्डे, *पितृसत्ता के नए रूप,* सं. राजेन्द्र यादव, प्रभा खेतान, अभय दुबे, राजकमल प्रकाशन, 2010
5. देखें, वही, पृ. 29
6. देखें, पृ. 132, *आकाश चाहनेवाली लड़की के सवाल,* रोहिणी अग्रवाल, *पितृसत्ता के नए रूप,* सं. राजेन्द्र यादव, प्रभा खेतान, अभय दुबे, राजकमल प्रकाशन, 2010
7. देखें, वही, पृ. 132
8. देखें, वही, पृ. 133
9. देखें, पृ. 35, *चन्द दारुण यादें,* रामशरण जोशी, *स्त्री मुक्ति का सपना,* सं. लीलाधर मंडलोई, वाणी प्रकाशन, 2004
10. देखें, वही, पृ. 35
11. देखें, वही, पृ. 35
12. देखें, पृ. 40, *पितृसत्ता के भूमंडलीकृत रूप* उर्वशी बुटालिया, को समझना ज़रूरी है, *आज का स्त्री आन्दोलन,* सं. रमेश उपध्याय, संज्ञा उपाध्याय, शब्दसंधान, दिल्ली
13. देखें, वही, पृ. 40
14. देखें, पृ. 35, सम्पादकीय, कमला प्रसाद, *स्त्री मुक्ति का सपना,* सं. लीलाधर मंडलोई,

वाणी प्रकाशन, 2004

15. देखें, पृ. 134, *आकाश चाहनेवाली लड़की के सवाल,* रोहिणी अग्रवाल, *पितृसत्ता के नए रूप,* सं. राजेन्द्र यादव, प्रभा खेतान, अभय दुबे, राजकमल प्रकाशन, 2010
16. देखें, पृ. 29, *अन्दर के पानियों का सपना,* मृणाल पाण्डे, *पितृसत्ता के नए रूप,* सं. राजेन्द्र यादव, प्रभा खेतान, अभय दुबे, राजकमल प्रकाशन, 2010
17. देखें, पृ. 67, *देह, मन और स्वप्न,* अरुण प्रकाश; सुधीश पचौरी, *हिन्दी में स्त्रीत्ववादी विमर्श : साहित्य में 'अधीनता से मुक्ति' के सवाल, स्त्री मुक्ति का सपना,* अतिथि सं. लीलाधर मंडलोई, अरविन्द जैन, सहायक सं. कमला प्रसाद, वाणी प्रकाशन, 2004
18. देखें, पृ. 66, अरुण प्रकाश, देह, मन और स्वप्न, सुधीश पचौरी, हिन्दी में स्त्रीत्ववादी विमर्श : साहित्य में 'अधीनता से मुक्ति' के सवाल, *स्त्री मुक्ति का सपना,* अतिथि सं. लीलाधर मंडलोई, अरविन्द जैन, सहायक सं. कमला प्रसाद, वाणी प्रकाशन, 2004, पृ. 66
19. देखें, पृ. 80, *अपना कमरा,* वर्जीनिया वूल्फ़, संवाद प्रकाशन
20. देखें, पृ. 93, *साँकल, सपने और सवाल,* सुधा अरोड़ा, लोकभारती, 2019
21. देखें, वही, पृ. 89
22. देखें, पृ. 53, *दलित साहित्य का सौन्दर्यशास्त्र,* ओमप्रकाश वाल्मीकि, राधाकृष्ण प्रकाशन, दिल्ली, 2005
23. देखें, वही, पृ. 51
24. देखें, स्त्री-विमर्श : इससे दयनीय कोई दूसरा विमर्श नहीं है हिन्दी में : वीर भारत तलवार

अध्याय-3 : स्त्रीवादी आलोचना का कोई इतिहास है?

1. देखें, पृ. 19, *स्त्री-पुरुष तुलना,* ताराबाई शिंदे, मराठी से अनु. जुई पालेकर, संवाद प्रकाशन, 2015
2. देखें, पृ. वही, पृ. 21, 22
3. देखें, वही, पृ. 23
4. देखें, वही, पृ. 37
5. देखें, पृ. 40, *हिन्दू स्त्री का जीवन,* पंडिता रमाबाई, अनु. शम्भु जोशी, संवाद, 2006
6. देखें, वही,, पृ. 64
7. देखें, वही, पृ. 78
8. देखें, वही, पृ. 79
9. देखें, वही, पृ. 17
10. देखें, वही, पृ. 65
11. देखें, पृ. 4 *श्रृंखला की कड़ियाँ,* महादेवी वर्मा, साधना सदन, इलाहाबाद, 1942
12. देखें, वही, पृ. 5
13. देखें, वही, पृ. 40
14. देखें, वही, पृ. 85
15. देखें, वही, पृ. 86
16. देखें, वही, पृ. 88
17. देखें, वही, पृ. 87

18. देखें, पृ. 143, *प्रेमचन्द घर में,* शिवरानी देवी, नई किताब, दिल्ली, 2020
19. देखें, वही, पृ. 144
20. देखें, पृ. 104, *उपनिवेश में स्त्री,* प्रभा खेतान, राजकमल प्रकाशन, छठा संस्करण 2016
21. देखें, पृ. 122, *स्त्री अधिकारों का औचित्य साधन,* मेरी वोल्स्टनक्राफ़्ट, अनु. मीनाक्षी, राजकमल प्रकाशन, 2003
22. देखें, वही, पृ. 144
23. देखें, वही, पृ. 145
24. देखें, वही, पृ. 145
25. देखें, वही, पृ. 146
26. देखें, वही, पृ. 149
27. देखें, वही, पृ. 149
28. देखें, वही, पृ. 133
29. देखें, *प्रस्तावना,* पृ. xvi, शेक्सपियर्स सिस्टर्स, *फ़ेमिनिस्ट ऐसेज़ ऑन विमेन पोएट्स,* सं. सूसन गुबर और सांड्रा एम. गिलबर्ट, इंडियाना यूनिवर्सिटी प्रेस, ब्लूमिंगटन, 1979
30. देखें, वही, *भूमिका,* पृ. vvii
31. देखें, पृ. 78, *अपना कमरा,* वर्जीनिया वूल्फ़, अनु. गोपाल प्रधान, संवाद प्रकाशन, 2002
32. वही, पृ. 79
33. देखें, वही, पृ. 80
34. देखें, वही, पृ. 80
35. देखें, वही, पृ. 94
36. देखें, वही, पृ. 95
37. देखें, पृ. 35, *अ लिट्रेचर ऑफ़ देयर ओन,* एलेन शोवाल्टर, विरागो प्रेस, 2009

अध्याय-4 : स्त्री-भाषा और पुरुष-भाषा : जेंडर और लेखन

1. देखें, पृ. 62, *द जुईसेंस ऑफ़ फ्रेंच फेमिनिज़्म,* सिक्सू, इरिगेरे, क्रिस्टेवा, केली आइव्स, क्रिसेंट मून पब्लिकेशन, ब्रिटेन, 2013
2. देखें, पृ. 41, *बियॉण्ड फ़ेमिनिस्ट एस्थेटिक्स,* रीटा फेल्स्की, हारवर्ड यूनिवर्सिटी प्रेस, केम्ब्रिज, 1989
3. देखें, वही, पृ. 41
4. देखें, वही, पृ. 41
5. देखें, *दिस सेक्स विच इज़ नॉट वन,* लूस इरिगेरे, कॉर्नेल यूनिवर्सिटी प्रेस, न्यूयॉर्क, 1985
6. देखें, वही, पृ. 31
7. देखें, वही, पृ. 26
8. देखें, वही, पृ. 86
9. देखें, वही, 1985, पृ. 29
10. देखें, पृ. 20, जाना नखाल, *विमेन एज़ स्पेस/विमेन इन स्पेस : रीलोकेटिंग ऑवर बॉडीज़ एंड रीराइटिंग जेंडर इन स्पेस, कोहल : ए जर्नल फॉर बॉडी एंड जेंडर रिसर्च,* वॉल्यूम-1, नं. 1, (ग्रीष्म 2015)
11. देखें, वही

12. देखें, पृ. 25, *बीस प्रेम कविताएँ और उदासी का एक गीत,* पाब्लो नेरुदा, अनु. अशोक पांडे, संवाद प्रकाशन, 2006
13. देखें, वही, पृ. 25
14. देखें, वही, पृ. 35
15. देखें, वही, पृ. 32
16. देखें, वही, पृ. 37
17. देखें, वही, पृ. 21
18. देखें, वही, पृ. 31
19. देखें, पृ. 56, *न लौटे फिर कोई इस तरह,* मोहन कुमार डहेरिया, शिल्पायन, 2010
20. देखें, पृ. 39, *अपना कमरा,* वर्जीनिया वूल्फ़, अनु. गोपाल प्रधान, संवाद प्रकाशन, 2002
21. देखें, वही,
22. देखें, पृ. 118, *मीराबाई और भक्ति की आध्यात्मिक अर्थनीति,* कुसुम संगारी, वाणी प्रकाशन,2016
23. देखें, वही, पृ. 105
24. देखें, वही, पृ. 106
25. देखें, पृ. 323, *सेक्शुएलिटी, पॉर्नोग्राफी एंड मेथड : प्लेज़र अंडर पेट्रियार्की,* वॉल्यूम-99, कैथरीन ए. मैककिनन, नं. 2, (जनवरी 1989)
26. देखें, पृ. 81, *अपना कमरा,* वर्जीनिया वूल्फ़, अनु. गोपाल प्रधान, संवाद प्रकाशन, 2002, पृ. 81
27. देखें, पृ. 877, द *लाफ़ ऑफ़ मेड्यूसा, साइंस,* वॉल्यूम-1, हेलेन सिक्सू, नं. 4 (ग्रीष्म 1976)
28. देखें, वही, पृ. 880
29. देखें, वही, पृ. 876

अध्याय-5 : स्त्री-भाषा और स्त्री पाठ : एक पहचान

1. देखें, पृ. 880, द *लाफ़ ऑफ़ मेड्यूसा, साइंस,* वॉल्यूम-1, हेलेन सिक्सू, नं. 4 (ग्रीष्म 1976)
2. देखें, वही, 876
3. देखें, वही, 876
4. देखें, वही, 876
5. देखें, वही, 876
6. देखें, वही, 877
7. देखें, वही, 878
8. देखें, वही, 878
9. देखें, वही, 878
10. देखें, वही, 881
11. देखें, वही, 881
12. देखें, वही, 881-882
13. देखें, पृ. 100, *अपना कमरा,* वर्जीनिया वूल्फ़, अनु. गोपाल प्रधान, संवाद प्रकाशन, 2002

14. देखें, वही, पृ. 100
15. देखें, वही, पृ. 101
16. देखें, पृ. 29, *चन्द्रसखी और उनका काव्य,* पद्मावती शबनम, लोकसेवक प्रकाशक, बनारस, बनारस, 1954
17. देखें, पृ. 293, द *सेकेंड सेक्स,* सीमोन द बुवा, विंटेज, 2011
18. देखें, इंट्रोडक्शन, खंड-2, लिव्ड एक्सपीरिएंस, द *सेकेंड सेक्स,* सीमोन द बुवा, विंटेज, 2011
19. देखें, वही, पृ. 283
20. वही, पृ. 284
21. देखें, *स्त्री निर्मिति,* सुजाता, सामयिक प्रकाशन, दिल्ली, 2019
22. देखें, पृ. 319, द *सेकेंड सेक्स,* सीमोन द बुवा, विंटेज, 2011
23. देखें, वही, पृ. 579
24. पृ. 213, *व्हाट हैज़ नेवर बीन : एन ओवर व्यू ऑफ़ लेस्बियन लिटरेरी फ़ेमिनिस्ट क्रिटिसिज़्म बाई बॉनी ज़िमरमैन, न्यू फ़ेमिनिस्ट क्रिटिसिज़्म,* सं. एलेन शोवाल्टर, वर्गो, लंदन, 1989
25. It is language which speaks, not the author, The Death of the Author, Roland Barthes, पृ. 3
26. देखें, पृ. 66, *बियॉण्ड फ़ेमिनिस्ट एस्थेटिक्स,* रीटा फेल्स्की, हारवर्ड यूनिवर्सिटी प्रेस, केम्ब्रिज, 1989
27. देखें, पृ. 31, *शृंखला की कड़ियाँ,* महादेवी वर्मा, साधना सदन प्रयाद, 1942
28. देखें, वही, पृ. 32
29. देखें, पृ. 769, द *सेकेंड सेक्स,* सीमोन द बुवा, विंटेज, 2011

अध्याय-6 : लेखक स्त्री और पाठक स्त्री : लेखकत्व और पाठकत्व के संकट

1. देखें, https://www.theguardian.com/books/2019/dec/07/why-women-love-literature-read-fiction-helen-taylor
2. देखें, पृ. 23, *साहित्य का समाजशास्त्र,* मुद्राराक्षस, नेशनल पब्लिशिंग हाउस, नई दिल्ली, 2004
3. देखें, वही
4. देखें, वही
5. देखें, पृ. 58, *अपना कमरा,* वर्जीनिया वूल्फ़, अनु. गोपाल प्रधान, संवाद प्रकाशन, 2002
6. देखें, भूमिका, *आधुनिक हिन्दी कवयित्रियों के प्रेम गीत,* सं. क्षेमचन्द सुमन, राजपाल एंड संस, 1962
7. वही, भूमिका से
8. देखें, पृ. 49, *लिटरेचर ऑफ़ देयर ओन,* एलेन शोवाल्टर, विरागो प्रेस, 2009
9. देखें, पृ. 318, *साहित्य का समाजशास्त्र,* मुद्राराक्षस, नेशनल पब्लिशिंग हाउस, हाउस, नई दिल्ली, 2004
10. देखें, भूमिका, *सरला : एक विधवा की आत्मजीवनी,* प्रज्ञा पाठक, परमेश्वरी प्रकाशन, दिल्ली, 2008
11. देखें, वही, पृ. 29

12. देखें, पृ. 61, *लिटरेचर ऑफ़ देयर ओन,* एलेन शोवाल्टर, विरागो प्रेस, 2009
13. देखें, पृ. 83, *बन्द गलियों के विरुद्ध, महिला पत्रकारिता की यात्रा,* सं. मृणाल पाण्डे और क्षमा शर्मा, राजकमल प्रकाशन, 2001
14. देखें, पृ. 20, *बंग महिला,* भवदेव पांडेय, वाणी प्रकाशन, नई दिल्ली, 2014
15. देखें—http://www.gutenberg.org/files/771/old/brnte10h.htm
16. देखें, पृ. 200, *द ऑथरेस ऑफ़ ओडिसी,* सैम्युअल बटलर, न्यूयॉर्क, ई.पी. डटन एंड कम्पनी, 1922
17. हे देवि! मुझसे तू उस उपायकुशल नायक की कथा का गान कर जो ट्रॉय का पवित्र दुर्ग ध्वस्त कर देने के बाद दूर-दूर तक भटकता रहा... *ओडिसी,* होमर, अनु. रमेश चन्द्र सिन्हा, राजकमल प्रकाशन, 2014, पृ. 21
18. देखें, पृ. xi, *मेरी प्रिय कहानियाँ,* शिवानी, राजपाल एंड संस, संस्करण 2013
19. *आलोचना का समाजशास्त्र,* मुद्राराक्षस, पृ. 318
20. देखें, पृ. 318, *साहित्य का समाजशास्त्र,* मुद्राराक्षस, नेशनल पब्लिशिंग हाउस, नई दिल्ली, 2004
21. देखें, वही, पृ. 302
22. देखें, पृ. 57, *सेक्शुअल/टेक्सचुअल पॉलिटिक्स,* टॉरिल मॉय, रूटलेज, दूसरा संस्करण, 2002
23. देखें, वही
24. देखें, पृ. 102, *स्त्रियों की पराधीनता,* जॉन स्टुअर्ट मिल, राजकमल प्रकाशन, नई दिल्ली
25. देखें, पृ. 131, *सेक्शुअल/टेक्सचुअल पॉलिटिक्स,* टॉरिल मॉय, रूटलेज, दूसरा संस्करण, 2002
26. देखें, https://www.millsandboon.co.uk/
27. देखें, https://www.reuters.com / article/us-books-publisher-millsboon/mills-boon-30000-kisses-and-steamier-than-ever-idUSL0765970320080208
28. देखें, वही
29. देखें—https://www.hindustantimes.com/books/old-world-charm-the-many-phases-of-indian-women-s-magazines-in-urdu/story-I3enWxhhS2H9j7Scl-bqZvJ.html
30. देखें, पृ. 24, The new feminist criticism, Ed.Elaine Showalter, Virago, London, 1986
31. देखें—https://www.theguardian.com/books/2019/dec/07/why-women-love-literature-read-fiction-helen-taylor

अध्याय-7 : अनुभूति का अधिकार : आस्वादन/आस्वाद्यता का सवाल और एक केस स्टडी के रूप में रीतिकालीन शृंगारी कविता

1. देखें, पृ. 105, *आदिवासी दर्शन, साहित्य और सौन्दर्यबोध,* वंदना टेटे, राधाकृष्ण प्रकाशन, 2020
2. देखें, पृ. 53, *रीतिकाव्य की भूमिका,* डॉ. नगेन्द्र, नेशनल पब्लिशिंग हाउस, दिल्ली, दूसरा संस्करण, 1953

3. देखें, वही, पृ. 53
4. देखें, पृ. 151, *साधारणीकरण और व्यक्ति वैचित्र्यवाद,* रामचन्द्र शुक्ल, चिन्तामणि भाग-1, हिन्दी साहित्य सरोवर, आगरा, 1992
5. देखें, वही
6. देखें, पृ. 136, *साहित्य-सिद्धांत,* रेने वेलेक और ऑस्टिन वारेन, लोकभारती, 2000
7. देखें, पृ. 124, *रीतिकाव्य की भूमिका,* डॉ. नगेन्द्र, नेशनल पब्लिशिंग हाउस, दिल्ली, दूसरा संस्करण, 1953
8. देखें, पृ. 218, *संरचनावाद, उत्तर संरचनावाद एवम प्राच्य काव्यशास्त्र,* गोपीचन्द नारंग, साहित्य अकादमी
9. देखें, पृ. 318, *हिन्दी का लोक-वृत्त,* फ्रांचेस्का ऑर्सीनी, वाणी प्रकाशन, अनु. नीलाभ, नई दिल्ली, 2011
10. देखें, पृ. 83, *रस मीमांसा,* रामचन्द्र शुक्ल, पुस्तक प्रतिष्ठान, दिल्ली, 2016
11. देखें, वही, पृ. 84
12. देखें, वही
13. देखें, पृ. 162, *रीतिकाव्य की भूमिका,* डॉ. नगेन्द्र, नेशनल पब्लिशिंग हाउस, दिल्ली, दूसरा संस्करण, 1953
14. देखें, पृ. 131, *हिन्दी साहित्य का इतिहास,* आचार्य रामचन्द्र शुक्ल, नागरी प्रचारिणी सभा, काशी
15. देखें, पृ. 47, *रीतिकाव्य की भूमिका,* डॉ. नगेन्द्र, नेशनल पब्लिशिंग हाउस, दिल्ली, दूसरा संस्करण, 1953
16. देखें, पृ. 131, *विद्रोही स्त्री,* जर्मेन ग्रीयर, राजकमल प्रकाशन, नई दिल्ली
17. देखें, पृ. 113, फूको : *ज्ञान और सत्ता का विमर्श, आलोचना से आगे,* सुधीश पचौरी, राधाकृष्ण प्रकाशन
18. देखें, पृ. 47, *रीतिकालीन कवियों की प्रेम-व्यंजना,* डॉ. बच्चन सिंह, लोकभारती प्रकाशन, 2005
19. देखें—https://www.firstpost.com/living/sthraina-kamasutra-a-sex-manual-for-women-333922.html
20. देखें, पृ. 45, देखें, पृ. 131, *विद्रोही स्त्री,* जर्मेन ग्रीयर, राजकमल प्रकाशन, नई दिल्ली
21. देखें, वही, पृ. 43-44
22. देखें, पृ. 1, *रतिमंजरी,* जयदेव, पं. श्री कनकलाल शर्मा द्वारा सरल हिन्दी टीका के साथ, संस्कृत बुक डिपो, काशी, 1954
23. देखें, पृ. 48, *रीतिकालीन कवियों की प्रेम-व्यंजना,* डॉ. बच्चन सिंह, लोकभारती प्रकाशन, 2005
24. देखें, पृ. 171, *रीतिकाव्य की भूमिका,* डॉ. नगेन्द्र, नेशनल पब्लिशिंग हाउस, दिल्ली, दूसरा संस्करण, 1953

अध्याय-8 : स्त्री रचनाकार का अभिकर्तृत्व : बाधाएँ, चुनौतियाँ और उद्देश्य

1. देखें, पृ. 23, *इस बेसहारा वक़्त में,* मरीना स्वेतायेवा की कविताएँ, चयन व अनु. वरयाम

सिंह, प्रकाशन संस्थान, दिल्ली, 2013
2. देखें, पृ. 115, *एक कहानी यह भी,* मन्नू भंडारी, राधाकृष्ण प्रकाशन, नई दिल्ली, 2016
3. देखें, पृ. 58, देखें, पृ. 61, *लिटरेचर ऑफ़ देयर ओन,* एलेन शोवाल्टर, विरागो प्रेस, 2009
4. देखें, पृ. 112, *अपना कमरा,* वर्जीनिया वूल्फ़, अनु. गोपाल प्रधान, संवाद प्रकाशन, 2002
5. देखें, पृ. 446-447, *हिन्दी में स्त्रीत्ववादी विमर्श : साहित्य में 'अधीनता से मुक्ति' के सवाल,* सुधीश पचौरी, *स्त्री : मुक्ति का सपना,* सं. अरविन्द जैन व अन्य, वाणी प्रकाशन
6. देखें, पृ. 484, विष्णु नागर, लेख-प्यार में डूबी हुई माँ ने हिन्दी में पहली बार प्रवेश पाया है, *स्त्री : मुक्ति का सपना,* सं. अरविन्द जैन व अन्य, वाणी प्रकाशन
7. देखें, पृ. 119-120, शायद ही कहीं ऐसा रुग्ण मानस हो, *सुनीता जैन रचनावली,* खंड-8, सार्थक प्रकाशन, 2003
8. देखें, वही, पृ. 96
9. देखें, पृ. 38, *दलित साहित्य का सौन्दर्यशास्त्र,* ओमप्रकाश वाल्मीकि, राधाकृष्ण प्रकाशन, दिल्ली, 2005
10. देखें, पृ. 99, बार्बरा स्मिथ का लेख 'टुवड्र्स अ ब्लैक फ़ेमिनिस्ट क्रिटिसिज़्म', द *न्यू फ़ेमिनिस्ट क्रिटीक,* सं. एलेन शोवाल्टर, विरागो प्रेस, लन्दन 1986
11. देखें, वही, पृ. 173
12. देखें, पृ. 47, *अपना कमरा,* वर्जीनिया वूल्फ़, अनु. गोपाल प्रधान, संवाद प्रकाशन, 2002
13. देखें, पृ. 120, शायद ही कहीं ऐसा रुग्ण मानस हो, *सुनीता जैन रचनावली,* खंड-8, सार्थक प्रकाशन, 2003
14. देखें, पृ. 131, *स्त्री यौनता के आर-पार,* सरोजिनी साहू, अनु. प्रमीला केपी, नई किताब, दिल्ली 2013
15. देखें, वही, पृ. 131
16. देखें, पृ. 764, द *सेकेण्ड सेक्स,* सीमोन द बुवा, विन्टेज़
17. देखें, पृ. 40, *दलित साहित्य का सौन्दर्यशास्त्र,* ओमप्रकाश वाल्मीकि
18. देखें, पृ. 880, द *लाफ़ ऑफ़ मेड्युसा,* हेलेन सिक्सू, Signs, Vol. 1, No. 4 (Summer, 1976)
19. देखें, पृ. 449, *स्त्री मुक्ति का सपना,* सं. लीलाधर मंडलोई व अन्य, वाणी प्रकाशन, 2004
20. देखें, पृ. 507, साक्षात्कार 'हिन्दी लेखन के माहौल में स्त्री होना', *अनामिका एक मूल्यांकन,* सं. अभिषेक कश्यप, सामयिक बुक्स, दरियागंज, 2013
21. देखें, पृ. 99, *उपनिवेश में स्त्री,* प्रभा खेतान, राजकमल प्रकाशन, दिल्ली, छठा संस्करण, 2016
22. देखें, पृ. 25, *एंड्रिया ड्वार्किन,* वुमेन हेटिंग, अ प्लूम बुक (पेंगुइन), न्यूयॉर्क, 1984
23. देखें—https://medium.com/the-establishment/your-global-mansplaining-dictionary-in-34-languages-a5e44bf682ba
24. Female dominance is, was always in the eye of the male beholder—देखें, पृ. 33, *लिटरेचर ऑफ़ देयर ओन,* एलेन शोवाल्टर, विरागो प्रेस, 2009
25. देखें, पृ. 127, *स्त्री के पास खोने के लिए कुछ नहीं है!,* सीमोन द बुवा से एलिस श्वेर्ज़र की स्त्री-मुद्दों पर बातचीत, अनु. मनीषा पांडेय, संवाद, 2004

खंड-दो : परम्परा

अध्याय-1 : साहित्येतिहास लेखन के जेंडर पूर्वग्रह

1. देखें, पृ. 11, *स्त्री कवि-कौमुदी,* ज्योतिप्रसाद मिश्र 'निर्मल', गांधी हिन्दी पुस्तक भंडार, प्रयाग, 1931
2. देखें, वही, पृ. 3
3. देखें, वही, पृ. 4
4. देखें, पृ. 3-4, *क्रिएशन ऑफ़ पेट्रियार्की,* भूमिका, ग़र्डा लर्नर, ऑ. यू. प्रे. 1986
5. देखें, *मध्यकालीन हिन्दी कवयित्रियाँ,* प्रो. सावित्री सिन्हा, आत्माराम एंड संस, कश्मीरी गेट, 1953
6. देखें, पृ. 29, *इतिहास में स्त्री,* सुमन राजे, भारतीय ज्ञानपीठ, नई दिल्ली, 2003
7. देखें, पृ. 7, *हिन्दी साहित्य का इतिहास,* रामचन्द्र शुक्ल, नागरी प्रचारिणी सभा, वाराणसी-दिल्ली, 1920
8. देखें, पृ. 4, *प्रथम संस्करण की भूमिका,* मिश्रबन्धु विनोद, गंगा पुस्तक माला, लखनऊ, 1926
9. देखें, वही, पृ. 3
10. देखें, पृ. 135-136, *हिन्दी साहित्य का आधा इतिहास,* सुमन राजे, भारतीय ज्ञानपीठ, नई दिल्ली, 2003
11. देखें, वही, पृ. 140
12. देखें, पृ. 2, हुमायूँनामा के अनुवादक ब्रजरत्नदास का वक्तव्य, *हुमायूँनामा,* देवीप्रसाद ऐतिहासिक पुस्तकमाला-5, काशी नागरी प्रचारिणी सभा, संवत 1980
13. देखें, पृ. 59, 60, *प्रथम संस्करण की भूमिका,* मिश्रबन्धु विनोद, गंगा पुस्तक माला, लखनऊ, 1926
14. देखें, *पहले संस्करण की भूमिका,* रामचन्द्र शुक्ल, *हिन्दी साहित्य का इतिहास,* नागरी प्रचारिणी सभा, 36वाँ संस्करण
15. देखें, पृ. 11, *हिन्दी साहित्य का आधा इतिहास,* सुमन राजे, भारतीय ज्ञानपीठ, दिल्ली, 2003
16. देखें, पृ. 4-5, *मध्यकालीन हिन्दी कवयित्रियाँ,* प्रो. सावित्री सिन्हा, आत्माराम एंड संस, कश्मीरी गेट, 1953
17. देखें, पृ. 2 और 430, शिवसिंह सरोज, शिवसिंह सेंगर, नवल किशोर प्रेस, लखनऊ, 1926 का सातवाँ संस्करण
18. देखें, पृ. 27, *हिन्दी साहित्य का आदिकाल,* हजारीप्रसाद द्विवेदी, बिहार राष्ट्रभाषा परिषद, तीसरा संस्करण, 1961
19. देखें, पृ. 7, 8, 9, *स्त्री कवि कौमुदी,* ज्योतिप्रसाद मिश्र 'निर्मल', गांधी हिन्दी पुस्तक भंडार, प्रयाग, 1931
20. देखें, पृ. 5, *मध्यकालीन हिन्दी कवयित्रियाँ,* प्रो. सावित्री सिन्हा, आत्माराम एंड संस, कश्मीरी गेट, 1953
21. देखें, पृ. 7, *हमारा ग्राम साहित्य,* रामनरेश त्रिपाठी, हिन्दी मन्दिर, प्रयाग, 1940
22. देखें, पृ. XVII, *निम्नवर्गीय प्रसंग-2,* सं. शाहिद अमीन और ज्ञानेन्द्र पांडे, राजकमल

प्रकाशन, नई दिल्ली

23. देखें, पृ. 7, *इतिहास में स्त्री,* सुमन राजे, भारतीय ज्ञानपीठ
24. देखें, पृ. 14, *मध्यकालीन हिन्दी कवयित्रियाँ,* प्रो. सावित्री सिन्हा, आत्माराम एंड संस, कश्मीरी गेट, 1953
25. वही, पृ. 16
26. देखें, पृ. 61, *विमेन इन द फुटस्टेप्स ऑफ़ बुद्धा,* कैथरीन आर ब्लैकस्टोन, मोतीलाल बनारसीदास दिल्ली, प्रथम भारतीय संस्करण, 2000

अध्याय-2 : कवि औरतें जिन्होंने घर छोड़े : थेरियाँ, मीराँ और ललद्यद

1. देखें, पृ. 15-16, *विमेन इन द फुटस्टेप्स ऑफ़ बुद्धा,* कैथरीन आर ब्लैकस्टोन, मोतीलाल बनारसीदास दिल्ली, प्रथम भारतीय संस्करण, 2000
2. देखें, वही, पृ. 6
3. देखें, पृ. xxvii, *थेरीगाथा : पोएम्स ऑफ़ द फर्स्ट बुद्धिस्ट विमेन,* अनु. चार्ल्स हैलिसी, हारवर्ड यूनिवर्सिटी प्रेस, इंग्लैंड, 2015
4. देखें, वही, पृ. x
5. देखें, पृ. 85, *थेरीगाथा : साम्ज ऑफ़ द सिस्टर्स,* सीएएफ राइस डेविड्स, पालि टेक्सट सोसायटी, लंदन, 1909, ईपब संस्करण
6. देखें, वही
7. देखें, पृ. 15, *फर्स्ट बुद्धिस्ट विमेन : पोएम्स एंड स्टोरीज़ ऑफ़ अवेकनिंग,* सूसन मरकॉट, पैरेलेक्स प्रेस, बर्कले, 1991
8. देखें, पृ. 96, *हिन्दी साहित्य का आधा इतिहास,* सुमन राजे, भारतीय ज्ञानपीठ प्रकाशन, 2003
9. देखें, पृ. 61-62, *विमेन इन द फुटस्टेप्स ऑफ़ बुद्धा,* कैथरीन आर ब्लैकस्टोन, भारतीय संस्करण, 2000
10. देखें, पृ. 91, *हिन्दी साहित्य का आधा इतिहास,* सुमन राजे, भारतीय ज्ञानपीठ प्रकाशन, 2003
11. देखें, पृ. xiii, *थेरीगाथा : पोएम्स ऑफ़ द फर्स्ट बुद्धिस्ट विमेन,* अनु. चार्ल्स हैलिसी, हारवर्ड यूनिवर्सिटी प्रेस, इंग्लैंड, 2015
12. देखें, पृ. 13, *हिन्दी काव्य सम्वेदना का विकास,* रामस्वरूप चतुर्वेदी, लोकभारती प्रकाशन, 2003
13. देखें, वही
14. देखें, वही, पृ. 97
15. देखें, वही, पृ. 98-99
16. देखें, पृ. 49, *मीराँबाई और भक्ति की आध्यात्मिक अर्थनीति,* कुमकुम संगारी, वाणी प्रकाशन, 2012
17. देखे, पृ. 84, *मीराँबाई,* ब्रजेन्द्रकुमार सिंहल, साहित्य अकादमी, दिल्ली, 2017
18. देखें, वही, पृ. 85
19. देखें, पृ. 43, *कवि परम्परा—तुलसी से त्रिलोचन,* प्रभाकर श्रोत्रिय, भारतीय ज्ञानपीठ प्रकाशन, 2013

20. देखें, वही, पृ. 46
21. देखें, पृ. 45, *मीराँबाई और भक्ति की आध्यात्मिक अर्थनीति,* कुमकुम संगारी, वाणी प्रकाशन, 2012
22. देखें, पृ. 3, *बनास* जन पत्रिका, माधव हाड़ा, दिल्ली का मीराँ-केन्द्रित अंक
23. देखें, वही, पृ. 26
24. देखें, वही, पृ. 23
25. देखें, वही, पृ. 32
26. देखें, पृ. 4-5, *द क्रिएशन ऑफ़ पेट्रियार्की,* गर्डा लर्नर, 1986
27. देखें, पृ. 61, *मीराँबाई और भक्ति की आध्यात्मिक अर्थनीति,* कुमकुम संगारी, वाणी प्रकाशन, 2012
28. देखें, वही, पृ. 61
29. देखें, वही, पृ. 106
30. देखें, वही, 2012 पृ. 131
31. देखें, पृ. 95, *ललद्यद,* जयालाल कौल, साहित्य अकादमी, दिल्ली
32. देखें, वही, पृ. 78
33. देखें, वही
34. देखें, वही
35. देखें, पृ. 67-80, 'ललद्यद—द पोएट हू गेव अ वॉयस टू विमेन' बाय नीरजा मट्टू इन *ललद्यद : द ग्रेट मिस्टीक सेंट-पोएट्स,* नई दिल्ली, एपीएच पब्लिशिंग कॉर्पोरेशन, 2002
36. देखें-https://www.mun.ca/philosophy/Cixous_The_Laugh_of_the_Medusa.pdf
37. देखें, पृ. 84, *ललद्यद,* जयालाल कौल, साहित्य अकादमी, दिल्ली
38. देखें, पृ. 21, *ललद्यद द मिस्टीक कश्मीरी पोएट्स,* शफी शौक़, गुलशन बुक्स, कश्मीर, 2015
39. देखें, पृ. 39, *ललद्यद,* जयालाल कौल, साहित्य अकादमी, दिल्ली
40. देखें, वही, पृ. 82
41. देखें, वही, पृ. 88
42. देखें, वही, पृ. 35, 36
43. देखें, पृ. 8, *ललद्यद : द मिस्टीक कश्मीरी पोएटेस,* शफ़ी शौक़, गुलशन बुक्स, श्रीनगर
44. देखें, वही, पृ. 9

अध्याय-3 : इतिहास के लिए भारी पड़ती है स्त्री की प्रतिभा : मुद्दुपलानी और शेख़

1. देखें, पृ. 27, *इतिहास में स्त्री,* सुमन राजे, भारतीय ज्ञानपीठ, नई दिल्ली
2. देखें, पृ. 2, वॉल्यूम-1, *विमेन राइटिंग इन इंडिया,* सं. सूसी थारू, के. ललिता
3. देखें, भूमिका, द *अपीज़मेंट ऑफ़ राधिका सांत्वनम,* अनु. और भूमिका : संध्या मूलचंदानी, पेंगुइन बुक्स, किंडल संस्करण 2011
4. देखें, वही
5. देखें, पृ. 3, वॉल्यूम-1, *विमेन राइटिंग इन इंडिया,* सं. सूसी थारू, के. ललिता
6. देखें, वही, पृ. 116

7. देखें, वही, पृ. 118
8. देखें, पृ. 104, *अ हिस्ट्री ऑफ़ तेलुगु लिट्रेचर,* पी. चेंचइया और राजा एम. भुजंग, ऑक्सफोर्ड यूनिवर्सटी प्रेस, 1928
9. देखें, *अपीस्मेंट ऑफ़ राधिका,* नागरत्नम्मा, पेंगुइन बुक्स, 2011
10. देखें, पृ. 21, *स्त्री कवि कौमुदी की भूमिला में रमाशंकर शुक्ल रसाल,* ज्योतिप्रसाद मिश्र 'निर्मल', गांधी हिन्दी पुस्तक भंडार, प्रयाग, 1931
11. देखें, वही
12. देखें, पृ. 5, 51, 52, *स्त्री कवि कौमुदी,* ज्योतिप्रसाद निर्मल, गांधी हिन्दी पुस्तक भंडार, भंडार, प्रयाग, 1931
13. देखें, पृ. 31, *हिन्दी काव्य-कोकिलाएँ,* गिरिजादत्त शुक्ल, ब्रजभूषण शुक्ल, साहित्य मन्दिर, प्रयाग, 1933

अध्याय-4 : जेंडर, जाति, धर्म के समीकरण : मोल्ल, खगनिया, चंद्राबती, ताज और शेख़

1. देखें, पृ. 16, *श्री मोल्ल रामायण,* कवयित्री मोल्ल, अनु. डॉ. सीएच रामुलू, भुवन वाणी ट्रस्ट, लखनऊ, 1977
2. देखें, पृ. 94, वॉल्यूम-1, *विमेन राइटिंग इन इंडिया,* सं. सूसी थारू, के. ललिता
3. देखें, पृ. 163-177, *रीराइटिंग द रामायना,* नबनीता देव सेन; चंद्राबती एंड मोल्ल, इंडिया इंटरनेशनल सेंटर क्वार्टरली में प्रकाशित, वॉल्यूम-24, नं. 2/3, क्रॉसिंग बाउन्ड्रीज़ (मानसून, 1997)
4. देखें, पृ. 110, *द वीपन ऑफ़ अदर : दलित बहुजन राइटिंग्स एंड द रीमेकिंग ऑफ़ इंडियन नेशनलिस्ट थॉट,* कांचा इलैया, पियर्सन एजुकेशन इंडिया 2012,
5. देखें, पृ. 95, वॉल्यूम-1, *विमेन राइटिंग इन इंडिया,* सं. सूसी थारू, के. ललिता
6. देखें, पृ. 20, *श्री मोल्ल रामायण,* कवयित्री मोल्ल, अनु. डॉ. सीएच रामुलू, भुवन वाणी ट्रस्ट, लखनऊ, 1977
7. देखें, वही, पृ. 21
8. देखें, वही, पृ. 22
9. देखें, वही, पृ. 24
10. देखें, पृ. 113, *द वीपन ऑफ़ अदर : दलित बहुजन राइटिंग्स एंड द रीमेकिंग ऑफ़ इंडियन नेशनलिस्ट थॉट,* कांचा इलैया, पियर्सन एजुकेशन इंडिया, 2012
11. देखें, पृ. 47, *श्री मोल्ल रामायण,* कवयित्री मोल्ल, अनुवाद—डॉ. सीएच रामुलू, भुवन वाणी ट्रस्ट, लखनऊ, 1977
12. देखें, वही, पृ. 50-51
13. देखें, वही, पृ. 38-39
14. देखें, वही, पृ. 41
15. देखें, वही, पृ. 43
16. देखें, पृ. 96, *विमेन राइटिंग इन इंडिया,* सूसी थारू, के. ललिता, खंड-1
17. देखें, पृ. 71, *श्री मोल्ल रामायण,* कवयित्री मोल्ल, अनुवाद—डॉ. सीएच रामुलू, भुवन वाणी ट्रस्ट, लखनऊ, 1977
18. देखें, पृ. 113, *द वीपन ऑफ़ अदर : दलित बहुजन राइटिंग्स एंड द रीमेकिंग ऑफ़*

इंडियन नेशनलिस्ट थॉट, कांचा इलैया, पियर्सन एजुकेशन इंडिया, 2012

19. देखें, पृ. 25, *स्त्री कवि कौमुदी,* ज्योतिप्रसाद मिश्र 'निर्मल', गांधी हिन्दी पुस्तक भंडार, प्रयाग, 1931
20. देखें, वही, पृ. 25, 26, 27
21. देखें, पृ. 164, *लोकसाहित्य की भूमिका,* डॉ. कृष्णदेव उपाध्याय, साहित्य भवन प्राइवेट लिमिटेड, इलाहाबाद, 1957
22. देखें, पृ. 163-177, *रीराइटिंग द रामायना,* नबनीता देव सेन; चंद्राबती एंड मोल्ल, इंडिया इंटरनेशनल सेंटर क्वार्टरली में प्रकाशित, वॉल्यूम-24, नं. 2/3, क्रॉसिंग बाउन्ड्रीज़ (मानसून, 1997)
23. देखें, पृ. 66, *हिस्ट्री ऑफ़ बंगाली लिट्रेचर,* डॉ. सुकुमार सेन, साहित्य अकादमी, नई दिल्ली, 1960
24. देखें, *चंद्राबती रामायण,* अनु. नबनीता देव सेन, जुबान बुक्स, नई दिल्ली, 2019
25. देखें, पृ. 5, *स्त्री कवि-कौमुदी,* ज्योतिप्रसाद मिश्र 'निर्मल', गांधी हिन्दी पुस्तक भंडार, प्रयाग, 1931
26. देखें, पृ. 108, *साहित्य प्रकाश,* रमाशंकर शुक्ल रसाल, इंडियन प्रेस लिमिटेड, प्रयाग, 1931
27. देखें, पृ. 15, *हिन्दी काव्य की कोकिलाएँ,* गिरिजादत्त शुक्ल, साहित्य मन्दिर, दारागंज, प्रयाग, 1933
28. देखें, पृ. 20, *स्त्री कवि-कौमुदी,* ज्योतिप्रसाद मिश्र 'निर्मल', गांधी हिन्दी पुस्तक भंडार, प्रयाग, 1931
29. देखें, पृ. 2, *हिन्दी साहित्य की भूमिका,* हजारीप्रसाद द्विवेदी

अध्याय-5 : कवि तो पुरुष ही हो सकता है, विद्वान भी : स्त्री लेखकत्व पर शाश्वत शंका और मध्यकाल की उपेक्षित लेखिकाएँ

1. देखें, पृ. 199, *हिन्दी साहित्य का आधा इतिहास,* सुमन राजे
2. देखें, पृ. 156, *साहित्य प्रकाश,* रमाशंकर शुक्ल रसाल, इंडियन प्रेस लिमिटेड, प्रयाग, 1931
3. देखें, पृ. 199, *हिन्दी साहित्य का आधा इतिहास,* सुमन राजे
4. देखें, वही, पृ. 152
5. देखें, पृ. 34, *चन्द्रसखी और उनका काव्य,* पद्मावती शबनम, लोक सेवक प्रकाशन, बनारस, प्रथम संस्करण, कार्तिक पूर्णिमा 2011 (1954 ई.)
6. देखें, पृ. 13, *स्त्री कवि-कौमुदी,* ज्तोतिप्रसाद निर्मल
7. देखें, पृ. 539, *हिन्दी साहित्य का इतिहास,* रमाशंकर शुक्ल रसाल, 1931
8. देखें, पृ. 5, *आलम-केलि,* आलम और शेख़, सं. लाला भगवानदीन, आदर्श प्रेस काशी, सम्वत 1979 (1922 ई.)
9. देखें, पृ. 154-155, *हिन्दी साहित्य का आधा इतिहास,* सुमन राजे, भारतीय ज्ञानपीठ प्रकाशन
10. देखें, पृ. 50, *स्त्री कवि कौमुदी,* ज्योतिप्रसाद निर्मल
11. देखें, वही

12. देखें, पृ. 244, *मध्यकालीन हिन्दी कवयित्रियाँ,* प्रो. सावित्री सिन्हा
13. वही, पृ. 266
14. देखें, पृ. 53, *स्त्री कवि कौमुदी,* ज्योतिप्रसाद निर्मल
15. देखें, वही, पृ. 79
16. देखें, पृ. 21, *नागरी प्रचारिणी* पत्रिका, वर्ष-56, सम्वत 2000, नागरी प्रचारिणी सभा, काशी

अध्याय-6 : लोकगीतों में बसा स्त्री-मन

1. देखें, पृ. 35, *हमारा ग्राम साहित्य,* रामनरेश त्रिपाठी, हिन्दी मन्दिर, प्रयाग, 1940
2. देखें, पृ. 3, *लोकसाहित्य की भूमिका,* कृष्णदेव उपाध्याय, साहित्य भवन प्राइवेट लिमिटेड, इलाहाबाद, 1957
3. देखें, पृ. 31, *चन्द्रसखी और उनका काव्य,* पद्‌मावती शबनम, लोकसेवा प्रकाशन, बनारस, 1954
4. देखें, पृ. 7, *हमारा ग्राम साहित्य,* रामनरेश त्रिपाठी, हिन्दी मन्दिर, प्रयाग, 1940
5. देखें, पृ. 2, *लोकसाहित्य की भूमिका,* कृष्णदेव उपाध्याय, साहित्य भवन प्राइवेट लिमिटेड, इलाहाबाद, 1957
6. देखें, वही, पृ. 22
7. देखें, पृ. 70, *मेरा दाग़िस्तान,* रसूल हमज़ातोव, रादुगा प्रकाशन, मास्को, 1988
8. देखें, पृ. 30, *मैथिली लोकगीत,* संग्रह, सम्पादन-रामइक़बाल सिंह राकेश, हिन्दी साहित्य सम्मेलन, प्रयाग, 1955
9. देखें, पृ. 113, *हमारा ग्राम साहित्य,* रामनरेश त्रिपाठी, हिन्दी मन्दिर, प्रयाग, 1940
10. देखें, पृ. 177, *हिन्दी साहित्य का आधा इतिहास,* सुमन राजे, भारतीय ज्ञानपीठ, नई दिल्ली, 2003
11. देखें, पृ. 45, *मैथिली लोकगीत,* संग्रह, सम्पादन-राम इक़बाल सिंह राकेश, हिन्दी साहित्य सम्मेलन, प्रयाग, 1955
12. देखें, पृ. 177, *हिन्दी साहित्य का आधा इतिहास,* सुमन राजे, भारतीय ज्ञानपीठ, नई दिल्ली, 2003
13. देखें, पृ. 109, *हमारा ग्राम साहित्य,* रामनरेश त्रिपाठी, हिन्दी मन्दिर, प्रयाग, 1940
14. देखें, पृ. 178, *हिन्दी साहित्य का आधा इतिहास,* सुमन राजे, भारतीय ज्ञानपीठ, नई दिल्ली, 2003
15. 'Patriarchy was to be refurbished by silencing women' *अन अर्थिंग जेंडर, फोकसांग्स ऑफ़ नार्थ इंडिया,* स्मिता तिवारी जस्साल, ड्यूक यूनिवर्सिटी प्रेस, यूएसए, 2012, पृ. 5
16. देखें, पृ. 120, *हमारा ग्राम साहित्य,* रामनरेश त्रिपाठी, हिन्दी मन्दिर, प्रयाग, 1940
17. देखें, पृ. 5, *अन अर्थिंग जेंडर, फोकसांग्स ऑफ़ नार्थ इंडिया,* स्मिता तिवारी जस्सल, ड्यूक यूनिवर्सिटी प्रेस, यूएसए, 2012
18. देखें, पृ. 34, *मैथिली लोकगीत,* संग्रह, सम्पादन-रामइक़बाल सिंह राकेश, हिन्दी साहित्य सम्मेलन, प्रयाग, 1955

19. देखें, पृ. 174, उड़िया लोकगीत, *भारतीय लोकगीत : सांस्कृतिक अस्मिता,* डॉ. मधुसूदन साहा, सं. डॉ. सुरेश गौतम, शब्द सेतु, दिल्ली, 2002
20. देखें, पृ. 21, *मैथिली लोकगीत,* संग्रह, सम्पादन—राम इक़बाल सिंह राकेश, हिन्दी साहित्य सम्मेलन, प्रयाग, 1955
21. देखें, पृ. 204, *मैथिली लोकगीत,* संग्रह, सम्पादन—राम इक़बाल सिंह राकेश, हिन्दी साहित्य सम्मेलन, प्रयाग, 1955
22. देखें, वही, पृ. 70
23. देखें, पृ. 106, *ट्रेडिशन,* एन ग्रॉडज़िन गोल्ड, 12/1 (1997)
24. देखें, पृ. 19, *अन अर्थिंग जेंडर, फोक सांग्स ऑफ़ नार्थ इंडिया,* स्मिता तिवारी जस्सल, ड्यूक यूनिवर्सिटी प्रेस, यूएसए, 2012
25. देखें, वही, पृ. 21
26. देखें, पृ. 93, *सेक्सुएलिटी, ऑबसेनिटी, कम्यूनिटी, विमेन, मुस्लिम एंड हिन्दू पब्लिक,* चारू गुप्ता, परमानेंट ब्लैक, 2001
27. देखें, पृ. 171, सुमंत बैनर्जी लिखित 'मार्जिनलाइज़ेशन ऑफ़ विमेंस पॉपुलर कल्चर इन नाइनटींथ सेंचुरी बंगाल', कुमकुम संगारी व सुरेश वैद संपादित 'रीकास्टिंग विमेन इन कलोनियल हिस्ट्री' (नई दिल्ली, ज़ुबान, 2003) में संग्रहीत
28. देखें, पृ. 199-200, *बालाबोधिनी,* भारतेंदु हरिश्चन्द्र, संकलन-सम्पादन—वसुधा डालमिया संजीव कुमार, राजकमल प्रकाशन, 2014
29. देखें, पृ. 92, *सेक्सुएलिटी, ऑबसेनिटी, कम्यूनिटी, विमेन, मुस्लिम एंड हिन्दू पब्लिक,* चारू गुप्ता, परमानेंट ब्लैक, 2001
30. देखें, पृ. 136, *भारत-भारती,* मैथिलीशरण गुप्त, साहित्य-सदन, चिरगाँव, झाँसी, दसवाँ संस्करण, 1984
31. देखें, पृ. 93, 94, *सेक्सुएलिटी, ऑबसेनिटी, कम्यूनिटी, विमेन, मुस्लिम एंड हिन्दू पब्लिक,* चारू गुप्ता, परमानेंट ब्लैक, 2001
32. देखें, पृ. 427, *मैथिली लोकगीत,* संग्रह, सं. राम इक़बाल सिंह राकेश, हिन्दी साहित्य सम्मेलन, प्रयाग, 1955
33. देखें, वही, पृ. 298
34. देखें, वही, पृ. 17
35. देखें, वही, पृ. 388
36. देखें, वही, पृ. 386
37. देखें, वही, पृ. 389
38. देखें, पृ. 93, 94 *सेक्सुएलिटी, ऑबसेनिटी, कम्यूनिटी, विमेन, मुस्लिम एण्ड हिन्दू पब्लिक,* चारू गुप्ता, परमानेंट ब्लैक, 2001
39. देखें, वही, पृ. 95
40. देखें, वही, पृ. 95
41. देखें, पृ. 148 http://www.trans-techresearch.net/wp-content/uploads/2015/05/three-hundred-Ramayanas-A-K-Ramanujan.pdf
42. देखें, पृ. 30, *हिन्दी साहित्य का आधा इतिहास,* सुमन राजे, भारतीय ज्ञानपीठ, नई दिल्ली, 2003
43. देखें, पृ. 160, *अनअर्थिंग जेंडर, फोक सांग्स ऑफ़ नार्थ इंडिया,* स्मिता तिवारी जस्सल,

डयूक यूनिवर्सिटी प्रेस, यूएसए, 2012

44. देखें, पृ. 189, *हिन्दी साहित्य का आधा इतिहास,* सुमन राजे, भारतीय ज्ञानपीठ, नई दिल्ली, 2003
45. देखें, पृ. 433, *मैथिली लोकगीत,* संग्रह, सं. राम इक़बाल सिंह राकेश, हिन्दी साहित्य सम्मेलन, प्रयाग, 1955
46. देखें, वही, पृ. 434, 447, 463
47. देखें, वही, पृ. 236
48. देखें, पृ. 114, असमिया लोकगीत, *भारतीय लोकगीत : सांस्कृतिक अस्मिता,* डॉ. भूपेन्द्र राय चौधरी, सं. डॉ. सुरेश गौतम, शब्द सेतु, दिल्ली, 2002
49. देखें, वही, पृ. 115
50. देखें, पृ. 190, *हिन्दी साहित्य का आधा इतिहास,* सुमन राजे, भारतीय ज्ञानपीठ, नई दिल्ली, 2003
51. देखें, वही
52. देखें, वही, पृ. 191

अध्याय-7 : आधुनिक स्त्री कविता : उन्नीसवीं सदी के सुधार आन्दोलन और स्त्रियाँ, महादेवी वर्मा, सुभद्राकुमारी चौहान तथा स्वातंत्र्योत्तर स्त्री कविता

1. देखें, *गेराल्डाइन फोर्ब्स विमेन इन मॉडर्न इंडिया,* केम्ब्रिज यूनिवर्सिटी प्रेस, 1996
2. देखें, पृ. 95-107, 'फेमिनिज़्म एंड नेशनलिज़्म इन इंडिया : 1917-1947', अपर्णा बसु, *जर्नल ऑफ़ विमेंस हिस्ट्री,* वॉल्यूम-7, नं. 4, विंटर 1995, जॉन हॉपकिन्स, यूनिवर्सिटी प्रेस
3. देखें, वही, पृ. 96
4. देखें, पृ. 15, *विमेन इन मॉडर्न इंडिया,* गेराल्डान फोर्ब्स, केम्ब्रिज यूनिवर्सिटी प्रेस, 1996
5. देखें, पृ. 142, द *रेशनलिस्ट रिफॉर्मर,* गोपाल गणेश अगरकर, अरविन्द गनाचारी, पॉपुलर प्रकाशन, मुंबई, 2005
6. देखें, पृ. 167, सुमंत बैनर्जी लिखित 'मार्जिनलाइज़ेशन ऑफ़ विमेंस पॉपुलर कल्चर इन नाइनटींथ सेंचुरी बंगाल', कुमकुम संगारी व सुरेश वैद संपादित 'रीकास्टिंग विमेन इन कलोनियल हिस्ट्री (नई दिल्ली, जुबान, 2003) में संग्रहीत
7. देखें, पृ. 103, *सावित्रीबाई फुले रचना समग्र,* सं. रजनी तिलक, अनु. शेखर पवार, दि मार्जिनल पब्लिकेशन, 2017
8. देखें, वही, पृ. 106
9. देखें, पृ. 28, *स्त्री-पुरुष तुलना,* ताराबाई शिंदे, अनु. जुई पालेकर, संवाद प्रकाशन
10. देखें, पृ. 75-76, *हिन्दू स्त्री का जीवन,* पंडिता रमाबाई, संवाद प्रकाशन
11. देखें, वही, पृ. 71
12. देखें, वही, पृ. ,
13. देखें, पृ. 149, *डी रेशनलिस्ट रिफॉर्मर,* गोपाल गणेश अगरकर, अरविन्द गनाचारी, पोपुलर प्रकाशन, मुंबई, 2005, पृ. 149
14. देखें, वही
15. देखें, वही, पृ. 153

16. देखें, पृ. 3, चाँदनी लोकौज के सम्पादकीय से, कृपाबाई सत्यानन्दन, कमला, OUP, 2002
17. देखें, पृ. 12, *विमेन इन मॉडर्न इंडिया,* गेराल्डाइन फोर्ब्स, केम्ब्रिज यूनिवर्सिटी प्रेस, 1996
18. देखें, भारतेंदु हरिश्चन्द्र का बलिया भाषण 'भारत वर्ष की उन्नति कैसे हो', 'हिन्दी समय डॉट कॉम.'
19. देखें, पृ. 141, *स्त्री संघर्ष का इतिहास,* राधा कुमार
20. देखें, पृ. 22, *राष्ट्रीय काव्यधारा,* सं. डॉ. कन्हैया सिंह, डॉ. कैलाश सिंह, वाणी प्रकाशन, 1992
21. देखें, पृ. 127-129, *नारीवादी संघर्ष और मुद्दे,* साधना आर्य, जिनी लोकनीता, निवेदिता मेनन, हिन्दी माध्यम कार्यान्वयन निदेशालय, दि. वि. वि., 2001
22. देखें, पृ. 50, *स्त्री-पुरुष तुलना,* ताराबाई शिंदे, अनु. जुई पालेकर, संवाद प्रकाशन
23. देखें, पृ. 28, *स्त्री-विमर्श का कालजयी इतिहास,* सं. संजय गर्ग, सामयिक प्रकाशन, दिल्ली
24. देखें, पृ. 624, मिशेल एलिज़ाबेथ लिखित *राइटिंग स्त्री धर्म : इंटरनेशनल फेमिनिज़्म नेशनल पॉलिटिक्स एंड विमेंस प्रेस एड्वोकेसी इन लेट कलोनियल इंडिया, विमेंस हिस्ट्री रिव्यू,* वॉल्यूम-12, नं. 4, 2003
25. देखें, पृ. 121, चाँद संकलन, 1922-31, विधवा प्रश्न बाल विवाह, CWDS, नई किताब, दिल्ली, 2021
26. देखें, वही, पृ. 123
27. देखें, पृ. 319, *हिन्दी का लोकवृत्त,* फ्रांचेस्का ऑर्सीनी, वाणी प्रकाशन, नई दिल्ली, 2011
28. देखें, पृ. 76, द *रीसर्जेंस ऑफ़ इंडियन वुमेन,* अरुणा आसफ़ अली, रेडियंट पब्लिकेशन दिल्ली, 1991
29. देखें, वही, पृ. 77
30. देखें, पृ. 25, *इतिहास में स्त्री,* सुमन राजे, भारतीय ज्ञानपीठ
31. देखें, पृ. 17, *बंग महिला,* भवदेव पांडेय, वाणी प्रकाशन, नई दिल्ली, 2014
32. देखें, पृ. 246, *हिन्दी साहित्य का आधा इतिहास,* भारतीय ज्ञानपीठ
33. देखें, वही
34. देखें, पृ. 101, *हिन्दी काव्य की कोकिलाएँ,* गिरिजादत्त शुक्ल
35. देखें, *राष्ट्रीय काव्यधारा,* सं. डॉ. कन्हैया सिंह, डॉ. कैलाश सिंह, वाणी प्रकाशन, 1992
36. देखें, पृ. 356, *स्त्री कवि कौमुदी,* ज्योतिप्रसाद निर्मल
37. देखें, पृ. 250, *हिन्दी साहित्य का आधा इतिहास,* सुमन राजे
38. देखें, पृ. 305, *हिन्दी की मध्यकालीन कवयित्रियाँ,* प्रो. सावित्री सिन्हा
39. देखें, *साहित्य की स्त्री दृष्टि,* रोहिणी अग्रवाल, 'हिन्दीसमय डॉट कॉम'
40. देखें, पृ. 161, *मिला तेज से तेज,* सुधा चौहान, हंस प्रकाशन, इलाहाबाद, 2015
41. देखें, वही, पृ. 162
42. देखें, पृ. 79, *काव्य कला और जीवन दर्शन,* महादेवी वर्मा, सं. शचीरानी गुर्टू, गुर्टू, आत्माराम एंड संस, 1957
43. देखें, वही, पृ. 3
44. देखें, पृ. 319, *महादेवी अभिनन्दन ग्रंथ,* रामविलास शर्मा का लेख 'आस्था और मानव सौन्दर्य की कवयित्री स्त्रीमती महादेवी वर्मा', भारती परिषद्, प्रयाग, 1964

45. देखें, पृ. 17, *काव्य कला और जीवन दर्शन,* महादेवी वर्मा, सं. शचीरानी गुर्टू, गुर्टू, आत्माराम एंड संस, 1957
46. देखें, वही, वही, पृ. 25
47. देखें, वही, पृ. 17
48. देखें, वही, पृ. 143
49. देखें, वही, पृ. 262
50. देखें, वही, पृ. 15
51. देखें, वही, पृ. 15
52. देखें, वही, पृ. 14
53. देखें, वही, पृ. 42
54. देखें, पृ. 25, *आधुनिक कवि,* भाग-1, महादेवी वर्मा, हिन्दी साहित्य सम्मेलन, प्रयाग, 1940 ई., सम्वत 1997
55. देखें, पृ. 65, *नवजागरण और महादेवी का रचना-कर्म स्त्री-विमर्श के स्वर,* कृष्णदत्त पालीवाल, किताबघर प्रकाशन, नई दिल्ली, 2010
56. देखें, वही, पृ. 27
57. देखें, पृ. 21, *श्रृंखला की कड़ियाँ,* महादेवी वर्मा, साधना सदन, प्रयाग, 1942
58. देखें, पृ. 165, *स्त्री सन्दर्भ में महादेवी,* सुधा सिंह, अनामिका पब्लिशर्स, दिल्ली, 2017
59. देखें, *आत्मिका की भूमिका,* महादेवी वर्मा, राजपाल एंड संस, दिल्ली, 1983
60. देखें, वही, 1983
61. देखें, वही, दिल्ली, 1983
62. देखें, पृ. 267, *हिन्दी साहित्य का आधा इतिहास,* सुमन राजे, भारतीय ज्ञानपीठ
63. देखें, वही, सुमन राजे, पृ. 268
64. देखें, *समकालीन महिला ग़ज़लकार* सं. व चयन—हरेराम समीप, हिन्दी साहित्य निकेतन बिजनौर, 2016
65. देखें, पृ. 93, *नारकीय,* मुद्राराक्षस, वाणी प्रकाशन, दिल्ली, 2009
66. देखें, पृ. 273, *हिन्दी साहित्य का आधा इतिहास,* सुमन राजे, भारतीय ज्ञानपीठ, नई दिल्ली
67. देखें, पृ. 242, *अर्द्धवृत्त, शैलप्रिया सृजन समग्र,* सं. विद्याभूषण, वाणी प्रकाशन, नई दिल्ली, 2017

खंड-3 : पाठ

अध्याय-1 : अनामिका : भाषा से लिया है अपना ब्रह्मास्त्र

1. देखें, पृ. 73, *मैड वुमन इन दि ऐटिक,* सुसन गुबार और सांड्रा गिल्बर्ट, येल यूनिवर्सिटी प्रेस, लन्दन, 1979
2. देखें, पृ. 59, *सेक्सुअल/टेक्स्चुअल पॉलिटिक्स,* टॉरिल मॉय, रूट्लेज, 1985
3. देखें, पृ. 65, *सेक्सुअल/टेक्स्चुअल पॉलिटिक्स,* टॉरिल मॉय, रूट्लेज, 1985
4. देखें, पृ. 21, *त्रिया चरित्रं : उत्तर कांड,* अनामिका, आधार प्रकाशन, पंचकूला, 2012

अध्याय-2 : सविता सिंह : बदलेगा संसार स्त्री की कामना से ही

1. देखें, भूमिका, *विद्रोही स्त्री,* जर्मेन ग्रीयर, राजकमल प्रकाशन

अध्याय-3 : नीलेश रघुवंशी : खोजने दो मुझे अपना ख़ुद का वसन्त

1. देखें, समर्पण पृष्ठ, *हिन्दी साहित्य का आधा इतिहास,* सुमन राजे, भारतीय ज्ञानपीठ, नई दिल्ली

अध्याय-4 : सुमन केशरी : लड़कियों के अपने देस की कथा सुनी है?

1. देखें, पृ. 122-123, *इतिहास में स्त्री,* सुमन राजे, भारतीय ज्ञानपीठ, नई दिल्ली,
2. देखें, पृ. 151, *चिट्ठियों के दिन,* सं. गगन गिल, वाणी प्रकाशन, नई दिल्ली, 2010
3. देखें, पृ. 192, *नारी का अवतरण,* एलीन मार्गन, अनु. प्रकाश दीक्षित, संवाद प्रकाशन

अध्याय-5 : निर्मला पुतुल के बहाने आदिवासी और दलित स्त्री कविता का पाठ

1. देखें, पृ. 98, *राइटिंग कास्ट, राइटिंग जेंडर,* शर्मिला रेगे, ज़ुबान, नई दिल्ली, 2006
2. देखें, पृ. 1241-1299, *मैपिंग द मार्जन्स : इंटर सेक्शनेलिटी, आइडेंटिटी, पॉलिटिक्स एंड वायलेंस अगेंस्ट विमेन ऑफ़ कलर,* किंबरले क्रेनशॉ, स्टैनफोर्ड लॉ रिव्यू, वॉल्यम 43, नं. 6, जुलाई, 1991
3. देखें, पृ. 98, *राइटिंग कास्ट, राइटिंग जेंडर,* शर्मिला रेगे, ज़ुबान, नई दिल्ली, 2006
4. देखें, पृ. 10, *कवि मन जनी मन,* सं. वंदना टेटे, राधाकृष्ण प्रकाशन, दिल्ली, 2019
5. देखें, पृ. 139, *वाचिकता : आदिवासी दर्शन, साहित्य और सौन्दर्यबोध,* वंदना टेटे, राधाकृष्ण प्रकाशन, दिल्ली, 2020
6. देखें, वही पृ. 140
7. देखें, पृ. 105, रामचन्द्र गुहा लिखित वेरियर की जीवनी *सैवेजिंग द सिविलाइज़्ड* से, पेंगुइन, 2014
8. इस संग्रह को 'नारीवाद' की प्रस्तावना या अभिव्यक्ति मान लेना किसी भी रूप में उचित नहीं होगा। यह संकलन महज़ आदिवासी स्त्रियों को एक साथ पढ़ने-सुनने के लिए है। पृ. 8, *कवि मन जनी मन,* सं. वंदना टेटे, राधाकृष्ण प्रकाशन, दिल्ली, 2019
9. देखें, पृ. 5, प्रस्तावना, *राइटिंग कास्ट, राइटिंग जेंडर,* शर्मिला रेगे, ज़ुबान, नई दिल्ली, 2006
10. देखें, पृ. 5, प्रस्तावना, *राइटिंग कास्ट, राइटिंग जेंडर,* शर्मिला रेगे, ज़ुबान, नई दिल्ली, 2006
11. देखें, पृ. 140, *डीमार्जिनलाइज़िंग द इंटरसेक्शन ऑफ़ रेस एंड सेक्स : ए ब्लैक फ़ेमिनिस्ट क्रिटीक ऑफ़ एंटीडिस्क्रिमिनेशन डॉक्ट्रिन, फ़ेमिनिस्ट थ्योरी एंड एंटी रेसिस्ट पॉलिटिक्स,* किंबरले क्रेनशॉ, यूनिवर्सिटी ऑफ़ शिकागो, लीगल फोरम, वॉल्यूम-1989, आर्टिकल-8
12. देखें, पृ. 264, रामचन्द्र गुहा लिखित वेरियर की जीवनी *सैवेजिंग द सिविलाइज़्ड* से, पेंगुइन, 2014
13. देखें, पृ. 64, *कवि मन जनी मन,* सं. वंदना टेटे, राधाकृष्ण प्रकाशन, दिल्ली, 2019
14. देखें, पृ. 63, वही
15. देखें, भूमिका, *कवि मन जनी मन,* सं. वंदना टेटे, राधाकृष्ण प्रकाशन, दिल्ली, 2019

सन्दर्भ पुस्तकें

Ali, Aruna Asaf, *The Resurgence of Indian women*, Radiant Publication, Delhi, 1991

Ganachari Aravind, Gopal Ganesh Agarkar, *The Rationalist Reformer,* Popular Publication, Mumbai, 2005

Barthes, Roland, *The Death of the Author*

Berger, John, *Ways of Seeing*, British Broadcasting and Penguin Books, 1972

Blackstone, Kathryn R, *Women in the footsteps of Buddha*, Motilal BanarasiDas, Delhi, First Indian Edition, 2000

Butler, Judith, *Gender Trouble,* Routledge Indian Edition, reprint 2016

Butler, Samuel, *The Authoress of Odyssey*, New York E. P. Dutton & Company, 1922

Chandrabati's Ramayan, Transalated from Bangla by Nabaneeta Dev sen, zubaan book, delhi, 2019.

Chenchaiah, P. & Raja M.Bhujang, *A History of Telugu Literature*, Oxford University Press, 1298

Davids, CAF Rhys, *Therigatha: Psalms of the sisters*, Pali Text society, London, 1909, EPub version

de Beauvoir, Simone, *The second sex*, translated by Constance Borde and Sheila Malovany, Vintage, 2011

Dworkin, Andrea, *Woman Hating*, a Plume book (Penguin), New York, 1984

Dworkin, Andrea, *Right Wing Women*, Perigee Books, USA, 1983

Felski, Rita, *Beyond Feminist Aesthetics*, Harvard University Press, Cambridge, 1989

Firestone, Shulmith, *The Dialectics of Sex*, Verso, NewYork, 2015

Forbes, Geraldine, *Women in Modern India*, Cambridge University press, 1996

Foucault, Michel, *The history of sexuality*, vo.1, an introduction, Vintage books, 1990

Gubar, Susan & Sandra gilbert, *Mad woman in the Attic*, Yale University Press, London, 1979

Gubar, Susan & Sandra Gilbert, Eds.Shakespeare' s Sisters, *Feminist Essays on women poets*, Indiana Univ. Press, Bloomington, 1979

Guha, Ramchandra, *Savaging The Civilized*, Penguin, 2014
Gupta, Charu, Sexuality, *Obscenity, Community: Women, Muslims and Hindu Public in Colonial India*, Palgrave Edition, June 2002
Hallisey, Charles, Trans., *Therigatha: Poems of the first buddhist women,* Harvard University press, England, 2015
Harding, Sandra, *The Feminist Standpoint Theory Reader: Intellectual and Political Controversies*, Routledge, 2014
hooks, bell, *Ain't I a woman*, Pluto press, London, First published 1982, SouthEnd Press, Boston
hooks, bell, *Feminist Theory: From Margin to Centre*, SouthEnd Press, Boston, 1984 http://www.tbook.constantvzw.org/wp-content/death_authorbarthes.pdf
Illaiyah, Kancha, *The Weapon of Other: Dalit Bahujan Writings of Indian Nationalist Thought*, Pearson Education India, 2012
Irigaray, Luce, *This sex which is not one*, Cornell University Press, New York, 1985
Ives, Kelly, Cixous, Irigaray, Kristeva, *The jouissance of French feminism*, Crescent Moon publication, Britain, 2013
Jassal, Smita Tiwari, *Unearthing Gender, Folksongs of North India*, Duke University Press, USA, 2012
Lerner, Gerda, *Creation of Patriarchy*, OUP, 1986
Moi, Toril, *Sexual/Textual Politics*, Routledge, 2nd Edition, 2002
Muddupalani, Radhika Santwanam, *The Appeasement of Radhika*, Trans. Sandhya Mulchandani, Penguin books, 2011 kindle edition
Murcott, Susan, *First Buddhist Women: poems and stories of awakening,* Parallax press, Berkeley, 1991
Rege, Sharmila, Ed., *Writing Cast Writing Gender*, Zubaan, New Delhi, 2006
Sangari, Kumkum & Suresh Vaid (eds), *Recasting Women in Colonial History,* Zubaan, New Delhi, 2003
Sen, Dr.Sukumar, *History of Bengali Literature,* Sahitya Akademi, New Delhi, 1960
Shauq, Shafi, *Lalla Dyad The mystic Kashmiri poetess,* Gulshan books, Kashmir, 2015
Showalter, Elaine, *A literature of their own,* Virago press, 2009
Showalter, Elaine, Ed., *The new feminist criticism,* Virago, London, 1986
Tharu, Susie & K.Lalita, Eds., *Women Writing in India,* OUP, 1991
Toshkhani, Dr.S.S., Ed., Lal Ded: *The Great kashmiri Saint-Poetess,* 2002, New Delhi, APH Publishing Corporation
अनामिका, *अनुष्टुप,* किताबघर, नई दिल्ली, 1998
अनामिका, *कहती हैं औरतें,* इतिहास बोध प्रकाशन, इलाहाबाद, 2003
अनामिका, *खुरदुरी हथेलियाँ,* राधाकृष्ण प्रकाशन, नई दिल्ली, 2005
अनामिका, *टोकरी में दिगंत,* राजकमल प्रकाशन, नई दिल्ली, 2015
अनामिका, *त्रिया चरित्रं : उत्तर कांड,* आधार प्रकाशन, पंचकूला, हरियाणा, 2012
अनामिका, *स्त्री-विमर्श की उत्तर गाथा,* सामयिक प्रकाशन, नई दिल्ली, 2014
अमीन शाहिद और ज्ञानेन्द्र पांडे, सम्पादक, *निम्नवर्गीय प्रसंग-2,* सं., राजकमल प्रकाशन, दिल्ली

अरोड़ा, सुधा, *सांकल, सपने और सवाल,* लोकभारती प्रकाशन, दिल्ली, 2019

आलम और शेख़, *आलम-केलि,* सं. लाला भगवानदीन, आदर्श प्रेस काशी, सम्वत 1979 (1922 ई.)

उपाध्याय, कृष्णदेव, *लोकसाहित्य की भूमिका,* साहित्य भवन प्राइवेट लिमिटेड, इलाहाबाद, 1957

उपाध्याय, डॉ. कृष्णदेव, *लोकसाहित्य की भूमिका,* साहित्य भवन प्राइवेट लिमिटेड, इलाहाबाद, 1957

उपाध्याय, रमेश और संज्ञा उपाध्याय, सम्पादक, *आज का स्त्री आन्दोलन,* शब्दसंधान, दिल्ली, 2004

एंगेल्स, फ्रेडरिख, *परिवार, निजी सम्पत्ति और राज्य की उत्पत्ति,* प्रकाशन संस्थान, दिल्ली, 2014

ऑर्सीनी, फ्रांचेस्का, *हिन्दी का लोक-वृत्त,* अनु. नीलाभ, वाणी प्रकाशन, नई दिल्ली, 2011

कश्यप, अभिषेक, सम्पादक, *अनामिका एक मूल्यांकन,* सामयिक बुक्स, दरियागंज, 2013

कुमार, राधा, *स्त्री संघर्ष का इतिहास,* वाणी प्रकाशन, नई दिल्ली, 2014

केशरी सुमन, *पिरामिडों की तह में,* राजकमल प्रकाशन, 2018

केशरी, सुमन, *मोनालिसा की आँखें,* राजकमल प्रकाशन, 2013

केशरी, सुमन, *याज्ञवलक्य से बहस,* राजकमल प्रकाशन, नई दिल्ली, 2008

कौल, जयालाल, *ललद्यद,* साहित्य अकादमी, नई दिल्ली, 2012

खेतान, प्रभा, *अन्या से अनन्या,* राजकमल प्रकाशन, चौथा संस्करण, 2016

खेतान, प्रभा, *उपनिवेश में स्त्री,* राजकमल प्रकाशन, छठा संस्करण 2016

गर्ग, संजय, सं., *स्त्री-विमर्श का कालजयी इतिहास,* सामयिक प्रकाशन, दिल्ली

गिल, गगन, सं., *चिट्ठियों के दिन,* वाणी प्रकाशन, नई दिल्ली, 2010

गुप्त, मैथिलीशरण, *भारत-भारती, साहित्य-सदन,* चिरगाँव, झाँसी, दसवाँ संस्करण, 1984

गुर्टू, शचीरानी, सं., महादेवी वर्मा, *काव्य कला और जीवन दर्शन,* आत्माराम एंड संस, 1957

गौतम, डॉ. सुरेश, सम्पादक, *भारतीय लोकगीत : सांस्कृतिक अस्मिता,* शब्द सेतु, दिल्ली, 2002

ग्रीयर, जर्मेन, *विद्रोही स्त्री,* राजकमल प्रकाशन, दिल्ली, 2001

चतुर्वेदी, रामस्वरूप, *हिन्दी काव्य सम्वेदना का विकास,* लोकभारती प्रकाशन, 2003

चन्द्र, सुधीर, *रख्माबाई : स्त्री अधिकार और क़ानून,* राजकमल प्रकाशन, नई दिल्ली, 2012

चौहान, सुधा, *मिला तेज से तेज,* हंस प्रकाशन, इलाहाबाद, 2015

जयदेव, *रतिमंजरी,* पं., श्री कनकलाल शर्मा द्वारा सरल हिन्दी टीका के साथ, संस्कृत बुक डिपो, काशी, 1954

जैन, सुनीता, *सुनीता जैन रचनावली,* खंड-8, सार्थक प्रकाशन, 2003

टेटे, वंदना, *आदिवासी दर्शन, साहित्य और सौन्दर्यबोध,* राधाकृष्ण प्रकाशन, 2020

टेटे, वंदना, *वाचिकता : आदिवासी दर्शन, साहित्य और सौन्दर्यबोध,* राधाकृष्ण प्रकाशन, दिल्ली, 2020

टेटे, वंदना, स., *कवि मन जनी मन,* राधाकृष्ण प्रकाशन, दिल्ली, 2019

डहेरिया, मोहन कुमार, *न लौटे फिर कोई इस तरह,* शिल्पायन, 2010

डॉ. नगेन्द्र, *रीतिकाव्य की भूमिका,* नेशनल पब्लिशिंग हाउस, दिल्ली, दूसरा संस्करण, 1953

तिलक, रजनी, सम्पादक, *सावित्रीबाई फुले रचना समग्र,* अनु. शेखर पवार, दि मार्जिनल पब्लिकेशन, 2017

त्रिपाठी, रामनरेश, *हमारा ग्राम साहित्य,* हिन्दी मन्दिर, प्रयाग, 1940

द्विवेदी, हजारीप्रसाद, *हिन्दी-साहित्य का आदिकाल,* बिहार राष्ट्रभाषा परिषद, तीसरा संस्करण, 1961

देवी, शिवरानी, *प्रेमचन्द घर में,* नई किताब, दिल्ली, 2020

'निर्मल', ज्योतिप्रसाद मिश्र, *स्त्री कवि-कौमुदी,* गांधी हिन्दी पुस्तक भंडार, प्रयाग, 1931
नैया, (सं.) *अबलाओं का इंसाफ़,* स्फुरना देवी, आधुनिक हिन्दी की प्रथम स्त्री-आत्मकथा, राधाकृष्ण प्रकाशन, नई दिल्ली, 2015
पचौरी, सुधीश, *आलोचना से आगे,* राधाकृष्ण प्रकाशन, नई दिल्ली, 2006
पांडे, मृणाल और क्षमा शर्मा, सं., *बन्द गलियों के विरुद्ध : महिला पत्रकारिता की यात्रा,* राजकमल प्रकाशन, 2001
पांडेय, भवदेव, *बंग महिला,* वाणी प्रकाशन, नई दिल्ली, 2014
पालीवाल, कृष्णदत्त, *नवजागरण और महादेवी का रचना-कर्म स्त्री-विमर्श के स्वर,* किताबघर प्रकाशन, नई दिल्ली, 2010
पुतुल, निर्मला, *नगाड़े की तरह बजते शब्द,* भारतीय ज्ञानपीठ, 2005
पुतुल, निर्मला, *बेघर सपने,* आधार प्रकाशन, 2014
ब्रजरत्नदास, अनु., *हमायूँनामा,* देवीप्रसाद ऐतिहासिक पुस्तकमाला-5, काशी-नागरी-प्रचारिणी-सभा, संवत 1980
भंडारी, मन्नू, *एक कहानी यह भी,* राधाकृष्ण प्रकाशन, नई दिल्ली, 2016
मंडलोई, लीलाधर व अन्य, सं., *स्त्री मुक्ति का सपना,* वाणी प्रकाशन, 2004
मार्गन, एलीन, *नारी का अवतरण*
मिल, जॉन स्टुअर्ट, *स्त्रियों की पराधीनता,* राजकमल प्रकाशन, दिल्ली
मिश्रबन्धु विनोद, *प्रथम संस्करण की भूमिका,* गंगा-पुस्तक-माला, लखनऊ, 1926
मुद्राराक्षस, *नारकीय,* वाणी प्रकाशन, दिल्ली, 2009
मुद्राराक्षस, *साहित्य का समाजशास्त्र,* नेशनल पब्लिशिंग हाउस, दिल्ली, 2004
मेनन, निवेदित और जिनी लोकनीता, सं., *नारीवादी संघर्ष और मुद्दे,* साधना आर्य, हिन्दी माध्यम कार्यान्वयन निदेशालय, दि वि वि, 2001
मृत्युंजय, *हिन्दी आलोचना में कैनन-निर्माण की प्रक्रिया,* राजकमल प्रकाशन, नई दिल्ली, 2015
मोल्ल, *श्री मोल्ल रामायण,* अनुवाद—डॉ. सीएच रामुलू, भुवन वाणी ट्रस्ट, लखनऊ, 1977
यादव, राजेन्द्र और अर्चना वर्मा, सं., *औरत एक उत्तर कथा,* राजकमल प्रकाशन, नई दिल्ली, 2015
यादव, राजेन्द्र, प्रभा खेतान और अभय दुबे, सं., राजकमल प्रकाशन, दिल्ली, 2010
यादव, राजेन्द्र, सं., *कथा जगत की बाग़ी मुस्लिम औरतें,* राजकमल प्रकाशन, नई दिल्ली, 2015
रघुवंशी, नीलेश, *कवि ने कहा, चुनी हुई कविताएँ,* किताबघर प्रकाशन, नई दिल्ली, 2016
रघुवंशी, नीलेश, *खिड़की खुलने से पहले,* किताबघर प्रकाशन, नई दिल्ली, 2017
रघुवंशी, नीलेश, *घर-निकासी,* किताबघर प्रकाशन, नई दिल्ली, 1997
रमाबाई, पंडिता, *हिन्दू स्त्री का जीवन,* अनु. शम्भु जोशी, संवाद प्रकाशन, 2006
रसाल, रमाशंकर शुक्ल, *साहित्य प्रकाश,* इंडियन प्रेस लिमिटेड, प्रयाग, 1931
राकेश, राम इक़बाल, *मैथिली लोकगीत, संग्रह,* हिन्दी साहित्य सम्मेलन, प्रयाग, 1955
राजकिशोर, सं., *स्त्री के लिए जगह,* वाणी प्रकाशन, नई दिल्ली, 2000
राजवाड़े, विश्वनाथ काशीनाथ, *भारतीय विवाह संस्था का इतिहास,* पीपुल्स पब्लिशिंग हाउस, तीसरा संस्करण, 2008
राजे, सुमन, *इतिहास में स्त्री,* भारतीय ज्ञानपीठ, नई दिल्ली, 2003
राजे, सुमन, *हिन्दी साहित्य का आधा इतिहास,* भारतीय ज्ञानपीठ, नई दिल्ली, 2003

वर्मा, डॉ. विनोद, *नारी कामसूत्र,* अनु. फ़ीरोज आलम, राधाकृष्ण प्रकाशन, नई दिल्ली
वर्मा, महादेवी, *आत्मिका,* राजपाल एंड संस, दिल्ली, 1983
वर्मा, महादेवी, *आधुनिक कवि,* भाग-1, हिन्दी साहित्य सम्मेलन, प्रयाग, 1940 ई.
वर्मा, महादेवी, *शृंखला की कड़ियाँ,* साधना सदन, इलाहाबाद, 1942
वाल्मीकि, ओमप्रकाश, *दलित साहित्य का सौन्दर्यशास्त्र,* राधाकृष्ण प्रकाशन, दिल्ली, 2005
विद्याभूषण, सं., *अर्द्धवृत्त, शैलप्रिया सृजन समग्र,* वाणी प्रकाशन, नई दिल्ली, 2017
वूल्फ़, वर्जीनिया, *अपना कमरा,* अनु. गोपाल प्रधान, संवाद प्रकाशन, 2002
वेलेक रेने और ऑस्टिन वारेन, *साहित्य-सिद्धांत,* लोकभारती प्रकाशन, 2000
वोल्स्टनक्राफ़्ट, मेरी, *स्त्री अधिकारों का औचित्य साधन,* अनु. मीनाक्षी, राजकमल प्रकाशन, 2003
शबनम, सरस्वती, *चन्द्रसखी और उनका काव्य,* लोकसेवक प्रकाशक, बनारस, 1954
शास्त्री, देवदत्त, सं., *महादेवी अभिनन्दन ग्रंथ,* भारती परिषद्, प्रयाग, 1964
शिंदे, ताराबाई, *स्त्री-पुरुष तुलना,* मराठी से अनु. जुई पालेकर, संवाद प्रकाशन, 2015
शिवानी, *मेरी प्रिय कहानियाँ,* राजपाल एंड संस, नई दिल्ली, संस्करण 2013
शुक्ल, गिरिजादत्त, *हिन्दी काव्य की कोकिलाएँ,* साहित्य मन्दिर, दारागंज, प्रयाग, 1933
शुक्ल, गिरिजादत्त, *हिन्दी काव्य-कोकिलाएँ,* ब्रजभूषण शुक्ल, साहित्य मन्दिर, प्रयाग, 1933
शुक्ल, रामचन्द्र, *चिन्तामणि* भाग-1, हिन्दी साहित्य सरोवर, आगरा, 1992
शुक्ल, रामचन्द्र, *रस मीमांसा,* पुस्तक प्रतिष्ठान, दिल्ली, 2016
शुक्ल, रामचन्द्र, *हिन्दी साहित्य का इतिहास,* नागरी प्रचारिणी सभा, काशी, 36वाँ संस्करण, संवत 2056
श्रोत्रिय, प्रभाकर, *कवि परम्परा—तुलसी से त्रिलोचन,* भारतीय ज्ञानपीठ प्रकाशन, 2013
संगारी, कुमकुम, *मीराँबाई और भक्ति की आध्यात्मिक अर्थनीति,* वाणी प्रकाशन, 2012
समीप, हरेराम, संपादन व चयन, *समकालीन महिला ग़ज़लकार,* हिन्दी साहित्य निकेतन बिजनौर, 2016
सरला : *एक विधवा की आत्मजीवनी,* परमेश्वरी प्रकाशन, दिल्ली, 2008
साहू, सरोजिनी, *स्त्री यौनता के आर-पार,* अनु. प्रमीला केपी, नयी किताब, दिल्ली 2013
सिंह, कैलाश और कन्हैया, सं., *राष्ट्रीय काव्यधारा,* वाणी प्रकाशन, 1992
सिंह, डॉ. बच्चन, *रीतिकालीन कवियों की प्रेम-व्यंजना,* लोकभारती प्रकाशन, 2005
सिंह, वरयाम, अनुवाद व चयन, *इस बेसहारा वक़्त में, मरीना स्वेतायेवा की कविताएँ,* प्रकाशन संस्थान, दिल्ली, 2013
सिंह, सविता, *अपने जैसा जीवन,* राधाकृष्ण प्रकाशन, नई दिल्ली, 2013
सिंह, सविता, *नींद थी और रात थी,* राधाकृष्ण प्रकाशन, नई दिल्ली
सिंह, सविता, *स्वप्न समय,* राधाकृष्ण प्रकाशन, नई दिल्ली, 2013
सिंहल, ब्रजेन्द्रकुमार, *मीराँबाई,* साहित्य अकादमी, दिल्ली, 2017
सिन्हा, प्रो. सावित्री, *मध्यकालीन हिन्दी कवयित्रियाँ,* आत्माराम एंड संस, कश्मीरी गेट, 1953
सीमोन द बुवा से एलिस श्वेर्ज़र की स्त्री-मुद्दों पर बातचीत, *स्त्री के पास खोने के लिए कुछ नहीं है* (अनु.) मनीषा पांडे, संवाद प्रकाशन, 2004
सुजाता, *स्त्री निर्मिति,* सामयिक प्रकाशन, दिल्ली, 2019
सुमन, क्षेमचन्द्र, सम्पादक, *आधुनिक हिन्दी कवयित्रियों के प्रेम गीत,* राजपाल एंड संस, 1962

सेंगर, शिवसिंह, सरोज शिवसिंह, नवल किशोर प्रेस, लखनऊ, 1926 का सातवाँ संस्करण

हमज़ातोव, रसूल, *मेरा दाग़िस्तान,* रादुगा प्रकाशन, मास्को, 1988

हरिश्चन्द्र, भारतेंदु, *बालाबोधिनी,* संकलन-सम्पादन वसुधा डालमिया और संजीव कुमार, राजकमल प्रकाशन, 2014

हिकमत, नाज़िम, *बीस प्रेम कविताएँ,* सुरेश सलिल, वाणी प्रकाशन, 2013

हिना, ज़ाहिदा, *पाकिस्तानी स्त्री : यातना और संघर्ष,* अनु. शकील सिद्दिक़ी, वाणी प्रकाशन, नई दिल्ली, 2014

होमर, *ओडिसी,* अनु. रमेश चन्द्र सिन्हा, राजकमल प्रकाशन, 2014

पत्र-पत्रिकाएँ

- Julia Kristeva, Chicago Journals, vol.7, no.1, Autumn 1981, पेज-13-35
- Katherine A. Mc cinnon, Sexuality, pornography end method, vol 99, no. 2, Jan 1989, पेज 315-316
- Barbara Smith, Racism and Women' s studies, Frontiers: A Journal of women Studies, Vol.5, No.1, 1979, पेज-48-49
- Women as Space/Women in Space: Relocating our Bodies and RewritingGender in Space, Jana Nakhal, Kohl: A Journal for Body and Gender Research, Vol. 1, No. 1 (Summer 2015
- Sexuality, Pornography, and Method:"Pleasure under Patriarchy"*Catharine A. MacKinnon, Ethics, Vo.99, No. 2(Jan 1989)
- Rewriting the Ramayana: Chandrabati and Molla" by Nabaneeta Dev Sen, Originally published in India International Centre Quarterly Vol. 24, No. 2/3, Crossing Boundaries (MONSOON 1997), पेज-163-177
- Ann Grodzin Gold, Outspoken Women: Representation of Femal Voices in Rajasthani Folklore Community, Oral Tradition, 12/1 (1997)
- Feminism and Nationalism in India, 1917-1947Aparna Basu, Journal of Women' s History, Volume 7, Number 4, Winter 1995, पेज-95-107, Published by Johns Hopkins University Press
- Mapping the Margins: Intersectionality, Identity Politics, and Violence against Women of Color., Author(s): Kimberle Crenshaw, Stanford Law Review, Vol. 43, No. 6 (Jul., 1991), पेज-1241-1299
- Helen Cixous, The Laugh of Medusa, Signs, Vol. 1, No. 4 (Summer, 1976)
- TUSAN, MICHELLE ELIZABETH, Writing Stri Dharma: international feminism, nationalist politics, and women' s press advocacy in late colonial India, Women' s History Review, Volume 12, Number 4, 2003
- *चाँद का स्त्री-शिक्षा* अंक, सेंटर फॉर वुमेन स्टडीज़ डेवेलेपमेंट सेंटर की प्रस्तुति, नई किताब, 2020

- *नागरी प्रचारिणी पत्रिका,* वर्ष-56, सम्वत 2000, नागरी प्रचारिणी सभा, काशी, पेज-21
- *बनास* जन पत्रिका, दिल्ली का मीराँ-केन्द्रित अंक

वेबसाइट्स

- Barthes, Roland, The Death of the Author http://www.tbook.constantvzw.org/wp-content/death_authorbarthes.pdf
- https://www.theguardian.com/books/2019/dec/07/why-women-love-literature-read-fiction-helen-taylor
- http://www.gutenberg.org/files/771/old/brnte10h.htm
- https://www.millsandboon.co.uk/
- https://www.reuters.com/article/us-books-publisher-millsboon/mills-boon-30000-kisses-and-steamier-than-ever-idUSL0765970320080208
- https://www.theguardian.com/books/2019/dec/07/why-women-love-literature-read-fiction-helen-taylor
- https://www.firstpost.com/living/sthraina-kamasutra-a-sex-manual-for-women-333922.html
- https://medium.com/the-establishment/your-global-mansplaining-dictionary-in-34-languages-a5e44bf682ba
- http://www.trans-techresearch.net/wp-content/uploads/2015/05/three-hundred-Ramayanas-A-K-Ramanujan.pdf
- Hindisamay.com
- https://tirchhispelling.wordpress.com

अनुक्रमणिका

✪✪✪